发揮橋樑紐帶作
用更好地為企業和
企業家服務

江澤民

一九九四年
五月廿四日

发展具有国际竞争力的大企业集团，提高国家竞争力。

陈锦华

二〇〇八年六月

贯彻落实科学发展观
扎实做强做大做久

王忠禹

二〇〇八年七月

做好中国企业
500强研究分析
工作，为企业提
高国际竞争力
服务。

张彦宁 2008.6.20.

2011
中国500强企业发展报告

中国企业联合会
中国企业家协会 编

企业管理出版社

图书在版编目（CIP）数据

2011 中国 500 强企业发展报告/中国企业联合会、中国企业家协会编. －北京：企业管理出版社，2011.8
ISBN 978－7－80255－873－1

Ⅰ.①2… Ⅱ.①中…②中… Ⅲ. 企业经济－研究报告－中国－2011 Ⅳ.①F279.2

中国版本图书馆 CIP 数据核字（2011）第 166448 号

书　　名：2011 中国 500 强企业发展报告
作　　者：中国企业联合会、中国企业家协会
责任编辑：康月强　张德华　殷恒晨
书　　号：ISBN 978－7－80255－873－1
出版发行：企业管理出版社
地　　址：北京市海淀区紫竹院南路 17 号　　邮编：100048
网　　址：http：//www. emph. cn
电　　话：出版部：68414643　发行部：68701638　编辑部：88413605
电子信箱：80147@ sina. com　　zbs@ emph. cn
印　　刷：北京联兴盛业印刷股份有限公司
经　　销：新华书店
规　　格：210 毫米×285 毫米　大 16 开　25 印张　700 千字
版　　次：2011 年 8 月第 1 版　2011 年 8 月第 1 次印刷
定　　价：300.00 元

《2011 中国 500 强企业发展报告》

顾　　问： 陈锦华　袁宝华　张彦宁

主　　编： 王忠禹

副主编： 李德成　王基铭　李建明

抓住新的历史机遇　谋求企业更好发展

中国企业联合会、中国企业家协会会长　王忠禹

在刚刚过去的“十一五”时期，我国改革开放和社会主义现代化建设取得了举世瞩目的巨大成就。在这一时期，我国企业克服国际金融危机、自然灾害等不利因素带来的冲击，为胜利完成“十一五”规划确定的主要目标和任务发挥了重大作用，无论是各项经济指标还是企业的综合素质都得到了显著提升。到2010年，我国内地入围世界500强的企业达到43家，排在美国和日本之后，位列第三，在全球大企业中的地位更加突出。

2010年10月18日，党的十七届五中全会通过了《中共中央关于制定国民经济和社会发展第十二个五年规划的建议》，提出了我国未来经济社会发展的整体目标和思路，这将推动我国经济社会的发展进入新的历史阶段，也对我国企业提出了新的任务和要求。在新的形势下，企业要做的工作很多，但以下几方面工作应着重做好：

一、正确把握“十二五”时期我国经济社会发展方向，精心谋划新时期企业总体发展思路

党中央站在总揽全局的高度，综合判断国际国内形势，指出我国发展仍处于可以大有作为的重要战略机遇期，既面临难得的历史机遇，也面对诸多风险和挑战。在关于“十二五”规划的建议中全面分析论述了经济社会发展的国内外环境的变化，同时也深刻阐述了我国经济社会发展中面临的主要问题，提出了一系列促进我国经济社会健康协调发展的思路和对策，特别是对于发展现代产业体系、提高产业核心竞争力提出了具体的思路。广大企业要认真学习、深刻领会党的十七届五中全会精神，准确把握“十二五”时期发展的主题、主线、目标任务和重大举措，进一步把握宏观经济发展规律、企业所在行业发展规律和企业自身发展规律，努力提高企业科学发展的能力。根据新形势、新阶段的任务和特点，结合企业自身的实际，研究本企业的发展方向，制定切实可行的战略，以前瞻性的战略引领企业发展。

在“十二五”乃至今后相当长的一段时期，我国经济将进入一个以转型为重心的发展新阶段。随着形势的发展，我国企业原有的粗放的发展模式将难以持续。这就需要我们针对自身发展中存在的突出矛盾和问题，积极主动地进行变革和调整，积极主动地转型升级，努力实现由“低成本竞争战略”向“差异化竞争战略”转型，由“规模扩张战略”向“质量提升战略”转型，由“产品制造

商”向“系统解决方案供应商”转型，由“卖产品”向“卖服务”转型，由“中国制造”向“中国创造”转型，由“本土性企业”向“世界性企业”转型。

我们不仅要清楚认识新的形势和任务所带来的挑战，同时也要善于从国家的总体发展目标、任务中抓住新的企业发展机遇。“十二五”规划建议中明确提出了改造提升制造业、培育发展战略性新兴产业、加快发展服务业、加强现代能源产业和综合运输体系建设、全面提高信息化水平、发展海洋经济等具体目标和路径，今后我国企业势必在这些领域大有作为。

我国企业大多拥有很强的抓住机遇实现快速成长的能力，相信在“十二五”期间，我国企业将在新的形势下开拓出更好、更宽广的发展天地。

二、继续推进企业管理创新，全面提升企业综合素质

经过多年的努力，我国企业的管理水平得到了显著提高，企业管理创新能力得到了明显提升，但是与国际先进水平相比，我国企业总体的管理水平仍然存在着较大的差距，管理方式仍然比较粗放，管理创新的基础仍然薄弱。

历史的经验表明，先进的技术，只有与先进的管理相结合，才能迅速形成强大的生产能力，企业管理的一些重大创新可以使企业实现跨越式的发展。一些专家的研究表明，20 世纪初美国超越英国，与其说是依靠技术装备，不如说是靠较高的管理水平。20 世纪中叶日本的崛起，同样与管理创新密不可分。在新的形势下，我国企业要进一步强化对管理创新的认识，同时要加强企业基础管理和制度建设，夯实企业发展的基础。

近些年来，新的企业管理理论、方法不断出现，如网络型组织、柔性管理、人本管理、绿色管理等，这些都极大地丰富了企业管理的内涵，我们必须深刻把握企业管理发展的态势，不断创新探索，形成中国式的管理体系。信息技术的飞速发展，为管理创新提出了新的课题，同时也提供了新的工具与手段。近年来，国内一批企业积极采用信息技术改造传统管理，大力推进企业信息化建设，取得了丰硕的成果，但是整体来看我国企业信息化水平仍有很大的提升空间，应用的范围也有待进一步扩展。

企业发展靠管理，管理成功靠文化。企业文化管理是企业文化与企业管理紧密结合的产物。要加强企业文化管理，确立企业核心价值理念，提倡民主管理、自主管理，强调全员参与管理，以提升价值创造力为核心，通过持续不断的引导、教育、感化、沟通、激励，使组织成员的行为变被动为主动、变他律为自律，最大限度地激发和调动员工的积极性和创造性。

三、提高企业自主创新水平，增强企业核心竞争能力

在国家“十一五”发展规划中，首次明确了企业在自主创新中的主体地位，中共中央关于“十二五”规划的建议再次强调，要把科技进步和创新作为加快转变经济发展方式的重要支撑。企业要做自主创新的主力军，在国家自主创新战略中充分发挥带动作用。

一是要提高对企业自主创新的认识。没有创新能力的企业是没有生命力的。当前我国经济已经进入了一个新的发展阶段，过去依托引进技术装备、凭借低成本优势的发展模式，已经无法支撑未

来的持续发展。只有坚持不懈地开展自主创新，推动技术进步，依靠技术和产品，提升品牌价值，积极抢占价值链的高端才能支撑我国企业未来的持久发展。

二是要继续加大企业研发投入。随着对自主创新意义和作用的认识不断加强，我国企业的研发投入已经呈现持续上升的势头。以2010年我国500强企业为例，近两年来平均研发投入分别以21.0%和14.5%的速度增长，研发投入占营业收入的比例也稳步提高。从整体来看，国内企业还要继续加大研发投入的力度。在引进国外先进技术的基础上，加强消化吸收再创新。坚持产学研用相结合，以市场需求为导向，紧紧抓住带动主业发展上台阶的重点领域和重点项目，实现一批关键核心技术的重大突破，加快推进创新成果的市场化、产品化和产业化。

三是加速技术改造、升级。目前我国相当多企业的设备都是20世纪80年代或90年代的水平，能耗高、污染严重。“十二五”规划的建议再次明确提出要支持企业技术改造，国家将继续提供政策和资金支持，鼓励企业进行技术改造。企业必须认识到，现有企业通过技术改造，淘汰落后设备，引进新技术、新工艺是老企业得以迅速发展最有效的途径，必须抓住难得的政策机遇，用足用好技改政策，将技术改造与产业升级、自主创新有效结合起来，不断提升技术、工艺和装备水平。

四是建立和完善有利于企业自主创新的管理机制。加强对知识产权的创造、保护和运用，高度重视专利工作。重视对高端创新人才的培养、引进、激励，加强创新团队建设，充分调动科技人员的积极性、主动性和创造性，通过多种手段，在企业中营造崇尚创新探索的良好氛围。提升企业自主创新能力固然需要调动企业全员的积极性，但最重要的是企业管理者、企业家的积极性，企业家要把科技进步和创新作为企业工作重点，要把自主创新工作贯穿于企业工作全过程，要强化落实和实施国家发展战略的责任感和使命感，为建设创新型国家发挥先锋作用。

四、强化企业社会责任意识，建设资源节约型、环境友好型企业

积极主动承担社会责任是新时期企业家应具备的时代品格，企业家在任何时候都不能忘记自己应当肩负的社会责任。当前，绿色经济在全世界已经成为潮流。“十二五”规划的建议中也明确提出把建设资源节约型、环境友好型社会作为加快转变经济发展方式的重要着力点。大力发展绿色经济，是当代企业责无旁贷的重大任务，我国企业要从战略高度对此予以应有的重视，充分认识到，没有绿色意识的企业是难以生存的，是不可能实现持续发展的，是没有前途的。

履行社会责任，要求企业要大力推进清洁生产、绿色发展、循环经济，建设节约型、环境友好型企业，积极开发和运用绿色技术，致力于打造绿色产品生产链，将节能减排与产品结构调整相结合，大力培育新的经济增长点。根据国家应对气候变化问题所确定的目标和政策，企业需要结合行业特点加强绿色建设，决不能再走高物耗、高能耗、高污染的老路。

履行社会责任，要求企业要善待员工。“十二五”规划建议提出了要努力实现“居民收入增长和经济发展同步、劳动报酬增长和劳动生产率提高同步，低收入者收入明显增加，中等收入群体持续扩大，贫困人口显著减少，人民生活质量和水平不断提高”的战略目标。从现实情况看，近几年不时出现的“民工荒”也警示我们，靠低成本劳动力形成的竞争优势已经越来越难以为继。企业必须更新观念，以人为本，真正把员工视为企业发展的重要战略资源，着力提高员工素质，切实保障基

层劳动者的权益，实现员工“体面劳动”，让员工与企业共同成长。

履行社会责任，要求企业要重视产品质量、安全生产、保护消费者利益，吸取近年来少数企业在这方面的深刻教训。要依法经营、诚信经营，提高企业经营的道德水准，树立企业良好的社会形象。以积极的姿态，采取多种行动，在社会全面和谐发展中发挥良好的作用。

“十二五”时期是我国全面建设小康社会的关键时期，是深化改革开放、加快转变经济发展方式的攻坚时期。我国企业家素有不畏艰难、迎难而上的优良传统，在新的形势下，广大企业家要增强信心，不辱使命，勇担重任，努力提高自身能力和素质，从容应对未来的各种挑战。我相信，经历了多年市场经济洗礼的中国企业有条件、有能力担负起自身的使命和责任，以优异的成绩，迎接我国经济和社会发展更加美好的未来。

（本文摘编自作者为2011年第1期《企业管理》杂志撰写的特稿）

目 录

彩　页

2011 中国企业 500 强、2011 中国制造业企业 500 强、2011 中国服务业企业 500 强部分企业介绍

首钢总公司、武汉钢铁（集团）公司、北京汽车集团有限公司、鞍钢集团公司、河南煤业化工集团有限责任公司、山西煤炭运销集团有限公司、山东能源集团有限公司、山西焦煤集团有限责任公司、光明食品（集团）有限公司、中国供销集团有限公司、陕西延长石油（集团）有限责任公司、绿城房地产集团有限公司、新华人寿保险有限公司、泰康人寿保险股份有限公司、正威国际集团有限公司、新疆广汇实业投资（集团）有限责任公司、红云红河烟草（集团）有限责任公司、杭州娃哈哈集团有限公司、陕西煤业化工集团有限责任公司、雨润控股集团有限公司、安徽省徽商集团有限公司、太平人寿保险有限公司、紫金矿业集团股份有限公司、海南大印集团有限公司、上海纺织控股（集团）公司、新华联控股有限公司、中国盐业总公司、扬子江药业集团有限公司、阳光保险集团股份有限公司、日照钢铁控股集团有限公司、世纪金源投资集团有限公司、广东省广晟资产经营有限公司、云南建工集团有限公司、广西投资集团有限公司、华盛江泉集团有限公司、上海市糖业烟酒（集团）有限公司、新疆特变电工集团有限公司、广西建工集团有限责任公司、东北特殊钢集团有限责任公司、中金再生资源（中国）投资有限公司、天津市医药集团有限公司、河北普阳钢铁有限公司、中国轻工产品进出口总公司、四川公路桥梁建设集团有限公司、江苏新世纪造船有限公司、山东石横特钢集团有限公司、新疆天业（集团）有限公司、天津城建集团有限公司、山西省国新能源发展集团有限公司、中太建设集团股份有限公司、青岛港（集团）有限公司、河南豫光金铅集团有限责任公司、山东博汇集团有限公司、三环集团公司、山东渤海实业股份有限公司、杭州华东医药集团有限公司、宜华企业（集团）有限公司、河北新安钢铁集团文安钢铁有限公司、邢台钢铁有限责任公司、四川九洲电器集团有限责任公司、诸城外贸有限责任公司、重庆小康工业集团股份有限公司、厦门路桥工程物资有限公司、四川蓝光实业集团有限公司、山西大昌汽车集团有限公司、华闻传媒投资集团股份有限公司、用友软件股份有限公司、无锡市交通产业集团有限公司、重庆中渝物业发展有限公司、大连鹏生集团有限公司。

向 2011 中国企业 500 强、2011 中国制造业企业 500 强、2011 中国服务业企业 500 强表示祝贺的单位

埃森哲（中国）有限公司、美国飞翰律师事务所、华夏基石管理咨询集团、北京知本创业管理咨询有限公司、中国长城计算机深圳股份有限公司、华彩咨询集团。

The Development Report on Top 500 Enterprises of China

Contents

第一章
2011 中国企业 500 强分析报告

2011 中国企业 500 强是由中国企业联合会、中国企业家协会连续第 10 次向社会发布“中国企业 500 强”排行榜。与往年不同的是，2011 中国企业 500 强去掉了一些政企合一单位的申报资格，原因在于这些部门还不是自主经营、自负盈亏的市场经济主体（如地方铁路局，但一些采用股份公司制度成立的铁路公司比如大秦铁路股份有限公司、广州铁路集团公司仍然申报并上榜）。在换榜方面，2011 中国企业 500 强共有 60 家企业换榜，其中 26 家因为 500 强门槛提高而未能入围，15 家铁路局因为不符合申报条件出局，12 家企业被兼并重组；整体上，中国企业 500 强的上榜企业已经具有相当的稳定性。

2010 年是国际金融危机仍然影响我国企业发展、经济刺激政策仍然发挥积极作用的一年。这一年，我国大企业在原有基础上，取得了长足的发展，突出表现在：（1）与 2010 中国企业 500 强相比，2011 中国企业 500 强的入围门槛有了大幅提高，年营业收入从上年的 110.8 亿元提高到了 141.98 亿元，增长了 28.1%；（2）经济效益大幅增长，500 强企业的营业收入总额、利润总额、资产总额、所有者权益总额、纳税总额都高速增长，尤其海外营业收入总额增长率达到 53.55%，海外资产总额增长率达到 38.90%，海外员工总数增加了 35.48%；（3）兼并重组在大企业成长中发挥了更加突出的作用，500 强中的 182 家企业共并购重组了 1112 家企业，一些地方国有企业通过地方政府主导的兼并重组迅速成为世界 500 强的超级公司；（4）企业更加重视技术创新在企业成长和转型中的作用，500 强中的 422 家企业共拥有专利数量达到 22.08 万项，较上年增长了 30.22%，其中发明专利数量达到 5.88 万项，增加了 12.86%。

一、2011 中国企业 500 强的规模特征

1. 2011 中国企业 500 强规模大幅跃升

2011 中国企业 500 强的规模持续壮大，表现在 500 家企业的总体规模和个体规模上。从总体规模上看，（1）入围门槛大幅提高。2011 中国企业 500 强的入围门槛前所未有地提高到了 141.98 亿元，较上年增长了 28.11%，是 2008 年国际金融危机以来增幅最大的一次，说明我国大企业已经完全走出了国际金融危机的阴霾，走上了正常发展轨道。（2）营业收入总额大幅增长。2011 中国企业 500 强的营业收入总额达到 36.31 万亿，与 2010 年国内生产总值 39.8 万亿的比值已经达到 91.3%，尽管这一比值并不严格，但仍能说明我国大企业在国民经济已经占据了举足轻重的地位和作用。（3）资产总额大幅增长。2011 中国企业 500 强资产总额达到 108.1 万亿，较上年增长了 18.4%。

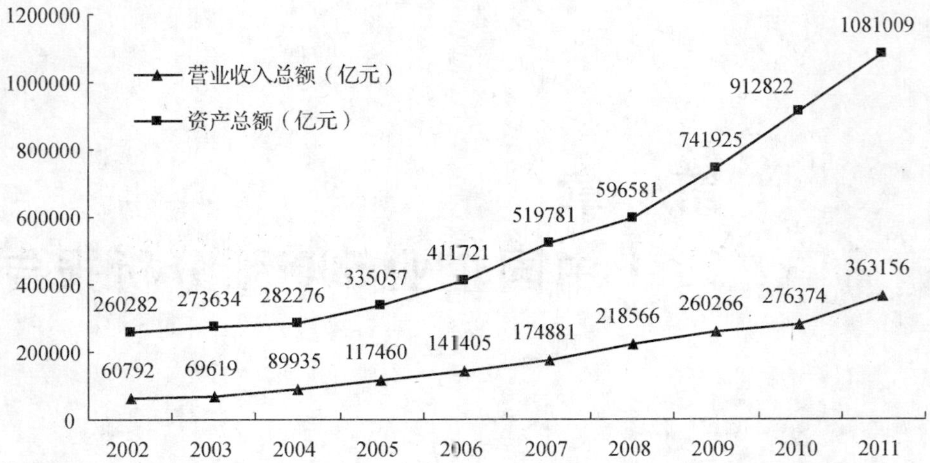

图 1-1　历年中国企业 500 强的营业收入和资产总额（2002—2011）

从个体规模上看，(1) 最大企业规模大幅增加。2011 中国企业 500 强中规模最大的企业中国石油化工集团公司，2010 年营业收入达到了 19690.42 亿元，接近 2 万亿大关，较上年增长了 41.46%，是 10 年来增幅最大的一年。(2) 500 亿俱乐部（营业收入超过 500 亿、低于 1000 亿元的企业群体）达到 90 家。2011 中国企业 500 强中有 90 家企业营业收入超过 500 亿元（低于 1000 亿），比上年增加了 27 家，增长了 42.86%。这些企业大多数是所在地经济的直接推动者，是地方政府的纳税大户，因而在区域范围内有着巨大的影响力。(3) 1000 亿元俱乐部（营业收入超过 1000 亿、低于 10000 亿的企业群体）企业大幅增加，达到 77 家。2011 中国企业 500 强中，除了 3 家万亿规模的企业，还有 77 家企业的营业收入超过了 1000 亿元（比上年增加了 17 家），其中包括 9 家民营企业（比上年增加了 2 家），分别是平安保险公司（1955 亿元）、华为公司（1851 亿元）、江苏沙钢（1786 亿元）、苏宁电器（1562 亿元）、国美电器（1549 亿元）、联想控股（1467 亿元）、海尔集团（1405 亿元）、山东魏桥创业集团（1185 亿元）、美的集团（1167 亿元）。这 77 家企业中，已经有 58 家企业进入了 2011 财富世界 500 强，其他 19 家企业都是明年世界 500 强的有力争夺者。(4) 进入世界 500 强的企业数量大幅增加。2011 年，我国共有 58 家大陆企业进入 2011 财富世界 500 强名单，比上年大幅增加了 15 家；除了联想集团和中远集团是再度上榜外，新进入世界 500 强的中国大企业是：首钢集团、中国邮政集团公司、中国电子信息产业集团有限公司、中国铁路物资股份公司、中国航空油料集团公司、中国机械工业集团有限公司、河南煤业化工集团有限责任公司、冀中能源集团、中国船舶重工集团公司、中国太平洋保险（集团）股份有限公司、中国化工集团公司、浙江物产集团、中国建筑材料集团有限公司。按 1 美元兑 6.759525 元人民币换算，2011 财富世界 500 强的入围门槛 1320.67 亿元人民币；事实上，我国还有 8 家企业可能入围世界 500 强，他们是百联集团、广汽集团、北京汽车集团、苏宁电器集团、国美电器、鞍钢集团、天津市物资集团、海尔集团。

2. 2011 中国企业 500 强的内部差距仍然很大

中国企业 500 强总体及个体规模在不断扩大，入围 500 强企业的规模差距仍然非常大。主要体现在 5 个方面。(1) 入围门槛企业与最大规模企业的差距仍然很大。2011 中国企业 500 强排名第 1 位的中国石油化工集团公司拥有资产总计达 14.85 万亿元，实现营业收入 1.97 万亿元，而排名第 500 位的福田雷沃国际重工股份有限公司资产和营业收入分别为 70.55 亿元、141.99 亿元，分别只占中国石化集团公司的 0.05% 和 0.72%。事实上，10 年来，中国 500 强企业的入围门槛企业与最大规模企业的巨大差距从未缩小（见图 1-2）。

（2）前 10 名与后 10 名的差距仍然很大。2011 中国企业 500 强前 10 名企业的资产总和为 44.37 万亿元，而后 10 名企业资产总和只有 1237.4 亿元，后者是前者的 0.28%。2011 中国企业 500 强前 10 名企业营业收入总和为 66613.8 亿元，而后 10 名企业的营业收入总和为 1210.9 亿元，后者是前者的 1.82%（见图 1-2）。尽管这一比值是 10 年来最高的，但是仍然说明 500 强企业之间的规模差距巨大。

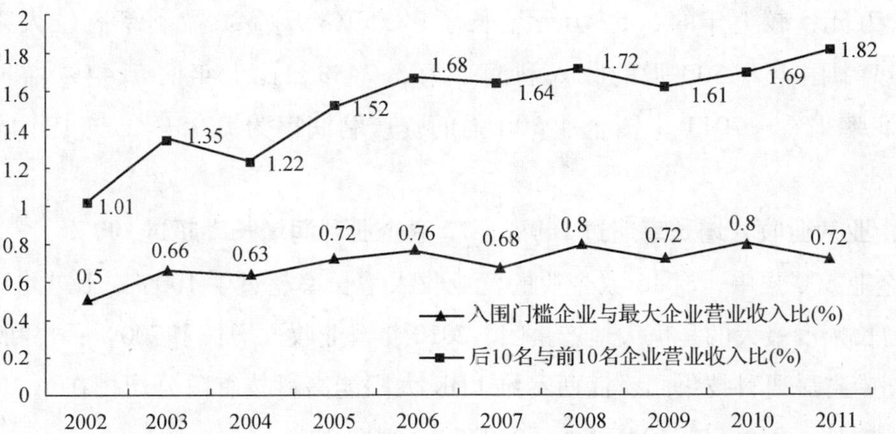

图 1-2 历年中国企业 500 强营业收入总额（2002—2011）

（3）民营企业与国有企业平均规模差距悬殊。2011 中国企业 500 强中共有 316 家国有企业、184 家民营企业，分别占 63.2%、36.8%。历年中国企业 500 强中的国有一民营企业比例也整体上稳定维持在这一水平。但国有大企业与民营大企业的规模差距依然悬殊。2010 年，316 家国有企业的平均营业收入达到 951.84 亿元，平均资产总额达到 3112.57 亿元，平均利润总额达到 54.68 亿元，分别是 184 家民营大企业的 2.81 倍、5.43 倍、2.59 倍。显然，2010 年，与民营大企业相比，我国国有大企业取得了更加突飞猛进的扩张（详见表 1-1）。

表 1-1　　2011 中国企业 500 强中国有企业与民营企业的差距

		2010 年营业收入额（亿元）	2010 年资产额（亿元）	2010 年利润额（亿元）
总和	316 家国有企业	300782.88	977367.94	17059.56
	184 家民营企业	62372.71	103756.31	3775.43
	国企/民企	4.82 倍	9.42 倍	4.52 倍
平均	316 家国有企业	951.84	3112.57	54.68
	184 家民营企业	338.98	573.24	21.09
	国企/民企	2.81 倍	5.43 倍	2.59 倍

二、2011 中国企业 500 强企业经济效益特征

1. 2011 中国企业 500 强的总体经济效益大幅增长

2011 中国企业 500 强在规模得到扩大的同时，总体经济效益较之上年也有大幅增长。（1）亏损面明显减少。2011 中国企业 500 强中，亏损的企业仅有 7 家（除 9 家未填报利润数据外），亏损面仅有 1.4%，比上年的 17 家亏损（5 家未填报利润数据）减少了 10 家。（2）利润总额大幅增长。2011 中国企业 500 强实现总利润 2.08 万亿元，较上年的 1.50 万亿，增长了 38.67%。（3）平均利润大幅增长。2011 中国企业 500 强的平均利润为 41.67 亿元，较上年平均利润 30.4 亿元增长了 37.07%。（4）人均净利润大幅提高。从人均实现利润看，2011 中国企业 500 强人均利润为 7.65 万元，较上年的 5.52 万元增长了 38.59%。（5）盈利率有较大幅增长。从收入利润率看，2011 中国企业 500 强的收入利润率为 5.74%，比上年的 5.44% 增长了 0.3 个百分点；从资产利润率来看，2011 中国企业 500 强的资产利润率为 1.93%，较上年的 1.65% 增长了 0.28 个百分点。

2. 15 家大企业营业收入增长率超过 100%，72 家企业利润增长率超过 100%

2011 中国企业 500 强中，有 15 家企业的营业收入增长率超过了 100%，比上年增加了 5 家。其中，营业收入增长幅度最大的是恒大地产集团，2010 年营业收入增长了 700%；吉利控股集团、江苏省丝绸集团、湖南省晟通科技集团、江西赛维 LDK 太阳能高科技有限公司排在第二至第五位，2010 年营业收入分别增长了 313.5%、246.8%、218.5%、202.2%。

有 72 家企业的利润增长率超过了 100%，比上年减少了 6 家。其中，利润增幅最大的是国家电网公司，2010 年利润额达到 324.4 亿元，增幅达到 1736.38%，北京外企服务集团、恒大地产集团、中国南方航空、四川公路桥梁建设集团、西部矿业集团、江苏申特钢铁、内蒙古电力、中国远洋运输集团、中国东方航空等 10 家企业 2010 年的利润增幅都超过 500%，分别达到 721.58%、618.54%、614.77%、584.69%、573.10%、570.20%、545.89%、521.75%、503.44%。

3. 国有商业银行与制造业企业的效益存在悬殊差距

我国是一个制造业大国，制造业企业 10 年来取得突飞猛进的发展。历年中国企业 500 强中，制造业企业都占 50% 以上。然而，一个不争的事实是，近年来实业企业的营商环境有恶化的趋势，其中最重要的方面就是实业企业的融资成本高企。从 2008—2011 中国企业 500 强数据可以发现，2007—2010 年间，500 强中的制造业企业的营业收入总和都占到 500 强总和的 40% 以上，而利润总额却只有 500 强总和的 30% 左右。相反的是，同一时期，我国最大 5 家国有商业银行的营业收入总额均只有 500 强总和的 6% 左右，但它们的利润总和却已经占到 500 强总额的 27% 左右（详见表 1－2）。实业部门与商业银行部门存在悬殊的利润差距，长此以往，市场经济条件下资本必然流出实业部门、流向金融部门，我国制造业也必然出现“空心化”趋势。

表1-2 5大国有商业银行与制造业企业的悬殊差距（2007—2010年）

指标		年份	2007年	2008年	2009年	2010年
5家国有商业银行	营业收入（亿元）	总和	17087.89	16787.98	16756.47	19710.20
		占500强之比	6.57	6.08	6.06	5.43
	利润（亿元）	总和	3487.42	3956.23	4165.22	5444.75
		占500强之比	28.93	26.32	27.71	26.13
制造业企业	营业收入（亿元）	总和	88269.47	114563.35	116864.68	157366.08
		占500强之比	40.39	44.02	42.30	43.33
	利润（亿元）	总和	4445.88	3568.50	4539.27	6312.42
		占500强之比	32.31	29.60	30.20	30.30

注：（1）5家国有商业银行分别是中国工商银行、中国农业银行、中国建设银行、中国银行、交通银行；（2）2007—2010年，500强企业中分别有291、294、279、279家制造业企业。

4.10家公司最能挣钱，10家公司人均盈利能力最强

2011中国企业500强中，公司总体盈利能力最强的10家企业分别是：中国工商银行、中国建设银行、中国银行、中石油、中国农业银行、中海油、中移动、中石化、交通银行、中信集团，2010年分别实现利润1662.25亿元、1348.44亿元、1096.91亿元、972.52亿元、948.73亿元、742.31亿元、658.85亿元、516.40亿元、390.42亿元、333.51亿元。10家企业的利润之和达到8668.43亿元，占500强利润总额的41.6%。这充分说明国有金融部门和垄断企业的超强盈利能力。

2011中国企业500强中，人均盈利能力最强的有10家企业，它们的人均利润均超过了100万元。它们分别是：江苏华夏融创置地集团（254.23万元）、天津市津能投资公司（230.93万元）、珠海振戎公司（195.32万元）、福佳集团（185.66万元）、中金再生资源（中国）投资有限公司（177.07万元）、上海绿地集团（146.24万元）、内蒙古伊泰集团（125.08万元）、天狮集团（121.06万元）、大连西太平洋石油化工有限公司（113.29万元）、中海油总公司（112.64万元）。这10家企业中，有5家能源或资源类企业、3家房地产开发企业，直接印证了我国现阶段依赖能源、资源和房地产投资的经济增长模式。

5.2011中国企业500强税收总额占国家税收的37.3%

纳税是500强企业对国民财富贡献的一个直接反映。2011中国企业500强纳税总额达到2.73万亿，较上年的2.12万亿增长了28.77%；占2010年我国税收总额的37.3%，较上年贡献的35.7%又增长1.6个百分点。500强企业对国家税收的贡献日益突出。

从单个企业看，2011中国企业500强中，有49家企业的纳税额超过100亿元，比上年增加了5家。其中，纳税额超过1000亿元的有2家，分别是中石油（3190.98亿元）、中石化（2813.20亿元）。具体分布如表1-3所示。

表 1-3　　2011 中国 500 强企业的纳税分类

纳税总额	超过 1000 亿	100 ~ 1000 亿	50 ~ 100 亿	10 ~ 50 亿	1 ~ 10 亿	1 亿以下
企业数目（家）	2	47	47	184	197	8
占 500 强企业比例（%）	0.4	9.4	9.4	36.8	39.4	1.6

注：2011 中国企业 500 强中，有 15 家未填报纳税数据。

从行业看，有 8 个行业的纳税额超过 1000 万元，比上年多了 1 个（建筑业）（详见表 1-4）。

表 1-4　　2011 中国企业 500 强中纳税额最多的 10 个行业

行业名称	上榜企业数	营业收入（亿元）	纳税总额（万元）
石油、天然气开采及生产业	3	21777.18	4158.24
商业银行业	12	22738.75	3087.44
石化产品、炼焦及其他燃料加工业	9	21795.07	3001.15
烟草加工业	9	3848.71	2404.61
汽车及零配件制造业	19	20509.94	2044.68
煤炭采掘及采选业	24	16539.06	1749.26
电力、热力、燃气等能源供应服务业	7	20177.41	1321.60
建筑业	42	28395.99	1210.04
黑色冶金及压延加工业	55	32702.32	986.28
邮电通信业	4	11464.05	910.94

三、2011 中国企业 500 强行业特征

2011 中国企业 500 强的行业分类共有 76 个，较上年增加了 1 个。变化情况是：（1）将上年合并到“食品加工制造业”中的“饮料加工业”、“乳制品加工业”又单列出来；（2）去掉了“电子办公设备及影像设备制造业”、“其他金融服务业”；（3）新增了“互联网传媒、商务、娱乐服务业”。

1. 500 强企业在 36 个行业的市场地位相对稳定

2011 中国企业 500 强的 76 个行业分类中，共有 36 个行业的 500 强企业数量没有变化，占 47.37%。这说明，500 强大企业在这 36 个行业中的市场地位已经相对稳定，也说明这些行业中的后来者想要取得“中国企业 500 强”资格的难度已经相当大了。这 36 个行业共分 4 类：第 1 类是“农林牧渔业”，多年来只有 1 家企业上榜；第 2 类是“采矿业”，有 1 个行业的上榜企业没有变化，即“石油、天然气开采及生产业”（3 家）；第 3 类是制造业，共有 15 个行业的上榜企业数量没有变化，分别是“农副食品及产品加工业”（5 家）、“酿酒制造业”（4 家）、“烟草加工业”（9 家）、“肉食品加工业”（3 家）、“医药制造业”（5 家）、“建筑材料及玻璃等制造业”（8 家）、“工业机械、设备及零配件制造业”（4 家）、“农林机械、设备及零配件制造业”（1 家）、“电梯及运输、仓储设备与设

施制造业”（1家）、“轨道交通设备及零部件制造业”（2家）、“黄金冶炼及压延加工业”（4家）、“电子元器件与仪器仪表、自动化控制设备制造业”（3家）、“计算机及零部件制造业”（3家）、“航空、航天、核工业与兵器制造业”（5家）、“综合制造业（以制造业为主，含有服务业）”（13家）。

第4类是服务业，共有19个行业的500强上榜企业数量没有变化，分别是“道路运输、城市公交及辅助、服务业（3家）、“港口服务业”（3家）、“航空运输及相关服务业”（4家）、“邮电通信业”（4家）、“物流、仓储、运输、配送服务业”（6家）、“矿产、能源内外商贸批发业”（5家）、“化工产品及医药内外商贸批发业”（1家）、“机电、电子产品内外商贸及批发业”（2家）、“生产资料内外贸易批发、零售业”（6家）、“金属内外贸易及加工、配送、批发零售业”（4家）、“电器商贸批发、零售业”（3家）、“医药专营批发、零售业”（3家）、“商业零售业”（10家）、“连锁超市”（2家）、“商业银行业”（12家）、“财产保险业”（1家）、“旅游、旅馆及娱乐服务业”（2家）、“公用事业、市政服务、公共设施经营与管理业”（2家）、“综合保险业”（2家）。

2. 钢铁行业连续10年上榜企业数量最多

众所周知，进入新世纪以来我国逐渐进入重化工业化发展阶段，其主要特征就是钢铁、建材、煤炭、石油、机械、电子等重化工业市场的高速扩张和重化工企业的高速发展。2011中国企业500强中，共有55家“黑色冶金及压延加工业”即钢铁企业上榜，虽然比上年减少了3家，但仍然是中国企业500强中上榜企业数量最多的行业。并且，钢铁企业已经连续10年在中国企业500强排行榜上占据最多的位置。

不过，可以从图1－3可以清晰地看出，历年500强企业中的钢铁数量趋势图可以分为两段：第一段是2002—2006年，钢铁企业的上榜数量持续增加；第二段是2006—2011年，钢铁企业的上榜数量虽有波动，但总体上呈下降态势。这一趋势图，一定程度上可以说明我国钢铁企业在中国企业500强版图上地位的变化。

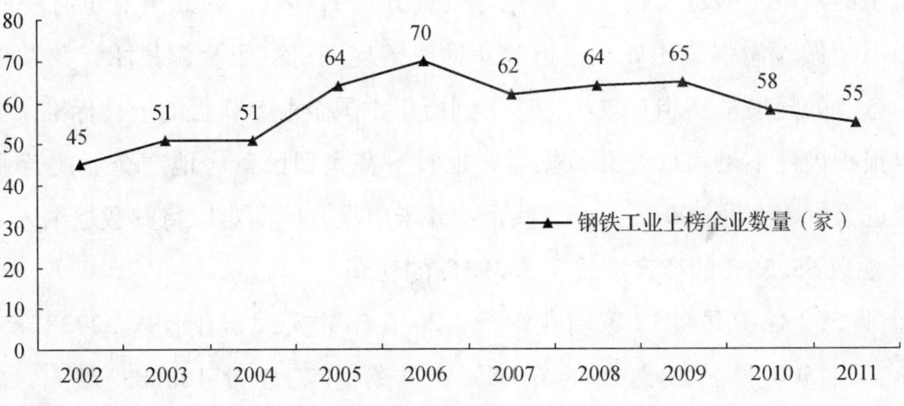

图1－3 历年中国企业500强中的钢铁企业数量（2002—2011）

3. 建筑业和房地产业企业上榜数量10年来呈上升趋势

我国重化工业化阶段是以居民收入增长和消费升级为根本驱动力的。消费升级主要体现在两个方面，第一个方面是居民居住、出行需求的满足，其结果直接体现在我国房地产行业、交通设施和建筑行业的高速扩张，以及对钢铁、建材、家电、工程机械、电子、轻工纺织等行业的带动上。房地产投资的高速扩张也是我国投资驱动的经济增长模式的主要组成部分。这一经济现象体现在历年中国企业500强排行榜中，就是建筑业企业的上榜数量连续10年居第二位，并且10年来总体上呈上升趋势（图1－4）。

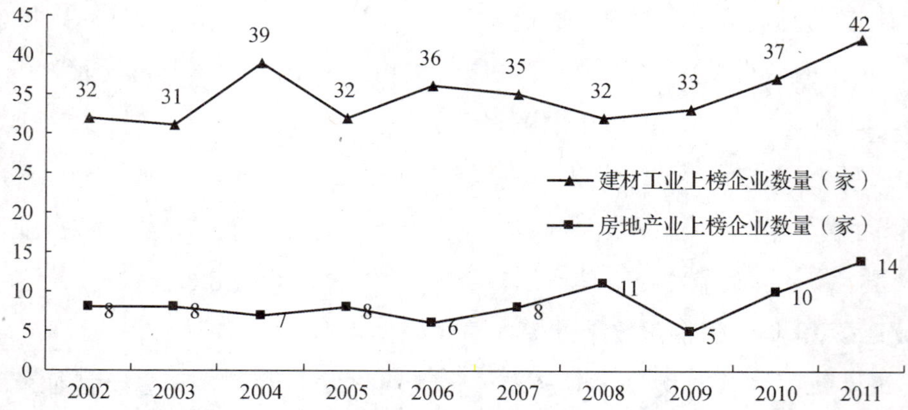

图1－4　历年中国企业500强中的建材企业数量（2002—2011）

值得注意的是，虽然房地产企业在历年中国企业500强中的上榜数量整体呈上升趋势，但直到今年才有14家企业进入500强行列，企业数量并不是很多（图1－4），似乎与近年来我国房地产蓬勃发展的态势并不相符。究其原因，主要在于三个方面：第一，我国许多大型房地产企业都是大型国有企业的子公司，比如保利地产隶属保利集团、中国海外发展隶属中建材集团、华润置地隶属华润总公司、远洋地产隶属中远集团等等，单单从营业收入上看这些企业，或许许多都可以进入中国企业500强，但由于母公司合并财务报表的原因，子公司没有资格参加排行。第二，房地产行业是民营资本投资比较集中的领域，但也有投资区域化、投资分散的特点，因此虽然也有一些民营房地产企业在市场竞争中不断做大做强，比如大连万达集团、碧桂园、世纪金源集团、龙湖地产等，但绝大多数民营房地产企业的规模都还相对较小，达不到历年中国企业500强的上榜标准。第三，部分民营房地产企业的申报积极性不足。从公开数据看，也有一些大型民营房地产企业的营业收入达到了申报标准并有可能进入中国企业500强，但这些企业并未申报，因而难以将其数据纳入。

4. 商业银行业以55.38%的资产实现了30.93%的利润

2011中国企业500强中共有12家商业银行，2010年共实现营业收入22738.75亿元，较上年增长了31.44%，占500强营收总额的6.26%；共有职工数量168.83万人，较上年增长了4.91%，占500强职工总数的6.19%；共有资产总额598729.62亿元，较上年增长了20.43%，占500强资产总额的55.38%；实现利润总额6445.04亿元，较上年增长了38.63%，占500强利润总额的30.90%。这些数字中包含以下几个信息：第一，商业银行业的资产总额排名第一，12家商业银行的资产总额竟然占500强的一半以上；第二，除了腾讯公司代表的“互联网传媒、商务、娱乐服务业”（收入利润率41.31%，人均利润75.90万元/人），商业银行业的收入利润率

(28.34%)、人均利润(38.17 万元/人)都是最高的，远远高于 2011 中国企业 500 强的总体水平(收入利润率 5.74%，人均利润 7.65 万元/人)；第三，商业银行业的资产利润率 1.08%，在全部 76 个行业中倒数第 5。

从单个企业看，入围的 12 家银行中，(1) 5 大国有商业银行的营业收入都突破了千亿元，最大的中国工商银行 2010 年营业收入达到 5450 亿元；(2) 5 大国有商业银行的利润额也是 12 家企业中最高的，其中中国工商银行 2010 年实现利润 1660.25 亿元；(3) 从利润增长率看，广发银行的利润增长率最高，达到 82.71%；其次为华夏银行 59.29%，其余 10 家的利润增长率在 20－50%之间；(4) 从收入利润率看，兴业银行 2010 年的收入利润率最高，达到了 42.62%，最低的广发银行的收入利润率也达到了 18.16%；从这些指标看，2010 年我国商业银行业的经济效益要明显好于上年。

5. 行业之间的效益与效率存在显著差异

2011 中国 500 强企业有 6 个行业的平均收入利润率超过 10%(详见表 1－5)，为“互联网传媒、商务、娱乐服务业”、“商业银行业”、“港口服务业”、“酿酒制造业”、“房地产开发与经营、物业及房屋装饰、修缮、管理等服务业”、“饮料加工业”。其中，“互联网传媒、商务、娱乐服务业”的平均收入利润率最高，达 41.31%。平均收入利润率不到 1% 的有 4 个行业(详见表 1－6)。

表 1－5　　2011 中国企业 500 强中收入利润率超过 10% 的 6 个行业

名　　称	上榜企业数量	营业收入(亿元)	利润(亿元)	收入利润率(%)
互联网传媒、商务、娱乐服务业	1	196.46	81.15	41.31
商业银行业	12	22738.75	6445.04	28.34
港口服务业	3	512.67	83.06	16.20
酿酒制造业	4	901.17	141.82	15.74
房地产开发与经营、物业及房屋装饰、修缮、管理等服务业	14	4624.83	636.51	13.76
饮料加工业	2	700.41	73.96	10.56

表 1－6　　2011 中国企业 500 强中收入利润率不到 1% 的 4 个行业

名　　称	上榜企业数量	营业收入(亿元)	利润(亿元)	收入利润率(%)
技术智力、人力资源、劳务等国际合作及其他对外经济合作服务业	2	402.20	3.51	0.87
生产资料内外贸易批发、零售业	6	5181.78	32.50	0.63
农业、渔业、畜牧业及林业	1	1016.00	5.58	0.55
金属内外贸易及加工、配送、批发零售业	4	2460.15	0.90	0.04

2011 中国 500 强企业有 8 个行业的平均资产利润率超过 10%（详见表 1－7），为“互联网传媒、商务、娱乐服务业”、“饮料加工业”、“农林机械、设备及零配件制造业”、“酿酒制造业”、“通讯设备及其他电子设备、元器件制造业”、“研发、科技交流与推广和地勘、规划、设计、评估、咨询及总承包等服务业”、“工程机械、设备及零配件制造业”、“肉食品加工业”。其中，“互联网传媒、商务、娱乐服务业”的平均收入利润率最高，达 22.65%。平均资产利润率不到 1% 的有 4 个行业（详见表 1－8）。

表 1－7　　2011 中国企业 500 强中资产利润率超过 10% 的 8 个行业

名　　称	上榜企业数量	资产（亿元）	利润（亿元）	资产利润率（%）
互联网传媒、商务、娱乐服务业	1	358.30	81.15	22.65 W
饮料加工业	2	366.04	73.96	20.21
农林机械、设备及零配件制造业	1	43.17	8.38	19.41
酿酒制造业	4	1160.51	141.82	12.22
通讯设备及其他电子设备、元器件制造业	3	2687.01	277.47	10.33
研发、科技交流与推广和地勘、规划、设计、评估、咨询及总承包等服务业	1	217.92	22.35	10.26
工程机械、设备及零配件制造业	5	1776.47	181.25	10.20
肉食品加工业	3	883.34	89.02	10.08

表 1－8　　2011 中国企业 500 强中资产利润率不到 1% 的 4 个行业

名　　称	上榜企业数量	资产（亿元）	利润（亿元）	资产利润率（%）
财产保险业	1	4405.89	38.82	0.88
电力生产业	8	29652.00	213.58	0.72
农业、渔业、畜牧业及林业	1	884.39	5.58	0.63
金属内外贸易及加工、配送、批发零售业	4	1606.33	0.90	0.06

从资产周转率看，2011 中国 500 强企业的行业资产周转率也有显著差异。76 个行业中，有 10 个行业的资产周转率超过 2 次（详见表 1－9），其中以苏宁电器、国美电器为代表的“电器商贸批发、零售业”的资产周转率最高，达到了 6.41 次/年。10 个资产周转最快的行业中，其中 6 个都是商贸流通领域的服务业，说明我国商贸流通领域的高效的商业模式。76 个行业中，资产周转率最低的 10 个行业都是服务业（详见表 1－10），包括房地产业、电力生产业、港口服务业、保险业、通信业、商业银行业等。

表1－9　　2011中国企业500强中资产周转率最高的10个行业

名　　称	上榜企业数量	营业收入（亿元）	资产（亿元）	资产最周转率（次）
电器商贸批发、零售业	3	3315.05	516.88	6.41
技术智力、人力资源、劳务等国际合作及其他对外经济合作服务业	2	402.20	66.49	6.05
农林机械、设备及零配件制造业	1	236.39	43.17	5.48
连锁超市	2	614.40	190.21	3.23
商业零售业	10	5201.53	2091.79	2.49
软件、程序、线路的设计和计算机应用、网络工程等计算机、微电子服务业	2	703.43	285.31	2.47
农副食品及产品加工业	5	1720.64	713.13	2.41
矿产、能源内外商贸批发业	5	3982.03	1722.21	2.31
生产资料内外贸易批发、零售业	6	5181.78	2298.69	2.25
综合性内外商贸及批发、零售业	5	1534.95	738.74	2.08

表1－10　　2011中国企业500强中资产最周转率最低的10个行业

名　　称	上榜企业数量	营业收入（亿元）	资产（亿元）	资产最周转率（次）
房地产开发与经营、物业及房屋装饰、修缮、管理等服务业	14	4624.83	10762.29	0.43
电力生产业	8	9328.48	29652.00	0.31
港口服务业	3	512.67	1710.51	0.30
人寿保险业	5	6650.76	22225.14	0.30
公用事业、市政服务、公共设施经营与管理业	2	475.61	1643.61	0.29
综合保险业	2	3371.96	16473.38	0.20
邮电通信业	4	11464.05	57401.31	0.20
商务服务业	8	6137.47	34398.08	0.18
道路运输、城市公交及辅助、服务业	3	751.91	4352.13	0.17
商业银行业	12	22738.75	598729.62	0.04

表 1 - 11　　**2011 中国企业 500 强分行业主要指标**　　单位：亿元、万人

行业名称	企业数	营业收入	利润	资产	纳税总额	从业人数
全国	500	363155.58	20834.99	1081124.25	27280.52	2723.90
农业、渔业、畜牧业及林业	1	1016.00	5.58	884.39	12.65	72.15
煤炭采掘及采选业	24	16539.06	960.69	23227.24	1749.26	248.81
石油、天然气开采及生产业	3	21777.18	1790.21	33919.85	4158.24	185.49
建筑业	42	28395.99	593.54	25791.20	1210.04	259.70
电力生产业	8	9328.48	213.58	29652.00	710.18	65.33
农副食品及产品加工业	5	1720.64	51.71	713.13	30.52	14.17
食品加工制造业	3	1584.22	100.83	2023.30	57.22	18.04
乳制品加工业	2	599.30	21.52	326.68	31.69	4.51
饮料加工业	2	700.41	73.96	366.04	51.40	4.78
酿酒制造业	4	901.17	141.82	1160.51	174.77	12.94
烟草加工业	9	3848.71	341.09	3809.45	2404.61	11.92
纺织、印染业	5	2179.00	114.81	1238.99	75.85	20.51
纺织品、服装、鞋帽（含皮草、毛、绒等）加工业	6	1339.29	97.13	1524.40	57.49	14.95
肉食品加工业	3	1496.65	89.02	883.34	45.15	18.59
造纸及纸制品加工业	6	1504.57	95.04	1856.58	67.09	8.99
生活消费品和文体、玩具、家具、首饰、珠宝、宝石、工艺等轻工产品加工业	3	858.46	29.91	653.75	22.40	5.86
石化产品、炼焦及其他燃料加工业	9	21795.07	565.02	16360.53	3001.15	69.85
化学原料及化学制品制造业	13	4560.25	128.36	5225.57	179.19	34.73
医药制造业	5	1269.27	59.56	928.05	69.20	9.14
化学纤维制造业	6	1542.85	97.97	1101.51	51.03	7.75
橡胶制品业	5	849.59	43.99	559.79	28.64	5.47
建筑材料及玻璃等制造业	8	3514.90	214.41	4144.31	272.26	30.04
黑色冶金及压延加工业	55	32702.32	711.16	33381.87	986.28	169.29
一般有色冶金及压延加工业	24	10060.73	228.90	10802.77	262.55	59.07
金属制品业	4	652.94	22.46	440.19	30.58	5.42
工程机械、设备及零配件制造业	5	1985.17	181.25	1776.47	74.95	12.60
工业机械、设备及零配件制造业	4	751.80	27.89	846.07	24.77	8.61
农林机械、设备及零配件制造业	1	236.39	8.38	43.17	3.13	2.26

续表

行业名称	企业数	营业收入	利润	资产	纳税总额	从业人数
电力、电气、输变电等机械、设备、器材、元器件和电池、线缆制造业	16	3233.34	164.35	2700.57	126.06	23.29
电梯及运输、仓储设备与设施制造业	1	517.68	30.02	541.31	9.30	6.34
轨道交通设备及零部件制造业	2	1316.29	33.46	1641.16	52.52	17.61
家用电器及零配件制造业	10	5896.46	218.62	4613.64	243.69	53.72
黄金冶炼及压延加工业	4	1400.71	108.63	1218.54	69.86	10.06
电子元器件与仪器仪表、自动化控制设备制造业	3	2023.76	49.86	1393.35	50.00	14.03
计算机及零部件制造业	3	2170.98	48.30	1896.88	41.22	6.71
通讯设备及其他电子设备、元器件制造业	3	3501.47	277.47	2687.01	23.53	23.86
汽车及零配件制造业	19	20509.94	1107.05	15152.46	2044.68	85.42
摩托车及零配件制造业	2	309.06	11.36	287.69	9.09	2.38
航空、航天、核工业与兵器制造业	5	8432.59	246.13	12720.76	399.62	112.18
动力、发电、电力生产等机械、装备制造业	7	3429.93	212.11	3845.44	145.03	19.40
综合制造业（以制造业为主，含有服务业）	13	5852.96	207.67	5283.14	171.00	32.67
船舶制造业	4	2017.23	151.24	4055.51	78.24	19.06
电力、热力、燃气等能源供应服务业	7	20177.41	477.94	29104.92	1321.60	195.38
铁路运输及辅助服务业	3	2433.88	119.24	3904.96	72.13	26.44
道路运输、城市公交及辅助、服务业	3	751.91	69.77	4352.13	67.94	9.52
水上运输业	2	2289.62	108.23	4625.10	65.91	11.70
港口服务业	3	512.67	83.06	1710.51	32.51	5.16
航空运输及相关服务业	4	3055.08	248.46	5975.24	153.55	22.75
邮电通信业	4	11464.05	806.28	57401.31	910.94	187.42
软件、程序、线路的设计和计算机应用、网络工程等计算机、微电子服务业	2	703.43	14.26	285.31	7.15	2.20
物流、仓储、运输、配送服务业	6	2697.54	54.68	2342.02	114.20	11.88
矿产、能源内外商贸批发业	5	3982.03	63.15	1722.21	123.52	10.99
化工产品及医药内外商贸批发业	1	3353.27	73.45	2114.56	67.23	5.01
机电、电子产品内外商贸及批发业	2	1496.33	33.53	1115.95	70.45	6.38
纺织、服装、文体、烟酒、工艺、首饰等轻工产品内外商贸批发业	11	2744.91	84.62	1578.96	113.12	8.85

续表

行业名称	企业数	营业收入	利润	资产	纳税总额	从业人数
粮油食品及农林、土畜、果蔬、水产品等内外商贸批发、零售业	1	1791.73	54.17	2326.07	0.00	8.85
生产资料内外贸易批发、零售业	6	5181.78	32.50	2298.69	39.21	7.29
金属内外贸易及加工、配送、批发零售业	4	2460.15	0.90	1606.33	24.21	5.13
综合性内外商贸及批发、零售业	5	1534.95	22.32	738.74	30.84	3.54
汽车和摩托车商贸、维修保养及租赁业	2	716.31	14.46	400.49	13.60	3.65
电器商贸批发、零售业	3	3315.05	45.29	516.88	47.40	15.74
医药专营批发、零售业	3	1335.78	41.11	939.17	35.66	6.78
商业零售业	10	5201.53	61.78	2091.79	91.28	20.41
连锁超市	2	614.40	17.69	190.21	15.69	3.94
商业银行业	12	22738.75	6445.04	598729.62	3087.44	168.83
人寿保险业	5	6650.76	268.14	22225.14	156.72	27.67
财产保险业	1	2443.14	38.82	4405.89	0.00	9.46
商务服务业	8	6137.47	527.44	34398.08	358.68	68.18
房地产开发与经营、物业及房屋装饰、修缮、管理等服务业	14	4624.83	636.51	10762.29	414.95	17.25
旅游、旅馆及娱乐服务业	2	800.78	21.48	885.27	36.23	9.85
公用事业、市政服务、公共设施经营与管理业	2	475.61	34.85	1643.61	38.74	5.58
技术智力、人力资源、劳务等国际合作及其他对外经济合作服务业	2	402.20	3.51	66.49	11.45	0.52
研发、科技交流与推广和地勘、规划、设计、评估、咨询及总承包等服务业	1	223.69	22.35	217.92	16.57	2.70
互联网传媒、商务、娱乐服务业	1	196.46	81.15	358.30	25.08	1.07
综合服务业（以服务业为主，含有制造业）	4	2853.32	94.08	1938.13	122.04	13.22
综合保险业	2	3371.96	258.68	16473.38	288.35	12.88

四、2011 中国企业 500 强地域分布特征

10 年来，我国大企业发展都存在地区间的发展不平衡问题，主要特征是大企业主要集中在东部沿海的经济发达地区，中西部、东北地区的大企业发展缓慢，数量少，尤其民营企业的培育和发展

能力弱。从2002年中国企业联合会第一次发布中国企业500强以来，东部地区的大企业数量都占70%以上（见图1-5）；这种格局近十年来没有大的变化。2011中国企业500强延续了这一格局，东部地区有365家企业上榜，占73%，比上年增加了11家；中部地区有56家企业上榜，占11.2%，比上年减少了3家；西部地区有55家企业上榜，占11%，比上年减少了3家；东部地区有4.8%，比上年减少了5家。中部和西部地区比例均有所下降。（详见表1-12）。

从单个省份的上榜情况看，和上年一样，全国共有29个省区有企业进入2011中国企业500强，只有西藏、宁夏没有企业入围。

东部地区：浙江44家、山东52家、广东37家、江苏49家、河北20家、北京100家、天津22家、上海30家、福建9家。

中部地区：河南15家、安徽12家、湖南7家、湖北8家、江西5家、山西9家。

西部地区：重庆9家、四川10家、云南8家、陕西8家、广西4家、内蒙古6家、贵州2家、甘肃3家、新疆4家、青海1家、海南2家。

东北地区：辽宁16家、吉林2家、黑龙江6家。

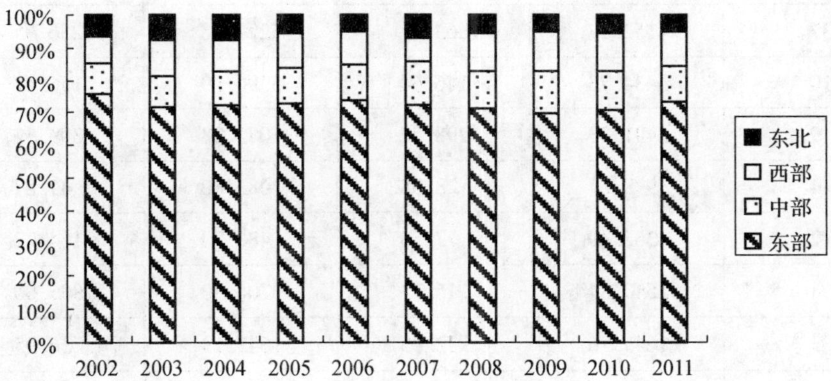

图1-5 历年中国企业500强的地区分布图

表1-12　　2011中国500强企业地域分布

名称	企业数	营业收入（亿元）	利润（亿元）	资产（亿元）	纳税总额（亿元）	从业人数（万人）
全国	500	363155.58	20834.99	1081124.25	27280.52	2723.90
北京	100	184865.72	11743.34	779713.30	15492.19	1363.17
上海	30	22688.30	1644.64	88883.64	2201.40	92.72
天津	22	10666.13	202.01	7508.54	208.80	34.36
重庆	9	1945.39	63.14	2522.16	86.74	31.63
黑龙江	6	2201.96	38.89	2472.84	112.03	110.68
吉林	2	3147.14	254.72	1990.74	348.63	11.27
辽宁	16	6344.64	216.90	7249.16	465.34	52.69

续表

名称	企业数	营业收入（亿元）	利润（亿元）	资产（亿元）	纳税总额（亿元）	从业人数（万人）
河北	20	8632.51	200.86	6098.14	291.07	61.53
河南	15	5677.27	185.15	5186.28	429.03	64.67
山东	52	17964.77	972.70	15956.70	922.42	124.05
山西	9	6654.79	269.31	7362.17	484.80	74.78
陕西	8	3137.50	185.08	4383.78	466.98	33.88
安徽	12	4646.59	133.37	5022.91	257.22	42.41
江苏	49	16497.16	739.21	11906.30	509.56	110.53
湖南	7	3117.26	212.38	3129.99	514.58	20.50
湖北	8	7744.01	321.66	5875.95	624.92	44.10
江西	5	2056.66	64.62	1444.51	70.01	11.42
浙江	44	14165.70	552.35	11907.23	768.04	92.60
广东	37	24152.17	1863.57	75221.98	1256.85	207.58
四川	10	3434.73	146.64	3396.79	156.47	42.52
福建	9	3491.33	298.52	21082.38	309.32	15.55
广西	4	999.67	28.58	1082.60	49.87	18.54
贵州	2	362.49	72.50	480.70	164.22	2.69
云南	8	2540.84	116.73	3704.50	805.00	22.57
甘肃	3	1645.76	32.85	1645.13	36.95	7.70
青海	1	189.92	1.36	293.21	9.73	1.16
新疆	4	1186.44	81.57	1257.56	44.02	7.93
内蒙古	6	2080.73	153.19	2308.88	171.11	15.53
海南	2	917.99	39.14	2036.16	23.22	5.12

五、2011 中国企业 500 强所有制分布特征

国民经济中存在规模庞大且控制着经济命脉的国有资本，是我国社会主义市场经济的基本特征。国有资本体现为数量不多但规模庞大的国有金融企业和国有工业企业上。

1. 国有及控股企业仍然保持绝对主导地位

经过多年的国有企业改革和并购重组，国有大企业成为了国有企业的主体，尤其 2003 年成立国资委后，国有大企业目前已经成长为具有巨大规模、强大盈利能力的企业群体。在历年中国企业 500 强中，国有及国有控股企业占 2/3，民营及民营控股企业占 1/3。这种格局近十年来没有大的变化。

2011中国企业500强与往年相比，所有制结构没有发生变化，国有及国有控股企业仍旧保持主导地位。在2011中国企业500强中，国有及国有控股企业共有316家，占总数的63.2%，比上年减少了13家；实现营业收入30.08万亿元，较上年增长了32.83%，占500强企业营业收入总额的84.69%；资产总额为97.74万亿，较上年增长了18.18%，占500强资产总额的90.35%；实现利润总额为1.71万亿元，较上年增长了38.52，占500强企业利润总额的83.72%。

在2011中国企业500强中，民营企业共有184家，占总数的36.8%，比上年增加了13家；实现营业收入6.24万亿元，较上年增长了33.17%，占500强企业营业收入总额的15.31%；资产总额为1.04万亿，较上年增长了27.80%，占500强资产总额的90.35%；实现利润总额为3775.43亿元，较上年增长了37.57%，占500强企业利润总额的16.28%。(详见表1-13)。

表1-13　　2011中国企业500强按所有制主要指标

所有制	企业数	营业收入（亿元）	资产总额（亿元）	利润总额（亿元）
全国	500	363155.59	1081124.25	20834.99
国有及其控股	316	300782.88	977367.94	17059.56
民营	184	62372.71	103756.31	3775.43

2. 国有企业分布在67个行业，民营企业分布在50个行业

事实上，国有资本的控制力和影响力不但体现在国有企业对核心经济命脉的垄断和国有企业的不断扩张和做大做强上，还体现在国有资本在国民经济中的覆盖面上。2011中国企业500强的76个行业分类中，国有及国有控股企业遍及其中的67个领域，仅有9个行业没有国有企业上榜。分别是：(1) 制造业7个："农副食品及农产品加工业"、"饮料加工业"、"纺织品、服装、鞋帽加工业"、"肉食品加工业"、"化学纤维制造业"、"金属制品业"、"摩托车及零配件制造业"；(2) 服务业2个："汽车及摩托车商贸、维修保养及租赁业"、"互联网传媒、商务、娱乐服务业"。

26个行业没有民营企业上榜。分别是：(1) 第一产业1个："农林渔牧业"；(2) 采矿业1个："石油、天然气开采及生产业"；(3) 制造业领域8个："酿酒制造业"、"烟草加工业"、"生活消费品和文体用品、玩具、首饰、珠宝、工艺等轻工产品加工业"、"农林业机械、设备及零配件制造业"、"电梯及运输、仓储设备、器材与设施制造业"、"轨道交通设备及零部件制造业"、"黄金冶炼及压延业"、"航空、航天、核工业与兵器制造业"；(4) 公用事业1个："电力生产业"；(5) 服务业15个："电力、热力、燃气等能源供应服务业"、"铁路运输及辅助服务业"、"道路运输、城市公交业及交通辅助、服务业"、"水上运输业"、"港口服务业"、"航空运输业"、"邮电通信业"、"物流、仓储、运输、配送服务业"、"化工产品及医药批发及内外商贸业"、"机电、电子批发及内外商贸业"、"粮油食品及农林、土畜、果蔬、水产品等内外批发商贸业"、"生产资料批发及内外商贸业"、财产保险业、"旅游、宾馆及娱乐服务业"、"公用事业、市政服务、公共设施、水务等经营与管理业”、“技术、智力、人力资源、劳务、培训、会展、博览等国内外合作以及其他对外经济合作服务业”、“研发、科技交流与推广和地勘、规划、设计、评估、咨询、认证及总承包等服务业”。

41个行业都有国有企业和民营企业上榜。其中，（1）国有企业居多的行业有5个：煤炭采掘机采选业（23家国企、1家民企）、建筑业（31家国企、11家民企）、汽车及零配件制造业（15家国企、4家民企）、“纺织、服装、文体、烟酒、玩具、工艺、首饰等轻工产品和家具、家居商品内外批发及商贸业”（10家国企、1家民企）、商业零售业（9家国企、1家民企）、医药专营批发零售业（9家国企、1家民企）；（2）民营企业居多的行业有2个：造纸及纸制品加工业（1家国企、5家民企）、综合制造业（4家国企、9家民企）、房地产开发与经营业（2家国企、12家民企）；（3）国企与民企比较均衡的领域有34个：化学原料及化学制品制造业（7家国企、6家民企）、黑色冶金及压延加工业（27家国企、28家民企）、一般有色冶金挤压延加工业（15家国企、9家民企）、家用电器及零配件制造业（5家国企、5家民企）等。

3. 国有企业的经济效益与效率低于民营企业

国有企业在多数领域有着强大的控制力和影响力，但其经济效益和效率有待进一步提高，低于民营企业。从盈利水平看，2010年，316家国有企业的收入利润率和资产利润率分别为5.67%、1.75%，低于184家民营企业的6.05%和3.63%，尤其国有企业的资产利润率还不足民营企业的一半。以此推理，如果能提高民营大企业在中国企业500强中的比重，或者使市场机制在国有及国有控股企业中发挥更积极的作用，那么中国企业500强和国民经济的整体经济效率将获得整体地提高。

从资本运作效率看，2011中国企业500强中的国有企业的资产周转率为0.31次/年，低于民营企业的0.6次/年。从资产负债率看，国有企业和民营企业基本处于同一水平，资产负债率都在80%以上，国有企业的稍高于民营企业。

从劳动生产率看，国有企业的人均营业收入分别为129.06万元/人，低于民营企业的158.57万元/人；国有企业的人均利润7.32万元/人，低于民营企业的9.60万元/人，显示国有企业的运行效率较低。

从研发投入占营业收入的百分比看，国有企业的研发强度也低于民营企业的，2011中国企业500强中的国有企业的平均研发强度为1.41%，而民营企业的平均研发强度为1.80%。（详见表1－14）。

表1－14　　2011中国企业500强按所有制经济效益与效率

所有制	收入利润率（%）	资产利润率（%）	资产周转率（次/年）	人均营业收入（万元）	人均利润（万元）	平均研发强度（%）
500强	5.26	4.91	0.40	133.32	7.65	1.41
国有	4.89	3.52	0.31	129.06	7.32	1.34
民营	5.92	7.33	0.60	158.57	9.60	1.80

注：平均研发强度等于填报研发数据的企业研发投入之和与其营业收入之和的百分比。

六、2011 中国企业 500 强的研发状况

1. 整体研发投入变化不大

2011 中国企业 500 强有 422 家企业填报了研发数据，共投入研发资金 4391.17 亿元，增长了 27.8%；平均研发费用为 10.4 亿元，比上年大幅增长了 69.55%；研发投入资金最大的五家企业是中国石油天然气集团公司、中国航空工业集团公司、华为技术有限公司、中国移动通信集团公司、国家电网公司，2010 年分别投入研发费用 226.17 亿、184.47 亿、165.56 亿、145.16 亿、98.47 亿元，占各自营业收入的比例分别为 1.31%、8.79%、8.95%、2.62%、0.64%。

2011 中国企业 500 强的研发费用占营业收入的百分比平均为 1.41%，与上年的 1.40% 有微幅提高。2011 中国企业 500 强的研发费用/营业收入超过 10% 的只有中兴通讯股份有限公司 1 家，与上年持平，为 10.09%；在 5% ~10% 之间的为 11 家，比上年减少了 5 家；在 3% ~5% 之间的有 63 家，较上年增加了 3 家；在 1% ~3% 之间的有 129 家，较上年增加了 4 家；有 218 家的研发投入比小于 1%，较上年减少了 14 家。整体研发投入水平较去年变化不大。(详见表 1 - 15)。

表 1 - 15　　2011 中国企业 500 强研发投入分布状况表

企业数目/比例	超过 10%	5 ~ 10%	3 ~ 5%	1 ~ 3%	1% 以下	总数
研发费用/销售收入	1	11	63	129	218	422
占 500 强企业数比（%）	0.2	2.2	12.6	25.8	43.6	84.4

2. 专利数有大幅提高，但是发明专利仍然需要加强

从提供数据的 390 家企业看，2011 中国企业 500 强共拥有专利 22.08 万项，比上年的 16.96 万项增长了 30.19%；其中发明专利 5.88 万项，比上年的 5.82 万项略有增加，占全部拥有专利数量的 26.63%。从平均数据看，390 家企业平均每家企业拥有专利数量 566.26 项，比上年增长了 21.88%；平均拥有发明专利 150.86 项，比上年减少 5.41%。

最单个企业看，拥有专利数量超过 10000 项的有 4 家企业，分别是浙江吉利控股集团有限公司、中石油天然气集团公司、中国石油化工集团公司、海尔集团公司。拥有发明专利数量超过 1000 项的有 11 家企业，分别是中石化、中兴通讯、腾讯控股、中移动、海尔集团、中石油、中化集团、TCL 集团、海信集团、天津二轻集团、中航工业集团。

拥有专利数量尤其发明专利数量，是企业技术创新活动的重要指标，但科技产出包括中间产出和最终产出，专利只是衡量中间产出的指标，专利要转化成企业的营业收入和利润，最终还要表现为收益性产出、技术性产出和竞争性产出三个方面。企业能否通过加强技术创新，转变企业增长方式，促进国民经济的转型升级，最终都要靠企业创新活动和产出来决定。(详见表 1 - 16)。

表 1－16　　2011 中国企业 500 强中拥有专利项目最多的 10 家企业

500 强排序	公司名称	2010 年研发费用（万元）	研发强度（%）	拥有专利项数（项）	发明专利项数（项）
115	浙江吉利控股集团有限公司	320400	4.69	14422	—
2	中国石油天然气集团公司	2261707	1.31	10709	2542
1	中国石油化工集团公司	712264	0.36	10587	8258
63	海尔集团公司	766393	5.45	10214	3057
112	中兴通讯股份有限公司	709197	10.09	7800	7400
70	美的集团有限公司	482000	4.13	7335	710
3	国家电网公司	984751	0.64	6528	634
23	中国兵器装备集团公司	741145	2.88	5868	311
131	海信集团有限公司	255601	4.01	5539	1276
20	宝钢集团有限公司	546929	2.00	4815	969

七、2011 中国企业 500 强的国际化分析

1. 2011 中国企业 500 强的海外营业收入有所提高

进入 21 世纪以后，中国企业全球化进程进入快速发展时期，尤其在 2008 年国际金融危机以后实现了突飞猛进的增长。从海外收入看，2010 年，272 家填报海外营业收入指标数据的企业共实现海外营业收入 3.46 万亿元，比上年的 2.50 万亿元增长了 38.4%；占 272 家企业营业收入总额的 14.13%，比上年的 12.40% 提高了 2.3 个百分点。

第一，海外营业收入超过 500 亿元的有 11 家企业（详见表 1－17）。其中海外营业收入最高的是中石油，2010 年海外营收 7369.89 亿元，占营业收入的比例为 42.83%；其次是中石化、中化集团、中海油、中信集团、中国电子信息产业集团、中远集团、中国兵装、五矿、中航油集团、珠海振戎公司。

表 1－17　　2011 中国企业 500 强中海外营业收入超过 500 亿元的企业

500 强排序	公司名称	2010 年营业收入（亿元）	2010 年海外收入（亿元）	海外收入增长率（%）	海外收入占比（%）
2	中国石油天然气集团公司	17208.85	7369.89	84.71	42.83
1	中国石油化工集团公司	19690.42	4825.89	40.82	24.51
17	中国中化集团公司	3353.27	2563.75	33.82	76.46
16	中国海洋石油总公司	3547.62	1382.39	105.03	38.97
21	中国中信集团公司	2638.94	1125.69	49.00	42.66
49	中国电子信息产业集团有限公司	1608.45	1042.29	44.30	64.80
45	中国远洋运输（集团）总公司	1641.51	853.32	33.99	51.98
26	中国兵器工业集团公司	2411.82	681.62	68.42	28.26
24	中国五矿集团公司	2542.18	614.98	35.33	24.19
54	中国航空油料集团公司	1531.87	511.92	83.52	33.42
136	珠海振戎公司	609.85	504.07	42.56	82.66

第二，海外营业收入占营业收入比例超过50%的企业有11 家（详见表1 - 18）。其中尚德电力控股有限公司以海外收入占比94.69%，显示该公司的国际市场竞争力，也反映出我国光伏产业在全球产业链中“两头在外”的基本格局和问题。11 家企业中，海外收入增长率最大的是浙江吉利控股集团有限公司，2010 年海外营收比2009 年增长了4713.36%，其原因是众所周知的浙江吉利控股兼并瑞典沃尔沃汽车公司的著名跨国并购案；吉利控股集团凭借自己卓越的洞察力和判断力，在国际金融危机中果断出手，收购沃尔沃资产，引进海外汽车人才，使该公司的营业收入从2009 年的165 亿元增长到683 亿元，利润从11.5 亿元增长到31.5 亿元。

表 1 - 18　　2011 中国企业 500 强中海外营业收入超过 50% 的企业

500 强排序	公司名称	2010 年营业收入（亿元）	2010 年海外收入（亿元）	海外收入占比（%）	海外收入增长率（%）
388	尚德电力控股有限公司	196.04	185.63	94.69	67.99
136	珠海振戎公司	609.85	504.07	82.66	42.56
17	中国中化集团公司	3353.27	2563.75	76.46	33.82
267	天狮集团有限公司	285.64	217.94	76.30	—
115	浙江吉利控股集团有限公司	682.80	498.47	73.00	4713.36
230	浙江省国际贸易集团有限公司	349.13	247.90	71.00	14.62
362	新世纪控股集团有限公司	206.43	139.60	67.63	34.45
49	中国电子信息产业集团有限公司	1608.45	1042.29	64.80	44.30
220	上海纺织控股（集团）公司	363.47	214.19	58.93	45.94
112	中兴通讯股份有限公司	702.64	380.66	54.18	27.44
45	中国远洋运输（集团）总公司	1641.51	853.32	51.98	33.99

第三，海外营业收入占比差异巨大。272 家企业中，海外营业收入占比超过90% 的有1 家企业；介于50% ~90% 之间的有10 家企业；介于30% ~50% 之间的有14 家企业；低于30% 的有247 家企业。（详见表1 - 19）。一般认为海外收入超过30% 是企业国际化经营能力的一个标志。2011 中国500 强企业中海外收入比例高于30% 的企业只有25 家，而且多数以贸易或中间产品为主的企业，这说明中国大企业的国际竞争力还需要进一步提高，需要用更过硬的最终产品去占领国际市场。

表 1 - 19　　2011 中国企业 500 强海外收入占比情况

增长率	90% 以上	50% ~90%	30% ~50%	30% 以下	总数
企业数目	1	10	14	247	272
比例（%）	0.37	3.68	5.15	90.81	100

2. 2011 中国企业 500 强的海外资产大幅增长

随着我国大企业的全球化进程的加快，企业的海外资产及其占比都可能越来越大。2011 中国企业 500 强中，有 193 家企业申报了海外资产数据。从这些数据可以看到，2010 年 193 家企业的海外资产总额达到了 4.27 万亿元，较上年增长了 38.9%；占 193 家企业资产总额的 7.55%。

第一，海外资产超过 1000 亿元的有 11 家企业。其中海外资产最高的是中石化，2010 年海外营收 5225.83 亿元，占总资产的比例为 35.19%；其次是中石油、中国工商银行、中信集团、中国建设银行、交通银行、中海油、中国建筑、中远集团、中化集团、中国铝业。(详见表 1 - 20)。

表 1 - 20　　2011 中国企业 500 强中海外资产超过 1000 亿元的企业

500 强排序	公司名称	2010 年资产（亿元）	2010 年海外资产（亿元）	海外资产增长率（%）	海外资产占比（%）
1	中国石油化工集团公司	14852.41	5225.83	65.82	35.19
2	中国石油天然气集团公司	26299.56	5197.85	52.86	19.76
4	中国工商银行股份有限公司	134586.22	5115.74	43.44	3.80
21	中国中信集团公司	25390.57	3626.23	16.63	14.28
8	中国建设银行股份有限公司	108103.17	2728.29	16.36	2.52
46	交通银行股份有限公司	39515.93	2428.94	19.93	6.15
16	中国海洋石油总公司	6172.00	1818.94	41.01	29.47
12	中国建筑股份有限公司	3975.39	1746.37	32.99	43.93
45	中国远洋运输（集团）总公司	3195.84	1536.86	8.01	48.09
17	中国中化集团公司	2114.56	1484.48	33.13	70.20
35	中国铝业公司	3742.19	1200.27	-0.43	32.07

第二，海外资产占总资产比例超过 50% 的企业有 4 家，超过 30% 的有 13 家。其中中国中化集团公司的海外资产占比最高，为 70.2%；吉利控股集团次之，为 67.33%；天狮集团、尚德电力、中远集团等企业位居 3 - 5 位。(详见表 1 - 21)。

表 1 - 21　　2011 中国企业 500 强中海外资产占比超过 30% 的企业

500 强排序	公司名称	2010 年营业收入（亿元）	2010 年海外资产（亿元）	海外资产增长率（%）	海外资产占比（%）
17	中国中化集团公司	2114.56	1484.48	33.13	70.20
115	浙江吉利控股集团有限公司	1044.58	703.33	10720.43	67.33
267	天狮集团有限公司	118.23	76.77	—	64.93

续表

500强排序	公司名称	2010年营业收入（亿元）	2010年海外资产（亿元）	海外资产增长率（%）	海外资产占比（%）
388	尚德电力控股有限公司	352.44	199.12	25.45	56.50
45	中国远洋运输（集团）总公司	3195.84	1536.86	8.01	48.09
12	中国建筑股份有限公司	3975.39	1746.37	32.99	43.93
172	中国港中旅集团公司	550.02	214.90	0.86	39.07
49	中国电子信息产业集团有限公司	1081.75	388.10	3.88	35.88
1	中国石油化工集团公司	14852.41	5225.83	65.82	35.19
126	中国海运（集团）总公司	1429.26	487.28	21.19	34.09
333	青建集团股份公司	56.94	19.17	26.87	33.67
24	中国五矿集团公司	1987.85	640.56	65.66	32.22
35	中国铝业公司	3742.19	1200.27	-0.43	32.07
460	深圳市中金岭南有色金属股份有限公司	145.71	44.88	118.89	30.80

第三，海外资产增长率差异巨大。从2011中国企业500强数据看，2010年193家企业的海外资产增长率差异巨大。有7家企业增长率超过1000%。此外还有26家企业的海外资产增长率介于100%～1000%；114家企业的海外资产介于0～100%之间；有27家企业海外资产出现了负增长，其中降幅最大的企业降幅均超过70%。（详见表1-22）。

表1-22　　2011中国企业500强中海外资产增幅最大的10家企业

500强排序	公司名称	资产（亿元）	海外资产（亿元）	海外资产占比（%）	海外资产增长率（%）
259	宁波金田投资控股有限公司	52.02	0.92	1.76	15155.00
115	浙江吉利控股集团有限公司	1044.58	703.33	67.33	10720.43
180	陕西有色金属控股集团有限责任公司	670.82	32.66	4.87	6971.05
338	重庆钢铁（集团）有限责任公司	534.80	15.62	2.92	5013.13
139	兖矿集团有限公司	1172.76	303.68	25.89	1259.95
423	云南冶金集团股份有限公司	438.69	7.45	1.70	1003.45
239	大冶有色金属集团控股有限公司	158.24	3.77	2.38	1000.47
91	开滦（集团）有限责任公司	483.55	10.20	2.11	928.13
396	中国广东核电集团有限公司	1958.62	180.07	9.19	919.25
162	中国黄金集团公司	431.40	94.84	21.98	729.39

3. 2011 中国企业 500 强的海外职工人数大幅增长

2011 中国企业 500 强共有 196 家企业填饱了海外职工人数。2010 年，196 家企业的海外员工总数为 34.74 万人，较上年增长了 38.6%，占这些企业职工总数 1329.45 万人的 2.61%。单个企业看，海外员工增长幅度最大的是浙江吉利控股集团，2010 年海外员工数量增长了 11133.6%。（详见表 1-23）。

表 1-23　　2011 中国企业 500 强中海外职工数量增幅最大的 10 家企业

500 强排序	公司名称	海外员工数（人）	海外员工增长率（%）	海外员工比例（%）
115	浙江吉利控股集团有限公司	14042	11133.60	45.77
180	陕西有色金属控股集团有限责任公司	85	4150.00	0.21
376	山东如意科技集团有限公司	3853	1683.80	15.87
118	正威国际集团有限公司	396	1621.74	3.58
323	金龙精密铜管集团股份有限公司	362	1545.45	4.90
122	万向集团公司	5408	625.91	18.82
134	国家开发投资公司	2971	503.86	3.88
272	南方石化集团有限公司	12	500.00	1.09
103	中国重型汽车集团有限公司	106	457.89	0.40
211	云天化集团有限责任公司	227	393.48	0.61

八、并购重组浪潮继续推进

2011 中国企业 500 强共 182 家企业进行了兼并重组活动。2010 年，182 家企业共并购重组了 1112 家企业，比上年的 909 家增长了 22.56%，说明 2010 年的并购重组活动十分活跃。和上年一样，2010 年的并购重组活动仍然是由国有企业主导的。2009 年，中国企业 500 强中有 154 家企业实施了兼并收购行为，总共收购了 909 家企业，其中国有企业收购了 830 家，占 91.31%，民营企业收购了 79 家，占 8.69%；154 家企业平均收购 5.9 家，但国有企业平均收购了 6.9 家，而民营大企业平均只收购了 2.4 家。2010 年，134 家国有企业共兼并重组了 903 企业，占全部并购数量的 81.21%；48 家民营企业共兼并重组了 209 家企业，占 18.79%；国有企业平均兼并重组了 6.7 家，民营企业平均兼并重组了 4.3 家。这说明，2010 年民营企业并购重组活动比 2009 年的更加活跃，但大企业的兼并重组浪潮仍然有国有企业主导。

2011 中国企业 500 强兼并重组企业数量最多的 10 家企业是：中国医药集团、山西煤炭运销集团、郑煤集团、义煤集团、中建材、国电集团、恒大地产、神火集团、河南煤化集团、山东六和集团。10 家企业共兼并重组了 586 家企业，占 182 家企业兼并重组数量的 52.7%。10 家企业中，8 家是国有企业，2 家是民营企业。兼并重组活动突出表现在煤炭开采领域。2010 年，国务院办公厅转发国家发展改革委《关于加快推进煤矿企业兼并重组若干意见》的通知，将煤炭企业的兼并重组作为工作的重中之重；地方政府也相应制定地方煤炭企业重组政策方案，比如2010年河南省出台《河南省煤炭企业兼并重组实施意见》，“大力支持中平能化集团、河南煤化集团、义煤集团、郑煤集团、神火集团、河南省煤层气开发利用有限公司等大型煤炭企业作为兼并重组主体，兼并重组中小煤矿，实现规模化经营”。（详见表1－24）。

表1－24　2011中国企业500强中兼并企业数量最多的10家企业

500强排序	公司名称	企业性质	并购或重组企业数（家）	2010年营业收入（万元）	资产增长率%
95	中国医药集团总公司	国有	135	8817424	36.81
72	山西煤炭运销集团有限公司	国有	120	11588080	33.92
374	郑州煤炭工业（集团）有限责任公司	国有	85	2032412	14.94
339	义马煤业集团股份有限公司	国有	75	2196755	39.56
66	中国建筑材料集团有限公司	国有	35	13535530	35.41
47	中国国电集团公司	国有	32	16242588	26.46
183	恒大地产集团	民营	31	4580140	65.61
346	河南神火集团有限公司	国有	30	2175477	18.94
58	河南煤业化工集团有限责任公司	国有	24	14699085	26.71
165	山东六和集团有限公司	民营	19	5068613	31.34

需要指出的是，地方政府主导的地方国企兼并重组活动，有明显的地方政府竞争倾向。2009年之前，进入《财富》世界500强的中国企业基本是清一色的中央国有企业，只有一家地方国有企业（上汽集团）上榜。2009年，河北省加大了在钢铁领域国有企业的兼并重组力度，直接促成了河北钢铁集团的成立，当年进入了世界500强。多数省份都着力推进在煤炭、钢铁、有色金属等领域的国有企业整合，比如河北省打造河北钢铁集团、冀中能源集团等，山东省着力打造山东钢铁集团、山东能源集团等，河南省着力打造河南煤化工集团、中平能化集团等，山西和安徽着力推进煤炭领域整合、山西推进有色金属领域整合。2010年，河北冀中能源集团、河南煤化工集团、首钢集团、浙江物产集团等4家地方国有企业通过大力的兼并重组活动，成功进入2011世界500强。

九、冷静看待中国500强企业存在的差距与面临的挑战

我国大企业的崛起是过去10年发生在我国和世界范围内的大事件。一大批规模庞大、具备一定市场竞争能力的大企业如“雨后春笋”涌现，不但直接改变着我国经济的发展面貌，甚至对全球范围内的企业竞争格局也有深远的影响。然而，正如同我们必须冷静、客观看待我国GDP位居世界第二一样，我们也必须冷静客观地看待中国企业500强与跨国企业存在的巨大差距，以及未来发展中面临的巨大挑战。

（一）中国企业 500 强存在的差距

1. 与国际领先的跨国企业的规模和效率差距

从 2010 年商业银行、民航、商业零售、汽车制造、钢铁、家电等 20 个行业的中国领军企业与世界领军企业之间的比较看，中国企业 500 强的企业规模还不够大。只有建筑施工行业领先于世界同行，商贸、石油、邮电通信分别在 90%、80% 还 60% 以上，银行和冶金在 50% 以上，其余行业都远远落后于世界同行业企业。从劳动生产率角度看，2011 中国企业 500 强的人均营业收入只相当于世界企业 500 强同类指标的 45.6%、只相当于美国企业 500 强同类指标的 45.7%。

2. 产业分布的差距

我国 500 强企业多集中于重化工领域，而服务业、战略性新兴产业领域的大企业发展严重滞后。2011 世界企业 500 强中服务业企业数量和营业收入均超过 50%，而中国企业 500 强中服务业企业不足 30%、营业收入所占比重不足 40%。世界 500 强企业有 45 个行业，其中 23 个行业有中国企业进入，还有 22 个行业没有中国企业入围。这些行业或需要持续的研发投入，如制药业、半导体电子元件业；或需要对消费者有深入的研究和透彻把握，如食品生产业、娱乐业、专业零售业，或需要全球供应链管理的能力，如电子电器设备批发业、保健品批发业、食品批发业、网络服务和零售等，这些都是中国企业所欠缺的。

3. 技术创新的差距

10 年来，我国大企业在技术创新方面没有质的变化。从数据上看，2011 中国企业 500 强的研发费用占营业收入的百分比平均只有 1.41%，与上年的 1.40% 相差不大。2011 中国企业 500 强的研发费用/营业收入超过 10% 的只有 1 家；在 5% ~10% 之间的有 11 家；在 3% ~5% 之间的有 63 家；在 1% ~3% 之间的有 129 家；有 218 家的研发投入比小于 1%。研发强度在 5% 以上的仅占全部 422 家企业的 0.28%，研发强度在 3% 以上的仅占 17.77%。也就是说，绝大多数中国 500 强企业的增长，仍然不是靠技术进步推动的。

4. 跨国经营能力的差距

我国大企业在未来发展中还必须突破国内市场界限，到国际市场上获得更大的发展空间，从“本地性企业”向“国际化企业”进而向“全球化”企业转变。中国 500 强企业虽然规模越来越大，进入世界 500 强的数量越来越多，但国际化水平、全球化水平却并不高。2011 中国企业 500 强中，海外营业收入占营业收入比例超过 50% 的企业仅有 11 家，海外营业收入超过 500 亿元的仅有 11 家企业。也就是说，绝大多数企业中国 500 强企业都是“本地性企业”，在境外生存能力和竞争能力并不高。另据联合国贸发组织对中国部分跨国企业的统计，中国企业的平均跨国指数仅为 14.8%，不但远低于发达国家企业，也远低于同属“金砖四国”的其他三国，俄罗斯是 54%、印度是 41%、巴西是 40%。这表明大多数的中国大企业仍然是用中国自己的资源、自己的市场挣中国人自己的钱。从全球化品牌看，在 Interbrand 每年颁发的全球品牌 100 强的榜单中，多年来没有 1 家来自中国的品牌。

5. 资源利用的差距

从企业能耗看，20 世纪 80、90 年代末和 21 世纪初，中国国内生产总值消费弹性系数平均为

0.5，在2000和2001年这一数值还降低到0.4左右。但从2002年起，中国的能源消费弹性系数和电力消费弹性系数迅速上升，2003和2004年这一弹性达到近几年最高的1.5~1.6，2005年以后在国家各项节能减排政策的作用下这一系数降低到1以下；2008年国际金融危机以来，这一系数又有上升态势。从2001年到2009年，中国GDP增长317.8%，同期以标准煤衡量的能源消费增长达到203.9%，国民生产总值的能源消费弹性接近于1。能源和原材料按比例投入，劳动和科技对经济增长的贡献都在下降，属于典型的外延扩张型增长。大企业是能耗与排放大户，也是各级政府完成节能减排硬指标的重点关注对象，"十二五"期间，全球节能减排的压力将会更大，发达国家对重化工企业的碳排放标准将会更严格；我国节能减排的任务也将更细致，在任务分解的压力下，大企业的节能减排任务有增无减，如果我国大企业转型升级缓慢，过多依赖传统的高投入、高消耗、高成本发展方式，资源环境的约束将成为难以逾越的瓶颈。

（二）中国企业500强面临的挑战

1. 资源与环境约束的挑战

从国际经验看，重化工阶段往往会诞生一批大企业。我国自2002年开始进入了新一轮的高增长期以来，产业结构表现出了明显的重化工趋势，中国企业500强数据也验证了这一点，与2002年相比，2011中国企业500强中煤炭行业的企业数量增加了7家，化工行业增加了12家，冶金行业增加了21家，机械行业增加了9家。在产业结构日益重化的同时，主要工业行业资源消耗高、资源利用效率低、污染物排放量大的问题日显突出，环境压力也越来越大。"十一五"期间，我国将节能减排作为应对资源紧缺和环境承载压力的治本之策和调整经济结构、实现经济增长方式转变的重要突破口，实现了单位国内生产总值能源消耗降低19%，主要污染物排放总量减少10%等硬性考核目标。大企业是耗能与排放大户，也是各级政府完成节能减排硬指标的重点关注对象，"十二五"期间国家节能减排的任务更细致，更严格，在任务分解的压力下，大企业的节能减排任务有增无减，如果我国大企业转型升级缓慢，过多依赖传统的高投入、高消耗、高成本发展方式，资源环境的约束将成为难以逾越的瓶颈。

2. 核心竞争力缺失的挑战

大企业决定技术标准和行业发展方向，全世界研发投入的80%、技术创新的70%、技术转移的60%都是由世界500强企业主导的；大企业决定社会资源的配置，它们整合全球资源，在最具附加值的地方把产品销售出去；大企业主导供应链，它们监督价值链上所有的生产者和供应商，让消费者放心购买产品和服务，承担的责任越大，收益就越大。企业做强做大的内在驱动因素不外乎核心技术、规模经济、供应链管理、品牌和垄断资源五个方面，这几个因素共同作用形成企业的核心能力，企业不同，对这五种因素的依赖就有差异。客观来看，资源垄断和规模经济目前仍然是我国企业做强做大的最主要驱动因素，其次是品牌和供应链管理，最差的是核心技术。从2011世界企业500强排行榜看，我国入围的58家企业分布在23个行业，这些行业的竞争力更多体现为资源垄断、规模经济和低成本；另有23个行业中国没有企业入围，这些行业的竞争力更多的体现为对消费者的深入研究、全球品牌、核心技术、全球供应链、长周期高强度的研发投入等，这些方面的不足体现了中国大企业核心竞争力的缺失，是中国大企业迈向世界一流行列的最大挑战。

3. 全球化的挑战

虽然中国企业进入世界500强的数量在增加，但距离真正的跨国公司、甚至是全球公司，还有相当大的差距。2011 中国企业 500 强中有 256 家企业申报了海外收入，它们的海外收入占总收入的平均比例为 14. 13%。另据联合国贸发组织对中国部分跨国企业的统计，中国企业的平均跨国指数仅为 14. 8%，不但远低于发达国家企业，也远低于同属“金砖四国”的其他三国，俄罗斯是54%、印度是41%、巴西是40%。这表明大多数的中国大企业仍然是用中国自己的资源、自己的市场挣中国人自己的钱。进入21 世纪以来，跨国公司已经开始向全球公司发展，越来越多的跨国公司把过去的跨国发展战略调整为全球发展战略，注重在全球范围内吸纳整合配置资源，打造全球型的产业链和产业网络。随着我国市场对外国企业逐步开放，面对世界跨国企业对国内市场咄咄逼人的攻势，仅仅固守本土市场已经难以取得竞争优势，积极开拓国际市场，参与全球竞争已经成为我国大企业无法回避的选择。在国际金融危机的冲击下，世界政治经济格局正在发生深刻的变化，我国已经从世界事务的被领导者转变为拥有广泛的影响力，从全球公共品的消费者转变为提供者，国际社会也期待中国在全球事务中发挥更大的作用和承担更大的责任，企业是国家竞争力的载体，我们的大企业在全球布局、利用全球资源、打造全球产业链方面尚处于起步阶段，如何统筹好国际国内两个市场和两种资源，能否有效突破体制惯性、文化理念、国际化人才缺乏等多重因素约束，已经成为中国大企业当前的重要挑战。

4. 管控能力的挑战

大企业一般都实施集团化运作，大集团往往还会下辖小集团，由于规模和多元业务的关系，管理层级较多，管理幅度较大，企业管控的复杂性很高。另外，我国许多大企业都是靠外延式扩张形成，往往是“先有儿子后有老子”，或者是大规模的市场化兼并重组，管理整合的滞后比较普遍，使得企业管控的基础相对薄弱，突出表现在许多集团公司缺乏统一的标准化管理体系，不同区域、不同部门往往采用不同标准；标准化和信息化工作脱节，没有形成技术标准、管理标准、工作标准协调统一的全面一体化管理体系和反应敏捷的“管控经络”，也无法实现公司管理从条块分割向协同运作转变、从资源分散向优化配置转变。客观来看 我国大企业治理僵化、集团战略不清晰、总部空心化、事中控制多、事前事后控制少等问题在一定范围内还广泛存在，在造成企业效率低下的同时往往会累积难以预测的风险，管控能力的提升已经成为我国大企业进一步发展的前提和基础。

5. 体制和政策环境的挑战

尽管九届全国人大二次会议通过的《宪法修正案》赋予了民营企业与国有企业同等的政治法律地位，国家于2005 年、2010 年分别两次出台了“三十六条”意见鼓励民营企业发展，但是客观上国家对于企业发展的管理体制和政策环境还有许多不尽人意之处。从国有资产管理体制看，成立国资委的目的是为了将政府公共管理职能和企业管理职能分开，国家主要从国有资本出资人角度管理企业，但是由于所有制的传统思维影响，国家政策资源大量向国有大企业倾斜是不争的事实。在这种环境下，民营大企业发展的动力和后劲受到严重影响。据中国500强数据统计，十年来入围前100强的民营企业数量一直在10 家以下徘徊不前，另据 2010 年中国企业联合会对171 家民营大企业的调查，有44.4%的受访企业认为体制和政策环境是阻碍经营与发展的主要环境因素。有48.1%的受访企业表示一些行业的行政垄断依然没有打破，有1/3的受访企业认为产业准入限制和缺乏平等竞争环境是目前主要的困难与挑战，体制和政策环境的障碍依然是困扰大企业发展的一个重要因素。

十、我国大企业要在转变经济发展方式中发挥更大作用

2011年3月，我国制定了《国民经济和社会发展第十二个五年规划纲要》，指出“我国发展中不平衡、不协调、不可持续问题依然突出”，主要是，“经济增长的资源环境约束强化”、“科技创新能力不强”、“制约科学发展的体制机制障碍依然较多”等，并将“转变经济发展方式”作为未来五年我国经济发展的主线。这种判断是符合当前我国经济社会的发展阶段以及国情和世情的。由此，我国将在多个方面继续推进经济体制、政治体制、社会体制、文化体制改革，为我国大企业发展提供良好的外部环境，同时也对我国大企业发展提出了更高的要求，那就是，大企业要在促进国民经济又好又快发展中发挥更大的作用。

（一）发挥龙头带动作用，在经济结构调整中发挥积极作用

大企业有大责任和大作用。在过去10年中，中国500强企业在促进我国经济增长、缴纳税收、带动中小企业等方面发挥了毋庸置疑的重要作用。但面对新形势以及国家对大企业提出的新要求，我国大企业必须勇于在促进国民经济转变增长方式、提高国民经济增长效率和质量方面发挥“领头羊”的带动作用。

第一，要在产业结构调整和升级中发挥积极作用。我国企业要树立科学的发展观，产业结构调整必须有利于资源的深度开发、综合利用和生态环境的保护。要着眼于抢占未来技术和产业制高点，培育发展战略性新兴产业。要大力发展绿色产业、环保节能产业和循环经济，提高资源利用率，努力实现经济、社会与生态效益的和谐发展。

第二，要发挥龙头作用，促进大中小企业共同发展、共同转型升级。大企业在产业网络中具有主导地位，要形成以大企业为龙头，大、中、小企业高效分工协作的新型产业体系；大企业要突出主业，帮助中小企业提高技术配套能力和管理水平，帮助中小企业加快转型升级，为产业链的健康发展承担更大的责任。

第三，以人为本，建立和谐劳动关系。企业发展的最终目的是推动经济社会的发展，改善员工生产条件，提高员工的生活水平。大企业要带动建立健全完善的平等协商、签订集体合同制度，建立了工资协商共决和调整增长机制，按照有关规定为职工缴纳各种社会保险费，帮助特困职工家庭享受基本生活保障，加大投入，不断改善安全生产环境，丰富了职工的企业文化环境和人文环境，使职工在企业效益增长的基础上不断满足物质和文化方面的需求，共享了企业的发展成果。

（二）完善技术创新体系，在部分关键核心技术有所突破

进行技术创新，是我国大企业未来实现从“中国制造”到“中国创造”的必由之路。我国大企业不可能永远依靠高污染、高能耗、低附加值的粗放式发展模式。而拥有庞大资金优势的大企业正

是可能实现核心技术突破的市场主体。参考国外大企业在严酷的市场竞争中形成的较为完善的技术创新体系和做法，我国大企业应该在几个方面加强技术创新的力度。

第一，要建立、健全研发机构和体系。大型跨国企业的技术创新体系通常都由多个技术中心构成，母公司的研究与开发进行中长期的基础和应用研究，短期的开发性研究则有子公司或其他研发机构完成（比如制药行业的研发外包 CRO）。欧美日跨国企业通常都在全球建立多个研究中心或机构，它们之间各有分工，但又协同联系。如壳牌集团根据自身跨 110 多个国家和地区分散经营，以及以石油为主体，上中下游一体化经营的特点，为集中力量搞好科研开发、减少交叉重复，采取了由集团总部统一领导和管理进行科研开发的体制。集团的科研工作由作为集团主要咨询服务机构的壳牌国际研究有限公司统一归口管理。这种以集权管理为主的体制经过长期实践证明效果是好的。反观我国大企业，绝大多数中国 500 强企业没有设立专门的研发机构，更谈不上适合自身的科学研究管理体制。皮之不存，毛将焉附？没有专门的研发机构和管理体系作依托，就不可能进行科技发展战略与规划管理。

第二，要保证研发经费的充足。进行高技术研发，离不开研发经费的可靠性和稳定性。许多欧美日大企业的科研开发经费相当于营业收入的 10% 以上。西门子公司达 14%，爱立信公司达到 18%，贝尔公司在研究、开发和工程设计上的投入比例为 20%。尤其在营业收入或利润产生较大幅度波动的时候，国外大企业仍然能够持续稳定的进行研发投入。反观我国许多大企业，科研经费随着营业收入的波动而波动，不能保证科研投入的持续性和稳定性。

第三，要密切进行产学研合作，不断强化核心技术的优势。跨国企业技术创新有两个突出特点：一是产学研合作开发。产学研合作开发是一种最为普遍的创新模式。尽管现代工业公司规模巨大，资金雄厚，技术开发力量很强，但是要在各方面都居领先地位很困难。所以许多公司普遍采用与国内外大学和科研机构产学研结合，重点项目实行合作开发等多种研究开发形式。一般是基础研究主要由大学来完成，企业参与研究，企业参与的目的主要是便于基础研究成果的商品化。二是不断强化核心技术的优势。大企业技术创新的明显特点是以强化自身优势领域为方向。一般来讲，大企业并不研究有关产品的所有技术，而是重点研究本公司拥有优势的技术和关系产品更新换代的关键技术并根据市场变化，通过增强某些领域的研究与开发能力，以保持企业在某一领域的优势。从产品外购零部件的比例上看，这些公司大部分产品价值 60% 以上是外购的，公司不从事这些零部件技术的研究与开发工作，以加强优势领域的技术研究与开发能力。由于这些企业高度重视技术研究与开发工作，因此其产品的更新速度非常快，产品结构不断优化、调整，大大增强了企业的市场竞争力。

（三）突出产品质量和安全，打造全球化品牌

品牌是企业竞争力的集中体现。在一个品牌化的时代里，品牌成为企业生存和成长的制胜法宝。公司的生死存亡就取决于品牌的实力。中国企业竞争力，弱就弱在缺少自主技术和自主品牌上。技术是品牌的基础和核心。没有技术、没有核心技术，是不可能打造出大品牌、国际品牌的。因此，打造国际品牌，就成为中国大企业崛起和中国崛起的基本象征。目前，在中国已经融入世界市场的全

球化竞争格局中，中国企业在品牌战中完全居于劣势。2010年《世界品牌500强》排行榜上，美国占据237个，是当之无愧的品牌强国；法国以47个品牌数位居第二，日本以41个品牌入选席位排名第三。入选品牌数量前十名的国家还有英国（40个）、德国（25个）、瑞士（21个）。中国的国际品牌只有区区17个，与中国企业在世界500强中的数量和位置完全不对应。中国企业主要是以企业的身份参与世界分工体系，还远没有达到以品牌的形式参与世界竞争的水平。一项统计也证明了这一点：尽管中国已有170多类产品的产量居世界第一位，但以自主品牌参与国际市场竞争的尚不足20%，自主品牌出口额在全国出口总额中的比重不足10%。因此，我国大企业一定要在国际品牌上下功夫，突破国际品牌匮乏的窘境，提升全球客户忠诚度，提升自己的赢利能力。

第一，保证产品或服务的质量和品质。质量是品牌的基础层次。没有质量过硬的产品，就不会有强大的品牌。从这个意义上说，品牌就是一种承诺，一种信任。这也正是人们往往把打造品牌与提升技术水平联系在一起的原因所在。但是，质量往往是看不见、摸不着的，这就需要把产品的内在质量进行外化的表现。表现的方式既可以通过各种形式的权威认证，也可以通过消费者对产品的感知和体验。如果“中国制造”中有许多“三聚氰胺奶粉”、“追尾的动车组”等产品，中国大企业的国际品牌很难树立起来。

第二，加强消费者行为和心理的研究。品牌以一种有形和无形的力量控制着消费者，控制着市场。品牌价值的影响力不仅意味着市场的占领，更意味着对消费者精神文化的和思想心理的统领；在它创造巨大的市场红利的同时引领人们的生产方式和生活方式，引领人们的追求和社会潮流”。正因如此，跨国大企业几乎都将消费者的行为和心理研究作为品牌建设的重要组成部分，设置差异化的产品或风格或品味，使品牌实现了对消费者物质与精神的双重统治，从而达到了品牌价值所追求的忠诚度、信任度、追随度和持久度。反观多数中国大企业，高速扩张的市场空间和企业本身粗放式的经营管理模式，根本没有考虑消费者的行为偏好和心理，甚至连最基本的食品安全、产品安全都被忽视。这样如何能够建设国际品牌呢?

第三，要坚持不懈加大品牌建设投入。品牌打造是一个长期积累的过程，绝不可能一蹴而就。美国品牌成为世界名牌用了约50年，欧洲和日本用了约40年，即便成长最快的韩国三星、LG等品牌也用了约20年。中国企业在进入过剩经济后才开始意识到品牌的价值，打造品牌的路才刚刚起步，这就要求我们要耐得住寂寞认真打造品牌。品牌打造要有足够的实力做支撑，而且随着信息社会的来临以及消费者注意力的涣散，打造品牌的成本越来越高，这也是许多中小企业和没有实力的企业采取不做品牌战略的原因。据国际权威机构分析报告认为，创立一个全球性的品牌，几年前只需要数千万美元，现在仅媒体投入就至少需要2亿美元。没有持续不懈的品牌建设投入，是不可能打造国际品牌的。

（四）加强集团管控水平和全面风险管理能力

大企业通常采用集团公司+子公司或分公司的企业集团模式，覆盖范围广，支配的资源多，管理难度大；尤其我国大企业成长历史大都比较短，在管控理论与实践上还不够成熟，在快速成长过程中，管控和风险问题已经逐渐显现。企业集团要采用什么样的管理控制和风险防范模式，不能照搬成功企业的，而应该根据企业自身的特点，选择适合企业资源能力和发展背景的模式。从一般规律看，我们认为应该从以下三点建设科学有效的管控体系，提高动态战略管理能力和控制风险的能力。

第一，要进一步提高信息化综合管理水平。要把信息资源开发利用作为信息化建设的核心内容，以科学的信息资源规划为先导，抓紧应用统一的信息管理平台，对企业产供销人财物各部门相互独立、标准各异的信息系统，进行系统集成、信息整合和应用整合。要大力推进信息化的深化应用，推动各类信息资源的有效集成和高效利用，使ERP真正成为企业管理的“神经系统”。要通过信息系统的升级，优化管理流程，实现企业物流、资金流、信息流的集成和统一，进一步提高管理效率和管理水平。

第二，要探索适合企业发展的治理架构和管控模式。要从治理、管控和宏观管理三大维度进行公司治理架构和管控模式的设计，实现企业跨地域、跨产业、多股权结构、多行业布局的统筹管理和横向协同。在此基础上，对董事会高层任免制度进行科学化的整体设计和差异化的弹性控制。从企业集团总体利益最大化的角度进行宏观统筹，实现资源、财力、人才的最优化配置。其管控重点是对股东、董事会、管理层进行清晰的角色定位。同时，治理体系必须满足几个基本要求：对股东、董事会、监事会的职责和权限有清晰的界定；股东通过总公司董事会、监事会对总公司高级管理层有足够的监控能力；董事会能有效地发现问题并上报股东会，监事会对董事会及经理层进行有效地监督；在符合国家的法律法规要求的前提下，平衡制约企业治理结构和内部组织架构；能够对制定的各项规章制度进行相应管理；能够充分、及时地报告重要信息。在治理管控体系中，必须对股东大会、董事会、监事会、管理层的权责利关系作出清晰的制度安排。

第三，要加强全面风险管理。国有企业和民营企业都要做好全面风险管理的学习、培训和组织变革工作。要按照确定的主业严控投资方向，防止盲目扩张，盲目做大。国资部门要加大对国有企业非主业投资的监管力度，遏制企业投资冲动和盲目投资的倾向，将有限的资源集中投向关系国家安全和国民经济命脉的重要行业和关键领域；同时，要针对不同行业国有企业的资产负债率情况，将资产负债率偏高的国有企业划分为重点关注企业、重点监管企业和重点监控企业，加强对高负债率企业投资活动的监管，将企业投资规模严格控制在合理负债率之内。实施“走出去”战略要围绕主业，做好充分的前期准备工作和风险预测。

（五）掌握国际市场规则，推进企业国际化向更高水平前进

进入21世纪以后，我国大企业的全球化进程进入快速发展时期，尤其在2008年国际金融危机以后实现了突飞猛进的增长，在全球化浪潮和国内鼓励政策的双重驱动下，中国企业的全球化意识、全球化程度显著提高，无论企业主体多样性、投资范围、投资方式等方面令人瞩目的巨大进步。但我国大企业的全球化至今仍无质的突破。其中面临的首要挑战或障碍就是全球各个国家或地区之间社会制度和文化的巨大差异，我国许多企业难以适应。无论是进入东南亚地区，非洲拉美，还是欧美，社会制度的差异使中国企业在全球化的过程中遭遇到额外的阻力，要克服非经济因素带来的障碍。我国企业要走全球化之路，就必须打破长时期在我国特色的制度环境和文化环

境中生存和发展的习惯，掌握世界各国普遍通行的价值观念和市场规则，进而突破目前的全球化困境。

首先，要根据全球化的目的和出发点，企业自身的能力和行业特点，选择合适的切入点。例如，不同的市场进入有难易之分，进入新兴市场相对容易，进入成熟的发达市场比较困难；地理位置近的比较容易，地理遥远的比较困难，可选择先难后易（如海尔），或先易后难（如华为、中兴）。合资，收购兼并是一种选择（如中联重科），独资自建又是另一种模式（如三一重工）。为了达到收购的目的，可保留原业务和管理层，不介入日常管理（如杭州东华链条），亦可收缩调整，将制造移回国内，保留研发，销售和营销（如万向集团）。

其次，建立具有全球视野的领导班子，保持最高管理层有一定比例的海外学习工作经验。实现领导力（决策层）的全球化，融合带有显著文化差异的中外领导层。平衡权利分配，优化组合。企业的领导，特别是主管全球化业务的领导，要有开放的胸怀，多学习和了解外界的情况。同时还要注意高级管理层中有全球化背景和经验的人员占一定的比例。

第三，要注意充分了解全球化的经营环境，对境外投资环境进行充分评估。通过收集当地的各种信息，了解当地的政策法规，研究如何遵守当地法规政策。熟悉经营环境，客户对企业产品和服务的需求，进而进行产品和服务的本地化。明确当地的人力资源，自然资源，和创新资源的供求情况，以便制定合适的供应链战略，同时善于利用我国政府的外交资源。

第四，加强产业链企业的联合，抱团走出去。企业只依靠自己的力量去实施全球化，势必势单力薄，独木难支。要联合各方一起走出去。两方，三方，甚至四方联合，形成合力。制造业和基础设施建筑企业，可以携手开辟海外市场。还可以与国内同行（如共同分包），甚至国外同行，建立合资、合作企业。同时联合金融资本，利用金融的力量，拓宽市场空间。

（六）提高资源能源利用效率，积极应对气候变化挑战

当前，气候问题已经成为当今人类面临的重大的环境问题之一，这一问题的解决需要世界各国共同履行自己的义务。我国作为最大的发展中国家和一个负责任的大国，对气候变化问题给予了高度重视，并专门成立了国家气候变化对策协调机构，而且根据国家可持续发展战略的要求，制定了一系列应对气候变化的方案和相关法律法规。但是，我国政府在国际谈判中所面临的压力是非常大的，主要原因是一方面我国正处于工业化进程的中期，重化工业企业高速发展，对能源的消耗量持续增加；另一方面是因为我国大企业长期依赖资源、能源的发展模式，能源使用效率低，碳排放量大。我国大企业要在转变经济发展方式中认识到，气候问题是包括我国大企业在内的所有公民和企业法人的共同责任。我国大企业要积极提高能源使用效率，为全球气候变化以及我国政府参与气候谈判做出自己的努力。

第一，努力提高企业对气候变化问题的认知水平。通过加强人员培训等方式，提高企业管理者和员工的认识。充分了解国际社会已签署的与应对气候变化相关的公约和新公约谈判的主题与进程，以及中国在这些公约中所作的承诺。充分理解中国政府为应对气候变化出台的各项法规、政策、规划、标准、指标等。充分企业所处行业的发展前景，在应对气候变化中出现的新问题及发展趋势，

以及这些变化对企业的潜在影响。充分把握企业在应对气候变化中所面临机遇，同时认识到正在或将要出现的各种风险，提高应对能力，制定更为积极的应对措施。

第二，加紧进行能源与环境现状评估。(1) 开展能效评估。对企业的能源计量、监（检）测系统和统计状况进行必要的审查；对生产工艺过程的每一环节的能源利用状况进行必要的测试分析，对各种调查、统计、测试和计算结果进行综合分析、评价、查找出节能潜力，提出切实可行的改进措施和节能技术改造项目，并做出财务和经济评价。(2) 进行二氧化碳排放量评估。评估企业自身的温室气体排放量，以二氧化碳为标准计算。评估因使用化石能源而直接排放的二氧化碳和因使用各种产品而间接排放的二氧化碳。(3) 开展环境绩效评估。对企业内部环境与能源管理机构设置、人员配备情况进行核实，企业对国家环境治理以及节能等政策的执行情况，企业在环境保护以及节能方面出台的具体管理手段和技术方案以及实施情况进行内部核查和评估。(4) 将评估结果纳入企业决策。在对企业全面分析的基础上，对企业管理及技术现状进行全面的综合分析，制定企业应对气候变化的战略，以及具体的实施方案。促进企业加强管理，采用环境友好技术。

第三，积极参与和推进国际合作。积极参与全球应对气候变化的国际合作，争取国际金融组织。政府机构的无偿援助，学习和吸收国外应对气候变化的技术和管理经验。通过清洁发展机制（CDM）等渠道，发展与全球企业的商业合作，拓宽应对气候变资金渠道，积极引进消化和吸收发达国家向发展中国家转移节能技术和可再生能源技术。向全世界证明，中国企业是气候变化问题上负责任的利益相关方，并且有能力和有决心成为气候解决方案的重要提供方和全球行业领军者。

（七）高度注重企业软实力建设

企业实力也有软硬之分。企业的硬实力，往往是指其物质方面的家底，如其资金是否雄厚，各种设施是否齐全，是否先进。但仅有硬实力是不行的。软实力对内体现为全体员工的士气，对外反映为由其品牌、服务、诚信等所构成的在市场与顾客心目中的声誉与形象。我国企业在未来发展中要高度重视企业的软实力建设。

第一，把企业文化建设作为提升企业软实力的主要内容。企业文化是企业的基础和灵魂，也是企业软实力的核心内容，是企业长远发展的精神动力。美国哈佛商学院的兰·普教授说："过去看一个公司的业绩仅仅看账面，而现在更多的是看公司的文化及其产生的凝聚力，这是公司能持久发展的关键"。硬实力容易被复制和替代，而以文化为基本构成要素的软实力却是看不见、摸不着、无法复制和替代的，在经济全球化的背景下，基于企业文化的企业软实力在参与国际竞争方面的作用和意义正在超越传统硬实力而成为制胜的关键。

第二，把履行公司责任作为提升企业软实力的关键环节。企业的运营要把社会责任与企业发展战略、商业运营有机结合起来。企业实现企业社会责任的方式与手段是十分多样的，如企业支持其他的机构举办社会公益活动、直接参加慈善活动和志愿者活动、举办公益事业和社会营销等。应该说，企业切实履行自已的社会责任是企业软实力提升的一种重要环节，只有明确自已的义务与责任的企业才能够成为一个对社会有贡献的企业，才能得到社会的认同。

第三，把激励员工的智慧作为提升企业软实力的重要基础。无论是建立卓越的企业文化还是创造客户价值，无论是提升企业的品牌商誉还是加强变革创新，最终都需要企业高素质人才的支撑，这需要企业将人力资源作为核心工作来做。它包括以下几个方面的内容：一是吸引优秀的人才到企业来。特别是那些竞争力强、实力雄厚的企业，要通过各种优惠政策、丰厚的福利待遇、快捷的晋升途径来吸引企业需要的人才。二是开发员工的潜在能力，促进员工充分发挥其才能和智慧。三是留住优秀人才。四是造就良性的竞争环境。在具有竞争性的环境中，员工就会受到环境的压力，这种压力将转变为员工努力工作的动力。

第二章
2011 中国制造业企业 500 强分析报告

今年，中国企业联合会、中国企业家协会按照国际惯例连续第七次推出了中国制造业企业 500 强。2011 中国制造业企业 500 强的营业收入、资产总额、所有者权益、净利润、门槛值依次为 17.81、16.75、5.77、0.73 万亿人民币和 55.42 亿人民币，分别比上一年剧增了 34.61%、22.35%、17.27%、40.38%、33.25%。世界银行的数据显示，从 1990 年以来，中国制造业生产率的年增幅在 10% 至 15% 之间。制造业的快速发展使得中国在全球制造业中比重从 1990 年的 3% 到 2006 年超过日本，位居全球第二，再到 2010 年超过美国成为全球制造业产出最高的国家。根据美国经济咨询机构 HIS 环球透视的估算，2010 年中国占世界制造业产出的 19.8%，略高于美国的 19.4%。分析认为，中国把美国赶下其盘踞 110 年的最大商品生产国宝座，夺得制造业产出桂冠，标志着“经济史上一个 500 年的周期走到尽头”。中国制造业经过改革开放以来 30 余年的发展，终于站到了世界的巅峰。

一、2011 中国制造业企业 500 强的现状与特征

（一）规模与质量均有提升

根据中国企业联合会的最新统计，2011 中国制造业企业 500 强的营业收入、资产总额、所有者权益、利润、门槛值均比上一年有大幅增长。其中每一项指标的增长率均高于 2011 中国企业 500 强（其对应数据分别为 31.36%、18.43%、7.61%、38.66%、28.05%。），充分说明在我国经济先于世界大多数经济体率先复苏的背景下，国内制造业企业也实现了迅猛的增长。在《财富》新近发布的 2011 全球 500 强排行榜中，中国大陆有 58 家企业入围，比上一年增加了 15 家。有 24 家制造业企业达到世界 500 强标准，比去年多 6 家，其中，有 21 家企业申报并获确认，其中，首钢总公司、中国电子信息产业集团有限公司、北京汽车集团有限公司、中国船舶重工集团公司、中国化工集团公司、中国建筑材料集团有限公司 6 家企业是第一次申报并获确认；联想控股有限公司是在落榜之后再度进入。而广州汽车工业集团有限公司、鞍钢集团公司、海尔集团公司达标没有申报。

总的来看，以中国制造业企业 500 强为代表的我国制造业在 2010 年的增长质量和效益都有了明显提高。国家质检总局发布的 2010 年全国制造业质量竞争力指数显示，根据对全国 25 万多家制造业企业相关数据的测算，2010 年全国制造业质量竞争力指数达到 82.57，与 2009 年相比又提高了 0.43。质量水平的提升体现在以下方面：

一是产品技术水平继续提高。全国千户重点工业企业质量信息网统计结果显示，2008年以来，我国制造业采用国际标准和国外先进标准生产的产品产值的比重持续提高，从59.11%、63.13%增长到70.75%。29个制造行业中，家具制造业，木材加工及木、竹、藤、棕、草制品业，烟草制品业，医药制造业等4个行业采用国际标准和国外先进标准生产的产品产值达到90%以上，24个行业超过了50%。

二是质量管理基础明显改善。2010年，全国制造业企业现行有效的质量、环境、职业健康安全管理体系认证证书达到21万张，与2009年相比增加了2.7万张，增幅达到14.68%。其中，皮革及皮革制品、印刷业、医药品等行业增长幅度超过25%。

三是支柱产业质量成本控制能力增强。2010年，全国千户重点工业企业质量信息网统计结果显示，通用设备、电子通信、交通运输、专用设备等支柱产业的质量损失率明显降低，分别比2009年减少了0.29、0.28、0.24和0.18个百分点。

从29个制造业行业来看，20个行业的质量竞争力指数有所提升。从31个省（区、市）制造业来看，26个地区的质量竞争力指数出现增长，得分超过80分的省（区、市）数量达到20个。其中，上海、北京、天津、广东、江苏、浙江、重庆、湖南等8个地区的制造业质量竞争力指数在85以上。东、中、西部区域制造业质量竞争力指数分别为85.90、81.54和80.92，与2009年相比分别增加了0.80、1.27和0.30。东部区域继续保持领军位置，中部区域质量竞争力明显增强。

（二）2011中国制造业企业500强的成长特征

考察各个方面，2011中国制造业企业500强呈现出以下特征。

1. 入围企业的规模继续大幅增加

从入围企业的经济规模看，从销售额来看，2010年的销售额达到17.8万亿元，相较于2009年的13.2万亿元，增长了34.61%，企业总资产达到16.7万亿元，相较于2009年增长了22.35%，实现就业115万人，较上一年增长了8%。另外，从销售额的平均值与中位数来看，2010年的对应数据都有明显的增加，表明从整体上，入围企业在以上三个经济指标中都有所增长（详见表2－1）。（注：中位数是指半数值；标准差定义为方差的算术平方根，反映组内个体间的离散程度。）

表2－1 2009—2010年入围企业的总体经济规模 单位：亿元、万人

年 份	销售额	资产	就业
2009平均值	264	274	2.12
中位数	122	107	0.96
标准差	697	725	4.33
加 总	13200	13700	1060
2010平均值	356	336	2.31
中位数	158	130	1.05
标准差	982	845	4.56
加 总	17800	16700	1150

2. 经济效率有所上升

从财务指标方面看，2010年企业平均的资产周转率为1.54次/年，高于上一年的1.48次/年；但净资产收益率有所下降，由上年的15.48%下降到14.83%；资产积累率较上一年有所上升，达到27.85%，上升了15.6%；资产保值增值率则从09年的124.98%上升到128.13%；从各个变量的中位数来看，2010年的值都有所上升，表明从整体上，入围企业的财务指标呈乐观上扬趋势（详见表2-2）。

表2-2　　**2009—2010年入围企业的主要财务指标**　　单位：次/年、%

年　份	资产周转率	净资产收益率	资产积累率	资产保值增值率
2009平均值	1.49	15.48	24.20	124.98
中位数	1.21	11.94	14.98	115.00
标准差	1.04	26.03	39.95	39.06
2010平均值	1.54	14.83	27.85	128.13
中位数	1.26	13.57	17.58	117.58
标准差	1.09	12.11	49.62	49.18

从一些财务指标的增长率来看，2010年的平均利润增长率与2009年基本持平，在2009年62.5%的基础上提高了两个百分点；平均的税收增长率出现了较大幅度的下降，从43.84%下降到33.35%，资产增长率则从22.41%上升到27.16%；同时，平均的销售增长率从2009年上升到32.94%，增幅明显。从中位数来看，2010年的对应取值都呈上升趋势，其中最明显的是利润增长与销售增长率，较上一年上升了近50%。因此，从财务指标来看，入围企业的整体运营情况是朝着改善的方向发展，也体现出制造业企业从金融危机中的复苏迹象（详见表2-3）。

表2-3　　**2009—2010年入围企业相关财务指标的增长率**　　单位:%

年　份	利润增长率	税收增长率	资产增长率	销售增长率
2009年平均数	62.53	43.84	22.41	11.60
中位数	20.07	16.78	17.34	10.40
标准差	245.38	176.12	22.86	28.84
2010年平均数	64.54	33.35	27.16	32.94
中位数	31.26	20.86	22.04	27.01
标准差	231.06	62.48	27.76	28.22

3. 研发投入与专利均有增加

从创新特征看，入围企业研发投入的平均值由2009年的55028.5万元提高到71649.6万元，增长了近30%，从中位数看增长了46.5%；平均专利数则从128件上升到681件，增长了4倍多，但从中位数来看，则增加了近10倍，表明入围企业的专利数有了明显的增加。值得关注的是，平均的发明专利也增长近5倍，但从中位数来看则下降了38%，表明发明专利在入围企业间分布得很不均匀，可以看到，2010年的标准差显著大于09年的数值；专利密度则变化不大，基本位于0.02的水平（详见表2-4）。

表2-4　　2009—2010年入围企业的创新特征　　单位：万元、件、件/万元

年份	研发投入（万元）	专利（件）	发明专利（件）	专利密度（件/万元）
2009平均值	55028.51	128.15	30.68	0.02
中位数	18423.50	10.00	30.00	0.01
标准差	142811.60	737.63	9.92	0.02
2010平均值	71649.60	681.95	185.27	0.02
中位数	27003.00	118.00	18.50	0.02
标准差	165092.40	1685.70	780.86	0.02

4. 产业分布基本稳定

从产业分布看，对比2009年与2010年入围企业的制造业产业分布可知，一些产业比较稳定地有大量的企业入围，2009年与2010年的情况基本一致。入围企业最多的产业包括化学原料及化学制品制造业、汽车及零配件制造业、电力、电气、输变电等、一般有色冶金及压延加工业、黑色冶金及压延加工业。从整体上，各个产业入围的企业数目变化不大，相对较大的包括酿酒制造业增加了3家，生活消费品产业及黑色冶金及压延加工业分别减少了3家（详见表2-5）。

表2-5　　2009—2010年主要产业入围的制造业企业500强　　单位：家

产业	2009年	2010年	产业	2009年	2010年
烟草加工业	15	16	化学原料及化学制品制造业	29	27
建材及玻璃等制造业	18	16	汽车及零配件制造业	28	29
家用电器及零配件制造业	15	16	电力、电气、输变电等	34	33
石化产品、炼焦及其他燃料加工业	20	22	一般有色冶金及压延加工业	32	34
综合制造业	22	23	黑色冶金及压延加工业	84	81

5. 东部地区仍有明显优势

从地域分布看，入围企业主要集中在东部的态势没有改变。东部地区的浙江、山东、江苏、北京、上海、河北、广东、天津、福建共入围368家，占73.6%，比去年增加23家，表明东部地区的优势还在继续增强。对比2009与2010年的数据可以发现，有些省份的入围企业出现了较大幅度的减少，如江苏减少了6家，上海及广东分别增加了4家与3家，其他省份的入围企业数变化较小（详见表2-6）。

表2－6　　2009—2010年主要省份入围的制造业企业500强　　单位：家

省份	2009	2010	省份	2009	2010
广东	17	20	河北	30	29
河南	18	17	北京	37	35
上海	18	22	江苏	56	50
辽宁	24	25	山东	76	77
天津	24	24	浙江	78	79
福建	9	8	天津	24	24

6. 民营企业继续强劲增长

从入围企业的所有制来看，与上一年的成长态势相同，2010年入围民营企业数量继续增加，由275家上升到281家，表现出制造业领域民营企业强劲的增长潜力，这与前几年的趋势基本一致，国有企业的数量继续减少，但国有企业数量的减少并不完全是经营绩效的结果，也与国有企业改革中的退出有较大关系。从表2－7与表2－8看出，国有企业与民营企业相比仍然是相对规模占有优势，但经营效率相对偏低。

表2－7　　2009—2010年入围企业的所有制特征　　单位：家、%、亿元

年份	所有制	企业数	百分比	平均收入	平均资产	平均利润
2009	国有企业	225	45	407	476	14
2009	民营企业	275	55	147	108	7.5
2010	国有企业	219	43.8	554	572	20
2010	民营企业	281	56.2	202	151	10

表2－8　　2011入围企业按所有制分类的效率　　单位:%、万元

名　　称	资产利润率	人均利润	资产周转率	人均营业收入
国有企业	3.56	6	96.96	153.88
民营企业	6.77	8	134.00	159.04

7. 国际化水平有所下降

从企业的国际化程度看，以企业海外销售来衡量。从平均来看，2011入围企业的海外销售平均达到645389万元，较2009年增长了32.46%；平均的海外销售增长率从17.41%上升到2010年的84.1%，但平均的海外销售比例从12%下降到10.77%，反映出金融危机对企业，特别是出口企业的影响。从中位数来看，海外销售、海外销售增长率与海外销售比例都有所上升，表明从整体来看，2010年在各项海外销售值都有所增加，但入围企业在相关变量上存在更大的波动性（详见表2－9）。

表2－9　入围企业的海外销售情况　单位：万元、%

年　份	海外销售	海外销售增长率	海外销售比例
2009平均值	487241	17.41	12.00
中位数	68059	－10.49	4.38
标准差	2409713	173.10	18.90
2010平均值	645389	84.10	10.77
中位数	125880	36.87	5.18
标准差	3267982	1225.24	15.77

8. 劳动生产率继续提高

考察入围制造业企业的劳动生产率，可以看出，中国制造业企业500强的劳动生产率为155.43万元/人，相比头一年增加25.03%。这时一个很高的提升幅度，表明了国内制造业企业摆脱金融危机影响后的快速增长，也与前几年的增长趋势基本一致，说明中国制造业企业的发展越来越转向了集约式（详见表2－10）。

表2－10　2010—2011中国制造业企业500强劳动生产率　单位：万亿、人、万元/人

年份	销售收入	就业人数	劳动生产率
2009	13.23	10642155	124.31
2010	17.81	11458169	155.43

二、“十一五”期间中国制造业企业500强的成长特征

“十一五”时期是我国经济社会发展进程中极不平凡的五年。面对国内外复杂形势和一系列重大风险挑战，我国有效应对了“百年不遇”国际金融危机的严重冲击，保持了经济平稳较快发展，GDP年均增长11.2%，2010年GDP超过日本，名列世界第二。与此同时，在大力推进经济结构调整中，制造业特别是装备制造业总体水平和竞争力明显提高，战略性新兴产业迅速成长，突破了一批产业发展急需的前沿技术、核心技术和关键装备技术，一大批科研成果实现了产业化。中国制造业企业500强实现了飞速的发展。2004—2010年间，中国制造业企业500强的营业收入、资产总额、所有者权益、利润的平均增长率分别为23.45%、22.44%、22.34%、22.12%（门槛值的平均增长率为18.31%），均是同一时期GDP平均增长率的一倍以上，同一时期中国企业500强的各项增长率分别为20.69%、21.56%、19.09%、25.58%、20.79%。根据对2005—2011中国制造业企业500强连续7年的数据分析，可以看出中国制造业企业成长的一些规律性内容。

1. 东部地区一直占有优势

从地域分布看，在 2005 年后，入围企业高度集中于浙江、山东、广东、江苏及河北，在这五个省分，2005—2010 年分别有 247、253、263、262、277、270 家企业入围制造业 500 强。由此可推测，大企业在这五个省份高度集中，具有明显的区域集聚特征，且这种趋势还在加强。对于当地政府，需要为这些大企业提供良好的经营环境，而这些环境可能需要明显区别于以中小企业为主的地区。其它相关研究同样证实了中国制造业“东强西弱”的格局非常明显。东部地区良好的创新环境和基础设施以及创新资源聚集是制造业遥遥领先于国内其它地区的主要原因。

2. 民营企业成长性较强

从所有制看，集体企业呈现式微趋势，逐步被挤出了制造业 500 强，而民营企业则体现了强劲的成长势头，入围的企业数不断增加，且呈不断加强的趋势。分析还显示，在 2004—2010 年间，民营企业的收入利润率均高于国有及国有控股企业。因此，民营企业的发展会为国有企业营造一个竞争的市场环境，有力地促进制造业与整个经济的发展。

3. 重化工分布特征明显

从行业角度看，一些产业的入围企业迅速减少. 如 2004 年塑料制品业有 85 家企业入围，而在后面几年中迅速减少，到 2010 年只剩下 2 家入围企业；而工程机械、设备及零配件制造业在 2004 年仅 1 家企业入围，而到 2010 年增至 12 家；增速最为明显的是黑色冶金及压延加工业，其入围企业从 2004 年的 85 家到 2010 年还有 81 家，依然占据主导地位，由此可以看出我国近年来经济增长的重化工特征。我国经济正在经历着深刻的产业结构变化，一些产业逐步趋于平衡增长，而一些产业中的企业正处于旺盛成长期。对于政府而言，为一些成熟产业提供良好过渡环境，要为成长的新兴企业提供良好经营环境，促进它们的成长。

4. 入围企业规模持续增加

从入围企业总体规模看，根据规模的三个度量指标，即就业人数、资产总额、销售额，无论从平均值、中位数还是加总数，入围企业的总体规模都在增大。但资产总额与销售量没有进行平减，因而它们可能不能反映真实的规模扩大。再用资产总额、销售量比上当年的 GDP，可以在一定程度上避免价格因素的干扰。可以看出，资产总额与销售额占 GDP 的比重都在逐年增加。同样，用入围企业就业人数与全国就业人数进行对比，其比值基本稳定在 1% 的水平。由此推断，企业规模的扩大是沿着资本密集型方向的，而没有带来更大比例的就业。这表明入围制造企业存在挤出劳动倾向，这在一定程度上不利于就业的解决。

5. 研发投入增加，研发密度较低

创新方面，从研发投入的绝对值来看，每年的投入都有所增加，但专利的申请不稳定，2009 年的专利申请出现了明显的下滑，表明金融危机对当年专利申请的影响。无论从中位数还是从平均值角度。研发密度较低，且不稳定，如相比于 2006 年，随后几年的研发密度有所下降（详见表 2-11）。因此，我国大型制造业依然面临着研发不足的问题。

表2-11 2005—2011制造业500强企业研发投入、专利数据 单位：万元、件、%

年 份	研发投入	专利	发明专利	研发密度
2004平均值	22070.96	0	0	1.97
中位数	7942.5	0	0	1.31
标准差	53334.24	0	0	2.05
2005平均值	28836.88	183.48	47.64103	2.04
中位数	10396.5	31	7	1.23
标准差	68880.63	757.05	223.2398	2.60
2006平均值	39781.81	206.69	64.14968	2.41
中位数	13757.5	37	7	1.56
标准差	95509.28	624.54	278.1184	3.61
2007平均值	44588.39	321.46	84.81899	2.02
中位数	17072	42.5	8	1.30
标准差	98282.5	1512.97	351.8663	2.14
2008平均值	52322.11	344.50	140.34	2.01
中位数	18735	51.5	10.5	1.49
标准差	124255.6	1239.42	926.89	2.02
2009平均值	55028.51	128.14	30.67	1.96
中位数	18423.5	10	30	1.41
标准差	142811.6	737.63	9.91	1.95
2010平均值	71649.6	681.94	185.26	2.00
中位数	27003	118	18.5	1.58
标准差	165092.4	1685.70	780.85	1.8
总体平均值	45374.69	292.78	84.43	2.06
中位数	15223	37	17	1.42
标准差	114928.4	1152.03	512.30	2.39

6. 经济效率持续上扬

从各年财务指标来看，资产周转率在2004—2008年间一直上扬，而在2009年出现了大幅下降，可能的原因是金融危机带来的负面影响开始凸现。在2010年，资本周转率才有所提升；与前些年净资产收益率相比，2008年后的收益率有所下降，且增长不稳定；资产负债率基本位于57%～62%的区间，在2004—2007年逐年增长，2008年出现了一定程度的下跌，直到2010年才有所恢复（详见表2-12）。但从整体上来看，大型制造业的负债经营问题不是很突出（需要对比其他国家大型企业的资产负债率，以及怎样划分正常范围）；类似的，资产积累率及资产保值增值除降了在2008年受到下挫外，其他年份都呈现不同程度的增长，2008年前具有明显的增长趋势，2008年后的增长属于恢复性的增长；由此可以看出，这些大型制造业的各项财务指标与宏观经济形式紧密相关，作为企业，关注国内外经济总体形势，并采取有效的应对措施有利实现各项财务指标的稳定；作为政府，营造稳定的国内外经济环境有利于企业的持续增长。

表 2－12　　**2005—2011 制造业 500 强企业财务指标**　　单位：次/年、%

年　份	资产周转率	净资产收益率	资产负债率	资产积累率	资产保值增值率
2004 平均值	1.44	22.02	0		
中位数	1.10	13.22	0		
标准差	1.26	81.76	0		
2005 平均值	1.53	14.68	57.60	25.20	125.20
中位数	1.18	11.08	59	13.48	113.48
标准差	1.24	22.05	16.78	69.68	69.68
2006 平均值	1.64	0	57.98	33.26	133.26
中位数	1.26	0	60.02	14.1	114.1
标准差	2.03	0	16.53	148.08	148.08
2007 平均值	1.66	21.24	62.76	33.70	133.51
中位数	1.34	14.73	63.96	22.25	122.16
标准差	1.17	30.95	15.50	44.76	44.75
2008 平均值	1.71	12.41	60.35	17.79	117.75
中位数	1.33	11.17	62.15	12.62	112.59
标准差	1.38	37.56	17.05	95.18	95.09
2009 平均值	1.48	15.47	60.05	24.20	124.97
中位数	1.21	11.94	62.24	14.98	115
标准差	1.04	26.07	15.61	39.94	39.06
2010 平均值	1.54	14.83	60.78	27.84	128.13
中位数	1.25	13.57	62.75	17.58	117.58
标准差	1.08	12.11	16.80	49.61	49.17
总体平均值	1.57	16.81	59.92	41.55	112.74
中位数	1.25	12.57	61.84	19.745	112.59
标准差	1.35	41.81	16.47	88.74	88.60

7. 经营的动态特性尚不稳定

从反映经营指标的动态特征看，利润增长率的波动较大，尤其是受 2008 年金融危机的影响，平均数与中位数度量的利润增长率均出现了双负，表明这是一个反映企业经营状况的一个敏性指标；税收增长率在整体上比较平稳，但在 2007 年存在较大的方差，表明一些企业的纳税增长率发生了较大的波动，因此，中位数更能反映整体情况。可以看出，除了 2008 年税收增长率低到 11.8% 外，其它年份均位于 15% 以上；资产增长率则相对比较稳定，基本位于 20% 以上。而销售增长率则相对没有规律，基本上为降升相间，表明销售增长率及其决定因素相对复杂，用它来进行经济预测值得商榷。从整体上看，企业平均的动态运营指标不太稳定，为了实现可持续的发展，企业需要加强各项动态指标的平稳性（详见表 2 - 13）。

表 2 - 13　2005—2011 制造业 500 强企业收入、利润、资产、税收增长情况　单位：%

年份	利润增长率	税收增长率	资产增长率	销售增长率
2004 年平均数	126.54	0	23.44	39.58
中位数	25.32	0	18.10	33.31
标准差	988.93	0	27.02	35.24
2005 年平均数	84.09	33.20	24.62	0
中位数	15.02	15.9	14	0
标准差	1134.8	122.03	60.90	0
2006 年平均数	-1.57	99.17	22.95	29.58
中位数	25.94	20.11	14.5	20.21
标准差	1648.04	911.36	63.71	53.62
2007 年平均数	141.44	437.51		59.52
中位数	40.56	27.57		25.39
标准差	828.77	8761.16		580.40
2008 年平均数	-16.74	20.847		21.72
中位数	-1.89	11.81		16.96
标准差	161.37	61.616		28.39
2009 年平均数	62.52	43.844	22.41	11.59
中位数	20.07	16.78	17.34	10.4
标准差	245.38	176.129	22.86	28.84
2010 年平均数	64.54	33.3536	27.15	32.94
中位数	31.26	20.86	22.04	27.01
标准差	231.06	62.483	27.75	28.22
总体平均数	65.93	124.348	590430	32.53
中位数	22.4	19.56	27.35	21.39
标准差	913.57	3920.106	2723988	239.82

8. 并购活动比较频繁

并购无疑是现代企业迅速成长的一个重要途径。入围企业的并购相对比较频繁。2008 年共发生 336 起并购，2009 年、2010 年的并购数分别为 411 起和 313 起（详见表 2 - 14）。平均每家公司经历了 2－3 次并购。平均而言，这些更倾向于通过子公司的形式来实现扩大规模，可以看到子公司数在不断增加，且速度大于分公司与持股公司。面对并购浪潮，对于企业而言，应该注意并购过程中的风险；对于政府，应该规范企业的并购行为，尤其是涉及到跨国并购。

表 2－14　　2008—2010 年间制造业 500 强企业并购情况　　单位：家

年份	并购数	子公司	分公司	持股公司	年份	并购数	子公司	分公司	持股公司
2008 平均数	3.11	29.85	28.98	13.17	2010 平均数	3.36	45.93	33.00	18.35577
中位数	2	15	4	6	中位数	2	21	3	7
标准差	7.51	54.59	184.79	28.72	标准差	4.48	73.38	218.03	34.54212
加总	336	12537	5595	4017	加总	313	11851	4258	3818
2009 平均数	3.31	31.52	29.66	13.40	总体平均数	3.26	34.26	30.25	14.55769
中位数	2	16	4	6	中位数	2	17	4	6
标准差	5.06	55.26	185.83	29.43	标准差	5.84	60.06	193.64	30.5849
加总	411	13270	5726	4277	加总	1060	37658	15579	12112

9. 国际化平持续增长但不稳定

考察入围企业的国际化程度，其中一个重要指标是企业的海外销售额，无论从中位数还是从平均数，海外销售量及增长率都很不稳定，表明过度依赖于外部市场，将不利于企业的可持续发展。同时，入围企业产品中的大部分用于内销，从平均数来看，海外销售比例不超过 15%，从中位数来看，外销率不超过 10%（详见表 2－15）。

表 2－15　　2008—2010 年间制造业 500 强企业国际化发展情况　　单位：万元、%

年　份	海外销售	海外销售增长率	海外销售比例
] 2008 平均值	543645.7	10933.33	14.16
中位数	116188	12.07	7.53
标准差	2356820	165293.8	19.46
2009 平均值	487241.1	17.40	12.00
中位数	68059	－10.49	4.37
标准差	2409713	173.09	18.90
2010 平均值	645388.9	8410.89	10.76
中位数	125880	36.87	5.17
标准差	3267982	122524.4	15.76
总体平均值	557495.3	6346.66	12.06
中位数	95296	12.95	2.42
标准差	2702605	117521.8	21.99

10. 主业方向比较集中

多元化是考察企业经营特征的重要方面。考察入围企业的多元化经营，从企业提供的数据看，主营业务收入占总收入的比重平均的占比达到80%左右，中位数接近于90%，表明入围企业基本还是以主营业务为主的，经营的集中化程度较高，说明企业的主营业务比较清晰，基本以专业化经营为主。从另一面看，也说明企业的多元化经营程度还不大（仅就现有的数据分析）。这种选择有利有弊（就目前中国企业的情况而言，总体上还是利大于弊的）。它可以使企业集中资源来发展自己的长项，有利于实现规模经济但不利于范围经济的发挥。因此，企业可以在巩固主营业务优势的同时，适当地开展多样化经营（详见表2-16）。

表2-16　2006—2010制造业500强企业多元化经营情况　单位:%

年份	平均值	中位数	标准差
2005	80.42532	89	21.04407
2006	81.49677	90	21.10564
2007	82.02564	92	20.92607
2008	81.21374	89.89	20.57985
2009	78.21472	86.04	22.60357
总计	81.15749	90	20.98925

三、中国制造业企业500强存在的问题

虽然我国制造业规模与经济总量一样已名列世界第二，但制造业总体上仍然运行在粗放式发展的轨道上。制造业中“重速度、轻效益；重规模、轻质量”的特性依然十分明显。因此，我们不光要看到我国制造业近年来的飞速发展，更要清醒地认识到制造业领域存在的种种问题及与世界先进制造业之间的差距，其中的绝大部分问题均是“老生常谈”，且一直处于改善之中，但仍然缺乏根本性的变化，从而制约了我国制造业企业随着规模的扩展而一同转型升级。无论是在遭受金融危机严重冲击的环境下，还是在我国经济从危机中复苏、持续反弹的过程中，这些问题都有不同形式的表现。有些问题属于企业发展必须面对的外部环境；有些问题存在于企业自身。这些问题不仅体现在中国制造业企业500强上、也更多地体现在整个中国制造业上，应当给予持续的高度关注。

（一）创新能力依然不足

勿庸讳言，制造业规模位居世界第一只是确立了我国制造业大国的地位，而远不能证实我国已经成为制造业强国。我国制造业仍处于国际产业链的低端。阻碍制造业产业升级的最大瓶颈是技术创新的不足。我国目前制造业在基础原材料、重大装备制造和关键核心技术等方面，与世界先进水平还存在较大差距。许多重要产业对外技术依存度高，许多核心技术受制于人。我国的技术对外依赖度达50%，科技对发展的贡献率仅占30%，发明专利只占世界总量的1.8%。虽然很多产品标注为

中国制造，但研发设计、关键部件和市场营销都在国外，只有加工、封装等劳动力密集型环节在国内。创新能力不足导致制造业的劳动生产率与产品附加值偏低。虽然我国已取代美国成为全球最大的制造业国家。但美国的生产率几乎是我国的三倍。

造成企业技术开发能力不足的首要原因依然是研发投入不足。这个问题虽然多年来一再被提出，但我国制造业企业一直未有实质性的改善。以我国制造业最发达的浙江省看，浙江省统计局的有关资料显示，全省有制造业集群近千个，但这些产业集群中企业的研发投入占销售收入的比重仅为 0.45%，远远低于全国 1.5% 的平均水平。再以我国制造业企业的精华 - 中国制造业企业 500 强为例，据统计，2004—2010 年间，中国制造业企业 500 强的研发投入比重分别为 1.88%、2.29%、2.41%、2.13%、1.95%、2.03%、1.9%（参见下表）。

表 2 - 17　　中国企业 500 强及制造业 500 强 R&D 经费占销售收入比重　　单位：%

年　份	2004	2005	2006	2007	2008	2009	2010
500 强 R&D 经费占销售收入比重	1.20 (362)	1.45 (411)	1.61 (421)	1.32 (431)	1.34 (426)	1.42 (440)	1.41 (422)
制造业 500 强 R&D 经费占销售收入比重	1.88 (416)	2.29 (448)	2.41 (466)	2.13 (448)	1.95 (458)	2.03 (476)	1.99 (471)
R&D 投入大于 5% 的制造业企业比重	9.85 (41)	9.59 (43)	12.87 (60)	10.71 (48)	8.87 (40)	6.72 (32)	5.09 (24)

从表 2 - 17 看出，制造业企业 500 强的 R&D 投入比重在 2006 年达到 2.41% 的峰值以后，就一直掉头向下，2010 年甚至跌破 2.0%，离国际上大公司 5% 平均研发水平的一半都不到。这也可以解释为我国制造业为什么长期以来竞争力水平的提高慢于规模扩张的速度。我国制造业之所以偏爱从国外引进技术有以下原因：第一，技术力量薄弱，特别是不具规模的企业更是缺少研发资金和科技人员，研发机构不健全；第二，行业利润率低，支付不起高昂的研发费用；第三，研发风险大、周期长，影响企业的当前利益，企业更愿意直接引进现有技术；第四，市场竞争激烈，知识产权保护成本太高，打击了企业自主创新的积极性。就高校和科研院所而言，在现阶段产学研合作中还存在着一些制约因素：阻碍了科技成果向现实生产力的转化。

（二）经营成本持续上升

当前，中国经济积累已久矛盾的释放影响着制造业企业的经营。其中，影响最大的就是各种因素的叠加导致了成本的上升。近年来，伴随着我国经济高速成长的，甚至增长更快的是企业经营成本的上升。其中，劳动力工资、原材料与燃料的价格两大因素对成本影响最大。推高劳动力工资的因素有 2008 年《劳动合同法》颁布以及各地区一再调高最低工资标准，推高原材料与燃料的因素包含国内与国际方面的。中国企业联合会对部分规模以上、以东部地区为主的制造业企业进行了问卷调查。调查结果显示，“劳动力成本上升”、“原材料、能源成本上升”、成为当前企业经营发展中面临的主要问题的前两位，而2010年夏天以来通胀的“卷土重来”又加剧推动了这种成本持续上升的走势。进一步分析，主要由工资上升导致的劳动力成本上升尤其值得注意。应该说，劳动力成本上涨在中国并不是新现象。国际劳工组织的研究表明，至少十年来，中国工资的上涨速度就一直高于亚洲其他地区。从2000年到2009年，中国工人实际工资的年均涨幅为12.6%，印尼为1.5%，泰国为零。有关美国机构发布的报告显示，过去10年来，中国制造业工人的实际工资每年增长近12%，中国制造业的实际时薪上涨了一倍，而美国只上涨了20%。未来5年美国和中国工资差距逐渐缩小。有报告甚至提出，考虑美国相对较高的劳动生产率，上海等地工人工资仅比美国一些人力成本低的州便宜30%。由于工资在总成本中占约20%~30%，甚至在考虑库存和运输之前，中国制造只比美国便宜10%~15%；若考虑这些成本，中国产品的总成本优势会降到个位数，甚至完全被抹掉。目前，一些制造业已经出现了向印度、越南、缅甸、柬埔寨等东南亚低劳动力成本国家转移的迹象。虽然总的来看，实际的产业外移短期内还不至于动摇我国“世界工厂”的地位，而且我国在基础设施、产业链上的优势也还会存在，但成本上升对中国制造业竞争力的逐步削弱却是实实在在的挑战。中国制造业能否提高劳动生产率，消化成本上升对利润的吞噬，攸关中国制造的生死。

（三）产业结构调整缓慢

从产业竞争力考察，我国制造业的优势仍然集中在劳动密集型的传统产业领域，主要指纺织服装、玩具、家具、鞋类与电子信息产品组装等。在高端的现代制造业与高科技产业方面，我国与发达国家仍然存在较大差距。诸如大型成套设备、集成电路及其他技术含量较高的半成品还需引进。即使以代表中国制造业顶级水平的中国制造业500强看，中国制造业企业500强仍然以传统产业占较大比重，而世界500强更多以现代制造业为主。虽然国家一直在倡导、推动企业转型升级，“十一五”规划还提出了到2010年底，单位GDP能源消耗降低20%左右，主要污染物排放总量减少10%两项约束性指标，“十一五”规划目标已经基本完成，但总的来看，在以重化工业为主导的经济高增长浪潮冲击下，制造业产业结构的调整步伐较慢。以两个传统制造业行业为例衡量，2005中国制造业企业500强中，黑色冶金及延压加工业与有色冶金及延压加工业分别有85、23家企业，收入分别为1.204、0.172万亿人民币，占制造业总收入的比重为27.35%。而2011中国制造业企业500强中，黑色冶金及延压加工业与有色冶金及延压加工业分别有81、34家企业，收入分别为3.51、1.106万亿人民币，占制造业总收入的比重为25.91%，也就是说“十一五”期间，这两个主要传统制造业的比重仅下降了1.44%。产业结构调整的艰难与缓慢由此可见。国家宏观经济政策中是把“保增长”与“调结构”并列提出的，但现实情况则是，在经济增长发生波动时，属于中长期性的“调结构”往往会让位于短期性的“保增长”，变成相对软约束性的目标。例如，由于应对国际金融危机、确保经济增长率的需要，各地又新近上马了一批传统制造业项目，以至于造成2010年一季度，由于高耗能行业快速增长，全国单位GDP能耗不但没有下降，反而有所上升。

（四）国际化之路不平坦

近些年，越来越多有实力的中国企业响应“走出去”的号召加入到国际化经营的行列中。这场

"百年不遇"的金融危机更是为中国企业加快国际化经营的步伐提供了难得的机遇。有关部门提供的数据显示，截至 2010 年底，中国企业投资设立的境外企业超过 1.5 万家，非金融类对外直接投资存量 2588 亿美元，境外企业资产总额超过 1 万亿美元。其中，国有企业占据了半壁江山。同发达国家的跨国公司相比，由于经济全球化的到来，中国企业属于在相对规模还不够大、国际化经营的规则不太熟悉与经验不足的情况下，就过早地走上了国际化经营之路。这种准备不足导致了中国企业在国际化经营中遇到了太多的挫折和阻力。与海外投资速度不相匹配，我国企业在国际化经营的管理机制上也显滞后。例如，在央企"大踏步"前行过程中，境外资产风险也开始日渐凸显。

从外部环境看，中国企业的国际化一直存在两大障碍：一是屡遭反倾销之困扰，这方面的案例近些年可以说是屡见不鲜，特别是这次金融危机自后，各国纷纷自保，贸易保护主义又"卷土重来"，如美国的轮胎特保案等。二是海外并购屡屡受挫，同跨国公司进入中国市场所遇到的经济安全问题类似，中国企业在海外进行并购时同样会遭遇来自受并企业国家的政府及其它企业的阻力。这方面的新近案例就是中铝收购力拓的一再受挫。从发展阶段看，中国绝大部分企业还处于比较初级或相对比较中级的阶段，即资源导向或者是成本导向。从发展程度看，中国企业的国际化经营水平提升还不够快。根据中国企业联合会的统计，在连续申报海外收入的 2008、2009、2010、2011 中国制造业企业 500 强中，海外收入占总收入的平均比例分别为 23.74%、15.25%、15.99%、12.85%。这些数值不仅低于跨国公司 30% 的基本要求，而且在金融危机发生后，中国企业的国际化水平甚至出现了下降。联合国发布的《2010 年世界投资报告》显示，以跨国指数衡量，在 100 家最大的发展中国家跨国公司中，有 12 家中国公司，12 家中国公司只有两家跨国指数超过 50%，一个是北京控股，另一个冠捷科技。其他公司跨国指数都不到 50%，鼎鼎有名的中石油是只有 2.7% 的跨国指数。英国剑桥大学教授彼得·诺兰在 2010 年"中国高层发展论坛上"指出，中国企业的国际化之路还很漫长。

（五）不正当竞争恶化环境

从国内环境环境看，我国的社会主义市场经济体制尚不完善，市场仍然处于发育成长之中。一些企业为了获得短期利益，往往采取不正当的竞争手段，如此反而恶化了市场环境，造成了损人不利己的局面。这种不正当的竞争主要体现在两个方面：一是联手炒作，抬高产品的价格，以获取暴利。例如，近年来出现的一些农产品的暴涨就属于这类情况。二是反其道行之，故意压低价格。据统计，中国制造企业已超过了 4000 万家，每个分类产品的制造企业都数以千记。企业之间往往竞争过度，以至于发展到恶性竞争的地步。对中国制造企业来讲，同类企业的竞争让产品价格越来越低，当中的一些企业为了争取订单不惜压低价格，甚至亏损经营，结果造成了整个行业的价格都被压低，使得本来就处于产业链低端、利润单薄的中国制造业的生态"雪上加霜"。企业生存越来越难，也缺乏长期中持续健康发展的后劲。这样的例子近年来已经是屡见不鲜了。如"电视大战"、"汽车大战"等。有时候在地方保护主义的参与支持下，如此的恶性竞争愈演愈烈。这种恶性竞争既源于企业自身的非理性行为，也属于市场环境的不利因素方面。为了避免在竞争中造成"全盘皆输"的局面，各行业都曾出现过价格联盟，希望守住价格底线，提高全行业的利润。可这样做的结果从法律角度考察，违反了《价格法》与《反垄断法》，从操作角度看，这种“非合作博弈”也是无法长期维持下去的。实际中的情形也是如此演绎的。虽然竞争是有利于企业的成长，但恶性竞争却毒化了市场环境，不利于企业可持续的良性成长。在中国制造业规模已十分庞大的今天，这种恶性竞争给企业、行业、消费者带来的恶果尤其值得关注。

（六）国际环境影响显著

从国际环境环境看，在当今经济全球化、一体化的背景下，不确定的外部环境因素对企业经营的影响越来越大，蝴蝶效应的作用往往会放大其影响的程度。特别是自中国加入世贸组织以来，国际市场与国内市场连为一体，国际环境对企业的影响也越来越显著。这便是当前中国制造业企业面临国际环境的最大特点。对于以出口为主的企业而言，国际因素的影响甚至要大于国内因素。事实上，无论是上个世纪末的亚洲金融危机，还是此次“百年不遇”的全球金融危机，均是从外部深刻影响中国经济与企业的。本次金融危机以来，欧美地区及发展中国家的经济均处于艰难恢复之中，各国纷纷“自扫门前雪”，“以邻为壑”，贸易保护主义重新抬头，贸易摩擦频繁，国际经济环境中的不确定性甚至大于以往。各种因素都加大了中国企业国际化经营中的风险。中国企业联合会2010年上半年对部分规模以上、以东部地区为主的制造业企业进行了问卷调查，本次调查结果显示，70%以上的企业认为当前环境下，国际上的环境因素对企业的影响十分显著。在回答关于当前国际环境对企业影响的因素时，回答的顺序依次为：“国际大宗原料成本上升”、“国际市场不确定性增强”、“发达国家经济复苏缓慢，影响产品需求”、“贸易保护主义强化”、“海外投资风险加大”、“发展中国家企业低成本竞争加剧”。这说明在样本企业中，涉及国际化经营的比例较大。在经济全球化的背景下，各种外部环境因素对我国企业经营的影响十分显著，体现在经营中就是加大了企业实施经营计划中的不确定性，使其“防不胜防”。

四、中国制造业企业转型升级的对策

“十二五”时期是中国经济实现发展方式转变的关键时期。一方面，市场化、工业化、城市化和全球化正方兴未艾；另一方面，现行粗放的经济增长方式亟待改变，经济结构调整和优化迫在眉睫。制造业是一国经济发展的基础。纵观世界历史，任何发达国家必然拥有一个发达的制造业。中国的制造业从上个世纪90年代开始进入迅速发展时期，但从结构上分析仍处于整个产业价值链的低端，从事着一些低附加值的生产、加工、制造，但我们不可能总是走低端的路线。因此，转变经济发展方式，必须从提升制造业开始。无论是从金融危机以来欧美国家做出重振制造业的战略选择的视角，还是从中国自身的国情而言，在今后相当长一段时间内，中国仍然需要重点发展制造业。

产业升级是一个经济体或者产业发展的一定阶段的必然选择，产业结构的调整和产业素质与效率的提高才能促使经济更好更快的发展。目前，中国制造业正面临着内部产业格局调整和外部市场空间增大的双重压力与机遇。国内传统的制造业正面临能源、环境、资源的多重挤压，发展空间将更加狭小，国际上欧美等先进工业化国家正在试图用自己的优势产业引导全球新一轮经济增长，并辅之以“节能减排”、“人民币汇率”等手段施压。迫于利润与生存的压力，中国制造业加快转型升级的步伐已经是唯一的出路。这次金融危机也为中国制造业加速从“中国制造”向“中国创造”升级提供了历史性的机遇。新形势下，中国制造业必将进一步参与全球化的进程和中国工业化进程的加速，并推动中国制造业产业格局的进一步升级换代。在与外国企业的激烈竞争中，中国制造业企业的核心技术以及品牌、渠道等将得到进一步发展，并逐步改变产品低附加值、低利润局面，摆脱在国际分工中的“初级加工者”角色，逐步由“制造大国”向“制造强国”转变，最终成功实现中国制造业的产业升级。

（一）实现长期稳健发展

根据中国企业联合会的最新发布，2004—2010 年间，中国制造业企业 500 强的营业收入、资产总额、所有者权益、利润、门槛值的平均增长率分别为 23.45%、22.44%、22.34%、22.12%、18.31%。如此超高的增长率使得中国制造业的规模跃居世界第一，但在目前粗放的发展模式下，高速增长给资源、环境带来巨大的压力，对企业而言也是不可持续的。Jim Collins 在其新著《再造卓越》中指出，许多案例表明，一家卓越的公司之所以会衰落往往是由于扩张太快、战线过长。这些企业往往不是死于没有机遇，而是死于机遇太多；往往不是“饿死”的，而是“撑死”的。这些告诫值得成长中的中国制造业企业借鉴。“十二五”规划指出，未来五年要实现经济平稳较快发展，明显提高经济增长质量。为此，“十二五”期间 GDP 的平均增长率调为 7%，低于“十一五”期间 11.2% 的实际水平。因此，制造业企业要遵从企业成长的规律，顺应宏观经济增长的趋势，根据企业自身的状况适当调低扩张的速度，实现长期中的稳健发展。实际上，不少企业已经认识到这个问题，并有所行动。中国企业家调查系统发布的《2010 · 中国企业经营者问卷跟踪调查报告》显示，接受调查的许多企业家对 2011 年的企业经营也表示了谨慎乐观的态度。企业家们纷纷表示，要根据 2011 年的宏观经济态势安排经营。放缓企业的扩张更为合理、健康。许多企业在调整发展速度的同时也寻求质量的提升。长期以来，我国企业已经习惯于在高增长的宏观经济背景下发展，但“花无百日红”，行船有顺水时，就必定有逆水时。不应当把宏观经济的高速增长作为企业发展的前提条件。面向“十二五”时期，中国制造业企业应当在前期高速高速成长的基础上，着手建立一种更可持续稳健的业务增长模式，追求愿景更为清晰，对主业更为专注，对创新的追求更为实际，对内功修炼更为倚重，对机会追逐更为谨慎，实现从“快公司”向“稳公司”的转变。

（二）增强战略管理能力

由美国次贷危机引发的金融危机使中国制造业企业在分享全球化带来机遇的同时，也见识了全球化时代经济运行所包含的巨大风险，为中国制造业企业在开放经济的市场环境下加速成长提供了千载难逢的机遇。在此次危机中，我国大企业能够取得优于发达国家大企业的业绩，原因除了我国应对危机的经济政策，还离不开企业家判断、驾驭复杂形势的能力和信心。“十二五”时期，综合判断国际国内形势，我国制造业企业的成长仍处于可以大有作为的重要战略机遇期，既面临难得的历史机遇，也面对诸多可以预见和难以预见的风险挑战。因此，制造业企业要以金融危机为鉴，增强机遇意识和忧患意识，提升战略动态管理能力和市场把握能力。为此，要从以下几点着手：

1. 加强风险防范。在此次危机中，我国制造业也暴露出很大的问题，如过分依赖发达国家技术，技术创新不足，产品质量不高等一系列产业方向和产业体制不完善、不健全的问题。制造业所要做的不仅仅是在危机中生存下去，还要学会防范风险。对于在危机中暴露的问题，要找到这些问题的根源，从根本上解决问题，并从中学习经验，预防相似的情况发生，为企业未来发展扫除障碍，求得企业的长远发展。

2. 深入了解国际市场。从加入WTO的那一刻开始，我国制造业就开始与国际接轨，我国政府也颁布了一系列的经济政策，用以扶持我国企业大胆地走出去，面向世界。但我国对世界经济的认识和了解都只是一些表面上的，并没有深刻的认识。在次贷危机席卷全球的时候，我国企业才是真正窥见了世界经济的内在本质。世界经济带给我们的不仅仅是利润和高额的贸易顺差额，也给我们带来不利的影响。通过这次危机，能够使我国的企业更多地走进国际市场，更多地了解世界经济的规则，认识国际市场的发展，学习并吸取经验，调整企业的结构和方向，适应国际经济市场的变幻莫测。

3. 运用避险类工具规避金融风险。随着人民币升值幅度的加快，企业应逐步增强运用避险工具锁定汇率升值风险、规避汇兑损失的意识，运用避险类支付、结算和衍生工具，如贸易融资、运用金融衍生产品、改变贸易结算方式、提高出口产品价格、改用非美元货币结算、增加内销比重和使用外汇理财产品等，主动规避风险，减小人民币升值对出口企业的影响。

4. 实施精细化管理。管理是企业应对外部风险的基础，要向管理要效益，特别要切实推进信息化与工业化的融合，全面实现管理信息化。信息化可以真正帮助企业在理顺内部管理的基础上，实现有效的成本控制、实现生产制造和物流供应过程的可视化和可追溯、实现生产现场信息的及时反馈，有效监控产品质量、设备，加强与供应商的协作，提升对客户的服务水平，强化对人力资源的管理。充分利用企业已有的信息系统和数据资源，将数据有效化、有序化、合理化，并充分利用，实现产品设计制造和企业管理水平的提高，就是最低成本的投资和最具显效性的投资。

（三）优化供应链管理

在经济全球化时代，企业的生产活动已经被分割为许多步骤，全部制造过程都在一个国家完成的现象已经较为罕见。因此，不断提升供应链管理水平是中国制造业企业转型升级的重要努力方向。供应链管理能够增强企业经营的有效性，表现在战略和战术上即是企业对整个作业流程的优化、整合，并提升了供应商、制造商、零售商的业务效率，使商品以正确的数量、品质，在正确的地点、时间以最佳成本进行生产和销售。研究表明，有效的供应链管理总是能够使供应链上的企业获得并保持稳定持久的竞争优势，进而提高供应链的整体竞争力。统计数据显示，供应链管理的有效实施可以使企业总成本下降20%左右，供应链上的节点企业按时交货率提高15%以上，订货到生产的周期时间缩短20%～30%，供应链上的节点企业生产率增值提高15%以上。越来越多的企业已经认识到实施供应链管理所带来的巨大好处，比如HP、IBM、DELL等在供应链管理实践中取得的显著成绩就是明证。

我国制造业之所以目前仍处于国际产业链的低端，主要原因就是我国制造业只是一个加工车间，许多情况下其在上游的原材料供应链与下游的价格链都掌控在别人手里。产品低端与缺乏话语权正是量大利低的“中国制造”的特点。著名经济学家郎咸平曾给中国制造业开出两剂药方：整合供应链和生产开发。实践证明，这两点恰恰是中国制造业目前摆脱困境的出路。事实上，因此，国内许多制造业企业已经开始把创造价值的各个环节进行整合，通过完整的、有计划的生产制造管理，提高生产效率、降低资源浪费、管控资金利用、加强质量控制，进而全面提高最终产品的竞争力，最终提高企业乃至一个地区的核心竞争力。对中国制造企业来说，可以沿着以下路径整合供应链。

1. 向产业链两端延伸。根据微笑曲线理论，价值最丰厚的区域集中在价值链的两端 - 研发和市场，而研发和市场正是我国制造业目前所缺乏的。历经长期的发展后，我国制造业的竞争优势仍然是凭借低成本的生产要素，以加工组装环节为主。因此，我国制造业企业应当在生产环节上全力向上游与下游拉伸，力争改变以加工为主业的发展方式，打造一条从上到下、纵向一体的“垂直产业链”，在上游，企业向外拓高品质的原料生产基地；在下游，加强品牌运作，进军终端销售市场，从而使企业从各个环节对产品成本、质量及生产节奏进行控制，把巨大的成本压力向两端释放，把微薄的利润空间向两端拓展。必须指出的是，这种向产业链两端延伸的模式并非让企业回到原来“小而全”的轨道上，而是以行业内大企业作为龙头企业，构筑产业集群的大平台，带动中小企业分工合作，摆脱同质化竞争的困境，形成差异化发展。最终增强产业的稳定性，提升整个产业链的水平。

2. 提升供应链的运作。在向产业链两端延伸后，企业需要改变、提升供应链的管理运作方式，让其健康、稳定地运行。具体来说，供应链管理首先要将品牌要从过去点对点（个体对个体）的竞争，转变为系统对系统（产业链对产业链）的竞争。即是说伴随着专业化的分工，品牌应该进入到包括产品生产、设计、研发、销售、物流、信息化管理、渠道建设等在内的“系统竞争”阶段。这将是一个更为高水准同时也更为复杂的竞争。其次，要从过去相对较封闭单纯的买和卖之间的合作关系，形成一个相对较开放的平台，让整个供应链的利益方都能参与到产品的开发、价格的制定、集成创新等环节中去。再次，供应链管理应该关注从有形创新向无形创新的转变。过去，业内更多注重的是产品内在一些功能性方面的创新，比如质量、技术等。但是随着产业的发展，产品应该在节能降耗减排带来的功效、可持续消费、商业模式的创新等方面下更多的工夫。

3. 借力信息化。制造业企业需要借助信息技术优化供应链管理。目前这方面已经有了不少运作成熟的软件系统，但信息化绝不是单纯的软件应用问题，它是一个系统工程，涉及到企业管理架构的调整、业务流程的重组等方面。先进的信息化管理系统提供的是一个整体企业运作模块，它蕴涵先进的经营理念、科学的管理流程和敏捷的 IT 技术，将引导企业进入标准化的管理运作模式。从技术上看，制造业企业对于信息系统的应用主要分为三种类型：一是供应链管理系统平台，支持整个供应链上下游管理；二是分销/零售系统平台，支持进销存管理；三是服装企业 ERP 系统平台，全面管理企业的计划、生产、物料、库存和财务等方面的业务。对企业来说，不同的经营范围和定位决定了其对信息化的需求不同，信息化建设的重心也不同。比如，对于品牌商而言，信息化的需求重点在于市场分析，对产品策划的支持，以及从供应商到渠道代理商的整个供应链上下游的管理。因此，信息化建设应用以供应链管理系统为核心；对于分销商或零售商而言，信息化的重点在于销售分析和商品库存控制，其信息化建设应用以分销/零售系统为核心；对于生产商而言，信息化建设的重点在于采购物控和生产计划管理，其信息化建设应用以ERP系统为核心。

（四）切实开展产业融合

就产业内部而言，企业发展到一定规模后，专业化与多元化的抉择就是必须认真予以权衡的战略问题。虽然专业化经营被认为是最优选择，可实际中许多企业都会进入到其它领域，开展多元化经营，而相关多元化又被认为是首选。对我国制造业企业而言，选择多元化战略除了要避免资源分散以外，还应当精心谋划产业布局，有效推进产业融合，利用产业融合来加快传统制造业的转型升级。产业融合作为一种扩散性的技术创新，其作用是通过原有的产业边界，降低传统行业间的进入壁垒，为企业提供扩大规模、开发新产品和新服务的巨大商机，有利于产生新的产业发展模式、行业规则、管理体制。因此，产业融合不仅能给企业带来经济效益，还能使企业创造制度绩效，形成开放性的产业融合体系。20世纪90年代以来，伴随着新科技革命的步伐，以及大型跨国公司的发展，全球产业融合发展日趋明显。基于我国国情，实现产业融合是加快传统制造业转型升级的现实选择。因为传统制造业在国民经济中扮演着重要角色，特别是在一些地区，传统制造业撑起了区域经济的脊梁。我国不可照搬一些国家用高端产业来完全取代传统制造业的老路，而只能通过新旧产业的交互作用，融合渗透，逐步创造出全新的产业体系，完成产业结构转型升级。具体而言，可以选择以下几条路径推进产业融合。

1. 传统制造业内部重组融合。通过企业兼并、重组等，优化原有产业结构和组织形式。提高整体竞争力和生产效率。这类似于传统兼并重组中的横向与纵向模式。例如，山东重工集团有限公司于2009年6月由潍柴控股集团有限公司、山东工程机械集团有限公司和山东省汽车工业集团有限公司3家国有企业重组而成。重组当年就见到效益，在严重的国际金融危机冲击下依然实现销售收入610亿元，同比增长6%。今年1-5月，集团销售收入达到525亿元，同比增长110%，其他各项经济指标也全部翻番增长。

2. 传统制造业与高新产业融合。通过高新技术嫁接改造等多种方式，拓展新的产品和市场，使传统制造业提高产品附加值，推出新产品，实现装备现代化，获得了新的生命力。例如，山东一大批传统制造业企业通过信息产业嫁接改造，焕发出勃勃生机。我国最大的花生油专业生产企业——山东鲁花集团，建立了能够为企业经营管理提供数字化服务的ERP系统，实现了财务、业务一体化，省时高效；实现了对分厂、分公司的随时监控和精细管理，为企业管理与决策提供了有力的技术支撑，显著提升了企业的整体竞争力。

3. 传统制造业与网络产业融合。借助计算机、通讯和媒体的三网融合，加速电子商务发展，使传统制造业实现经营方式多样化，信息流无障碍流通，价格信号传递及时准确，标准化更易实行，生产经营效率大大提高。例如，2010年5月，海尔、海信、富士通、山东泰信等相关企业联合成立三网融合实验室，四方将联合开发融合网络电视、数字电视的超薄LED一体机，标志着山东将在全国率先建起完整的三网融合产业链。凭借自主知识产权、规模化市场和产业链优势，制定游戏规则，带领省内动漫等增值应用产业走向世界。

4. 传统制造业与文化产业融合。通过形成、提升和提炼企业文化、产品文化，实现传统制造业与文化产业的对接。通过对传统制造业所拥有的传统工艺和历史文化底蕴的合理保留和运作，使之转化为文化产业的基础元素。变历史文化底蕴为新的竞争优势。例如，兴建企业博物馆，不仅深化了企业文化，展示了企业形象，而且围绕着企业博物馆，衍生出许多周边产品，由此增加企业的效益，提升周边地区的商业价值。

（五）有效实施产融结合

就产业外部而言，企业规模做大以后，推行产融结合则是重要的选择。产融结合是产业资本寻求经营多元化、轻资产化、资本虚拟化，继而提升资本运营能力的必由之路。发达国家的实践表明，产融结合是资本逐利动机的内在要求。一些大企业通过产融结合保持强大地位和竞争实力，而一些中小企业通过产融结合撬动资本杠杆，实现对资源的超额支配，并借此来实现超常规发展。美国 GE 公司应该是世界上推行产融结合最成功的企业。从我国的案例看，同样有进行产融结合成功的企业。例如，复星国际就是一个内涵式发展的成功典型，经过早期的医药领域的发展和地产行业的资本积累，进入投融控型发展阶段，支持其产业多元化发展。通过集团内总部层面产业链内的混合持股和企业横向交叉持股，并成立专门的私募投资中心，目前复星国际已经从国内走向国际，针对国际知名品牌展开新一轮的投控攻势。

随着中国经济迈入“十二五”时期，各行各业都面临着新一轮的高速发展机遇，如何利用有限资金将企业核心竞争力指数级放大，进而构建产业链控制力并影响整个行业的发展趋势，势必成为有实力的制造业企业需要面临的重大课题。现代国内企业多是因历史而形成的产业组合模式。作为全球最大的制造加工业基地，重资产经营在我国比比皆是。重资产经营抑制企业在多元化发展过程中多产业间的资金调配效率，所以需要产融结合这个纽带将实业和资本连通，及时有效的将资产实现快速转换，使得企业可以支配更多外部资本，进行多元化发展。从国内外企业的经验看，企业可以通过以下步骤来实现产融结合：

首先，实业资本转换成金融资本。往往都是将流动资产参股相关金融产业，从持股到参股，最后到控股。利用这种方式从实业产业渗透入金融产业。如果企业自身实力有限还可以与大型企业联合，寻找间接的金融参与。企业之间还可以相互合作，比如共同成立一个股权投资基金或风投公司，将各自较分散的资金集中运作。通常企业自发的产融结合多是从小做起，从典当、担保等较易入手的金融行业做起，实现资本的原始积累。

其次，利用实业资本和产业资本的互动关系，进行相互渗透，背靠实业面向金融机构，打通融资过程中的瓶颈环节，获得更多的融通便利。通过贷款，次级债，企业债，变相融资，社区银行和股权交易等形式扩大企业的融资能力。第一类企业通过提供预付费业务、网络交易平台的预付账户，变相的透支消费者的资金，大到如移动、联通、电信的预付费账户，小到各个超市的购物卡；第二类是投资或参股私募基金，或者发行长短期的企业债、融资券等形式将社会分散的资金聚集；第三类直接利用二级市场进行定向或非定向增发，扩大融资，将所融资金投入新品研发、产能扩展、新业务开展等方面。

再次，要将实业资本、金融资本和虚拟资本进行融合，通过IPO、借壳、股权置换等形式运作上市，大幅提升企业的融资能力。通过菜单式的兼并收购，实现企业社会影响力的提升，借助融资后获得的资金实力通过兼并收购，实现高速的产业整合及扩张。

最后，也是产融结合的高级阶段，是在产融一体化的基础上，进行多元化产业支配和结构性投资。企业控股商业银行、成立担保公司和组建证券公司，将实业、银行、保险、债券等资本市场联系到一起，将国内市场直接与国际市场对接。通过多元化的产业组合提升企业的竞争力和社会支配力，借助国际化的发展带动实体的扩张和金融板块的提速。发展到这个时期的企业，往往是将实业、商业和金融业进行多业态的复合，形成规模化战团。步入这个阶段的企业即使不是国家的龙头企业也是地方发展的主力。

（六）不断提升国际化水平

“十二五”规划提出，要加快实施“走出去”战略，按照市场导向和企业自主决策原则，引导各类所有制企业有序开展境外投资合作。国际上优秀企业的成功经历表明，国际化是通向国际级大企业的必经之路。中国企业也概没例外。中国经济的迅速崛起和由此带来的激烈竞争，激励着中国企业加快全球化的步伐。中国企业走国际化道路，一方面可以为企业在地域组织上寻求更广阔的发展空间；另一方面可以在世界范围内营造品牌优势和竞争优势。迄今为止，中国企业在国际化经营上已经有了许多有益的尝试，其中不乏成功的案例。统计数据表明，截至2011年3月底的6个月，中国公司在欧洲的收购交易、贸易协议和贷款协定方面投入了643亿美元。这一数字比之前11个季度的可比数据高出了一倍多。伦敦银行Grisons Peak称，工程和制造业一直是重点。

按照投资发展中心理论，一个国家经济的成长，人均GDP的上升，必然要经历一个流入的FDI和流出的FDI相互交替变化的过程。即相比流入的FDI，流出的对外投资将会促进增长。中国经济连续三十年的高速增长，已经积累了巨大的财富。同时人均GDP也在增长，已经达到或者说已经迈过了对外直接投资开始发展的门槛。可以预料，中国企业的国际化即将会出现一个比较快的发展时期。这场金融危机也为中国企业加快国际化进程提供了难得的契机。当前的国际化不是“从零开始”，而是建立在前期许多企业国际化经营的经验与教训的基础上。人民币升值也降低了企业在海外生产或者海外收购市场的成本。这是企业国际化经营的利好因素。当然，中国企业切不可低估搏击海外市场的艰巨性与困难，有关研究表明，为了更好地推行国际化战略，中国企业必须认真考虑、妥善解决以下两个关键问题：

1. 克服内外部挑战。企业是否已具备国际化的条件？企业一旦决定实施国际化战略，就需要克服一系列来自内部和外部的挑战，如人力资源、品牌、全球运营、融资及非关税壁垒等等。对于那些准备实施全球化战略、到海外拓展市场的中国企业来说，面临的最大的挑战是缺乏合格的人才和全球品牌的建设。从这个意义上说，企业国际化战略的成功与否，在很大程度上是企业拥有的各种禀赋能否支持的问题。

2. 最佳模式与目标市场的选择。在制订全球化战略时，企业需要考虑差异化定位、海外拓展的最佳模式，以及目标市场的选择。领先的全球化公司通常在品牌和创新领域进行差异化定位并表现卓越。而很多中国企业一直在担当无名的、以劳动力密集为优势的合同制造商，迫切需要在品牌和创新等方面根据企业特点恰当定位，确立和发展企业的核心竞争力。一项研究建议，中国企业在制订海外拓展最佳模式的时候，可以选择出口、战略联盟、合资或兼并收购等投资方式，大部分企业采用多种方式的组合。全球化商业模式的关键是企业要根据自身的风险承受能力、财务能力、全球业务管理能力等因素来做出适当的选择。

（七）积极拓展新兴产业

在中国经济面临前所未有的转型考验时，战略性新兴产业被赋予了助推经济转型的重要使命。我国大企业在经历此次金融危机之后，也深刻意识到仅仅依靠粗放式增长和管理，难以使企业在做强做大过程中脱胎换骨。因此，在国家有关政策支持下，我国大企业纷纷主动调整企业内部的产业结构，将目光投向战略性新兴产业上来。根据中国企业联合会的最新问卷调查，在问及“企业进入战略性新兴产业的情况”时，回答“已经进入，并继续扩大投资”的占37.43%，回答“计划新近进入”的占24.61%，表明许多企业已经看准方向，有所行动。

2010 年 9 月，国务院常务会通过了《关于加快培育和发展战略性新兴产业的决定》，把培育发展战略性新兴产业、改造提升制造业、转变经济发展方式等作为“十二五”期间的重点。确定了包括新一代信息技术、高端制造业、新能源等七个产业发展的重点方向，并将其作为实现经济发展转变、方式转变的先导。工信部预计 2015 年战略性新兴产业增加值约 4.3 万亿元，2020 年将达到 11.4 万亿元。节能环保、新一代信息技术、生物、高端装备制造产业将成为国民经济的支柱产业，新能源、新材料、新能源汽车产业将成为国民经济的先导产业。在积极拓展战略性新兴产业时，各有关方面应当注意以下问题：

1. 对企业而言，现阶段最应注意的是技术风险。因为目前的新兴产业均处于产业的形成期，虽然技术创新的强度非常高，但各种技术路线都在探索当中，许多领域最大的特点是技术的不确定性，很多技术不够成熟，一种技术可能很快被另一种技术所代替，且往往具有颠覆性。比如太阳能多晶硅制备技术一直大量采用西门子法，一吨产量耗电 20 万度，目前出现的新工艺硅烷法，使每吨产量耗电下降到 7.5 万度。因此，在新兴产业的成长中往往面临着巨大风险。比如，一项投资数十亿元的项目可能很快过时，盲目投资蕴涵着巨大的风险。企业应尽量规避这种不确定性风险。

2. 从产业角度看，就有效助推制造业转型升级而言，最需要关注的是加快推进高端装备制造业发展。因为装备制造业是一个国家的战略性产业和工业崛起的标志，是一国制造业的基础和核心竞争力所在。高端装备制造业是装备制造业的高端部分，是制造业产业链的核心环节，具有技术密集、附加值高、成长空间大、带动作用强等突出特点。大力培育发展高端装备制造业是实现中国制造向中国创造转变的重要途径。“十二五”期间，发展高端装备制造业的总体思路是面向我国工业转型升级和战略性新兴产业发展的迫切需求。工信部等起草的《“十二五”高端装备制造业产业发展规划》已经完成，重点发展智能制造、绿色制造和服务性制造。做大做强航空装备和卫星及应用产业，提升轨道交通装备水平，加快培育发展海洋工程装备。把高端装备制造业培育成为国民经济的支柱产业，实现我国装备制造业由大到强的转变。

3，从宏观角度看，发展战略性新兴产业还必须处理好几个重大关系：一是发展战略性新兴产业与传统产业改造提升的关系，我国传统产业体量大、贡献大，吸纳就业多，要从我国处于工业化中期阶段的实际出发，发展战略性新兴产业绝不能脱离现有工业基础，另搞一套新的产业体系，必须要和传统产业的改造提升相结合。要在不脱离现有工业基础的前提下，重视新兴科技与传统产业的融合。二是自主创新与开放合作的关系，要着力突破关键核心技术，大幅度提升自主创新能力，依靠科技创新成果的产业化，催生和发展新兴产业。既要着力推进原始创新和集成创新，又要积极参与国际分工合作，加强引进消化吸收再创新，充分利用全球创新资源，共同创造和分享国际创新成果。三是整体推进与重点领域跨越发展的关系，要合理规划、统筹发展战略性新兴产业，协调发展。同时选择最有基础和条件的领域作为突破口，重点推进，形成新的增长点，大力培育产业集群，促进优势区域率先发展。

（八）国企民企共促发展

当前，随着我国经济规模的不断扩大、市场体制、法律法规的逐步成熟、完善，从所有制角度看，国有企业与民营企业并驾齐驱、比翼双飞的局面已经大体实现。从制造业的角度看，这种国企与民企“共赢”的格局主要体现在产业链的分工上。以国有企业而言，从结构布局上看，通过“抓大放小”与“有进有退”，国有企业户数大幅减少，国有经济总量不断增加，比重持续下降，但布局趋向优化，运行质量不断提高，控制力和影响力显著增强。根据第二次全国经济普查数据，2004—2008年，国有企业由17.9万户减少到14.3万户，减少了3.6万户，减幅为20%，2008年与2004年相比，我国企业资产中国有企业的资产所占比重下降8.1个百分点。在关系国家安全和国民经济命脉的重要行业和关键领域，国有经济占据着主导地位。例如，中央企业82.8%的资产集中在石油石化、电力、国防、通信、运输、矿业、冶金、机械行业，承担着我国几乎全部的原油、天然气和乙烯生产，提供了全部的基础电信服务和大部分增值服务，发电量约占全国的55%，民航运输总周转量占全国的82%，水运货物周转量占全国的89%，汽车产量占全国的48%，生产的高附加值钢材约占全国的60%，生产的水电设备占全国的70%、火电设备占75%。再看民营企业，有关统计显示，到2009年，我国规模以上的民营大企业资产为7.18万亿，相对于2008年增长了28.67%，快于国有企业。有关资料显示，从行业分布看，中国民营企业500家的入围企业仍以制造业为主，当中有308家制造业企业入围，服务业以传统的批发零售业为主。其中，建筑业，黑色金属、有色金属冶炼及压延加工业，批发零售业，电气机械及器材、线缆制造及仪器仪表制造业，纺织业、化学纤维制造业入围企业数量分别为67家、63家、51家、44家和35家，占入围行业的前五位。

综上所述，从产业链的角度看，国有企业大都位于基础行业、服务业、原材料行业，在制造业也是位于装备制造业，即大都位于制造业的上游。而民营企业大都位于制造业产业链的下游，即一般加工制造领域。大致看，国有企业与民营企业在产业链上处于互补的关系，构成了一个完整的产业链。民营企业接受国有企业提供的服务、原材料与基础设备来从事加工制造。民营企业与国有企业这种产业链上的互补关系从成本与经济安全的角度看也是有利的。当然，国有企业利用自身上游的有利地位产生的垄断行为是需要防止的，而且国有企业与民营企业这种在产业链的分工也并非一成不变的。因为国有企业在汽车、电子信息等制造领域也有企业存在，它们需要与同行业的民营企业、外资企业展开平等竞争，民营企业也可以往产业上游走。事实上，近年来发生的民营企业的兼并重组行为就是民营企业力争往上游发展的例证。'新 36 条”的发布就是从政策上助推民营企业进入上游基础领域。从所有制角度看，在制造业及其它领域中，国有企业的改革与发展应当与民营企业的发展产生良性互动。国有企业的发展必须有利于完善以公有制为主体、多种所有制经济共同发展的基本经济制度。一方面，国有资本还需要从一般竞争性领域适当退出，大型国有企业特别是中央企业母公司加快公司制改革的步伐，逐步实现产权多元化，加快国有经济布局和结构的战略性调整，同时，为非公经济的发展拓宽市场空间，使非公经济逐步进入目前国有企业占主导地位的一些领域。民营企业则需要以积累的巨大民间资本实力为基础，充分抓住国有企业深化改革及“新 36 条”发布提供的机遇，与国有企业既互补合作，又有效竞争，共同推进我国制造业的转型升级。

（九）政府行使有效干预

在此次抗击金融危机的过程中，我国政府及时推出了以制造业为主的十大产业振兴规划。国家通过政策扶持和资本大量投入，带动了十大产业的全面振兴与升级，宏观上确保了经济的及早复苏。政府有效干预对制造业发展的促进由此可见一斑，但政府不应“拔苗助长”，盲目干预产业升级。历史经验证明政府实施干预的行业都发展得不太好，比如 20 世纪 50 年代末大力发展钢铁行业。相比之下，硅谷成功的原因却是自由市场与良好的制度，跟政府补贴或干预无关。总体上看，中国制造业已实现比较充分的竞争，政府应该做的是制订相关法律法规，让市场充分发挥其作用。政府促进制造业成长的作用体现在以下方面：

1. 继续实行宏观调控

“十二五”时期，我国经济与“十一五”时期相比，将有所放慢，经济运行的稳定性会明显增强，但当前一个时期通胀再起，成为经济运行的最大隐患。由此，宏观调控的目标就是在确保经济增长的前提下，有效抑制通胀。要按照去年中央经济工作会议与今年全国人代会的部署，继续实行宏观调控，宏观调控政策要具有实时性、针对性与一定的差异化。为了有效抑制通货膨胀，必要时可继续实施包括加息与提高存款准备金率在内的货币政策及一揽子政策，要全面加强价格调控和监管，维护正常市场秩序，努力稳定市场预期，防止物价水平持久居高不下，维护正常市场秩序。要重视发挥市场机制的作用，降低流通环节成本，促进产供销良性循环，避免对生产和供应形成抑制。同时加强舆论引导，努力稳定市场预期。确保物价走势及整个经济运行继续朝着宏观调控的预期方向发展，努力为企业的经营创造一个宽松、适宜的经济环境。

2. 引导企业转型升级

政府始终要把引导和促进企业的转型升级作为重要目标，并据此形成了政策的着力点。“十二五”规划对装备制造业、船舶业、汽车业、冶金和建材业、石化业与电子信息业等重点产业的结构调整都给予了明确指导。要切实落实国务院《关于加快培育和发展战略性新兴产业的决定》。各级各部门要在重视产业转型升级的同时高度重视体制机制和环境的保障作用，尽心尽力搞好服务，建立规划、政策扶持、要素支撑和环境保障机制，优化服务助转型、营造环境促转型。各级政府要着力做好企业转型升级的引导工作。注重着力分类指导，优质发展。既关注大企业的发展，也关系中小企业的成长，推动以大企业为龙头带动中小企业发展，引导企业在转型升级中依靠质量求生存，依靠管理求效益，依靠创新求发展。

3. 积极完善融资渠道

与其他行业相比，制造业面临更为严峻的融资问题。因为制造业利润薄，积累少，更依赖外部融资，而且制造业中民营企业、中小企业居多。这些企业历来都是融资的难点。今年以来的银根紧缩使得这个问题更是“雪上加霜”。针对当前企业融资成本增加，特别是中小企业融资难问题的再度显现，要加大金融体制创新的力度，创新中小企业融资模式，比如鼓励民间天使投资、民间金融合法化，设立中小企业互助银行、互助基金等方式，发行中小企业担保债券等，切实为中小企业扫清融资障碍。各级政府应加大用于支持中小企业发展的专项资金。同时，为了保证有足够的信贷资源投向中小企业，在促进小企业贷款担保公司发展、创新质押贷款形式、完善农村信贷运行环境等方面，应有进一步的信贷政策出台。要尽快完善中小企业信贷担保体系，以解决商业银行后顾之忧；要进一步强化具有政府背景的中小企业信贷担保机构，建立商业担保的再担保机制，分散担保体系内部风险，同时要探索互助担保模式。要大力发展资本市场和专门为中小企业服务的银行，积极引导商业银行加大对中小企业的贷款比例。总之，根本解决中小企业融资难问题的途径就是逐步建立起财政专项资金－政策性银行－区域性商业银行－小贷及担保类非银行金融机构－行业商会互助基金等多层次的融资体系。

4. 帮助企业开拓市场

当前，制造业产品市场需求仍未完全恢复，国内、国际市场中企业之间的竞争十分激烈，为此，政府应帮助企业积极开拓国内外市场，充分利用国家扩大内需的政策和实施产业振兴规划的机遇，通过对买方提供信贷支持或财政补贴支持来帮助企业扩大市场，鼓励企业和金融机构大力使用出口信贷拓展海外市场。应以市场需求为导向指导制造业产品的生产，严格控制生产成本，提高存货效率，从而有效提高生产的经济效益。对于一些需求下降并且未来的需求预期并不会增长的产品，要适量控制产量水平，适当减少存货水平。对行业的考核除工业增加值外，还应更注重资本收益率，以保证国有资本的保值增值。

5. 密切跟踪外部风险

金融危机使世界政治与经济环境更趋复杂，加大了中国企业国际化经营的风险。当前，国际金融危机的影响并未完全消退，对我国实体经济与企业的影响不容忽视。我国政府要强化保护企业的职能，必须以政府为主导来建设企业国际化经营中的风险防范体系，密切跟踪分析国际经济形势的新变化、新特点，收集各种风险信息，建立国别风险信息库和行业风险发布机制，及时公布不良买家信息，让企业能够在国际市场竞争中规避风险，或采取措施防范收汇风险进一步扩大，为中国企业“走出去”提供坚实的保障。

6. 不断减轻企业负担

有关调查显示，不合理的收费加大了制造业企业的成本，已经到了非解决不可的时候了。为了减轻企业负担，政府有关部门要通力合作，建立企业负担监测联系制度，进一步完善治乱减负监督网络。对企业乱收费继续开展专项治理，继续做好行政许可项目的清理工作和已取消收费、降低收费标准项目的落实工作，从制度上、程序上减少并规范各类收费行为，制止向企业乱收费、乱罚款、乱摊派和其他增加企业负担的行为。作为制度建设，要提出确定企业负担监测联系点和企业负担监督员，并不定期召开监督员会议，宣传减负政策，听取企业呼声。减税也是减轻企业负担的重要手段。一些为抗击金融危机实行的减免税和提高出口退税政策，还应当根据经济发展与结构调整的需要酌情运用。

第三章
2011 中国服务业企业 500 强分析报告

2011 中国服务业企业 500 强是由中国企业联合会、中国企业家协会连续第七次向社会发布的中国服务业 500 强企业年度排行榜。与 2010 中国服务业 500 强企业相比较，本年度发布的 2011 中国服务业企业 500 强，在入围门槛、营业收入、资产等各项规模指标上都表现出大幅增长的态势，尤其是净利润为近年来最大增幅，且平均净利润的增长速度远快于平均营收和平均资产的增速，服务业 500 强企业的效益和效率水平大幅提升。另外，500 家企业之间无论是规模、效益上的差距还是行业分布的集中趋势都有很大程度的缓和，整体来看中国服务业大企业呈现出了运行良好的趋势。

一、2011 中国服务业企业 500 强的规模及特征

1. 2011 中国服务业企业 500 强的入围门槛大幅提高，营业收入显著增长

2011 中国服务业企业 500 强的规模增长显著，实现营业收入总额达 147237 亿元，资产总额达到 872982 亿元，与 2010 中国服务业 500 强企业（以下简称上年）相比较，分别增长 26.56% 和 18.84%；所有者权益总额为 96969.6 亿元，较上年小幅增长 9.02%；纳税总额为 8863 亿元，占全国税收 73202 亿元的 12.1%，较上年占比 10.7% 有所提高。但 500 家企业的员工总人数却出现下滑，为 10924942 人，下降 6.14%，是 2005 年以来降幅最大的一次。

表 3-1　　2010—2011 中国服务业企业 500 强企业总规模对比

	总营收（万元）	总资产（万元）	总权益（万元）	纳税总额（万元）	总员工数
2010	1163343804	7345797103	889471483	63917231	11639549
2011	1472374551	8729819777	969695715	88626501	10924942
增长情况	26.56%	18.84%	9.02%	38.66%	-6.14%

2011 中国服务业企业 500 强入围门槛为 197242 万元，较上年的 99410 万元大幅提高，增长幅度近 10 亿元，增长率高达 98.41%。其中有 143 家企业入围 2011 中国 500 强，和上年持平；有 20 家企业入围 2011 世界 500 强，较上年增加 2 家企业，具体分布在为：贸易（4 家），银行（5 家），电信

(3 家)，保险类（4 家）：财产与意外（1 家）、人寿和健康（3 家），批发：多元化（1 家），综合商业（1 家），邮政包裹（1 家），多元化金融（1 家）等 9 个行业。

表 3－2　2010—2011 中国服务业企业 500 强入围门槛、入围中国 500 强、世界 500 强个数

	入围门槛（万元）	入围中国 500 强个数	入围世界 500 强个数
2010	99410	143	18
2011	197242	143	20
增长情况	98.41%	持平	2 个

2. 2011 中国服务业企业 500 强企业规模差距大，前 30 名资产占比达 75%

2011 中国服务业企业 500 强的各项规模指标仍延续往年快速增长的趋势，各 500 强企业的规模差距也仍旧很大。2011 中国服务业企业 500 强排名第 1 的国家电网公司拥有资产总计 20775 亿元，实现营业收入 15288 亿元；排位第 500 位的天津海泰控股集团有限公司资产和营业收入为 242 亿元和 19.7 亿元，分别只有国家电网公司的 1.16% 和 0.13%。另外，营业收入实现千亿以上的企业达到 30 个，拥有资产 655988 亿元，实现营业收入 87151 亿元，分别占服务业 500 强总数的 75.16% 和 59.16%。

3. 2011 中国服务业企业 500 强规模分布依旧呈金字塔形，但底部企业数量显著减少

2011 中国服务业企业 500 强企业的规模分布继续呈现金字塔的状态，属于低数量组别的企业占据了绝大多数。以营业收入为例来说明（见下图），达到万亿以上的企业只有国家电网 1 家，千亿和万亿之间的企业数量为 29 家，百亿和千亿之间的企业数量为 152 家，有 318 家企业分布在百亿元以下，其中 60 亿以下企业数量高达 250 家，占据 500 强总数量的 50%，20 亿元和 40 亿元之间的企业数最多，为 159 家。虽然“十一五”期间中国服务业 500 强企业保持快速增长，但总体而言企业规模仍然偏小，63.6% 的企业营业收入水平处在百亿元以下，低数量组别的企业成长未来还有很大的提升空间。

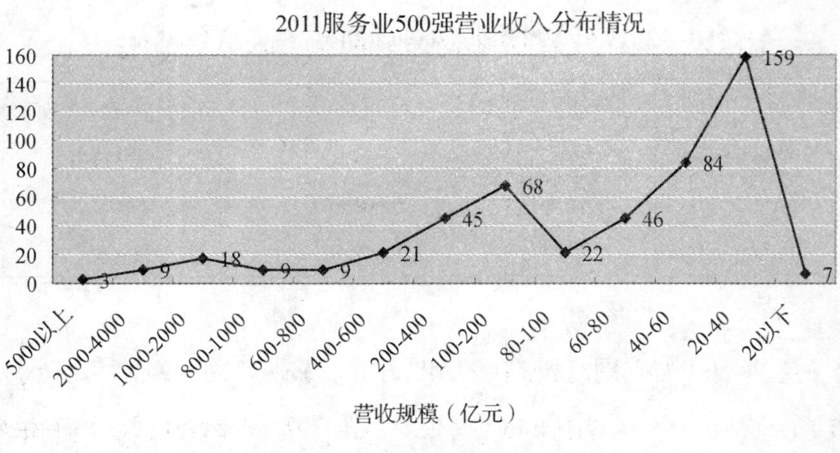

图 3－1　2011 服务业 500 强企业营业收入分布情况

和上年相比较，2011服务业500强企业规模的各项指标均呈现大幅向高数量组别前进的状态，低数量组别的企业数量大幅减少，服务业500强企业规模不均衡的分布状态有所好转，而这也正是500强入围门槛大幅提高的原因。

从企业营业收入来看，超过1000亿元的有30家，100亿～1000亿元的企业数量有152家，60亿～100亿元的企业数量有68家，分别比上年增加企业数3家、29家和13家，增长率达到11.11%、23.58%、23.64%，低于60亿元的企业数量有250家，比上年减少45家，下降15.25%。

表3－3　　　2010—2011中国服务业企业500强企业营收规模分布

	超过1000亿元	100亿～1000亿元	60亿～100亿元	60亿元以下
2010	27家	123家	55家	295家
2011	30家	152家	68家	250家
增长情况	3家	29家	13家	－45家

从资产规模看，有59家服务业资产达到1000亿元以上，和上年持平。资产在100亿～1000亿元的企业数量有143家，60亿～100亿元的企业数量有64家，分别比上年增加22家，16家，增长率达到18.18%和33.33%，低于60亿元的有231家，比上年减少39家，下降14.44%。

表3－4　　　2010—2011中国服务业企业500强企业资产规模分布

	超过1000亿元	100亿～1000亿元	60亿～100亿元	60亿元以下	总数
2010	59家	121家	48家	270家	498家
2011	59家	143家	64家	231家	497家
增长情况	持平	22家	16家	－39家	—

4. 2011中国服务业企业500强的人均规模显著提升，分布不均态势有所缓和

和上年相比，2011中国服务业企业500强的各项人均指标都显著提升，其中人均营业收入实现127.54万元，增长32.92%，人均拥有资产792.39万元，增长25.56%，人均权益87.24万元，增长14.25%。这不仅因为营收收入增长显著，也和员工总数下降相关。

表3－5　　　2010—2011中国服务业企业500强人均规模指标对比

	人均营收（万元）	人均资产（万元）	人均权益（万元）
2010	95.95	631.06	76.36
2011	127.54	792.39	87.24
增长情况	32.92%	25.56%	14.25%

从各项人均指标的分布情况来看，一方面高数量组别的企业数量大幅提升，另一方面，低数量组别的企业数量显著下降，且后者下降的幅度远大于前者提升的幅度，500 家企业差距很大的态势有所缓和。人均营业收入的分布中，珠海振戎公司居第 1 位，为 62871.05 万元。人均营业收入超过 1000 万元的有 70 家，比上年增加 5 家；100 万至 1000 万的有 278 家，相比上年 236 家，增加 42 家，增长 17.8%；100 万以下的有 133 家，比上年的 179 家，下降 34.5%。

从人均资产看，千万以上的企业有 82 家，比上年增加 8 家；又一次排名第 1 位的天津市津能投资公司人均拥有资产 51677.71 万元，比上年增长 15.1%。100 万至 1000 万的有 280 家，相比上年 255 家，增加 25 家，增长 9.8%；100 万以下的有 117 家，比上年 149 家，下降 27.35%。

从人均所有者权益分布看，超过 1000 万元的企业有 8 家，比上年减少 3 家，100 万至 1000 万的有 156 家，相比上年增加 29 家，增长 22.8%；100 万以下的有 315 家，比上年减少 25 家。值得一提的是，人均所有者权益的分布中，50 万以下的企业占到了相当大的比例，2011 中国服务业企业 500 强中有 207 家，占比 43.2%，相比上年占比 45.5%，情况有所好转。

二、2011 中国服务业企业 500 强的经济效益及特征

1. 2011 中国服务业企业 500 强利润呈现近年最大增幅，中字头企业占两端

2011 中国服务业企业 500 强实现利润总额 12170 亿元，比上年的 8601 亿元增加了 3569 亿元，呈现近年来最大增幅，增长率高达 41.5%；人均利润为 10.9 万元，比上年增长 49.32%；平均利润增长率为 34.44%，较上年提高 14.29 个百分点。

表 3-6　　2010—2011 中国服务业企业 500 强经济效益指标

	总利润（万元）	人均利润（万元）	平均利润增长率（%）
2010	86011886	7.3	20.15
2011	121701792	10.9	34.44
增长情况	41.50%	49.32%	14.29 个百分点

实现利润超过 100 亿元的企业有 18 家，利润总额为 8426 亿元，占 2011 中国服务业企业 500 强企业利润总额的比重为 69.23%；在 10 亿～100 亿元之间的企业有 86 家，实现利润 2883 亿元，占比 23.69%，两者合计企业数为 104 家，占 495 家有利润申报的企业数的 21%，却掌控了全部利润的 92.92%。而其余的企业中有 380 家的利润在 0 至 10 亿元之间，占服务业 500 强利润总额的 7.84%，可见服务业 500 强的利润依然集中在少数企业。另外，2011 中国服务业企业 500 强有 11 家企业亏损，较上年 23 家减少 12 家，其中铁路局因其政企合一的性质没有被纳入评选申报范围，亏损企业数量因此减少 10 家。

表 3-7　　**2011 中国服务业企业 500 强企业利润分布表**

规　模	个数	利润额（万元）	占　比
100 亿以上	18	84264017	69.23%
10～100 亿之间	86	28827377	23.69%
0～10 亿之间	380	9538622	7.84%
亏　损	11	-922055	-0.76%
总　计	495	121707961	100.00%

在利润分布中，较为明显的是，中字头的企业占据了两端，实现利润最高的 5 家企业和亏损最严重的 5 家企业中，中字头的企业占到了 8 个。中国工商银行股份有限公司依然保持利润排名首位，实现利润 1660 亿元，较上年增长 28.35%，占 2011 中国服务业企业 500 强企业利润总额的 13.6%，较上年下降 1.4 个百分点。排在第 2 位至第 5 位的企业依次为中国建设银行股份有限公司、中国银行、中国农业银行股份有限公司、中国移动通信集团公司，实现利润为 1348 亿元、1097 亿元、949 亿元、658 亿元，增长率分别为 26.31%、28.52%、45.98% 和 -17.01%。排在后 5 名的是依次是武汉市公共交通集团有限责任公司、中国中钢集团公司、河南交通投资集团有限公司、中铁快运股份有限公司、中国联合网络通信集团有限公司，亏损分别为 4.2 亿元、14.7 亿元、15.1 亿元、24.7 亿元、25.7 亿元。其中，中国中钢集团公司和中国联合网络通信集团有限公司和上年相比较，下降最多，分别达到 -606.49% 和 -2638.27%。

表 3-8　　**2011 中国服务业企业 500 强企业利润前 5 名和后 5 名对比**

企业名称	利润排名	利润（万元）	利润增长率（%）
中国工商银行股份有限公司	1	16602500	28.35
中国建设银行股份有限公司	2	13484400	26.31
中国银行股份有限公司	3	10969100	28.52
中国农业银行股份有限公司	4	9487300	45.98
中国移动通信集团公司	5	6588500	-17.01
武汉市公共交通集团有限责任公司	493	-42088	-52.36
中国中钢集团公司	494	-146690	-606.49
河南交通投资集团有限公司	495	-151457	N. A.
中铁快运股份有限公司	496	-247445	-8.00
中国联合网络通信集团有限公司	497	-256670	-2638.27

2. 2011 中国服务业企业 500 强整体运行良好，各项经济效益指标稳步提高

2011 中国服务业企业 500 强企业整体呈现良好的运行态势，各项人均指标和上年相比都有较为明显的增长，企业的财务水平、营业水平、获利能力都有很大进步。人均权益（即人均净资产)、人均资产、人均营收、人均利润的增长比率依次提高，分别为：14.25%、25.56%、32.92%和49.32%。人均资产的增长高于人均权益的增长11.31个百分点，显示服务业500强企业利用负债的水平进一步提高，财务杠杆作用显著；人均营收增长高于人均资产增长7.36个百分点，说明企业的营业水平有所进步；人均利润增长高于人均营收增长16.4个百分点，说明企业的获利能力有明显进步；而人均利润的增长快于人均权益增长35.07个百分点，企业的股东收益水平大幅提高。

表 3－9　　2010—2011 中国服务业企业 500 强企业各项人均规模指标

	人均权益（万元）	人均资产（万元）	人均营收（万元）	人均利润（万元）
2010	76.36	631.06	95.95	7.3
2011	87.24	792.39	127.54	10.9
增长情况	14.25%	25.56%	32.92%	49.32%

其他各经济效益指标也进一步说明了服务业500强经济效益稳步提高。从收入利润率来看，2011中国服务业企业500强的平均收入利润率为8.33%，较上年7.39%提高了0.94个百分点，排在第1位的是厦门禹洲集团股份有限公司（256.48%）。排在前23位，即收入利润率达到30%以上的企业中，有2家网络公司，分别为百度公司（位居第2，44.54%）和腾讯控股有限公司（位居第5，41.31%），有15家为证券、银行等金融类企业。另外有358家企业收入利润率在0至10%之间，占全部申报数据企业数量的78.4%，10%至20%之间的有74家，占比15.1%。

平均资产利润率为1.39%，较上年1.17%提高了0.22个百分点。其中超过10%的有45家，和上年持平。排在第1位的是张家港保税区锦德贸易有限公司，为96.04%，较上一年的第1位（88.38%）增加7.66个百分点。位列第2位和第5位的是分别是内蒙古小肥羊餐饮连锁有限公司（86.28%）、厦门禹洲集团股份有限公司（75.02%）、江苏吴中集团有限公司（55.18%）、重庆德庄实业（集团）有限公司（50.05%）。

平均净资产利润率为12.49%，比上年的9.55%提高2.94个百分点，其中，超过100%的有5家，比上年增加2家；超过10%的有298家，比上年的261家增加37家，其中厦门禹洲集团股份有限公司排在第1位，为239.53%。位列第2和第5位的是内蒙古小肥羊餐饮连锁有限公司（223.05%）、上海中钢投资集团有限公司（192.88%）、张家港保税区锦德贸易有限公司（185.01%）、张家港市润沙钢铁贸易有限公司（121.61%）。

表 3－10　　2010—2011 中国服务业企业 500 强企业各平均效率指标

	平均收入利润率（%）	平均资产利润率（%）	平均净资产利润率（%）
2010	7.39	1.17	9.55
2011	8.33	1.39	12.49
增长情况	0.94 个百分点	0.22 个百分点	2.94 个百分点

3. 2011 中国服务业企业 500 强资产利用状况还有待提升

从资产周转率看，2011 中国服务业企业 500 强企业平均资产周转率为 0.16 次/年，较上年 0.15 次/年有所回升。其中位列第 1 位的依然是宁波华东物资城市建设开发有限公司，为 30.62 次/年。位列第 2 至第 5 位的分别是：张家港保税区锦德贸易有限公司 17.52 次/年、环渤海金岸（天津）集团股份有限公司 13.65 次/年、上海尚友实业集团有限公司 12.47 次/年、江阴市中昌实业有限公司 11.69 次/年。从分布情况看，资产周转率超过 10 次/年的有 5 家，1－10 次/年之间的有 259 家，小于 1 次/年的有 230 家。

从资产负债率看，2011 中国服务业企业 500 强的平均资产负债率水平相对较高，达 87.87 %，较上年的 86.92% 略有增长。资产负债率高于 100% 的企业有 3 家。通常认为这一指标的合理水平为 60% ~70% 之间，在分布中，70% 以上的有 260 家，占比 52.3%；60% ~70% 之间的企业有 105 家，占比 21.1%；低于 60% 的企业有 133 家，占比 26.8%。

表 3－11　　2010—2011 中国服务业企业 500 强企业资产利用状况指标

	资产周转率（次/年）	资产负债率（%）
2010	0.15	86.92
2011	0.16	87.87
增长情况	0.01	0.95 个百分点

三、2011 中国服务业企业 500 强的行业分布情况

1. 服务业大企业集中在少数行业的趋势有所缓和

2011 中国服务业企业 500 强共分布在 40 个行业中。按照企业数排列，排在前 10 位的行业拥有企业数 276 家，占 55.2%，较上年 56% 有所降低。他们依次是房地产业（56 家）；商业零售业（47 家）；纺织、服装、文体、烟酒、工艺、首饰等轻工产品内外商贸批发业（33 家）；银行业（25 家）；金属内外贸易及加工、配送（23 家）；汽车和摩托车商贸、维修保养及租赁业（20 家）；电力、热力、燃气等能源供应服务业（19 家）；生产资料内外贸易批发、零售业（19 家）；物流、仓储、运输、配送服务业（18 家）；综合性内外商贸及批发、零售业（16 家）。而排在后 10 位的行业所拥有的企业数量为 31 个，占比 6.2%，较上年 5.8% 有所提高。

从其他指标看，2011 中国服务业企业集中在少数行业的趋势也有所缓和。营业收入排在前 10 位行业的实现营收占总额的 65.73%，较上年的 70.63%，下降 5 个百分点；按照利润排序，前 10 个行业实现利润占比 86.11%，较上年 89.11%，下降 3 个百分点；从资产看，前 10 个行业拥有资产占比 93.8%，较上年 94.68 下降 1 个百分点。从员工人数看，前 10 个行业拥有员工占比 76.38%，较上年 82.02% 下降 5.6 个百分点。

表 3-12　　2010—2011 中国服务业企业 500 强各项指标前 10 的行业占总数比

	企业数（%）	营业收入（%）	利润（%）	资产（%）	从业人数（%）
2010	56	70.63	89.11	94.68	82.02
2011	55.2	65.73	86.11	93.8	76.38
降幅（百分点）	0.8	4.9	3	0.88	5.64

2. 外贸类企业数量猛增，消费类企业疲软，现代服务业发展不明朗

和上年相比，2011 中国服务业企业 500 强行业分布结构呈现出了比较大的波动，具体来看，企业数量增加较为明显的行业有：纺织、服装、文体、烟酒、工艺、首饰等轻工产品内外商贸批发业（5 家）；金属内外贸易及加工、配送（5 家）；综合服务业（4 家）；房地产业（4 家）；证券业（3 家）。企业数量下降明显的行业有：商业零售业（10 家）；道路运输、城市公交及交通辅助（9 家）；餐饮业（2 家）；旅游、宾馆及娱乐业（2 家）；研发咨询（2 家）；技术、智力等内外合作（2 家）。可以看出，终端消费类的服务业，如商业零售、餐饮、旅游娱乐等较上年都出现较为明显的下降；而与之相反的是外贸类企业增加了 10 家，集中在纺织服装等轻工产品和金属加工两类。这也从一个侧面反映了我国的对外贸易状况有所回暖，但内需市场依然疲软。另外，现代服务业大企业发展依然不明朗，和上年比较，智力支持类大企业减少 4 家，交通运输类企业减少 9 家；但证券业增加了 3 家，综合服务业增加 4 家，房地产业增加 4 家。

表 3-13　　2011 中国服务业企业 500 强分行业主要指标

名　　称	企业数	营业收入（万元）	利润（万元）	资产（万元）	纳税总额（万元）	从业人数
全国	500	1472374551	121701792	8729819777	88626501	10924942
房地产开发与经营、物业及房屋装饰、修缮、管理等服务业	56	66037476	9406956	162611608	5896323	336521
商业零售业	47	71056764	1198678	34524435	1567444	484329
纺织、服装、文体、烟酒、工艺、首饰等轻工产品内外商贸批发业	33	38251671	1358554	25057101	1653237	135581
银行业	25	233535900	66205908	6178353707	31695722	1755639
金属内外贸易及加工、配送、批发零售业	23	34170964	151321	18874704	305099	58312
汽车和摩托车商贸、维修保养及租赁业	20	18654870	303629	9405348	313852	76029
电力、热力、燃气等能源供应服务业	19	209265380	5210611	310651647	13762289	2020698
生产资料内外贸易批发、零售业	19	58768915	450529	26649302	451650	86932
物流、仓储、运输、配送服务业	18	32424211	753996	28745933	1347719	169578

续表

名 称	企业数	营业收入（万元）	利润（万元）	资产（万元）	纳税总额（万元）	从业人数
综合性内外商贸及批发、零售业	16	22000220	287847	10628791	414874	64716
商务服务业	16	65943630	5308625	364004373	3894681	748232
道路运输、城市公交及辅助、服务业	15	12684130	1124649	61828596	963893	254310
矿产、能源内外商贸批发业	14	43352385	684135	18509087	1292704	115876
医药专营批发、零售业	13	17880378	483764	11092454	448336	94579
公用事业、市政服务、公共设施经营与管理业	13	10983169	778327	83778340	712186	113569
粮油食品及农林、土畜、果蔬、水产品等内外商贸批发、零售业	12	23054606	609182	28747967	67599	104468
机电、电子产品内外商贸及批发业	11	18972563	391441	12892648	788179	69973
连锁超市	11	10800176	288579	4437014	284976	117885
综合服务业（以服务业为主，含有制造业）	10	31461363	1114200	22156649	1353452	160425
铁路运输及辅助服务业	9	28773358	1151695	45685321	912686	345698
港口服务业	9	9091719	1132736	36056286	606916	115640
研发、科技交流与推广和地勘、规划、设计、评估、咨询及总承包等服务业	9	6739563	624619	7694618	369051	57753
新闻、报刊、图书的出版发行与销售和广播、影视、音像、文体等文化产业	9	4126914	352548	7675757	191805	56240
旅游、旅馆及娱乐服务业	8	12290253	411322	14138726	555371	145097
电器商贸批发、零售业	7	35183898	547984	5995980	545113	166853
航空运输及相关服务业	6	32371397	2677560	62193512	1697179	242117
人寿保险业	6	66763726	2665134	223110571	1569412	279556
水上运输业	5	24285486	1128045	47013543	680531	120981
航空港及相关服务业	5	2585513	215201	12724326	264125	42707
软件、程序、线路的设计和计算机应用、网络工程等计算机、微电子服务业	5	8109779	191716	4011715	150185	40185
邮电通信业	4	114640458	8062846	574013052	9109406	1874223
化工产品及医药内外商贸批发业	4	35111185	742232	21386432	831378	50526
证券业	4	2344860	901576	24818979	383772	30204
技术智力、人力资源、劳务等国际合作及其他对外经济合作服务业	4	4791261	82868	1796747	149539	8963
互联网传媒、商务、娱乐服务业	4	3395573	1252445	6738790	250761	27966
餐饮业	3	1059249	222331	354639	88709	76590

续表

名　　称	企业数	营业收入（万元）	利润（万元）	资产（万元）	纳税总额（万元）	从业人数
综合保险业	3	34637387	2651744	167436179	2919511	134746
财产保险业	2	25816254	448254	45789725	73075	113875
其他金融服务业	2	694161	75043	7827790	30461	5370
教育产业	1	263786	52962	407385	33300	22000

四、2011 中国服务业企业 500 强的地域分布特征

1. 地区集中趋势进一步凸显

中国服务业 500 强企业表现出明显的地区集中分布特点，较上年相比，2011 表现出更加集中的趋势。拥有企业排名前 10 的地区拥有企业的数量占比 77.8%，较上年的 75%，提高 2.8 个百分点。排名前 6 位的，即拥有服务业企业数量 30 家以上的，北京、浙江、上海、天津、广东和江苏，共有 304 家，占比 60.8%，较上年 6 个地区拥有企业数量 279 家，增加 25 家，提高 5 个百分点。服务企业表现出更为明显的向大城市集中的特征，而这些城市或因各项基础设施比较完备，总部经济特征明显（如北京），或是地处沿海，开放较早，经济比较发达。

表 3－14　　　　2011 中国服务业企业 500 强分地区主要指标

名称	企业数（%）	营业收入（%）	利润（%）	资产（%）	纳税总额（%）	从业人数（%）
北京	15.20	56.84	65.49	73.68	61.65	59.93
浙江	15.00	5.01	1.96	0.96	3.24	2.94
上海	10.80	8.30	8.67	8.93	10.74	4.08
天津	6.80	2.69	0.76	1.49	0.95	1.21
广东	6.60	10.23	10.35	7.67	9.37	13.09
江苏	6.40	3.35	1.88	0.47	1.77	2.54
福建	4.60	1.92	3.03	2.38	2.59	1.30
重庆	4.40	1.02	0.72	0.51	0.82	2.74
山东	4.20	1.44	0.73	0.48	0.83	1.06
河北	3.80	1.06	0.44	0.17	0.43	1.49
辽宁	3.00	1.42	1.21	0.42	1.75	1.18
湖南	2.80	0.63	0.60	0.18	0.96	0.70
湖北	2.80	0.81	0.42	0.34	0.50	1.20
安徽	2.60	0.98	0.63	0.48	0.51	0.67
山西	2.00	1.61	1.23	0.29	1.67	2.10
新疆	1.60	0.60	0.32	0.07	0.26	0.42
四川	1.40	0.28	0.34	0.22	0.40	0.35

续表

名称	企业数（%）	营业收入（%）	利润（%）	资产（%）	纳税总额（%）	从业人数（%）
广西	1.40	0.44	0.43	0.45	0.49	0.73
江西	0.80	0.14	0.14	0.07	0.12	0.42
陕西	0.60	0.09	0.05	0.05	0.13	0.17
内蒙古	0.60	0.10	0.18	0.02	0.11	0.45
海南	0.60	0.65	0.34	0.24	0.29	0.57
黑龙江	0.40	0.09	0.01	0.01	0.01	0.01
吉林	0.40	0.13	0.09	0.18	0.12	0.10
河南	0.40	0.06	-0.07	0.21	0.17	0.29
云南	0.40	0.07	0.01	0.01	0.03	0.05
青海	0.20	0.03	0.02	0.02	0.07	0.06
宁夏	0.20	0.03	0.02		0.02	0.14

2. 部分地区企业数量变动显著

和上年相比，2011 中国服务业企业 500 强分布地区变化较大，其中上海拥有服务业大企业数量 54 家，比上年增加 21 家。广东拥有服务业企业数量 33 家，比上年增加 6 家，但山东、辽宁、广西三个地区却减少 6 家。分析其中原因，一方面长三角地区密集的促进服务业发展的政策支持，另一方面，“世博会” 等活动的举行使得上海的基础设施更加完善，城市形象认知度进一步提高，尤其是金融中心的确立，更推动了上海服务业的发展。由此可见，城市化对服务业发展的重要作用。

表 3-15　　2010—2011 中国服务业企业 500 强部分城市拥有数量对比

地区	2011 拥有企业数量	2010 拥有企业数量	变动
上海	54	33	21
广东	33	27	6
山东	21	27	-6
辽宁	15	21	-6
广西	7	13	-6

五、2011 中国服务业企业 500 强所有制分布特征

1. 民营企业占比有所提高

2011 中国服务业企业 500 强中，国有及国有控股企业共计 278 家，比上年减少 11 家，占全部企业的 55.6%，但关系国民经济命脉的大型服务企业仍然全部掌握在国家手中；拥有资产 788066 亿元，资产总额的 90.27%；实现营业收入 121259 亿元，占营业收入总额的 82.36%；实现利润为

10092 亿元，占利润总额的 82. 93%；实现纳税 7693 亿元，占纳税总额的 86. 81%；拥有员工 9363656 个人，占员工总数的 85. 71%。

表 3－16　　2011 中国服务业企业 500 强企业的所有制结构分布

名称	企业数	营业收入（万元）	利润（万元）	资产（万元）	纳税总额（万元）	从业人数
全国	500	1472374551	121701792	8729819777	88626501	10924942
国有	278	1212587524	100924934	7880664613	76937562	9363656
民营	222	259787027	20776858	849155164	11688939	1561286

表 3－17　　2011 中国服务业企业 500 强按所有制主要指标

名称	企业数（%）	营业收入（%）	利润（%）	资产（%）	纳税总额（%）	从业人数（%）
国有	55. 60	82. 36	82. 93	90. 27	86. 81	85. 71
民营	44. 40	17. 64	17. 07	9. 73	13. 19	14. 29

在 2011 中国服务业企业 500 强，前 100 位中有民营企业 21 家，比上年增加 3 家；民营企业共计 222 家，占 44. 4%；拥有资产总计 84915. 5 亿元，占比 9. 73%，比上年增加 1. 07 个百分点，实现营业收入 25978. 7 亿元，占比 17. 64%，比上年增加 3. 83 个百分点；实现利润总额为 2077. 7 亿元，占 17. 07%，比上年增加 4 个百分点；实现纳税 1170 亿元，占比 13. 19%；拥有员工 1567505，占比 14. 34%。

2. 国企和民企之间的经济效益与效率继续拉大

2011 中国服务业企业 500 强中，国有及国有控股企业与民营企业的经营效益与效率差距继续拉大。资产利润率方面，民营企业高于国有及国有控股企业 1. 37 个百分点，较之上年 0. 66 个百分点继续拉大。人均利润方面，民营企业高于国有及国有控股企业 2. 53 万元，也高于上年 2 万元的差距。在资产周转率上，二者的差距为 0. 16 次/年，较上年 0. 1 次/年也有所提高。

表 3－18　　2011 中国服务业企业 500 强按所有制分类的经济效益与效率

名称	资产利润率（%）	人均利润（万元）	资产周转率（%）
国有	1. 28	10. 78	0. 15
民营	2. 45	13. 31	0. 31

六、“十一五”期间中国服务业企业 500 强的特点分析

1. 走出金融危机，规模实现大幅度增长

“十一五”期间，中国服务业 500 强企业总规模实现了较大幅度的增长，2006 中国服务业 500 强

企业的营业收入总额为 61218. 3 亿元，拥有资产 327525. 8 亿元，实现利润 2829. 6 亿元，2011 已经分别达到 147237. 5 亿元、872982 亿元、12170. 2 亿元，五年的时间分别增长 140. 5%、166. 5% 和 330. 1%。2006 中国服务业 500 强企业的入围门槛为 59000 万元，2011 中国服务业 500 强则达到了 197242 万元，增长率高达 234. 3%。

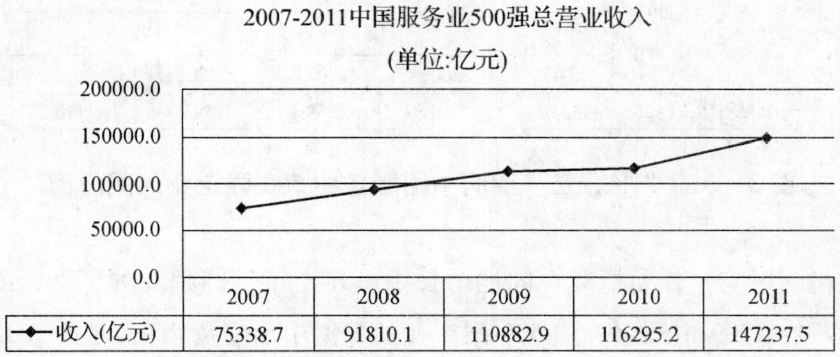

	2007	2008	2009	2010	2011
收入(亿元)	75338.7	91810.1	110882.9	116295.2	147237.5

图 3-2 “十一五”期间中国服务业 500 强总营收入

	2007	2008	2009	2010	2011
资产(亿元)	418546.1	470390.3	592774.8	734584.4	872982.0

图 3-3 “十一五”期间中国服务业企业 500 强总资产

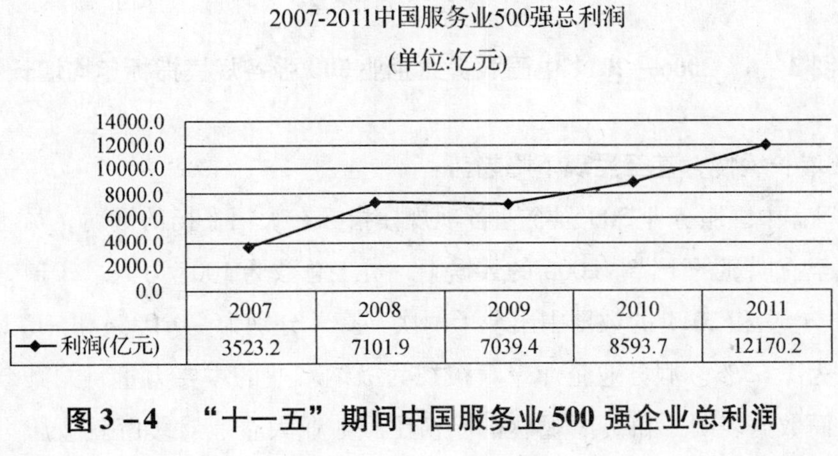

	2007	2008	2009	2010	2011
利润(亿元)	3523.2	7101.9	7039.4	8593.7	12170.2

图 3-4 “十一五”期间中国服务业 500 强企业总利润

图 3－5　“十一五”期间中国服务业 500 强企业入围门槛

虽然受金融危机的影响，各项指标在同比增长中呈现出了不同程度的下滑，或绝对额减少或增速下降。如利润总额在 2009 中国服务业 500 强企业的数据中出现负增长，为－0. 88%；营业收入总额在 2010 中国服务业 500 强企业的数据中增速下滑至 4. 88%；入围门槛在同年也出现了负增长，为－16. 95%；纳税总额也在同年为负增长，这也说明利润指标对经济环境有更强的敏感性。但 2011 中国服务业企业 500 强的各项指标都已恢复甚至超越金融危机前的水平。

在过去的五年中，各项指标年均增长都在 20% 左右，其中利润总额增长最为显著，达到 33. 88%，其余依次入围门槛（27. 31%），纳税总额（23. 55%）、资产总额（21. 66%）、所有者权益（19. 33%）、营业收入总额（19. 20%）。

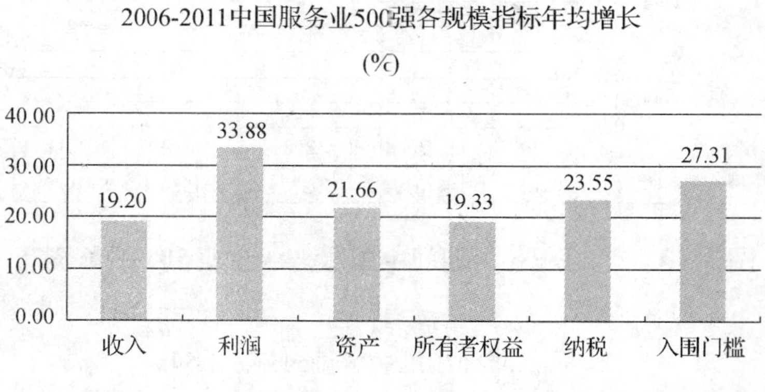

图 3－6　2006—2011 中国服务业企业 500 强各规模指标年均增长

2. 员工总人数增长缓慢，甚至呈现下降趋势

“十一五”期间，中国服务业 500 强企业各项规模指标在大幅上扬的同时，员工总规模却增长缓慢，在个别年份甚至有明显的下降。2006 的数据中，员工总数为 1007 万人，2011 增长至 1093 万人，仅增长 8. 53%，在 2009 和 2011 的数据中出现了两次下降，分别为－0. 02% 和－6. 14%，在过去 5 年的年平均增长率仅为 1. 65%。服务业企业一直被视为吸纳就业的主要力量，尤其今年来更是被寄予了更多的希望，然而数据表明，和其他规模指标相比服务业大企业对缓解就业压力方面并没有发挥很大的作用。当然，这也表明，我国服务业大企业的人均效率在大幅提高。

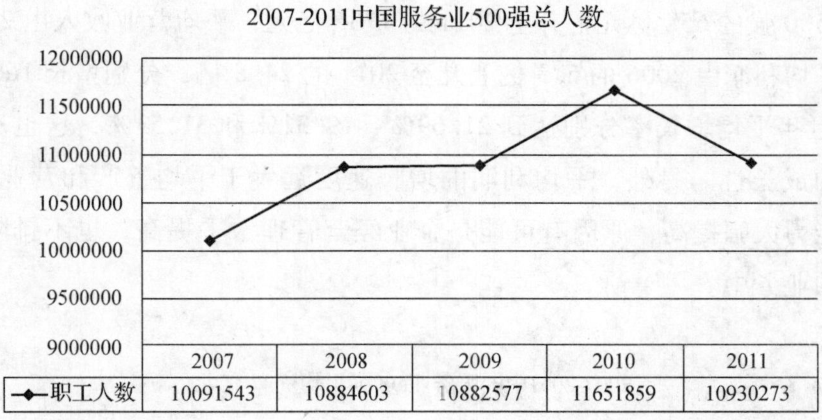

图3-7 “十一五”期间中国服务业500强企业总人数

3. 经营效率逐步提高，抗风险能力仍需加强

“十一五”期间，中国服务业500强企业各项盈利能力指标都有不同程度的上涨。反映所有者投资获利能力的指标，净资产利润率的变动较大，由2006的7.49%增长至2011的12.49%，提高了5个百分点；反映总资产（负债和所有者权益之和）获利能力的指标，资产利润率由2006的0.89%增长至2011的1.39%，提高了0.5个百分点；衡量企业销售收入收益水平的指标，收入利润率由2006的4.81%增长至2011的8.83%，提高了4.02个百分点。下图数据显示净资产利润率的变化幅度略大于资产利润率的变化幅度，说明净资产的获益水平有所提高，也同时说明企业利用负债的水平在降低。

另外，过去5年，三个盈利能力的指标都呈现出了先下降后上升的V型，即2009中国服务业500强企业中，净资产利润率、资产利润率、收入利润率三个指标出现了较大幅度的下降，降幅分别达到1.9个百分点、0.33个百分点和1.39个百分点。分析其中原因，正是席卷全球的金融危机给企业的盈利能力带了影响，虽然目前逐渐恢复，达到甚至超过金融危机前的水平，但也看出我国服务业大企业抗风险的能力仍然有待加强。

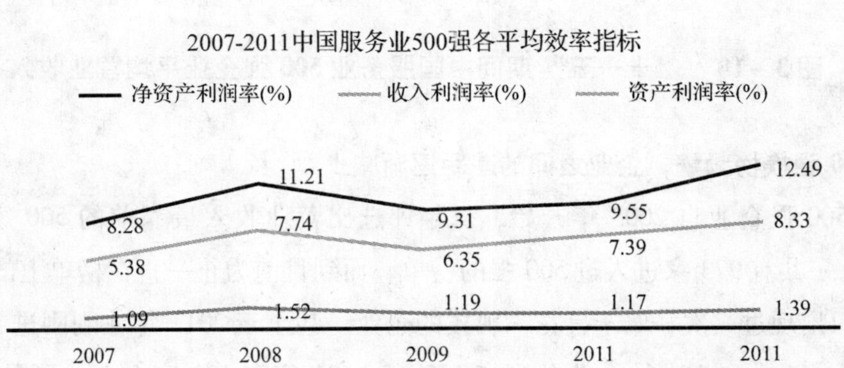

图3-8 “十一五”期间中国服务业500强企业各平均效率指标

4. 经营成果显著

“十一五”期间，中国服务业500强企业经营成果显著，各项平均指标大幅上扬，平均资产由

2006 中国服务业 500 强的 658 亿元上升至 2011 的 1756 亿元，平均营业收入由 2006 的 122 亿元上升至 295 亿元，平均利润由 2006 的 6.3 亿上升至 2011 的 24.8 亿，分别增长 166.87%、141.80% 和 293.65%，并且年平均增长率分别达到 21.69%、19.31% 和 31.53%，这也反映出我国服务业大企业具有很好的成长性。另外，平均利润的增长速度远大于平均资产和营业收入的增长速度，说明企业的盈利能力大幅提高，原因有可能是企业经营管理水平提高，也不排除企业将资产用在了获利能力更大的业务中。

图 3-9　“十一五”期间中国服务业 500 强企业平均资产

图 3-10　“十一五”期间中国服务业 500 强企业平均营业收入

5. 服务业 500 强换榜频繁，企业之间的差距逐渐减少

中国服务业 500 强企业自 2005 年开始，每年评选出营业收入最靠前的 500 家服务业企业。在“十一五”期间，一共有 973 家进入过 500 强的榜单，而到目前为止一直在榜单上的企业仅有 179 家。另有 378 家企业只出现过一次，属于昙花一现式的企业，甚至于 2011 年才刚刚进入榜单的企业。在排名中出现过 2 次、3 次和 4 次的企业分别有 153 家、131 家和 132 家企业。可见在过去的 5 年中，中国服务业 500 强企业的换榜频繁，但一直稳居排行榜的企业无论在规模还是效益上都居前列。

表3－19　“十一五”期间中国服务业500强企业出现的企业次数

十一五期间500强企业的出现次数	对应企业的数量
1次	378
2次	153
3次	131
4次	132
5次	179

图3－11　“十一五”期间中国服务业500强企业平均利润

可喜的是，经过排行榜优胜劣汰的选择和不断洗牌，中国服务业500强企业之间的规模和效益差距在“十一五”期间都不断减小，体现出了“你追我赶”的良好局面。表3－20显示了自2006至2011中国服务业企业500强前50名企业与后50名企业的关键财务数据比值。可以看出，排名最靠前的企业与靠后的企业之间的差距整体呈现下降趋势，除就业人数外，在2010年各项比值指标均达到历史最低点。

表3－20　“十一五”期间中国服务业500强企业排名前50和后50的企业各项指标对比

指标	2006	2007	2008	2009	2010	2011	“十一五”平均值
收入	121.8	128.3	118.8	120.1	133.1	95.1	119.08
利润	249.7	204	165.2	201.7	214	100.3	177.04
资产	385.7	466.7	369	323.7	562	173.9	379.06
所有者权益	122	124.3	187.2	128	234.5	97	154.2
就业人数	80.3	86.9	55.9	59.9	67.1	62.1	66.38

6. 行业高度集中，现代服务业发展逐渐向好

“十一五”期间，中国服务业500强企业的行业分布体现出高度集中的特点。以曾出现在榜单中的973家企业为例，在过去5年中，企业分布的前10个行业为：房地产开放经营房屋修饰（107家）；商业零售业（96家）；纺织文体烟酒工艺家具内外批发及零售（64家）；金属内外商贸及加工配送批发零售业（54家）；银行业（52家）；道路运输城市公交及交通辅助业（41家）；综合性内外商贸及批发业零售业（40家）；生产资料批发及内外商贸业（36家）；食品农林果蔬内外批发商贸业（32家）；电力热力燃气等能源供应业（30家），这10个行业所拥有企业552家，占比56.8%。后10位的行业拥有企业61家，占比仅为6.1%。

表3-21　“十一五”期间所有中国服务业500强企业的行业分布

行　业	企业数量	百分比（%）
房地产开放经营房屋修饰	107	11
商业零售业	96	9.9
纺织文体烟酒工艺家具内外批发及零售	64	6.6
金属内外商贸及加工配送批发零售业	54	5.6
银行业	52	5.3
道路运输城市公交及交通辅助业	41	4.2
综合性内外商贸及批发业零售业	40	4.1
生产资料批发及内外商贸业	36	3.7
食品农林果蔬内外批发商贸业	32	3.3
电力热力燃气等能源供应业	30	3.1
物流仓储运输配送服务业	28	2.9
汽车及摩托车商贸维修保养及租赁业	26	2.7
矿产能源内外商贸及批发业	25	2.6
铁路运输及辅助服务业	24	2.5
商业连锁超市	23	2.4
医药专营批发业零售业	23	2.4
商务服务业	22	2.3
新闻传播	22	2.3
公用事业	20	2.1
研发咨询	19	2
电器商贸批发业零售业	16	1.6
综合服务业	15	1.5
港口服务业	14	1.4
机电电子批发及内外商贸业	14	1.4
计算机软件网络服务	14	1.4
化工产品及医药批发及内外商贸业	12	1.2
旅游宾馆及娱乐	12	1.2
人寿保险业	11	1.1
互联网传媒娱乐	10	1
水上运输业	10	1
航空运输业	9	0.9
餐饮业	8	0.8
航空港及相关服务业	8	0.8
其他金融服务业	8	0.8
邮电通信业	8	0.8
证券业	7	0.7
技术智力等内外合作	5	0.5
财产保险业	4	0.4
教育	2	0.2
综合保险	2	0.2
全部	973	100

从前 10 位行业的性质来看，有 6 个为商贸类行业，拥有企业数量 322 家，占比 33.2%；2 个为公共服务类企业，拥有企业 71 家，占比 7.3%，1 个位银行业，1 个为房地产业。总体来看，传统服务业依然居主导地位。但从整个趋势变化来看，传统服务业数量逐渐减少，现代服务业表现出了比较良好的发展势头。下表给出了“十一五”期间中国服务业 500 强企业中，所拥有企业数量变化较为显著的的行业。可以看出，传统服务业和现代服务业呈现出“此消彼长”的态势。

表 3－22　2006—2011 中国服务业企业 500 强部分行业拥有企业数量的变化情况

行业名称	2006	2007	2008	2009	2010	2011	变化
研发咨询	7	9	10	8	11	9	2
技术、智力等内外合作	3	4	4	6	6	4	1
房地产开放、经营，房屋修饰	49	42	64	43	52	56	7
商务服务业	11	13	14	17	14	16	5
证券业	N. A.	N. A.	2	3	1	4	4
银行业	18	23	19	24	24	25	7
物流、仓储、运输、配送服务业	13	12	14	17	18	18	5
汽车及摩托车商贸、维修保养及租赁业	14	14	12	13	14	20	6
公用事业	9	10	10	11	10	13	4
道路运输、城市公交及交通辅助	29	25	23	23	24	15	－14
商业连锁超市	16	12	13	14	11	11	－5
商业零售业	75	61	59	54	57	47	－28
综合性内外商贸及批发业、零售业	24	25	19	21	16	16	－8
金属内外商贸及加工、配送、批发零售业	14	16	17	26	18	23	9
生产资料批发及内外商贸业	13	16	12	19	22	19	6
食品、农林、果蔬内外批发商贸业	13	20	18	11	13	12	－1
纺织、文体、烟酒、工艺、家具内外批发及商贸	28	34	37	32	28	33	5
化工产品及医药批发及内外商贸业	7	7	5	6	7	4	－3
矿产、能源内外商贸及批发业	8	10	9	11	13	14	6

和 2006 相比较，2011 中国服务业企业 500 强所涉及的行业中，商业连锁超市减少 5 家；商业零售业逐年下降，减少 28 家；医药专营批发业、零售业增加 6 家；电器商贸批发业、零售业减少 2 家。国内商贸类企业共减少 29 家。而与之相对的，外贸类行业所拥有企业数量则共计增加 14 家，集中在金属类增加 9 家、生产资料类增加 6 家、纺织家具等轻工类增加 5 家、矿产能源类增加 6 家，综合类减少 8 家，化工类减少 3 家。内贸和外贸合计减少 15 家，这种现象一方面反映了这些商贸类行业经过竞争、洗牌，行业发展不断优化，另一方面，也显示出了作为传统服务业主角的商贸类大企业正逐渐让位于现代服务业大企业。

金融、商务服务、科学技术服务等现代服务业所拥有的企业数量在“十一五”期间正呈现逐渐上升的趋势。其中研发咨询业增加 2 家；技术、智力等内外合作增加 1 家；房地产业增加 7 家；商务服务业增加 5 家；证券业增加 4 家；银行业增加 7 家；物流、仓储、运输、配送服务业增加 5 家；汽车及摩托车商贸、维修保养及租赁业增加 6 家。上述行业合计增加 37 家。

7. 海外发展不尽人意

随着我国政府通过多种形式提倡企业"走出去"，提倡企业利用国内国外两个市场和两种资源为我国国民经济建设服务，近年来已经有越来越多的企业开始从事国际业务，甚至从事海外投资。从 2009 年开始，中国服务业 500 强企业开始统计企业的海外收入，以反映企业的国际化程度。

"十一五"期间，中国服务业 500 强企业中，开展国际化经营的企业虽然越来越多，但整体比例却并不高，发展也并不顺利。2009—2011 三年的海外收入数据中，有海外收入的企业数量分别为 69、91 和 102 家。然而，尽管开展国际化经营的企业数量不断增长，企业的平均海外收入额却没有保持良好的增长势头（图 3－11）。2008—2010 三年的平均值分别为 119 亿、77 亿和 87 亿。总之，中国企业的国际化发展尚处于起步阶段，尽管越来越多的企业"试水"国际化，但效果却并不理想，仍然有很长的一段路需要走。

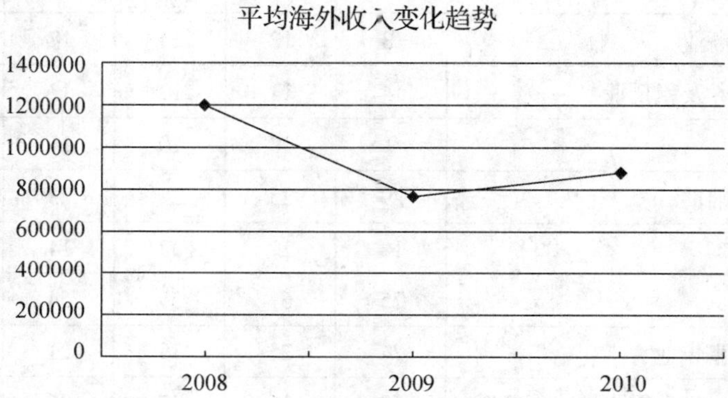

图 3－12　2009—2011 中国服务业企业 500 强企业平均海外收入

七、我国服务业发展中存在的主要问题

自 1992 年国务院做出《关于加快第三产业发展的决定》至今，我国服务业的发展取得了比较显著的成绩，尤其是服务业大企业的规模和效益水平有了很大程度的突破。在过去的一年中，服务业大企业走出金融危机，我国服务业 500 强数据显示入围门槛和利润水平实现了大跨越。但"十一五"期间，我国服务业的增加值比重和就业比重都没有完成规划目标，服务业发展中还是存在着很多没有办法回避的问题，这里将以前面提到的近年来中国服务业 500 强企业数据为基础，去分析我国服务业尤其是服务业大企业存在的问题。

近年来，服务业一直被视为调整结构和转型升级的战略重点，对国民经济的发展有重要支撑作用。然而服务业的发展和制造业，甚至整体经济的发展是相辅相成的。服务业发展落后的根本原因是市场化、产业化和城市化滞后。市场化程度低，使服务业发展缺乏动力；产业化进展慢，使服务业缺乏活力；城市化滞后，使服务业缺乏需求基础。服务业表现出的问题主要集中在以下几个方面：

（一）地区发展不平衡，城市化滞后制约服务业发展

“十一五”期间，中国服务业呈现出明显的地区分布集中的特点，服务企业向大城市集中的特征明显。中国服务业500强企业中，北京、浙江、上海、江苏、广东、天津等经济发达地区入围企业最多、最集中，而贵州和西藏从未有企业进入500强企业。这说明城市化水平对服务业的发展有至关重要的影响。

城市化是服务业增长的必要条件。因为城市不仅提供了服务业的各项设施，更重要的是城市聚集了足够多消费服务产品的人群。城市是消费工业品、服务业产品的载体。经济学家普遍认为，人口规模或是市场规模是服务业发展的根本条件，只有生产规模和人口要素聚集到相当规模，产生对生产服务和生活服务的强大需求，才足以支撑服务业不断产生和独立化。所以服务业的产业特征对聚集有内在的要求，城市拥有密集的人口，数量众多的经济组织和迂回复杂的经济关系，城市的发展提供可良好的环境，是服务业发展的最佳场所。在我国的中西部地区，较低的人口密度增大了服务产品的单位成本，从而限制服务业的扩张。我国现行的城乡体制、户籍体制和农民工体制，限制了城市的人口规模，限制了服务业的壮大。

服务业的规模和结构，也取决于城市化的水平和城市规模结构。一方面，我国城市化的进程和服务业的发展是密切相关，相互促进的。城市化为服务业创造了需求，服务业发展也增强了城市的集聚辐射能力。一般来说，一个成熟的城市经济的主体一定是服务业，而且城市服务业越发达，则这个城市就越有吸引力，城市的功能及竞争力越强，城市的发展就越快。另一方面，不同的城市规模和发展水平所产生的聚集能力，所拥有的各项设施基础对服务业的需求品种不一致，于是在特大城市和大城市，金融、商务服务、信息技术等现代服务业比较发达，博物馆、剧院比较集中，医疗、教育比较完备，而在中小城市，因为缺乏需求基础和各项设施不完善，上述服务业的发展受到限制，只有中小型商贸类服务企业比较发达。长此以往，就会出现高科技的服务业越发集中于特大城市，中小城市的经济发展缺乏服务业支撑，从而两极分化的局面。这也正是中国服务业500强企业在近年发展中体现出来的趋势。

另从世界范围来看，我国城市化的水平与我国当前的总体经济发展水平相比是偏低的。按照世界银行的划分和统计，人均收入低于765美元的低收入国家的平均城市化水平为30%；人均收入在765美元到3035美元之间的下中等收入国家的平均城市化水平是50%；人均收入从3035美元到9386美元的上中等收入国家的平均城市化水平是70%；我国2010年的人均收入是4360美元，城市化水平却只有49.68%，按照世界各国发展的一般规律来看，我国的城市化仍滞后于服务业的发展。

（二）市场化水平不足，服务业发展缺乏动力

市场在服务业的资源配置中发挥基础性作用不明显。第一，政府垄断经营严重，市场准入限制多。银行、保险、电信、邮政、民航、铁路、教育卫生、新闻出版、广播电视等行业，至今仍保持着十分严格的市场准入限制，其他一些行业对非国有企业也没有完全开放。第二，服务业企业尤其是大企业所有制结构不均衡，绝大多数行业国有企业仍占据主体地位，并控制着绝大多数资产。在

2011中国服务业企业500强的所有制分布中，有278家国有及国有控股企业，占有资产高达90.26%，实现营收占比82.88%。民营服务业企业的发展不但受制于行业准入的限制，在资产分配、银行贷款、政策倾斜方面也都面临不公平的待遇。

事实证明，我国大多数消费性服务业即直接面向居民生活的行业如商业零售、餐饮住宿、旅游业、文化娱乐等，由于改革比较彻底，市场化程度比较高，竞争比较充分，得到了很大的发展。上述没有开放行业的发展却不尽如人意，一方面这些企业依靠资源垄断没有提高服务水平、改进服务产品的动力，另一方面，民营资本不能进入也使得这些行业的发展缺乏活力，这在中国服务业500强企业中国企和民企的经济效益和效率的比较中可见一斑，于是最终将导致服务业缺乏良性发展的基础。

（三）吸纳就业能力不足，服务业发展缺乏基础保障

国际经验表明，制造业发展到一定规模和水平后，随着产业结构升级和技术进步加速，现代化机器设备和各种自动生产线被广泛采用，其吸纳就业的能力开始下降，即马克思早已揭示的随着资本有机构成提高，出现“机器排挤工人”的现象。与此同时，服务业岗位迅速增加，成为吸纳就业的主要行业。我国也正面临由劳动密集型的“中国制造”向“中国服务”转变的局面。

然而，作为容纳就业最好的、最多的、最大的服务业在吸纳就业人员方面却没能如期完成“十一五”规划中的目标。我国服务业500强企业的员工人数出现增长缓慢，甚至下降的趋势。分析其中原因，首先有服务业本身发展不足，三大产业中比重偏低，吸收就业能力有限。其次，服务业吸收就业能力不足表现出一种结构性不足，一方面，就业人群中高端人才和专业人才的缺乏使得信息、科技、研发、咨询等高端服务吸纳就业的能力有限，另一方面，原本能吸收大量低层次就业人群的传统服务业因转型需要对员工的层次要求提高和竞争激烈需要控制成本，吸纳就业的能力也大大降低。而作为人才密集型产业的服务业缺乏了合适人才的支撑，也就缺少了大发展的牢固基础。

（四）层次结构水平低，现代服务业的支撑作用不显著

过去几年，以商贸流通、餐饮住宿、居民生活服务、交通运输等为主要内容的传统服务业发展迅速，带动了整个服务业规模和效益的迅速提高。这也导致了当前我国服务业主要集中在商贸、餐饮、仓储等传统服务业上，而真正代表服务业发展水平和对制造业以及对整个经济有较强支撑作用的金融、商务服务、研发、信息服务、现代物流等却发育不足。

从“十一五”期间，中国服务业500强企业的数据看，所包含企业数量排名前10位的行业中，有6位为商贸行业，其中又以外贸类为主。另从服务业大企业进入世界500强的行业类别分析，进入世界500强的20家服务业企业集中在贸易（4家），银行（5家），电信（3家），保险类（4家）等，而这些无一不是国有及国有控股企业，这些行业都是政府垄断经营的行业。而我国大企业未进入世界500强的行业中有22个，其中包括：信息技术服务；网络服务与销售；铁路运输；专业零售；食品店和杂货店；批发：医疗器械、食品、电子电器；计算机软件；航空业；餐饮服务；保健类：保险和医疗管理、药品和其他服务共13个服务行业，以及制药、半导体电子元件、电子、电器设备等需要持续研发投入的高科技制造业。这些行业或是为高端服务业，或是需要服务业提供智力、知识支

撑的制造业。无论是从国内还是从全球来看，我国的服务业行业结构不尽合理，仍处于低层次结构水平。

（五）产业化水平不够，公共服务业落后于实际需求

长期以来，我国服务业部分行业的发展处于政企不分、政事不分、营利性机构与非营利性机构不分的状态。市政服务、社区服务、科研院所、教育、医疗卫生、文化体育、社会保障和社会福利等公共服务业本可以产业化经营、商业化运作的服务领域，却被看作非生产性的活动，当作公益性、福利性的社会事业来办，从而导致这些行业的发展过份依赖政府投入，并成为政府全额或部分资助下的社会事业单位。另外，由于政府管理体制改革滞后，普遍存在着政府在社会管理、公共服务等职能方面"越位"和"错位"现象。如当前普遍存在的地方政府代替企业招商引资等行为，实际上正是政府替代了中介服务业、咨询服务业和信息服务业的功能。

随着生活水平的逐渐提高，人们对公共服务的需求也越来越大。然而大量的服务领域，一方面政府无力兴办，另一方面社会力量不能参与，从而导致公共服务业严重落后于社会的实际需要。这不仅体现在养老、医疗问题迟迟不能解决，教育制度一直遭到抨击，更体现在研发科技、中介咨询不能为高端制造业的发展提供有力的智力支撑。

（六）两大制度障碍——考核体系和财税制度

在影响服务业发展的诸多的制度环境和政策中，对官员的政绩考核制度和税收政策中的营业税是限制服务业健康发展的两个较为主要的障碍。

第一，以 GDP 总量和增速为主的政绩考核指标体系，造成各级政府高度重视对 GDP 总量规模的追求，而忽视经济发展的质量和效率。大量优惠和产业政策集中于制造业，促进服务业发展往往停留在口头上、文件上，缺乏实质性的政策措施。

第二，因为历史的原因，服务业的征税实行营业税，制造业实行增值税。经过多年来两个税的制度，行业发展所受到影响的差别逐渐显现。实行营业税给服务业的发展造成沉重的包袱。首先，营业税顾名思义是对所取得的营业额征收的税，赋税的绝对值相比增值税较重。其次，按营业额征收存在着重复征税的现象，这也严重地阻碍了服务业企业进行并购重组，完善产业链条，提高竞争力。第三，只针对增值税的纳税人的出口退税制度使得相关制造企业大发展并拉动了国内的投资和生产。服务业因此而与制造业发展的差距越来越大。

八、促进服务业健康发展的政策建议

未来要把推动服务业大发展作为产业结构优化升级的战略重点，营造有利于服务业发展的政策和体制环境，不断优化行业结构，科学推动城市化进程，拓展新领域，发展新业态，培育新热点，推进服务业规模化、品牌化、网络化经营，提高服务业比重和水平，促进服务业的健康发展。

（一）进一步明确服务业对经济发展的战略支撑地位

全球经济正在由产品经济向服务经济过度，传统的制造价值链不断扩展和延长，工业产品附加值构成中纯粹制造环节所占的比例越来越低，研发设计、物流配送，产品营销，电子商务、金融服务、战略咨询等专业化生产服务和中介服务所占比例越来越高，已经成为提高企业竞争力和经济效益的主导因素。不仅如此，服务业将不断发挥对工农的带动作用的和支撑作用，促进产业间的合理、有序、良性发展，带动相关产业的转型升级。服务业是解决“三农”问题的重要途径，相比于工业更能够低成本、低污染地将将农村剩余劳动力向非农部门转移；服务业也是提高工业竞争力，将工业引向高端的重要支撑。从生产型制造向服务型制造转变是制造业发展的一个基本趋势。从企业微观层面表现为企业从生产型企业向服务型企业转变，在中观层面表现为从制造业城市向服务业城市转变，从宏观层面表现为服务型经济的形成。因此要明确服务业的战略支撑地位，不但在思想上更要在行动上促进服务业的健康发展。

（二）科学推进城市化

科学推进城市化，要根据各地的经济发展水平、劳动力素质、资源优势、地理条件，从政策上引导促进地区合理分工与协作，加强地区间的优势互补，优化地区结构，在不同的地区实行不同的政策，发挥各地的资源比较优势。

首先，继续大力推进城镇化进程，促进农村剩余劳动力向城市转移，发挥城市对人口的聚集作用，形成服务业发展的基础。切实推进“土地城市化”向“人口城市化”转变。加快城镇户籍管理制度改革，逐步实行以居住地和就业为原则，以合法固定住所、稳定职业或生活来源为落户基本条件的准迁制度。加快小城镇建设和城郊结合部开发，促进人流、物流、信息流向城镇集中。打破城乡壁垒，促进各类生产要素双向合理流动，形成城乡一体、共同繁荣的局面。

其次，积极发展中小城市，依据当地资源和特色，重点发展旅游业、商贸业以及其他生活服务业，进一步拓宽服务业发展空间；并以中心镇的建设为依托，大力提高中小城市的公共服务水平，完善和增强中心镇的集聚辐射功能，并为其腹地内的农村区域提供良好的基本公共服务，为其他类型的服务业和工业的发展提供基础支持。

第三，要高度重视现代服务业具有在中心城市及中心区位集中的产业集群发展趋势，营造良好的产业生态环境，并发挥中心城市对周边的辐射和带动作用。要以中央商务区为载体和平台，形成以金融商务服务为主的核心集群、以娱乐高档消费为主的衍生集群、以旅游餐饮服务为主的支持集群；以高新技术园区为载体和平台，形成以产品研发和技术创新为特色的服务业集群，通过产业区位集群，优化现代服务业的生态环境。在多样化、多层次、网络化的现代服务业集群基础上，拓展服务辐射空间，使服务价值链向外延伸。

（三）继续优化行业结构

我国的服务业仍处于低层次的结构水平，对此应该从制度环境和政策规划中着眼，不断优化服务业的行业结构。将生活服务业的发展作为人们生活质量提高的重要手段；促进生产性服务业对制造业优化和产业升级的支撑；发展公共服务业，提高城市功能，夯实经济发展和社会发展的基础。

第一，加快发展生产性服务业。

构建生产性服务业集聚发展的载体，围绕区域性现代商贸物流基地、先进制造业基地、特色农业基地和信息交流中心，着力打造中央商务区、现代物流园区、科技创业园区、创意产业园区、软件园区、产品交易市场等多形态的现代生产性服务业集聚区。通过规划布局、政策引导和必要的财政支持等形式，优化土地、基础设施、政策措施、人才、资金等各类资源的配置，引导和支持生产性服务业知名企业的区域性集聚。

加强生产性服务业与其他产业的融合发展。一是加快服务外包行业的发展，深化专业分工。通过引导和推动企业进行管理创新和业务流程再造，将一些非核心的生产性服务环节转变为外部化的专业服务，以核心竞争优势整合企业的服务供给能力，实行专业化经营，深化发展产业链上的专业化分工体系。二是加快信息技术服务业的发展。在企业内部，将信息技术用于企业生产的各个环节，加强部门之间的交流合作；在企业之间，通过建立信息共享平台推动上下游企业之间的合作。三是将生产性服务业引入三次产业生产过程，着力提高产品的附加值。从产品生产的研究设计、市场调研到物流运输、营销策划，都通过生产性服务业的参与来提升产业竞争力，加速产业升级。

增强生产性服务业自主创新能力。一是用信息化改造传统生产性服务业，加快服务业电子化、自动化进程，不断扩大信息技术在生产性服务业领域的应用。二是建立健全技术创新机制，鼓励生产性服务业企业建设各类研究开发机构和增加科技投入，使企业成为研究开发投入的主体。三是在生产性服务业集聚区的基础上建立科技创新平台，形成具有较强创新能力的科技创新网络。借助高校及科研机构的人力优势及研发能力，形成政府支持、产学研一体化的创新体系，培育和发展科技服务中心、创业孵化器、信息服务机构、科技融资机构、科技评估中心、知识产权事务中心、技术产权交易中心、公共科技信息平台等科技创新中介服务机构。

第二，继续支持和鼓励传统服务业的发展。

传统服务业与日常生活最贴近，其发展水平直接关乎人们的生活质量，另外传统服务业依然是吸纳就业的主要力量，因此我们要继续支持和鼓励传统服务业的发展，并探寻新的形式。积极运用现代管理思想、组织方式、服务技术和经营手段，改造传统服务业，全面提升企业素质、管理水平和经济效益。按照竞争优势原则，改造企业的组织结构，提高商贸流通、交通运输、社会服务等传统服务业的功能。积极引导商业功能结构、网络结构和经营业态调整，重点发展适应社会经济发展特点、增强辐射功能的商业和提高居民生活品质的服务业。

优化商贸业的发展。面向城乡居民生活，丰富服务产品类型，扩大服务供给，提高服务质量，满足多样化需求。优化城市综合超市、购物中心、批发市场等商业网点结构和布局，支持便利店、中小超市、社区菜店等社区商业发展。鼓励和支持连锁经营、物流配送、电子商务等现代流通方式向农村延伸，完善农村服务网点，支持大型超市与农村合作组织对接，改造升级农产品批发市场和农贸市场。

大力发展现代物流业。一是推动重点领域物流发展体系建设。如加强石油、煤炭、重要矿产品及相关产品物流设施建设，加快发展粮食、棉花现代物流，推广散粮运输和棉花大包运输，发展城市统一配送，提高食品、食盐、烟草和出版物等的物流配送效率等。二是大力推进物流服务的社会化和专业化。鼓励生产和商贸企业按照分工协作的原则，剥离或外包物流功能，整合物流资源，促进企业内部物流社会化。鼓励现有运输、仓储、货代、联运、快递企业的功能整合和服务延伸，加快向现代物流企业转型。大力发展第三方物流，提高企业的竞争力。三是提高物流信息化水平。积极推进企业物流管理信息化，尽快制订物流信息技术标准和信息资源标准，建立物流信息采集、处理和服务的交换共享机制。加快行业物流公共信息平台建设，建立全国性公路运输信息网络和航空货运公共信息系统，以及其他运输与服务方式的信息网络，推动区域物流信息平台建设，鼓励城市间物流平台的信息共享。

第三，积极发展新兴服务产业。

积极发展新兴服务业，如旅游、社区服务等，形成新的经济增长点。大力发展旅游业。充分挖掘城市的自然和人文资源，精心实施“名品、精品、新品”战略，完善已经有的旅游区域，开发一批新的旅游景点，建设一批富有吸引力的旅游精品。要以市场需求为导向，积极开发旅游资源，大力发展观光旅游、度假旅游、专向旅游、特色旅游等旅游新产品。加强旅游交通基础设施、旅游景区开发和配套设施建设，促进形成交通、住宿、饮食、购物娱乐相结合的旅游综合服务体系、提高旅游接待服务的规模和水平。

鼓励发展社区服务业、提供便民利民服务。要进一步强化社区组织的服务功能、运用市场机制鼓励个体、私营经济开展各种社区服务、重点开拓家庭服务、维修服务、接送服务、托幼服务、养老服务、保健服务、文娱服务。鼓励社区服务向专业化、企业化、规范化、规模化发展，建立多元投入机制。加大政策扶持力度、鼓励社会兴办各类便民、利民服务，把社区服务业培育成为重要产业。加强市场监管，规范家庭服务业市场秩序。

（四）逐步放宽市场准入

首先，打破“非自然垄断”行业的垄断，如民航、铁路、电信的营运部分，邮政除敏感业务部分，城市公用事业中的污水处理、公共交通行业等。在市场结构调整方面进行“行业分拆”，即将现有的某些行业的独家企业分割为若干家企业，形成多个市场主体共同竞争的局面，或者采用“新企业进入”的方式，即放松准入限制，鼓励国有或是民营企业进入，形成竞争的氛围。

第二，加快涉及公共服务业内容的事业单位改革。按照政府配置资源和市场配置资源相结合的思路，将社会事业领域中“营利性”的部分划出来，推进这些行业的市场化、产业化进程。至于公益性部分，政府可提供上述各领域的“公共服务包”，或采取“政府采购”的方法从服务业市场上获得，提供给消费者。由政府采购使服务商获得相应的利益补偿，能够有效激活服务商的积极性。

第三，现代服务业应该引入市场竞争机制，走市场化道路是服务业发展的有效途径。进一步放松和取消对现代服务业中投资项目的行政审批，实行投融资体制改革，打破市场壁垒，实现要素的自由流动，改变部分行业垄断经营严重、市场准入限制过严和透明度低的状况，按市场主体资质和服务标准，逐步形成公开透明、管理规范和全行业统一的市场准入制度。

第四，出台有利于促进新兴服务业发展的融资政策，多渠道筹集新兴服务业快速发展所需的资金。加大金融机构贷款力度，提高新兴服务业的贷款比重。积极探索由政府引导的主要依靠市场机制配置资源的服务业投资机制。加大金融支持力度，推进以兼并收购为手段，以提高国际竞争力为目的的结构重组，培育一批大型的新兴服务业的企业集团或跨国公司。同时，要允许符合条件的新兴服务业企业进入资本市场融资，通过股票上市、发行企业债券、建立产业投资基金、风险投资、项目融资、股权置换等方式筹措资金。

（五）稳步推进财税改革

在“十二五”规划纲要中，有独立一个的章节，对加快服务业的发展做出专门部署。同时提出，为了支持服务业的发展，要推进财税体制的改革。然而目前我们仍不具备一次性将营业税改为增值税的机会。应先选择部分的地区，选择部分的行业，部分行业进行试点和示范，然后稳步推进财税改革。营业税的改革需要庞大的财政作为支撑，可以考虑逐步释放外汇储备中所包含的财政储备，减轻财税改革实施过程中税收减少的幅度，缓解中央政府、地方政府因此遇到的困难。同时，在现有情况下对征收营业税的服务业企业实行减税，并对符合战略规划的现代服务业企业，应实行税收减免等优惠政策，鼓励一些高端服务企业将人力资源培训、研发投入等费用在税前列支冲减收入，保证实行与工业企业同样的水电气价格，从而逐步降低服务业发展壮大的财务成本。

（六）建设多层次的人才培养体系

提高服务业对就业的吸收能力，除了要加快服务业本身的发展，更重要的要培养符合服务业发展需要的人才。现代服务业的快速发展迫切需要高端专业人才；传统服务业的转型升级，更需要大量掌握职业技能的人才。服务业的人才供给中不仅有新增就业人口，更有大量的从制造业的转型中分流出来的就业者。因此为促成劳动密集型的中国制造向中国服务转变的实现，应建设多层次的人才培养体系。

首先，大力发展专业化教育，完善与现代服务业发展有关的人才教育政策、引进政策。加快培养金融、保险、物流、创意、信息、中介等现代服务业急需的复合型、创新型人才。建立现代服务业人才信息库和人才服务机构。完善在岗人员出国培训、从国外引进优秀人才的途径和程序。健全激励机制，吸引、留住、用好现代服务业发展所急需的优秀人才。其次，加大职业教育力度。人力资本的提高，一方面有赖于就业前的学校正规教育，就业以后的继续教育，包括职前教育、职后教育和在岗培训等也同样非常重要。鼓励企业加大职工培训力度，加强职业培训和岗位技能培训。鼓励社会力量投资兴办专业化的就业创业培训实体，特别是对农民工、下岗工人和在岗人员的服务业技能培训，把巨大的人口压力转变为最丰富的、最优秀的人力资源的优势和我们的强势，推进我国服务业快速、持续发展。加强岗位职业培训，全面推进职业资格证书制度，建立服务业职业资格标准体系，提高服务业从业人员水平。

第四章
2011 中国企业效益 200 佳分析报告

自推出 2006 中国企业效益 200 佳以来，今年已经是中国企业联合会、中国企业家协会连续第六次向社会公布中国企业效益 200 佳及其分析报告。2011 中国企业效益 200 佳是在 2011 中国企业 500 强、2011 中国制造业企业 500 强、2011 中国服务业企业 500 强的基础上，依据企业的净利润产生的。详见表 4 - 1。本报告主要对 2011 中国企业效益 200 佳的数据所呈现出的特点进行分析。

一、2011 中国企业效益 200 佳盈利水平显著提高

2011 中国企业效益 200 佳的合计净利润为 19292 亿元，是 2011 中国企业 500 强合计净利润（20835 亿元）的 92.59%，比 2010 中国企业效益 200 佳的合计净利润（14239 亿元）增长了 35.49%；纳税总额 2.28 万亿元，比 2010 中国企业效益 200 佳纳税总额增长了 32.56%；占 2010 年全国税收总额 7.74 万亿元的 29.46%，较上年提高 0.55 个百分点。这些数字充分说明，中国效益 200 佳企业已经迅速走出国际金融危机的负面影响，进入了一个新的发展阶段。我们相信，在经历了国际金融危机的洗礼之后，中国效益 200 佳企业在今后应对突如其来的重大经济形势变革的能力将有所增强，为国家和社会做贡献的能力也将逐渐提高。

今年，中国工商银行股份有限公司已经连续第三年位列中国企业效益 200 佳首位。排在第二位至第十位的企业分别是中国建设银行股份有限公司、中国银行股份有限公司、中国石油天然气集团公司、中国农业银行股份有限公司、中国海洋石油总公司、中国移动通信集团公司、中国石油化工集团公司、交通银行股份有限公司、中国中信集团公司。与上年相比，工、建、中、农、交几大银行仍然保持近年来的良好效益水平，连续三年跻身前十位。

二、2011 中国企业效益 200 佳的规模迅猛增长

2011 中国企业效益 200 佳的资产总额为 983216 亿元，是 2011 中国企业 500 强资产总额 1081009 亿元的 90.95%，比 2010 中国企业效益 200 佳的资产总额（808277 亿元）增长了 21.64%；2011 中国企业效益 200 佳的营业收入总额为 247921 亿元，是 2011 中国企业 500 强营业收入 363156 亿元的 68.27%，比 2010 中国企业效益 200 佳的营业收入总额（181577 亿元）增长了 36.54%；2011 中国企业效益 200 佳的所有者权益总额为 144056 亿元，是 2011 中国企业 500 强所有者权益总额 170917 亿元的 84.28%，比 2010 中国企业效益 200 佳的所有者权益总额（120124 亿元）增长了 19.92%。

表4－1 **2011中国企业效益200佳**

名次	企业名称	地区	利润（万元）	营业收入（万元）	资产（万元）	所有者权益（万元）	从业人数
1	中国工商银行股份有限公司	北京	16602500	54500200	1345862200	82165700	397339
2	中国建设银行股份有限公司	北京	13484400	45408700	1081031700	69679200	313867
3	中国银行股份有限公司	北京	10969100	40024770	1045986500	64416500	279301
4	中国石油天然气集团公司	北京	9725232	172088519	262995626	139565211	1674541
5	中国农业银行股份有限公司	北京	9487300	40794200	1033740600	54207100	444447
6	中国海洋石油总公司	北京	7423092	35476183	61720044	39078726	65900
7	中国移动通信集团公司	北京	6588500	51901596	105915327	75126571	207404
8	中国石油化工集团公司	北京	5164026	196904221	148524057	50437059	640535
9	交通银行股份有限公司	上海	3904201	16374112	395159317	22227317	85290
10	中国中信集团公司	北京	3335074	26389387	253905748	17250544	140028
11	国家电网公司	北京	3244284	152880849	207752374	79292976	1564001
12	神华集团有限责任公司	北京	2881208	21963390	55092663	23639003	161170
13	招商银行股份有限公司	广东	2576900	7137700	240250700	13400600	43089
14	中国第一汽车集团公司	吉林	2489577	29401552	17254979	6974412	84191
15	华为技术有限公司	广东	2375700	18507600	16084100	5525100	110000
16	中国人寿保险（集团）公司	北京	2372918	43752296	177602026	6468225	118362
17	东风汽车公司	湖北	2322133	36883383	21776372	7912510	163990
18	宝钢集团有限公司	上海	1987703	27298409	43213018	26017495	104768
19	上海浦东发展银行股份有限公司	上海	1917721	4985585	219141077	12299634	28081
20	兴业银行股份有限公司	福建	1852058	4345591	184967338	9199529	29214
21	中国民生银行股份有限公司	北京	1758100	5476800	182373700	10410800	30931
22	中国平安保险（集团）股份有限公司	广东	1731100	19553413	117162700	11203000	128808
23	中国建筑股份有限公司	北京	1471521	37041753	39753912	10326047	123579
24	上海烟草集团有限责任公司	上海	1307493	7282682	8914584	8251147	16595
25	上海汽车工业（集团）总公司	上海	1295615	36727716	29252033	7018380	109500
26	广州汽车工业集团有限公司	广东	1239720	16224204	9121239	4131526	46933
27	中国航空集团公司	北京	1236888	8248441	16497551	4710996	54590
28	厦门禹洲集团股份有限公司	福建	1094032	426555	1458259	456740	1247
29	华润（集团）有限公司	广东	1067861	18805269	45901676	7959171	320464
30	大秦铁路股份有限公司	山西	1041080	4201380	10014600	5633380	91837
31	兖矿集团有限公司	山东	988533	6032548	11727577	3526738	98470
32	中国交通建设股份有限公司	北京	943707	27357150	31106704	7502167	103010
33	中国航空工业集团公司	北京	887644	20988800	46928196	16028229	411490

续表

名次	企业名称	地区	利润（万元）	营业收入（万元）	资产（万元）	所有者权益（万元）	从业人数
34	中国邮政集团公司	北京	885058	19017095	352066208	11507122	860200
35	陕西煤业化工集团有限责任公司	陕西	868215	5156645	13437875	4500096	93654
36	中国太平洋保险（集团）股份有限公司	上海	855700	14166200	47571100	8029700	
37	山东魏桥创业集团有限公司	山东	854619	11845598	5576300	3095163	131972
38	中国电信集团公司	北京	845958	26040613	64764039	42922193	493919
39	北京汽车集团有限公司	北京	844413	15769729	12633073	5609680	53140
40	中国广东核电集团有限公司	广东	819774	1906885	19586151	4654559	21890
41	山东能源集团有限公司	山东	818146	10598960	12953462	3313005	200857
42	腾讯控股有限公司	广东	811521	1964603	3583011	2184086	10692
43	恒大地产集团	广东	802468	4580140	10445246	2136623	19351
44	潍柴控股集团有限公司	山东	799639	9113760	5947033	2397682	42664
45	中国远洋运输（集团）总公司	北京	786125	16415080	31958432	11338183	71105
46	陕西延长石油（集团）有限责任公司	陕西	753749	10207104	14482801	6257484	114464
47	中国中铁股份有限公司	北京	748849	47366265	38930635	7389188	285054
48	内蒙古伊泰集团有限公司	内蒙古	740240	3525971	4176031	2039422	5918
49	江苏沙钢集团有限公司	江苏	737424	17862398	15258254	5088441	40545
50	天津汽车工业（集团）有限公司	天津	734658	9665895	4245307	2188007	35870
51	中国中化集团公司	北京	734430	33532680	21145578	7637934	50073
52	大连万达集团股份有限公司	辽宁	725605	4339652	14146523	1286185	31432
53	中国南方电网有限责任公司	广东	717914	36857369	49077334	15835594	323958
54	三一集团有限公司	湖南	714056	5020000	5195129	1992026	54384
55	美的集团有限公司	广东	695515	11671971	7828694	2427186	182000
56	碧桂园控股有限公司	广东	693744	2580411	8208125	2541808	32943
57	中国船舶重工集团公司	北京	685144	14252440	31811447	8100852	161000
58	北京银行	北京	680303	2483461	73321050	4254598	6455
59	上海电气（集团）总公司	上海	670122	9942011	11847191	4017188	68852
60	杭州娃哈哈集团有限公司	浙江	660021	5487355	2884712	1664758	28268
61	光明食品（集团）有限公司	上海	659995	10417152	15561802	6585409	125612
62	安徽海螺集团有限责任公司	安徽	651359	5389400	6639880	3704637	40281
63	雅居乐地产控股有限公司	广东	641850	2052019	6987833	1868082	
64	江苏华厦融创置地集团有限公司	江苏	635577	1615860	3267150	2499269	2500

续表

名次	企业名称	地区	利润（万元）	营业收入（万元）	资产（万元）	所有者权益（万元）	从业人数
65	广发银行股份有限公司	广东	618861	3408515	81439002	4288160	15939
66	中国贵州茅台酒厂有限责任公司	贵州	605686	1550241	3318679	2482502	16678
67	华夏银行股份有限公司	北京	598958	2447889	104023044	3549588	14304
68	中国建筑材料集团有限公司	北京	584145	13535530	15348103	3409221	110691
69	中国航天科工集团公司	北京	579704	9043872	13172060	4873588	120183
70	紫金矿业集团股份有限公司	福建	575575	2853958	3840123	2602867	21455
71	南山集团有限公司	山东	568462	5120064	4458935	2816570	38402
72	四川省宜宾五粮液集团有限公司	四川	555309	4029684	4866991	3200121	46419
73	中粮集团有限公司	北京	541732	17917250	23260720	5403399	88508
74	上海国际港务（集团）股份有限公司	上海	541712	1910545	6589467	3537835	20304
75	长沙中联重工科技发展股份有限公司	湖南	541611	5085768	6299527	2747445	22356
76	上海绿地（集团）有限公司	上海	541071	9478176	13871297	1926701	3700
77	河南煤业化工集团有限责任公司	河南	527208	14699085	14055952	3873857	181756
78	中国南方航空集团公司	广东	510585	7824707	11800461	2665274	55752
79	中国机械工业集团有限公司	北京	510246	15221844	13135501	3184308	84789
80	湖南中烟工业有限责任公司	湖南	506299	5888856	4474266	3764482	21278
81	江西铜业集团公司	江西	495968	8634538	6602866	3807176	28258
82	红云红河烟草（集团）有限责任公司	云南	488009	5499012	5614830	3896461	13903
83	中国核工业集团公司	北京	480608	4454545	22338423	5973983	85059
84	国家开发投资公司	北京	471321	6143153	23734908	7247062	76527
85	中国中煤能源集团有限公司	北京	469833	9601682	17256094	5228522	124371
86	海尔集团公司	山东	452649	14053629	11265393	2103260	65219
87	中国五矿集团公司	北京	452106	25421754	19878521	5272677	101276
88	上海复星高科技（集团）有限公司	上海	439477	4569219	10667214	3005258	29446
89	中国铁建股份有限公司	北京	431664	47015879	35019402	5823142	260268
90	珠海格力电器股份有限公司	广东	430321	6080724	6560438	1401171	60570
91	世纪金源投资集团有限公司	北京	414267	2402798	3332961	1532407	16407
92	龙湖地产有限公司	北京	413016	1509312	7171356	1598026	

续表

名次	企业名称	地区	利润（万元）	营业收入（万元）	资产（万元）	所有者权益（万元）	从业人数
93	苏宁电器集团有限公司	江苏	410551	15622292	4390738	1884539	150419
94	红塔烟草（集团）有限责任公司	云南	406734	6325981	8546441	6270343	30942
95	中国国电集团公司	北京	404193	16242588	53583753	9686973	131024
96	广发证券股份有限公司	广东	402700	1021861	9594658	1940122	13061
97	雨润控股集团有限公司	江苏	391942	6475546	5875258	2598328	100000
98	海航集团有限公司	海南	391408	6466806	20146164	4096308	49659
99	中国人民保险集团股份有限公司	北京	388200	24431400	44058900	2195400	94578
100	雅戈尔集团股份有限公司	浙江	386269	3348136	5811821	1826312	53084
101	中国烟草总公司湖南省公司	湖南	385818	4294715	1961832	1747015	16454
102	江苏扬子江船业集团公司	江苏	375740	2266895	3424840	1225685	20007
103	徐州工程机械集团有限公司	江苏	373056	6602645	3245421	1636849	21451
104	福佳集团有限公司	辽宁	370951	2301336	6376521	4397839	1998
105	中国中材集团有限公司	北京	370631	5010701	7604037	2532134	67602
106	中国兵器工业集团公司	北京	361175	24118198	22836758	5467607	279996
107	中国重型汽车集团有限公司	山东	359275	8119180	12847057	5066698	26704
108	新疆广汇实业投资（集团）有限责任公司	新疆	357825	6475589	4360840	1490545	42269
109	百度公司	北京	352517	791507	1104844	840559	
110	中兴通讯股份有限公司	广东	347648	7026387	8415236	2496200	85323
111	河南省漯河市双汇实业集团有限责任公司	河南	346020	5066989	1916526	920251	57038
112	中国东方航空集团公司	上海	345766	8010875	11308184	983289	67534
113	山西焦煤集团有限责任公司	山西	343207	10572891	12551687	4352046	178321
114	华侨城集团公司	广东	341476	3442354	6717947	1959369	39884
115	中国医药集团总公司	北京	339154	8817424	7002177	3071668	47003
116	中国电力投资集团公司	北京	325821	12704010	44339335	6715634	116825
117	联想控股有限公司	北京	323484	14669743	11460039	1204643	30000
118	晶龙实业集团有限公司	河北	319010	2672924	2218027	1123240	18121
119	浙江省能源集团有限公司	浙江	318711	4702046	10721743	3696800	11465
120	浙江吉利控股集团有限公司	浙江	315925	6827951	10445849	3212939	30680
121	重庆农村商业银行股份有限公司	重庆	310992	1180543	28508119	2196591	13392
122	海信集团有限公司	山东	303233	6374092	4455033	1528169	27045
123	广东省粤电集团有限公司	广东	302566	4299980	11771261	5389194	13039

续表

名次	企业名称	地区	利润（万元）	营业收入（万元）	资产（万元）	所有者权益（万元）	从业人数
124	广东省交通集团有限公司	广东	301658	3308711	16440049	5025207	51621
125	中国国际海运集装箱（集团）股份有限公司	广东	300185	5176832	5413065	1920670	63354
126	中国海运（集团）总公司	上海	296203	6481092	14292567	5028118	45937
127	江苏新世纪造船（集团）有限公司	江苏	296045	1644184	1876393	526967	4497
128	冀中能源集团有限责任公司	河北	294370	14385863	8993168	2567940	124651
129	天狮集团有限公司	天津	291384	2856380	1182283	858229	2407
130	长城汽车股份有限公司	河北	282708	2897189	2369828	1040031	38268
131	山西潞安矿业（集团）有限责任公司	山西	281776	8500830	8188490	2207851	62923
132	中国银河证券股份有限公司	北京	281566	790025	9931846	1449887	10293
133	河北钢铁集团有限公司	河北	277760	22709711	28208254	7814526	132977
134	武汉钢铁（集团）公司	湖北	272676	19069111	20382720	7131676	117374
135	中国外运长航集团有限公司	北京	270540	9465135	11655354	5126104	73063
136	徽商银行股份有限公司	安徽	270235	625612	20897615	1435729	4546
137	金地（集团）股份有限公司	广东	269404	1959250	7281650	278221	8262
138	东方电气股份有限公司	四川	267601	3808011	8225289	1178438	19990
139	山西晋城无烟煤矿业集团有限责任公司	山西	266675	6854486	10027877	2653816	124877
140	中国水利水电建设集团公司	北京	266481	10148156	12346476	1682744	133175
141	山西煤炭运销集团有限公司	山西	266251	11588080	8860735	2027219	87572
142	申能（集团）有限公司	上海	265749	2534147	10467099	6665632	12410
143	山东大王集团有限公司	山东	264267	4592139	4130521	1162894	26056
144	江苏苏宁环球集团有限公司	江苏	263300	2952000	4806620	1845430	7556
145	鞍钢集团公司	辽宁	260287	15157209	24500977	8108021	208489
146	山东钢铁集团有限公司	山东	258867	10976027	15116265	3800120	89370
147	恒力集团有限公司	江苏	258100	3250480	3126435	1336183	28314
148	泸州老窖集团有限责任公司	四川	257227	1227086	1132694	557814	9348
149	比亚迪股份有限公司	广东	252341	4668535	5387466	1846032	
150	青岛港（集团）有限公司	山东	251893	1464587	2711312	1518763	13362
151	金东纸业（江苏）股份有限公司	江苏	250401	3075301	5843455	1834849	13720
152	山东鲁北企业集团总公司	山东	249612	2324123	1205846	908637	4362

续表

名次	企业名称	地区	利润（万元）	营业收入（万元）	资产（万元）	所有者权益（万元）	从业人数
153	中国通用技术（集团）控股有限责任公司	北京	247094	9383848	8100537	2483648	44932
154	广西农村信用社（合作银行）	广西	246935	1205423	29193908	1737067	21169
155	万向集团公司	浙江	245329	6613800	4674298	1417190	28729
156	北京金隅集团有限责任公司	北京	239110	3073125	6983112	1970441	31135
157	青海盐湖工业股份有限公司	青海	236887	588315	2517567	1233516	10244
158	中国黄金集团公司	北京	232021	5122864	4314038	1613949	46440
159	滨化集团公司	山东	230833	2546193	1084540	611972	3836
160	天津百利机电控股集团有限公司	天津	226949	3582315	3127023	1298334	19473
161	中国煤炭科工集团有限公司	北京	223512	2236925	2179205	1031810	27043
162	浙江荣盛控股集团有限公司	浙江	221331	2604134	2282631	669933	5635
163	内蒙古电力（集团）有限责任公司	内蒙古	220680	4774013	4476982	1263698	34394
164	新兴际华集团有限公司	北京	214849	8035667	5262126	2622845	74186
165	中国航空油料集团公司	北京	212655	15318726	3010052	890288	9430
166	浙江省交通投资集团有限公司	浙江	212371	2337958	13332518	3652330	20302
167	新希望集团有限公司	四川	211954	5595767	3615191	1633020	61718
168	重庆华宇物业（集团）有限公司	重庆	211680	741263	1433887	742481	6335
169	泰康人寿保险股份有限公司	北京	209520	7744119	29347528	1346273	42592
170	中国北方机车车辆工业集团公司	北京	208206	6482579	8534064	2741109	87740
171	浙江恒逸集团有限公司	浙江	205981	3607627	1792184	601295	6698
172	上海人民企业（集团）有限公司	上海	204617	2207688	975055	948614	29318
173	海亮集团有限公司	浙江	202345	5258400	2160800	786209	11872
174	湖北宜化集团有限责任公司	湖北	201081	4108935	4431719	1757540	35377
175	中国冶金科工集团有限公司	北京	200976	21713056	31806302	3611127	159500
176	新疆特变电工集团有限公司	新疆	198880	2053899	2952038	1543163	16495
177	中南控股集团有限公司	江苏	196366	1825268	3156656	1134613	31000
178	郑州宇通集团有限公司	河南	195969	1620560	1918682	582293	29299
179	太原钢铁（集团）有限公司	山西	194045	11654838	10272741	3941135	40091
180	内蒙古小肥羊餐饮连锁有限公司	内蒙古	192935	622800	223621	86497	37250
181	日照钢铁控股集团有限公司	山东	192670	4412783	4856794	1425197	10444
182	北京控股集团有限公司	北京	192575	3118499	7539241	3920425	43000
183	包头钢铁（集团）有限责任公司	内蒙古	189155	4797643	7787636	2762319	48825

续表

名次	企业名称	地区	利润（万元）	营业收入（万元）	资产（万元）	所有者权益（万元）	从业人数
184	河南中烟工业有限责任公司	河南	185614	2682846	2001953	1102221	10017
185	山东高速集团有限公司	山东	183688	1872435	13748760	3930141	23301
186	中国港中旅集团公司	北京	181278	4837930	5500193	2489449	42659
187	广东省广晟资产经营有限公司	广东	180208	2368231	6187421	2058384	49882
188	福耀玻璃工业集团股份有限公司	福建	178776	850804	1056697	584215	15601
189	西子联合控股有限公司	浙江	178000	1220000	1860000	509000	10069
190	中国龙工控股有限公司	上海	176632	1201993	1346252	524203	11981
191	金川集团有限公司	甘肃	175408	9233633	6552988	2594399	31359
192	天津银行股份有限公司	天津	173092	429692	20384976	1085688	4090
193	卓尔控股有限公司	湖北	172042	772030	698573	359998	5120
194	广西南华糖业集团有限公司	广西	171978	1240027	1461314	561054	27670
195	江苏新长江实业集团有限公司	江苏	170960	4329266	2387335	411382	9109
196	北京能源投资（集团）有限公司	北京	169292	1714195	9000929	3087076	9137
197	山东西水橡胶集团有限公司	山东	167304	1590462	1110390	473366	10500
198	内蒙古鄂尔多斯羊绒集团有限责任公司	内蒙古	166651	1716680	3381346	1033731	21080
199	中国化学工程股份有限公司	北京	165895	3258320	1470840	1302120	39650
200	扬子江药业集团有限公司	江苏	165361	2501626	938029	776828	7915
999	合计		192924825	2479214982	9832156504	1440557579	18263177

纵观五年来这三个指标的变化（详见表4－2），不难看出，五年来中国企业效益200佳的规模在持续增长。而且尽管2009年受到了国际金融危机的影响，增速有所减缓，但从整体来看，近年来总的趋势还是保持增长的。

表4－2　2006—2011中国企业效益200佳部分经济指标　单位：亿元

指标＼时间	2006	2007	2008	2009	2010	2011
资产总额	348623	379516	531287	616862	808277	983216
营业收入	91584	117775	155632	173044	181577	247921
所有者权益	53348	65619	94738	104935	120124	144056

三、2011 中国企业效益 200 佳的结构分析

1. 银行业入围企业数继续高居榜首，银行业、石油天然气开采及生产业、汽车及零配件制造业效益最好

2011 中国企业效益 200 佳分布在 63 个行业，入围企业数最多的行业与去年一样，仍然是银行业，其次是房地产开发与经营、物业及房屋装饰、修缮、管理等服务业。其中，银行业入围的企业有 16 家，占总数的 8.0%，共实现营业收入 23083 亿元、利润 6545 亿元；房地产开发与经营、物业及房屋装饰、修缮、管理等服务业入围的企业有 15 家，占总数的 7.5%，共实现营业收入 4115 亿元、利润 759 亿元。另外，黑色冶金及压延加工业、煤炭采掘及采选业、汽车及零配件制造业三个行业入围企业数排在第三位，均有 11 家企业入围，分别占总数的 5.5%。其中，黑色冶金及压延加工业入围的 11 家企业共实现营业收入 14630 亿元、利润 476 亿元；煤炭采掘及采选业入围的 11 家企业共实现营业收入 11189 亿元、利润 848 亿元；汽车及零配件制造业入围的 11 家企业共实现营业收入 17075 亿元、利润 1033 亿元。以上五个行业企业数之和达到 64 家，合计利润总额 9661 亿元，分别占 2011 中国企业效益 200 佳企业的 32.0%、利润的 50.08%。

合计利润居前三位的行业分别是银行业、石油天然气开采及生产业、汽车及零配件制造业，其中，银行业的 16 家企业实现利润 6545 亿元，石油天然气开采及生产业的 3 家企业实现利润 1790 亿元、汽车及零配件制造业的 11 家企业实现利润 1033 亿元，合计利润 9368 亿元，占 2011 中国企业效益 200 佳利润的 48.56%。2011 中国企业效益 200 佳分行业主要经济指标情况见表 4－3。

表 4－3　　2011 中国企业效益 200 佳分行业主要经济指标情况

名称	企业数	营业收入（万元）	利润（万元）	资产（万元）	纳税总额（万元）	从业人数
全国	200	2479214982	192924825	9832156504	227783866	18263177
煤炭采掘及采选业	11	111892351	8479411	168460876	13073962	1356968
石油、天然气开采及生产业	3	217771806	17902073	339198471	41582422	1854905
建筑业	8	195725847	4425459	193590927	9051125	1135236
电力生产业	5	39927476	2073034	133757482	3633978	317172
农副食品及产品加工业	1	5595767	211954	3615191	90478	61718
食品加工制造业	3	14513559	1123357	18205399	518307	155689
饮料加工业	1	5487355	660021	2884712	457028	28268
酿酒制造业	3	6807011	1418222	9318364	1233396	72445
烟草加工业	5	27679377	2894149	29552074	17450140	92735
纺织、印染业	1	11845598	854619	5576300	453573	131972
纺织品、服装、鞋帽（含皮草、毛、绒等）加工业	2	5064816	552920	9193167	321543	74164

续表

名称	企业数	营业收入（万元）	利润（万元）	资产（万元）	纳税总额（万元）	从业人数
肉食品加工业	2	11542535	737962	7791784	410198	157038
造纸及纸制品加工业	2	7667440	514668	9973976	303341	39776
石化产品、炼焦及其他燃料加工业	1	196904221	5164026	148524057	28132031	640535
化学原料及化学制品制造业	4	9567566	918413	9239672	619706	53819
医药制造业	1	2501626	165361	938029	135239	7915
化学纤维制造业	3	9462241	685412	7201250	354370	40647
橡胶制品业	1	1590462	167304	1110390	60247	10500
建筑材料及玻璃等制造业	5	27859560	2024021	37631829	2479919	265310
黑色冶金及压延加工业	11	146303062	4756396	177246120	5640401	876178
一般有色冶金及压延加工业	4	28246635	1442183	19775589	694677	109891
工程机械、设备及零配件制造业	4	17910406	1805355	16086329	701215	110172
电力、电气、输变电等机械、设备、器材、元器件和电池、线缆制造业	3	7843902	630446	7054116	377777	65286
电梯及运输、仓储设备与设施制造业	2	6396832	478185	7273065	238877	73423
轨道交通设备及零部件制造业	1	6482579	208206	8534064	193988	87740
家用电器及零配件制造业	4	38180416	1881718	30109558	1724631	334834
黄金冶炼及压延加工业	2	7976822	807596	8154161	510593	67895
电子元器件与仪器仪表、自动化控制设备制造业	1	2672924	319010	2218027	103001	18121
计算机及零部件制造业	1	14669743	323484	11460039	197493	30000
通讯设备及其他电子设备、元器件制造业	2	25533987	2723348	24499336	203280	195323
汽车及零配件制造业	11	170751159	10325322	126538717	18403159	647304
航空、航天、核工业与兵器制造业	4	58605415	2309131	105275437	2373213	896728
动力、发电、电力生产等机械、装备制造业	3	22863782	1737362	26019513	954508	131506
综合制造业（以制造业为主，含有服务业）	3	34659508	1143924	35933201	951425	130722
船舶制造业	3	18163519	1356929	37112680	703113	185504
电力、热力、燃气等能源供应服务业	5	198688606	4715950	287019479	13040545	1920971
铁路运输及辅助服务业	1	4201380	1041080	10014600	464549	91837
道路运输、城市公交及辅助、服务业	3	7519104	697717	43521327	679427	95224
水上运输业	2	22896172	1082328	46250999	659143	117042
港口服务业	2	3375132	793605	9300779	255372	33666
航空运输及相关服务业	4	30550829	2484647	59752360	1535474	227535

续表

名称	企业数	营业收入（万元）	利润（万元）	资产（万元）	纳税总额（万元）	从业人数
邮电通信业	3	96959304	8319516	522745574	8099736	1561523
物流、仓储、运输、配送服务业	1	9465135	270540	11655354	221820	73063
矿产、能源内外商贸批发业	2	26906806	478906	11870787	983755	97002
化工产品及医药内外商贸批发业	1	33532680	734480	21145578	672336	50073
机电、电子产品内外商贸及批发业	1	9383848	247094	8100537	631852	44932
纺织、服装、文体、烟酒、工艺、首饰等轻工产品内外商贸批发业	1	4294715	385818	1961832	626540	16454
粮油食品及农林、土畜、果蔬、水产品等内外商贸批发、零售业	1	17917250	541732	23260720		88508
电器商贸批发、零售业	1	15622292	410551	4390738	438105	150419
医药专营批发、零售业	1	8817424	339154	7002177	282536	47003
银行业	16	230828793	65451656	6086280846	31296175	1731454
人寿保险业	2	51495415	2582438	206949554	1428517	160954
证券业	2	1811886	684266	19526504	287932	23354
财产保险业	1	24431400	388200	44058900		94578
商务服务业	4	53706040	5054464	329729753	3253339	586901
房地产开发与经营、物业及房屋装饰、修缮、管理等服务业	15	41153156	7590493	96203948	3705962	176735
餐饮业	1	622800	192935	223621	55126	37250
旅游、旅馆及娱乐服务业	1	4837930	181278	5500193	171783	42659
公用事业、市政服务、公共设施经营与管理业	1	3118499	192575	7539241	178660	43000
研发、科技交流与推广和地勘、规划、设计、评估、咨询及总承包等服务业	1	2236925	223512	2179205	165712	27043
互联网传媒、商务、娱乐服务业	2	2756110	1164038	4687855	250761	10692
综合服务业（以服务业为主，含有制造业）	2	21697433	868071	17496341	1182855	127058
综合保险业	2	33719613	2586800	164733800	2883500	128808

2. 国有企业数量和利润占比下降，税收占比维持高位

从 2011 中国企业效益 200 佳的所有制结构分布来看，国有及国有控股企业有 132 家，占总数的 66%，比上年减少 16 家；民营企业有 68 家，占总数的 34%，比上年增加 16 家。132 家国有及国有控股企业共实现利润 16050 亿元，比上年增加了 30.01%，占 2011 中国企业效益 200 佳利润总额的

83.19%，这一比值比上年降低了3.5个百分点；实现纳税总额21197亿元，比上年增加了31.20%，占2011中国企业效益200佳纳税总额的93.06%，这一比值比上年略有下降，但仍然维持高位不变，占据九成以上。这些数据说明两点，一是在中国企业效益200佳中，国有企业的企业数和利润虽然有所下降，但仍然占据绝对控制地位；二是国有企业对国家税收的贡献巨大。详见表4－4。

表4－4　　2011中国企业效益200佳企业所有制结构分布情况

名称	企业数	营业收入（万元）	利润（万元）	资产（万元）	纳税总额（万元）	从业人数
全国	200	2479214982	192924825	9832156504	227783866	18263177
国有	132	2161926269	160501131	8923335653	211972732	16102772
民营	68	317288713	32423694	908820851	15811134	2160405

3. 2011中国企业效益200佳企业总部的地域分布与地区经济发展状况相一致，主要集中在东部地区

中国经济发展的不平衡，导致中国企业500强在地域分布的失衡，同样也决定了中国企业效益200佳企业在地域分布的不平衡。从企业总部所在地区看，2011中国企业效益200佳分布在28个省、自治区、直辖市，入围企业主要集中在东部地区。其中东部地区153家，占76.5%；中部地区21家，占10.5%；西部地区22家，占11.0%；东北地区4家，只占2.0%。入围企业最多的地区全部来自东部，它们是北京、广东、山东、上海、江苏、浙江，分别有61家企业、24家企业、16家企业、16家企业、13家企业、10家企业入围，合计140家企业，占70.0%；其入围企业的合计利润分别为8969亿元、1201亿元、508亿元、1149亿元、337亿元、297亿元，合计12461亿元，占87.51 %。以上数据充分说明，2011中国企业效益200佳企业总部的地域分布基本与地区经济发展状况相一致，哪里经济发达，哪里就有更多的企业入围效益200佳。详见表4－5。

表4－5　　2011中国企业效益200佳企业地区分布情况

名称	企业数	营业收入（万元）	利润（万元）	资产（万元）	纳税总额（万元）	从业人数
全国	200	2479214982	192924825	9832156504	227783866	18263177
北京	61	1530018866	116114169	7370062169	143553375	11434827
上海	16	163587602	15409777	840177257	20432510	759328
天津	4	16534282	1426083	28939589	1068700	61840
重庆	2	1921806	522672	29942006	189720	19727
吉林	1	29401552	2489577	17254979	3348539	84191
辽宁	3	21798197	1356843	45024021	2273873	241919
河北	4	42665687	1173848	41789277	1881069	314017
河南	4	24069480	1254811	19893113	2672448	278110
山东	16	101036580	6943690	113195218	5599781	812564
山西	6	53372505	2393034	59916130	3975940	585621

续表

名称	企业数	营业收入（万元）	利润（万元）	资产（万元）	纳税总额（万元）	从业人数
陕西	2	15363749	1621964	27920676	4140604	208118
安徽	2	6015012	921594	27537495	543450	44827
江苏	13	70023761	4524823	57596584	2323655	437033
湖南	4	20289339	2147784	17930754	4828601	114472
湖北	4	60833459	2967932	47289384	3724345	321861
江西	1	8634538	495968	6602866	298181	28258
浙江	10	42007407	2946283	55966556	2564158	206802
广东	24	192427671	18432030	711245463	11613564	1696815
四川	4	14660548	1292091	17840165	971070	137475
福建	4	8476908	3700441	191322417	1292017	67517
广西	2	2445450	418913	30655222	228609	48839
贵州	1	1550241	605686	3318679	545683	16678
云南	2	11824993	894743	14161271	7367640	44845
甘肃	1	9233633	175408	6552988	138320	31359
青海	1	588315	236887	2517567	199442	10244
新疆	2	8529488	556705	7312878	327045	58764
内蒙古	5	15437107	1509661	20045616	1449349	147467
海南	1	6466806	391408	20146164	232178	49659

第五章
2011 中外企业 500 强对比分析报告

国际货币基金组织今年 4 月 11 日发布的《世界经济展望》显示，2010 年世界经济增长 5%，其中发达国家增长 3%，美国、日本与欧元区分别增长了 2.8%、3.9% 和 1.7%；新兴经济体和发展中国家是世界经济增长的主要推动力，全年经济增长达到 7.3%，中国和印度的经济增长分别高达 10.3% 和 10.4%。随着全球经济的稳定复苏，各国企业的营业收入与净利润都实现了快速增长。无论是世界企业 500 强，还是美国企业 500 强和中国企业 500 强，企业入围门槛、平均营业收入规模、平均总资产、平均股东权益和平均净利润都有了显著提高。2011 世界企业 500 强的净利润水平已经接近 2008 世界企业 500 强净利润水平，相当于 2008 世界企业 500 强净利润的 96.07%；同期，美国企业 500 强的净利润也快速恢复，与 2008 美国企业 500 强相比，净利润增长了 9.83%。中国企业 500 强的净利润稳步增长，2011 中国企业 500 强的净利润比 2008 中国企业 500 强净利润增长了 50.35%。中国企业 500 强与美国企业 500 强的差距大幅缩小，中国企业在世界 500 强中的地位更加突出。

一、中国内地企业在 2011 世界企业 500 强中的地位大幅提升

（一）中国内地入围 500 强企业数量取得历史性突破

2010 世界企业 500 强中共有 54 家中国公司入围，其中内地 43 家，台湾地区 8 家，香港地区 3 家。2011 世界企业 500 中共有 69 家中国公司入围，其中内地 58 家，台湾地区 8 家，香港地区 3 家。中国内地入围企业比去年净增加 15 家，创下年度入围企业增加数量历史记录。

从入围公司看，去年入围的 43 家中国内地公司全部再次入围，新入围 2011 世界企业 500 强的中国内地公司分别是：首钢集团、中国邮政集团公司、中国远洋运输集团、中国电子信息产业集团有限公司、中国铁路物资总公司、中国航空油料集团公司、中国机械工业集团有限公司、河南煤业化工集团有限责任公司、联想集团、冀中能源集团、中国船舶重工集团公司、中国太平洋保险（集团）股份有限公司、中国化工集团公司、浙江物产集团、中国建筑材料集团有限公司。其中中国远洋运输集团为再度入围企业，公司 2010 年落榜世界企业 500 强后，今年再度入围，排名第 399 位。联想集团时隔 3 年后重回 500 强之列，排名第 449 位。内地上榜企业中仍然只有华为公司和江苏沙钢集团两家民营企业。

2011 世界企业 500 强中国内地入围企业具体见表 5－1。

表 5-1　**2011 中国内地企业入围世界企业 500 强名单**　百万美元

序号	2011 排名	2010 排名	公司名称	营业收入	净利润	城市
1	5	7	中国石油化工集团公司	273421.90	7628.70	北京
2	6	10	中国石油天然气集团公司	240192.40	14366.90	北京
3	7	8	国家电网公司	226294.00	4556.10	北京
4	77	87	中国工商银行	80501.30	24398.20	北京
5	87	77	中国移动通信集团公司	76673.30	9733.10	北京
6	95	137	中国中铁股份有限公司	69973.30	1106.30	北京
7	105	133	中国铁建股份有限公司	67414.10	627.30	北京
8	108	116	中国建设银行	67081.40	19920.30	北京
9	113	118	中国人寿保险（集团）公司	64634.50	3505.40	北京
10	127	141	中国农业银	60535.60	14015.40	北京
11	132	143	中国银行	59212.40	15425.50	北京
12	145	182	东风汽车公司	55748.20	2479.70	武汉
13	147	187	中国建筑工程总公司	54721.10	1364.60	北京
14	149	156	中国南方电网有限责任公司	54448.70	1025.30	广州
15	151	223	上海汽车工业（集团）总公司	54257.20	1914.00	上海
16	162	252	中国海洋石油总公司	52408.30	7238.70	北京
17	168	203	中国中化集团公司	49537.20	797.50	北京
18	197	258	中国第一汽车集团公司	43434.40	2125.50	长春
19	211	224	中国交通建设股份有限公司	40414.20	1394.10	北京
20	212	276	宝钢集团有限公司	40327.40	2230.40	上海
21	221	254	中国中信集团公司	38984.50	4926.80	北京
22	222	204	中国电信集团公司	38469.30	443.50	北京
23	227	275	中国南方工业集团公司	37996.40	224.70	北京
24	229	332	中国五矿集团公司	37555.10	523.10	北京
25	250	348	中国北方工业（集团）总公司	35629.40	533.60	北京
26	276	313	中国华能集团公司	33681.20	28.60	北京
27	279	314	河北钢铁集团	33548.60	167.70	石家庄
28	289	371	中国人民保险公司	32579.40	573.50	北京
29	293	356	神华集团	32446.10	4256.40	北京
30	297	315	中国冶金科工集团公司	32076.30	296.90	北京
31	311	330	中国航空工业集团公司	31006.40	704.20	北京
32	326		首钢集团	29181.40	238.20	北京

续表

序号	2011 排名	2010 排名	公司名称	营业收入	净利润	城市
33	328	383	中国平安保险	28927.20	2557.30	北京
34	331	436	中国铝业公司	28871.00	(41.10)	北京
35	341	428	武汉钢铁（集团）公司	28170.40	227.80	武汉
36	343		中国邮政集团公司	28093.60	1306.90	北京
37	346	395	中国华润总公司	27820.40	1620.50	深圳
38	352	397	华为	27355.70	3509.10	深圳
39	354	352	中国中钢集团公司	27265.60	(216.70)	北京
40	366	312	中粮集团有限公司	26468.80	800.30	北京
41	367	415	江苏沙钢集团	26387.80	396.50	张家港
42	371	368	中国联合网络通信集团有限公司	26025.00	181.40	北京
43	375	412	中国大唐集团公司	25915.40	(447.30)	北京
44	398	440	交通银行	24264.30	5767.60	上海
45	399		中国远洋运输集团	24249.70	1161.30	北京
46	405	477	中国国电集团公司	24016.40	114.00	北京
47	408		中国电子信息产业集团有限公司	23761.30	133.90	北京
48	430		中国铁路物资总公司	22630.70	107.30	北京
49	431		中国航空油料集团公司	22630.10	143.30	北京
50	435		中国机械工业集团有限公司	22486.90	546.10	北京
51	446		河南煤业化工集团有限责任公司	21714.70	325.60	郑州
52	450		联想集团	21594.40	273.20	北京
53	458		冀中能源集团	21255.20	136.80	邢台
54	463		中国船舶重工集团公司	21054.90	762.40	北京
55	467		中国太平洋保险（集团）股份有限公司	20878.00	1264.10	上海
56	475		中国化工集团公司	20715.00	15.90	北京
57	484		浙江物产集团	20001.40	91.70	杭州
58	485		中国建筑材料集团有限公司	19995.80	313.20	北京

（二）中国内地入围企业排名持续提升

中国内地入围世界企业 500 强公司的地位今年进一步提升。其中中国石油化工集团公司、中国石油天然气集团公司、国家电网公司连续两年跻身世界企业 500 强前 10 名。中国工商银行、中国移动通信集团公司、中国中铁股份有限公司进入了 2011 世界企业 500 强前 100 名；入围 100 强企业比去年增加了 1 家。去年入围的 43 家公司今年全部继续入围，而且除中国移动通信集团公司、中国电信集团公司、中国中钢集团公司、中粮集团公司、中国联合网络通信集团公司排名分别下滑 10 位、18

位、2 位、54 位、3 位外，其他 38 家公司的排名均有不同程度上升；其中中国铝业集团公司、中国五矿集团公司的排名上升超过 100 位，排名上升超过 90 位的有中国海洋石油总司、中国北方工业（集团）公司。从入围企业排名上升的平均值看，去年入围世界企业 500 强、今年排名上升的 38 家中国内地公司的排名平均上升了 42.6 位。中国内地入围企业排名的大幅度上升，政府主导的国有企业兼并重组在其中发挥了巨大的推动作用（详见表 5－2）。

表 5－2　2010 入围世界企业 500 强中国内地企业今年排名变化情况

公司名称	2011 排名	2010 排名	排名变化
中国石油化工集团公司	5	7	2
中国石油天然气集团公司	6	10	4
国家电网公司	7	8	1
中国工商银行	77	87	10
中国移动通信集团公司	87	77	－10
中国中铁股份有限公司	95	137	42
中国铁建股份有限公司	105	133	28
中国建设银行	108	116	8
中国人寿保险（集团）公司	113	118	5
中国农业银	127	141	14
中国银行	132	143	11
东风汽车公司	145	182	37
中国建筑工程总公司	147	187	40
中国南方电网有限责任公司	149	156	7
上海汽车工业（集团）总公司	151	223	72
中国海洋石油总公司	162	252	90
中国中化集团公司	168	203	35
中国第一汽车集团公司	197	258	61
中国交通建设股份有限公司	211	224	13
宝钢集团有限公司	212	276	64
中国中信集团公司	221	254	33
中国电信集团公司	222	204	－18
中国南方工业集团公司	227	275	48
中国五矿集团公司	229	332	103
中国北方工业（集团）总公司	250	348	98
中国华能集团公司	276	313	37
河北钢铁集团	279	314	35
中国人民保险公司	289	371	82

续表

公司名称	2011 排名	2010 排名	排名变化
神华集团	293	356	63
中国冶金科工集团公司	297	315	18
中国航空工业集团公司	311	330	19
中国平安保险	328	383	55
中国铝业公司	331	436	105
武汉钢铁（集团）公司	341	428	87
中国华润总公司	346	395	49
华为	352	397	45
中国中钢集团公司	354	352	-2
中粮集团有限公司	366	312	-54
江苏沙钢集团	367	415	48
中国联合网络通信集团有限公司	371	368	-3
中国大唐集团公司	375	412	37
交通银行	398	440	42
中国国电集团公司	405	477	72

（三）中国内地在世界企业 500 强中的份额进一步增加，运营绩效高于平均水平

今年入围世界企业 500 强的 58 家中国内地公司合计实现营业收入 27769.347 亿美元（汇率按照 1 美元 =6.7555 元人民币，下同），实现净利润 1698.213 亿美元；营业收入占世界企业 500 强的 10.66%，净利润占世界企业 500 强的 11.15%。中国内地入围企业的净利润份额稍高于营业收入份额，表明入围世界企业 500 强的中国内地企业的盈利能力稍高于世界企业 500 强的平均水平（详见表 5-3）。表 5-3 还表明，中国内地入围企业仅用了 8.76% 的资产总额份额，就实现了 11.15% 的净利润，表明中国内地入围企业的资产运营能力优于世界企业 500 强的平均水平；但是从人均角度看，中国内地入围企业的人均净利润贡献率远低于世界企业 500 强的平均水平，中国内地企业雇员数量占 2011 世界企业 500 强全部雇员数量的 22.05%，却只创造了 500 强全部利润的 11.15%。

表 5-3　　2011 入围世界企业 500 强中国内地企业所占世界份额　　百万美元

	营业收入	净利润	资产总额	股东权益	从业人员
中国	2776934.70	169821.30	11962923.10	1450050.50	13385572
世界	26043024.9	1523044.4	112655298.7	13236314.7	62759854
中国占比（%）	10.66	11.15	10.64	11.01	22.05

注：其中从业人员的单位为（人）。

去年入围世界500强的43家中国内地企业合计实现营业收入18653.9亿美元，利润1190.6亿美元，营业收入在世界500强中所占份额为8.1%；随着中国内地入围企业数量的大规模增加，中国内地入围企业所占世界企业500强的营业收入份额快速上升到了10.66%，中国内地入围企业的世界份额显著增加，中国内地企业的整体实力进一步增强。

（四）中国内地入围企业平均规模不占优势

表5－4对中国内地入围企业与世界企业500强分别从企业平均水平、从业人员平均水平的角度进行了比较。从比较结果看，无论是从企业平均营业收入的角度，还是从企业平均净利润、平均资产总额、平均股东权益的角度看，中国内地入围企业的企业平均水平均低于世界企业500强的平均企业水平；但中国内地入围企业平均雇员数量却远高于世界企业500强的企业平均雇员水平，相当于世界企业500强平均企业雇员的190%。从入围世界500强企业的人均指标角度看，中国内地入围企业的人均营业收入、人均净利润、人均资产总额与人均股东权益均远低于世界企业500强的平均水平。

表5－4　　2011世界企业500强与中国内地入围企业的比较　　百万美元

	营业收入	净利润	资产总额	股东权益	从业人员
世界500强企业的企业平均值	52086.05	3046.09	224964.22	26339.45	121421.17
中国内地入围企业的企业平均值	47878.18	2927.95	206257.29	25000.87	230785.72
世界500强企业的人均值	0.43	0.03	1.85	0.22	
中国内地入围企业的人均值	0.21	0.01	0.89	0.11	

注：其中从业人员的单位为（人）。

表5－5从主要经济体的角度对世界企业500强的入围企业进行了比较。从入围企业数量看，中国内地已经远远超过法国、德国、英国，目前仅次于美国与日本，入围企业数量排名高居第三位。如果加上中国台湾地区与香港特别行政区入围企业，中国入围企业数量达到了69家，已经超过日本，居于入围企业数量的第二位。从主要经济体入围世界企业500强企业总体营业收入看，中国内地入围企业实现营业收入277.69亿美元，远低于美国入围企业营业收入，也远低于日本入围企业营业收入；中国内地入围企业的资产总额也远低于美国与日本入围企业；中国内地入围企业的股东权益远低于美国，也稍低于日本。但在净利润指标上，中国内地入围企业虽然远低于美国入围企业，却远高于日本入围企业，排在主要经济体利润榜的第二位。

从主要经济体入围企业平均水平角度看，中国内地入围企业的平均营业收入为478.78亿美元，在主要经济体排名中居于倒数第一位，不仅远低于美国、法国、德国与英国，也稍低于日本；中国内地入围企业的平均净利润为29.28亿美元，远低于美国入围企业平均水平，也稍低于英国入围企业平均水平，但高于法国、德国和日本；中国内地入围企业的平均资产总额为2062.57亿美元，均居于主要经济体的倒数第二位，仅稍高于美国；中国内地入围企业的平均股东权益为250亿美元，远低于英国、法国与美国入围企业；中国内地入围企业的平均雇员数量则在主要经济体中高居第一位，呈现出典型的劳动力密集型特征。

从雇员人均水平角度看，中国内地入围企业的情况也不容乐观。中国内地入围企业的人均营业收入为20.75万美元，在主要经济体排名中位居最后，远低于美国、日本、法国、英国、德国入围企业的人均营业收入水平。中国内地入围企业人均净利润为1.27万美元，同样在主要经济体排名中位居最后，远低于美国、日本、法国、英国、德国入围企业的人均净利润水平。

表5－5　　2011 世界企业500强主要经济体入围企业的比较

	美国	日本	中国内地	法国	德国	英国
企业数量（家）	132	68	58	35	34	31
百分比（%）	26.4	13.6	11.6	7	6.8	6.2
营业收入（百万美元）	7663055	3287204	2776935	2032782	1929103	1699188
净利润（百万美元）	481127	88151	169821	95627	85227	95343
资产总额（百万美元）	26086516	15273166	11962923	11670544	8331241	12620994
股东权益（百万美元）	3685984	1493732	1450051	1013863	764000	1026492
雇员人数（人）	16166503	5615485	13385572	5338366	4721228	3153816
企业平均营业收入（百万美元）	58053.45	48341.24	47878.19	58079.49	56738.32	54812.52
企业平均净利润（百万美元）	3644.902	1296.338	2927.948	2732.2	2506.676	3075.581
企业平均资产总额（百万美元）	197625.1	224605.4	206257.3	333444.1	245036.5	407128.8
企业平均股东权益（百万美元）	27924.12	21966.65	25000.88	28967.51	22470.59	33112.65
企业平均雇员（人）	122473.5	82580.66	230785.7	152524.7	138859.6	101736
人均营业收入（万美元）	47.40	58.54	20.75	38.08	40.86	53.88
人均净利润（万美元）	2.98	1.57	1.27	1.79	1.81	3.02

（五）中国内地入围企业存在结构缺陷

表5－6显示，虽然进入世界500强的中国内地企业在数量上已经有了重大突破；但是，中国内地入围企业在行业结构方面却很难让人满意。中国内地入围企业多数都是一些具有自然垄断性质的行业企业，包括石化、钢铁、煤炭、银行等行业，此外，传统的机械设备制造行业在入围企业中也占有较大比重，但在航空航天、信息技术、现代物流、高端制造等行业的企业以及保险等金融服务行业的数量明显少于美国、日本等发达国家。中国企业在成长性、竞争性和对未来国际市场的控制性等方面还存在相当大的差距，需要通过加快经济结构调整、发展方式转变、运行质量提高和科研水平加强等手段予以改变，缩短与世界先进国家的差距。

表 5－6　　2011 世界企业 500 强与中国入围企业行业分布前五位

世界企业 500 强整体行业分布			中国入围企业行业分布		
行业类别	企业数量（个）	百分比（%）	行业类别	企业数量（个）	百分比（%）
商业及储蓄银行	53	10.6	金属产品	8	13.8
炼油	45	9	工程与建筑	5	8.6
车辆与零部件	30	6	公用设施：电力、煤气、水务	5	8.6
人寿与健康保险（股份）	30	6	商业及储蓄银行	5	8.6
食品店和杂货店	23	4.6	车辆与零部件	4	6.9

从 20 世纪 80 年代中期到现在，我国民营经济已经走过了 20 多年的发展之路，民营经济也取得了较快的发展；无论是数量，还是单个企业规模，民营企业都有显著增长。但是近年来，虽然我国企业进入世界 500 强的速度在不断加快，入围企业的排名也在不断前移，但是我国民营企业进入世界 500 强的步伐却依然十分缓慢，入围企业中国有企业一统天下的局面没有出现任何改变的迹象。去年我国入围世界企业 500 强的 43 家公司中只有华为和沙钢集团两家民营企业，今年我国入围企业数量虽然实现了历史性的突破，但却依然还是只有华为和沙钢集团两家民营企业进入世界企业 500 强。

二、2011 中国企业 500 强与世界企业 500 强的比较分析

2011 世界企业 500 强的营业收入总额为 260430.2 亿美元，净利润总额为 15230.4 亿美元，资产总额为 1126552.99 亿美元，股东权益为 132363.15 亿美元，雇员总数为 62759854 人，同比分别增长了 12.81%、58.57%、9.96%、17.68% 和 49.06%。2011 世界企业 500 强入围门槛为 195.38 亿美元，比去年提高了 14.59%。与全球金融危机前的 2008 世界企业 500 强相比，2011 世界企业 500 强营业收入总额、净利润总额、资产总额、股东权益总额、雇员总数分别增长了 10.27%、－4.16%、7.26%、18.71%、12.11%。世界企业 500 强净利润虽然连续两年实现了较快恢复，但 2011 世界企业 500 强净利润仍然低于金融危机爆发前的 2008 世界企业 500 强净利润水平。

（一）中国企业 500 强市场扩张与资产经营能力优于世界企业 500 强，但盈利增长滞后

2011 世界企业 500 强的营业收入总额为 260430.2 亿美元，净利润总额为 15230.4 亿美元，资产总额为 1126552.99 亿美元，同比分别增长了 12.81%、58.57%、9.96%。2011 中国企业 500 强实现营业收入 36.3 万亿人民币，折合为 5.38 万亿美元，比去年增长 31.6%；实现净利润 2.08 万亿人民币，折合为 3084 亿美元，比去年增长 38.5%；总资产 108.1 万亿人民币，折合为 16 万亿美元，比去年增长 18.4%。2011 中国企业 500 强的营业收入、总资产增长速度均超过了 2011 世界企业 500 强，但盈利增长低于世界 500 强的总体水平。具体见图 5－1 所示。

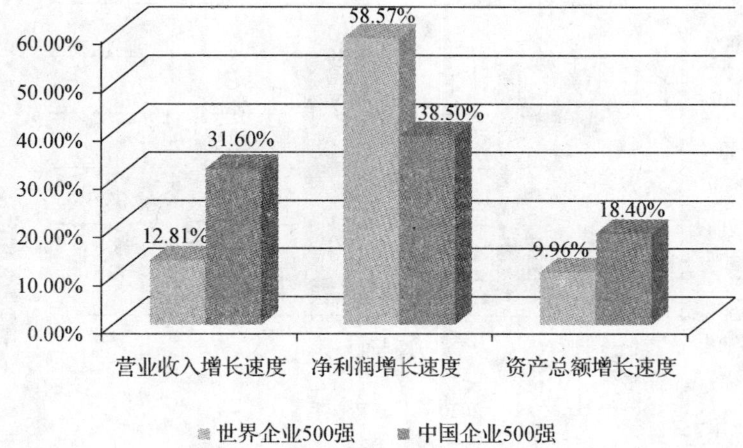

图 5－1　2011 中国企业 500 强与世界企业 500 强指标增长对比

2011 中国企业 500 强的收入利润率为 5.74%，比上年增加 0.39 个百分点；净资产收益率为 12.19%，比上年增加 2.8 个百分点；总资产收益率为 1.93%。2011 世界企业 500 强的收入利润率为 5.85%，净资产收益率为 11.56%，总资产收益率为 1.35%。虽然 2011 中国企业 500 强的收入利润率低于世界企业 500 强，但净资产收益率与总资产收益率均高于世界企业 500 强的水平。这表明，与世界企业 500 强相比，虽然中国企业 500 强的盈利增长相对较慢，但中国企业 500 强的资产经营能力整体上优于世界企业 500 强（详见图 5－1）。

（二）中国企业 500 强与世界企业 500 强的差距进一步缩小

受益于全球经济的稳定复苏，2010 年度全球企业经营状况明显快速好转。2011 世界企业 500 强入围门槛为 195.38 亿美元，比去年提高了 24.88 亿美元，增长了 14.59%，高于世界企业 500 强平均营业收入的增长率 1.78 个百分点。2011 中国企业 500 强的入围门槛为 142 亿元人民币，折合为 21.07 亿美元，比去年增长了 28.1%，入围门槛的增长率低于中国企业 500 强营业收入的平均增长速度；这一数据表明，2011 中国企业 500 强营业收入的增长更多的是来自排名居前的特大企业的高速增长。中国企业 500 强入围门槛增长速度显著高于世界企业 500 强入围门槛的增长速度表明，中国企业 500 强的差距与世界企业 500 强的差距正在进一步缩小。

各指标的相对比值的变化，也体现了 2011 中国企业 500 强与世界企业 500 强差距进一步缩小的趋势。2010 中国企业 500 强的营业收入、净利润总额、资产总额分别相当于 2010 世界企业 500 强的 17.53%、22.92%、13.04%；2011 中国企业 500 强的营业收入、净利润总额、资产总额分别相当于 2011 世界企业 500 强的 20.69%、20.3%、14.26%。具体见图 5－2 所示。2011 中国企业 500 强营业收入指标、资产总额指标占世界企业 500 强的相对比值变化表明，中国企业 500 强的市场渗透能力与资本扩张能力进一步增强；中国企业通过不断兼并重组，国内生产资源得到有效整合，企业得以做大做强。

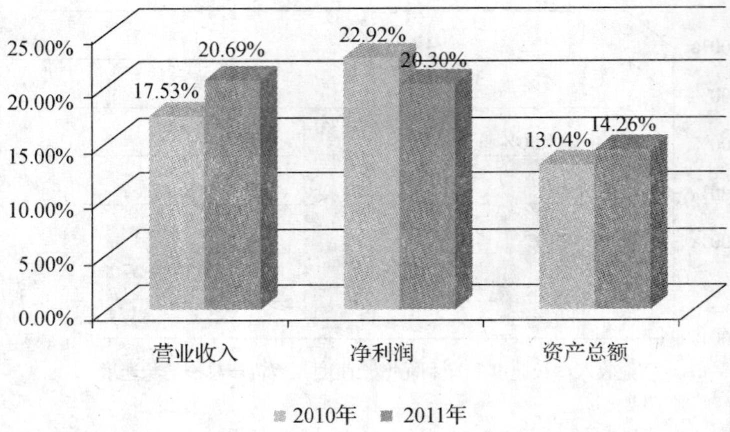

图 5－2　2010、2011 中国企业 500 强总体指标与世界企业 500 强的相对比值

表 5－7 对 2011 中国企业 500 强与 2011 世界企业 500 强的人均营业收入、人均净利润指标进行了计算与对比。从表 5－7 结果看，由于受雇员数量大量增长的影响，2011 世界企业 500 强的人均营业收入出现大幅度下滑，减少了 24.33%；同样，虽然 2011 世界企业 500 强的净利润总额增长了 58.75%，但人均净利润仅增长了 6.36%。同期中国企业 500 强的人均营业收入大幅增长了 32.24%，人均净利润增长了 39.2%。2011 中国企业 500 强的人均营业收入、人均净利润增长均大大超过了世界企业 500 强。人均指标的这一变化表明，与去年相比，中国企业 500 强的人员产出水平比世界企业 500 强有更显著的提升，进一步缩小了中国企业 500 强与世界企业 500 强之间的人均贡献差距。

表 5－7　　2011 中国企业 500 强与世界企业 500 强人均指标比较　　万美元

	世界企业 500 强		中国企业 500 强	
	人均营业收入	人均净利润	人均营业收入	人均净利润
2011 年	42.89	2.51	19.78	1.13
2010 年	56.68	2.36	14.96	0.82
变化趋势	－24.33%	6.36%	32.24%	39.20%

（三）与世界企业 500 强相比，中国企业 500 强营业收入、净利润的区间分布更不合理

2011 世界企业 500 强首位企业的营业收入是末位企业的 21.6 倍，中国企业 500 强中首位企业的营业收入是末位企业的 138.7 倍，说明中国企业 500 强的营业收入的规模区间分布与世界 500 强相比更加不平衡。而 2010 世界企业 500 强首位企业的营业收入是末位企业的 24 倍，中国企业 500 强中首位企业的营业收入是末位企业的 125 倍；在世界企业 500 强首末位差距趋于缩小的同时，中国企业 500 强首末位的差距却在进一步扩大，中国企业 500 强营业收入的规模区间分布更加趋于不平衡。

将世界企业 500 强、中国企业 500 强以每百家企业进行分组比较，观察其营业收入的区间分布比

率，可以得到同样的结论。2011 中国企业 500 强前 100 名企业占全部企业营业收入的 65%，而世界企业 500 强的前 100 名企业占 46%；中国企业 500 强 101～200 名占全部企业营业收入的 16%，世界企业 500 强 101～200 名占全部企业营业收入的 21%；中国企业 500 强 201～300 名占全部企业营业收入的 9%，世界企业 500 强 201～300 名占全部企业营业收入的 14%；中国企业 500 强 301～400 名占全部企业营业收入的 6%，世界企业 500 强 301～400 名占全部企业营业收入的 11%；中国企业 500 强 401～500 名占全部企业营业收入的 4%，世界企业 500 强 401～500 名占全部企业营业收入的 8%。具体如图 5－3 所示。显然，与 2011 世界企业 500 强相比，2011 中国企业 500 强的营业收入分布更加集中在前 100 位，而世界企业 500 强的营业收入分布则相对更为均匀化、合理化。而且与去年相比，中国企业 500 强营业收入的分布在进一步向前端企业集中，而世界企业 500 强的营业收入分布则表现出向后端企业分散的趋势。

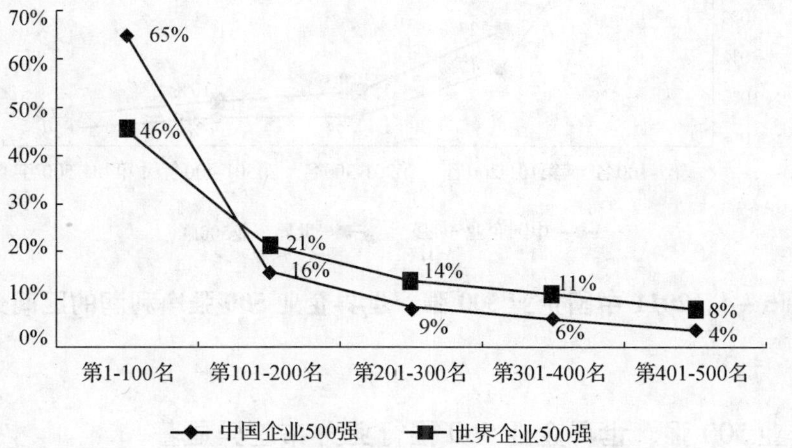

图 5－3　2011 中国企业 500 强、世界企业 500 强营业收入的区间分布

中国企业 500 强与世界企业 500 强相比，其净利润的区间分布也更不合理，净利润更多的是由排名前 100 位的特大型企业所实现。2011 中国企业 500 强首位企业净利润是末位企业净利润的 191.4 倍，而 2011 世界企业 500 强首位企业净利润只是末位企业净利润的 42.9 倍。如果从净利润的排名看，2011 中国企业 500 强最高净利润是最低正值净利润的 6074.8 倍；2011 中国企业 500 强中中国工商银行股份有限公司的净利润最高，为 1660.25 亿元人民币，折合为 246.3 亿美元；2011 中国企业 500 强中净利润最低为中国联合网络通信集团有限公司，实现净利润－25.667 亿元人民币，折合为－3.81 亿美元。2011 世界企业 500 强最高净利润是最低正值净利润的 6082 倍，与 2011 中国企业 500 强正值净利润相对差距相差无几；2011 世界企业 500 强中最赚钱公司雀巢公司实现净利润 328.43 亿美元，而盈利最差公司东京电力公司实现净利润－145.6 亿美元，净利润绝对差大于中国企业 500 强。

但若从按照企业营业收入规模划分的区间统计结果看，与世界企业 500 强相比，2011 中国企业 500 强的净利润分布更为不合理。而且与营业收入的区间分布相比，中国企业 500 强净利润的区间分布显得更为不合理；而同期世界企业 500 强的净利润分布则相对更为分散合理。2011 中国企业 500

强前100名企业占全部净利润的67%，世界企业500强前100名占全部净利润的43%；中国企业500强第101～200名占全部净利润的17%，世界企业500强第101～200名占全部净利润的27%；中国企业500强第201～300名占全部净利润的7%，世界企业500强第201～300名占全部净利润的13%；中国企业500强第301～400名占全部净利润的6%，世界企业500强第301～400名占全部净利润的10%；中国企业500强第401～500名占全部净利润的4%，世界企业500强401～500名占全部净利润的7%。具体如图5－4所示。

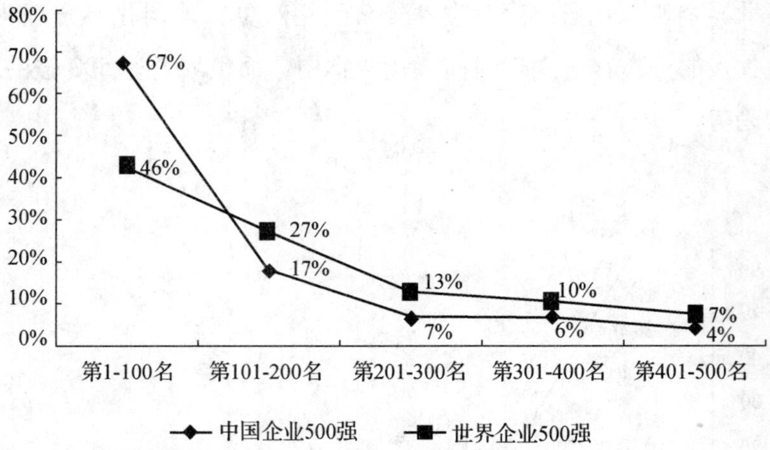

图5－4　2011中国企业500强、世界企业500强净利润的区间分布

（四）中国企业500强、世界企业500强行业分布差异显著

虽然存在有分类标准上的差异，中国企业500强与世界企业500强的行业分布并不存在完全的可比性，但从具体指标的行业排名比较角度，仍然可以明显找出2011中国企业500强与世界企业500强在行业分布上的差异。尤其是保险业，在2011中国企业500强与世界企业500强中的地位存在明显差异。无论是按照企业分布数量、还是按照营业收入或净利润排名，财产与意外保险、人寿与健康保险都居于2011世界企业500强前10大行业之列，但却没有保险类行业出现在中国企业500强的行业分类排名前10之中。

与2011世界企业500强按照企业分布数量排名的前10大行业相比，2011中国企业500强的前10大行业具有更为典型的传统特征，并表现出更突出的劳动密集型与资源开采或利用特征。表5－8分别列出了2011中国企业500强、世界企业500强企业分布数量最多的前10个行业。从表5－8结果看，在前10大行业中，中国企业500强与世界企业500强内容基本一致的是银行、炼油、汽车、金属产品、电子电气设备5个行业。但即使是这些内容基本一致的行业，它们的排名还存在显著差异，譬如银行业，商业及储蓄银行在2011世界企业500强中占据了53席，排名高居第一位；而在2011中国企业500强中，银行业只占据12席，排名位居第10位。此外，人寿与健康保险、食品与杂货店、电信、公用设施、财产与意外保险都进入了世界企业500强的前10行业；而建筑业、煤炭采掘及采选业、房地产开发及相关服务业、综合制造业则进入了中国企业500强的前10大行业。

表5－8　2011中国企业500强与世界企业500强行业分布数量前10名

排名	世界企业500强行业排名	中国企业500强行业排名
1	商业及储蓄银行	黑色冶金及压延加工业
2	炼油	建筑业
3	车辆与零部件	煤炭采掘及采选业
4	人寿与健康保险（股份）	一般有色冶金及压延加工业
5	食品店和杂货店	汽车及零配件制造业
6	电信	电力、电气、输变电等机械、设备、器材、元器件和线缆制造业
7	公用设施：电力、煤气、水务	房地产开发与经营、物业及房屋装饰、修缮、管理等服务业
8	财产与意外保险（股份）	化学原料及化学制品制造业
9	金属产品	综合制造业（以制造业为主，含有服务业）
10	电子、电气设备	银行业

从营业收入角度看，2011中国企业500强前10大营收行业具有更典型的垄断属性。表5－9分别列出了2011中国企业500强、2011世界企业500强按照营业收入排名的前10大行业。与按照企业数量排名的行业分布结果相比，2011世界企业500强的金属产品行业排名退出了前10位，取而代之的是综合商业进入了营业收入排名前10行业；在营业收入排名前10的行业中，除公用设施行业之外，其他都属于竞争性行业。中国企业500强居于企业数量分布前10位的电力、电气、输变电等机械、设备、器材、元器件和线缆制造业和房地产开发与经营、物业及房屋装饰、修缮、管理等服务业退出了营业收入排名前10位，取而代之的是电力、热力、燃气等能源供应服务业和邮电通信业；这两个新进入行业都具有很典型的自然垄断属性，与其他资源垄断开采与利用性行业一起，更进一步强化了2011中国企业500强营业收入前10大行业的垄断属性。

表5－9　　2011中国企业500强与世界企业500强营业收入前10名

排名	世界企业500强行业排名	中国企业500强行业排名
1	炼油	黑色冶金及压延加工业
2	商业及储蓄银行	建筑业
3	车辆与零部件	银行业
4	人寿与健康保险（股份）	石化产品、炼焦及其他燃料加工
5	食品店和杂货店	石油、天然气开采及生产业
6	电信	汽车及零配件制造业
7	公用设施：电力、煤气、水务	电力、热力、燃气等能源供应服务业
8	电子、电气设备	煤炭采掘及采选业
9	财产与意外保险（股份）	邮电通信业
10	综合商业	一般有色冶金及压延加工业

与 2011 世界企业 500 强净利润排名前 10 大行业相比，中国企业 500 强净利润排名前 10 大行业具有更典型的劳动力密集型特征。表 5 – 10 分别列出了 2011 中国企业 500 强、2011 世界企业 500 强按照净利润排名的前 10 大行业。从表 5 – 10 结果看，银行业、炼油、原油开采、电信、汽车都同时进入了 2011 中国企业 500 强、2011 世界企业 500 强净利润排名前 10 大行业之中。此外，制药、食品生产、能源、财产与意外保险、人寿与健康保险则进入了 2011 世界企业 500 强净利润排名前 10 大行业，并且分居第 6 ~ 10 位；而煤炭采掘及采选业、黑色冶金及压延加工业、房地产开发与经营、物业及房屋装饰、修缮、管理等服务业、建筑业、商务服务业则进入了 2011 中国企业 500 强净利润排名前 10 行业，并且分居第 4、6、7、8、10 位，这 5 个行业都具有典型的劳动力密集特征。

表 5 – 10　　2011 中国企业 500 强与世界企业 500 强净利润前 10 名

排名	世界企业 500 强行业排名	中国企业 500 强行业排名
1	商业及储蓄银行	银行业
2	炼油	石油、天然气开采及生产业
3	电信	汽车及零配件制造业
4	车辆与零部件	煤炭采掘及采选业
5	采矿、原油生产	邮电通信业
6	制药	黑色冶金及压延加工业
7	食品生产	房地产开发与经营、物业及房屋装饰、修缮、管理等服务业
8	能源	建筑业
9	财产与意外保险（股份）	石化产品、炼焦及其他燃料加工
10	人寿与健康保险（股份）	商务服务业

三、2011 中国企业 500 强与美国企业 500 强比较分析

总体上看，2011 美国 500 强企业的表现与上一年相比有很大进步，营业收入总额为 107844 亿美元，摆脱了上年的负增长，增幅为 10.5%；利润总额为 7086 亿美元，增幅高达 81.4%。2011 美国企业 500 强的入围门槛为 43.86 亿美元，比去年提高了 5.41%。与全球金融危机前的 2008 美国企业 500 强相比，2011 美国企业 500 强营业收入总额、净利润总额、资产总额、股东权益总额、雇员总数分别增长了 1.73%、9.82%、7.47%、22.16%、9.72%，各项指标均全面恢复并超过了 2008 美国企业 500 强的水平。

（一）中国企业 500 强多项指标增速超越美国企业 500 强，规模达到后者的 49.96%

2011 年中国企业 500 强共实现营业收入人民币 363155.6 亿元，折合美元分别为 53880.7 亿美元，

比去年增长31.58%；2011中国企业500强资产总额总规模为人民币1081008.75亿元，股东权益总规模为人民币170916.68亿元，折合美元分别为160387.05亿美元、25358.56亿美元，分别比去年增长18.4%、7.49%。2011美国企业500强共实现营业收入107843.88亿美元，比去年增长10.46%；2011美国企业500强资产总额总规模为337187.04亿美元，股东权益总规模为60018.12亿美元，分别比去年增长17.12%、19.7%。2011中国企业500强与美国企业500强营业收入、资产总额、股东权益与从业人员的增长速度比较具体如图5-5所示。

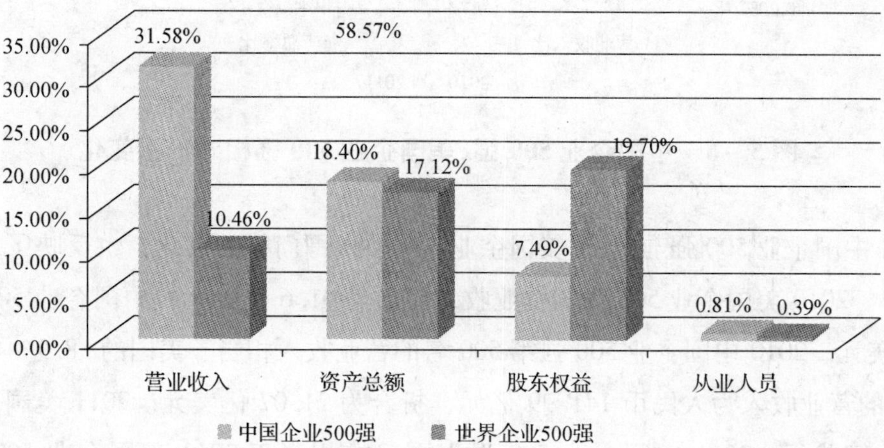

图5-5　2011中国企业500强、美国企业500强各指标增长速度比较

从图5-5看，2011中国企业500强的营业收入、资产总额、从业人员增长速度均明显高于2011美国企业500强；其中营业收入增速差距进一步扩大，但资产总额增速差距趋于缩小。由于今年中国企业500强资产总额增速与美国企业500强基本相当，因此基本上可以排除兼并重组在中美两国企业500强中对营业收入增速差距的影响差异，即可以认为，2011中国企业500强与2011美国企业500强之间营业收入增速的差异，基本上是中国企业实际市场渗透能力不断增强的结果。当然，也不完全排除这种可能：美国企业在过去一年中大规模的进行了优劣企业之间的兼并重组，而同期中国企业却在大规模的推动优势企业强强兼并。这也会带来2011中国企业500强营业收入增速大大超过美国企业500强的结果，但经济活动中中美两国的兼并重组事实并不支持这一假设。

中国企业500强营业收入、资产总额连续以高于美国企业500强的速度快速增长，进一步缩小了中国企业500强与美国企业500强之间的差距。2010中国企业500强营业收入为美国企业500强的41.4%，比上年提高了7个百分点；2010中国企业500强资产总额为美国企业500强的46.4%，比上年提高了9.5个百分点。2011中国企业500强营业收入为美国企业500强的49.96%，比上年进一步提高8.56个百分点；2011中国企业500强资产总额为美国企业500强的47.56%，比上年提高了1.16个百分点。具体见图5-6所示。中国企业500强营业收入、资产总额与美国企业500强项相比相对份额的变化趋势表明，中国企业500强正在加快追赶步伐，进一步缩小与美国企业500强之间的差距。

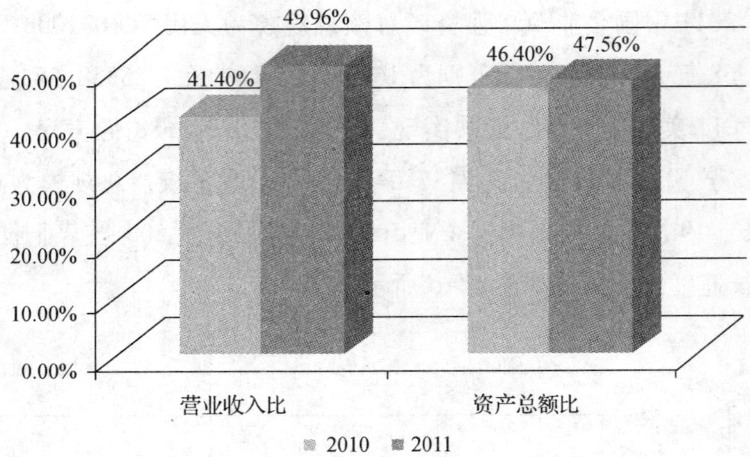

图5－6　中国企业500强/美国企业500强相对份额变化

此外，2011中国企业500强与2011美国企业500强入围门槛的变化，也反映了二者之间差距进一步缩小的趋势。2010美国企业500强的营业收入门槛是41.6亿美元，中国企业500强的营业收入门槛是16.2亿美元，2010中国企业500强第500名的营业收入相当于美国的38.9%。2011中国企业500强最后一名的营业收入为人民币141.99亿元，折合为21.07亿美元。2011美国企业500强的入围门槛为43.86亿美元，2011中国企业500强入围门槛相当于2011美国企业500强入围门槛的48.03%，比去年大幅提高9.87个百分点。

（二）中国企业500强净利润稳健增长，美国企业500强净利润大幅反弹

2011中国企业500强实现净利润人民币20835亿元，折合为3091亿美元，比去年增长38.51%；除2009中国企业500强净利润较上年有所回落外，中国企业500强的净利润多年来一直都维持稳健增长态势。2011美国企业500强实现净利润7085.54亿美元，比去年增长81.4%；美国企业500强的净利润虽然连续两年实现了高速恢复，但仍低于金融危机前2008美国企业500强的净利润水平。从静态角度看，2011中国企业500强的净利润增长落后于2011美国企业500强42.89个百分点，与去年一样，继续大幅度落后于美国企业500强净利润的恢复性增长。

从图5－7看，尽管2011中国企业500强的净利润增速依然大幅度落后于2011美国企业500强，盈利能力差距仍在进一步扩大，但已经出现好转迹象。2011美国企业500强没能继续维持去年500强净利润爆炸式的高速增长，虽然年度增长速度仍然高达81.4%，但与中国企业500强之间的增速差距已经明显缩小。而且与金融危机爆发前的2008年相比，2011中国企业500强的净利润比2008中国企业500强净利润增长了50.35%；而同期美国企业500强的净利润增幅仅为9.83%。与2007中国企业500强相比，2011中国企业500强净利润总额是2007中国企业500强净利润总额的261.73%；而2011美国企业500强的净利润总额尚没有恢复到2007年美国企业500强的利润水平，2011美国企业500强净利润总额只相当于2007美国企业500强净利润总额的90.26%。

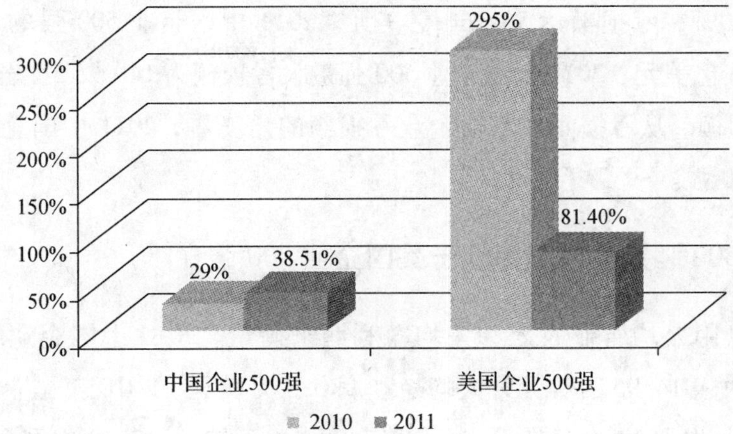

图 5－7 中国企业 500 强、美国企业 500 强净利润增速比较

（三）中国企业 500 强营业收入利润率、总资产利润率低于美国企业 500 强，但股东权益利润率高于美国企业 500 强

2010 美国企业 500 强平均营业收入利润率为 4.00%，平均总资产利润率为 1.36%，平均股东权益收益率为 7.79%；而 2010 中国企业 500 强平均营业收入利润率为 5.44%，平均总资产利润率为 1.65%，平均净股东权益收益率为 9.40%，这三项利润指标继 2009 年以来已经连续两年全面超过美国企业 500 强。但这一趋势在今年出现明显变化，2011 中国企业 500 强盈利能力增长乏力，3 项利润指标中有 2 项落后于 2011 美国企业 500 强。2011 中国企业 500 强平均营业收入利润率为 5.74%，平均总资产利润率为 1.93%，平均净股东权益收益率为 12.19%；3 项利润率指标与去年相比，均有一定程度的提升，盈利能力比去年有所增强。但与 2011 美国企业 500 强相比，中国企业 500 强的盈利能力增长明显落后。2011 美国企业 500 强平均营业收入利润率为 6.57%，平均总资产利润率为 2.1%，平均股东权益收益率为 11.81%；与去年相比，美国企业 500 强的盈利能力显著增强。

表 5－10 2011 中国企业 500 强与美国企业 500 强利润率对比

	中国企业 500 强	美国企业 500 强
营业收入利润率	5.74%	6.57%
总资产利润率	1.93%	2.10%
股东权益利润率	12.19%	11.81%

注：美国企业有 2 家没有申报净利润，但中国企业有 9 家没有申报净利润，因而可能降低了中国企业 500 强实际的利润率。

从亏损情况看，实际申报了净利润的 2011 中国企业 500 强中有亏损企业 7 家，占 500 强企业的 1.4%，亏损额为人民币 52.24 亿元，折合为 7.75 亿美元；而 2011 美国企业 500 强中有亏损企业 50

家，占 500 强企业的 10%，亏损额达 562.66 亿美元。2011 中国企业 500 强的最大亏损额为人民币 25.67 亿，折合为 3.81 亿美元；2011 美国企业 500 强最大亏损额为 140.25 亿美元，远高于 2011 中国企业 500 强的最大亏损额。从亏损面和亏损企业亏损额的角度看，2011 中国企业 500 强的情况明显好于 2011 美国企业 500 强。

（四）中国企业 500 强人均贡献率低于美国企业 500 强

人均贡献率率可以用人均营业收入和人均净利润来衡量。2010 中国企业 500 强总就业人数为 2702 万人，人均营业收入 14.95 万美元，人均净利润 0.8 万美元。2010 美国企业 500 强总就业人数为 2479 万人，人均营业收入 39.4 万美元；人均净利润 1.6 万美元。2010 中国企业 500 强的人均营业收入、人均净利润远低于 2010 美国企业 500 强，分别是 2010 美国企业 500 强的 37.94% 和 50%。2011 中国企业 500 强总就业人数为 2723.9 万人，比去年增长 0.81%，略高于 2011 美国企业 500 强劳动力就业增长率。2011 中国企业 500 强人均营业收入为人民币 102.15 万元，折合为 19.78 万美元，比去年增长 32.28%。2011 中国企业 500 强人均净利润为人民币 5.57 万元，折合为 1.13 万美元，比去年增长 39.25%。2011 美国企业 500 强总就业人数为 2488.5 万人，就业人数增长了 0.39%；2011 美国企业 500 强人均营业收入为 43.34 万美元，比去年增长 10.03%；2011 美国企业 500 强人均净利润 2.85 万美元，比去年增长 80.7%。与美国企业 500 强相比，2011 中国企业 500 强的人均营业收入、人均净利润分别是 2011 美国企业 500 强的 45.63%、39.65%。具体见图 5－8 所示。

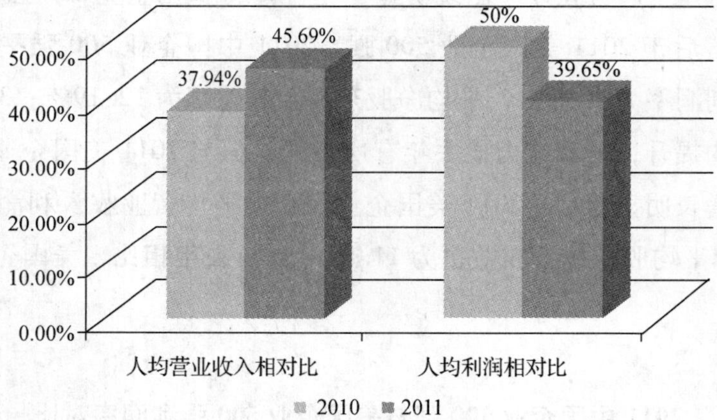

图 5－8　中国企业 500 强、美国企业 500 强劳动生产率比较

与去年相比，2011 中国企业 500 强的人员贡献率并没有得到明显改善。虽然人均营业收入的相对比值比去年有了 7.75 个百分点的提升，但人均净利润的相对比却出现了 10.35 个百分点的下降。这样看来，2011 中国企业 500 强人均营业收入的快速增长，可能并不是来自劳动者新创造价值的增长，而是更多的来自生产成本上升所引起的产品销售价格的相应提高。结合前文关于企业资产总额的分析，也可能是由于中国企业 500 强大量兼并重组低盈利能力的资产所致，但微幅增长的就业人员数量，似乎并不支持关于 2011 中国企业 500 强在 2010 年实施了大规模兼并重组的推论。

（五）中国企业 500 强、美国企业 500 强行业分布差异显著

中美两国在行业分类上具有一定的差异，但总体上看，差异并不是太大，可以支持在中国企业 500 强与美国企业 500 强之间进行行业分布的比较。

1. 基于企业数量分布的行业比较

按照美国的行业分类标准，2011 美国企业 500 强分布在 71 个不同的行业；按照中国的行业分类标准，2011 中国企业 500 强分布在 76 个行业。两国企业 500 强的行业分布均比较分散。从行业分布频数看，2011 美国企业 500 强企业分布数量的前 10 位依次是：公用事业：天然气和电力，专业零售商：其他，商业银行，保险：财产保险（股份），汽车及零部件，化学品，电信，航空航天与国防，食品类消费品，石油炼制；2011 中国企业 500 强企业分布数量的前 10 位依次是：黑色冶金及压延加工业，建筑业，煤炭采掘及采选业，一般有色冶金及压延加工业，汽车及零配件制造业，电力、电气、输变电等机械、设备、器材、元器件和线缆制造业，房地产开发与经营、物业及房屋装饰、修缮、管理等服务业，化学原料及化学制品制造业，综合制造业（以制造业为主，含有服务业），银行业。2011 美国企业 500 强企业数量前 10 行业合计有 172 家公司，占 500 强席位的 34.4%；2011 中国企业 500 强企业数量前 10 行业合计有 232 家公司，占 500 强席位的 46.4%。虽然两国 500 强企业都分布在 70 个以上的行业，但事实上前 10 个行业企业分布非常集中，后 60 多个行业的企业分布数量都不多。从企业分布的前 10 行业看，具有较强资源垄断特征的冶金、建筑与煤炭类企业在 2011 中国企业 500 强中具有明显数量优势；而公用事业与商业服务类企业则在 2011 美国企业 500 强中具有数量优势（详见表 5－11）。

表 5－11　2011 中国企业 500 强与美国企业 500 强企业数量分布前 10 行业

排序	行业名称	企业数量	行业名称	企业数量
1	公用事业：天然气和电力	25	黑色冶金及压延加工业	55
2	专业零售商：其他	22	建筑业	42
3	商业银行	20	煤炭采掘及采选业	24
4	保险：财产保险（股份）	17	一般有色冶金及压延加工业	24
5	汽车及零部件	17	汽车及零配件制造业	19
6	化学品	16	电力、电气、输变电等机械、设备、器材、元器件和线缆制造业	16
7	电信	15	房地产开发与经营、物业及房屋装饰、修缮、管理等服务业	14
8	航空航天与国防	14	化学原料及化学制品制造业	13
9	食品类消费品	14	综合制造业（以制造业为主，含有服务业）	13
10	石油炼制	12	银行业	12

2. 基于营业收入的行业比较

表5－12分别列出了2011中国企业500强、2011美国企业500强按照营业收入排名的前10大行业。2011中国企业500强前10大营业收入行业分别是：黑色冶金及压延加工业，建筑业，银行业，石化产品、炼焦及其他燃料加工，石油、天然气开采及生产业，汽车及零配件制造业，电力、热力、燃气等能源供应服务业，煤炭采掘及采选业，邮电通信业，一般有色冶金及压延加工业。2011美国企业500强前10大营业收入行业分别是：石油炼制，商业银行，一般商业零售，多元化金融，保险：财产保险（股份），汽车及零部件，电信，食品和药店，专业零售商：其他，航空航天与国防。

从表5－12看，2011中国企业500强和2011美国企业500强基于营业收入排名的前10大行业存在有显著差异。2011中国企业500强和2011美国企业500强营业收入前10大行业中，二者所共有的行业有石油、银行、电信、汽车。在2011中国企业500强中，黑色冶金及压延加工业、建筑业、电力、热力、燃气等能源供应服务业、煤炭采掘及采选业、一般有色冶金及压延加工业位居营业收入前10行业，这些行业更多的具有资源垄断特征；而在2011美国企业500强中，位居前10大营业收入行业的还有一般商业零售、多元化金融、保险：财产保险（股份）、食品和药店、专业零售商：其他、航空航天与国防，这些行业更多的是具有商业服务色彩，或者是特殊的技术性垄断行业。

表5－12　2011中国企业500强与美国企业500强营业收入分布前10行业　百万美元

排序	中国企业500强		美国企业500强	
	行业名称	营业收入	行业名称	营业收入
1	黑色冶金及压延加工业	485198	石油炼制	1026261
2	建筑业	421306	商业银行	724844
3	银行业	337370	一般商业零售	630574
4	石化产品、炼焦及其他燃料加工	323369	多元化金融	487027
5	石油、天然气开采及生产业	323104	保险：财产保险（股份）	468675
6	汽车及零配件制造业	304302	汽车及零部件	464583
7	电力、热力、燃气等能源供应服务业	299368	电信	416892
8	煤炭采掘及采选业	245387	食品和药店	408134
9	邮电通信业	170090	专业零售商：其他	392670
10	一般有色冶金及压延加工业	149269	航空航天与国防	350637

3. 基于净利润的行业比较

表5－13分别列出了2011中国企业500强、2011美国企业500强按照净利润排列的前10大行业。2011中国企业500强净利润前10大行业分别是：银行业，石油、天然气开采及生产业，汽车及零配件制造业，煤炭采掘及采选业，邮电通信业，黑色冶金及压延加工业，房地产开发与经营、物业及房屋装饰、修缮、管理等服务业，建筑业，石化产品、炼焦及其他燃料加工，商务服务业。2011美国企业500强净利润前10大行业分别是：商业银行、石油炼制，制药，保险：财产保险（股份），

电信，计算机，办公设备，计算机软件，公用事业：天然气和电力，一般商业零售，采矿、原油生产。

总体上看，2011中国企业500强净利润排行榜前10位基本上都属于技术含量不高的传统产业，而在2011美国企业500强的净利润排行榜前10大行业中，不少行业都具有典型的技术密集特征，如制药、计算机与办公设备、计算机软件行业。2011中国企业500强中的银行业公司显然取得了非常好的经营收益，银行业在2011中国企业500强营业收入排行榜中虽然只排在第三位，但在净利润排行榜上却是高居榜首，净利润相当于第2~8位的总和，而且超过了美国企业500强中银行业净利润的总和。在2011美国企业500强中，银行业虽然同样是最赚钱的行业，但净利润总额与其他行业之间的差距并不像中国企业500强这么明显。2011中国企业中的银行业仅实现了2011美国企业500强银行业营业收入的46.54%，却获得了相当于2011美国企业500强中银行业131.2%的净利润。

表5-13　2011中国企业500强与美国企业500强净利润分布前10行业　百万美元

排序	中国企业500强		美国企业500强	
	行业名称	净利润	行业名称	净利润
1	银行业	95624	商业银行	72886
2	石油、天然气开采及生产业	26561	石油炼制	66987
3	汽车及零配件制造业	16425	制药	44551
4	煤炭采掘及采选业	14254	保险：财产保险（股份）	38609
5	邮电通信业	11963	电信	28745
6	黑色冶金及压延加工业	10551	计算机、办公设备	26441
7	房地产开发与经营、物业及房屋装饰、修缮、管理等服务业	9444	计算机软件	25609
8	建筑业	8806	公用事业：天然气和电力	23923
9	石化产品、炼焦及其他燃料加工	8383	一般商业零售	23571
10	商务服务业	7825	采矿、原油生产	23561

第六章 2011 中国 500 强与世界 500 强行业领先企业主要经济指标对比

表 6－1　　2011 中国 500 强与世界 500 强金属业领先企业比较

	安塞乐米塔尔（1）（卢森堡）	宝钢（2）	（2）/（1）（%）
营业收入（万元人民币）	56369919	27298409	48.43
利润（万元人民币）	1969904	1987703	100.90
资产（万元人民币）	88432197	43213018	48.87
所有者权益（万元人民币）	42174587	26017495	61.69
收入利润率（%）	3.49	7.28	208.60
资产利润率（%）	2.23	4.60	206.28
净资产利润率（%）	4.67	7.64	163.60
劳动生产率（万元人民币/人）	205.87	260.56	126.57
人均利润（万元人民币）	7.19	18.97	263.84

表 6－2　　2011 中国 500 强与世界 500 强计算机、办公设备业领先企业比较

	惠普（1）（美国）	联想集团（2）	（2）/（1）（%）
营业收入（万元人民币）	85141593	14669743	17.23
利润（万元人民币）	5918494	323484	5.47
资产（万元人民币）	84108002	11460039	13.63
所有者权益（万元人民币）	27325322	1204643	4.41
收入利润率（%）	6.95	2.21	31.80
资产利润率（%）	7.04	2.82	40.06
净资产利润率（%）	21.66	26.85	123.96
劳动生产率（万元人民币/人）	262.30	488.99	186.42
人均利润（万元人民币）	18.23	10.78	59.13

表 6-3　　2011 中国 500 强与世界 500 强工程与建筑业领先企业比较

	万喜（1）（法国）	中国中铁股份有限公司（2）	（2）/（1）（%）
营业收入（万元人民币）	29862620	47366265	158.61
利润（万元人民币）	1588961	748849	47.13
资产（万元人民币）	51132109	38930635	76.14
所有者权益（万元人民币）	11152182	7389188	66.26
收入利润率（%）	5.32	1.58	29.70
资产利润率（%）	3.11	1.92	61.74
净资产利润率（%）	14.25	10.13	71.09
劳动生产率（万元人民币/人）	166.34	166.17	99.90
人均利润（万元人民币）	8.85	2.63	29.72

表 6-4　　2011 中国 500 强与世界 500 强银行业领先企业比较

	荷兰国际集团（1）（荷兰）	中国工商银行（2）	（2）/（1）（%）
营业收入（万元人民币）	99341114	54500200	54.86
利润（万元人民币）	2484673	16602500	668.20
资产（万元人民币）	1126495365	1345862200	119.47
所有者权益（万元人民币）	39309917	82165700	209.02
收入利润率（%）	2.50	30.46	1218.40
资产利润率（%）	0.22	1.23	559.09
净资产利润率（%）	6.32	20.21	319.78
劳动生产率（万元人民币/人）	935.95	137.16	14.65
人均利润（万元人民币）	23.41	41.78	178.47

表 6-5　　2011 中国 500 强与世界 500 强民航业领先企业比较

	德国汉莎（1）（德国）	中国航空集团公司（2）	（2）/（1）（%）
营业收入（万元人民币）	24447884	8248441	33.37
利润（万元人民币）	1011974	1236888	122.23
资产（万元人民币）	26575191	16497551	62.08
所有者权益（万元人民币）	7470435	4710996	63.06
收入利润率（%）	4.14	15.00	362.32
资产利润率（%）	3.81	7.50	196.85
净资产利润率（%）	13.55	26.26	193.80
劳动生产率（万元人民币/人）	208.92	151.10	72.32
人均利润（万元人民币）	8.65	22.66	261.97

表6－6　　2011 中国500强与世界500强航天与防务业领先企业比较

	波音（1）（美国）	中国北方工业（集团）总公司（2）	（2）/（1）（%）
营业收入（万元人民币）	43441918	24069441	55.41
利润（万元人民币）	2234044	360473	16.14
资产（万元人民币）	46319086	23411320	50.54
所有者权益（万元人民币）	1868571	5605173	299.97
收入利润率（%）	5.14	1.50	29.18
资产利润率（%）	4.82	1.54	31.95
净资产利润率（%）	119.56	6.43	5.38
劳动生产率（万元人民币/人）	270.67	85.96	31.76
人均利润（万元人民币）	13.92	1.29	9.27

表6－7　　2011 中国500强与世界500强公用事业领先企业比较

	意大利国家电力公司（1）（意大利）	国家电网公司（2）	（2）/（1）（%）
营业收入（万元人民币）	65653327	152880849	232.86
利润（万元人民币）	3927918	3244284	82.60
资产（万元人民币）	152319839	207752374	136.39
所有者权益（万元人民币）	34316656	79292976	231.06
收入利润率（%）	5.98	2.12	35.45
资产利润率（%）	2.58	1.56	60.47
净资产利润率（%）	11.45	4.09	35.72
劳动生产率（万元人民币/人）	838.35	97.75	11.66
人均利润（万元人民币）	50.16	2.07	4.13

表6－8　　2011 中国500强与世界500强电子电器设备业领先企业比较

	三星（1）（韩国）	海尔（2）	（2）/（1）（%）
营业收入（万元人民币）	90375417	14053629	15.55
利润（万元人民币）	9233890	452649	4.90
资产（万元人民币）	79949586	11265393	14.09
所有者权益（万元人民币）	50956196	2103260	4.13
收入利润率（%）	10.22	3.22	31.51
资产利润率（%）	11.55	4.02	34.81
净资产利润率（%）	18.12	21.52	118.76
劳动生产率（万元人民币/人）	474.41	215.48	45.42
人均利润（万元人民币）	48.47	6.94	14.32

表6-9　　2011中国500强与世界500强采掘业领先企业比较

	嘉能可国际（1）（瑞士）	神华集团（2）	（2）/（1）（%）
营业收入（万元人民币）	97939888	21963390	22.43
利润（万元人民币）	872135	2881208	330.36
资产（万元人民币）	53900108	55092663	102.21
所有者权益（万元人民币）	13249562	23639003	178.41
收入利润率（%）	0.89	13.12	1474.16
资产利润率（%）	1.62	5.23	322.84
净资产利润率（%）	6.58	12.19	185.26
劳动生产率（万元人民币/人）	1698.69	136.27	8.02
人均利润（万元人民币）	15.13	17.88	118.18

表6-10　　2011中国500强与世界500强工程机械业领先企业比较

	卡特彼勒（1）（美国）	徐州工程机械（2）	（2）/（1）（%）
营业收入（万元人民币）	28770323	6602645	22.95
利润（万元人民币）	1823985	373056	20.45
资产（万元人民币）	43248711	3245421	7.50
所有者权益（万元人民币）	7312153	1636849	22.39
收入利润率（%）	6.34	5.65	89.12
资产利润率（%）	4.22	11.49	272.27
净资产利润率（%）	24.94	22.79	91.38
劳动生产率（万元人民币/人）	275.34	307.80	111.79
人均利润（万元人民币）	17.46	17.39	99.60

表6-11　　2011中国500强与世界500强半导体电子器件业领先企业比较

	英特尔（1）（美国）	中国电子信息产业集团（2）	（2）/（1）（%）
营业收入（万元人民币）	29469518	16084475	54.58
利润（万元人民币）	7744505	90620	1.17
资产（万元人民币）	42685302	10817474	25.34
所有者权益（万元人民币）	33392437	4053182	12.14
收入利润率（%）	26.28	0.56	2.13
资产利润率（%）	18.14	0.84	4.63
净资产利润率（%）	23.19	2.24	9.66
劳动生产率（万元人民币/人）	357.21	144.06	40.33
人均利润（万元人民币）	93.87	0.81	0.86

表6-12 2011中国500强与世界500强化学品制造业领先企业比较

	巴斯夫（1）（德国）	中国化工集团（2）	（2）/（1）（%）
营业收入（万元人民币）	57149706	14022404	24.54
利润（万元人民币）	4077350	10730	0.26
资产（万元人民币）	53832958	17961190	33.36
所有者权益（万元人民币）	19400242	1695719	8.74
收入利润率（%）	7.13	0.08	1.12
资产利润率（%）	7.57	0.06	0.79
净资产利润率（%）	21.02	0.63	3.00
劳动生产率（万元人民币/人）	523.64	101.76	19.43
人均利润（万元人民币）	37.36	0.08	0.21

表6-13 2011中国500强与世界500强专业零售业领先企业比较

	好市多（1）（美国）	苏宁电器（2）	（2）/（1）（%）
营业收入（万元人民币）	52656420	15622292	29.67
利润（万元人民币）	880242	410551	46.64
资产（万元人民币）	16088223	4390738	27.29
所有者权益（万元人民币）	7315531	1884539	25.76
收入利润率（%）	1.67	2.63	157.49
资产利润率（%）	5.47	9.35	170.93
净资产利润率（%）	12.03	21.79	181.13
劳动生产率（万元人民币/人）	459.88	103.86	22.58
人均利润（万元人民币）	7.69	2.73	35.50

表6-14 2011中国500强与世界500强建材玻璃业领先企业比较

	圣戈班（1）（法国）	中国建筑材料（2）	（2）/（1）（%）
营业收入（万元人民币）	35896025	13535530	37.71
利润（万元人民币）	1010150	584145	57.83
资产（万元人民币）	39878257	15348103	38.49
所有者权益（万元人民币）	16195298	3409221	21.05
收入利润率（%）	2.81	4.32	153.74
资产利润率（%）	2.53	3.81	150.59
净资产利润率（%）	6.24	17.13	274.52
劳动生产率（万元人民币/人）	189.73	122.28	64.45
人均利润（万元人民币）	5.34	5.28	98.88

表6－15　　2011中国500强与世界500强炼油业领先企业比较

	荷兰皇家壳牌（1）（荷兰）	中国石油化工集团公司（2）	（2）/（1）（%）
营业收入（万元人民币）	255460584	196904221	77.08
利润（万元人民币）	13596795	5164026	37.98
资产（万元人民币）	217905408	148524057	68.16
所有者权益（万元人民币）	99990182	50437059	50.44
收入利润率（%）	5.32	2.62	49.25
资产利润率（%）	6.24	3.48	55.77
净资产利润率（%）	13.60	10.24	75.29
劳动生产率（万元人民币/人）	2633.61	307.41	11.67
人均利润（万元人民币）	140.17	8.06	5.75

表6－16　　2011中国500强与世界500强贸易业领先企业比较

	三菱（1）（日本）	中国中化集团公司（2）	（2）/（1）（%）
营业收入（万元人民币）	41068508	33532680	81.65
利润（万元人民币）	3653307	734480	20.10
资产（万元人民币）	92514681	21145578	22.86
所有者权益（万元人民币）	26777316	7637934	28.52
收入利润率（%）	8.90	2.19	24.61
资产利润率（%）	3.95	3.47	87.85
净资产利润率（%）	13.64	9.62	70.53
劳动生产率（万元人民币/人）	702.39	669.68	95.34
人均利润（万元人民币）	62.48	14.67	23.48

表6－17　　2011中国500强与世界500强汽车业领先企业比较

	丰田汽车（1）（日本）	东风汽车公司（2）	（2）/（1）（%）
营业收入（万元人民币）	149810103	36883383	24.62
利润（万元人民币）	3219469	2322133	72.13
资产（万元人民币）	243104842	21776372	8.96
所有者权益（万元人民币）	84238923	7912510	9.39
收入利润率（%）	2.15	6.30	293.02
资产利润率（%）	1.32	10.66	807.58
净资产利润率（%）	3.82	29.35	768.32
劳动生产率（万元人民币/人）	471.52	224.91	47.70
人均利润（万元人民币）	10.13	14.16	139.78

表 6－18　　2011 中国 500 强与世界 500 强财产和意外保险业领先企业比较

	伯克希尔－哈撒韦公司（1）（美国）	中国人民保险公司（2）	（2）/（1）（%）
营业收入（万元人民币）	91999777	24431400	26.56
利润（万元人民币）	8759857	388200	4.43
资产（万元人民币）	251459301	44058900	17.52
所有者权益（万元人民币）	106276175	2195400	2.07
收入利润率（%）	9.52	1.59	16.70
资产利润率（%）	3.48	0.88	25.29
净资产利润率（%）	8.24	17.68	214.56
劳动生产率（万元人民币/人）	353.14	258.32	73.15
人均利润（万元人民币）	33.62	4.10	12.20

表 6－19　　2011 中国 500 强与世界 500 强食品生产业领先企业比较

	雀巢（1）（瑞士）	光明食品（集团）有限公司（2）	（2）/（1）（%）
营业收入（万元人民币）	71112919	10417152	14.65
利润（万元人民币）	22187089	659995	2.97
资产（万元人民币）	80939132	15561802	19.23
所有者权益（万元人民币）	44853277	6585409	14.68
收入利润率（%）	31.20	6.34	20.32
资产利润率（%）	27.41	4.24	15.47
净资产利润率（%）	49.47	10.02	20.25
劳动生产率（万元人民币/人）	253.07	82.93	32.77
人均利润（万元人民币）	78.96	5.25	6.65

表 6－20　　2011 中国 500 强与世界 500 强通讯业领先企业比较

	美国电话电报公司 AT&T（1）（美国）	中国移动（2）	（2）/（1）（%）
营业收入（万元人民币）	84193121	51901596	61.65
利润（万元人民币）	13419125	6588500	49.10
资产（万元人民币）	181377068	105915327	58.40
所有者权益（万元人民币）	75423131	75126571	99.61
收入利润率（%）	15.94	12.69	79.61
资产利润率（%）	7.40	6.22	84.05
净资产利润率（%）	17.79	8.77	49.30
劳动生产率（万元人民币/人）	315.82	250.24	79.24
人均利润（万元人民币）	50.34	31.77	63.11

表 6－21　　2011 中国 500 强与世界 500 强烟草业领先企业比较

	菲利普莫里斯国际公司（1）（美国）	上海烟草集团有限责任公司（2）	（2）/（1）（%）
营业收入（万元人民币）	18380364	7282682	39.62
利润（万元人民币）	4903817	1307493	26.66
资产（万元人民币）	23678028	8914584	37.65
所有者权益（万元人民币）	2368478	8251147	348.37
收入利润率（%）	26.68	17.95	67.28
资产利润率（%）	20.71	14.67	70.84
净资产利润率（%）	207.05	15.85	7.66
劳动生产率（万元人民币/人）	234.74	438.85	186.95
人均利润（万元人民币）	62.63	78.79	125.80

表 6－22　　2011 中国 500 强与世界 500 强饮料业领先企业比较

	安海斯－布希英博（1）（比利时）	杭州娃哈哈集团有限公司（2）	（2）/（1）（%）
营业收入（万元人民币）	24520438	5487355	22.38
利润（万元人民币）	2719764	660021	24.27
资产（万元人民币）	77243738	2884712	3.73
所有者权益（万元人民币）	23819217	1664758	6.99
收入利润率（%）	11.09	12.03	108.48
资产利润率（%）	3.52	22.88	650.00
净资产利润率（%）	11.42	39.65	347.20
劳动生产率（万元人民币/人）	214.50	194.12	90.50
人均利润（万元人民币）	23.79	23.35	98.15

表 6－23　　2011 中国 500 强与世界 500 强邮件包裹货运业领先企业比较

	日本邮政（1）（日本）	中国邮政集团公司（2）	（2）/（1）（%）
营业收入（万元人民币）	137783894	19017095	13.80
利润（万元人民币）	3304250	885058	26.79
资产（万元人民币）	2388256445	352066208	14.74
所有者权益（万元人民币）	77701829	11507122	14.81
收入利润率（%）	2.40	4.65	193.75
资产利润率（%）	0.14	0.25	178.57
净资产利润率（%）	4.25	7.69	180.94
劳动生产率（万元人民币/人）	591.35	22.11	3.74
人均利润（万元人民币）	14.18	1.03	7.26

表 6－24　　2011 中国 500 强与世界 500 强制药业领先企业比较

	辉瑞制药有限公司（1）（美国）	上海医药（2）	（2）/（1）（%）
营业收入（万元人民币）	45808370	3741107	8.17
利润（万元人民币）	5578016	136825	2.45
资产（万元人民币）	131741708	2816902	2.14
所有者权益（万元人民币）	59322072	913456	1.54
收入利润率（%）	12.18	3.66	30.05
资产利润率（%）	4.23	4.86	114.89
净资产利润率（%）	9.40	14.98	159.36
劳动生产率（万元人民币/人）	414.18	118.79	28.68
人均利润（万元人民币）	50.43	4.34	8.61

表 6－25　　2011 中国 500 强与世界 500 强网络通信设备业领先企业比较

	诺基亚（1）（芬兰）	华为（2）	（2）/（1）（%）
营业收入（万元人民币）	37978137	18507600	48.73
利润（万元人民币）	1655300	2375700	143.52
资产（万元人民币）	35460498	16084100	45.36
所有者权益（万元人民币）	13037439	5525100	42.38
收入利润率（%）	4.36	12.84	294.50
资产利润率（%）	4.67	14.77	316.27
净资产利润率（%）	12.70	43.00	338.58
劳动生产率（万元人民币/人）	286.79	168.25	58.67
人均利润（万元人民币）	12.50	21.60	172.80

表 6－26　　2011 中国 500 强与世界 500 强能源业领先企业比较

	法国燃气苏伊士集团（1）（法国）	中国石油天然气集团公司（2）	（2）/（1）（%）
营业收入（万元人民币）	75585803	172088519	227.67
利润（万元人民币）	4130110	9725232	235.47
资产（万元人民币）	167370350	262995626	157.13
所有者权益（万元人民币）	56381673	139565211	247.54
收入利润率（%）	5.46	5.65	103.48
资产利润率（%）	2.47	3.70	149.80
净资产利润率（%）	7.33	6.97	95.09
劳动生产率（万元人民币/人）	320.12	102.77	32.10
人均利润（万元人民币）	17.49	5.81	33.22

表 6－27　　2011 中国 500 强与世界 500 强人寿健康保险业领先企业比较

	安盛（1）（法国）	中国人寿保险（集团）公司（2）	（2）/（1）（%）
营业收入（万元人民币）	109598462	43752296	39.92
利润（万元人民币）	2459610	2372918	96.48
资产（万元人民币）	663159467	177602026	26.78
所有者权益（万元人民币）	45045539	6468225	14.36
收入利润率（%）	2.24	5.42	241.96
资产利润率（%）	0.37	1.34	362.16
净资产利润率（%）	5.46	36.69	671.98
劳动生产率（万元人民币/人）	1064.51	369.65	34.72
人均利润（万元人民币）	23.89	20.05	83.93

表 6－28　　2010 中国 500 强与世界 500 强工业设备业领先企业比较

	韩国现代重工集团（1）（韩国）	中国恒天集团有限公司（2）	（2）/（1）（%）
营业收入（万元人民币）	26343748	2405347	9.13
利润（万元人民币）	2189322	72686	3.32
资产（万元人民币）	27134006	3297829	12.15
所有者权益（万元人民币）	8206514	969279	11.81
收入利润率（%）	8.31	3.02	36.34
资产利润率（%）	8.07	2.20	27.26
净资产利润率（%）	26.68	7.50	28.11
劳动生产率（万元人民币/人）	756.35	53.20	7.03
人均利润（万元人民币）	62.86	1.61	2.56

注：本章美元与人民币换算比例为 1:6.7555。

第七章

2011 中国企业 500 强数据

表 7－1 **2011 中国企业 500 强**

上年名次	名次	企业名称	地区	营业收入（万元）	利润（万元）	资产（万元）	所有者权益（万元）	从业人数
1	1	中国石油化工集团公司	北京	196904221	5164026	148524057	50437059	640535
3	2	中国石油天然气集团公司	北京	172088519	9725232	262995626	139565211	1674541
2	3	国家电网公司	北京	152880849	3244284	207752374	79292976	1564001
5	4	中国工商银行股份有限公司	北京	54500200	16602500	1345862200	82165700	397339
4	5	中国移动通信集团公司	北京	51901596	6588500	105915327	75126571	207404
9	6	中国中铁股份有限公司	北京	47366265	748849	38930635	7389188	285054
8	7	中国铁建股份有限公司	北京	47015879	431664	35019402	5823142	260268
6	8	中国建设银行股份有限公司	北京	45408700	13484400	1081031700	69679200	313867
7	9	中国人寿保险（集团）公司	北京	43752296	2372918	177602026	6468225	118362
10	10	中国农业银行股份有限公司	北京	40794200	9487300	1033740600	54207100	444447
11	11	中国银行股份有限公司	北京	40024770	10969100	1045986500	64416500	279301
14	12	中国建筑股份有限公司	北京	37041753	1471521	39753912	10326047	123579
13	13	东风汽车公司	湖北	36883383	2322133	21776372	7912510	163990
12	14	中国南方电网有限责任公司	广东	36857369	717914	49077334	15835594	323958
17	15	上海汽车工业（集团）总公司	上海	36727716	1295615	29252033	7018380	109500
19	16	中国海洋石油总公司	北京	35476183	7423092	61720044	39078726	65900
15	17	中国中化集团公司	北京	33532680	734480	21145578	7637934	50073
21	18	中国第一汽车集团公司	吉林	29401552	2489577	17254979	6974412	84191
18	19	中国交通建设股份有限公司	北京	27357150	943707	31106704	7502167	103010
23	20	宝钢集团有限公司	上海	27298409	1987703	43213018	26017495	104768
20	21	中国中信集团公司	北京	26389387	3335074	253905748	17250544	140028
16	22	中国电信集团公司	北京	26040613	845958	64764039	42922193	493919
22	23	中国兵器装备集团公司	北京	25720490	152130	21932144	3197536	225033
30	24	中国五矿集团公司	北京	25421754	452106	19878521	5272677	101276
35	25	中国人民保险集团股份有限公司	北京	24431400	388200	44058900	2195400	94578
31	26	中国兵器工业集团公司	北京	24118198	361175	22836758	5467607	279996
25	27	中国华能集团公司	北京	22799419	19363	66239943	2883871	141996
26	28	河北钢铁集团有限公司	河北	22709711	277760	28208254	7814526	132977
33	29	神华集团有限责任公司	北京	21963390	2881208	55092663	23639003	161170
27	30	中国冶金科工集团有限公司	北京	21713056	200976	31806302	3611127	159500
29	31	中国航空工业集团公司	北京	20988800	887644	46928196	16028229	411490
46	32	首钢总公司	北京	19753446	25986	31012814	10642837	105993
28	33	百联集团有限公司	上海	19644457	161932	6824428	2061955	
38	34	中国平安保险（集团）股份有限公司	广东	19553413	1731100	117162700	11203000	128808
43	35	中国铝业公司	北京	19543309	－27805	37421865	2535150	186266
42	36	武汉钢铁（集团）公司	湖北	19069111	272676	20382720	7131676	117374

上年名次	名次	企业名称	地区	营业收入（万元）	利润（万元）	资产（万元）	所有者权益（万元）	从业人数
36	37	中国邮政集团公司	北京	19017095	885058	352066208	11507122	860200
41	38	华润（集团）有限公司	广东	18805269	1067861	45901676	7959171	320464
37	39	华为技术有限公司	广东	18507600	2375700	16084100	5525100	110000
32	40	中国中钢集团公司	北京	18456624	-146690	12583533	891621	45994
24	41	中粮集团有限公司	北京	17917250	541732	23260720	5403399	88508
40	42	江苏沙钢集团有限公司	江苏	17862398	737424	15258254	5088441	40545
34	43	中国联合网络通信集团有限公司	北京	17681154	-256670	51267478	24555768	312700
39	44	中国大唐集团公司	北京	17542649	-14538	52058235	6364198	95882
	45	中国远洋运输（集团）总公司	北京	16415080	786125	31958432	11338183	71105
45	46	交通银行股份有限公司	上海	16374112	3904201	395159317	22227317	85290
48	47	中国国电集团公司	北京	16242588	404193	53583753	9686973	131024
44	48	广州汽车工业集团有限公司	广东	16224204	1239720	9121239	4131526	46933
68	49	中国电子信息产业集团有限公司	北京	16084475	90620	10817474	4053182	111651
51	50	北京汽车集团有限公司	北京	15769729	844413	12633073	5609680	53140
50	51	苏宁电器集团有限公司	江苏	15622292	410551	4390738	1884539	150419
55	52	国美电器有限公司	北京	15490000				
58	53	中国铁路物资股份有限公司	北京	15319125	78559	4975038	819822	8707
64	54	中国航空油料集团公司	北京	15318726	212655	3010052	890288	9430
61	55	中国机械工业集团有限公司	北京	15221844	510246	13135501	3184308	84789
74	56	鞍钢集团公司	辽宁	15157209	260287	24500977	8108021	208489
53	57	天津市物资集团总公司	天津	14862736	48671	6354601	676313	5151
60	58	河南煤业化工集团有限责任公司	河南	14699085	527208	14055952	3873857	181756
56	59	联想控股有限公司	北京	14669743	323484	11460039	1204643	30000
97	60	冀中能源集团有限责任公司	河北	14385863	294370	8993168	2567940	124651
49	61	中国船舶重工集团公司	北京	14252440	685144	31811447	8100852	161000
59	62	中国太平洋保险（集团）股份有限公司	上海	14166200	855700	47571100	8029700	
47	63	海尔集团公司	山东	14053629	452649	11265393	2103260	65219
54	64	中国化工集团公司	北京	14022404	10730	17961190	1695719	137797
52	65	浙江省物产集团公司	浙江	13539303	150520	4555827	963939	16073
71	66	中国建筑材料集团有限公司	北京	13535530	584145	15348103	3409221	110691
57	67	中国华电集团公司	北京	13015252	57951	44464297	2093800	98233
63	68	中国电力投资集团公司	北京	12704010	325821	44339335	6715634	116825
73	69	山东魏桥创业集团有限公司	山东	11845598	854619	5576300	3095163	131972
67	70	美的集团有限公司	广东	11671971	695515	7828694	2427186	182000
62	71	太原钢铁（集团）有限公司	山西	11654838	194045	10272741	3941135	40091
85	72	山西煤炭运销集团有限公司	山西	11588080	266251	8860735	2027219	87572
66	73	山东钢铁集团有限公司	山东	10976027	258867	15116265	3800120	89370

上年名次	名次	企业名称	地区	营业收入（万元）	利润（万元）	资产（万元）	所有者权益（万元）	从业人数
75	74	中国平煤神马能源化工集团有限责任公司	河南	10662320	136091	8232502	2729353	146142
	75	山东能源集团有限公司	山东	10598960	818146	12953462	3313005	200857
76	76	山西焦煤集团有限责任公司	山西	10572891	343207	12551687	4352046	178321
79	77	光明食品（集团）有限公司	上海	10417152	659995	15561802	6585409	125612
72	78	陕西延长石油（集团）有限责任公司	陕西	10207104	753749	14482801	6257484	114464
83	79	黑龙江北大荒农垦集团总公司	黑龙江	10160000	55769	8843862	1682097	721547
78	80	中国水利水电建设集团公司	北京	10148156	266481	12346476	1682744	133175
65	81	上海电气（集团）总公司	上海	9942011	670122	11847191	4017188	68852
69	82	天津冶金集团有限公司	天津	9852214	15810	6529671	844872	13253
	83	中国供销集团有限公司	北京	9693017	53757	5514771	841394	22743
77	84	天津汽车工业（集团）有限公司	天津	9665895	734658	4245307	2188007	35870
87	85	中国中煤能源集团有限公司	北京	9601682	469833	17256094	5228522	124371
70	86	天津中环电子信息集团有限公司	天津	9480707	51346	2370789	1030944	43232
96	87	上海绿地（集团）有限公司	上海	9478176	541071	13871297	1926701	3700
81	88	中国外运长航集团有限公司	北京	9465135	270540	11655354	5126104	73063
88	89	中国通用技术（集团）控股有限责任公司	北京	9383848	247094	8100537	2483648	44932
82	90	新华人寿保险股份有限公司	北京	9364308				
103	91	开滦（集团）有限责任公司	河北	9326836	43375	4835514	2028689	69276
89	92	金川集团有限公司	甘肃	9233633	175408	6552988	2594399	31359
117	93	潍柴控股集团有限公司	山东	9113760	799639	5947033	2397682	42664
84	94	中国航天科工集团公司	北京	9043872	579704	13172060	4873588	120183
90	95	中国医药集团总公司	北京	8817424	339154	7002177	3071668	47003
112	96	江西铜业集团公司	江西	8634538	495968	6602866	3807176	28258
86	97	大连大商集团有限公司	辽宁	8615769				
80	98	上海建工（集团）总公司	上海	8585000	121007	6964078	1003417	31831
92	99	天津钢管集团股份有限公司	天津	8515615	63168	4982076	1323020	10735
127	100	山西潞安矿业（集团）有限责任公司	山西	8500830	281776	8188490	2207851	62923
107	101	天津天钢集团有限公司	天津	8300015	24389	5417586	1625167	15125
116	102	中国航空集团公司	北京	8248441	1236888	16497551	4710996	54590
105	103	中国重型汽车集团有限公司	山东	8119180	359275	12847057	5066698	26704
110	104	新兴际华集团有限公司	北京	8035667	214849	5262126	2622845	74186
162	105	中国东方航空集团公司	上海	8010875	345766	11308184	983289	67534
101	106	中国南方航空集团公司	广东	7824707	510585	11800461	2665274	55752
98	107	泰康人寿保险股份有限公司	北京	7744119	209520	29347528	1346273	42592
128	108	阳泉煤业（集团）有限责任公司	山西	7555878	162106	9114445	2787455	149329
113	109	上海烟草集团有限责任公司	上海	7282682	1307493	8914584	8251147	16595
119	110	招商银行股份有限公司	广东	7137700	2576900	240250700	13400600	43089

上年名次	名次	企业名称	地区	营业收入（万元）	利润（万元）	资产（万元）	所有者权益（万元）	从业人数
93	111	天津天铁冶金集团有限公司	天津	7130832	18704	6229215	1137743	27218
94	112	中兴通讯股份有限公司	广东	7026387	347648	8415236	2496200	85323
161	113	本钢集团有限公司	辽宁	6902791	70593	6889654	2104302	61048
106	114	山西晋城无烟煤矿业集团有限责任公司	山西	6854486	266675	10027877	2653816	124877
359	115	浙江吉利控股集团有限公司	浙江	6827951	315925	10445849	3212939	30680
108	116	马钢（集团）控股有限公司	安徽	6805958	114934	7983964	3380099	55598
130	117	华晨汽车集团控股有限公司	辽宁	6793178	20545	4467151	228440	35928
196	118	正威国际集团有限公司	广东	6781763		4565750	3561958	11056
147	119	厦门建发集团有限公司	福建	6770462	154661	5305614	697416	17514
131	120	中国南车集团公司	北京	6680286	126362	7877519	1239104	88381
158	121	铜陵有色金属集团控股有限公司	安徽	6654485	120458	5080191	1162366	27204
118	122	万向集团公司	浙江	6613800	245329	4674298	1417190	28729
125	123	徐州工程机械集团有限公司	江苏	6602645	373056	3245421	1636849	21451
123	124	湖南华菱钢铁集团有限责任公司	湖南	6578713	-59166	11376825	2464011	42155
149	125	中国北方机车车辆工业集团公司	北京	6482579	208206	8534064	2741109	87740
136	126	中国海运（集团）总公司	上海	6481092	296203	14292567	5028118	45937
145	127	新疆广汇实业投资（集团）有限责任公司	新疆	6475589	357825	4360840	1490545	42269
135	128	雨润控股集团有限公司	江苏	6475546	391942	5875258	2598328	100000
179	129	海航集团有限公司	海南	6466806	391408	20146164	4096308	49659
139	130	杭州钢铁集团公司	浙江	6436295	107261	3896176	1339180	13956
102	131	海信集团有限公司	山东	6374092	303233	4455033	1528169	27045
104	132	红塔烟草（集团）有限责任公司	云南	6325981	406734	8546441	6270343	30942
109	133	江苏悦达集团有限公司	江苏	6232144	147597	4030041	1061407	28392
133	134	国家开发投资公司	北京	6143153	471321	23734908	7247062	76527
120	135	南京钢铁集团有限公司	江苏	6098646	112435	3601348	948186	12661
167	136	珠海振戎公司	北京	6098492	18946	565879	140448	97
143	137	珠海格力电器股份有限公司	广东	6080724	430321	6560438	1401171	60570
122	138	广厦控股创业投资有限公司	浙江	6035959	107029	2587121	993995	90012
115	139	兖矿集团有限公司	山东	6032548	988533	11727577	3526738	98470
124	140	湖南中烟工业有限责任公司	湖南	5888856	506299	4474266	3764482	21278
151	141	四川长虹电子集团有限公司	四川	5859688	52905	5106396	1538632	69686
229	142	福建联合石油化工有限公司	福建	5857077	93635	4599325	1134555	2070
114	143	广东物资集团公司	广东	5831123	21942	2590066	389253	8208
155	144	酒泉钢铁（集团）有限责任公司	甘肃	5694581	97845	7848242	2861445	30793
134	145	新希望集团有限公司	四川	5595767	211954	3615191	1633020	61718
140	146	广东省广新控股集团有限公司	广东	5579451	88203	3059012	821467	18847
126	147	红云红河烟草（集团）有限责任公司	云南	5499012	488009	5614830	3896461	13903

上年名次	名次	企业名称	地区	营业收入（万元）	利润（万元）	资产（万元）	所有者权益（万元）	从业人数
141	148	杭州娃哈哈集团有限公司	浙江	5487355	660021	2884712	1664758	28268
146	149	中国民生银行股份有限公司	北京	5476800	1758100	182373700	10410800	30931
	150	绿城房地产集团有限公司	浙江	5420000	153177	12535895	1019951	3435
150	151	安徽海螺集团有限责任公司	安徽	5389400	651359	6639880	3704637	40281
181	152	庞大汽贸集团股份有限公司	河北	5377439	124265	3499390	330612	29585
171	153	海亮集团有限公司	浙江	5258400	202345	2160800	786209	11872
121	154	北大方正集团有限公司	北京	5214299	111521	5022302	1967674	19231
278	155	武汉商联（集团）股份有限公司	湖北	5212909	70907	1719804	629360	56999
137	156	TCL集团股份有限公司	广东	5183357	47240	5347806	1809244	52359
292	157	中国国际海运集装箱（集团）股份有限公司	广东	5176832	300185	5413065	1920670	63354
195	158	陕西煤业化工集团有限责任公司	陕西	5156645	868215	13437875	4500096	93654
183	159	淮南矿业（集团）有限责任公司	安徽	5150679	94250	10271966	2615191	73499
169	160	北京建龙重工集团有限公司	北京	5126817	121364	5001214	1552225	40084
138	161	江苏华西集团公司	江苏	5125876	128682	2970090	1037523	20780
187	162	中国黄金集团公司	北京	5122864	232021	4314038	1613949	46440
168	163	南山集团有限公司	山东	5120064	568462	4458935	2816570	38402
191	164	长沙中联重工科技发展股份有限公司	湖南	5085768	541611	6299527	2747445	22356
157	165	山东六和集团有限公司	山东	5068613	92762	715931	351280	52000
160	166	河南省漯河市双汇实业集团有限责任公司	河南	5066989	346020	1916526	920251	57038
205	167	三一集团有限公司	湖南	5020000	714056	5195129	1992026	54384
185	168	中天钢铁集团有限公司	江苏	5016965	115944	2960067	1014711	8404
182	169	中国中材集团有限公司	北京	5010701	370631	7604037	2532134	67602
197	170	天津市一轻集团（控股）有限公司	天津	5000300	125400	3052015	998401	17647
173	171	上海浦东发展银行股份有限公司	上海	4985585	1917721	219141077	12299634	28081
163	172	中国港中旅集团公司	北京	4837930	181278	5500193	2489449	42659
142	173	广州铁路（集团）公司	广东	4818250	72801	24059967	15126656	163892
200	174	厦门国贸控股有限公司	福建	4809649	66673	2729094	613211	12656
170	175	包头钢铁（集团）有限责任公司	内蒙古	4797643	189155	7787636	2762319	48825
166	176	内蒙古电力（集团）有限责任公司	内蒙古	4774013	220680	4476982	1263698	34394
154	177	浙江省能源集团有限公司	浙江	4702046	318711	10721743	3696800	11465
189	178	中国诚通控股集团有限公司	北京	4674979	58022	3834155	1476784	18129
	179	比亚迪股份有限公司	广东	4668535	252341	5387466	1846032	
198	180	陕西有色金属控股集团有限责任公司	陕西	4622904	71645	6708226	2703155	40252
164	181	山东大王集团有限公司	山东	4592139	264267	4130521	1162894	26056
180	182	浙江省兴合集团公司	浙江	4580663	92047	2245858	610998	13747
	183	恒大地产集团	广东	4580140	802468	10445246	2136623	19351
177	184	上海复星高科技（集团）有限公司	上海	4569219	439477	10667214	3005258	29446

上年名次	名次	企业名称	地区	营业收入（万元）	利润（万元）	资产（万元）	所有者权益（万元）	从业人数
156	185	天津渤海化工集团公司	天津	4559695	33524	7758074	2299820	42039
224	186	中国有色矿业集团有限公司	北京	4547986	117136	5279171	1277250	34301
175	187	无锡产业发展集团有限公司	江苏	4505925	157331	2341095	1167195	15812
184	188	中国核工业集团公司	北京	4454545	480608	22338423	5973983	85059
178	189	日照钢铁控股集团有限公司	山东	4412783	192670	4856794	1425197	10444
188	190	安徽省徽商集团有限公司	安徽	4379994		1147368	77251	15200
190	191	天津荣程联合钢铁集团有限公司	天津	4376256	45866	1174560	554838	6880
192	192	安阳钢铁集团有限责任公司	河南	4372115	5707	4017941	1016336	30517
	193	兴业银行股份有限公司	福建	4345591	1852058	184967338	9199529	29214
247	194	大连万达集团股份有限公司	辽宁	4339652	725605	14146523	1286185	31432
223	195	江苏新长江实业集团有限公司	江苏	4329266	170960	2387335	411382	9109
176	196	北京城建集团有限责任公司	北京	4321296	99057	4260163	619383	26997
153	197	广东省粤电集团有限公司	广东	4299980	302566	11771261	5389194	13039
	198	中国烟草总公司湖南省公司	湖南	4294715	385818	1961832	1747015	16454
	199	大秦铁路股份有限公司	山西	4201380	1041080	10014600	5633380	91837
490	200	上海世博（集团）有限公司	上海	4122641	72683	1669532	523568	3533
204	201	湖北宜化集团有限责任公司	湖北	4108935	201081	4431719	1757540	35377
259	202	山西煤炭进出口集团有限公司	山西	4062147	120324	3808539	555519	11720
	203	上海城建（集团）公司	上海	4060000	112155	4400617	1019093	11439
186	204	四川省宜宾五粮液集团有限公司	四川	4029684	555309	4866991	3200121	46419
174	205	三胞集团有限公司	江苏	3980819	80862	2101891	1206108	16000
	206	厦门海翼集团有限公司	福建	3951373	124111	2869063	862184	21527
208	207	北京建工集团有限责任公司	北京	3933412	30090	2796340	336353	9640
250	208	新余钢铁集团有限公司	江西	3866655	52613	3187570	977527	28754
165	209	东方电气股份有限公司	四川	3808011	267601	8225289	1178438	19990
238	210	河北津西钢铁集团股份有限公司	河北	3775850	129943	2146715	709124	9655
240	211	云天化集团有限责任公司	云南	3766624	77182	6706613	1491011	37328
193	212	物美控股集团有限公司	北京	3750456	86989	1166409	563661	35400
	213	上海医药集团股份有限公司	上海	3741107	136825	2816902	913456	31493
	214	广东格兰仕集团有限公司	广东	3722894	33075	1871060	405339	41315
227	215	广西玉柴机器集团有限公司	广西	3704602		2511306	945378	20818
230	216	中国葛洲坝集团公司	湖北	3704335	154111	5583197	1252871	36788
242	217	山东省商业集团有限公司	山东	3702662	97033	4015660	582581	
210	218	上海华谊（集团）公司	上海	3699916	44886	4237564	1381325	33964
255	219	新华联合冶金投资集团有限公司	北京	3690620	163280	2863191	1182215	14091
256	220	上海纺织控股（集团）公司	上海	3634705	49779	2279083	817971	18057
235	221	浙江恒逸集团有限公司	浙江	3607627	205981	1792184	601295	6698
206	222	天津百利机电控股集团有限公司	天津	3582315	226949	3127023	1298334	19473
219	223	大连西太平洋石油化工有限公司	辽宁	3570378	116008	1037329	-88444	1024

上年名次	名次	企业名称	地区	营业收入（万元）	利润（万元）	资产（万元）	所有者权益（万元）	从业人数
194	224	黑龙江龙煤矿业控股集团有限责任公司	黑龙江	3563681	118584	5609299	1630081	259138
209	225	浙江中烟工业有限责任公司	浙江	3542970	157304	2483378	2231175	3127
252	226	奇瑞汽车股份有限公司	安徽	3537921	68965	4429491	1038806	20467
237	227	内蒙古伊泰集团有限公司	内蒙古	3525971	740240	4176031	2039422	5918
	228	江苏汇鸿国际集团有限公司	江苏	3511668	50137	2824227	972505	5539
243	229	山东黄金集团有限公司	山东	3493835	118751	2474462	812779	20356
211	230	浙江省国际贸易集团有限公司	浙江	3491306	114258	2669310	796303	14724
202	231	青岛钢铁控股集团有限责任公司	山东	3485576	9178	1737080	314187	14101
254	232	安徽江淮汽车集团有限公司	安徽	3471074	149369	2333690	749545	31398
251	233	华侨城集团公司	广东	3442354	341476	6717947	1959369	39884
218	234	河北敬业企业集团有限责任公司	河北	3438118	54243	965218	430395	12320
214	235	临沂新程金锣肉制品集团有限公司	山东	3423996	152204	1041595	887575	28824
241	236	广发银行股份有限公司	广东	3408515	618861	81439002	4288160	15939
225	237	雅戈尔集团股份有限公司	浙江	3348136	386269	5811821	1826312	53084
220	238	广东省交通集团有限公司	广东	3308711	301658	16440049	5025207	51621
253	239	大冶有色金属集团控股有限公司	湖北	3264918	19329	1582403	525900	15892
	240	中国化学工程股份有限公司	北京	3258320	165895	1470840	1302120	39650
275	241	恒力集团有限公司	江苏	3250480	258100	3126435	1336183	28314
201	242	哈尔滨电气集团公司	黑龙江	3225505	123464	5461498	1351462	32808
246	243	淮北矿业（集团）有限责任公司	安徽	3223792	44080	6138333	785600	88725
244	244	重庆商社（集团）有限公司	重庆	3215632	49567	1469385	317089	87705
314	245	太平人寿保险有限公司	上海	3200626	94968	11132794	913748	20988
264	246	江苏三房巷集团有限公司	江苏	3177616	87513	1624815	738033	6235
258	247	北京首都旅游集团有限责任公司	北京	3169904	33515	3352525	717168	55887
272	248	浙江省商业集团有限公司	浙江	3161013	143189	4103338	784580	8998
260	249	江西萍钢实业股份有限公司	江西	3149313	62203	2515620	590633	18766
267	250	陕西汽车集团有限责任公司	陕西	3137042	41849	2376375	461387	29681
231	251	北京控股集团有限公司	北京	3118499	192575	7539241	3920425	43000
239	252	浙江省建设投资集团有限公司	浙江	3101645	31818	1749781	232630	153369
306	253	中国中纺集团公司	北京	3087432	48666	1910527	542255	9369
	254	金东纸业（江苏）股份有限公司	江苏	3075301	250401	5843455	1834849	13720
269	255	北京金隅集团有限责任公司	北京	3073125	239110	6983112	1970441	31135
212	256	湖北中烟工业有限责任公司	湖北	3071298	140350	2471427	1072497	7158
	257	通威集团有限公司	四川	3063896	84362	827276	499731	14986
228	258	浪潮集团有限公司	山东	3053517	61768	751252	419711	5950
282	259	宁波金田投资控股有限公司	浙江	3036011	17116	520235	253423	5317
	260	内蒙古蒙牛乳业（集团）股份有限公司	内蒙古	3026541	135591	1730584	1021750	23929
249	261	内蒙古伊利实业集团股份有限公司	内蒙古	2966498	79576	1536232	451203	21174
226	262	江苏苏宁环球集团有限公司	江苏	2952000	263300	4806620	1845430	7556

上年名次	名次	企业名称	地区	营业收入（万元）	利润（万元）	资产（万元）	所有者权益（万元）	从业人数
266	263	重庆建工集团股份有限公司	重庆	2923386	39524	3326109	357525	13041
345	264	长城汽车股份有限公司	河北	2897189	282708	2369828	1040031	38268
315	265	江苏西城三联控股集团有限公司	江苏	2867590	31029	1136097	278383	5596
236	266	江苏阳光集团有限公司	江苏	2866095	136301	1361965	679761	15600
222	267	天狮集团有限公司	天津	2856380	291384	1182283	858229	2407
283	268	紫金矿业集团股份有限公司	福建	2853958	575575	3840123	2602867	21455
263	269	中国工艺（集团）公司	北京	2838134	40876	891085	199076	2177
265	270	红豆集团有限公司	江苏	2818600	87877	1467790	548993	17262
245	271	广东省丝绸纺织集团有限公司	广东	2773446	9473	914888	166331	4813
309	272	南方石化集团有限公司	广东	2752872	13359	976903	77091	1100
	273	广州医药集团有限公司	广东	2752645	79660	1382763	249735	14818
294	274	杭州汽轮动力集团有限公司	浙江	2745835	107050	1655960	511270	4936
270	275	中天发展控股集团有限公司	浙江	2734295	94768	1644319	405904	4236
332	276	江铃汽车集团公司	江西	2719540	35434	2139026	816415	23712
234	277	湖南省建筑工程集团总公司	湖南	2714049	15572	1166169	266721	44224
	278	海南大印集团有限公司	海南	2713098		215386		1588
261	279	河南中烟工业有限责任公司	河南	2682846	185614	2001953	1102221	10017
	280	晶龙实业集团有限公司	河北	2672924	319010	2218027	1123240	18121
330	281	四川华西集团有限公司	四川	2671700	20405	1814439	200676	62400
277	282	天津一商集团有限公司	天津	2660644	12669	674035	120876	3992
351	283	新华联控股有限公司	北京	2623299	136716	2170607	1005817	35723
296	284	奥克斯集团有限公司	浙江	2621103	56601	982960	369310	18151
327	285	成都建筑工程集团总公司	四川	2619663	13485	2768545	390649	109381
303	286	浙江荣盛控股集团有限公司	浙江	2604134	221331	2282631	669933	5635
279	287	山东泰山钢铁集团有限公司	山东	2604107	－7875	1062829	151794	9417
395	288	江苏申特钢铁有限公司	江苏	2602279	34971	1006858	122421	4386
352	289	唐山港陆钢铁有限公司	河北	2598080	73048	1167032	474856	8237
	290	碧桂园控股有限公司	广东	2580411	693744	8208125	2541808	32943
344	291	厦门象屿集团有限公司	福建	2576816	32052	1384543	313437	2257
299	292	中国盐业总公司	北京	2568624	56877	3488951	1030992	52347
320	293	滨化集团公司	山东	2546193	230833	1084540	611972	3836
308	294	山东招金集团有限公司	山东	2536421	159952	1556790	701024	12352
257	295	四川宏达（集团）有限公司	四川	2536014	134959	2652516	860075	15824
286	296	申能（集团）有限公司	上海	2534147	265749	10467099	6665632	12410
293	297	四川省川威集团有限公司	四川	2519760	64023	1417893	753114	15740
328	298	扬子江药业集团有限公司	江苏	2501626	165361	938029	776828	7915
289	299	海澜集团有限公司	江苏	2501357	129436	1558969		19125
285	300	合肥百货大楼集团股份有限公司	安徽	2490000	36713	447353	165092	7762
248	301	正泰集团有限公司	浙江	2488000	96376	1556239	739253	21405

上年名次	名次	企业名称	地区	营业收入（万元）	利润（万元）	资产（万元）	所有者权益（万元）	从业人数
284	302	人民电器集团有限公司	浙江	2485721	100509	552984	325893	22000
468	303	北京银行	北京	2483461	680303	73321050	4254598	6455
276	304	江阴澄星实业集团有限公司	江苏	2452410	83091	1560684	661141	6393
291	305	北京市政路桥建设控股（集团）有限公司	北京	2451385	29399	2130014	203988	14088
342	306	华夏银行股份有限公司	北京	2447889	598958	104023044	3549588	14304
	307	阳光保险集团股份有限公司	北京	2446216	4033	4169011	749138	94747
298	308	广州市建筑集团有限公司	广东	2428809	7300	1425291	163152	17161
268	309	百兴集团有限公司	江苏	2421253	60061	667556	389035	4508
295	310	南京医药产业（集团）有限责任公司	江苏	2415239	35914	1577596	546332	13335
	311	重庆机电控股（集团）公司	重庆	2412418	164522	2794181	959076	31847
364	312	中国恒天集团有限公司	北京	2405347	72686	3297829	969279	45217
203	313	世纪金源投资集团有限公司	北京	2402798	414267	3332961	1532407	16407
310	314	海城市西洋镁矿有限公司	辽宁	2400325				
316	315	江苏高力集团有限公司	江苏	2393521	89932	735668	458495	3955
323	316	广东省广晟资产经营有限公司	广东	2368231	180208	6187421	2058384	49882
280	317	山东时风（集团）有限责任公司	山东	2363926	83848	431710	310428	22601
336	318	广西建工集团有限责任公司	广西	2346788	3263	794477	135902	131285
273	319	浙江省交通投资集团有限公司	浙江	2337958	212371	13332518	3652330	20302
288	320	唐山瑞丰钢铁（集团）有限公司	河北	2337512	42381	684611	265629	10895
333	321	云南建工集团有限公司	云南	2333215	22559	1537829	276465	35825
305	322	天津友发钢管集团有限公司	天津	2330848	26583	981261	230939	8005
318	323	金龙精密铜管集团股份有限公司	河南	2329025	19214	1306418	171779	7387
322	324	河北文丰钢铁有限公司	河北	2324345	63949	926119	350297	6680
281	325	山东鲁北企业集团总公司	山东	2324123	249612	1205846	908637	4362
287	326	陕西东岭工贸集团股份有限公司	陕西	2322147	31080	1022082	337269	11026
350	327	陕西建工集团总公司	陕西	2312286	10180	1327413	153741	17323
427	328	福佳集团有限公司	辽宁	2301336	370951	6376521	4397839	1998
361	329	江苏扬子江船业集团公司	江苏	2266895	375740	3424840	1225685	20007
271	330	上海华冶钢铁集团有限公司	上海	2258908	29438	649882	254867	1598
349	331	杭州橡胶（集团）公司	浙江	2249364	77991	1325144	458475	21449
334	332	中国煤炭科工集团有限公司	北京	2236925	223512	2179205	1031810	27043
362	333	青建集团股份公司	山东	2228763	12013	569381	151577	7628
343	334	广西投资集团有限公司	广西	2221897	125810	5201168	1404723	17600
321	335	福建省三钢（集团）有限责任公司	福建	2220311	40557	1881607	608050	17189
347	336	中国国际技术智力合作公司	北京	2220298	22653	312256	105821	2541
297	337	上海人民企业（集团）有限公司	上海	2207688	204617	975055	948614	29318
371	338	重庆钢铁（集团）有限责任公司	重庆	2198712	24993	5348012	1461348	23503
400	339	义马煤业集团股份有限公司	河南	2196755	138935	3331924	1010526	56591
	340	江西赛维 LDK 太阳能高科技有限公司	江西	2196582				14699

上年名次	名次	企业名称	地区	营业收入（万元）	利润（万元）	资产（万元）	所有者权益（万元）	从业人数
399	341	山东太阳纸业股份有限公司	山东	2196542	95088	1475759	362681	9052
338	342	华盛江泉集团有限公司	山东	2193973	72891	1108780	594047	22066
338	343	万基控股集团有限公司	河南	2190828	30575	2091481	375126	13574
	344	东方国际（集团）有限公司	上海	2187347	35378	1291131	496131	7036
	345	上海市糖业烟酒（集团）有限公司	上海	2180001	71637	2049226	897416	5357
387	346	河南神火集团有限公司	河南	2175477	93165	2967258	682478	34020
274	347	南金兆集团有限公司	山东	2175187	55824	1737690	291342	4816
302	348	广东省建筑工程集团有限公司	广东	2129624	18136	1084579	145463	25246
313	349	九州通医药集团股份有限公司	湖北	2125177	36026	811904	399879	7412
431	350	远大物产集团有限公司	浙江	2121081	14936	368979	45966	420
326	351	山东中烟工业有限责任公司	山东	2118738	99796	2099264	1331421	5949
301	352	徐州矿务集团有限公司	江苏	2109802	56855	3024520	998508	60018
363	353	重庆化医控股（集团）公司	重庆	2105643	40619	3290416	991801	36366
404	354	青山控股集团有限公司	浙江	2100000	36600	757000	317000	6700
376	355	桐昆集团股份有限公司	浙江	2099222	120303	567198	289699	11274
375	356	山东京博控股股份有限公司	山东	2084451	66635	1131948	271185	5300
413	357	山东金诚石化集团有限公司	山东	2082155	77305	315270	250025	1600
392	358	云南煤化工集团有限公司	云南	2082031	19488	3925287	1029511	32472
335	359	贵州中烟工业有限责任公司	贵州	2074708	119271	1488322	756387	10181
373	360	吉林亚泰（集团）股份有限公司	吉林	2069831	57611	2652447	869898	28515
300	361	德力西集团有限公司	浙江	2069467	81378	816245	315858	16500
366	362	新世纪控股集团有限公司	浙江	2064319	24762	225275	173956	5920
414	363	安徽省皖北煤电集团有限责任公司	安徽	2062864	7594	3170343	750459	42980
348	364	江苏南通三建集团有限公司	江苏	2058000	77047	1076387	332780	88216
340	365	天津二轻集团（控股）有限公司	天津	2056793	20151	1276538	452089	16972
388	366	新疆特变电工集团有限公司	新疆	2053899	198880	2952038	1543163	16495
339	367	江苏国泰国际集团有限公司	江苏	2053783	53421	608224	238058	11000
	368	雅居乐地产控股有限公司	广东	2052019	641860	6987833	1868082	
358	369	昆明钢铁控股有限公司	云南	2050435	98705	3358232	1563799	17606
346	370	深圳市天音通信发展有限公司	广东	2038253	42391	778047	261988	7000
384	371	盾安控股集团有限公司	浙江	2035269	95747	1817494	698648	14500
383	372	江苏南通二建集团有限公司	江苏	2034806	97705	1251039	438645	73880
383	373	旭阳控股有限公司	北京	2033958	34250	2081962	700302	8296
369	374	郑州煤炭工业（集团）有限责任公司	河南	2032412	39202	2481450	757194	57373
382	375	陕西龙门钢铁（集团）有限责任公司	陕西	2028705	22891	1465887	98982	10952
374	376	山东如意科技集团有限公司	山东	2020289	99778	1223168	635218	24272
458	377	亚邦投资控股集团有限公司	江苏	2014886	64790	1603406	492761	8035
	378	沈阳煤业（集团）有限责任公司	辽宁	2009407	93349	2758048	789472	48138
341	379	上海外高桥造船有限公司	上海	2008777	155439	3442394	860062	5120

上年名次	名次	企业名称	地区	营业收入（万元）	利润（万元）	资产（万元）	所有者权益（万元）	从业人数
319	380	天正集团有限公司	浙江	2003138	75307	283970	169672	9303
329	381	青岛啤酒股份有限公司	山东	1989783	152048	1777712	971975	29039
312	382	北京京城机电控股有限责任公司	北京	1982564	151480	2999906	1342085	24156
432	383	重庆市能源投资集团公司	重庆	1980039	45036	3907644	1460540	76061
380	384	西王集团有限公司	山东	1974421	92330	1452900	684688	10000
386	385	东北特殊钢集团有限责任公司	辽宁	1967419	10795	3590968	454332	24272
	386	腾讯控股有限公司	广东	1964603	811521	3583011	2184086	10692
493	387	河南豫联能源集团有限责任公司	河南	1962774	-9704	2277804	589793	7254
331	388	尚德电力控股有限公司	江苏	1960379	160038	3524412	1261725	12587
	389	金地（集团）股份有限公司	广东	1959250	269404	7281650	278221	8262
	390	中金再生资源（中国）投资有限公司	上海	1957180	77555	1193942	402478	438
	391	浙江前程投资股份有限公司	浙江	1952596	28970	646249	110025	1144
	392	江苏省丝绸集团有限公司	江苏	1941494	43586	2248567	885217	8662
418	393	丰立集团有限公司	江苏	1928819	48658	1635898	491429	3280
403	394	沈阳远大企业集团	辽宁	1920049	139908	1088726	405504	16900
357	395	上海国际港务（集团）股份有限公司	上海	1910545	541712	6589467	3537835	20304
324	396	中国广东核电集团有限公司	广东	1906885	819774	19586151	4654559	21890
337	397	西部矿业集团有限公司	青海	1899157	13563	2932143	462163	11590
370	398	天津市医药集团有限公司	天津	1897284	136615	2361680	1172062	16436
377	399	山东高速集团有限公司	山东	1872435	183688	13748760	3930141	23301
317	400	山东晨鸣纸业集团股份有限公司	山东	1866196	116334	3507713	1353579	17679
	401	伊川电力集团总公司	北京	1853812	7127	2401287	173682	8805
	402	春风实业集团有限责任公司	河北	1852903	15575	499081	231298	19400
378	403	浙江中成控股集团有限公司	浙江	1837328	46586	880861	377408	50837
406	404	中储发展股份有限公司	天津	1834723	28785	936022	412000	6751
217	405	同方股份有限公司	北京	1825751	47956	2486464	798670	17882
355	406	中南控股集团有限公司	江苏	1825268	196366	3156656	1134613	31000
381	407	华泰集团有限公司	山东	1808503	122867	2023089	728436	13682
398	408	北京外企服务集团有限责任公司	北京	1801715	12447	352689	59733	2612
372	409	哈药集团有限公司	黑龙江	1800000	77174	1781166	539381	20769
	410	上海永达控股（集团）有限公司	上海	1785615	20378	505522	120008	6865
469	411	河北普阳钢铁有限公司	河北	1785275	73134	1040656	570010	9862
444	412	广州万宝集团有限公司	广东	1771204	77803	1055787	384845	15775
416	413	万达控股集团有限公司	山东	1760489	107374	1109395	512967	8446
	414	新疆金风科技股份有限公司	新疆	1759550	153194	2806160	1328900	3908
421	415	天津港（集团）有限公司	天津	1751557	36978	7804311	1929292	17894
464	416	沂州集团有限公司	山东	1749998	101352	1126839	470110	5300
	417	西林钢铁集团有限公司	黑龙江	1735829	7702	1753229	111314	12197

上年名次	名次	企业名称	地区	营业收入（万元）	利润（万元）	资产（万元）	所有者权益（万元）	从业人数
	418	广西柳工集团有限公司	广西	1723390	156774	2319050	989667	15709
360	419	江苏省苏中建设集团股份有限公司	江苏	1720446	25743	1403909	147770	86739
454	420	内蒙古鄂尔多斯羊绒集团有限责任公司	内蒙古	1716680	166651	3381346	1033731	21080
410	421	北京能源投资（集团）有限公司	北京	1714195	169292	9000929	3087076	9137
353	422	新华锦集团有限公司	山东	1709406	22071	496839	98562	9200
453	423	云南冶金集团股份有限公司	云南	1707230	4417	4386915	841137	29067
394	424	苏州创元投资发展（集团）有限公司	江苏	1693208	82474	1512276	503297	14348
379	425	利群集团股份有限公司	山东	1693036	25554	1016447	307983	8637
445	426	盛虹集团有限公司	江苏	1689406	86428	1621843	531235	19296
457	427	利华益集团股份有限公司	山东	1681632	48075	1209142	489974	3828
368	428	江苏法尔胜泓昇集团有限公司	江苏	1663644	67958	789763	336496	6110
401	429	东营方圆有色金属有限公司	山东	1655967	78350	800168	343689	2012
391	430	山东东明石化集团有限公司	山东	1654831	30746	780993	321534	3335
	431	河北省物流产业集团有限公司	河北	1653285	2733	304488	52023	1048
	432	江苏金浦集团有限公司	江苏	1652418	50710	899068	435632	8500
434	433	安徽建工集团有限公司	安徽	1651463	18849	1095767	143141	16324
	434	中国轻工业品进出口总公司	北京	1650754	14173	752378	196598	1562
425	435	安徽国贸集团控股有限公司	安徽	1648284	27133	1490766	290738	4636
354	436	江苏新世纪造船（集团）有限公司	江苏	1644184	296045	1876393	526967	4497
500	437	云南锡业集团（控股）有限责任公司	云南	1643841	50195	2968812	833442	28581
	438	四川公路桥梁建设集团有限公司	四川	1643166	61430	2673384	325086	9060
	439	大连机床集团有限责任公司	辽宁	1642154	69845	1623624	368105	7908
402	440	亨通集团有限公司	江苏	1641979	67452	1628838	654546	7280
405	441	北京首都创业集团有限公司	北京	1637597	155919	8896874	1885737	12842
430	442	三角集团有限公司	山东	1626122	46368	846368	276517	9889
397	443	江苏双良集团有限公司	江苏	1625919	36899	1662826	561662	5091
412	444	江苏金辉集团公司	江苏	1620772	24670	307289	189584	550
385	445	郑州宇通集团有限公司	河南	1620560	195969	1918682	582293	29299
497	446	河北建工集团有限责任公司	河北	1620000	3198	512105	38164	8662
472	447	石家庄北国人百集团有限责任公司	河北	1619223	20250	647468	120002	30000
389	448	江苏华厦融创置地集团有限公司	江苏	1615860	635577	3267150	2499269	2500
424	449	宁波银亿集团有限公司	浙江	1615030	99214	2473734	330634	5060
419	450	重庆力帆控股有限公司	重庆	1605513	29246	1428223	633757	14447
396	451	山东石横特钢集团有限公司	山东	1592328	49535	704010	309672	6711
	452	湖南晟通科技集团有限公司	湖南	1590499	19637	826194	319282	4100
467	453	山东西水橡胶集团有限公司	山东	1590462	167304	1110390	473366	10500
365	454	中国西电集团公司	陕西	1588152	51186	3017140	1063020	21468
499	455	波司登股份有限公司	江苏	1580011	132582	1209060	616974	24392

上年名次	名次	企业名称	地区	营业收入（万元）	利润（万元）	资产（万元）	所有者权益（万元）	从业人数
447	456	山东淄博傅山企业集团有限公司	山东	1578594	77753	566832	282598	8658
456	457	新疆天业（集团）有限公司	新疆	1575338	105800	2456582	818832	16636
411	458	天津城建集团有限公司	天津	1565900	20539	1319100	138612	10867
	459	山西省国新能源发展集团有限公司	山西	1557374	17608	782605	128501	1148
428	460	深圳市中金岭南有色金属股份有限公司	广东	1552235	94999	1457088	562727	10480
	461	精功集团有限公司	浙江	1551021	90115	2166159	534998	12698
439	462	中国贵州茅台酒厂有限责任公司	贵州	1550241	605686	3318679	2482502	16678
	463	黑龙江省建设集团有限公司	黑龙江	1534629	6219	1279320	168778	60385
409	464	宁波富邦控股集团有限公司	浙江	1530145	57163	2189582	692810	10892
	465	白银有色集团股份有限公司	甘肃	1529410	55263	2050077	833130	14869
498	466	福建省能源集团有限责任公司	福建	1528110	45859	3247123	863578	31663
441	467	重庆轻纺控股（集团）公司	重庆	1527488	153511	2208984	698071	23958
	468	中太建设集团股份有限公司	河北	1527046	43794	181505	134461	70000
254	469	华勤橡胶工业集团	山东	1521231	93299	1362547	674172	6102
408	470	浙江宝业建设集团有限公司	浙江	1518836	18132	281064	116727	49600
	471	维维集团股份有限公司	江苏	1516718	79620	775680	465792	19500
390	472	天津市津能投资公司	天津	1514162	20091	4495961	1344898	87
443	473	北京住总集团有限责任公司	北京	1510600	10380	2257574	250358	11067
	474	龙湖地产有限公司	北京	1509312	413016	7171356	1598026	
423	475	玲珑集团有限公司	山东	1508721	54957	953460	337587	6764
473	476	山东博汇集团有限公司	山东	1507067	101404	1585227	476977	9663
429	477	浙江昆仑控股集团有限公司	浙江	1504480	55986	906623	213567	27868
426	478	三河汇福粮油集团有限公司	河北	1503658	35689	520000	113763	3000
	479	凌源钢铁集团有限责任公司	辽宁	1493466	35963	1364714	536074	9463
438	480	隆鑫控股有限公司	重庆	1485079	84377	1448648	383765	9357
448	481	山东科达集团有限公司	山东	1480177	88921	898004	365730	10558
	482	武安市裕华钢铁有限公司	河北	1474151	58567	691656	480501	6921
	483	海城市后英经贸集团有限公司	辽宁	1469641	114671	1049639	627221	15960
	484	许继集团有限公司	河南	1469260	105964	1918253	455226	
442	485	青岛港（集团）有限公司	山东	1464587	251893	2711312	1518763	13362
478	486	浙江元立金属制品集团有限公司	浙江	1461790	50958	946869	255053	16000
494	487	河南豫光金铅集团有限责任公司	河南	1458460	30373	943368	199592	6974
484	488	传化集团有限公司	浙江	1457968	78882	1506539	718257	8083
495	489	远东控股集团有限公司	江苏	1453368	41531	1156677	194412	6805
476	490	河北新金钢铁有限公司	河北	1445683	50652	570587	207077	5780
466	491	天津市建工集团（控股）有限公司	天津	1443121	30238	863949	264545	8375
420	492	北京燕京啤酒集团公司	北京	1441961	105155	1641701	1031011	37289
462	493	沈阳机床（集团）有限责任公司	辽宁	1435268	40590	1721774	431263	18465

上年名次	名次	企业名称	地区	营业收入（万元）	利润（万元）	资产（万元）	所有者权益（万元）	从业人数
	494	老凤祥股份有限公司	上海	1431090	29219	548334	165613	2131
475	495	浙江八达建设集团有限公司	浙江	1428656	52267	408621	137402	48017
436	496	辽宁铁法能源有限责任公司	辽宁	1428348	99868	1875907	630375	45863
435	497	杉杉控股有限公司	浙江	1428080	68471	1814964	789429	14562
471	498	天津纺织集团（控股）有限公司	天津	1423337	7609	1949366	335862	15234
	499	浙江龙盛控股有限公司	浙江	1421638	52460	843828	625413	4966
	500	福田雷沃国际重工股份有限公司	山东	1419873	26979	705545	178760	12118
		合计		3631555845	208349877	10811242521	1709251274	27239012

说　明

1. 2011 中国企业 500 强是中国企业联合会、中国企业家协会参照国际惯例，组织企业自愿申报，并经专家审定确认后产生的。申报企业包括在中国境内注册、2010 年完成营业收入达到 90 亿元人民币以上（含 90 亿元）的企业（不包括行政性公司和资产经营公司，不包括在华外资、港澳台独资、控股企业，也不包括行政性公司、政企合一的单位（如铁路局）以及各类资产经营公司，但包括在境外注册、投资主体为中国自然人或法人、主要业务在境内，属于我国银监会、保监会和各级国资委监管的企业，都有资格申报参加排序。属于集团公司的控股子公司或相对控股子公司，由于其财务报表最后能被合并到集团母公司的财务会计报表中去，因此只允许其母公司申报。

2. 表中所列数据由企业自愿申报或属于上市公司公开数据、并已经公认会计师事务所或审计师事务所等单位认可。

3. 营业收入或销售收入是 2010 年不含增值税的收入，包括企业的所有收入，即主营业务和非主营业务、境内和境外的收入。商业银行的营业额为 2010 年利息总额和非利息营业额之和。保险公司是 2010 年保险费和年金收入扣除储蓄的资本收益或损失。利润是 2010 年上交所得税后的净利润（不含少数股权收益）。资产是 2010 年度末的资产总额。所有者权益是 2010 年末所有者权益总额（不含少数股东权益）。研究开发费用是 2010 年企业投入研究开发的所有费用。从业人数是 2010 年度的平均人数（含所有被合并报表企业的人数）。

4. 行业分类既参照了国家统计局的分类方法，为了进行对比分析，也参考了美国《财富》杂志的分类方法，企业主要是依据其主营业务收入所在行业来划分。

5. 地区分类是按企业总部所在地划分。

表 7－2 **2011 中国企业 500 强新上榜企业名单**

名次	企业名称	地区	营业收入（万元）	利润（万元）	资产（万元）	所有者权益（万元）	从业人数
45	中国远洋运输（集团）总公司	北京	16415080	786125	31958432	11338183	71105
75	山东能源集团有限公司	山东	10598960	818146	12953462	3313005	200857
83	中国供销集团有限公司	北京	9693017	53757	5514771	841394	22743
150	绿城房地产集团有限公司	浙江	5420000	153177	12535895	1019951	3435
179	比亚迪股份有限公司	广东	4668535	252341	5387466	1846032	
183	恒大地产集团	广东	4580140	802468	10445246	2136623	19351
193	兴业银行股份有限公司	福建	4345591	1852058	184967338	9199529	29214
198	中国烟草总公司湖南省公司	湖南	4294715	385818	1961832	1747015	16454
199	大秦铁路股份有限公司	山西	4201380	1041080	10014600	5633380	91837
203	上海城建（集团）公司	上海	4060000	112155	4400617	1019093	11439
206	厦门海翼集团有限公司	福建	3951373	124111	2869063	862184	21527
213	上海医药集团股份有限公司	上海	3741107	136825	2816902	913456	31493
214	广东格兰仕集团有限公司	广东	3722894	33075	1871060	405339	41315
228	江苏汇鸿国际集团有限公司	江苏	3511668	50137	2824227	972505	5539
240	中国化学工程股份有限公司	北京	3258320	165895	1470840	1302120	39650
254	金东纸业（江苏）股份有限公司	江苏	3075301	250401	5843455	1834849	13720
257	通威集团有限公司	四川	3063896	84362	827276	499731	14986
260	内蒙古蒙牛乳业（集团）股份有限公司	内蒙古	3026541	135591	1730584	1021750	23929
273	广州医药集团有限公司	广东	2752645	79660	1382763	249735	14818
278	海南大印集团有限公司	海南	2713098		215386		1588
280	晶龙实业集团有限公司	河北	2672924	319010	2218027	1123240	18121
290	碧桂园控股有限公司	广东	2580411	693744	8208125	2541808	32943
307	阳光保险集团股份有限公司	北京	2446216	4033	4169011	749138	94747
311	重庆机电控股（集团）公司	重庆	2412418	164522	2794181	959076	31847
340	江西赛维 LDK 太阳能高科技有限公司	江西	2196582				14699
344	东方国际（集团）有限公司	上海	2187347	35378	1291131	496131	7036
345	上海市糖业烟酒（集团）有限公司	上海	2180001	71637	2049226	897416	5357
368	雅居乐地产控股有限公司	广东	2052019	641860	6987833	1868082	
378	沈阳煤业（集团）有限责任公司	辽宁	2009407	93349	2758048	789472	48138
386	腾讯控股有限公司	广东	1964603	811521	3583011	2184086	10692

名次	企业名称	地区	营业收入（万元）	利润（万元）	资产（万元）	所有者权益（万元）	从业人数
389	金地（集团）股份有限公司	广东	1959250	269404	7281650	278221	8262
390	中金再生资源（中国）投资有限公司	上海	1957180	77555	1193942	402478	438
391	浙江前程投资股份有限公司	浙江	1952596	28970	646249	110025	1144
392	江苏省丝绸集团有限公司	江苏	1941494	43586	2248567	885217	8662
401	伊川电力集团总公司	北京	1853812	7127	2401287	173682	8805
402	春风实业集团有限责任公司	河北	1852903	15575	499081	231298	19400
410	上海永达控股（集团）有限公司	上海	1785615	20378	505522	120008	6865
414	新疆金风科技股份有限公司	新疆	1759550	153194	2806160	1328900	3908
417	西林钢铁集团有限公司	黑龙江	1735829	7702	1753229	111314	12197
418	广西柳工集团有限公司	广西	1723390	156774	2319050	989667	15709
431	河北省物流产业集团有限公司	河北	1653285	2733	304488	52023	1048
432	江苏金浦集团有限公司	江苏	1652418	50710	899068	435632	8500
434	中国轻工业品进出口总公司	北京	1650754	14173	752378	196598	1562
438	四川公路桥梁建设集团有限公司	四川	1643166	61430	2673384	325086	9060
439	大连机床集团有限责任公司	辽宁	1642154	69845	1623624	368105	7908
452	湖南晟通科技集团有限公司	湖南	1590499	19637	826194	319282	4100
459	山西省国新能源发展集团有限公司	山西	1557374	17608	782605	128501	1148
461	精功集团有限公司	浙江	1551021	90115	2166159	534998	12698
463	黑龙江省建设集团有限公司	黑龙江	1534629	6219	1279320	168778	60385
465	白银有色集团股份有限公司	甘肃	1529410	55263	2050077	833130	14869
468	中太建设集团股份有限公司	河北	1527046	43794	181505	134461	70000
471	维维集团股份有限公司	江苏	1516718	79620	775680	465792	19500
474	龙湖地产有限公司	北京	1509312	413016	7171356	1598026	
479	凌源钢铁集团有限责任公司	辽宁	1493466	35963	1364714	536074	9463
482	武安市裕华钢铁有限公司	河北	1474151	58567	691656	480501	6921
483	海城市后英经贸集团有限公司	辽宁	1469641	114671	1049639	627221	15960
484	许继集团有限公司	河南	1469260	105964	1918253	455226	
494	老凤祥股份有限公司	上海	1431090	29219	548334	165613	2131
499	浙江龙盛控股有限公司	浙江	1421638	52460	843828	625413	4966
500	福田雷沃国际重工股份有限公司	山东	1419873	26979	705545	178760	12118

表7－3　　2011中国企业500强各行业企业分布

排名	企业名称	总排名	营业收入（万元）
农业、渔业、畜牧业及林业			
1	黑龙江北大荒农垦集团总公司	79	10160000
	合计		10160000

排名	企业名称	总排名	营业收入（万元）
煤炭采掘及采选业			
1	神华集团有限责任公司	29	21963390
2	河南煤业化工集团有限责任公司	58	14699085
3	冀中能源集团有限责任公司	60	14385863
4	中国平煤神马能源化工集团有限责任公司	74	10662320
5	山东能源集团有限公司	75	10598960
6	山西焦煤集团有限责任公司	76	10572891
7	中国中煤能源集团有限公司	85	9601682
8	开滦（集团）有限责任公司	91	9326836
9	山西潞安矿业（集团）有限责任公司	100	8500830
10	阳泉煤业（集团）有限责任公司	108	7555878
11	山西晋城无烟煤矿业集团有限责任公司	114	6854486
12	兖矿集团有限公司	139	6032548
13	陕西煤业化工集团有限责任公司	158	5156645
14	淮南矿业（集团）有限责任公司	159	5150679
15	黑龙江龙煤矿业控股集团有限责任公司	224	3563681
16	内蒙古伊泰集团有限公司	227	3525971
17	淮北矿业（集团）有限责任公司	243	3223792
18	义马煤业集团股份有限公司	339	2196755
19	河南神火集团有限公司	346	2175477
20	徐州矿务集团有限公司	352	2109802
21	安徽省皖北煤电集团有限责任公司	363	2062864
22	郑州煤炭工业（集团）有限责任公司	374	2032412
23	沈阳煤业（集团）有限责任公司	378	2009407
24	辽宁铁法能源有限责任公司	496	1428348
	合计		165390602

排名	企业名称	总排名	营业收入（万元）
石油、天然气开采及生产业			
1	中国石油天然气集团公司	2	172088519
2	中国海洋石油总公司	16	35476183
3	陕西延长石油（集团）有限责任公司	78	10207104
	合计		217771806

排名	企业名称	总排名	营业收入（万元）
建筑业			
1	中国中铁股份有限公司	6	47366265
2	中国铁建股份有限公司	7	47015879
3	中国建筑股份有限公司	12	37041753
4	中国交通建设股份有限公司	19	27357150
5	中国冶金科工集团有限公司	30	21713056
6	中国水利水电建设集团公司	80	10148156
7	上海建工（集团）总公司	98	8585000
8	广厦控股创业投资有限公司	138	6035959
9	北京城建集团有限责任公司	196	4321296
10	上海城建（集团）公司	203	4060000
11	北京建工集团有限责任公司	207	3933412
12	中国葛洲坝集团公司	216	3704335
13	中国化学工程股份有限公司	240	3258320
14	浙江省建设投资集团有限公司	252	3101645
15	重庆建工集团股份有限公司	263	2923386
16	中天发展控股集团有限公司	275	2734295
17	湖南省建筑工程集团总公司	277	2714049
18	四川华西集团有限公司	281	2671700
19	成都建筑工程集团总公司	285	2619663
20	北京市政路桥建设控股（集团）有限公司	305	2451385
21	广州市建筑集团有限公司	308	2428809
22	广西建工集团有限责任公司	318	2346788
23	云南建工集团有限公司	321	2333215
24	陕西建工集团总公司	327	2312286
25	青建集团股份公司	333	2228763
26	广东省建筑工程集团有限公司	348	2129624
27	江苏南通三建集团有限公司	364	2058000
28	江苏南通二建集团有限公司	372	2034806
29	浙江中成控股集团有限公司	403	1837328
30	中南控股集团有限公司	406	1825268
31	江苏省苏中建设集团股份有限公司	419	1720446
32	安徽建工集团有限公司	433	1651463
33	四川公路桥梁建设集团有限公司	438	1643166
34	河北建工集团有限责任公司	446	1620000
35	天津城建集团有限公司	458	1565900
36	黑龙江省建设集团有限公司	463	1534629
37	中太建设集团股份有限公司	468	1527046
38	浙江宝业建设集团有限公司	470	1518836
39	北京住总集团有限责任公司	473	1510600
40	浙江昆仑控股集团有限公司	477	1504480
41	天津市建工集团（控股）有限公司	491	1443121
42	浙江八达建设集团有限公司	495	1428656

排名	企业名称	总排名	营业收入（万元）
	合计		283959934
电力生产业			
1	中国华能集团公司	27	22799419
2	中国大唐集团公司	44	17542649
3	中国国电集团公司	47	16242588
4	中国华电集团公司	67	13015252
5	中国电力投资集团公司	68	12704010
6	内蒙古电力（集团）有限责任公司	176	4774013
7	广东省粤电集团有限公司	197	4299980
8	中国广东核电集团有限公司	396	1906885
	合计		93284796
农副食品及产品加工业			
1	新希望集团有限公司	145	5595767
2	山东六和集团有限公司	165	5068613
3	通威集团有限公司	257	3063896
4	西王集团有限公司	384	1974421
5	三河汇福粮油集团有限公司	478	1503658
	合计		17206355
食品加工制造业			
1	光明食品（集团）有限公司	77	10417152
2	天狮集团有限公司	267	2856380
3	中国盐业总公司	292	2568624
	合计		15842156
乳制品加工业			
1	内蒙古蒙牛乳业（集团）股份有限公司	260	3026541
2	内蒙古伊利实业集团股份有限公司	261	2966498
	合计		5993039
饮料加工业			
1	杭州娃哈哈集团有限公司	148	5487355
2	维维集团股份有限公司	471	1516718
	合计		7004073
酿酒制造业			
1	四川省宜宾五粮液集团有限公司	204	4029684
2	青岛啤酒股份有限公司	381	1989783
3	中国贵州茅台酒厂有限责任公司	462	1550241
4	北京燕京啤酒集团公司	492	1441961
	合计		9011669
烟草加工业			
1	上海烟草集团有限责任公司	109	7282682
2	红塔烟草（集团）有限责任公司	132	6325981
3	湖南中烟工业有限责任公司	140	5888856
4	红云红河烟草（集团）有限责任公司	147	5499012
5	浙江中烟工业有限责任公司	225	3542970
6	湖北中烟工业有限责任公司	256	3071298
7	河南中烟工业有限责任公司	279	2682846
8	山东中烟工业有限责任公司	351	2118738
9	贵州中烟工业有限责任公司	359	2074708
	合计		38487091
纺织、印染业			
1	山东魏桥创业集团有限公司	69	11845598
2	上海纺织控股（集团）公司	220	3634705
3	江苏阳光集团有限公司	266	2866095
4	山东如意科技集团有限公司	376	2020289
5	天津纺织集团（控股）有限公司	498	1423337
	合计		21790024
帽（含皮草、毛、绒等）加工业			
1	雅戈尔集团股份有限公司	237	3348136
2	红豆集团有限公司	270	2818600
3	海澜集团有限公司	299	2501357
4	内蒙古鄂尔多斯羊绒集团有限责任公司	420	1716680
5	波司登股份有限公司	455	1580011
6	杉杉控股有限公司	497	1428080
	合计		13392864
肉食品加工业			
1	雨润控股集团有限公司	128	6475546
2	河南省漯河市双汇实业集团有限责任公司	166	5066989
3	临沂新程金锣肉制品集团有限公司	235	3423996
	合计		14966531
造纸及纸制品加工业			
1	山东大王集团有限公司	181	4592139
2	金东纸业（江苏）股份有限公司	254	3075301

排名	企业名称	总排名	营业收入（万元）
3	山东太阳纸业股份有限公司	341	2196542
4	山东晨鸣纸业集团股份有限公司	400	1866196
5	华泰集团有限公司	407	1808503
6	山东博汇集团有限公司	476	1507067
	合计		15045748
生活消费品和文体、玩具、家具、首饰、珠宝、宝石、工艺等轻工产品加工业、宝石、工艺等轻工产品加工业			
1	天津市一轻集团（控股）有限公司	170	5000300
2	天津二轻集团（控股）有限公司	365	2056793
3	重庆轻纺控股（集团）公司	467	1527488
	合计		8584581
石化产品、炼焦及其他燃料加工业			
1	中国石油化工集团公司	1	196904221
2	福建联合石油化工有限公司	142	5857077
3	大连西太平洋石油化工有限公司	223	3570378
4	山东京博控股股份有限公司	356	2084451
5	山东金诚石化集团有限公司	357	2082155
6	云南煤化工集团有限公司	358	2082031
7	旭阳控股有限公司	373	2033958
8	利华益集团股份有限公司	427	1681632
9	山东东明石化集团有限公司	430	1654831
	合计		217950734
化学原料及化学制品制造业			
1	中国化工集团公司	64	14022404
2	天津渤海化工集团公司	185	4559695
3	湖北宜化集团有限责任公司	201	4108935
4	云天化集团有限责任公司	211	3766624
5	上海华谊（集团）公司	218	3699916
6	滨化集团公司	293	2546193
7	江阴澄星实业集团有限公司	304	2452410
8	山东鲁北企业集团总公司	325	2324123
9	亚邦投资控股集团有限公司	377	2014886
10	江苏金浦集团有限公司	432	1652418
11	新疆天业（集团）有限公司	457	1575338
12	传化集团有限公司	488	1457968
13	浙江龙盛控股有限公司	499	1421638
	合计		45602548

排名	企业名称	总排名	营业收入（万元）
医药制造业			
1	上海医药集团股份有限公司	213	3741107
2	广州医药集团有限公司	273	2752645
3	扬子江药业集团有限公司	298	2501626
4	天津市医药集团有限公司	398	1897284
5	哈药集团有限公司	409	1800000
	合计		12692662
化学纤维制造业			
1	浙江恒逸集团有限公司	221	3607627
2	恒力集团有限公司	241	3250480
3	江苏三房巷集团有限公司	246	3177616
4	浙江荣盛控股集团有限公司	286	2604134
5	桐昆集团股份有限公司	355	2099222
6	盛虹集团有限公司	426	1689406
	合计		16428485
橡胶制品业			
1	杭州橡胶（集团）公司	331	2249364
2	三角集团有限公司	442	1626122
3	山东西水橡胶集团有限公司	453	1590462
4	华勤橡胶工业集团	469	1521231
5	玲珑集团有限公司	475	1508721
	合计		8495900
建筑材料及玻璃等制造业			
1	中国建筑材料集团有限公司	66	13535530
2	安徽海螺集团有限责任公司	151	5389400
3	中国中材集团有限公司	169	5010701
4	北京金隅集团有限责任公司	255	3073125
5	海城市西洋镁矿有限公司	314	2400325
6	吉林亚泰（集团）股份有限公司	360	2069831
7	沈阳远大企业集团	394	1920049
8	沂州集团有限公司	416	1749998
	合计		35148959
黑色冶金及压延加工业			
1	宝钢集团有限公司	20	27298409
2	河北钢铁集团有限公司	28	22709711
3	首钢总公司	32	19753446
4	武汉钢铁（集团）公司	36	19069111

排名	企业名称	总排名	营业收入（万元）
5	江苏沙钢集团有限公司	42	17862398
6	鞍钢集团公司	56	15157209
7	太原钢铁（集团）有限公司	71	11654838
8	山东钢铁集团有限公司	73	10976027
9	天津冶金集团有限公司	82	9852214
10	天津钢管集团股份有限公司	99	8515615
11	天津天钢集团有限公司	101	8300015
12	新兴际华集团有限公司	104	8035667
13	天津天铁冶金集团有限公司	111	7130832
14	本钢集团有限公司	113	6902791
15	马钢（集团）控股有限公司	116	6805958
16	湖南华菱钢铁集团有限责任公司	124	6578713
17	杭州钢铁集团公司	130	6436295
18	南京钢铁集团有限公司	135	6098646
19	酒泉钢铁（集团）有限责任公司	144	5694581
20	北京建龙重工集团有限公司	160	5126817
21	中天钢铁集团有限公司	168	5016965
22	包头钢铁（集团）有限责任公司	175	4797643
23	日照钢铁控股集团有限公司	189	4412783
24	天津荣程联合钢铁集团有限公司	191	4376256
25	安阳钢铁集团有限责任公司	192	4372115
26	江苏新长江实业集团有限公司	195	4329266
27	新余钢铁集团有限公司	208	3866655
28	河北津西钢铁集团股份有限公司	210	3775850
29	新华联合冶金投资集团有限公司	219	3690620
30	青岛钢铁控股集团有限责任公司	231	3485576
31	河北敬业企业集团有限责任公司	234	3438118
32	江西萍钢实业股份有限公司	249	3149313
33	江苏西城三联控股集团有限公司	265	2867590
34	山东泰山钢铁集团有限公司	287	2604107
35	江苏申特钢铁有限公司	288	2602279
36	唐山港陆钢铁有限公司	289	2598080
37	四川省川威集团有限公司	297	2519760
38	唐山瑞丰钢铁（集团）有限公司	320	2337512
39	天津友发钢管集团有限公司	322	2330848
40	河北文丰钢铁有限公司	324	2324345
41	陕西东岭工贸集团股份有限公司	326	2322147
42	福建省三钢（集团）有限责任公司	335	2220311
43	重庆钢铁（集团）有限责任公司	338	2198712
44	南金兆集团有限公司	347	2175187
45	青山控股集团有限公司	354	2100000
46	昆明钢铁控股有限公司	369	2050435
47	陕西龙门钢铁（集团）有限责任公司	375	2028705
48	东北特殊钢集团有限责任公司	385	1967419
49	河北普阳钢铁有限公司	411	1785275
50	西林钢铁集团有限公司	417	1735829
51	山东石横特钢集团有限公司	451	1592328
52	山东淄博傅山企业集团有限公司	456	1578594
53	凌源钢铁集团有限责任公司	479	1493466
54	武安市裕华钢铁有限公司	482	1474151
55	河北新金钢铁有限公司	490	1445683
	合计		327023216

一般有色冶金及压延加工业

排名	企业名称	总排名	营业收入（万元）
1	中国铝业公司	35	19543309
2	金川集团有限公司	92	9233633
3	江西铜业集团公司	96	8634538
4	正威国际集团有限公司	118	6781763
5	铜陵有色金属集团控股有限公司	121	6654485
6	海亮集团有限公司	153	5258400
7	南山集团有限公司	163	5120064
8	陕西有色金属控股集团有限责任公司	180	4622904
9	中国有色矿业集团有限公司	186	4547986
10	大冶有色金属集团控股有限公司	239	3264918
11	宁波金田投资控股有限公司	259	3036011
12	四川宏达（集团）有限公司	295	2536014
13	金龙精密铜管集团股份有限公司	323	2329025
14	万基控股集团有限公司	343	2190828
15	河南豫联能源集团有限责任公司	387	1962774
16	西部矿业集团有限公司	397	1899157
17	伊川电力集团总公司	401	1853812
18	云南冶金集团股份有限公司	423	1707230
19	东营方圆有色金属有限公司	429	1655967
20	云南锡业集团（控股）有限责任公司	437	1643841
21	湖南晟通科技集团有限公司	452	1590499
22	深圳市中金岭南有色金属股份有限公司	460	1552235
23	白银有色集团股份有限公司	465	1529410
24	河南豫光金铅集团有限责任公司	487	1458460
	合计		100607263

金属制品业

排名	企业名称	总排名	营业收入（万元）
1	春风实业集团有限责任公司	402	1852903

排名	企业名称	总排名	营业收入（万元）
2	江苏法尔胜泓昇集团有限公司	428	1663644
3	精功集团有限公司	461	1551021
4	浙江元立金属制品集团有限公司	486	1461790
	合计		6529358
工程机械、设备及零配件制造业			
1	徐州工程机械集团有限公司	123	6602645
2	长沙中联重工科技发展股份有限公司	164	5085768
3	三一集团有限公司	167	5020000
4	广西柳工集团有限公司	418	1723390
5	福田雷沃国际重工股份有限公司	500	1419873
	合计		19851676
工业机械、设备及零配件制造业			
1	中国恒天集团有限公司	312	2405347
2	盾安控股集团有限公司	371	2035269
3	大连机床集团有限责任公司	439	1642154
4	沈阳机床（集团）有限责任公司	493	1435268
	合计		7518038
农林机械、设备及零配件制造业			
1	山东时风（集团）有限责任公司	317	2363926
	合计		2363926
电力、电气、输变电等机械、设备、器材、元器件和电池、线缆制造业			
1	天津百利机电控股集团有限公司	222	3582315
2	正泰集团有限公司	301	2488000
3	人民电器集团有限公司	302	2485721
4	上海人民企业（集团）有限公司	337	2207688
5	江西赛维 LDK 太阳能高科技有限公司	340	2196582
6	德力西集团有限公司	361	2069467
7	新疆特变电工集团有限公司	366	2053899
8	天正集团有限公司	380	2003138
9	北京京城机电控股有限责任公司	382	1982564
10	尚德电力控股有限公司	388	1960379
11	亨通集团有限公司	440	1641979
12	江苏金辉集团公司	444	1620772
13	中国西电集团公司	454	1588152
14	宁波富邦控股集团有限公司	464	1530145
15	许继集团有限公司	484	1469260
16	远东控股集团有限公司	489	1453368
	合计		32333429
电梯及运输、仓储设备与设施制造业			
1	中国国际海运集装箱（集团）股份有限公司	157	5176832
	合计		5176832
轨道交通设备及零部件制造业			
1	中国南车集团公司	120	6680286
2	中国北方机车车辆工业集团公司	125	6482579
	合计		13162865
家用电器及零配件制造业			
1	海尔集团公司	63	14053629
2	美的集团有限公司	70	11671971
3	海信集团有限公司	131	6374092
4	珠海格力电器股份有限公司	137	6080724
5	四川长虹电子集团有限公司	141	5859688
6	TCL 集团股份有限公司	156	5183357
7	广东格兰仕集团有限公司	214	3722894
8	奥克斯集团有限公司	284	2621103
9	广州万宝集团有限公司	412	1771204
10	江苏双良集团有限公司	443	1625919
	合计		58964581
黄金冶炼及压延加工业			
1	中国黄金集团公司	162	5122864
2	山东黄金集团有限公司	229	3493835
3	紫金矿业集团股份有限公司	268	2853958
4	山东招金集团有限公司	294	2536421
	合计		14007078
电子元器件与仪器仪表、自动化控制设备制造业			
1	中国电子信息产业集团有限公司	49	16084475
2	晶龙实业集团有限公司	280	2672924
3	山东科达集团有限公司	481	1480177
	合计		20237576
计算机及零部件制造业			
1	联想控股有限公司	59	14669743
2	北大方正集团有限公司	154	5214299

排名	企业名称	总排名	营业收入（万元）
3	同方股份有限公司	405	1825751
	合计		21709793

排名	企业名称	总排名	营业收入（万元）
通讯设备及其他电子设备、元器件制造业			
1	华为技术有限公司	39	18507600
2	天津中环电子信息集团有限公司	86	9480707
3	中兴通讯股份有限公司	112	7026387
	合计		35014694
汽车及零配件制造业			
1	东风汽车公司	13	36883383
2	上海汽车工业（集团）总公司	15	36727716
3	中国第一汽车集团公司	18	29401552
4	广州汽车工业集团有限公司	48	16224204
5	北京汽车集团有限公司	50	15769729
6	天津汽车工业（集团）有限公司	84	9665895
7	中国重型汽车集团有限公司	103	8119180
8	浙江吉利控股集团有限公司	115	6827951
9	华晨汽车集团控股有限公司	117	6793178
10	万向集团公司	122	6613800
11	江苏悦达集团有限公司	133	6232144
12	无锡产业发展集团有限公司	187	4505925
13	厦门海翼集团有限公司	206	3951373
14	奇瑞汽车股份有限公司	226	3537921
15	安徽江淮汽车集团有限公司	232	3471074
16	陕西汽车集团有限责任公司	250	3137042
17	长城汽车股份有限公司	264	2897189
18	江铃汽车集团公司	276	2719540
19	郑州宇通集团有限公司	445	1620560
	合计		205099356
摩托车及零配件制造业			
1	重庆力帆控股有限公司	450	1605513
2	隆鑫控股有限公司	480	1485079
	合计		3090592
航空、航天、核工业与兵器制造业			
1	中国兵器装备集团公司	23	25720490
2	中国兵器工业集团公司	26	24118198
3	中国航空工业集团公司	31	20988800
4	中国航天科工集团公司	94	9043872
5	中国核工业集团公司	188	4454545
	合计		84325905
船舶制造业			
1	中国船舶重工集团公司	61	14252440
2	江苏扬子江船业集团公司	329	2266895
3	上海外高桥造船有限公司	379	2008777
4	江苏新世纪造船（集团）有限公司	436	1644184
	合计		20172296
动力、发电、电力生产等机械、装备制造业			
1	上海电气（集团）总公司	81	9942011
2	潍柴控股集团有限公司	93	9113760
3	东方电气股份有限公司	209	3808011
4	广西玉柴机器集团有限公司	215	3704602
5	哈尔滨电气集团公司	242	3225505
6	杭州汽轮动力集团有限公司	274	2745835
7	新疆金风科技股份有限公司	414	1759550
	合计		34299274
综合制造业（以制造业为主，含有服务业）			
1	中国五矿集团公司	24	25421754
2	江苏华西集团公司	161	5125876
3	比亚迪股份有限公司	179	4668535
4	上海复星高科技（集团）有限公司	184	4569219
5	新华联控股有限公司	283	2623299
6	百兴集团有限公司	309	2421253
7	重庆机电控股（集团）公司	311	2412418
8	华盛江泉集团有限公司	342	2193973
9	重庆化医控股（集团）公司	353	2105643
10	新世纪控股集团有限公司	362	2064319
11	万达控股集团有限公司	413	1760489
12	苏州创元投资发展（集团）有限公司	424	1693208
13	海城市后英经贸集团有限公司	483	1469641
	合计		58529627
电力、热力、燃气等能源供应服务业			
1	国家电网公司	3	152880849
2	中国南方电网有限责任公司	14	36857369
3	浙江省能源集团有限公司	177	4702046
4	申能（集团）有限公司	296	2534147

排名	企业名称	总排名	营业收入（万元）
5	北京能源投资（集团）有限公司	421	1714195
6	山西省国新能源发展集团有限公司	459	1557374
7	福建省能源集团有限责任公司	466	1528110
	合计		201774090
铁路运输及辅助服务业			
1	中国铁路物资股份有限公司	53	15319125
2	广州铁路（集团）公司	173	4818250
3	大秦铁路股份有限公司	199	4201380
	合计		24338755
道路运输、城市公交及辅助、服务业			
1	广东省交通集团有限公司	238	3308711
2	浙江省交通投资集团有限公司	319	2337958
3	山东高速集团有限公司	399	1872435
	合计		7519104
水上运输业			
1	中国远洋运输（集团）总公司	45	16415080
2	中国海运（集团）总公司	126	6481092
	合计		22896172
港口服务业			
1	上海国际港务（集团）股份有限公司	395	1910545
2	天津港（集团）有限公司	415	1751557
3	青岛港（集团）有限公司	485	1464587
	合计		5126689
航空运输及相关服务业			
1	中国航空集团公司	102	8248441
2	中国东方航空集团公司	105	8010875
3	中国南方航空集团公司	106	7824707
4	海航集团有限公司	129	6466806
	合计		30550829
邮电通信业			
1	中国移动通信集团公司	5	51901596
2	中国电信集团公司	22	26040613
3	中国邮政集团公司	37	19017095
4	中国联合网络通信集团有限公司	43	17681154
	合计		114640458

排名	企业名称	总排名	营业收入（万元）
软件、程序、线路的设计和计算机应用、网络工程等计算机、微电子服务业			
1	三胞集团有限公司	205	3980819
2	浪潮集团有限公司	258	3053517
	合计		7034336
物流、仓储、运输、配送服务业			
1	中国外运长航集团有限公司	88	9465135
2	厦门建发集团有限公司	119	6770462
3	中国诚通控股集团有限公司	178	4674979
4	厦门象屿集团有限公司	291	2576816
5	中储发展股份有限公司	404	1834723
6	河北省物流产业集团有限公司	431	1653285
	合计		26975400
矿产、能源内外商贸批发业			
1	中国航空油料集团公司	54	15318726
2	山西煤炭运销集团有限公司	72	11588080
3	珠海振戎公司	136	6098492
4	山西煤炭进出口集团有限公司	202	4062147
5	南方石化集团有限公司	272	2752872
	合计		39820317
化工产品及医药内外商贸批发业			
1	中国中化集团公司	17	33532680
	合计		33532680
机电、电子产品内外商贸及批发业			
1	中国通用技术（集团）控股有限责任公司	89	9383848
2	广东省广新控股集团有限公司	146	5579451
	合计		14963299
纺织、服装、文体、烟酒、工艺、首饰等轻工产品内外商贸批发业			
1	中国烟草总公司湖南省公司	198	4294715
2	浙江省国际贸易集团有限公司	230	3491306
3	中国中纺集团公司	253	3087432
4	中国工艺（集团）公司	269	2838134
5	广东省丝绸纺织集团有限公司	271	2773446
6	上海市糖业烟酒（集团）有限公司	345	2180001
7	江苏国泰国际集团有限公司	367	2053783

排名	企业名称	总排名	营业收入（万元）
8	江苏省丝绸集团有限公司	392	1941494
9	新华锦集团有限公司	422	1709406
10	安徽国贸集团控股有限公司	435	1648284
11	老凤祥股份有限公司	494	1431090
	合计		27449091

粮油食品及农林、土畜、果蔬、水产品等内外商贸批发、零售业

排名	企业名称	总排名	营业收入（万元）
1	中粮集团有限公司	41	17917250
	合计		17917250

生产资料内外贸易批发、零售业

排名	企业名称	总排名	营业收入（万元）
1	天津市物资集团总公司	57	14862736
2	浙江省物产集团公司	65	13539303
3	中国供销集团有限公司	83	9693017
4	广东物资集团公司	143	5831123
5	安徽省徽商集团有限公司	190	4379994
6	江苏汇鸿国际集团有限公司	228	3511668
	合计		51817841

金属内外贸易及加工、配送、批发零售业

排名	企业名称	总排名	营业收入（万元）
1	中国中钢集团公司	40	18456624
2	上海华冶钢铁集团有限公司	330	2258908
3	中金再生资源（中国）投资有限公司	390	1957180
4	丰立集团有限公司	393	1928819
	合计		24601531

综合性内外商贸及批发、零售业

排名	企业名称	总排名	营业收入（万元）
1	厦门国贸控股有限公司	174	4809649
2	浙江省兴合集团公司	182	4580663
3	东方国际（集团）有限公司	344	2187347
4	远大物产集团有限公司	350	2121081
5	中国轻工业品进出口总公司	434	1650754
	合计		15349494

汽车和摩托车商贸、维修保养及租赁业

排名	企业名称	总排名	营业收入（万元）
1	庞大汽贸集团股份有限公司	152	5377439
2	上海永达控股（集团）有限公司	410	1785615
	合计		7163054

电器商贸批发、零售业

排名	企业名称	总排名	营业收入（万元）
1	苏宁电器集团有限公司	51	15622292
2	国美电器有限公司	52	15490000
3	深圳市天音通信发展有限公司	370	2038253
	合计		33150545

医药专营批发、零售业

排名	企业名称	总排名	营业收入（万元）
1	中国医药集团总公司	95	8817424
2	南京医药产业（集团）有限责任公司	310	2415239
3	九州通医药集团股份有限公司	349	2125177
	合计		13357840

商业零售业

排名	企业名称	总排名	营业收入（万元）
1	百联集团有限公司	33	19644457
2	大连大商集团有限公司	97	8615769
3	武汉商联（集团）股份有限公司	155	5212909
4	山东省商业集团有限公司	217	3702662
5	重庆商社（集团）有限公司	244	3215632
6	浙江省商业集团有限公司	248	3161013
7	天津一商集团有限公司	282	2660644
8	合肥百货大楼集团股份有限公司	300	2490000
9	利群集团股份有限公司	425	1693036
10	石家庄北国人百集团有限责任公司	447	1619223
	合计		52015345

连锁超市

排名	企业名称	总排名	营业收入（万元）
1	物美控股集团有限公司	212	3750456
2	江苏高力集团有限公司	315	2393521
	合计		6143977

银行业

排名	企业名称	总排名	营业收入（万元）
1	中国工商银行股份有限公司	4	54500200
2	中国建设银行股份有限公司	8	45408700
3	中国农业银行股份有限公司	10	40794200
4	中国银行股份有限公司	11	40024770
5	交通银行股份有限公司	46	16374112
6	招商银行股份有限公司	110	7137700
7	中国民生银行股份有限公司	149	5476800
8	上海浦东发展银行股份有限公司	171	4985585
9	兴业银行股份有限公司	193	4345591
10	广发银行股份有限公司	236	3408515
11	北京银行	303	2483461

排名	企业名称	总排名	营业收入（万元）
12	华夏银行股份有限公司	306	2447889
	合计		227387523

人寿保险业			
1	中国人寿保险（集团）公司	9	43752296
2	新华人寿保险股份有限公司	90	9364308
3	泰康人寿保险股份有限公司	107	7744119
4	太平人寿保险有限公司	245	3200626
5	阳光保险集团股份有限公司	307	2446216
	合计		66507565

财产保险业			
1	中国人民保险集团股份有限公司	25	24431400
	合计		24431400

综合保险业			
1	中国平安保险（集团）股份有限公司	34	19553413
2	中国太平洋保险（集团）股份有限公司	62	14166200
	合计		33719613

商务服务业			
1	中国中信集团公司	21	26389387
2	华润（集团）有限公司	38	18805269
3	国家开发投资公司	134	6143153
4	广东省广晟资产经营有限公司	316	2368231
5	广西投资集团有限公司	334	2221897
6	重庆市能源投资集团公司	383	1980039
7	浙江前程投资股份有限公司	391	1952596
8	天津市津能投资公司	472	1514162
	合计		61374734

房地产开发与经营、物业及房屋装饰、修缮、管理等服务业			
1	上海绿地（集团）有限公司	87	9478176
2	绿城房地产集团有限公司	150	5420000
3	恒大地产集团	183	4580140
4	大连万达集团股份有限公司	194	4339652
5	华侨城集团公司	233	3442354
6	江苏苏宁环球集团有限公司	262	2952000
7	碧桂园控股有限公司	290	2580411
8	世纪金源投资集团有限公司	313	2402798

排名	企业名称	总排名	营业收入（万元）
9	福佳集团有限公司	328	2301336
10	雅居乐地产控股有限公司	368	2052019
11	金地（集团）股份有限公司	389	1959250
12	江苏华厦融创置地集团有限公司	448	1615860
13	宁波银亿集团有限公司	449	1615030
14	龙湖地产有限公司	474	1509312
	合计		46248338

旅游、旅馆及娱乐服务业			
1	中国港中旅集团公司	172	4837930
2	北京首都旅游集团有限责任公司	247	3169904
	合计		8007834

公用事业、市政服务、公共设施经营与管理业			
1	北京控股集团有限公司	251	3118499
2	北京首都创业集团有限公司	441	1637597
	合计		4756096

技术智力、人力资源、劳务等国际合作及其他对外经济合作服务业			
1	中国国际技术智力合作公司	336	2220298
2	北京外企服务集团有限责任公司	408	1801715
	合计		4022013

研发、科技交流与推广和地勘、规划、设计、评估、咨询及总承包等服务业			
1	中国煤炭科工集团有限公司	332	2236925
	合计		2236925

互联网传媒、商务、娱乐服务业			
1	腾讯控股有限公司	386	1964603
	合计		1964603

综合服务业（以服务业为主，含有制造业）			
1	中国机械工业集团有限公司	55	15221844
2	新疆广汇实业投资（集团）有限责任公司	127	6475589
3	上海世博（集团）有限公司	200	4122641
4	海南大印集团有限公司	278	2713098
	合计		28533172

表 7－4　　2011 中国企业 500 强各地区企业分布

排名	企业名称	总排名	营业收入（万元）	排名	企业名称	总排名	营业收入（万元）
北京				51	中国通用技术（集团）控股有限责任公司	89	9383848
1	中国石油化工集团公司	1	196904221	52	新华人寿保险股份有限公司	90	9364308
2	中国石油天然气集团公司	2	172088519	53	中国航天科工集团公司	94	9043872
3	国家电网公司	3	152880849	54	中国医药集团总公司	95	8817424
4	中国工商银行股份有限公司	4	54500200	55	中国航空集团公司	102	8248441
5	中国移动通信集团公司	5	51901596	56	新兴际华集团有限公司	104	8035667
6	中国中铁股份有限公司	6	47366265	57	泰康人寿保险股份有限公司	107	7744119
7	中国铁建股份有限公司	7	47015879	58	中国南车集团公司	120	6680286
8	中国建设银行股份有限公司	8	45408700	59	中国北方机车车辆工业集团公司	125	6482579
9	中国人寿保险（集团）公司	9	43752296	60	国家开发投资公司	134	6143153
10	中国农业银行股份有限公司	10	40794200	61	珠海振戎公司	136	6098492
11	中国银行股份有限公司	11	40024770	62	中国民生银行股份有限公司	149	5476800
12	中国建筑股份有限公司	12	37041753	63	北大方正集团有限公司	154	5214299
13	中国海洋石油总公司	16	35476183	64	北京建龙重工集团有限公司	160	5126817
14	中国中化集团公司	17	33532680	65	中国黄金集团公司	162	5122864
15	中国交通建设股份有限公司	19	27357150	66	中国中材集团有限公司	169	5010701
16	中国中信集团公司	21	26389387	67	中国港中旅集团公司	172	4837930
17	中国电信集团公司	22	26040613	68	中国诚通控股集团有限公司	178	4674979
18	中国兵器装备集团公司	23	25720490	69	中国有色矿业集团有限公司	186	4547986
19	中国五矿集团公司	24	25421754	70	中国核工业集团公司	188	4454545
20	中国人民保险集团股份有限公司	25	24431400	71	北京城建集团有限责任公司	196	4321296
21	中国兵器工业集团公司	26	24118198	72	北京建工集团有限责任公司	207	3933412
22	中国华能集团公司	27	22799419	73	物美控股集团有限公司	212	3750456
23	神华集团有限责任公司	29	21963390	74	新华联合冶金投资集团有限公司	219	3690620
24	中国冶金科工集团有限公司	30	21713056	75	中国化学工程股份有限公司	240	3258320
25	中国航空工业集团公司	31	20988800	76	北京首都旅游集团有限责任公司	247	3169904
26	首钢总公司	32	19753446	77	北京控股集团有限公司	251	3118499
27	中国铝业公司	35	19543309	78	中国中纺集团公司	253	3087432
28	中国邮政集团公司	37	19017095	79	北京金隅集团有限责任公司	255	3073125
29	中国中钢集团公司	40	18456624	80	中国工艺（集团）公司	269	2838134
30	中粮集团有限公司	41	17917250	81	新华联控股有限公司	283	2623299
31	中国联合网络通信集团有限公司	43	17681154	82	中国盐业总公司	292	2568624
32	中国大唐集团公司	44	17542649	83	北京银行	303	2483461
33	中国远洋运输（集团）总公司	45	16415080	84	北京市政路桥建设控股（集团）有限公司	305	2451385
34	中国国电集团公司	47	16242588	85	华夏银行股份有限公司	306	2447889
35	中国电子信息产业集团有限公司	49	16084475	86	阳光保险集团股份有限公司	307	2446216
36	北京汽车集团有限公司	50	15769729	87	中国恒天集团有限公司	312	2405347
37	国美电器有限公司	52	15490000	88	世纪金源投资集团有限公司	313	2402798
38	中国铁路物资股份有限公司	53	15319125	89	中国煤炭科工集团有限公司	332	2236925
39	中国航空油料集团公司	54	15318726	90	中国国际技术智力合作公司	336	2220298
40	中国机械工业集团有限公司	55	15221844	91	旭阳控股有限公司	373	2033958
41	联想控股有限公司	59	14669743	92	北京京城机电控股有限责任公司	382	1982564
42	中国船舶重工集团公司	61	14252440	93	同方股份有限公司	405	1825751
43	中国化工集团公司	64	14022404	94	北京外企服务集团有限责任公司	408	1801715
44	中国建筑材料集团有限公司	66	13535530	95	北京能源投资（集团）有限公司	421	1714195
45	中国华电集团公司	67	13015252	96	中国轻工业品进出口总公司	434	1650754
46	中国电力投资集团公司	68	12704010	97	北京首都创业集团有限公司	441	1637597
47	中国水利水电建设集团公司	80	10148156	98	北京住总集团有限责任公司	473	1510600
48	中国供销集团有限公司	83	9693017	99	龙湖地产有限公司	474	1509312
49	中国中煤能源集团有限公司	85	9601682	100	北京燕京啤酒集团公司	492	1441961
50	中国外运长航集团有限公司	88	9465135		合计		1848657188

排名	企业名称	总排名	营业收入（万元）
上海			
1	上海汽车工业（集团）总公司	15	36727716
2	宝钢集团有限公司	20	27298409
3	百联集团有限公司	33	19644457
4	交通银行股份有限公司	46	16374112
5	中国太平洋保险（集团）股份有限公司	62	14166200
6	光明食品（集团）有限公司	77	10417152
7	上海电气（集团）总公司	81	9942011
8	上海绿地（集团）有限公司	87	9478176
9	上海建工（集团）总公司	98	8585000
10	中国东方航空集团公司	105	8010875
11	上海烟草集团有限责任公司	109	7282682
12	中国海运（集团）总公司	126	6481092
13	上海浦东发展银行股份有限公司	171	4985585
14	上海复星高科技（集团）有限公司	184	4569219
15	上海世博（集团）有限公司	200	4122641
16	上海城建（集团）公司	203	4060000
17	上海医药集团股份有限公司	213	3741107
18	上海华谊（集团）公司	218	3699916
19	上海纺织控股（集团）公司	220	3634705
20	太平人寿保险有限公司	245	3200626
21	申能（集团）有限公司	296	2534147
22	上海华冶钢铁集团有限公司	330	2258908
23	上海人民企业（集团）有限公司	337	2207688
24	东方国际（集团）有限公司	344	2187347
25	上海市糖业烟酒（集团）有限公司	345	2180001
26	上海外高桥造船有限公司	379	2008777
27	中金再生资源（中国）投资有限公司	390	1957180
28	上海国际港务（集团）股份有限公司	395	1910545
29	上海永达控股（集团）有限公司	410	1785615
30	老凤祥股份有限公司	494	1431090
	合计		226882979
天津			
1	天津市物资集团总公司	57	14862736
2	天津冶金集团有限公司	82	9852214
3	天津汽车工业（集团）有限公司	84	9665895
4	天津中环电子信息集团有限公司	86	9480707
5	天津钢管集团股份有限公司	99	8515615
6	天津天钢集团有限公司	101	8300015
7	天津天铁冶金集团有限公司	111	7130832
8	天津市一轻集团（控股）有限公司	170	5000300
9	天津渤海化工集团公司	185	4559695
10	天津荣程联合钢铁集团有限公司	191	4376256
11	天津百利机电控股集团有限公司	222	3582315
12	天狮集团有限公司	267	2856380
13	天津一商集团有限公司	282	2660644
14	天津友发钢管集团有限公司	322	2330848
15	天津二轻集团（控股）有限公司	365	2056793
16	天津市医药集团有限公司	398	1897284
17	中储发展股份有限公司	404	1834723
18	天津港（集团）有限公司	415	1751557
19	天津城建集团有限公司	458	1565900
20	天津市津能投资公司	472	1514162
21	天津市建工集团（控股）有限公司	491	1443121
22	天津纺织集团（控股）有限公司	498	1423337
	合计		106661329
重庆			
1	重庆商社（集团）有限公司	244	3215632
2	重庆建工集团股份有限公司	263	2923386
3	重庆机电控股（集团）公司	311	2412418
4	重庆钢铁（集团）有限责任公司	338	2198712
5	重庆化医控股（集团）公司	353	2105643
6	重庆市能源投资集团公司	383	1980039
7	重庆力帆控股有限公司	450	1605513
8	重庆轻纺控股（集团）公司	467	1527488
9	隆鑫控股有限公司	480	1485079
	合计		19453910
黑龙江			
1	黑龙江北大荒农垦集团总公司	79	10160000
2	黑龙江龙煤矿业控股集团有限责任公司	224	3563681
3	哈尔滨电气集团公司	242	3225505
4	哈药集团有限公司	409	1800000
5	西林钢铁集团有限公司	417	1735829
6	黑龙江省建设集团有限公司	463	1534629
	合计		22019644
吉林			
1	中国第一汽车集团公司	18	29401552
2	吉林亚泰（集团）股份有限公司	360	2069831

排名	企业名称	总排名	营业收入（万元）
	合计		31471383

排名	企业名称	总排名	营业收入（万元）
辽宁			
1	鞍钢集团公司	56	15157209
2	大连大商集团有限公司	97	8615769
3	本钢集团有限公司	113	6902791
4	华晨汽车集团控股有限公司	117	6793178
5	大连万达集团股份有限公司	194	4339652
6	大连西太平洋石油化工有限公司	223	3570378
7	海城市西洋镁矿有限公司	314	2400325
8	福佳集团有限公司	328	2301336
9	沈阳煤业（集团）有限责任公司	378	2009407
10	东北特殊钢集团有限责任公司	385	1967419
11	沈阳远大企业集团	394	1920049
12	大连机床集团有限责任公司	439	1642154
13	凌源钢铁集团有限责任公司	479	1493466
14	海城市后英经贸集团有限公司	483	1469641
15	沈阳机床（集团）有限责任公司	493	1435268
16	辽宁铁法能源有限责任公司	496	1428348
	合计		63446390

排名	企业名称	总排名	营业收入（万元）
河北			
1	河北钢铁集团有限公司	28	22709711
2	冀中能源集团有限责任公司	60	14385863
3	开滦（集团）有限责任公司	91	9326836
4	庞大汽贸集团股份有限公司	152	5377439
5	河北津西钢铁集团股份有限公司	210	3775850
6	河北敬业企业集团有限责任公司	234	3438118
7	长城汽车股份有限公司	264	2897189
8	晶龙实业集团有限公司	280	2672924
9	唐山港陆钢铁有限公司	289	2598080
10	唐山瑞丰钢铁（集团）有限公司	320	2337512
11	河北文丰钢铁有限公司	324	2324345
12	春风实业集团有限责任公司	402	1852903
13	河北普阳钢铁有限公司	411	1785275
14	河北省物流产业集团有限公司	431	1653285
15	河北建工集团有限责任公司	446	1620000
16	石家庄北国人百集团有限责任公司	447	1619223
17	中太建设集团股份有限公司	468	1527046
18	三河汇福粮油集团有限公司	478	1503658
19	武安市裕华钢铁有限公司	482	1474151
20	河北新金钢铁有限公司	490	1445683
	合计		86325091

排名	企业名称	总排名	营业收入（万元）
河南			
1	河南煤业化工集团有限责任公司	58	14699085
2	中国平煤神马能源化工集团有限责任公司	74	10662320
3	河南省漯河市双汇实业集团有限责任公司	166	5066989
4	安阳钢铁集团有限责任公司	192	4372115
5	河南中烟工业有限责任公司	279	2682846
6	金龙精密铜管集团股份有限公司	323	2329025
7	义马煤业集团股份有限公司	339	2196755
8	万基控股集团有限公司	343	2190828
9	河南神火集团有限公司	346	2175477
10	郑州煤炭工业（集团）有限责任公司	374	2032412
11	河南豫联能源集团有限责任公司	387	1962774
12	伊川电力集团总公司	401	1853812
13	郑州宇通集团有限公司	445	1620560
14	许继集团有限公司	484	1469260
15	河南豫光金铅集团有限责任公司	487	1458460
	合计		56772718

排名	企业名称	总排名	营业收入（万元）
山东			
1	海尔集团公司	63	14053629
2	山东魏桥创业集团有限公司	69	11845598
3	山东钢铁集团有限公司	73	10976027
4	山东能源集团有限公司	75	10598960
5	潍柴控股集团有限公司	93	9113760
6	中国重型汽车集团有限公司	103	8119180
7	海信集团有限公司	131	6374092
8	兖矿集团有限公司	139	6032548
9	南山集团有限公司	163	5120064
10	山东六和集团有限公司	165	5068613
11	山东大王集团有限公司	181	4592139
12	日照钢铁控股集团有限公司	189	4412783
13	山东省商业集团有限公司	217	3702662
14	山东黄金集团有限公司	229	3493835
15	青岛钢铁控股集团有限责任公司	231	3485576
16	临沂新程金锣肉制品集团有限公司	235	3423996
17	浪潮集团有限公司	258	3053517
18	山东泰山钢铁集团有限公司	287	2604107
19	滨化集团公司	293	2546193

排名	企业名称	总排名	营业收入（万元）
20	山东招金集团有限公司	294	2536421
21	山东时风（集团）有限责任公司	317	2363926
22	山东鲁北企业集团总公司	325	2324123
23	青建集团股份公司	333	2228763
24	山东太阳纸业股份有限公司	341	2196542
25	华盛江泉集团有限公司	342	2193973
26	南金兆集团有限公司	347	2175187
27	山东中烟工业有限责任公司	351	2118738
28	山东京博控股股份有限公司	356	2084451
29	山东金诚石化集团有限公司	357	2082155
30	山东如意科技集团有限公司	376	2020289
31	青岛啤酒股份有限公司	381	1989783
32	西王集团有限公司	384	1974421
33	山东高速集团有限公司	399	1872435
34	山东晨鸣纸业集团股份有限公司	400	1866196
35	华泰集团有限公司	407	1808503
36	万达控股集团有限公司	413	1760489
37	沂州集团有限公司	416	1749998
38	新华锦集团有限公司	422	1709406
39	利群集团股份有限公司	425	1693036
40	利华益集团股份有限公司	427	1681632
41	东营方圆有色金属有限公司	429	1655967
42	山东东明石化集团有限公司	430	1654831
43	三角集团有限公司	442	1626122
44	山东石横特钢集团有限公司	451	1592328
45	山东西水橡胶集团有限公司	453	1590462
46	山东淄博傅山企业集团有限公司	456	1578594
47	华勤橡胶工业集团	469	1521231
48	玲珑集团有限公司	475	1508721
49	山东博汇集团有限公司	476	1507067
50	山东科达集团有限公司	481	1480177
51	青岛港（集团）有限公司	485	1464587
52	福田雷沃国际重工股份有限公司	500	1419873
	合计		179647706
山西			
1	太原钢铁（集团）有限公司	71	11654838
2	山西煤炭运销集团有限公司	72	11588080
3	山西焦煤集团有限责任公司	76	10572891
4	山西潞安矿业（集团）有限责任公司	100	8500830
5	阳泉煤业（集团）有限责任公司	108	7555878
6	山西晋城无烟煤矿业集团有限责任公司	114	6854486
7	大秦铁路股份有限公司	199	4201380
8	山西煤炭进出口集团有限公司	202	4062147
9	山西省国新能源发展集团有限公司	459	1557374
	合计		66547904
陕西			
1	陕西延长石油（集团）有限责任公司	78	10207104
2	陕西煤业化工集团有限责任公司	158	5156645
3	陕西有色金属控股集团有限责任公司	180	4622904
4	陕西汽车集团有限责任公司	250	3137042
5	陕西东岭工贸集团股份有限公司	326	2322147
6	陕西建工集团总公司	327	2312286
7	陕西龙门钢铁（集团）有限责任公司	375	2028705
8	中国西电集团公司	454	1588152
	合计		31374985
安徽			
1	马钢（集团）控股有限公司	116	6805958
2	铜陵有色金属集团控股有限公司	121	6654485
3	安徽海螺集团有限责任公司	151	5389400
4	淮南矿业（集团）有限责任公司	159	5150679
5	安徽省徽商集团有限公司	190	4379994
6	奇瑞汽车股份有限公司	226	3537921
7	安徽江淮汽车集团有限公司	232	3471074
8	淮北矿业（集团）有限责任公司	243	3223792
9	合肥百货大楼集团股份有限公司	300	2490000
10	安徽省皖北煤电集团有限责任公司	363	2062864
11	安徽建工集团有限公司	433	1651463
12	安徽国贸集团控股有限公司	435	1648284
	合计		46465914
江苏			
1	江苏沙钢集团有限公司	42	17862398
2	苏宁电器集团有限公司	51	15622292
3	徐州工程机械集团有限公司	123	6602645
4	雨润控股集团有限公司	128	6475546
5	江苏悦达集团有限公司	133	6232144
6	南京钢铁集团有限公司	135	6098646
7	江苏华西集团公司	161	5125876
8	中天钢铁集团有限公司	168	5016965

排名	企业名称	总排名	营业收入（万元）
9	无锡产业发展集团有限公司	187	4505925
10	江苏新长江实业集团有限公司	195	4329266
11	三胞集团有限公司	205	3980819
12	江苏汇鸿国际集团有限公司	228	3511668
13	恒力集团有限公司	241	3250480
14	江苏三房巷集团有限公司	246	3177616
15	金东纸业（江苏）股份有限公司	254	3075301
16	江苏苏宁环球集团有限公司	262	2952000
17	江苏西城三联控股集团有限公司	265	2867590
18	江苏阳光集团有限公司	266	2866095
19	红豆集团有限公司	270	2818600
20	江苏申特钢铁有限公司	288	2602279
21	扬子江药业集团有限公司	298	2501626
22	海澜集团有限公司	299	2501357
23	江阴澄星实业集团有限公司	304	2452410
24	百兴集团有限公司	309	2421253
25	南京医药产业（集团）有限责任公司	310	2415239
26	江苏高力集团有限公司	315	2393521
27	江苏扬子江船业集团公司	329	2266895
28	徐州矿务集团有限公司	352	2109802
29	江苏南通三建集团有限公司	364	2058000
30	江苏国泰国际集团有限公司	367	2053783
31	江苏南通二建集团有限公司	372	2034806
32	亚邦投资控股集团有限公司	377	2014886
33	尚德电力控股有限公司	388	1960379
34	江苏省丝绸集团有限公司	392	1941494
35	丰立集团有限公司	393	1928819
36	中南控股集团有限公司	406	1825268
37	江苏省苏中建设集团股份有限公司	419	1720446
38	苏州创元投资发展（集团）有限公司	424	1693208
39	盛虹集团有限公司	426	1689406
40	江苏法尔胜泓昇集团有限公司	428	1663644
41	江苏金浦集团有限公司	432	1652418
42	江苏新世纪造船（集团）有限公司	436	1644184
43	亨通集团有限公司	440	1641979
44	江苏双良集团有限公司	443	1625919
45	江苏金辉集团公司	444	1620772
46	江苏华厦融创置地集团有限公司	448	1615860
47	波司登股份有限公司	455	1580011
48	维维集团股份有限公司	471	1516718
49	远东控股集团有限公司	489	1453368

排名	企业名称	总排名	营业收入（万元）
	合计		164971622
湖南			
1	湖南华菱钢铁集团有限责任公司	124	6578713
2	湖南中烟工业有限责任公司	140	5888856
3	长沙中联重工科技发展股份有限公司	164	5085768
4	三一集团有限公司	167	5020000
5	中国烟草总公司湖南省公司	198	4294715
6	湖南省建筑工程集团总公司	277	2714049
7	湖南晟通科技集团有限公司	452	1590499
	合计		31172600
湖北			
1	东风汽车公司	13	36883383
2	武汉钢铁（集团）公司	36	19069111
3	武汉商联（集团）股份有限公司	155	5212909
4	湖北宜化集团有限责任公司	201	4108935
5	中国葛洲坝集团公司	216	3704335
6	大冶有色金属集团控股有限公司	239	3264918
7	湖北中烟工业有限责任公司	256	3071298
8	九州通医药集团股份有限公司	349	2125177
	合计		77440066
江西			
1	江西铜业集团公司	96	8634538
2	新余钢铁集团有限公司	208	3866655
3	江西萍钢实业股份有限公司	249	3149313
4	江铃汽车集团公司	276	2719540
5	江西赛维 LDK 太阳能高科技有限公司	340	2196582
	合计		20566628
浙江			
1	浙江省物产集团公司	65	13539303
2	浙江吉利控股集团有限公司	115	6827951
3	万向集团公司	122	6613800
4	杭州钢铁集团公司	130	6436295
5	广厦控股创业投资有限公司	138	6035959
6	杭州娃哈哈集团有限公司	148	5487355
7	绿城房地产集团有限公司	150	5420000
8	海亮集团有限公司	153	5258400
9	浙江省能源集团有限公司	177	4702046

排名	企业名称	总排名	营业收入（万元）
10	浙江省兴合集团公司	182	4580663
11	浙江恒逸集团有限公司	221	3607627
12	浙江中烟工业有限责任公司	225	3542970
13	浙江省国际贸易集团有限公司	230	3491306
14	雅戈尔集团股份有限公司	237	3348136
15	浙江省商业集团有限公司	248	3161013
16	浙江省建设投资集团有限公司	252	3101645
17	宁波金田投资控股有限公司	259	3036011
18	杭州汽轮动力集团有限公司	274	2745835
19	中天发展控股集团有限公司	275	2734295
20	奥克斯集团有限公司	284	2621103
21	浙江荣盛控股集团有限公司	286	2604134
22	正泰集团有限公司	301	2488000
23	人民电器集团有限公司	302	2485721
24	浙江省交通投资集团有限公司	319	2337958
25	杭州橡胶（集团）公司	331	2249364
26	远大物产集团有限公司	350	2121081
27	青山控股集团有限公司	354	2100000
28	桐昆集团股份有限公司	355	2099222
29	德力西集团有限公司	361	2069467
30	新世纪控股集团有限公司	362	2064319
31	盾安控股集团有限公司	371	2035269
32	天正集团有限公司	380	2003138
33	浙江前程投资股份有限公司	391	1952596
34	浙江中成控股集团有限公司	403	1837328
35	宁波银亿集团有限公司	449	1615030
36	精功集团有限公司	461	1551021
37	宁波富邦控股集团有限公司	464	1530145
38	浙江宝业建设集团有限公司	470	1518836
39	浙江昆仑控股集团有限公司	477	1504480
40	浙江元立金属制品集团有限公司	486	1461790
41	传化集团有限公司	488	1457968
42	浙江八达建设集团有限公司	495	1428656
43	杉杉控股有限公司	497	1428080
44	浙江龙盛控股有限公司	499	1421638
	合计		141656954

广东

排名	企业名称	总排名	营业收入（万元）
1	中国南方电网有限责任公司	14	36857369
2	中国平安保险（集团）股份有限公司	34	19553413
3	华润（集团）有限公司	38	18805269
4	华为技术有限公司	39	18507600
5	广州汽车工业集团有限公司	48	16224204
6	美的集团有限公司	70	11671971
7	中国南方航空集团公司	106	7824707
8	招商银行股份有限公司	110	7137700
9	中兴通讯股份有限公司	112	7026387
10	正威国际集团有限公司	118	6781763
11	珠海格力电器股份有限公司	137	6080724
12	广东物资集团公司	143	5831123
13	广东省广新控股集团有限公司	146	5579451
14	TCL 集团股份有限公司	156	5183357
15	中国国际海运集装箱（集团）股份有限公司	157	5176832
16	广州铁路（集团）公司	173	4818250
17	比亚迪股份有限公司	179	4668535
18	恒大地产集团	183	4580140
19	广东省粤电集团有限公司	197	4299980
20	广东格兰仕集团有限公司	214	3722894
21	华侨城集团公司	233	3442354
22	广发银行股份有限公司	236	3408515
23	广东省交通集团有限公司	238	3308711
24	广东省丝绸纺织集团有限公司	271	2773446
25	南方石化集团有限公司	272	2752872
26	广州医药集团有限公司	273	2752645
27	碧桂园控股有限公司	290	2580411
28	广州市建筑集团有限公司	308	2428809
29	广东省广晟资产经营有限公司	316	2368231
30	广东省建筑工程集团有限公司	348	2129624
31	雅居乐地产控股有限公司	368	2052019
32	深圳市天音通信发展有限公司	370	2038253
33	腾讯控股有限公司	386	1964603
34	金地（集团）股份有限公司	389	1959250
35	中国广东核电集团有限公司	396	1906885
36	广州万宝集团有限公司	412	1771204
37	深圳市中金岭南有色金属股份有限公司	460	1552235
	合计		241521736

四川

排名	企业名称	总排名	营业收入（万元）
1	四川长虹电子集团有限公司	141	5859688
2	新希望集团有限公司	145	5595767
3	四川省宜宾五粮液集团有限公司	204	4029684
4	东方电气股份有限公司	209	3808011

排名	企业名称	总排名	营业收入（万元）
5	通威集团有限公司	257	3063896
6	四川华西集团有限公司	281	2671700
7	成都建筑工程集团总公司	285	2619663
8	四川宏达（集团）有限公司	295	2536014
9	四川省川威集团有限公司	297	2519760
10	四川公路桥梁建设集团有限公司	438	1643166
	合计		34347349
福建			
1	厦门建发集团有限公司	119	6770462
2	福建联合石油化工有限公司	142	5857077
3	厦门国贸控股有限公司	174	4809649
4	兴业银行股份有限公司	193	4345591
5	厦门海翼集团有限公司	206	3951373
6	紫金矿业集团股份有限公司	268	2853958
7	厦门象屿集团有限公司	291	2576816
8	福建省三钢（集团）有限责任公司	335	2220311
9	福建省能源集团有限责任公司	466	1528110
	合计		34913347
广西			
1	广西玉柴机器集团有限公司	215	3704602
2	广西建工集团有限责任公司	318	2346788
3	广西投资集团有限公司	334	2221897
4	广西柳工集团有限公司	418	1723390
	合计		9996677
贵州			
1	贵州中烟工业有限责任公司	359	2074708
2	中国贵州茅台酒厂有限责任公司	462	1550241
	合计		3624949
云南			
1	红塔烟草（集团）有限责任公司	132	6325981
2	红云红河烟草（集团）有限责任公司	147	5499012
3	云天化集团有限责任公司	211	3766624
4	云南建工集团有限公司	321	2333215
5	云南煤化工集团有限公司	358	2082031
6	昆明钢铁控股有限公司	369	2050435
7	云南冶金集团股份有限公司	423	1707230
8	云南锡业集团（控股）有限责任公司	437	1643841
	合计		25408369
甘肃			
1	金川集团有限公司	92	9233633
2	酒泉钢铁（集团）有限责任公司	144	5694581
3	白银有色集团股份有限公司	465	1529410
	合计		16457624
青海			
1	西部矿业集团有限公司	397	1899157
	合计		1899157
新疆			
1	新疆广汇实业投资（集团）有限责任公司	127	6475589
2	新疆特变电工集团有限公司	366	2053899
3	新疆金风科技股份有限公司	414	1759550
4	新疆天业（集团）有限公司	457	1575338
	合计		11864376
内蒙古			
1	包头钢铁（集团）有限责任公司	175	4797643
2	内蒙古电力（集团）有限责任公司	176	4774013
3	内蒙古伊泰集团有限公司	227	3525971
4	内蒙古蒙牛乳业（集团）股份有限公司	260	3026541
5	内蒙古伊利实业集团股份有限公司	261	2966498
6	内蒙古鄂尔多斯羊绒集团有限责任公司	420	1716680
	合计		20807346
海南			
1	海航集团有限公司	129	6466806
2	海南大印集团有限公司	278	2713098
	合计		9179904

表 7－5 2011 中国企业 500 强利润排序前 100 名企业

排名	公司名称	总排名	利润（万元）	排名	公司名称	总排名	利润（万元）
1	中国工商银行股份有限公司	4	16602500	51	大连万达集团股份有限公司	194	725605
2	中国建设银行股份有限公司	8	13484400	52	中国南方电网有限责任公司	14	717914
3	中国银行股份有限公司	11	10969100	53	三一集团有限公司	167	714056
4	中国石油天然气集团公司	2	9725232	54	美的集团有限公司	70	695515
5	中国农业银行股份有限公司	10	9487300	55	碧桂园控股有限公司	290	693744
6	中国海洋石油总公司	16	7423092	56	中国船舶重工集团公司	61	685144
7	中国移动通信集团公司	5	6588500	57	北京银行	303	680303
8	中国石油化工集团公司	1	5164026	58	上海电气（集团）总公司	81	670122
9	交通银行股份有限公司	46	3904201	59	杭州娃哈哈集团有限公司	148	660021
10	中国中信集团公司	21	3335074	60	光明食品（集团）有限公司	77	659995
11	国家电网公司	3	3244284	61	安徽海螺集团有限责任公司	151	651359
12	神华集团有限责任公司	29	2881208	62	雅居乐地产控股有限公司	368	641860
13	招商银行股份有限公司	110	2576900	63	江苏华厦融创置地集团有限公司	448	635577
14	中国第一汽车集团公司	18	2489577	64	广发银行股份有限公司	236	618861
15	华为技术有限公司	39	2375700	65	中国贵州茅台酒厂有限责任公司	462	605686
16	中国人寿保险（集团）公司	9	2372918	66	华夏银行股份有限公司	306	598958
17	东风汽车公司	13	2322133	67	中国建筑材料集团有限公司	66	584145
18	宝钢集团有限公司	20	1987703	68	中国航天科工集团公司	94	579704
19	上海浦东发展银行股份有限公司	171	1917721	69	紫金矿业集团股份有限公司	268	575575
20	兴业银行股份有限公司	193	1852058	70	南山集团有限公司	163	568462
21	中国民生银行股份有限公司	149	1758100	71	四川省宜宾五粮液集团有限公司	204	555309
22	中国平安保险（集团）股份有限公司	34	1731100	72	中粮集团有限公司	41	541732
23	中国建筑股份有限公司	12	1471521	73	上海国际港务（集团）股份有限公司	395	541712
24	上海烟草集团有限责任公司	109	1307493	74	长沙中联重工科技发展股份有限公司	164	541611
25	上海汽车工业（集团）总公司	15	1295615	75	上海绿地（集团）有限公司	87	541071
26	广州汽车工业集团有限公司	48	1239720	76	河南煤业化工集团有限责任公司	58	527208
27	中国航空集团公司	102	1236888	77	中国南方航空集团公司	106	510585
28	华润（集团）有限公司	38	1067861	78	中国机械工业集团有限公司	55	510246
29	大秦铁路股份有限公司	199	1041080	79	湖南中烟工业有限责任公司	140	506299
30	兖矿集团有限公司	139	988533	80	江西铜业集团公司	96	495968
31	中国交通建设股份有限公司	19	943707	81	红云红河烟草（集团）有限责任公司	147	488009
32	中国航空工业集团公司	31	887644	82	中国核工业集团公司	188	480608
33	中国邮政集团公司	37	885058	83	国家开发投资公司	134	471321
34	陕西煤业化工集团有限责任公司	158	868215	84	中国中煤能源集团有限公司	85	469833
35	中国太平洋保险（集团）股份有限公司	62	855700	85	海尔集团公司	63	452649
36	山东魏桥创业集团有限公司	69	854619	86	中国五矿集团公司	24	452106
37	中国电信集团公司	22	845958	87	上海复星高科技（集团）有限公司	184	439477
38	北京汽车集团有限公司	50	844413	88	中国铁建股份有限公司	7	431664
39	中国广东核电集团有限公司	396	819774	89	珠海格力电器股份有限公司	137	430321
40	山东能源集团有限公司	75	818146	90	世纪金源投资集团有限公司	313	414267
41	腾讯控股有限公司	386	811521	91	龙湖地产有限公司	474	413016
42	恒大地产集团	183	802468	92	苏宁电器集团有限公司	51	410551
43	潍柴控股集团有限公司	93	799639	93	红塔烟草（集团）有限责任公司	132	406734
44	中国远洋运输（集团）总公司	45	786125	94	中国国电集团公司	47	404193
45	陕西延长石油（集团）有限责任公司	78	753749	95	雨润控股集团有限公司	128	391942
46	中国中铁股份有限公司	6	748849	96	海航集团有限公司	129	391408
47	内蒙古伊泰集团有限公司	227	740240	97	中国人民保险集团股份有限公司	25	388200
48	江苏沙钢集团有限公司	42	737424	98	雅戈尔集团股份有限公司	237	386269
49	天津汽车工业（集团）有限公司	84	734658	99	中国烟草总公司湖南省公司	198	385818
50	中国中化集团公司	17	734480	100	江苏扬子江船业集团公司	329	375740
					中国企业 500 强平均数		426160

表7－6　　　　2011中国企业500强资产排序前100名企业

排名	公司名称	总排名	资产（万元）	排名	公司名称	总排名	资产（万元）
1	中国工商银行股份有限公司	4	1345862200	51	中粮集团有限公司	41	23260720
2	中国建设银行股份有限公司	8	1081031700	52	中国兵器工业集团公司	26	22836758
3	中国银行股份有限公司	11	1045986500	53	中国核工业集团公司	188	22338423
4	中国农业银行股份有限公司	10	1033740600	54	中国兵器装备集团公司	23	21932144
5	交通银行股份有限公司	46	395159317	55	东风汽车公司	13	21776372
6	中国邮政集团公司	37	352066208	56	中国中化集团公司	17	21145578
7	中国石油天然气集团公司	2	262995626	57	武汉钢铁（集团）公司	36	20382720
8	中国中信集团公司	21	253905748	58	海航集团有限公司	129	20146164
9	招商银行股份有限公司	110	240250700	59	中国五矿集团公司	24	19878521
10	上海浦东发展银行股份有限公司	171	219141077	50	中国广东核电集团有限公司	396	19586151
11	国家电网公司	3	207752374	51	中国化工集团公司	64	17961190
12	兴业银行股份有限公司	193	184967338	52	中国中煤能源集团有限公司	85	17256094
13	中国民生银行股份有限公司	149	182373700	53	中国第一汽车集团公司	18	17254979
14	中国人寿保险（集团）公司	9	177602026	54	中国航空集团公司	102	16497551
15	中国石油化工集团公司	1	148524057	55	广东省交通集团有限公司	238	16440049
16	中国平安保险（集团）股份有限公司	34	117162700	56	华为技术有限公司	39	16084100
17	中国移动通信集团公司	5	105915327	57	光明食品（集团）有限公司	77	15561802
18	华夏银行股份有限公司	306	104023044	58	中国建筑材料集团有限公司	66	15348103
19	广发银行股份有限公司	236	81439002	59	江苏沙钢集团有限公司	42	15258254
20	北京银行	303	73321050	70	山东钢铁集团有限公司	73	15116265
21	中国华能集团公司	27	66239943	71	陕西延长石油（集团）有限责任公司	78	14482801
22	中国电信集团公司	22	64764039	72	中国海运（集团）总公司	126	14292567
23	中国海洋石油总公司	16	61720044	73	大连万达集团股份有限公司	194	14146523
24	神华集团有限责任公司	29	55092663	74	河南煤业化工集团有限责任公司	58	14055952
25	中国国电集团公司	47	53583753	75	上海绿地（集团）有限公司	87	13871297
26	中国大唐集团公司	44	52058235	76	山东高速集团有限公司	399	13748760
27	中国联合网络通信集团有限公司	43	51267478	77	陕西煤业化工集团有限责任公司	158	13437875
28	中国南方电网有限责任公司	14	49077334	78	浙江省交通投资集团有限公司	319	13332518
29	中国太平洋保险（集团）股份有限公司	62	47571100	79	中国航天科工集团公司	94	13172060
30	中国航空工业集团公司	31	46928196	30	中国机械工业集团有限公司	55	13135501
31	华润（集团）有限公司	38	45901676	31	山东能源集团有限公司	75	12953462
32	中国华电集团公司	67	44464297	32	中国重型汽车集团有限公司	103	12847057
33	中国电力投资集团公司	68	44339335	33	北京汽车集团有限公司	50	12633073
34	中国人民保险集团股份有限公司	25	44058900	34	中国中钢集团公司	40	12583533
35	宝钢集团有限公司	20	43213018	35	山西焦煤集团有限责任公司	76	12551687
36	中国建筑股份有限公司	12	39753912	36	绿城房地产集团有限公司	150	12535895
37	中国中铁股份有限公司	6	38930635	37	中国水利水电建设集团公司	80	12346476
38	中国铝业公司	35	37421865	38	上海电气（集团）总公司	81	11847191
39	中国铁建股份有限公司	7	35019402	39	中国南方航空集团公司	106	11800461
40	中国远洋运输（集团）总公司	45	31958432	90	广东省粤电集团有限公司	197	11771261
41	中国船舶重工集团公司	61	31811447	91	兖矿集团有限公司	139	11727577
42	中国冶金科工集团有限公司	30	31806302	92	中国外运长航集团有限公司	88	11655354
43	中国交通建设股份有限公司	19	31106704	93	联想控股有限公司	59	11460039
44	首钢总公司	32	31012814	94	湖南华菱钢铁集团有限责任公司	124	11376825
45	泰康人寿保险股份有限公司	107	29347528	95	中国东方航空集团公司	105	11308184
46	上海汽车工业（集团）总公司	15	29252033	96	海尔集团公司	63	11265393
47	河北钢铁集团有限公司	28	28208254	97	太平人寿保险有限公司	245	11132794
48	鞍钢集团公司	56	24500977	98	中国电子信息产业集团有限公司	49	10817474
49	广州铁路（集团）公司	173	24059967	99	浙江省能源集团有限公司	177	10721743
50	国家开发投资公司	134	23734908	100	上海复星高科技（集团）有限公司	184	10667214
					中国企业500强平均数		21840894

表7－7　　2011中国企业500强所有者权益排序前100名企业

排名	公司名称	总排名	所有者权益（万元）	排名	公司名称	总排名	所有者权益（万元）
1	中国石油天然气集团公司	2	139565211	51	大秦铁路股份有限公司	199	5633380
2	中国工商银行股份有限公司	4	82165700	52	北京汽车集团有限公司	50	5609680
3	国家电网公司	3	79292976	53	华为技术有限公司	39	5525100
4	中国移动通信集团公司	5	75126571	54	中国兵器工业集团公司	26	5467607
5	中国建设银行股份有限公司	8	69679200	55	中粮集团有限公司	41	5403399
6	中国银行股份有限公司	11	64416500	56	广东省粤电集团有限公司	197	5389194
7	中国农业银行股份有限公司	10	54207100	57	中国五矿集团公司	24	5272677
8	中国石油化工集团公司	1	50437059	58	中国中煤能源集团有限公司	85	5228522
9	中国电信集团公司	22	42922193	59	中国外运长航集团有限公司	88	5126104
10	中国海洋石油总公司	16	39078726	60	江苏沙钢集团有限公司	42	5088441
11	宝钢集团有限公司	20	26017495	61	中国重型汽车集团有限公司	103	5066698
12	中国联合网络通信集团有限公司	43	24555768	62	中国海运（集团）总公司	126	5028118
13	神华集团有限责任公司	29	23639003	63	广东省交通集团有限公司	238	5025207
14	交通银行股份有限公司	46	22227317	64	中国航天科工集团公司	94	4873588
15	中国中信集团公司	21	17250544	65	中国航空集团公司	102	4710996
16	中国航空工业集团公司	31	16028229	66	中国广东核电集团有限公司	396	4654559
17	中国南方电网有限责任公司	14	15835594	67	陕西煤业化工集团有限责任公司	158	4500096
18	广州铁路（集团）公司	173	15126656	68	福佳集团有限公司	328	4397839
19	招商银行股份有限公司	110	13400600	69	山西焦煤集团有限责任公司	76	4352046
20	上海浦东发展银行股份有限公司	171	12299634	70	广发银行股份有限公司	236	4288160
21	中国邮政集团公司	37	11507122	71	北京银行	303	4254598
22	中国远洋运输（集团）总公司	45	11338183	72	广州汽车工业集团有限公司	48	4131526
23	中国平安保险（集团）股份有限公司	34	11203000	73	海航集团有限公司	129	4096308
24	首钢总公司	32	10642837	74	中国电子信息产业集团有限公司	49	4053182
25	中国民生银行股份有限公司	149	10410800	75	上海电气（集团）总公司	81	4017188
26	中国建筑股份有限公司	12	10326047	76	太原钢铁（集团）有限公司	71	3941135
27	中国国电集团公司	47	9686973	77	山东高速集团有限公司	399	3930141
28	兴业银行股份有限公司	193	9199529	78	北京控股集团有限公司	251	3920425
29	上海烟草集团有限责任公司	109	8251147	79	红云红河烟草（集团）有限责任公司	147	3896461
30	鞍钢集团公司	56	8108021	80	河南煤业化工集团有限责任公司	58	3873857
31	中国船舶重工集团公司	61	8100852	81	江西铜业集团公司	96	3807176
32	华润（集团）有限公司	38	7959171	82	山东钢铁集团有限公司	73	3800120
33	东风汽车公司	13	7912510	83	湖南中烟工业有限责任公司	140	3764482
34	河北钢铁集团有限公司	28	7814526	84	安徽海螺集团有限责任公司	151	3704637
35	中国中化集团公司	17	7637934	85	浙江省能源集团有限公司	177	3696800
36	中国交通建设股份有限公司	19	7502167	86	浙江省交通投资集团有限公司	319	3652330
37	中国中铁股份有限公司	6	7389188	87	中国冶金科工集团有限公司	30	3611127
38	国家开发投资公司	134	7247062	88	华夏银行股份有限公司	306	3549588
39	武汉钢铁（集团）公司	36	7131676	89	上海国际港务（集团）股份有限公司	395	3537835
40	上海汽车工业（集团）总公司	15	7018380	90	兖矿集团有限公司	139	3526738
41	中国第一汽车集团公司	18	6974412	91	中国建筑材料集团有限公司	66	3409221
42	中国电力投资集团公司	68	6715634	92	马钢（集团）控股有限公司	116	3380099
43	申能（集团）有限公司	296	6665632	93	山东能源集团有限公司	75	3313005
44	光明食品（集团）有限公司	77	6585409	94	浙江吉利控股集团有限公司	115	3212939
45	中国人寿保险（集团）公司	9	6468225	95	四川省宜宾五粮液集团有限公司	204	3200121
46	中国大唐集团公司	44	6364198	96	中国兵器装备集团公司	23	3197536
47	红塔烟草（集团）有限责任公司	132	6270343	97	中国机械工业集团有限公司	55	3184308
48	陕西延长石油（集团）有限责任公司	78	6257484	98	山东魏桥创业集团有限公司	69	3095163
49	中国核工业集团公司	188	5973983	99	北京能源投资（集团）有限公司	421	3087076
50	中国铁建股份有限公司	7	5823142	100	中国医药集团总公司	95	3071668
					中国企业500强平均数		3488068

表7－8　　2011中国企业500强从业人数排序前100名企业

排名	公司名称	总排名	从业人数	排名	公司名称	总排名	从业人数
1	中国石油天然气集团公司	2	1674541	51	中国人寿保险（集团）公司	9	118362
2	国家电网公司	3	1564001	52	武汉钢铁（集团）公司	36	117374
3	中国邮政集团公司	37	860200	53	中国电力投资集团公司	68	116825
4	黑龙江北大荒农垦集团总公司	79	721547	54	陕西延长石油（集团）有限责任公司	78	114464
5	中国石油化工集团公司	1	640535	55	中国电子信息产业集团有限公司	49	111651
6	中国电信集团公司	22	493919	56	中国建筑材料集团有限公司	66	110691
7	中国农业银行股份有限公司	10	444447	57	华为技术有限公司	39	110000
8	中国航空工业集团公司	31	411490	58	上海汽车工业（集团）总公司	15	109500
9	中国工商银行股份有限公司	4	397339	59	成都建筑工程集团总公司	285	109381
10	中国南方电网有限责任公司	14	323958	60	首钢总公司	32	105993
11	华润（集团）有限公司	38	320464	61	宝钢集团有限公司	20	104768
12	中国建设银行股份有限公司	8	313867	62	中国交通建设股份有限公司	19	103010
13	中国联合网络通信集团有限公司	43	312700	63	中国五矿集团公司	24	101276
14	中国中铁股份有限公司	6	285054	64	雨润控股集团有限公司	128	100000
15	中国兵器工业集团公司	26	279996	65	兖矿集团有限公司	139	98470
16	中国银行股份有限公司	11	279301	66	中国华电集团公司	67	98233
17	中国铁建股份有限公司	7	260268	67	中国大唐集团公司	44	95882
18	黑龙江龙煤矿业控股集团有限责任公司	224	259138	68	阳光保险集团股份有限公司	307	94747
19	中国兵器装备集团公司	23	225033	69	中国人民保险集团股份有限公司	25	94578
20	鞍钢集团公司	56	208489	70	陕西煤业化工集团有限责任公司	158	93654
21	中国移动通信集团公司	5	207404	71	大秦铁路股份有限公司	199	91837
22	山东能源集团有限公司	75	200857	72	广厦控股创业投资有限公司	138	90012
23	中国铝业公司	35	186266	73	山东钢铁集团有限公司	73	89370
24	美的集团有限公司	70	182000	74	淮北矿业（集团）有限责任公司	243	88725
25	河南煤业化工集团有限责任公司	58	181756	75	中粮集团有限公司	41	88508
26	山西焦煤集团有限责任公司	76	178321	76	中国南车集团公司	120	88381
27	东风汽车公司	13	163990	77	江苏南通三建集团有限公司	364	88216
28	广州铁路（集团）公司	173	163892	78	中国北方机车车辆工业集团公司	125	87740
29	神华集团有限责任公司	29	161170	79	重庆商社（集团）有限公司	244	87705
30	中国船舶重工集团公司	61	161000	80	山西煤炭运销集团有限公司	72	87572
31	中国冶金科工集团有限公司	30	159500	81	江苏省苏中建设集团股份有限公司	419	86739
32	浙江省建设投资集团有限公司	252	153369	82	中兴通讯股份有限公司	112	85323
33	苏宁电器集团有限公司	51	150419	83	交通银行股份有限公司	46	85290
34	阳泉煤业（集团）有限责任公司	108	149329	84	中国核工业集团公司	188	85059
35	中国平煤神马能源化工集团有限责任公司	74	146142	85	中国机械工业集团有限公司	55	84789
				86	中国第一汽车集团公司	18	84191
36	中国华能集团公司	27	141996	87	国家开发投资公司	134	76527
37	中国中信集团公司	21	140028	88	重庆市能源投资集团公司	383	76061
38	中国化工集团公司	64	137797	89	新兴际华集团有限公司	104	74186
39	中国水利水电建设集团公司	80	133175	90	江苏南通二建集团有限公司	372	73880
40	河北钢铁集团有限公司	28	132977	91	淮南矿业（集团）有限责任公司	159	73499
41	山东魏桥创业集团有限公司	69	131972	92	中国外运长航集团有限公司	88	73063
42	广西建工集团有限责任公司	318	131285	93	中国远洋运输（集团）总公司	45	71105
43	中国国电集团公司	47	131024	94	中太建设集团股份有限公司	468	70000
44	中国平安保险（集团）股份有限公司	34	128808	95	四川长虹电子集团有限公司	141	69686
45	光明食品（集团）有限公司	77	125612	96	开滦（集团）有限责任公司	91	69276
46	山西晋城无烟煤矿业集团有限责任公司	114	124877	97	上海电气（集团）总公司	81	68852
47	冀中能源集团有限责任公司	60	124651	98	中国中材集团有限公司	169	67602
48	中国中煤能源集团有限公司	85	124371	99	中国东方航空集团公司	105	67534
49	中国建筑股份有限公司	12	123579	100	中国海洋石油总公司	16	65900
50	中国航天科工集团公司	94	120183		中国企业500强平均数		55703

表7－9　　2011中国企业500强研发费用排序前100名企业

排名	公司名称	总排名	研发费用（万元）	排名	公司名称	总排名	研发费用（万元）
1	中国石油天然气集团公司	2	2261707	51	恒力集团有限公司	241	219984
2	中国航空工业集团公司	31	1844671	52	哈尔滨电气集团公司	242	217547
3	华为技术有限公司	39	1655600	53	中国海洋石油总公司	16	209315
4	中国移动通信集团公司	5	1361595	54	中国建筑材料集团有限公司	66	207360
5	国家电网公司	3	984751	55	铜陵有色金属集团控股有限公司	121	203820
6	中国铁建股份有限公司	7	882460	56	TCL集团股份有限公司	156	197200
7	中国船舶重工集团公司	61	872772	57	中国核工业集团公司	188	187414
8	中国航天科工集团公司	94	868632	58	北京汽车集团有限公司	50	181303
9	中国中铁股份有限公司	6	820026	59	中国北方机车车辆工业集团公司	125	179845
10	中国兵器工业集团公司	26	797791	60	江西铜业集团公司	96	179000
11	海尔集团公司	63	766393	61	珠海格力电器股份有限公司	137	178845
12	中国兵器装备集团公司	23	741145	62	安阳钢铁集团有限责任公司	192	173290
13	中国石油化工集团公司	1	712264	63	上海建工（集团）总公司	98	171940
14	中兴通讯股份有限公司	112	709197	64	腾讯控股有限公司	386	168552
15	武汉钢铁（集团）公司	36	627177	65	三一集团有限公司	167	166864
16	宝钢集团有限公司	20	546929	66	四川长虹电子集团有限公司	141	162561
17	中国冶金科工集团有限公司	30	495839	67	广州汽车工业集团有限公司	48	162073
18	东风汽车公司	13	482643	68	新希望集团有限公司	145	160438
19	美的集团有限公司	70	482000	69	奇瑞汽车股份有限公司	226	159757
20	上海汽车工业（集团）总公司	15	471120	70	长沙中联重工科技发展股份有限公司	164	157659
21	首钢总公司	32	459800	71	中国中材集团有限公司	169	151707
22	中国电信集团公司	22	453646	72	陕西延长石油（集团）有限责任公司	78	151364
23	中国第一汽车集团公司	18	452623	73	包头钢铁（集团）有限责任公司	175	149760
24	上海电气（集团）总公司	81	429685	74	河北钢铁集团有限公司	28	146136
25	山东魏桥创业集团有限公司	69	416345	75	山西潞安矿业（集团）有限责任公司	100	144330
26	河南煤业化工集团有限责任公司	58	397982	76	比亚迪股份有限公司	179	140346
27	山东钢铁集团有限公司	73	358854	77	北大方正集团有限公司	154	136546
28	中国工商银行股份有限公司	4	338453	78	中国水利水电建设集团公司	80	132266
29	中国南车集团公司	120	330239	79	徐州工程机械集团有限公司	123	128663
30	中国电子信息产业集团有限公司	49	320979	80	山东泰山钢铁集团有限公司	287	126360
31	中国铝业公司	35	320615	81	四川省宜宾五粮液集团有限公司	204	125130
32	浙江吉利控股集团有限公司	115	320400	82	云天化集团有限责任公司	211	124854
33	中国平煤神马能源化工集团有限责任公司	74	320000	83	湖北宜化集团有限责任公司	201	123145
				84	山西焦煤集团有限责任公司	76	120451
34	中国建筑股份有限公司	12	319747	85	天津渤海化工集团公司	185	118004
35	中国机械工业集团有限公司	55	299936	86	山东六和集团有限公司	165	112737
36	中国南方电网有限责任公司	14	277908	87	天津汽车工业（集团）有限公司	84	112279
37	马钢（集团）控股有限公司	116	266049	88	新兴际华集团有限公司	104	106668
38	江苏沙钢集团有限公司	42	261669	89	天津市一轻集团（控股）有限公司	170	105000
39	中国化工集团公司	64	260630	90	南山集团有限公司	163	103242
40	中国交通建设股份有限公司	19	259455	91	潍柴控股集团有限公司	93	100150
41	海信集团有限公司	131	255601	92	东方电气股份有限公司	209	97739
42	太原钢铁（集团）有限公司	71	248380	93	天津钢管集团股份有限公司	99	97301
43	神华集团有限责任公司	29	244515	94	中国西电集团公司	454	95014
44	中国重型汽车集团有限公司	103	242598	95	浪潮集团有限公司	258	94605
45	阳泉煤业（集团）有限责任公司	108	239600	96	中国葛洲坝集团公司	216	94357
46	酒泉钢铁（集团）有限责任公司	144	237200	97	天津百利机电控股集团有限公司	222	92765
47	天津天铁冶金集团有限公司	111	236466	98	春风实业集团有限责任公司	402	92645
48	中国中煤能源集团有限公司	85	230081	99	内蒙古伊利实业集团股份有限公司	261	91989
49	湖南华菱钢铁集团有限责任公司	124	225149	100	中国国电集团公司	47	91724
50	兖矿集团有限公司	139	221880		中国企业500强平均数		103691.58

表 7－10　　　　2011 中国企业 500 强研发费所占比例排序前 100 名企业

排名	公司名称	总排名	研发费所占比例（%）	排名	公司名称	总排名	研发费所占比例（%）
1	中兴通讯股份有限公司	112	10.09	52	云天化集团有限责任公司	211	3.31
2	中国航天科工集团公司	94	9.60	53	华泰集团有限公司	407	3.29
3	华为技术有限公司	39	8.95	54	武汉钢铁（集团）公司	36	3.29
4	中国航空工业集团公司	31	8.79	55	盾安控股集团有限公司	371	3.29
5	腾讯控股有限公司	386	8.58	56	江铃汽车集团公司	276	3.28
6	恒力集团有限公司	241	6.77	57	山东钢铁集团有限公司	73	3.27
7	哈尔滨电气集团公司	242	6.74	58	扬子江药业集团有限公司	298	3.20
8	中国船舶重工集团公司	61	6.12	59	阳泉煤业（集团）有限责任公司	108	3.17
9	中国西电集团公司	454	5.98	60	包头钢铁（集团）有限责任公司	175	3.12
10	海尔集团公司	63	5.45	61	四川省宜宾五粮液集团有限公司	204	3.11
11	利华益集团股份有限公司	427	5.31	62	内蒙古伊利实业集团股份有限公司	261	3.10
12	春风实业集团有限责任公司	402	5.00	63	长沙中联重工科技发展股份有限公司	164	3.10
13	中国南车集团公司	120	4.94	64	浪潮集团有限公司	258	3.10
14	山东泰山钢铁集团有限公司	287	4.85	65	铜陵有色金属集团控股有限公司	121	3.06
15	山东晨鸣纸业集团股份有限公司	400	4.80	66	中国中材集团有限公司	169	3.03
16	万达控股集团有限公司	413	4.77	67	比亚迪股份有限公司	179	3.01
17	福田雷沃国际重工股份有限公司	500	4.74	68	广州万宝集团有限公司	412	3.00
18	浙江吉利控股集团有限公司	115	4.69	69	湖北宜化集团有限责任公司	201	3.00
19	重庆力帆控股有限公司	450	4.59	70	中国平煤神马能源化工集团有限责任公司	74	3.00
20	奇瑞汽车股份有限公司	226	4.52				
21	新疆特变电工集团有限公司	366	4.41	71	杭州橡胶（集团）公司	331	3.00
22	鞍钢集团公司	56	4.38	72	许继集团有限公司	484	3.00
23	上海电气（集团）总公司	81	4.32	73	山东金诚石化集团有限公司	357	3.00
24	三角集团有限公司	442	4.31	74	江苏金浦集团有限公司	432	3.00
25	中国贵州茅台酒厂有限责任公司	462	4.28	75	中国重型汽车集团有限公司	103	2.99
26	沈阳机床（集团）有限责任公司	493	4.24	76	玲珑集团有限公司	475	2.98
27	同方股份有限公司	405	4.22	77	东营方圆有色金属有限公司	429	2.97
28	中国核工业集团公司	188	4.21	78	精功集团有限公司	461	2.96
29	郑州宇通集团有限公司	445	4.17	79	人民电器集团有限公司	302	2.95
30	酒泉钢铁（集团）有限责任公司	144	4.17	80	珠海格力电器股份有限公司	137	2.94
31	美的集团有限公司	70	4.13	81	维维集团股份有限公司	471	2.89
32	海信集团有限公司	131	4.01	82	中国兵器装备集团公司	23	2.88
33	安阳钢铁集团有限责任公司	192	3.96	83	新希望集团有限公司	145	2.87
34	马钢（集团）控股有限公司	116	3.91	84	天津二轻集团（控股）有限公司	365	2.87
35	亨通集团有限公司	440	3.80	85	浙江龙盛控股有限公司	499	2.82
36	TCL 集团股份有限公司	156	3.80	86	中国北方机车车辆工业集团公司	125	2.77
37	北京京城机电控股有限责任公司	382	3.70	87	四川长虹电子集团有限公司	141	2.77
38	兖矿集团有限公司	139	3.68	88	河南煤业化工集团有限责任公司	58	2.71
39	中国煤炭科工集团有限公司	332	3.62	89	内蒙古鄂尔多斯羊绒集团有限责任公司	420	2.64
40	四川公路桥梁建设集团有限公司	438	3.58	90	中国移动通信集团公司	5	2.62
41	新世纪控股集团有限公司	362	3.55	91	北大方正集团有限公司	154	2.62
42	广西柳工集团有限公司	418	3.52	92	华勤橡胶工业集团	469	2.61
43	山东魏桥创业集团有限公司	69	3.51	93	天津百利机电控股集团有限公司	222	2.59
44	正泰集团有限公司	301	3.47	94	天津渤海化工集团公司	185	2.59
45	尚德电力控股有限公司	388	3.46	95	东方电气股份有限公司	209	2.57
46	湖南华菱钢铁集团有限责任公司	124	3.42	96	江苏西城三联控股集团有限公司	265	2.56
47	江苏法尔胜泓昇集团有限公司	428	3.42	97	中国葛洲坝集团公司	216	2.55
48	东北特殊钢集团有限责任公司	385	3.35	98	大连机床集团有限责任公司	439	2.54
49	天津天铁冶金集团有限公司	111	3.32	99	广东省广晟资产经营有限公司	316	2.53
50	三一集团有限公司	167	3.32	100	福建省三钢（集团）有限责任公司	335	2.52
51	中国兵器工业集团公司	26	3.31		中国企业 500 强平均数		1.41

表7－11　　2011中国企业500强净资产利润率排序前100名企业

排名	公司名称	总排名	净资产利润率（%）	排名	公司名称	总排名	净资产利润率（%）
1	金地（集团）股份有限公司	389	96.83	51	联想控股有限公司	59	26.85
2	大连万达集团股份有限公司	194	56.42	52	山东六和集团有限公司	165	26.41
3	江苏新世纪造船（集团）有限公司	436	56.18	53	浙江前程投资股份有限公司	391	26.33
4	天正集团有限公司	380	44.38	54	中国航空集团公司	102	26.26
5	华为技术有限公司	39	43.00	55	山东太阳纸业股份有限公司	341	26.22
6	江苏新长江实业集团有限公司	195	41.56	56	浙江昆仑控股集团有限公司	477	26.21
7	桐昆集团股份有限公司	355	41.53	57	德力西集团有限公司	361	25.76
8	杭州娃哈哈集团有限公司	148	39.65	58	海亮集团有限公司	153	25.74
9	浙江八达建设集团有限公司	495	38.04	59	江苏华厦融创置地集团有限公司	448	25.43
10	滨化集团公司	293	37.72	60	山东能源集团有限公司	75	24.69
11	河南省漯河市双汇实业集团有限责任公司	166	37.60	61	山东京博控股股份有限公司	356	24.57
12	庞大汽贸集团股份有限公司	152	37.59	62	河北新金钢铁有限公司	490	24.46
13	恒大地产集团	183	37.56	63	中国贵州茅台酒厂有限责任公司	462	24.40
14	腾讯控股有限公司	386	37.16	64	山东科达集团有限公司	481	24.31
15	中国人寿保险（集团）公司	9	36.69	65	新疆广汇实业投资（集团）有限责任公司	127	24.01
16	内蒙古伊泰集团有限公司	227	36.30	66	中国航空油料集团公司	54	23.89
17	三一集团有限公司	167	35.85	67	中天发展控股集团有限公司	275	23.35
18	中国第一汽车集团公司	18	35.70	68	江苏南通三建集团有限公司	364	23.15
19	山东西水橡胶集团有限公司	453	35.34	69	陕西龙门钢铁（集团）有限责任公司	375	23.13
20	中国东方航空集团公司	105	35.16	70	山东招金集团有限公司	294	22.82
21	沈阳远大企业集团	394	34.50	71	东营方圆有色金属有限公司	429	22.80
22	浙江恒逸集团有限公司	221	34.26	72	徐州工程机械集团有限公司	123	22.79
23	天狮集团有限公司	267	33.95	73	山东大王集团有限公司	181	22.72
24	郑州宇通集团有限公司	445	33.65	74	东方电气股份有限公司	209	22.71
25	天津汽车工业（集团）有限公司	84	33.58	75	江苏国泰国际集团有限公司	367	22.44
26	潍柴控股集团有限公司	93	33.35	76	新华锦集团有限公司	422	22.39
27	浙江荣盛控股集团有限公司	286	33.04	77	江苏南通二建集团有限公司	372	22.27
28	中太建设集团股份有限公司	468	32.57	78	合肥百货大楼集团股份有限公司	300	22.24
29	远大物产集团有限公司	350	32.49	79	厦门建发集团有限公司	119	22.18
30	广州医药集团有限公司	273	31.90	80	紫金矿业集团股份有限公司	268	22.11
31	三河汇福粮油集团有限公司	478	31.37	81	中国烟草总公司湖南省公司	198	22.08
32	山东金诚石化集团有限公司	357	30.92	82	重庆轻纺控股（集团）公司	467	21.99
33	人民电器集团有限公司	302	30.84	83	隆鑫控股有限公司	480	21.99
34	珠海格力电器股份有限公司	137	30.71	84	苏宁电器集团有限公司	51	21.79
35	江苏扬子江船业集团公司	329	30.66	85	山西煤炭进出口集团有限公司	202	21.66
36	宁波银亿集团有限公司	449	30.01	86	中国煤炭科工集团有限公司	332	21.66
37	广州汽车工业集团有限公司	48	30.01	87	上海人民企业（集团）有限公司	337	21.57
38	东风汽车公司	13	29.35	88	沂州集团有限公司	416	21.56
39	美的集团有限公司	70	28.66	89	海尔集团公司	63	21.52
40	江苏申特钢铁有限公司	288	28.57	90	波司登股份有限公司	455	21.49
41	晶龙实业集团有限公司	280	28.40	91	中国国际技术智力合作公司	336	21.41
42	上海绿地（集团）有限公司	87	28.08	92	远东控股集团有限公司	489	21.36
43	兖矿集团有限公司	139	28.03	93	扬子江药业集团有限公司	298	21.29
44	山东魏桥创业集团有限公司	69	27.61	94	山东博汇集团有限公司	476	21.26
45	山东淄博傅山企业集团有限公司	456	27.51	95	雅戈尔集团股份有限公司	237	21.15
46	山东鲁北企业集团总公司	325	27.47	96	杭州汽轮动力集团有限公司	274	20.94
47	碧桂园控股有限公司	290	27.29	97	万达控股集团有限公司	413	20.93
48	长城汽车股份有限公司	264	27.18	98	北京外企服务集团有限责任公司	408	20.84
49	世纪金源投资集团有限公司	313	27.03	99	中国工艺（集团）公司	269	20.53
50	山东时风（集团）有限责任公司	317	27.01	100	广州万宝集团有限公司	412	20.22
					中国企业500强平均数		12.19

表 7－12　　2011 中国企业 500 强资产利润率排序前 100 名企业

排名	公司名称	总排名	资产利润率（%）	排名	公司名称	总排名	资产利润率（%）
1	天正集团有限公司	380	26.52	51	东风汽车公司	13	10.66
2	天狮集团有限公司	267	24.65	52	大秦铁路股份有限公司	199	10.40
3	山东金诚石化集团有限公司	357	24.52	53	山东招金集团有限公司	294	10.27
4	中太建设集团股份有限公司	468	24.13	54	中国煤炭科工集团有限公司	332	10.26
5	杭州娃哈哈集团有限公司	148	22.88	55	维维集团股份有限公司	471	10.26
6	腾讯控股有限公司	386	22.65	56	郑州宇通集团有限公司	445	10.21
7	滨化集团公司	293	21.28	57	通威集团有限公司	257	10.20
8	桐昆集团股份有限公司	355	21.21	58	江苏阳光集团有限公司	266	10.01
9	上海人民企业（集团）有限公司	337	20.99	59	德力西集团有限公司	361	9.97
10	山东鲁北企业集团总公司	325	20.70	60	山东科达集团有限公司	481	9.90
11	中国烟草总公司湖南省公司	198	19.67	61	安徽海螺集团有限责任公司	151	9.81
12	江苏华厦融创置地集团有限公司	448	19.45	62	东营方圆有色金属有限公司	429	9.79
13	山东时风（集团）有限责任公司	317	19.42	63	浙江荣盛控股集团有限公司	286	9.70
14	中国贵州茅台酒厂有限责任公司	462	18.25	64	万达控股集团有限公司	413	9.68
15	人民电器集团有限公司	302	18.18	65	海亮集团有限公司	153	9.36
16	河南省漯河市双汇实业集团有限责任公司	166	18.05	66	苏宁电器集团有限公司	51	9.35
17	内蒙古伊泰集团有限公司	227	17.73	67	青岛港（集团）有限公司	485	9.29
18	扬子江药业集团有限公司	298	17.63	68	河南中烟工业有限责任公司	279	9.27
19	天津汽车工业（集团）有限公司	84	17.31	69	雅居乐地产控股有限公司	368	9.19
20	江苏新世纪造船（集团）有限公司	436	15.78	70	百兴集团有限公司	309	9.00
21	山东魏桥创业集团有限公司	69	15.33	71	沂州集团有限公司	416	8.99
22	山东西水橡胶集团有限公司	453	15.07	72	美的集团有限公司	70	8.88
23	紫金矿业集团股份有限公司	268	14.99	73	河北新金钢铁有限公司	490	8.88
24	华为技术有限公司	39	14.77	74	江苏国泰国际集团有限公司	367	8.78
25	上海烟草集团有限责任公司	109	14.67	75	红云红河烟草（集团）有限责任公司	147	8.69
26	临沂新程金锣肉制品集团有限公司	235	14.61	76	长沙中联重工科技发展股份有限公司	164	8.60
27	中国第一汽车集团公司	18	14.43	77	江苏法尔胜泓昇集团有限公司	428	8.60
28	晶龙实业集团有限公司	280	14.38	78	青岛啤酒股份有限公司	381	8.55
29	三一集团有限公司	167	13.74	79	武安市裕华钢铁有限公司	482	8.47
30	山东淄博傅山企业集团有限公司	456	13.72	80	碧桂园控股有限公司	290	8.45
31	广州汽车工业集团有限公司	48	13.59	81	兖矿集团有限公司	139	8.43
32	潍柴控股集团有限公司	93	13.45	82	海澜集团有限公司	299	8.30
33	山东六和集团有限公司	165	12.96	83	恒力集团有限公司	241	8.26
34	沈阳远大企业集团	394	12.85	84	上海国际港务（集团）股份有限公司	395	8.22
35	浙江八达建设集团有限公司	495	12.79	85	浪潮集团有限公司	258	8.22
36	南山集团有限公司	163	12.75	86	新疆广汇实业投资（集团）有限责任公司	127	8.21
37	世纪金源投资集团有限公司	313	12.43	87	合肥百货大楼集团股份有限公司	300	8.21
38	江苏高力集团有限公司	315	12.22	88	山东如意科技集团有限公司	376	8.16
39	中国海洋石油总公司	16	12.03	89	江苏金辉集团公司	444	8.03
40	长城汽车股份有限公司	264	11.93	90	贵州中烟工业有限责任公司	359	8.01
41	浙江恒逸集团有限公司	221	11.49	91	内蒙古蒙牛乳业（集团）股份有限公司	260	7.83
42	徐州工程机械集团有限公司	123	11.49	92	江苏南通二建集团有限公司	372	7.81
43	四川省宜宾五粮液集团有限公司	204	11.41	93	恒大地产集团	183	7.68
44	湖南中烟工业有限责任公司	140	11.32	94	江西铜业集团公司	96	7.51
45	中国化学工程股份有限公司	240	11.28	95	中国航空集团公司	102	7.50
46	大连西太平洋石油化工有限公司	223	11.18	96	物美控股集团有限公司	212	7.46
47	新世纪控股集团有限公司	362	10.99	97	广州万宝集团有限公司	412	7.37
48	波司登股份有限公司	455	10.97	98	天津百利机电控股集团有限公司	222	7.26
49	江苏扬子江船业集团公司	329	10.97	99	中国国际技术智力合作公司	336	7.25
50	海城市后英经贸集团有限公司	483	10.92	100	江苏南通三建集团有限公司	364	7.16
					中国企业500强平均数		1.93

表7-13 2011中国企业500强资产负债率排序前100名企业

排名	公司名称	总排名	资产负债率（%）	排名	公司名称	总排名	资产负债率（%）
1	上海人民企业（集团）有限公司	337	2.71	51	安徽海螺集团有限责任公司	151	44.21
2	上海烟草集团有限责任公司	109	7.44	52	山东魏桥创业集团有限公司	69	44.49
3	浙江中烟工业有限责任公司	225	10.16	53	河南中烟工业有限责任公司	279	44.94
4	中国烟草总公司湖南省公司	198	10.95	54	河北普阳钢铁有限公司	411	45.23
5	中国化学工程股份有限公司	240	11.47	55	青岛啤酒股份有限公司	381	45.32
6	临沂新程金锣肉制品集团有限公司	235	14.79	56	上海国际港务（集团）股份有限公司	395	46.31
7	湖南中烟工业有限责任公司	140	15.86	57	华盛江泉集团有限公司	342	46.42
8	扬子江药业集团有限公司	298	17.19	58	四川省川威集团有限公司	297	46.88
9	山东金诚石化集团有限公司	357	20.69	59	中国石油天然气集团公司	2	46.93
10	正威国际集团有限公司	118	21.99	60	新疆特变电工集团有限公司	366	47.73
11	新世纪控股集团有限公司	362	22.78	61	北京控股集团有限公司	251	48.00
12	江苏华厦融创置地集团有限公司	448	23.50	62	山东如意科技集团有限公司	376	48.07
13	山东鲁北企业集团总公司	325	24.65	63	天津汽车工业（集团）有限公司	84	48.46
14	中国贵州茅台酒厂有限责任公司	462	25.20	64	桐昆集团股份有限公司	355	48.92
15	浙江龙盛控股有限公司	499	25.88	65	波司登股份有限公司	455	48.97
16	中太建设集团股份有限公司	468	25.92	66	贵州中烟工业有限责任公司	359	49.18
17	红塔烟草（集团）有限责任公司	132	26.63	67	晶龙实业集团有限公司	280	49.36
18	天狮集团有限公司	267	27.41	68	徐州工程机械集团有限公司	123	49.56
19	山东时风（集团）有限责任公司	317	28.09	69	江苏阳光集团有限公司	266	50.09
20	中国移动通信集团公司	5	29.07	70	无锡产业发展集团有限公司	187	50.14
21	武安市裕华钢铁有限公司	482	30.53	71	山东淄博傅山企业集团有限公司	456	50.14
22	红云红河烟草（集团）有限责任公司	147	30.60	72	新兴际华集团有限公司	104	50.16
23	福佳集团有限公司	328	31.03	73	天津市医药集团有限公司	398	50.37
24	紫金矿业集团股份有限公司	268	32.22	74	华勤橡胶工业集团	469	50.52
25	中国电信集团公司	22	33.73	75	九州通医药集团股份有限公司	349	50.75
26	四川省宜宾五粮液集团有限公司	204	34.25	76	山东六和集团有限公司	165	50.93
27	申能（集团）有限公司	296	36.32	77	内蒙古伊泰集团有限公司	227	51.16
28	山东中烟工业有限责任公司	351	36.58	78	宁波金田投资控股有限公司	259	51.29
29	中国海洋石油总公司	16	36.68	79	江苏金浦集团有限公司	432	51.55
30	南山集团有限公司	163	36.83	80	物美控股集团有限公司	212	51.68
31	广州铁路（集团）公司	173	37.13	81	河南省漯河市双汇实业集团有限责任公司	166	51.98
32	北京燕京啤酒集团公司	492	37.20	82	中国联合网络通信集团有限公司	43	52.10
33	江苏高力集团有限公司	315	37.68	83	传化集团有限公司	488	52.32
34	江苏金辉集团公司	444	38.30	84	正泰集团有限公司	301	52.50
35	腾讯控股有限公司	386	39.04	85	新疆金风科技股份有限公司	414	52.64
36	通威集团有限公司	257	39.59	86	中国煤炭科工集团有限公司	332	52.65
37	宝钢集团有限公司	20	39.79	87	天津荣程联合钢铁集团有限公司	191	52.76
38	维维集团股份有限公司	471	39.95	88	西王集团有限公司	384	52.87
39	海城市后英经贸集团有限公司	483	40.24	89	昆明钢铁控股有限公司	369	53.43
40	天正集团有限公司	380	40.25	90	春风实业集团有限责任公司	402	53.66
41	内蒙古蒙牛乳业（集团）股份有限公司	260	40.96	91	新华联控股有限公司	283	53.66
42	人民电器集团有限公司	302	41.07	92	万达控股集团有限公司	413	53.76
43	百兴集团有限公司	309	41.72	93	世纪金源投资集团有限公司	313	54.02
44	杭州娃哈哈集团有限公司	148	42.29	94	广东省粤电集团有限公司	197	54.22
45	江西铜业集团公司	96	42.34	95	江苏三房巷集团有限公司	246	54.58
46	三胞集团有限公司	205	42.62	96	广州汽车工业集团有限公司	48	54.70
47	滨化集团公司	293	43.57	97	中国港中旅集团公司	172	54.74
48	大秦铁路股份有限公司	199	43.75	98	新希望集团有限公司	145	54.83
49	青岛港（集团）有限公司	485	43.98	99	山东招金集团有限公司	294	54.97
50	浪潮集团有限公司	258	44.13	100	北京京城机电控股有限责任公司	382	55.26
					中国企业500强平均数		80.99

表 7－14　　2011 中国企业 500 强资本积累率排序前 100 名企业

排名	公司名称	总排名	资本积累率（%）	排名	公司名称	总排名	资本积累率（%）
1	江苏西城三联控股集团有限公司	265	662.90	51	兴业银行股份有限公司	193	54.36
2	中国东方航空集团公司	105	561.47	52	庞大汽贸集团股份有限公司	152	54:10
3	江苏省丝绸集团有限公司	392	493.93	53	内蒙古伊泰集团有限公司	227	53.66
4	浙江吉利控股集团有限公司	115	293.75	54	海航集团有限公司	129	52.26
5	长沙中联重工科技发展股份有限公司	164	261.90	55	江苏扬子江船业集团公司	329	51.21
6	徐州工程机械集团有限公司	123	157.06	56	万向集团公司	122	51.12
7	新疆金风科技股份有限公司	414	155.51	57	世纪金源投资集团有限公司	313	50.80
8	福佳集团有限公司	328	153.88	58	日照钢铁控股集团有限公司	189	50.42
9	正威国际集团有限公司	118	151.69	59	浙江省商业集团有限公司	248	50.15
10	江苏新世纪造船（集团）有限公司	436	142.31	60	中国航空集团公司	102	48.68
11	中南控股集团有限公司	406	141.92	61	新疆特变电工集团有限公司	366	48.50
12	九州通医药集团股份有限公司	349	139.06	62	中国黄金集团公司	162	48.11
13	中国南方航空集团公司	106	131.22	63	成都建筑工程集团总公司	285	48.00
14	安徽省徽商集团有限公司	190	128.57	64	中金再生资源（中国）投资有限公司	390	47.78
15	郑州宇通集团有限公司	445	123.27	65	浙江宝业建设集团有限公司	470	46.70
16	大连万达集团股份有限公司	194	123.21	66	沂州集团有限公司	416	45.44
17	江苏汇鸿国际集团有限公司	228	120.79	67	云南锡业集团（控股）有限责任公司	437	45.35
18	TCL 集团股份有限公司	156	114.66	68	唐山瑞丰钢铁（集团）有限公司	320	44.84
19	中国铁路物资股份有限公司	53	109.92	69	招商银行股份有限公司	110	44.43
20	重庆力帆控股有限公司	450	108.29	70	中国中材集团有限公司	169	44.35
21	中国西电集团公司	454	103.03	71	江西铜业集团公司	96	43.90
22	淮南矿业（集团）有限责任公司	159	99.82	72	中国葛洲坝集团公司	216	43.83
23	滨化集团公司	293	97.24	73	内蒙古电力（集团）有限责任公司	176	43.13
24	广发银行股份有限公司	236	93.25	74	山东黄金集团有限公司	229	42.17
25	广西柳工集团有限公司	418	90.28	75	浙江省国际贸易集团有限公司	230	41.78
26	山东省商业集团有限公司	217	87.05	76	北京金隅集团有限责任公司	255	41.26
27	上海浦东发展银行股份有限公司	171	81.00	77	上海绿地（集团）有限公司	87	41.16
28	桐昆集团股份有限公司	355	80.76	78	内蒙古鄂尔多斯羊绒集团有限责任公司	420	41.07
29	广西玉柴机器集团有限公司	215	78.75	79	四川公路桥梁建设集团有限公司	438	40.19
30	亨通集团有限公司	440	77.96	80	恒力集团有限公司	241	40.06
31	腾讯控股有限公司	386	77.59	81	三一集团有限公司	167	39.97
32	上海市糖业烟酒（集团）有限公司	345	75.83	82	远大物产集团有限公司	350	39.83
33	浙江荣盛控股集团有限公司	286	73.04	83	中国第一汽车集团公司	18	39.16
34	中国工艺（集团）公司	269	72.52	84	中兴通讯股份有限公司	112	39.07
35	河南豫光金铅集团有限责任公司	487	72.17	85	潍柴控股集团有限公司	93	38.90
36	北京汽车集团有限公司	50	71.73	86	盛虹集团有限公司	426	38.27
37	北大方正集团有限公司	154	70.83	87	上海复星高科技（集团）有限公司	184	38.08
38	正泰集团有限公司	301	70.06	88	亚邦投资控股集团有限公司	377	37.76
39	老凤祥股份有限公司	494	68.83	89	天津市医药集团有限公司	398	37.63
40	天津友发钢管集团有限公司	322	65.69	90	波司登股份有限公司	455	37.49
41	中国五矿集团公司	24	64.74	91	厦门象屿集团有限公司	291	37.44
42	阳光保险集团股份有限公司	307	62.55	92	山东能源集团有限公司	75	37.31
43	恒大地产集团	183	62.39	93	厦门海翼集团有限公司	206	36.04
44	浙江前程投资股份有限公司	391	58.80	94	交通银行股份有限公司	46	35.67
45	雨润控股集团有限公司	128	58.54	95	联想控股有限公司	59	35.56
46	中国农业银行股份有限公司	10	58.12	96	山东六和集团有限公司	165	35.39
47	大连西太平洋石油化工有限公司	223	57.06	97	湖南省建筑工程集团总公司	277	34.99
48	金地（集团）股份有限公司	389	56.60	98	义马煤业集团股份有限公司	339	34.81
49	中国建筑材料集团有限公司	66	56.43	99	江苏华厦融创置地集团有限公司	448	34.46
50	沈阳远大企业集团	394	55.63	100	山东金诚石化集团有限公司	357	34.41
					中国企业 500 强平均数		18.79

表7-15　　2011中国企业500强收入利润率排序前100名企业

排名	公司名称	总排名	利润率（%）	排名	公司名称	总排名	利润率（%）
1	中国广东核电集团有限公司	396	42.99	51	山东鲁北企业集团总公司	325	10.74
2	兴业银行股份有限公司	193	42.62	52	长沙中联重工科技发展股份有限公司	164	10.65
3	腾讯控股有限公司	386	41.31	53	山东西水橡胶集团有限公司	453	10.52
4	江苏华厦融创置地集团有限公司	448	39.33	54	申能（集团）有限公司	296	10.49
5	中国贵州茅台酒厂有限责任公司	462	39.07	55	天狮集团有限公司	267	10.20
6	上海浦东发展银行股份有限公司	171	38.47	56	重庆轻纺控股（集团）公司	467	10.05
7	招商银行股份有限公司	110	36.10	57	中国煤炭科工集团有限公司	332	9.99
8	中国民生银行股份有限公司	149	32.10	58	华侨城集团公司	233	9.92
9	雅居乐地产控股有限公司	368	31.28	59	北京能源投资（集团）有限公司	421	9.88
10	中国工商银行股份有限公司	4	30.46	60	山东高速集团有限公司	399	9.81
11	中国建设银行股份有限公司	8	29.70	61	长城汽车股份有限公司	264	9.76
12	上海国际港务（集团）股份有限公司	395	28.35	62	内蒙古鄂尔多斯羊绒集团有限责任公司	420	9.71
13	中国银行股份有限公司	11	27.41	63	新疆特变电工集团有限公司	366	9.68
14	北京银行	303	27.39	64	上海复星高科技（集团）有限公司	184	9.62
15	龙湖地产有限公司	474	27.36	65	北京首都创业集团有限公司	441	9.52
16	碧桂园控股有限公司	290	26.89	66	上海人民企业（集团）有限公司	337	9.27
17	大秦铁路股份有限公司	199	24.78	67	广东省交通集团有限公司	238	9.12
18	华夏银行股份有限公司	306	24.47	68	广西柳工集团有限公司	418	9.10
19	交通银行股份有限公司	46	23.84	69	浙江省交通投资集团有限公司	319	9.08
20	中国农业银行股份有限公司	10	23.26	70	滨化集团公司	293	9.07
21	内蒙古伊泰集团有限公司	227	20.99	71	中国烟草总公司湖南省公司	198	8.98
22	中国海洋石油总公司	16	20.92	72	江苏苏宁环球集团有限公司	262	8.92
23	紫金矿业集团股份有限公司	268	20.17	73	红云红河烟草（集团）有限责任公司	147	8.87
24	广发银行股份有限公司	236	18.16	74	中国平安保险（集团）股份有限公司	34	8.85
25	江苏新世纪造船（集团）有限公司	436	18.01	75	潍柴控股集团有限公司	93	8.77
26	上海烟草集团有限责任公司	109	17.95	76	新疆金风科技股份有限公司	414	8.71
27	恒大地产集团	183	17.52	77	湖南中烟工业有限责任公司	140	8.60
28	世纪金源投资集团有限公司	313	17.24	78	浙江荣盛控股集团有限公司	286	8.50
29	青岛港（集团）有限公司	485	17.20	79	中国第一汽车集团公司	18	8.47
30	陕西煤业化工集团有限责任公司	158	16.84	80	波司登股份有限公司	455	8.39
31	大连万达集团股份有限公司	194	16.72	81	尚德电力控股有限公司	388	8.16
32	江苏扬子江船业集团公司	329	16.58	82	金东纸业（江苏）股份有限公司	254	8.14
33	兖矿集团有限公司	139	16.39	83	恒力集团有限公司	241	7.94
34	福佳集团有限公司	328	16.12	84	海城市后英经贸集团有限公司	483	7.80
35	中国航空集团公司	102	15.00	85	北京金隅集团有限责任公司	255	7.78
36	三一集团有限公司	167	14.22	86	上海外高桥造船有限公司	379	7.74
37	四川省宜宾五粮液集团有限公司	204	13.78	87	山东能源集团有限公司	75	7.72
38	金地（集团）股份有限公司	389	13.75	88	国家开发投资公司	134	7.67
39	神华集团有限责任公司	29	13.12	89	广州汽车工业集团有限公司	48	7.64
40	华为技术有限公司	39	12.84	90	青岛啤酒股份有限公司	381	7.64
41	中国移动通信集团公司	5	12.69	91	北京京城机电控股有限责任公司	382	7.64
42	中国中信集团公司	21	12.64	92	广东省广晟资产经营有限公司	316	7.61
43	郑州宇通集团有限公司	445	12.09	93	天津汽车工业（集团）有限公司	84	7.60
44	安徽海螺集团有限责任公司	151	12.09	94	中国中材集团有限公司	169	7.40
45	杭州娃哈哈集团有限公司	148	12.03	95	陕西延长石油（集团）有限责任公司	78	7.38
46	晶龙实业集团有限公司	280	11.93	96	沈阳远大企业集团	394	7.29
47	雅戈尔集团股份有限公司	237	11.54	97	北京燕京啤酒集团公司	492	7.29
48	南山集团有限公司	163	11.10	98	宝钢集团有限公司	20	7.28
49	中国核工业集团公司	188	10.79	99	许继集团有限公司	484	7.21
50	中南控股集团有限公司	406	10.76	100	山东魏桥创业集团有限公司	69	7.21
					中国企业500强平均数		5.77

表7-16　　2011中国企业500强人均收入排序前100名企业

排名	公司名称	总排名	人均收入（万元）	排名	公司名称	总排名	人均收入（万元）
1	珠海振戎公司	136	62871.05	51	天津天钢集团有限公司	101	548.76
2	天津市津能投资公司	472	17404.16	52	浙江恒逸集团有限公司	221	538.61
3	远大物产集团有限公司	350	5050.19	53	中国海洋石油总公司	16	538.33
4	中金再生资源（中国）投资有限公司	390	4468.45	54	百兴集团有限公司	309	537.10
5	大连西太平洋石油化工有限公司	223	3486.70	55	山东鲁北企业集团总公司	325	532.81
6	江苏金辉集团公司	444	2946.86	56	浪潮集团有限公司	258	513.20
7	天津市物资集团总公司	57	2885.41	57	江苏西城三联控股集团有限公司	265	512.44
8	福建联合石油化工有限公司	142	2829.51	58	江苏三房巷集团有限公司	246	509.64
9	上海绿地（集团）有限公司	87	2561.67	59	三河汇福粮油集团有限公司	478	501.22
10	南方石化集团有限公司	272	2502.61	60	山东东明石化集团有限公司	430	496.20
11	中国铁路物资股份有限公司	53	1759.40	61	联想控股有限公司	59	488.99
12	海南大印集团有限公司	278	1708.50	62	南京钢铁集团有限公司	135	481.69
13	浙江前程投资股份有限公司	391	1706.81	63	江苏新长江实业集团有限公司	195	475.27
14	中国航空油料集团公司	54	1624.47	64	浙江荣盛控股集团有限公司	286	462.14
15	绿城房地产集团有限公司	150	1577.87	65	杭州钢铁集团公司	130	461.18
16	河北省物流产业集团有限公司	431	1577.56	66	南金兆集团有限公司	347	451.66
17	上海华冶钢铁集团有限公司	330	1413.58	67	新疆金风科技股份有限公司	414	450.24
18	山西省国新能源发展集团有限公司	459	1356.60	68	海亮集团有限公司	153	442.92
19	中国工艺（集团）公司	269	1303.69	69	江苏沙钢集团有限公司	42	440.56
20	山东金诚石化集团有限公司	357	1301.35	70	利华益集团股份有限公司	427	439.30
21	天狮集团有限公司	267	1186.70	71	上海烟草集团有限责任公司	109	438.85
22	上海世博（集团）有限公司	200	1166.90	72	湖北中烟工业有限责任公司	256	429.07
23	福佳集团有限公司	328	1151.82	73	中国供销集团有限公司	83	426.20
24	厦门象屿集团有限公司	291	1141.70	74	日照钢铁控股集团有限公司	189	422.52
25	浙江中烟工业有限责任公司	225	1133.03	75	浙江省能源集团有限公司	177	410.12
26	中国轻工业品进出口总公司	434	1056.82	76	北京建工集团有限责任公司	207	408.03
27	中国国际技术智力合作公司	336	873.79	77	上海市糖业烟酒（集团）有限公司	345	406.94
28	浙江省物产集团公司	65	842.36	78	中国中钢集团公司	40	401.28
29	东营方圆有色金属有限公司	429	823.05	79	红云红河烟草（集团）有限责任公司	147	395.53
30	天津钢管集团股份有限公司	99	793.26	80	山东京博控股股份有限公司	356	393.29
31	天津冶金集团有限公司	82	743.40	81	上海外高桥造船有限公司	379	392.34
32	广东物资集团公司	143	710.42	82	河北津西钢铁集团股份有限公司	210	391.08
33	北京外企服务集团有限责任公司	408	689.78	83	江苏苏宁环球集团有限公司	262	390.68
34	老凤祥股份有限公司	494	671.56	84	湖南晟通科技集团有限公司	452	387.93
35	中国中化集团公司	17	669.68	85	厦门建发集团有限公司	119	386.57
36	天津一商集团有限公司	282	666.49	86	北京银行	303	384.73
37	滨化集团公司	293	663.76	87	江阴澄星实业集团有限公司	304	383.61
38	江苏华厦融创置地集团有限公司	448	646.34	88	厦门国贸控股有限公司	174	380.03
39	中天发展控股集团有限公司	275	645.49	89	中国人寿保险（集团）公司	9	369.65
40	天津荣程联合钢铁集团有限公司	191	636.08	90	江苏新世纪造船（集团）有限公司	436	365.62
41	江苏汇鸿国际集团有限公司	228	633.99	91	山东中烟工业有限责任公司	351	356.15
42	正威国际集团有限公司	118	613.40	92	安徽国贸集团控股有限公司	435	355.54
43	江苏高力集团有限公司	315	605.19	93	上海城建（集团）公司	203	354.93
44	中天钢铁集团有限公司	168	596.97	94	浙江省商业集团有限公司	248	351.30
45	内蒙古伊泰集团有限公司	227	595.80	95	中国第一汽车集团公司	18	349.22
46	江苏申特钢铁有限公司	288	593.31	96	新世纪控股集团有限公司	362	348.70
47	丰立集团有限公司	393	588.05	97	河北文丰钢铁有限公司	324	347.96
48	广东省丝绸纺织集团有限公司	271	576.24	98	山西煤炭进出口集团有限公司	202	346.60
49	宁波金田投资控股有限公司	259	571.00	99	广州汽车工业集团有限公司	48	345.69
50	杭州汽轮动力集团有限公司	274	556.29	100	上海汽车工业（集团）总公司	15	335.41
					中国企业500强平均数		130.27

表7-17 **2011 中国企业500强人均利润排序前100名企业**

排名	公司名称	总排名	人均利润（万元）	排名	公司名称	总排名	人均利润（万元）
1	江苏华厦融创置地集团有限公司	448	254.23	51	世纪金源投资集团有限公司	313	25.25
2	天津市津能投资公司	472	230.93	52	长沙中联重工科技发展股份有限公司	164	24.23
3	珠海振戎公司	136	195.32	53	中国中信集团公司	21	23.82
4	福佳集团有限公司	328	185.66	54	湖南中烟工业有限责任公司	140	23.79
5	中金再生资源（中国）投资有限公司	390	177.07	55	中国烟草总公司湖南省公司	198	23.45
6	上海绿地（集团）有限公司	87	146.24	56	杭州娃哈哈集团有限公司	148	23.35
7	内蒙古伊泰集团有限公司	227	125.08	57	广东省粤电集团有限公司	197	23.20
8	天狮集团有限公司	267	121.06	58	大连万达集团股份有限公司	194	23.08
9	大连西太平洋石油化工有限公司	223	113.29	59	江苏高力集团有限公司	315	22.74
10	中国海洋石油总公司	16	112.64	60	中国航空集团公司	102	22.66
11	北京银行	303	105.39	61	中国航空油料集团公司	54	22.55
12	上海烟草集团有限责任公司	109	78.79	62	中天发展控股集团有限公司	275	22.37
13	腾讯控股有限公司	386	75.90	63	杭州汽轮动力集团有限公司	274	21.69
14	上海浦东发展银行股份有限公司	171	68.29	64	华为技术有限公司	39	21.60
15	江苏新世纪造船（集团）有限公司	436	65.83	65	申能（集团）有限公司	296	21.41
16	兴业银行股份有限公司	193	63.40	66	中国农业银行股份有限公司	10	21.35
17	滨化集团公司	293	60.18	67	碧桂园控股有限公司	290	21.06
18	招商银行股份有限公司	110	59.80	68	扬子江药业集团有限公司	298	20.89
19	山东鲁北企业集团总公司	325	57.22	69	上海世博（集团）有限公司	200	20.57
20	中国民生银行股份有限公司	149	56.84	70	天津汽车工业（集团）有限公司	84	20.48
21	浙江中烟工业有限责任公司	225	50.31	71	中国人寿保险（集团）公司	9	20.05
22	山东金诚石化集团有限公司	357	48.32	72	湖北中烟工业有限责任公司	256	19.61
23	交通银行股份有限公司	46	45.78	73	宁波银亿集团有限公司	449	19.61
24	福建联合石油化工有限公司	142	45.23	74	沂州集团有限公司	416	19.12
25	江苏金辉集团公司	444	44.85	75	宝钢集团有限公司	20	18.97
26	绿城房地产集团有限公司	150	44.59	76	青岛港（集团）有限公司	485	18.85
27	中国建设银行股份有限公司	8	42.96	77	江苏扬子江船业集团公司	329	18.78
28	华夏银行股份有限公司	306	41.87	78	中国工艺（集团）公司	269	18.78
29	中国工商银行股份有限公司	4	41.78	79	江苏新长江实业集团有限公司	195	18.77
30	恒大地产集团	183	41.47	80	潍柴控股集团有限公司	93	18.74
31	浙江荣盛控股集团有限公司	286	39.28	81	河南中烟工业有限责任公司	279	18.53
32	中国银行股份有限公司	11	39.27	82	北京能源投资（集团）有限公司	421	18.53
33	新疆金风科技股份有限公司	414	39.20	83	日照钢铁控股集团有限公司	189	18.45
34	东营方圆有色金属有限公司	429	38.94	84	上海华冶钢铁集团有限公司	330	18.42
35	广发银行股份有限公司	236	38.83	85	金东纸业（江苏）股份有限公司	254	18.25
36	中国广东核电集团有限公司	396	37.45	86	江苏沙钢集团有限公司	42	18.19
37	中国贵州茅台酒厂有限责任公司	462	36.32	87	神华集团有限责任公司	29	17.88
38	远大物产集团有限公司	350	35.56	88	晶龙实业集团有限公司	280	17.60
39	红云红河烟草（集团）有限责任公司	147	35.10	89	江西铜业集团公司	96	17.55
40	江苏苏宁环球集团有限公司	262	34.85	90	徐州工程机械集团有限公司	123	17.39
41	金地（集团）股份有限公司	389	32.61	91	海亮集团有限公司	153	17.04
42	中国移动通信集团公司	5	31.77	92	山东中烟工业有限责任公司	351	16.78
43	浙江恒逸集团有限公司	221	30.75	93	安徽海螺集团有限责任公司	151	16.17
44	上海外高桥造船有限公司	379	30.36	94	山东西水橡胶集团有限公司	453	15.93
45	中国第一汽车集团公司	18	29.57	95	浙江省商业集团有限公司	248	15.91
46	浙江省能源集团有限公司	177	27.80	96	北京汽车集团有限公司	50	15.89
47	紫金矿业集团股份有限公司	268	26.83	97	山西省国新能源发展集团有限公司	459	15.34
48	上海国际港务（集团）股份有限公司	395	26.68	98	华勤橡胶工业集团	469	15.29
49	广州汽车工业集团有限公司	48	26.41	99	上海复星高科技（集团）有限公司	184	14.92
50	浙江前程投资股份有限公司	391	25.32	100	丰立集团有限公司	393	14.83
					中国企业500强平均数		7.57

表 7-18　　　　2011 中国企业 500 强人均资产排序前 100 名企业

排名	公司名称	总排名	人均资产（万元）	排名	公司名称	总排名	人均资产（万元）
1	天津市津能投资公司	472	51677.71	51	上海烟草集团有限责任公司	109	537.18
2	北京银行	303	11358.80	52	太平人寿保险有限公司	245	530.44
3	上海浦东发展银行股份有限公司	171	7803.89	53	中国移动通信集团公司	5	510.67
4	华夏银行股份有限公司	306	7272.30	54	江苏汇鸿国际集团有限公司	228	509.88
5	兴业银行股份有限公司	193	6331.46	55	丰立集团有限公司	393	498.75
6	中国民生银行股份有限公司	149	5896.15	56	天津冶金集团有限公司	82	492.69
7	珠海振戎公司	136	5833.80	57	天狮集团有限公司	267	491.19
8	招商银行股份有限公司	110	5575.69	58	宁波银亿集团有限公司	449	488.88
9	广发银行股份有限公司	236	5109.42	59	中国轻工业品进出口总公司	434	481.68
10	交通银行股份有限公司	46	4633.13	60	中国重型汽车集团有限公司	103	481.09
11	上海绿地（集团）有限公司	87	3749.00	61	上海世博（集团）有限公司	200	472.55
12	中国银行股份有限公司	11	3745.02	62	中国华能集团公司	27	466.49
13	绿城房地产集团有限公司	150	3649.46	63	中国人民保险集团股份有限公司	25	465.85
14	中国建设银行股份有限公司	8	3444.23	64	日照钢铁控股集团有限公司	189	465.03
15	中国工商银行股份有限公司	4	3387.19	65	天津钢管集团股份有限公司	99	464.10
16	福佳集团有限公司	328	3191.45	66	浙江省商业集团有限公司	248	456.03
17	中金再生资源（中国）投资有限公司	390	2725.89	67	中国华电集团公司	67	452.64
18	中国农业银行股份有限公司	10	2325.90	68	大连万达集团股份有限公司	194	450.07
19	福建联合石油化工有限公司	142	2221.90	69	中国远洋运输（集团）总公司	45	449.45
20	中国中信集团公司	21	1813.25	70	天津港（集团）有限公司	415	436.14
21	中国人寿保险（集团）公司	9	1500.50	71	金东纸业（江苏）股份有限公司	254	425.91
22	江苏华厦融创置地集团有限公司	448	1306.86	72	中国中化集团公司	17	422.30
23	天津市物资集团总公司	57	1233.66	73	江苏新世纪造船（集团）有限公司	436	417.25
24	大连西太平洋石油化工有限公司	223	1013.02	74	宝钢集团有限公司	20	412.46
25	北京能源投资（集团）有限公司	421	985.11	75	东方电气股份有限公司	209	411.47
26	中国海洋石油总公司	16	936.57	76	中国工艺（集团）公司	269	409.32
27	浙江省能源集团有限公司	177	935.17	77	中国邮政集团公司	37	409.28
28	中国平安保险（集团）股份有限公司	34	909.59	78	中国国电集团公司	47	408.96
29	广东省粤电集团有限公司	197	902.77	79	上海华冶钢铁集团有限公司	330	406.68
30	中国广东核电集团有限公司	396	894.75	80	海航集团有限公司	129	405.69
31	南方石化集团有限公司	272	888.09	81	浙江荣盛控股集团有限公司	286	405.08
32	金地（集团）股份有限公司	389	881.34	82	红云红河烟草（集团）有限责任公司	147	403.86
33	远大物产集团有限公司	350	878.52	83	东营方圆有色金属有限公司	429	397.70
34	申能（集团）有限公司	296	843.44	84	中天发展控股集团有限公司	275	388.18
35	浙江中烟工业有限责任公司	225	794.17	85	上海城建（集团）公司	203	384.70
36	新疆金风科技股份有限公司	414	718.06	86	上海市糖业烟酒（集团）有限公司	345	382.53
37	内蒙古伊泰集团有限公司	227	705.65	87	联想控股有限公司	59	382.00
38	北京首都创业集团有限公司	441	692.80	88	中国电力投资集团公司	68	379.54
39	泰康人寿保险股份有限公司	107	689.04	89	江苏沙钢集团有限公司	42	376.33
40	山西省国新能源发展集团有限公司	459	681.71	90	上海复星高科技（集团）有限公司	184	362.26
41	上海外高桥造船有限公司	379	672.34	91	南金兆集团有限公司	347	360.82
42	浙江省交通投资集团有限公司	319	656.71	92	天津天钢集团有限公司	101	358.19
43	江苏苏宁环球集团有限公司	262	636.13	93	山东中烟工业有限责任公司	351	352.88
44	厦门象屿集团有限公司	291	613.44	94	中天钢铁集团有限公司	168	352.22
45	山东高速集团有限公司	399	590.05	95	湖北中烟工业有限责任公司	256	345.27
46	中国铁路物资股份有限公司	53	571.38	96	神华集团有限责任公司	29	341.83
47	浙江前程投资股份有限公司	391	564.90	97	浙江吉利控股集团有限公司	115	340.48
48	江苏金辉集团公司	444	558.71	98	杭州汽轮动力集团有限公司	274	335.49
49	中国大唐集团公司	44	542.94	99	腾讯控股有限公司	386	335.11
50	恒大地产集团	183	539.78	100	江苏双良集团有限公司	443	326.62
					中国企业 500 强平均数		394.58

表 7－19 **2011 中国企业 500 强收入增长率排序前 100 名企业**

排名	公司名称	总排名	收入增长率（%）	排名	公司名称	总排名	收入增长率（%）
1	恒大地产集团	183	700.35	51	厦门建发集团有限公司	119	61.84
2	浙江吉利控股集团有限公司	115	313.53	52	上海永达控股（集团）有限公司	410	61.72
3	江苏省丝绸集团有限公司	392	246.84	53	厦门海翼集团有限公司	206	61.68
4	湖南晟通科技集团有限公司	452	218.51	54	中国中纺集团公司	253	60.94
5	江西赛维 LDK 太阳能高科技有限公司	340	202.18	55	陕西煤业化工集团有限责任公司	158	60.70
6	中国国际海运集装箱（集团）股份有限公司	157	152.83	56	山西煤炭运销集团有限公司	72	59.97
7	阳光保险集团股份有限公司	307	149.82	57	上海绿地（集团）有限公司	87	59.85
8	晶龙实业集团有限公司	280	147.97	58	新余钢铁集团有限公司	208	59.66
9	冀中能源集团有限责任公司	60	147.67	59	珠海振戎公司	136	59.27
10	中金再生资源（中国）投资有限公司	390	144.99	60	中国人民保险集团股份有限公司	25	59.02
11	海南大印集团有限公司	278	144.54	61	精功集团有限公司	461	59.01
12	福建联合石油化工有限公司	142	115.81	62	白银有色集团股份有限公司	465	59.01
13	正威国际集团有限公司	118	112.05	63	腾讯控股有限公司	386	57.93
14	上海汽车工业（集团）总公司	15	102.52	64	中国航空集团公司	102	57.20
15	沈阳煤业（集团）有限责任公司	378	96.75	65	天津市一轻集团（控股）有限公司	170	56.69
16	本钢集团有限公司	113	93.58	66	厦门象屿集团有限公司	291	56.60
17	中国东方航空集团公司	105	89.82	67	大连机床集团有限责任公司	439	56.54
18	山西煤炭进出口集团有限公司	202	89.55	68	广西柳工集团有限公司	418	56.43
19	中国电子信息产业集团有限公司	49	87.25	69	新华联合冶金投资集团有限公司	219	56.41
20	浙江前程投资股份有限公司	391	82.72	70	新华联控股有限公司	283	56.38
21	大秦铁路股份有限公司	199	81.70	71	中国北方机车车辆工业集团公司	125	55.99
22	海航集团有限公司	129	80.35	72	上海纺织控股（集团）公司	220	55.93
23	江苏申特钢铁有限公司	288	80.00	73	唐山港陆钢铁有限公司	289	55.31
24	山西省国新能源发展集团有限公司	459	78.54	74	江苏新长江实业集团有限公司	195	55.28
25	大连万达集团股份有限公司	194	75.95	75	义马煤业集团股份有限公司	339	55.11
26	福佳集团有限公司	328	75.68	76	山东太阳纸业股份有限公司	341	54.49
27	中太建设集团股份有限公司	468	74.72	77	雅居乐地产控股有限公司	368	53.93
28	潍柴控股集团有限公司	93	74.32	78	山东金诚石化集团有限公司	357	53.77
29	河南豫联能源集团有限责任公司	387	72.66	79	厦门国贸控股有限公司	174	53.35
30	河北省物流产业集团有限公司	431	72.53	80	江铃汽车集团公司	276	52.83
31	长城汽车股份有限公司	264	70.70	81	上海市糖业烟酒（集团）有限公司	345	52.83
32	山西潞安矿业（集团）有限责任公司	100	70.50	82	庞大汽贸集团股份有限公司	152	52.81
33	广东格兰仕集团有限公司	214	69.79	83	江苏西城三联控股集团有限公司	265	52.71
34	太平人寿保险有限公司	245	69.65	84	安徽省皖北煤电集团有限责任公司	363	52.58
35	许继集团有限公司	484	69.52	85	金龙精密铜管集团股份有限公司	323	52.48
36	尚德电力控股有限公司	388	69.47	86	新疆广汇实业投资（集团）有限责任公司	127	52.43
37	中国海洋石油总公司	16	69.27	87	阳泉煤业（集团）有限责任公司	108	52.33
38	开滦（集团）有限责任公司	91	66.73	88	重庆市能源投资集团公司	383	51.01
39	中国建筑材料集团有限公司	66	65.91	89	恒力集团有限公司	241	50.93
40	铜陵有色金属集团控股有限公司	121	65.49	90	长沙中联重工科技发展股份有限公司	164	50.79
41	中国有色矿业集团有限公司	186	65.44	91	西林钢铁集团有限公司	417	50.60
42	亚邦投资控股集团有限公司	377	65.31	92	四川公路桥梁建设集团有限公司	438	50.59
43	首钢总公司	32	65.05	93	河北普阳钢铁有限公司	411	50.41
44	三一集团有限公司	167	64.05	94	天津天钢集团有限公司	101	50.31
45	新疆金风科技股份有限公司	414	63.86	95	武安市裕华钢铁有限公司	482	49.43
46	中国航空油料集团公司	54	63.49	96	新兴际华集团有限公司	104	49.19
47	远大物产集团有限公司	350	63.33	97	中国恒天集团有限公司	312	49.16
48	江西铜业集团公司	96	62.72	98	中国五矿集团公司	24	49.12
49	中国轻工业品进出口总公司	434	62.44	99	青山控股集团有限公司	354	49.04
50	金地（集团）股份有限公司	389	61.95	100	四川华西集团有限公司	281	48.65
					中国企业 500 强平均数		32.33

表 7－20　　2011 中国企业 500 强利润增长率排序前 100 名企业

排名	公司名称	总排名	利润增长率（%）	排名	公司名称	总排名	利润增长率（%）
1	国家电网公司	3	1736.38	51	新华联控股有限公司	283	143.63
2	北京外企服务集团有限责任公司	408	721.58	52	厦门海翼集团有限公司	206	141.64
3	恒大地产集团	183	618.54	53	中国海运（集团）总公司	126	135.79
4	中国南方航空集团公司	106	614.77	54	厦门建发集团有限公司	119	135.63
5	四川公路桥梁建设集团有限公司	438	584.69	55	天津市建工集团（控股）有限公司	491	135.57
6	西部矿业集团有限公司	397	573.10	56	本钢集团有限公司	113	133.18
7	江苏申特钢铁有限公司	288	570.20	57	云天化集团有限责任公司	211	130.30
8	内蒙古电力（集团）有限责任公司	176	545.89	58	大连万达集团股份有限公司	194	129.46
9	中国远洋运输（集团）总公司	45	521.75	59	天津荣程联合钢铁集团有限公司	191	127.28
10	中国东方航空集团公司	105	503.44	60	中国人民保险集团股份有限公司	25	127.01
11	晶龙实业集团有限公司	280	492.36	61	酒泉钢铁（集团）有限责任公司	144	126.41
12	福建联合石油化工有限公司	142	479.14	62	太原钢铁（集团）有限公司	71	125.83
13	湖南晟通科技集团有限公司	452	454.09	63	老凤祥股份有限公司	494	125.11
14	江铃汽车集团公司	276	412.69	64	天津港（集团）有限公司	415	120.23
15	中国邮政集团公司	37	386.12	65	江西铜业集团公司	96	120.11
16	陕西煤业化工集团有限责任公司	158	368.67	66	重庆机电控股（集团）公司	311	118.61
17	海航集团有限公司	129	326.41	67	广州万宝集团有限公司	412	115.40
18	万基控股集团有限公司	343	316.33	68	上海市糖业烟酒（集团）有限公司	345	114.87
19	淮北矿业（集团）有限责任公司	243	284.98	69	阳光保险集团股份有限公司	307	113.71
20	冀中能源集团有限责任公司	60	265.63	70	精功集团有限公司	461	112.15
21	重庆轻纺控股（集团）公司	467	250.75	71	云南锡业集团（控股）有限责任公司	437	109.71
22	天津纺织集团（控股）有限公司	498	242.90	72	新华锦集团有限公司	422	106.97
23	福建省三钢（集团）有限责任公司	335	234.79	73	山东东明石化集团有限公司	430	106.82
24	桐昆集团股份有限公司	355	228.06	74	山东能源集团有限公司	75	105.75
25	江苏省丝绸集团有限公司	392	227.42	75	山东黄金集团有限公司	229	105.49
26	福建省能源集团有限责任公司	466	223.27	76	厦门象屿集团有限公司	291	103.04
27	白银有色集团股份有限公司	465	222.78	77	上海世博（集团）有限公司	200	101.20
28	雅居乐地产控股有限公司	368	220.62	78	石家庄北国人百集团有限责任公司	447	100.71
29	中国国际海运集装箱（集团）股份有限公司	157	213.03	79	江苏沙钢集团有限公司	42	99.88
30	中国黄金集团公司	162	204.61	80	中国广东核电集团有限公司	396	97.70
31	包头钢铁（集团）有限责任公司	175	200.13	81	中国盐业总公司	292	96.74
32	云南冶金集团股份有限公司	423	194.32	82	内蒙古鄂尔多斯羊绒集团有限责任公司	420	95.42
33	中国恒天集团有限公司	312	192.49	83	大冶有色金属集团控股有限公司	239	95.38
34	中国南方电网有限责任公司	14	187.07	84	云南建工集团有限公司	321	94.24
35	新余钢铁集团有限公司	208	179.50	85	中国铝业公司	35	93.46
36	郑州煤炭工业（集团）有限责任公司	374	178.01	86	中国海洋石油总公司	16	92.04
37	安徽江淮汽车集团有限公司	232	176.45	87	潍柴控股集团有限公司	93	91.87
38	尚德电力控股有限公司	388	173.68	88	沈阳远大企业集团	394	91.79
39	浙江吉利控股集团有限公司	115	173.66	89	长沙中联重工科技发展股份有限公司	164	91.54
40	长城汽车股份有限公司	264	168.56	90	浙江前程投资股份有限公司	391	90.96
41	天津二轻集团（控股）有限公司	365	167.11	91	马钢（集团）控股有限公司	116	90.86
42	联想控股有限公司	59	166.61	92	中国建筑材料集团有限公司	66	90.58
43	无锡产业发展集团有限公司	187	164.13	93	新世纪控股集团有限公司	362	89.46
44	凌源钢铁集团有限责任公司	479	159.45	94	福佳集团有限公司	328	87.06
45	云南煤化工集团有限公司	358	159.25	95	龙湖地产有限公司	474	86.95
46	上海纺织控股（集团）公司	220	158.58	96	陕西延长石油（集团）有限责任公司	78	85.99
47	义马煤业集团股份有限公司	339	156.44	97	天津城建集团有限公司	458	85.99
48	隆鑫控股有限公司	480	155.30	98	三一集团有限公司	167	84.38
49	湖南省建筑工程集团总公司	277	154.90	99	中金再生资源（中国）投资有限公司	390	83.81
50	中国航空集团公司	102	150.32	100	淮南矿业（集团）有限责任公司	159	83.53
					中国企业 500 强平均数		38.46

表7－21 2011中国企业500强资产增长率排序前100名企业

排名	公司名称	总排名	资产增长率（%）	排名	公司名称	总排名	资产增长率（%）
1	江苏省丝绸集团有限公司	392	432.43	51	浙江省商业集团有限公司	248	49.88
2	浙江吉利控股集团有限公司	115	353.18	52	北京汽车集团有限公司	50	49.29
3	郑州宇通集团有限公司	445	235.82	53	江西铜业集团公司	96	48.68
4	中金再生资源（中国）投资有限公司	390	185.13	54	浙江省国际贸易集团有限公司	230	48.44
5	上海绿地（集团）有限公司	87	112.68	55	中南控股集团有限公司	406	47.12
6	腾讯控股有限公司	386	104.68	56	中国铁路物资股份有限公司	53	46.95
7	广西柳工集团有限公司	418	103.54	57	河南豫联能源集团有限责任公司	387	46.67
8	阳光保险集团股份有限公司	307	100.33	58	安徽国贸集团控股有限公司	435	46.66
9	福佳集团有限公司	328	98.61	59	桐昆集团股份有限公司	355	46.39
10	浙江前程投资股份有限公司	391	94.40	60	淮北矿业（集团）有限责任公司	243	46.15
11	大连万达集团股份有限公司	194	90.74	61	沈阳远大企业集团	394	46.11
12	浙江荣盛控股集团有限公司	286	90.04	62	山东黄金集团有限公司	229	45.51
13	正威国际集团有限公司	118	88.72	63	沂州集团有限公司	416	45.44
14	新疆金风科技股份有限公司	414	88.55	64	泰康人寿保险股份有限公司	107	45.32
15	江苏申特钢铁有限公司	288	86.31	65	中国人民保险集团股份有限公司	25	45.25
16	长沙中联重工科技发展股份有限公司	164	85.75	66	旭阳控股有限公司	373	45.10
17	庞大汽贸集团股份有限公司	152	83.83	67	晶龙实业集团有限公司	280	45.04
18	江苏汇鸿国际集团有限公司	228	81.29	68	中国国际海运集装箱（集团）股份有限公司	157	44.90
19	TCL集团股份有限公司	156	76.88	69	潍柴控股集团有限公司	93	44.63
20	精功集团有限公司	461	76.24	70	四川公路桥梁建设集团有限公司	438	43.57
21	隆鑫控股有限公司	480	76.23	71	广西玉柴机器集团有限公司	215	43.48
22	江苏西城三联控股集团有限公司	265	74.52	72	厦门建发集团有限公司	119	43.31
23	正泰集团有限公司	301	72.37	73	中国恒天集团有限公司	312	42.91
24	龙湖地产有限公司	474	68.96	74	中国重型汽车集团有限公司	103	42.64
25	盾安控股集团有限公司	371	68.76	75	华侨城集团公司	233	42.56
26	雨润控股集团有限公司	128	66.51	76	海航集团有限公司	129	42.19
27	亨通集团有限公司	440	66.35	77	重庆钢铁（集团）有限责任公司	338	40.61
28	绿城房地产集团有限公司	150	66.09	78	新疆广汇实业投资（集团）有限责任公司	127	40.57
29	万向集团公司	122	65.75	79	厦门象屿集团有限公司	291	40.31
30	恒大地产集团	183	65.61	80	山东省商业集团有限公司	217	40.31
31	徐州工程机械集团有限公司	123	64.66	81	天津纺织集团（控股）有限公司	498	40.12
32	山东京博控股股份有限公司	356	62.05	82	天津市一轻集团（控股）有限公司	170	40.09
33	西林钢铁集团有限公司	417	62.02	83	亚邦投资控股集团有限公司	377	39.91
34	河南省漯河市双汇实业集团有限责任公司	166	59.97	84	远东控股集团有限公司	489	39.88
35	长城汽车股份有限公司	264	58.31	85	中国中纺集团公司	253	39.71
36	雅居乐地产控股有限公司	368	58.17	86	太平人寿保险有限公司	245	39.66
37	北京金隅集团有限责任公司	255	55.48	87	义马煤业集团股份有限公司	339	39.56
38	远大物产集团有限公司	350	54.50	88	盛虹集团有限公司	426	39.39
39	宁波银亿集团有限公司	449	54.20	89	中国东方航空集团公司	105	39.26
40	黑龙江北大荒农垦集团总公司	79	54.17	90	吉林亚泰（集团）股份有限公司	360	39.15
41	中国五矿集团公司	24	54.12	91	内蒙古鄂尔多斯羊绒集团有限责任公司	420	38.94
42	上海汽车工业（集团）总公司	15	53.97	92	兴业银行股份有限公司	193	38.85
43	沈阳煤业（集团）有限责任公司	378	52.52	93	东北特殊钢集团有限责任公司	385	38.75
44	三河汇福粮油集团有限公司	478	52.36	94	河南豫光金铅集团有限责任公司	487	38.49
45	山西煤炭进出口集团有限公司	202	52.27	95	四川华西集团有限公司	281	38.16
46	云南锡业集团（控股）有限责任公司	437	52.09	96	中国航空集团公司	102	38.09
47	重庆力帆控股有限公司	450	51.49	97	中国广东核电集团有限公司	396	37.97
48	上海市糖业烟酒（集团）有限公司	345	51.22	98	淮南矿业（集团）有限责任公司	159	37.94
49	大连机床集团有限责任公司	439	50.54	99	广东格兰仕集团有限公司	214	37.90
50	老凤祥股份有限公司	494	50.21	100	上海复星高科技（集团）有限公司	184	37.78
					中国企业500强平均数		18.78

表7－22　　2011中国企业500强研发费增长率排序前100名企业

排名	公司名称	总排名	研发费增长率（%）	排名	公司名称	总排名	研发费增长率（%）
1	凌源钢铁集团有限责任公司	479	33046.08	51	中国北方机车车辆工业集团公司	125	96.39
2	山西煤炭进出口集团有限公司	202	4777.78	52	上海汽车工业（集团）总公司	15	96.11
3	天狮集团有限公司	267	2650.99	53	湖南晟通科技集团有限公司	452	95.43
4	广西投资集团有限公司	334	1075.25	54	中国水利水电建设集团公司	80	92.56
5	四川省川威集团有限公司	297	662.69	55	内蒙古伊泰集团有限公司	227	91.64
6	广西建工集团有限责任公司	318	657.75	56	西林钢铁集团有限公司	417	91.21
7	陕西龙门钢铁（集团）有限责任公司	375	653.79	57	潍柴控股集团有限公司	93	89.79
8	正威国际集团有限公司	118	576.58	58	广东省建筑工程集团有限公司	348	88.99
9	中国五矿集团公司	24	538.52	59	广东省交通集团有限公司	238	84.85
10	中国核工业集团公司	188	481.51	60	中国海运（集团）总公司	126	79.31
11	新疆广汇实业投资（集团）有限责任公司	127	464.14	61	江苏金辉集团公司	444	76.47
12	中国国电集团公司	47	456.85	62	大冶有色金属集团控股有限公司	239	76.01
13	浙江省国际贸易集团有限公司	230	383.21	63	中国中材集团有限公司	169	74.95
14	中国盐业总公司	292	351.97	64	浙江荣盛控股集团有限公司	286	72.93
15	新兴际华集团有限公司	104	319.79	65	郑州宇通集团有限公司	445	72.70
16	内蒙古电力（集团）有限责任公司	176	283.05	66	浙江省商业集团有限公司	248	71.23
17	广东省粤电集团有限公司	197	268.32	67	中国铁建股份有限公司	7	70.94
18	上海建工（集团）总公司	98	247.63	68	陕西汽车集团有限责任公司	250	69.43
19	北京城建集团有限责任公司	196	238.60	69	江苏南通三建集团有限公司	364	67.88
20	上海复星高科技（集团）有限公司	184	222.07	70	桐昆集团股份有限公司	355	67.31
21	精功集团有限公司	461	214.59	71	河南神火集团有限公司	346	65.05
22	浙江吉利控股集团有限公司	115	211.07	72	山东太阳纸业股份有限公司	341	63.27
23	宁波金田投资控股有限公司	259	199.65	73	昆明钢铁控股有限公司	369	62.65
24	盾安控股集团有限公司	371	193.83	74	广东格兰仕集团有限公司	214	59.94
25	安徽江淮汽车集团有限公司	232	172.52	75	无锡产业发展集团有限公司	187	59.78
26	中国建筑股份有限公司	12	162.54	76	中国电信集团公司	22	59.69
27	广东省广晟资产经营有限公司	316	157.51	77	晶龙实业集团有限公司	280	59.35
28	盛虹集团有限公司	426	154.86	78	首钢总公司	32	58.66
29	北京金隅集团有限责任公司	255	153.64	79	江苏悦达集团有限公司	133	58.19
30	山西潞安矿业（集团）有限责任公司	100	147.64	80	山东晨鸣纸业集团股份有限公司	400	57.75
31	中国远洋运输（集团）总公司	45	147.01	81	广州汽车工业集团有限公司	48	57.54
32	四川公路桥梁建设集团有限公司	438	145.97	82	南山集团有限公司	163	56.87
33	福建联合石油化工有限公司	142	134.50	83	长沙中联重工科技发展股份有限公司	164	55.82
34	万基控股集团有限公司	343	133.22	84	北京建工集团有限责任公司	207	55.48
35	陕西延长石油（集团）有限责任公司	78	132.45	85	阳泉煤业（集团）有限责任公司	108	55.36
36	杭州钢铁集团公司	130	130.62	86	重庆机电控股（集团）公司	311	54.99
37	河南豫联能源集团有限责任公司	387	130.53	87	中国兵器装备集团公司	23	53.87
38	中国联合网络通信集团有限公司	43	130.20	88	山东金诚石化集团有限公司	357	53.78
39	山东如意科技集团有限公司	376	122.39	89	中国电子信息产业集团有限公司	49	53.22
40	新华锦集团有限公司	422	118.44	90	新世纪控股集团有限公司	362	52.95
41	交通银行股份有限公司	46	114.65	91	江苏西城三联控股集团有限公司	265	52.71
42	北京市政路桥建设控股（集团）有限公司	305	112.59	92	中国华电集团公司	67	52.68
43	中国中信集团公司	21	108.62	93	东北特殊钢集团有限责任公司	385	52.25
44	郑州煤炭工业（集团）有限责任公司	374	108.56	94	山东招金集团有限公司	294	52.07
45	中国诚通控股集团有限公司	178	108.51	95	三一集团有限公司	167	51.88
46	新疆天业（集团）有限公司	457	105.47	96	东方电气股份有限公司	209	51.06
47	北京汽车集团有限公司	50	104.35	97	广西柳工集团有限公司	418	50.85
48	厦门国贸控股有限公司	174	101.53	98	中国葛洲坝集团公司	216	50.84
49	天津荣程联合钢铁集团有限公司	191	99.07	99	中国南车集团公司	120	50.53
50	淮北矿业（集团）有限责任公司	243	97.49	100	雨润控股集团有限公司	128	50.00
					中国企业500强平均数		25.85

第八章
2011 中国制造业企业 500 强数据资料

表8－1　　2011 中国制造业企业500强

名次	企业名称	地区	营业收入（万元）	利润（万元）	资产（万元）	所有者权益（万元）	从业人数
1	中国石油化工集团公司	北京	196904221	5164026	148524057	50437059	640535
2	东风汽车公司	湖北	36883383	2322133	21776372	7912510	163990
3	上海汽车工业（集团）总公司	上海	36727716	1295615	29252033	7018380	109500
4	中国第一汽车集团公司	吉林	29401552	2489577	17254979	6974412	84191
5	宝钢集团有限公司	上海	27298409	1987703	43213018	26017495	104768
6	中国兵器装备集团公司	北京	25720490	152130	21932144	3197536	225033
7	中国五矿集团公司	北京	25421754	452106	19878521	5272677	101276
8	中国兵器工业集团公司	北京	24118198	361175	22836758	5467607	279996
9	河北钢铁集团有限公司	河北	22709711	277760	28208254	7814526	132977
10	中国航空工业集团公司	北京	20988800	887644	46928196	16028229	411490
11	首钢总公司	北京	19753446	25986	31012814	10642837	105993
12	中国铝业公司	北京	19543309	－27805	37421865	2535150	186266
13	武汉钢铁（集团）公司	湖北	19069111	272676	20382720	7131676	117374
14	华为技术有限公司	广东	18507600	2375700	16084100	5525100	110000
15	江苏沙钢集团有限公司	江苏	17862398	737424	15258254	5088441	40545
16	广州汽车工业集团有限公司	广东	16224204	1239720	9121239	4131526	46933
17	中国电子信息产业集团有限公司	北京	16084475	90620	10817474	4053182	111651
18	北京汽车集团有限公司	北京	15769729	844413	12633073	5609680	53140
19	鞍钢集团公司	辽宁	15157209	260287	24500977	8108021	208489
20	联想控股有限公司	北京	14669743	323484	11460039	1204643	30000
21	中国船舶重工集团公司	北京	14252440	685144	31811447	8100852	161000
22	海尔集团公司	山东	14053629	452649	11265393	2103260	65219
23	中国化工集团公司	北京	14022404	10730	17961190	1695719	137797
24	中国建筑材料集团有限公司	北京	13535530	584145	15348103	3409221	110691
25	山东魏桥创业集团有限公司	山东	11845598	854619	5576300	3095163	131972
26	美的集团有限公司	广东	11671971	695515	7828694	2427186	182000
27	太原钢铁（集团）有限公司	山西	11654838	194045	10272741	3941135	40091
28	山东钢铁集团有限公司	山东	10976027	258867	15116265	3800120	89370
29	光明食品（集团）有限公司	上海	10417152	659995	15561802	6585409	125612
30	上海电气（集团）总公司	上海	9942011	670122	11847191	4017188	68852
31	天津冶金集团有限公司	天津	9852214	15810	6529671	844872	13253
32	天津汽车工业（集团）有限公司	天津	9665895	734658	4245307	2188007	35870
33	天津中环电子信息集团有限公司	天津	9480707	51346	2370789	1030944	43232
34	金川集团有限公司	甘肃	9233633	175408	6552988	2594399	31359
35	潍柴控股集团有限公司	山东	9113760	799639	5947033	2397682	42664
36	中国航天科工集团公司	北京	9043872	579704	13172060	4873588	120183
37	江西铜业集团公司	江西	8634538	495968	6602866	3807176	28258

名次	企业名称	地区	营业收入（万元）	利润（万元）	资产（万元）	所有者权益（万元）	从业人数
38	天津钢管集团股份有限公司	天津	8515615	63168	4982076	1323020	10735
39	天津天钢集团有限公司	天津	8300015	24389	5417586	1625167	15125
40	中国重型汽车集团有限公司	山东	8119180	359275	12847057	5066698	26704
41	新兴际华集团有限公司	北京	8035667	214849	5262126	2622845	74186
42	上海烟草集团有限责任公司	上海	7282682	1307493	8914584	8251147	16595
43	天津天铁冶金集团有限公司	天津	7130832	18704	6229215	1137743	27218
44	中兴通讯股份有限公司	广东	7026387	347648	8415236	2496200	85323
45	本钢集团有限公司	辽宁	6902791	70593	6889654	2104302	61048
46	浙江吉利控股集团有限公司	浙江	6827951	315925	10445849	3212939	30680
47	马钢（集团）控股有限公司	安徽	6805958	114934	7983964	3380099	55598
48	华晨汽车集团控股有限公司	辽宁	6793178	20545	4467151	228440	35928
49	正威国际集团有限公司	广东	6781763		4565750	3561958	11056
50	中国南车集团公司	北京	6680286	126362	7877519	1239104	88381
51	铜陵有色金属集团控股有限公司	安徽	6654485	120458	5080191	1162366	27204
52	万向集团公司	浙江	6613800	245329	4674298	1417190	28729
53	徐州工程机械集团有限公司	江苏	6602645	373056	3245421	1636849	21451
54	湖南华菱钢铁集团有限责任公司	湖南	6578713	－59166	11376825	2464011	42155
55	中国北方机车车辆工业集团公司	北京	6482579	208206	8534064	2741109	87740
56	雨润控股集团有限公司	江苏	6475546	391942	5875258	2598328	100000
57	杭州钢铁集团公司	浙江	6436295	107261	3896176	1339180	13956
58	海信集团有限公司	山东	6374092	303233	4455033	1528169	27045
59	红塔烟草（集团）有限责任公司	云南	6325981	406734	8546441	6270343	30942
60	江苏悦达集团有限公司	江苏	6232144	147597	4030041	1061407	28392
61	南京钢铁集团有限公司	江苏	6098646	112435	3601348	948186	12661
62	珠海格力电器股份有限公司	广东	6080724	430321	6560438	1401171	60570
63	湖南中烟工业有限责任公司	湖南	5888856	506299	4474266	3764482	21278
64	四川长虹电子集团有限公司	四川	5859688	52905	5106396	1538632	69686
65	福建联合石油化工有限公司	福建	5857077	93635	4599325	1134555	2070
66	酒泉钢铁（集团）有限责任公司	甘肃	5694581	97845	7848242	2861445	30793
67	新希望集团有限公司	四川	5595767	211954	3615191	1633020	61718
68	红云红河烟草（集团）有限责任公司	云南	5499012	488009	5614830	3896461	13903
69	杭州娃哈哈集团有限公司	浙江	5487355	660021	2884712	1664758	28268
70	安徽海螺集团有限责任公司	安徽	5389400	651359	6639880	3704637	40281
71	海亮集团有限公司	浙江	5258400	202345	2160800	786209	11872
72	北大方正集团有限公司	北京	5214299	111521	5022302	1967674	19231
73	TCL 集团股份有限公司	广东	5183357	47240	5347806	1809244	52359
74	中国国际海运集装箱（集团）股份有限公司	广东	5176832	300185	5413065	1920670	63354
75	北京建龙重工集团有限公司	北京	5126817	121364	5001214	1552225	40084

名次	企业名称	地区	营业收入（万元）	利润（万元）	资产（万元）	所有者权益（万元）	从业人数
76	江苏华西集团公司	江苏	5125876	128682	2970090	1037523	20780
77	中国黄金集团公司	北京	5122864	232021	4314038	1613949	46440
78	南山集团有限公司	山东	5120064	568462	4458935	2816570	38402
79	长沙中联重工科技发展股份有限公司	湖南	5085768	541611	6299527	2747445	22356
80	山东六和集团有限公司	山东	5068613	92762	715931	351280	52000
81	河南省漯河市双汇实业集团有限责任公司	河南	5066989	346020	1916526	920251	57038
82	三一集团有限公司	湖南	5020000	714056	5195129	1992026	54384
83	中天钢铁集团有限公司	江苏	5016965	115944	2960067	1014711	8404
84	中国中材集团有限公司	北京	5010701	370631	7604037	2532134	67602
85	天津市一轻集团（控股）有限公司	天津	5000300	125400	3052015	998401	17647
86	包头钢铁（集团）有限责任公司	内蒙古	4797643	189155	7787636	2762319	48825
87	比亚迪股份有限公司	广东	4668535	252341	5387466	1846032	
88	陕西有色金属控股集团有限责任公司	陕西	4622904	71645	6708226	2703155	40252
89	山东大王集团有限公司	山东	4592139	264267	4130521	1162894	26056
90	上海复星高科技（集团）有限公司	上海	4569219	439477	10667214	3005258	29446
91	天津渤海化工集团公司	天津	4559695	33524	7758074	2299820	42039
92	中国有色矿业集团有限公司	北京	4547986	117136	5279171	1277250	34301
93	无锡产业发展集团有限公司	江苏	4505925	157331	2341095	1167195	15812
94	中国核工业集团公司	北京	4454545	480608	22338423	5973983	85059
95	日照钢铁控股集团有限公司	山东	4412783	192670	4856794	1425197	10444
96	天津荣程联合钢铁集团有限公司	天津	4376256	45866	1174560	554838	6880
97	安阳钢铁集团有限责任公司	河南	4372115	5707	4017941	1016336	30517
98	江苏新长江实业集团有限公司	江苏	4329266	170960	2387335	411382	9109
99	湖北宜化集团有限责任公司	湖北	4108935	201081	4431719	1757540	35377
100	四川省宜宾五粮液集团有限公司	四川	4029684	555309	4866991	3200121	46419
101	厦门海翼集团有限公司	福建	3951373	124111	2869063	862184	21527
102	新余钢铁集团有限公司	江西	3866655	52613	3187570	977527	28754
103	东方电气股份有限公司	四川	3808011	267601	8225289	1178438	19990
104	河北津西钢铁集团股份有限公司	河北	3775850	129943	2146715	709124	9655
105	云天化集团有限责任公司	云南	3766624	77182	6706613	1491011	37328
106	上海医药集团股份有限公司	上海	3741107	136825	2816902	913456	31493
107	广东格兰仕集团有限公司	广东	3722894	33075	1871060	405339	41315
108	广西玉柴机器集团有限公司	广西	3704602		2511306	945378	20818
109	上海华谊（集团）公司	上海	3699916	44886	4237564	1381325	33964
110	新华联合冶金投资集团有限公司	北京	3690620	163280	2863191	1182215	14091
111	上海纺织控股（集团）公司	上海	3634705	49779	2279083	817971	18057
112	浙江恒逸集团有限公司	浙江	3607627	205981	1792184	601295	6698
113	天津百利机电控股集团有限公司	天津	3582315	226949	3127023	1298334	19473

名次	企业名称	地区	营业收入（万元）	利润（万元）	资产（万元）	所有者权益（万元）	从业人数
114	大连西太平洋石油化工有限公司	辽宁	3570378	116008	1037329	－88444	1024
115	浙江中烟工业有限责任公司	浙江	3542970	157304	2483378	2231175	3127
116	奇瑞汽车股份有限公司	安徽	3537921	68965	4429491	1038806	20467
117	山东黄金集团有限公司	山东	3493835	118751	2474462	812779	20356
118	青岛钢铁控股集团有限责任公司	山东	3485576	9178	1737080	314187	14101
119	安徽江淮汽车集团有限公司	安徽	3471074	149369	2333690	749545	31398
120	河北敬业企业集团有限责任公司	河北	3438118	54243	965218	430395	12320
121	临沂新程金锣肉制品集团有限公司	山东	3423996	152204	1041595	887575	28824
122	雅戈尔集团股份有限公司	浙江	3348136	386269	5811821	1826312	53084
123	大冶有色金属集团控股有限公司	湖北	3264918	19329	1582403	525900	15892
124	恒力集团有限公司	江苏	3250480	258100	3126435	1336183	28314
125	哈尔滨电气集团公司	黑龙江	3225505	123464	5461498	1351462	32808
126	江苏三房巷集团有限公司	江苏	3177616	87513	1624815	738033	6235
127	江西萍钢实业股份有限公司	江西	3149313	62203	2515620	590633	18766
128	陕西汽车集团有限责任公司	陕西	3137042	41849	2376375	461387	29681
129	金东纸业（江苏）股份有限公司	江苏	3075301	250401	5843455	1834849	13720
130	北京金隅集团有限责任公司	北京	3073125	239110	6983112	1970441	31135
131	湖北中烟工业有限责任公司	湖北	3071298	140350	2471427	1072497	7158
132	通威集团有限公司	四川	3063896	84362	827276	499731	14986
133	宁波金田投资控股有限公司	浙江	3036011	17116	520235	253423	5317
134	内蒙古蒙牛乳业（集团）股份有限公司	内蒙古	3026541	135591	1730584	1021750	23929
135	内蒙古伊利实业集团股份有限公司	内蒙古	2966498	79576	1536232	451203	21174
136	长城汽车股份有限公司	河北	2897189	282708	2369828	1040031	38268
137	江苏西城三联控股集团有限公司	江苏	2867590	31029	1136097	278383	5596
138	江苏阳光集团有限公司	江苏	2866095	136301	1361965	679761	15600
139	天狮集团有限公司	天津	2856380	291384	1182283	858229	2407
140	紫金矿业集团股份有限公司	福建	2853958	575575	3840123	2602867	21455
141	红豆集团有限公司	江苏	2818600	87877	1467790	548993	17262
142	广州医药集团有限公司	广东	2752645	79660	1382763	249735	14818
143	杭州汽轮动力集团有限公司	浙江	2745835	107050	1655960	511270	4936
144	江铃汽车集团公司	江西	2719540	35434	2139026	816415	23712
145	河南中烟工业有限责任公司	河南	2682846	185614	2001953	1102221	10017
146	晶龙实业集团有限公司	河北	2672924	319010	2218027	1123240	18121
147	新华联控股有限公司	北京	2623299	136716	2170607	1005817	35723
148	奥克斯集团有限公司	浙江	2621103	56601	982960	369310	18151
149	浙江荣盛控股集团有限公司	浙江	2604134	221331	2282631	669933	5635
150	山东泰山钢铁集团有限公司	山东	2604107	－7875	1062829	151794	9417
151	江苏申特钢铁有限公司	江苏	2602279	34971	1006858	122421	4386

名次	企业名称	地区	营业收入（万元）	利润（万元）	资产（万元）	所有者权益（万元）	从业人数
152	唐山港陆钢铁有限公司	河北	2598080	73048	1167032	474856	8237
153	中国盐业总公司	北京	2568624	56877	3488951	1030992	52347
154	滨化集团公司	山东	2546193	230833	1084540	611972	3836
155	山东招金集团有限公司	山东	2536421	159952	1556790	701024	12352
156	四川宏达（集团）有限公司	四川	2536014	134959	2652516	860075	15824
157	四川省川威集团有限公司	四川	2519760	64023	1417893	753114	15740
158	扬子江药业集团有限公司	江苏	2501626	165361	938029	776828	7915
159	海澜集团有限公司	江苏	2501357	129436	1558969	1030992	19125
160	正泰集团有限公司	浙江	2488000	96376	1556239	739253	21405
161	人民电器集团有限公司	浙江	2485721	100509	552984	325893	22000
162	江阴澄星实业集团有限公司	江苏	2452410	83091	1560684	661141	6393
163	百兴集团有限公司	江苏	2421253	60061	667556	389035	4508
164	重庆机电控股（集团）公司	重庆	2412418	164522	2794181	959076	31847
165	中国恒天集团有限公司	北京	2405347	72686	3297829	969279	45217
166	海城市西洋镁矿有限公司	辽宁	2400325				
167	山东时风（集团）有限责任公司	山东	2363926	83848	431710	310428	22601
168	唐山瑞丰钢铁（集团）有限公司	河北	2337512	42381	684611	265629	10895
169	天津友发钢管集团有限公司	天津	2330848	26583	981261	230939	8005
170	金龙精密铜管集团股份有限公司	河南	2329025	19214	1306418	171779	7387
171	河北文丰钢铁有限公司	河北	2324345	63949	926119	350297	6680
172	山东鲁北企业集团总公司	山东	2324123	249612	1205846	908637	4362
173	陕西东岭工贸集团股份有限公司	陕西	2322147	31080	1022082	337269	11026
174	江苏扬子江船业集团公司	江苏	2266895	375740	3424840	1225685	20007
175	杭州橡胶（集团）公司	浙江	2249364	77991	1325144	458475	21449
176	福建省三钢（集团）有限责任公司	福建	2220311	40557	1881607	608050	17189
177	上海人民企业（集团）有限公司	上海	2207688	204617	975055	948614	29318
178	重庆钢铁（集团）有限责任公司	重庆	2198712	24993	5348012	1461348	23503
179	江西赛维 LDK 太阳能高科技有限公司	江西	2196582				14699
180	山东太阳纸业股份有限公司	山东	2196542	95088	1475759	362681	9052
181	华盛江泉集团有限公司	山东	2193973	72891	1108780	594047	22066
182	万基控股集团有限公司	河南	2190828	30575	2091481	375126	13574
183	南金兆集团有限公司	山东	2175187	55824	1737690	291342	4816
184	山东中烟工业有限责任公司	山东	2118738	99796	2099264	1331421	5949
185	重庆化医控股（集团）公司	重庆	2105643	40619	3290416	991801	36366
186	青山控股集团有限公司	浙江	2100000	36600	757000	317000	6700
187	桐昆集团股份有限公司	浙江	2099222	120303	567198	289699	11274
188	山东京博控股股份有限公司	山东	2034451	66635	1131948	271185	5300
189	山东金诚石化集团有限公司	山东	2032155	77305	315270	250025	1600

名次	企业名称	地区	营业收入（万元）	利润（万元）	资产（万元）	所有者权益（万元）	从业人数
190	云南煤化工集团有限公司	云南	2082031	19488	3925287	1029511	32472
191	贵州中烟工业有限责任公司	贵州	2074708	119271	1488322	756387	10181
192	吉林亚泰（集团）股份有限公司	吉林	2069831	57611	2652447	869898	28515
193	德力西集团有限公司	浙江	2069467	81378	816245	315858	16500
194	新世纪控股集团有限公司	浙江	2064319	24762	225275	173956	5920
195	天津二轻集团（控股）有限公司	天津	2056793	20151	1276538	452089	16972
196	新疆特变电工集团有限公司	新疆	2053899	198880	2952038	1543163	16495
197	昆明钢铁控股有限公司	云南	2050435	98705	3358232	1563799	17606
198	盾安控股集团有限公司	浙江	2035269	95747	1817494	698648	14500
199	旭阳控股有限公司	北京	2033958	34250	2081962	700302	8296
200	陕西龙门钢铁（集团）有限责任公司	陕西	2028705	22891	1465887	98982	10952
201	山东如意科技集团有限公司	山东	2020289	99778	1223168	635218	24272
202	亚邦投资控股集团有限公司	江苏	2014886	64790	1603406	492761	8035
203	上海外高桥造船有限公司	上海	2008777	155439	3442394	860062	5120
204	天正集团有限公司	浙江	2003138	75307	283970	169672	9303
205	青岛啤酒股份有限公司	山东	1989783	152048	1777712	971975	29039
206	北京京城机电控股有限责任公司	北京	1982564	151480	2999906	1342085	24156
207	西王集团有限公司	山东	1974421	92330	1452900	684688	10000
208	东北特殊钢集团有限责任公司	辽宁	1967419	10795	3590968	454332	24272
209	河南豫联能源集团有限责任公司	河南	1962774	-9704	2277804	589793	7254
210	尚德电力控股有限公司	江苏	1960379	160038	3524412	1261725	12587
211	沈阳远大企业集团	辽宁	1920049	139908	1088726	405504	16900
212	西部矿业集团有限公司	青海	1899157	13563	2932143	462163	11590
213	天津市医药集团有限公司	天津	1897284	136615	2361680	1172062	16436
214	山东晨鸣纸业集团股份有限公司	山东	1866196	116334	3507713	1353579	17679
215	伊川电力集团总公司	河南	1853812	7127	2401287	173682	8805
216	春风实业集团有限责任公司	河北	1852903	15575	499081	231298	19400
217	同方股份有限公司	北京	1825751	47956	2486464	798670	17882
218	华泰集团有限公司	山东	1808503	122867	2023089	728436	13682
219	哈药集团有限公司	黑龙江	1800000	77174	1781166	539381	20769
220	河北普阳钢铁有限公司	河北	1785275	73134	1040656	570010	9862
221	广州万宝集团有限公司	广东	1771204	77803	1055787	384845	15775
222	万达控股集团有限公司	山东	1760489	107374	1109395	512967	8446
223	新疆金风科技股份有限公司	新疆	1759550	153194	2806160	1328900	3908
224	沂州集团有限公司	山东	1749998	101352	1126839	470110	5300
225	西林钢铁集团有限公司	黑龙江	1735829	7702	1753229	111314	12197
226	广西柳工集团有限公司	广西	1723390	156774	2319050	989667	15709
227	内蒙古鄂尔多斯羊绒集团有限责任公司	内蒙古	1716680	166651	3381346	1033731	21080

名次	企业名称	地区	营业收入（万元）	利润（万元）	资产（万元）	所有者权益（万元）	从业人数
228	云南冶金集团股份有限公司	云南	1707230	4417	4386915	841137	29067
229	苏州创元投资发展（集团）有限公司	江苏	1693208	82474	1512276	503297	14348
230	盛虹集团有限公司	江苏	1689406	86428	1621843	531235	19296
231	利华益集团股份有限公司	山东	1681632	48075	1209142	489974	3828
232	江苏法尔胜泓昇集团有限公司	江苏	1663644	67958	789763	336496	6110
233	东营方圆有色金属有限公司	山东	1655967	78350	800168	343689	2012
234	山东东明石化集团有限公司	山东	1654831	30746	780993	321534	3335
235	江苏金浦集团有限公司	江苏	1652418	50710	899068	435632	8500
236	江苏新世纪造船（集团）有限公司	江苏	1644184	296045	1876393	526967	4497
237	云南锡业集团（控股）有限责任公司	云南	1643841	50195	2968812	833442	28581
238	大连机床集团有限责任公司	辽宁	1642154	69845	1623624	368105	7908
239	亨通集团有限公司	江苏	1641979	67452	1628838	654546	7280
240	三角集团有限公司	山东	1626122	46368	846368	276517	9889
241	江苏双良集团有限公司	江苏	1625919	36899	1662826	561662	5091
242	江苏金辉集团公司	江苏	1620772	24670	307289	189584	550
243	郑州宇通集团有限公司	河南	1620560	195969	1918682	582293	29299
244	重庆力帆控股有限公司	重庆	1605513	29246	1428223	633757	14447
245	山东石横特钢集团有限公司	山东	1592328	49535	704010	309672	6711
246	湖南晟通科技集团有限公司	湖南	1590499	19637	826194	319282	4100
247	山东西水橡胶集团有限公司	山东	1590462	167304	1110390	473366	10500
248	中国西电集团公司	陕西	1588152	51186	3017140	1063020	21468
249	波司登股份有限公司	江苏	1580011	132582	1209060	616974	24392
250	山东淄博傅山企业集团有限公司	山东	1578594	77753	566832	282598	8658
251	新疆天业（集团）有限公司	新疆	1575338	105800	2456582	818832	16636
252	深圳市中金岭南有色金属股份有限公司	广东	1552235	94999	1457088	562727	10480
253	精功集团有限公司	浙江	1551021	90115	2166159	534998	12698
254	中国贵州茅台酒厂有限责任公司	贵州	1550241	605686	3318679	2482502	16678
255	宁波富邦控股集团有限公司	浙江	1530145	57163	2189582	692810	10892
256	白银有色集团股份有限公司	甘肃	1529410	55263	2050077	833130	14869
257	重庆轻纺控股（集团）公司	重庆	1527488	153511	2208984	698071	23958
258	华勤橡胶工业集团	山东	1521231	93299	1362547	674172	6102
259	维维集团股份有限公司	江苏	1516718	79620	775680	465792	19500
260	玲珑集团有限公司	山东	1508721	54957	953460	337587	6764
261	山东博汇集团有限公司	山东	1507067	101404	1585227	476977	9663
262	三河汇福粮油集团有限公司	河北	1503658	35689	520000	113763	3000
263	凌源钢铁集团有限责任公司	辽宁	1493466	35963	1364714	536074	9463
264	隆鑫控股有限公司	重庆	1485079	84377	1448648	383765	9357
265	山东科达集团有限公司	山东	1480177	88921	898004	365730	10558

名次	企业名称	地区	营业收入（万元）	利润（万元）	资产（万元）	所有者权益（万元）	从业人数
266	武安市裕华钢铁有限公司	河北	1474151	58567	691656	480501	6921
267	海城市后英经贸集团有限公司	辽宁	1469641	114671	1049639	627221	15960
268	许继集团有限公司	河南	1469260	105964	1918253	455226	13112
269	浙江元立金属制品集团有限公司	浙江	1461790	50958	946869	255053	16000
270	河南豫光金铅集团有限责任公司	河南	1458460	30373	943368	199592	6974
271	传化集团有限公司	浙江	1457968	78882	1506539	718257	8083
272	远东控股集团有限公司	江苏	1453368	41531	1156677	194412	6805
273	河北新金钢铁有限公司	河北	1445683	50652	570587	207077	5780
274	北京燕京啤酒集团公司	北京	1441961	105155	1641701	1031011	37289
275	沈阳机床（集团）有限责任公司	辽宁	1435268	40590	1721774	431263	18465
276	杉杉控股有限公司	浙江	1428080	68471	1814964	789429	14562
277	天津纺织集团（控股）有限公司	天津	1423337	7609	1949366	335862	15234
278	浙江龙盛控股有限公司	浙江	1421638	52460	843828	625413	4966
279	福田雷沃国际重工股份有限公司	山东	1419873	26979	705545	178760	12118
280	四平红嘴集团总公司	吉林	1417760	21952	958717	404693	12231
281	太极集团有限公司	重庆	1414455	4275	782367	234014	12162
282	三环集团公司	湖北	1413319	10694	1347008	465689	23206
283	澳洋集团有限责任公司	江苏	1407500	61818	1008240	388952	8568
284	宝胜集团有限公司	江苏	1392940	39180	611454	303117	7194
285	攀枝花钢城集团有限公司	四川	1378189	15196	895089	233718	16721
286	江苏三木集团有限公司	江苏	1373494	26481	482615	202940	4786
287	富海集团有限公司	山东	1361940	71882	392714	204612	1041
288	华立集团股份有限公司	浙江	1357111	36351	1000293	341823	10171
289	山东大海集团有限公司	山东	1351126	102343	828965	245583	5420
290	杭州富春江冶炼有限公司	浙江	1343612	13545	236539	78421	1924
291	太原重型机械集团有限公司	山西	1340378	77479	2213855	758322	13671
292	山推工程机械股份有限公司	山东	1339907	83964	1069807	399727	6317
293	沪东中华造船（集团）有限公司	上海	1334912	28037	1810488	225535	7224
294	正邦集团有限公司	江西	1325443	26777	443437	194341	20000
295	大连重工·起重集团有限公司	辽宁	1321863	129016	1995161	544236	5898
296	山东渤海实业股份有限公司	山东	1319533	33969	627003	185528	2447
297	四川科伦实业集团有限公司	四川	1315563	69564	996955	725340	12461
298	天瑞集团有限公司	河南	1315527	41381	1970190	621422	14825
299	四川省达州钢铁集团有限责任公司	四川	1314340	13806	839136	236448	8300
300	北京二商集团有限责任公司	北京	1313912	13914	929040	315142	12426
301	石药集团有限公司	河北	1308857	113807	1552442	683701	21515
302	河南济源钢铁（集团）有限公司	河南	1304355	37761	852348	236231	5876
303	宗申产业集团有限公司	重庆	1301734	62403	1117040	572503	13562

名次	企业名称	地区	营业收入（万元）	利润（万元）	资产（万元）	所有者权益（万元）	从业人数
304	上海良友（集团）有限公司	上海	1300770	7821	1452999	417382	6315
305	环宇集团有限公司	浙江	1298660	49250	1170872	643893	5119
306	江门市大长江集团有限公司	广东	1297305	108811	909017	296447	10348
307	嘉晨集团有限公司	辽宁	1291377	81169	1278198	1107169	11080
308	冀东发展集团有限责任公司	河北	1286458	126706	3776330	1034526	21458
309	东营市天信纺织有限公司	山东	1286069	111255	5111140	245569	5582
310	广西有色金属集团有限公司	广西	1277872	3368	1609333	144933	21196
311	河南龙成集团有限公司	河南	1265556	35021	675321	305165	7523
312	江苏华宏实业集团有限公司	江苏	1264980	61577	434192	195454	3625
313	北方重工集团有限公司	辽宁	1263340	19966	1904326	293458	10233
314	杭州华东医药集团有限公司	浙江	1251942	52842	768921	280095	4953
315	维科控股集团股份有限公司	浙江	1246793	74168	1102819	232485	11535
316	双星集团有限责任公司	山东	1245405	6513	903180	215726	17429
317	广西南华糖业集团有限公司	广西	1240027	171978	1461314	561054	27670
318	兴达投资集团有限公司	江苏	1239357	39364	462389	189262	650
319	洛阳栾川钼业集团股份有限公司	河南	1237654	105185	1449322	1244880	9618
320	泸州老窖集团有限责任公司	四川	1227086	257227	1132694	557814	9348
321	江苏熔盛重工有限公司	江苏	1225300	136529	3093845	903631	22009
322	河北新武安钢铁集团文安集团钢铁有限公司	河北	1222053	48843	493945	342161	3500
323	西子联合控股有限公司	浙江	1220000	178000	1860000	509000	10069
324	大连实德集团有限公司	辽宁	1218358	103020	1802348		5100
325	福建省汽车工业集团有限公司	福建	1216858	－12773	951773	97292	5540
326	方大特钢科技股份有限公司	江西	1216024	31370	749729	226858	7624
327	冷水江钢铁有限责任公司	湖南	1215976	14616	565389	163819	5982
328	武汉邮电科学研究院	湖北	1202982	73650	1385215	622528	15778
329	中国龙工控股有限公司	上海	1201993	176632	1346252	524203	11981
330	柳州五菱汽车有限责任公司	广西	1201867	37983	1112658	256194	7574
331	广西中烟工业有限责任公司	广西	1200597	91416	977656	809143	3311
332	惠州市德赛集团有限公司	广东	1199340	49052	820527	286690	18340
333	山东垦利石化有限责任公司	山东	1192470	8663	409672	62416	3285
334	永鼎集团有限公司	江苏	1180604	58126	963421	474482	3308
335	广西农垦集团有限责任公司	广西	1177332	30979	2448604	1038968	57557
336	天津市建筑材料集团（控股）有限公司	天津	1177194	9900	861644	379426	8391
337	春和集团有限公司	浙江	1173345	61872	1705352	207493	25000
338	宜华企业（集团）有限公司	广东	1163585	61872	2010833	556300	6350
339	山东海科化工集团有限公司	山东	1159820	4472	449781	144110	2045
340	江西钨业集团有限公司	江西	1155338	25907	359036	125235	10903
341	正和集团股份有限公司	山东	1151925	32015	442121	148656	2050

名次	企业名称	地区	营业收入（万元）	利润（万元）	资产（万元）	所有者权益（万元）	从业人数
342	金海重工股份有限公司	浙江	1144045	60784	2581061	378305	4940
343	崇利制钢有限公司	河北	1133252	4988	336709	121956	2727
344	辽宁曙光汽车集团股份有限公司	辽宁	1123270	33477	1094738	1094738	8817
345	德龙钢铁有限公司	河北	1116906	35667	530742	260166	4769
346	唐山三友集团有限公司	河北	1114478	31929	1144203	440361	12632
347	沈阳化工集团有限公司	辽宁	1101859	19766	714204	266712	5075
348	巨化集团公司	浙江	1091239	39278	1090293	388721	15272
349	湘电集团有限公司	湖南	1084172	8841	1624017	156359	11684
350	浙江大东南集团有限公司	浙江	1081528	51496	350443	239331	2595
351	江苏天地龙集团有限公司	江苏	1077045	5715	469524	73379	1100
352	深圳华强集团有限公司	广东	1072134	83667	2210674	503069	23826
353	升华集团控股有限公司	浙江	1070816	30748	735374	260049	6232
354	天津天士力集团有限公司	天津	1066506	59966	1388756	622815	7805
355	天能电池集团有限公司	浙江	1065609	48122	296752	285794	8387
356	山东华星石油化工集团有限公司	山东	1055106	20513	691034	298734	1464
357	华鲁控股集团有限公司	山东	1052175	60670	1676800	881494	16518
358	山东金岭集团有限公司	山东	1051213	59131	615927	275892	4530
359	庆铃汽车（集团）有限公司	重庆	1045442	32203	1299390	954440	4185
360	宁波宝新不锈钢有限公司	浙江	1041529	22845	630742	274288	882
361	邢台钢铁有限责任公司	河北	1035524	42775	723136	222343	6912
362	天津农垦集团总公司	天津	1033130	48948	1588496	765205	5359
363	江西稀有金属钨业控股集团有限公司	江西	1032766	7877	1133907	502277	5608
364	烟台张裕集团有限公司	山东	1032689	149771	677213	380809	5982
365	四川九洲电器集团有限责任公司	四川	1027851	44727	1081740	288507	16169
366	山东五征集团	山东	1023479	34955	494397	209368	11958
367	上海三菱电梯有限公司	上海	1022177	87559	993754	349918	2237
368	大全集团有限公司	江苏	1021856	67505	1034627	415233	8033
369	上海奥盛投资控股（集团）有限公司	上海	1020257	28367	563927	285061	1398
370	大连冰山集团有限公司	辽宁	1018230	44059	1063798	433224	12420
371	红太阳集团有限公司	江苏	1017399	28275	1031406	247881	6219
372	上海胜华电缆（集团）有限公司	上海	1013966	15600	294000	91942	4200
373	东北制药集团有限责任公司	辽宁	1002345	7927	808505	303798	9625
374	浙江东南网架集团有限公司	浙江	1000295	12828	1081277	237799	5908
375	杭州锦江集团有限公司	浙江	1000290	112673	2606833	957560	5500
376	浙江天圣控股集团有限公司	浙江	998537	30923	881975	207264	3795
377	山东聊城鲁西化工集团有限责任公司	山东	988579	21184	1128246	259009	9585
378	华通机电集团有限公司	浙江	981004	51712	308110	105882	4800
379	天津大沽化工股份有限公司	天津	968728	9214	1176139	243442	4251

名次	企业名称	地区	营业收入（万元）	利润（万元）	资产（万元）	所有者权益（万元）	从业人数
380	兴乐集团有限公司	浙江	968306	19598	223850	126198	3368
381	诸城外贸有限责任公司	山东	966299	31707	931000	398469	7598
382	湖南泰格林纸集团有限责任公司	湖南	961750	12457	2224719	720503	10143
383	天津有色金属集团有限公司	天津	959357	2440	215372	74739	1411
384	海天塑机集团有限公司	浙江	957371	130875	971310	577415	5802
385	江苏新华发集团有限公司	江苏	955424	1704	699709	67061	1000
386	惠州市华阳集团有限公司	广东	940728	53387	368048	203622	22800
387	江西中烟工业有限责任公司	江西	939995	60962	697932	427350	6297
388	营口青花集团	辽宁	937800	13905	288600	155532	5888
389	重庆烟草工业有限责任公司	重庆	928957	70803	593853	309297	2820
390	河北兴华钢铁有限公司	河北	924145	42455	457861	365200	4000
391	卧龙控股集团有限公司	浙江	917282	95212	1001237	574526	5854
392	双钱集团股份有限公司	上海	909463	29059	845339	264565	10158
393	重庆小康工业集团股份有限公司	重庆	905266	77202	931230	139722	10985
394	青岛澳柯玛股份有限公司	山东	900065	6945	427800	94750	6955
395	江苏大明金属制品有限公司	江苏	898248	25058	350142	109893	707
396	杭州金鱼电器集团有限公司	浙江	896685	37221	461011	188469	8665
397	河北新武安钢铁集团烘熔钢铁有限公司	河北	890000	52000	380000	245000	4500
398	潍坊特钢集团有限公司	山东	885673	20370	734966	336955	6000
399	沈阳鼓风机集团有限公司	辽宁	880871	30295	1026867	164634	6387
400	山东联盟化工集团有限公司	山东	876266	52354	526843	272501	5691
401	美锦能源集团有限公司	山西	870797	71928	2015336	874835	6111
402	森特科技集团有限公司	江苏	866492	19550	759903	234128	658
403	天津塑力线缆集团有限公司	天津	863752	41414	619854	619854	3210
404	中国第一重型机械集团公司	黑龙江	862115	49312	2876208	1003568	12437
405	山东鲁花集团有限公司	山东	856255	64525	777674	320242	7569
406	通鼎集团有限公司	江苏	851000	52743	310024	194500	3386
407	福耀玻璃工业集团股份有限公司	福建	850804	178776	1056697	584215	15601
408	利时集团股份有限公司	浙江	849680	30688	732967	346038	5786
409	森马集团有限公司	浙江	845000	100438	424833	252614	1760
410	上海浦东电线电缆（集团）有限公司	上海	844837	26116	193165	144203	2105
411	兰溪自立铜业有限公司	浙江	841348	4341	309783	17475	725
412	河北前进钢铁集团有限公司	河北	835792	31977	395126	155382	4000
413	辛集市澳森钢铁有限公司	河北	833277	57513	450187	281452	5300
414	浙江富春江通信集团有限公司	浙江	826842	28864	654927	348678	2768
415	合肥美菱股份有限公司	安徽	822707	32649	711616	274619	5042
416	富通集团有限公司	浙江	815430	32008	757486	328722	4587
417	风神轮胎股份有限公司	河南	812185	15263	646228	181063	5927

名次	企业名称	地区	营业收入（万元）	利润（万元）	资产（万元）	所有者权益（万元）	从业人数
418	山东神驰化工有限公司	山东	810571	47104	291212	148336	496
419	厦门烟草工业有限责任公司	福建	805548	56575	659340	482740	1681
420	浙江栋梁新材股份有限公司	浙江	805371	15199	131659	92394	987
421	孚日集团股份有限公司	山东	805259	23806	715809	267705	22050
422	中国华录集团有限公司	辽宁	802720	52038	816548	443547	4368
423	无锡江南电缆有限公司	江苏	800258	10365	367573	57051	1921
424	山东澳亚纺织有限公司	山东	791352	69871	575648	305371	7800
425	山西建邦集团有限公司	山西	788790	10756	390518	74621	3020
426	东辰控股集团有限公司	山东	787653	55269	369991	263195	1286
427	唐人神集团股份有限公司	湖南	787491	9827	145096	57730	5000
428	五矿营口中板有限责任公司	辽宁	783514	-49004	1326439	499063	2142
429	浙江翔盛集团有限公司	浙江	781422	27836	629491	140462	2917
430	星星集团有限公司	浙江	775671	62053	1328993	484724	13645
431	中国南玻集团股份有限公司	广东	774394	159696	1246962	675921	11719
432	胜达集团有限公司	浙江	769278	33951	492189	239146	4500
433	华峰集团有限公司	浙江	766134	83969	1044260	624539	3040
434	铜陵精达铜材（集团）有限责任公司	安徽	765470	14935	352330	126048	1801
435	青年汽车集团有限公司	浙江	763573	36931	923300	492100	7100
436	江苏洋河酒厂股份有限公司	江苏	761909	125352	1148007	738717	7090
437	山东万通石油化工集团有限公司	山东	757353	45884	348104	158195	1500
438	祐康食品集团有限公司	浙江	754813	55315	590339	273184	8500
439	超威电源有限公司	浙江	740440	39721	275203	154398	9131
440	红狮控股集团有限公司	浙江	728128	79088	918632	364585	6650
441	开氏集团有限公司	浙江	720801	31852	487109	204341	3000
442	花园工贸集团有限公司	浙江	714056	42688	397303	202448	5436
443	青岛即发集团控股有限公司	山东	712735	21952	351165	187873	16341
444	杭叉集团股份有限公司	浙江	711031	17305	258786	92577	2021
445	三花控股集团有限公司	浙江	710649	31724	814376	370486	6892
446	得利斯集团有限公司	山东	707226	21609	515595	335474	6010
447	山西中阳钢铁有限公司	山西	705645	69126	806623	388062	8965
448	西宁特殊钢集团有限责任公司	青海	705297	23215	1300579	411066	10733
449	力诺集团有限责任公司	山东	705140	41750	1009397	549217	13000
450	山东石大科技集团有限公司	山东	703421	25825	215672	43554	689
451	广州广船国际股份有限公司	广东	701422	70774	1215745	366302	3397
452	北京纺织控股有限责任公司	北京	694031	26128	1419525	454140	16439
453	万丰奥特控股集团有限公司	浙江	681700	47170	333900	156800	6470
454	重庆市博赛矿业（集团）股份有限公司	重庆	676556	38373	468691	238132	6021
455	郑州煤矿机械集团股份有限公司	河南	675210	89279	902661	514006	4113

名次	企业名称	地区	营业收入（万元）	利润（万元）	资产（万元）	所有者权益（万元）	从业人数
456	安徽楚江投资集团有限公司	安徽	673756	13332	273506	106782	4512
457	宁波申洲针织有限公司	浙江	673555	127165	752564	479953	46910
458	山西潞宝集团	山西	664622	15219	698417	132073	3988
459	新凤鸣集团股份有限公司	浙江	659482	52357	319227	134536	5503
460	云南南磷集团股份有限公司	云南	656738	20283	321513	168336	4185
461	河南财鑫集团有限责任公司	河南	656732	21796	334711	160661	5217
462	黑龙江烟草工业有限责任公司	黑龙江	654432	61907	540836	450483	4813
463	宁波博洋纺织有限公司	浙江	650879	10450	284056	48020	2977
464	天津金耀集团有限公司（天津药业集团有限公司）	天津	650061	48654	1775150	952301	4073
465	上海致达科技（集团）股份有限公司	上海	650000	21254	1587198	280973	7588
466	上海海立（集团）总公司	上海	640197	14388	658903	162408	3819
467	浙江航民实业集团有限公司	浙江	638377	29117	434645	212305	9832
468	龙达集团有限公司	浙江	634604	9517	366702	108287	1108
469	瓦房店轴承集团有限责任公司	辽宁	632186	37529	602942	319029	10166
470	秦皇岛安丰钢铁有限公司	河北	631864	6230	268811	85532	5560
471	北京顺鑫农业股份有限公司	北京	626840	28180	992937	279601	6001
472	厦门银鹭集团有限公司	福建	625902	56745	510427	117801	13000
473	贵州轮胎股份有限公司	贵州	622675	12495	547879	160919	8093
474	兴惠化纤集团有限公司	浙江	619462	29464	383103	140201	2885
475	富丽达集团控股有限公司	浙江	615182	32252	933123	151678	5719
476	承德兆丰钢铁集团有限公司	河北	610000	28200	549709	122556	5085
477	浙江宏磊控股集团有限公司	浙江	609968	19647	299706	87452	1025
478	鲁泰集团公司	山东	607403	79161	826784	[illegible]	23063
479	胜利油田高原石油装备有限责任公司	山东	601416	10697	350504	66804	2400
480	辅仁药业集团有限公司	河南	597499	77380	845175	464942	10320
481	无锡市兆顺不锈中板有限公司	江苏	595906	1400	311698	13468	892
482	山西沁新能源集团股份有限公司	山西	595100	67652	680690	239531	7800
483	天津市恒兴钢业有限公司	天津	594088	30551	279859	134330	750
484	上海船厂船舶有限公司	上海	593756	17085	945230	97018	3734
485	青海盐湖工业股份有限公司	青海	588315	236887	2517567	1233516	10244
486	河北白沙烟草有限责任公司	河北	582564	50229	477120	359260	3020
487	迪尚集团有限公司	山东	581796	10571	421164	94796	8650
488	青岛泰发集团股份有限公司	山东	580767	7268	107768	59731	6000
489	天津达亿钢铁有限公司	天津	579362	16522	229492	155461	4818
490	天洁集团有限公司	浙江	572186	25389	310107	89803	2030
491	中国四联仪器仪表集团有限公司	重庆	571164	32689	674007	282660	10605
492	浙江赐富化纤集团有限公司	浙江	567757	52576	672950	298232	1875
493	辽宁禾丰牧业股份有限公司	辽宁	564342	20465	215615	121164	6500

名次	企业名称	地区	营业收入（万元）	利润（万元）	资产（万元）	所有者权益（万元）	从业人数
494	华翔集团股份有限公司	浙江	562170	54705	703366	307413	5200
495	太原市梗阳实业集团有限公司	山西	561698	30903	633192	280334	3182
496	邯郸市正大制管有限公司	河北	558106	4353	147568	12949	2000
497	铜陵化学工业集团有限公司	安徽	555928	9105	725605	347533	7936
498	青岛海湾集团有限公司	山东	554572	12333	738504	375357	9356
499	张家口卷烟厂有限责任公司	河北	554307	29311	330245	164624	3003
500	永兴特种不锈钢股份有限公司	浙江	554280	27390	152612	91883	764
	合计		1782001894	73321058	1675932540	577200079	11460831

说　明

1. 2011中国制造业企业500强是中国企业联合会、中国企业家协会参照国际惯例，组织企业自愿申报，并经专家审定确认后产生的。申报企业包括在中国境内注册、2010年完成营业收入达到30亿元（人民币）以上（含30亿元）的企业（不包括行政性公司和资产经营公司，不包括在华外资、港澳台独资、控股企业；但包括在境外注册、投资主体为中国自然人或法人、主要业务在境内的企业，属于我国银监会、保监会和各级国资委监管的企业）。为了避免重复，属于集团公司控股的企业，如果其财务报表最后能被合并到母公司的财务会计报表中去，则只允许其母公司申报。

2. 表中所列数据由企业自愿申报或属于上市公司公开数据、并已经公认会计师事务所或审计师事务所等单位认可。

3. 销售收入是2010年不含增值税的收入，包括企业的所有收入，即主营业务和非主营业务、境内和境外的收入。利润是2010年上交所得税后的净利润（不含少数股权收益）。资产是2010年度末的资产总额。所有者权益是2010年末所有者权益总额（不含少数股东权益）。研究开发费用是2010年企业投入研究开发的所有费用。从业人数是2010年度的平均人数（含所有被合并报表企业的人数）。

4. 行业分类既参照了国家统计局的分类方法，为了进行对比分析，也参考了美国《财富》杂志的分类方法，企业主要是依据其主营业务收入所在行业来划分。

5. 地区分类是按企业总部所在地划分。

表 8－2　2011 中国制造业企业 500 强各行业企业分布

排名	企业名称	总排名	营业收入（万元）
农副食品及产品加工业			
1	新希望集团有限公司	67	5595767
2	山东六和集团有限公司	80	5068613
3	通威集团有限公司	132	3063896
4	西王集团有限公司	207	1974421
5	三河汇福粮油集团有限公司	262	1503658
6	正邦集团有限公司	294	1325443
7	山东渤海实业股份有限公司	296	1319533
8	广西农垦集团有限责任公司	335	1177332
9	天津农垦集团总公司	362	1033130
10	山东鲁花集团有限公司	404	856255
11	河南财鑫集团有限责任公司	461	656732
12	辽宁禾丰牧业股份有限公司	493	564342
	合计		24139122
食品加工制造业			
1	光明食品（集团）有限公司	29	10417152
2	天狮集团有限公司	139	2856380
3	中国盐业总公司	153	2568624
4	北京二商集团有限责任公司	300	1313912
5	上海良友（集团）有限公司	304	1300770
6	广西南华糖业集团有限公司	317	1240027
7	祐康食品集团有限公司	437	754813
8	厦门银鹭集团有限公司	472	625902
	合计		21077580
乳制品加工业			
1	内蒙古蒙牛乳业（集团）股份有限公司	134	3026541
2	内蒙古伊利实业集团股份有限公司	135	2966498
	合计		5993039
饮料加工业			
1	杭州娃哈哈集团有限公司	69	5487355
2	维维集团股份有限公司	259	1516718
	合计		7004073
酿酒制造业			
1	四川省宜宾五粮液集团有限公司	100	4029684
2	青岛啤酒股份有限公司	205	1989783

排名	企业名称	总排名	营业收入（万元）
3	中国贵州茅台酒厂有限责任公司	254	1550241
4	北京燕京啤酒集团公司	274	1441961
5	泸州老窖集团有限责任公司	320	1227086
6	烟台张裕集团有限公司	364	1032689
7	江苏洋河酒厂股份有限公司	435	761909
	合计		12033353
烟草加工业			
1	上海烟草集团有限责任公司	42	7282682
2	红塔烟草（集团）有限责任公司	59	6325981
3	湖南中烟工业有限责任公司	63	5888856
4	红云红河烟草（集团）有限责任公司	68	5499012
5	浙江中烟工业有限责任公司	115	3542970
6	湖北中烟工业有限责任公司	131	3071298
7	河南中烟工业有限责任公司	145	2682846
8	山东中烟工业有限责任公司	184	2118738
9	贵州中烟工业有限责任公司	191	2074708
10	广西中烟工业有限责任公司	331	1200597
11	江西中烟工业有限责任公司	386	939995
12	重庆烟草工业有限责任公司	388	928957
13	厦门烟草工业有限责任公司	418	805548
14	黑龙江烟草工业有限责任公司	462	654432
15	河北白沙烟草有限责任公司	486	582564
16	张家口卷烟厂有限责任公司	499	554307
	合计		44153491
纺织、印染业			
1	山东魏桥创业集团有限公司	25	11845598
2	上海纺织控股（集团）公司	111	3634705
3	江苏阳光集团有限公司	138	2866095
4	山东如意科技集团有限公司	201	2020289
5	天津纺织集团（控股）有限公司	277	1423337
6	澳洋集团有限责任公司	283	1407500
7	山东大海集团有限公司	289	1351126
8	东营市天信纺织有限公司	309	1286069
9	浙江天圣控股集团有限公司	375	998537
10	山东澳亚纺织有限公司	423	791352
11	北京纺织控股有限责任公司	452	694031
12	兴惠化纤集团有限公司	474	619462

排名	企业名称	总排名	营业收入（万元）
13	富丽达集团控股有限公司	475	615182
	合计		29553283
纺织品、服装、鞋帽（含皮草、毛、绒等）加工业			
1	雅戈尔集团股份有限公司	122	3348136
2	红豆集团有限公司	141	2818600
3	海澜集团有限公司	159	2501357
4	内蒙古鄂尔多斯羊绒集团有限责任公司	227	1716680
5	波司登股份有限公司	249	1580011
6	杉杉控股有限公司	276	1428080
7	维科控股集团股份有限公司	315	1246793
8	森马集团有限公司	408	845000
9	孚日集团股份有限公司	420	805259
10	青岛即发集团控股有限公司	442	712735
11	宁波申洲针织有限公司	457	673555
12	宁波博洋纺织有限公司	463	650879
13	鲁泰集团公司	478	607403
14	迪尚集团有限公司	487	581796
	合计		19516284
肉食品加工业			
1	雨润控股集团有限公司	56	6475546
2	河南省漯河市双汇实业集团有限责任公司	81	5066989
3	临沂新程金锣肉制品集团有限公司	121	3423996
4	诸城外贸有限责任公司	380	966299
5	唐人神集团股份有限公司	426	787491
6	得利斯集团有限公司	445	707226
7	北京顺鑫农业股份有限公司	471	626840
	合计		18054387
木材、家具及竹、藤、棕、草制品制造业			
1	宜华企业（集团）有限公司	338	1163585
	合计		1163585
造纸及纸制品加工业			
1	山东大王集团有限公司	89	4592139
2	金东纸业（江苏）股份有限公司	129	3075301
3	山东太阳纸业股份有限公司	180	2196542
4	山东晨鸣纸业集团股份有限公司	214	1866196
5	华泰集团有限公司	218	1808503
6	山东博汇集团有限公司	261	1507067
7	湖南泰格林纸集团有限责任公司	382	961750
8	胜达集团有限公司	432	769278
	合计		16776776
生活消费品和文体、玩具、家具、首饰、珠宝、宝石、工艺等轻工产品加工业			
1	天津市一轻集团（控股）有限公司	85	5000300
2	天津二轻集团（控股）有限公司	195	2056793
3	重庆轻纺控股（集团）公司	257	1527488
	合计		8584581
石化产品、炼焦及其他燃料加工业			
1	中国石油化工集团公司	1	196904221
2	福建联合石油化工有限公司	65	5857077
3	大连西太平洋石油化工有限公司	114	3570378
4	山东京博控股股份有限公司	188	2084451
5	山东金诚石化集团有限公司	189	2082155
6	云南煤化工集团有限公司	190	2082031
7	旭阳控股有限公司	199	2033958
8	利华益集团股份有限公司	231	1681632
9	山东东明石化集团有限公司	234	1654831
10	富海集团有限公司	287	1361940
11	嘉晨集团有限公司	307	1291377
12	山东垦利石化有限责任公司	333	1192470
13	山东海科化工集团有限公司	339	1159820
14	正和集团股份有限公司	341	1151925
15	山东华星石油化工集团有限公司	356	1055106
16	美锦能源集团有限公司	400	870797
17	山东神驰化工有限公司	417	810571
18	山东万通石油化工集团有限公司	436	757353
19	山东石大科技集团有限公司	449	703421
20	山西潞宝集团	458	664622
21	山西沁新能源集团股份有限公司	482	595100
22	太原市梗阳实业集团有限公司	495	561698
	合计		230126934
化学原料及化学制品制造业			
1	中国化工集团公司	23	14022404
2	天津渤海化工集团公司	91	4559695

排名	企业名称	总排名	营业收入（万元）
3	湖北宜化集团有限责任公司	99	4108935
4	云天化集团有限责任公司	105	3766624
5	上海华谊（集团）公司	109	3699916
6	滨化集团公司	154	2546193
7	江阴澄星实业集团有限公司	162	2452410
8	山东鲁北企业集团总公司	172	2324123
9	亚邦投资控股集团有限公司	202	2014886
10	江苏金浦集团有限公司	235	1652418
11	新疆天业（集团）有限公司	251	1575338
12	传化集团有限公司	271	1457968
13	浙江龙盛控股有限公司	278	1421638
14	江苏三木集团有限公司	286	1373494
15	唐山三友集团有限公司	346	1114478
16	沈阳化工集团有限公司	347	1101859
17	巨化集团公司	348	1091239
18	升华集团控股有限公司	353	1070816
19	山东金岭集团有限公司	358	1051213
20	红太阳集团有限公司	371	1017399
21	山东聊城鲁西化工集团有限责任公司	377	988579
22	天津大沽化工股份有限公司	379	968728
23	山东联盟化工集团有限公司	400	876266
24	东辰控股集团有限公司	426	787653
25	云南南磷集团股份有限公司	460	656738
26	青海盐湖工业股份有限公司	485	588315
27	铜陵化学工业集团有限公司	497	555928
28	青岛海湾集团有限公司	498	554572
	合计		59399825

医药制造业

排名	企业名称	总排名	营业收入（万元）
1	上海医药集团股份有限公司	106	3741107
2	广州医药集团有限公司	142	2752645
3	扬子江药业集团有限公司	158	2501626
4	天津市医药集团有限公司	213	1897284
5	哈药集团有限公司	219	1800000
6	太极集团有限公司	281	1414455
7	四川科伦实业集团有限公司	297	1315563
8	石药集团有限公司	301	1308857
9	杭州华东医药集团有限公司	314	1251942
10	天津天士力集团有限公司	354	1066506
11	华鲁控股集团有限公司	357	1052175
12	东北制药集团有限责任公司	372	1002345
13	天津金耀集团有限公司（天津药业集团有限公司）	464	650061
14	辅仁药业集团有限公司	480	597499
	合计		22352065

化学纤维制造业

排名	企业名称	总排名	营业收入（万元）
1	浙江恒逸集团有限公司	112	3607627
2	恒力集团有限公司	124	3250480
3	江苏三房巷集团有限公司	126	3177616
4	浙江荣盛控股集团有限公司	149	2604134
5	桐昆集团股份有限公司	187	2099222
6	盛虹集团有限公司	230	1689406
7	江苏华宏实业集团有限公司	312	1264980
8	兴达投资集团有限公司	318	1239357
9	浙江翔盛集团有限公司	428	781422
10	华峰集团有限公司	432	766134
11	开氏集团有限公司	440	720801
12	新凤鸣集团股份有限公司	459	659482
13	龙达集团有限公司	468	634604
14	浙江赐富化纤集团有限公司	492	567757
	合计		23063022

橡胶制品业

排名	企业名称	总排名	营业收入（万元）
1	杭州橡胶（集团）公司	175	2249364
2	三角集团有限公司	240	1626122
3	山东西水橡胶集团有限公司	247	1590462
4	华勤橡胶工业集团	258	1521231
5	玲珑集团有限公司	260	1508721
6	双星集团有限责任公司	316	1245405
7	双钱集团股份有限公司	391	909463
8	风神轮胎股份有限公司	416	812185
9	贵州轮胎股份有限公司	473	622675
	合计		12085628

塑料制品业

排名	企业名称	总排名	营业收入（万元）
1	大连实德集团有限公司	324	1218358
2	浙江大东南集团有限公司	350	1081528
	合计		2299886

排名	企业名称	总排名	营业收入（万元）	排名	企业名称	总排名	营业收入（万元）
建筑材料及玻璃等制造业				21	中天钢铁集团有限公司	83	5016965
1	中国建筑材料集团有限公司	24	13535530	22	包头钢铁（集团）有限责任公司	86	4797643
2	安徽海螺集团有限责任公司	70	5389400	23	日照钢铁控股集团有限公司	95	4412783
3	中国中材集团有限公司	84	5010701	24	天津荣程联合钢铁集团有限公司	96	4376256
4	北京金隅集团有限责任公司	130	3073125	25	安阳钢铁集团有限责任公司	97	4372115
5	海城市西洋镁矿有限公司	166	2400325	26	江苏新长江实业集团有限公司	98	4329266
6	吉林亚泰（集团）股份有限公司	192	2069831	27	新余钢铁集团有限公司	102	3866655
7	沈阳远大企业集团	211	1920049	28	河北津西钢铁集团股份有限公司	104	3775850
8	沂州集团有限公司	224	1749998	29	新华联合冶金投资集团有限公司	110	3690620
9	天瑞集团有限公司	298	1315527	30	青岛钢铁控股集团有限责任公司	118	3485576
10	冀东发展集团有限责任公司	308	1286458	31	河北敬业企业集团有限责任公司	120	3438118
11	天津市建筑材料集团（控股）有限公司	336	1177194	32	江西萍钢实业股份有限公司	127	3149313
12	上海奥盛投资控股（集团）有限公司	369	1020257	33	江苏西城三联控股集团有限公司	137	2867590
13	营口青花集团	387	937800	34	山东泰山钢铁集团有限公司	150	2604107
14	福耀玻璃工业集团股份有限公司	406	850804	35	江苏申特钢铁有限公司	151	2602279
15	中国南玻集团股份有限公司	430	774394	36	唐山港陆钢铁有限公司	152	2598080
16	红狮控股集团有限公司	439	728128	37	四川省川威集团有限公司	157	2519760
	合计		43239521	38	唐山瑞丰钢铁（集团）有限公司	168	2337512
				39	天津友发钢管集团有限公司	169	2330848
黑色冶金及压延加工业				40	河北文丰钢铁有限公司	171	2324345
1	宝钢集团有限公司	5	27298409	41	陕西东岭工贸集团股份有限公司	173	2322147
2	河北钢铁集团有限公司	9	22709711	42	福建省三钢（集团）有限责任公司	176	2220311
3	首钢总公司	11	19753446	43	重庆钢铁（集团）有限责任公司	178	2198712
4	武汉钢铁（集团）公司	13	19069111	44	南金兆集团有限公司	183	2175187
5	江苏沙钢集团有限公司	15	17862398	45	青山控股集团有限公司	186	2100000
6	鞍钢集团公司	19	15157209	46	昆明钢铁控股有限公司	197	2050435
7	太原钢铁（集团）有限公司	27	11654838	47	陕西龙门钢铁（集团）有限责任公司	200	2028705
8	山东钢铁集团有限公司	28	10976027	48	东北特殊钢集团有限责任公司	208	1967419
9	天津冶金集团有限公司	31	9852214	49	河北普阳钢铁有限公司	220	1785275
10	天津钢管集团股份有限公司	38	8515615	50	西林钢铁集团有限公司	225	1735829
11	天津天钢集团有限公司	39	8300015	51	山东石横特钢集团有限公司	245	1592328
12	新兴际华集团有限公司	41	8035667	52	山东淄博傅山企业集团有限公司	250	1578594
13	天津天铁冶金集团有限公司	43	7130832	53	凌源钢铁集团有限责任公司	263	1493466
14	本钢集团有限公司	45	6902791	54	武安市裕华钢铁有限公司	266	1474151
15	马钢（集团）控股有限公司	47	6805958	55	河北新金钢铁有限公司	273	1445683
16	湖南华菱钢铁集团有限责任公司	54	6578713	56	四平红嘴集团总公司	280	1417760
17	杭州钢铁集团公司	57	6436295	57	四川省达州钢铁集团有限责任公司	299	1314340
18	南京钢铁集团有限公司	61	6098646	58	河南济源钢铁（集团）有限公司	302	1304355
19	酒泉钢铁（集团）有限责任公司	66	5694581	59	河南龙成集团有限公司	311	1265556
20	北京建龙重工集团有限公司	75	5126817	60	河北新武安钢铁集团文安集团钢铁有限公司	322	1222053

排名	企业名称	总排名	营业收入（万元）
61	方大特钢科技股份有限公司	326	1216024
62	冷水江钢铁有限责任公司	327	1215976
63	崇利制钢有限公司	343	1133252
64	德龙钢铁有限公司	345	1116906
65	宁波宝新不锈钢有限公司	360	1041529
66	邢台钢铁有限责任公司	361	1035524
67	河北兴华钢铁有限公司	389	924145
68	河北新武安钢铁集团烘熔钢铁有限公司	396	890000
69	潍坊特钢集团有限公司	397	885673
70	河北前进钢铁集团有限公司	411	835792
71	辛集市澳森钢铁有限公司	412	833277
72	山西建邦集团有限公司	424	788790
73	五矿营口中板有限责任公司	427	783514
74	山西中阳钢铁有限公司	446	705645
75	西宁特殊钢集团有限责任公司	447	705297
76	秦皇岛安丰钢铁有限公司	470	631864
77	承德兆丰钢铁集团有限公司	476	610000
78	无锡市兆顺不锈中板有限公司	481	595906
79	天津市恒兴钢业有限公司	483	594088
80	天津达亿钢铁有限公司	489	579362
81	永兴特种不锈钢股份有限公司	500	554280
	合计		351224124

排名	企业名称	总排名	营业收入（万元）
一般有色冶金及压延加工业			
1	中国铝业公司	12	19543309
2	金川集团有限公司	34	9233633
3	江西铜业集团公司	37	8634538
4	正威国际集团有限公司	49	6781763
5	铜陵有色金属集团控股有限公司	51	6654485
6	海亮集团有限公司	71	5258400
7	南山集团有限公司	78	5120064
8	陕西有色金属控股集团有限责任公司	88	4622904
9	中国有色矿业集团有限公司	92	4547986
10	大冶有色金属集团控股有限公司	123	3264918
11	宁波金田投资控股有限公司	133	3036011
12	四川宏达（集团）有限公司	156	2536014
13	金龙精密铜管集团股份有限公司	170	2329025
14	万基控股集团有限公司	182	2190828
15	河南豫联能源集团有限责任公司	209	1962774
16	西部矿业集团有限公司	212	1899157
17	伊川电力集团总公司	215	1853812
18	云南冶金集团股份有限公司	228	1707230
19	东营方圆有色金属有限公司	233	1655967
20	云南锡业集团（控股）有限责任公司	237	1643841
21	湖南晟通科技集团有限公司	246	1590499
22	深圳市中金岭南有色金属股份有限公司	252	1552235
23	白银有色集团股份有限公司	256	1529410
24	河南豫光金铅集团有限责任公司	270	1458460
25	杭州富春江冶炼有限公司	290	1343612
26	广西有色金属集团有限公司	310	1277872
27	洛阳栾川钼业集团股份有限公司	319	1237654
28	江西钨业集团有限公司	340	1155338
29	江西稀有金属钨业控股集团有限公司	363	1032766
30	天津有色金属集团有限公司	382	959357
31	森特科技集团有限公司	401	866492
32	兰溪自立铜业有限公司	410	841348
33	安徽楚江投资集团有限公司	456	673756
34	浙江宏磊控股集团有限公司	477	609968
	合计		110605426
黄金冶炼及压延加工业			
1	中国黄金集团公司	77	5122864
2	山东黄金集团有限公司	117	3493835
3	紫金矿业集团股份有限公司	140	2853958
4	山东招金集团有限公司	155	2536421
	合计		14007078
金属制品业			
1	春风实业集团有限责任公司	216	1852903
2	江苏法尔胜泓昇集团有限公司	232	1663644
3	精功集团有限公司	253	1551021
4	浙江元立金属制品集团有限公司	269	1461790
5	浙江东南网架集团有限公司	373	1000295
6	江苏新华发集团有限公司	384	955424
7	江苏大明金属制品有限公司	394	898248
8	浙江栋梁新材股份有限公司	419	805371
9	青岛泰发集团股份有限公司	488	580767
10	邯郸市正大制管有限公司	496	558106
	合计		11327569

排名	企业名称	总排名	营业收入（万元）
工程机械、设备及零配件制造业			
1	徐州工程机械集团有限公司	53	6602645
2	长沙中联重工科技发展股份有限公司	79	5085768
3	三一集团有限公司	82	5020000
4	广西柳工集团有限公司	226	1723390
5	福田雷沃国际重工股份有限公司	279	1419873
6	太原重型机械集团有限公司	291	1340378
7	山推工程机械股份有限公司	292	1339907
8	大连重工·起重集团有限公司	295	1321863
9	中国龙工控股有限公司	329	1201993
10	中国第一重型机械集团公司	403	862115
11	杭叉集团股份有限公司	443	711031
12	郑州煤矿机械集团股份有限公司	455	675210
	合计		27304173

排名	企业名称	总排名	营业收入（万元）
工业机械、设备及零配件制造业			
1	中国恒天集团有限公司	165	2405347
2	盾安控股集团有限公司	198	2035269
3	大连机床集团有限责任公司	238	1642154
4	沈阳机床（集团）有限责任公司	275	1435268
5	北方重工集团有限公司	313	1263340
6	大连冰山集团有限公司	370	1018230
7	海天塑机集团有限公司	383	957371
8	沈阳鼓风机集团有限公司	398	880871
9	瓦房店轴承集团有限责任公司	469	632186
10	胜利油田高原石油装备有限责任公司	479	601416
11	天洁集团有限公司	490	572186
	合计		13443638

排名	企业名称	总排名	营业收入（万元）
农林机械、设备及零配件制造业			
1	山东时风（集团）有限责任公司	167	2363926
	合计		2363926

排名	企业名称	总排名	营业收入（万元）
电力、电气、输变电等机械、设备、器材、元器件和电池、线缆制造业			
1	天津百利机电控股集团有限公司	113	3582315
2	正泰集团有限公司	160	2488000
3	人民电器集团有限公司	161	2485721
4	上海人民企业（集团）有限公司	177	2207688
5	江西赛维 LDK 太阳能高科技有限公司	179	2196582
6	德力西集团有限公司	193	2069467
7	新疆特变电工集团有限公司	196	2053899
8	天正集团有限公司	204	2003138
9	北京京城机电控股有限责任公司	206	1982564
10	尚德电力控股有限公司	210	1960379
11	亨通集团有限公司	239	1641979
12	江苏金辉集团公司	242	1620772
13	中国西电集团公司	248	1588152
14	宁波富邦控股集团有限公司	255	1530145
15	许继集团有限公司	268	1469260
16	远东控股集团有限公司	272	1453368
17	宝胜集团有限公司	284	1392940
18	环宇集团有限公司	305	1298660
19	永鼎集团有限公司	334	1180604
20	湘电集团有限公司	349	1084172
21	天能电池集团有限公司	355	1065609
22	大全集团有限公司	368	1021856
23	上海胜华电缆（集团）有限公司	371	1013966
24	华通机电集团有限公司	377	981004
25	兴乐集团有限公司	379	968306
26	天津塑力线缆集团有限公司	402	863752
27	通鼎集团有限公司	405	851000
28	上海浦东电线电缆（集团）有限公司	409	844837
29	浙江富春江通信集团有限公司	413	826842
30	富通集团有限公司	415	815430
31	无锡江南电缆有限公司	422	800258
32	铜陵精达铜材（集团）有限责任公司	433	765470
33	超威电源有限公司	438	740440
	合计		48848575

排名	企业名称	总排名	营业收入（万元）
电梯及运输、仓储设备与设施制造业			
1	中国国际海运集装箱（集团）股份有限公司	74	5176832
2	西子联合控股有限公司	323	1220000
3	上海三菱电梯有限公司	367	1022177
	合计		7419009

排名	企业名称	总排名	营业收入（万元）
轨道交通设备及零部件制造业			
1	中国南车集团公司	50	6680286
2	中国北方机车车辆工业集团公司	55	6482579
	合计		13162865

排名	企业名称	总排名	营业收入（万元）
家用电器及零配件制造业			
1	海尔集团公司	22	14053629
2	美的集团有限公司	26	11671971
3	海信集团有限公司	58	6374092
4	珠海格力电器股份有限公司	62	6080724
5	四川长虹电子集团有限公司	64	5859688
6	TCL 集团股份有限公司	73	5183357
7	广东格兰仕集团有限公司	107	3722894
8	奥克斯集团有限公司	148	2621103
9	广州万宝集团有限公司	221	1771204
10	江苏双良集团有限公司	241	1625919
11	惠州市华阳集团有限公司	385	940728
12	青岛澳柯玛股份有限公司	393	900065
13	杭州金鱼电器集团有限公司	395	896685
14	合肥美菱股份有限公司	414	822707
15	星星集团有限公司	429	775671
16	上海海立（集团）总公司	466	640197
	合计		63940634
电子元器件与仪器仪表、自动化控制设备制造业			
1	中国电子信息产业集团有限公司	17	16084475
2	晶龙实业集团有限公司	146	2672924
3	山东科达集团有限公司	265	1480177
4	惠州市德赛集团有限公司	332	1199340
5	中国华录集团有限公司	421	802720
6	三花控股集团有限公司	444	710649
7	中国四联仪器仪表集团有限公司	491	571164
	合计		23521449
计算机及零部件制造业			
1	联想控股有限公司	20	14669743
2	北大方正集团有限公司	72	5214299
3	同方股份有限公司	217	1825751
	合计		21709793
通讯设备及其他电子设备、元器件制造业			
1	华为技术有限公司	14	18507600
2	天津中环电子信息集团有限公司	33	9480707
3	中兴通讯股份有限公司	44	7026387
4	武汉邮电科学研究院	328	1202982
5	四川九洲电器集团有限责任公司	365	1027851
	合计		37245527
电子办公设备及影像设备制造业			
1	深圳华强集团有限公司	352	1072134
	合计		1072134
汽车及零配件制造业			
1	东风汽车公司	2	36883383
2	上海汽车工业（集团）总公司	3	36727716
3	中国第一汽车集团公司	4	29401552
4	广州汽车工业集团有限公司	16	16224204
5	北京汽车集团有限公司	18	15769729
6	天津汽车工业（集团）有限公司	32	9665895
7	中国重型汽车集团有限公司	40	8119180
8	浙江吉利控股集团有限公司	46	6827951
9	华晨汽车集团控股有限公司	48	6793178
10	万向集团公司	52	6613800
11	江苏悦达集团有限公司	60	6232144
12	无锡产业发展集团有限公司	93	4505925
13	厦门海翼集团有限公司	101	3951373
14	奇瑞汽车股份有限公司	116	3537921
15	安徽江淮汽车集团有限公司	119	3471074
16	陕西汽车集团有限责任公司	128	3137042
17	长城汽车股份有限公司	136	2897189
18	江铃汽车集团公司	144	2719540
19	郑州宇通集团有限公司	243	1620560
20	三环集团公司	282	1413319
21	福建省汽车工业集团有限公司	325	1216858
22	柳州五菱汽车有限责任公司	330	1201867
23	辽宁曙光汽车集团股份有限公司	344	1123270
24	庆铃汽车（集团）有限公司	359	1045442
25	山东五征集团	366	1023479
26	重庆小康工业集团股份有限公司	392	905266
27	青年汽车集团有限公司	434	763573
28	万丰奥特控股集团有限公司	453	681700
29	华翔集团股份有限公司	494	562170
	合计		215036300

排名	企业名称	总排名	营业收入（万元）
摩托车及零配件制造业			
1	重庆力帆控股有限公司	244	1605513
2	隆鑫控股有限公司	264	1485079
3	宗申产业集团有限公司	303	1301734
4	江门市大长江集团有限公司	306	1297305
	合计		5689631

排名	企业名称	总排名	营业收入（万元）
动力、发电、电力生产等机械、装备制造业			
1	上海电气（集团）总公司	30	9942011
2	潍柴控股集团有限公司	35	9113760
3	东方电气股份有限公司	103	3808011
4	广西玉柴机器集团有限公司	108	3704602
5	哈尔滨电气集团公司	125	3225505
6	杭州汽轮动力集团有限公司	143	2745835
7	新疆金风科技股份有限公司	223	1759550
8	卧龙控股集团有限公司	390	917282
	合计		35216556

排名	企业名称	总排名	营业收入（万元）
船舶制造业			
1	中国船舶重工集团公司	21	14252440
2	江苏扬子江船业集团公司	174	2266895
3	上海外高桥造船有限公司	203	2008777
4	江苏新世纪造船（集团）有限公司	236	1644184
5	沪东中华造船（集团）有限公司	293	1334912
6	江苏熔盛重工有限公司	321	1225300
7	春和集团有限公司	337	1173345
8	金海重工股份有限公司	342	1144045
9	广州广船国际股份有限公司	451	701422
10	上海船厂船舶有限公司	484	593756
	合计		26345076

排名	企业名称	总排名	营业收入（万元）
航空、航天、核工业与兵器制造业			
1	中国兵器装备集团公司	6	25720490
2	中国兵器工业集团公司	8	24118198
3	中国航空工业集团公司	10	20988800
4	中国航天科工集团公司	36	9043872
5	中国核工业集团公司	94	4454545
	合计		84325905

排名	企业名称	总排名	营业收入（万元）
综合制造业（以制造业为主，含有服务业）			
1	中国五矿集团公司	7	25421754
2	江苏华西集团公司	76	5125876
3	比亚迪股份有限公司	87	4668535
4	上海复星高科技（集团）有限公司	90	4569219
5	新华联控股有限公司	147	2623299
6	百兴集团有限公司	163	2421253
7	重庆机电控股（集团）公司	164	2412418
8	华盛江泉集团有限公司	181	2193973
9	重庆化医控股（集团）公司	185	2105643
10	新世纪控股集团有限公司	194	2064319
11	万达控股集团有限公司	222	1760489
12	苏州创元投资发展（集团）有限公司	229	1693208
13	海城市后英经贸集团有限公司	267	1469641
14	攀枝花钢城集团有限公司	285	1378189
15	华立集团股份有限公司	288	1357111
16	江苏天地龙集团有限公司	351	1077045
17	杭州锦江集团有限公司	374	1000290
18	利时集团股份有限公司	407	849680
19	花园工贸集团有限公司	441	714056
20	力诺集团有限责任公司	448	705140
21	重庆市博赛矿业（集团）股份有限公司	454	676556
22	上海致达科技（集团）股份有限公司	465	650000
23	浙江航民实业集团有限公司	467	638377
	合计		67576071

表 8-3　2011 中国制造业企业 500 强各地排序区企业分布

排名	企业名称	总排名	营业收入（万元）
北京			
1	中国石油化工集团公司	1	196904221
2	中国兵器装备集团公司	6	25720490
3	中国五矿集团公司	7	25421754
4	中国兵器工业集团公司	8	24118198
5	中国航空工业集团公司	10	20988800
6	首钢总公司	11	19753446
7	中国铝业公司	12	19543309
8	中国电子信息产业集团有限公司	17	16084475
9	北京汽车集团有限公司	18	15769729
10	联想控股有限公司	20	14669743
11	中国船舶重工集团公司	21	14252440
12	中国化工集团公司	23	14022404
13	中国建筑材料集团有限公司	24	13535530
14	中国航天科工集团公司	36	9043872
15	新兴际华集团有限公司	41	8035667
16	中国南车集团公司	50	6680286
17	中国北方机车车辆工业集团公司	55	6482579
18	北大方正集团有限公司	72	5214299
19	北京建龙重工集团有限公司	75	5126817
20	中国黄金集团公司	77	5122864
21	中国中材集团有限公司	84	5010701
22	中国有色矿业集团有限公司	92	4547986
23	中国核工业集团公司	94	4454545
24	新华联合冶金投资集团有限公司	110	3690620
25	北京金隅集团有限责任公司	130	3073125
26	新华联控股有限公司	147	2623299
27	中国盐业总公司	153	2568624
28	中国恒天集团有限公司	165	2405347
29	旭阳控股有限公司	199	2033958
30	北京京城机电控股有限责任公司	206	1982564
31	同方股份有限公司	217	1825751
32	北京燕京啤酒集团公司	274	1441961
33	北京二商集团有限责任公司	300	1313912
34	北京纺织控股有限责任公司	452	694031
35	北京顺鑫农业股份有限公司	471	626840
	合计		504784187
上海			
1	上海汽车工业（集团）总公司	3	36727716
2	宝钢集团有限公司	5	27298409
3	光明食品（集团）有限公司	29	10417152
4	上海电气（集团）总公司	30	9942011
5	上海烟草集团有限责任公司	42	7282682
6	上海复星高科技（集团）有限公司	90	4569219
7	上海医药集团股份有限公司	106	3741107
8	上海华谊（集团）公司	109	3699916
9	上海纺织控股（集团）公司	111	3634705
10	上海人民企业（集团）有限公司	177	2207688
11	上海外高桥造船有限公司	203	2008777
12	沪东中华造船（集团）有限公司	293	1334912
13	上海良友（集团）有限公司	304	1300770
14	中国龙工控股有限公司	329	1201993
15	上海三菱电梯有限公司	367	1022177
15	上海奥盛投资控股（集团）有限公司	369	1020257
17	上海胜华电缆（集团）有限公司	371	1013966
18	双钱集团股份有限公司	391	909463
19	上海浦东电线电缆（集团）有限公司	409	844837
20	上海致达科技（集团）股份有限公司	465	650000
21	上海海立（集团）总公司	466	640197
22	上海船厂船舶有限公司	484	593756
	合计		122061710
天津			
1	天津冶金集团有限公司	31	9852214
2	天津汽车工业（集团）有限公司	32	9665895
3	天津中环电子信息集团有限公司	33	9480707
4	天津钢管集团股份有限公司	38	8515615
5	天津天钢集团有限公司	39	8300015
6	天津天铁冶金集团有限公司	43	7130832
7	天津市一轻集团（控股）有限公司	85	5000300
8	天津渤海化工集团公司	91	4559695
9	天津荣程联合钢铁集团有限公司	96	4376256
10	天津百利机电控股集团有限公司	113	3582315
11	天狮集团有限公司	139	2856380
12	天津友发钢管集团有限公司	169	2330848
13	天津二轻集团（控股）有限公司	195	2056793
14	天津市医药集团有限公司	213	1897284
15	天津纺织集团（控股）有限公司	277	1423337
16	天津市建筑材料集团（控股）有限公司	336	1177194

排名	企业名称	总排名	营业收入（万元）
17	天津天士力集团有限公司	354	1066506
18	天津农垦集团总公司	362	1033130
19	天津大沽化工股份有限公司	378	968728
20	天津有色金属集团有限公司	382	959357
21	天津塑力线缆集团有限公司	402	863752
22	天津金耀集团有限公司（天津药业集团有限公司）	464	650061
23	天津市恒兴钢业有限公司	483	594088
24	天津达亿钢铁有限公司	489	579362
	合计		88920664
重庆			
1	重庆机电控股（集团）公司	164	2412418
2	重庆钢铁（集团）有限责任公司	178	2198712
3	重庆化医控股（集团）公司	185	2105643
4	重庆力帆控股有限公司	244	1605513
5	重庆轻纺控股（集团）公司	257	1527488
6	隆鑫控股有限公司	264	1485079
7	太极集团有限公司	281	1414455
8	宗申产业集团有限公司	303	1301734
9	庆铃汽车（集团）有限公司	359	1045442
10	重庆烟草工业有限责任公司	388	928957
11	重庆小康工业集团股份有限公司	392	905266
12	重庆市博赛矿业（集团）股份有限公司	454	676556
13	中国四联仪器仪表集团有限公司	491	571164
	合计		18178427
黑龙江			
1	哈尔滨电气集团公司	125	3225505
2	哈药集团有限公司	219	1800000
3	西林钢铁集团有限公司	225	1735829
4	中国第一重型机械集团公司	403	862115
5	黑龙江烟草工业有限责任公司	462	654432
	合计		8277881
吉林			
1	中国第一汽车集团公司	4	29401552
2	吉林亚泰（集团）股份有限公司	192	2069831
3	四平红嘴集团总公司	280	1417760
	合计		32889143

排名	企业名称	总排名	营业收入（万元）
辽宁			
1	鞍钢集团公司	19	15157209
2	本钢集团有限公司	45	6902791
3	华晨汽车集团控股有限公司	48	6793178
4	大连西太平洋石油化工有限公司	114	3570378
5	海城市西洋镁矿有限公司	166	2400325
6	东北特殊钢集团有限责任公司	208	1967419
7	沈阳远大企业集团	211	1920049
8	大连机床集团有限责任公司	238	1642154
9	凌源钢铁集团有限责任公司	263	1493466
10	海城市后英经贸集团有限公司	267	1469641
11	沈阳机床（集团）有限责任公司	275	1435268
12	大连重工·起重集团有限公司	295	1321863
13	嘉晨集团有限公司	307	1291377
14	北方重工集团有限公司	313	1263340
15	大连实德集团有限公司	324	1218358
16	辽宁曙光汽车集团股份有限公司	344	1123270
17	沈阳化工集团有限公司	347	1101859
18	大连冰山集团有限公司	370	1018230
19	东北制药集团有限责任公司	372	1002345
20	营口青花集团	387	937800
21	沈阳鼓风机集团有限公司	398	880871
22	中国华录集团有限公司	421	802720
23	五矿营口中板有限责任公司	427	783514
24	瓦房店轴承集团有限责任公司	469	632186
25	辽宁禾丰牧业股份有限公司	493	564342
	合计		58693953
河北			
1	河北钢铁集团有限公司	9	22709711
2	河北津西钢铁集团股份有限公司	104	3775850
3	河北敬业企业集团有限责任公司	120	3438118
4	长城汽车股份有限公司	136	2897189
5	晶龙实业集团有限公司	146	2672924
6	唐山港陆钢铁有限公司	152	2598080
7	唐山瑞丰钢铁（集团）有限公司	168	2337512
8	河北文丰钢铁有限公司	171	2324345
9	春风实业集团有限责任公司	216	1852903
10	河北普阳钢铁有限公司	220	1785275
11	三河汇福粮油集团有限公司	262	1503658
12	武安市裕华钢铁有限公司	266	1474151

排名	企业名称	总排名	营业收入（万元）
13	河北新金钢铁有限公司	273	1445683
14	石药集团有限公司	301	1308857
15	冀东发展集团有限责任公司	308	1286458
16	河北新武安钢铁集团文安集团钢铁有限公司	322	1222053
17	崇利制钢有限公司	343	1133252
18	德龙钢铁有限公司	345	1116906
19	唐山三友集团有限公司	346	1114478
20	邢台钢铁有限责任公司	361	1035524
21	河北兴华钢铁有限公司	389	924145
22	河北新武安钢铁集团烘熔钢铁有限公司	396	890000
23	河北前进钢铁集团有限公司	411	835792
24	辛集市澳森钢铁有限公司	412	833277
25	秦皇岛安丰钢铁有限公司	470	631864
26	承德兆丰钢铁集团有限公司	476	610000
27	河北白沙烟草有限责任公司	486	582564
28	邯郸市正大制管有限公司	496	558106
29	张家口卷烟厂有限责任公司	499	554307
	合计		65452982
河南			
1	河南省漯河市双汇实业集团有限责任公司	81	5066989
2	安阳钢铁集团有限责任公司	97	4372115
3	河南中烟工业有限责任公司	145	2682846
4	金龙精密铜管集团股份有限公司	170	2329025
5	万基控股集团有限公司	182	2190828
6	河南豫联能源集团有限责任公司	209	1962774
7	伊川电力集团总公司	215	1853812
8	郑州宇通集团有限公司	243	1620560
9	许继集团有限公司	268	1469260
10	河南豫光金铅集团有限责任公司	270	1458460
11	天瑞集团有限公司	298	1315527
12	河南济源钢铁（集团）有限公司	302	1304355
13	河南龙成集团有限公司	311	1265556
14	洛阳栾川钼业集团股份有限公司	319	1237654
15	风神轮胎股份有限公司	416	812185
16	郑州煤矿机械集团股份有限公司	455	675210
17	河南财鑫集团有限责任公司	461	656732
18	辅仁药业集团有限公司	480	597499
	合计		32871387
山东			
1	海尔集团公司	22	14053629
2	山东魏桥创业集团有限公司	25	11845598
3	山东钢铁集团有限公司	28	10976027
4	潍柴控股集团有限公司	35	9113760
5	中国重型汽车集团有限公司	40	8119180
6	海信集团有限公司	58	6374092
7	南山集团有限公司	78	5120064
8	山东六和集团有限公司	80	5068613
9	山东大王集团有限公司	89	4592139
10	日照钢铁控股集团有限公司	95	4412783
11	山东黄金集团有限公司	117	3493835
12	青岛钢铁控股集团有限责任公司	118	3485576
13	临沂新程金锣肉制品集团有限公司	121	3423996
14	山东泰山钢铁集团有限公司	150	2604107
15	滨化集团公司	154	2546193
15	山东招金集团有限公司	155	2536421
17	山东时风（集团）有限责任公司	167	2363926
13	山东鲁北企业集团总公司	172	2324123
19	山东太阳纸业股份有限公司	180	2196542
20	华盛江泉集团有限公司	181	2193973
21	南金兆集团有限公司	183	2175187
22	山东中烟工业有限责任公司	184	2118738
23	山东京博控股股份有限公司	188	2084451
24	山东金诚石化集团有限公司	189	2082155
25	山东如意科技集团有限公司	201	2020289
26	青岛啤酒股份有限公司	205	1989783
27	西王集团有限公司	207	1974421
28	山东晨鸣纸业集团股份有限公司	214	1866196
29	华泰集团有限公司	218	1808503
30	万达控股集团有限公司	222	1760489
31	沂州集团有限公司	224	1749998
32	利华益集团股份有限公司	231	1681632
33	东营方圆有色金属有限公司	233	1655967
34	山东东明石化集团有限公司	234	1654831
35	三角集团有限公司	240	1626122
36	山东石横特钢集团有限公司	245	1592328
37	山东西水橡胶集团有限公司	247	1590462
38	山东淄博傅山企业集团有限公司	250	1578594
39	华勤橡胶工业集团	258	1521231
40	玲珑集团有限公司	260	1508721
41	山东博汇集团有限公司	261	1507067

排名	企业名称	总排名	营业收入（万元）
42	山东科达集团有限公司	265	1480177
43	福田雷沃国际重工股份有限公司	279	1419873
44	富海集团有限公司	287	1361940
45	山东大海集团有限公司	289	1351126
46	山推工程机械股份有限公司	292	1339907
47	山东渤海实业股份有限公司	296	1319533
48	东营市天信纺织有限公司	309	1286069
49	双星集团有限责任公司	316	1245405
50	山东垦利石化有限责任公司	333	1192470
51	山东海科化工集团有限公司	339	1159820
52	正和集团股份有限公司	341	1151925
53	山东华星石油化工集团有限公司	356	1055106
54	华鲁控股集团有限公司	357	1052175
55	山东金岭集团有限公司	358	1051213
56	烟台张裕集团有限公司	364	1032689
57	山东五征集团	366	1023479
58	山东聊城鲁西化工集团有限责任公司	376	988579
59	诸城外贸有限责任公司	380	966299
60	青岛澳柯玛股份有限公司	393	900065
61	潍坊特钢集团有限公司	397	885673
62	山东联盟化工集团有限公司	399	876266
63	山东鲁花集团有限公司	404	856255
64	山东神驰化工有限公司	417	810571
65	孚日集团股份有限公司	420	805259
66	山东澳亚纺织有限公司	423	791352
67	东辰控股集团有限公司	425	787653
68	山东万通石油化工集团有限公司	436	757353
69	青岛即发集团控股有限公司	442	712735
70	得利斯集团有限公司	445	707226
71	力诺集团有限责任公司	448	705140
72	山东石大科技集团有限公司	449	703421
73	鲁泰集团公司	478	607403
74	胜利油田高原石油装备有限责任公司	479	601416
75	迪尚集团有限公司	487	581796
76	青岛泰发集团股份有限公司	488	580767
77	青岛海湾集团有限公司	498	554572
	合计		179094450
山西			
1	太原钢铁（集团）有限公司	27	11654838
2	太原重型机械集团有限公司	291	1340378
3	美锦能源集团有限公司	400	870797
4	山西建邦集团有限公司	424	788790
5	山西中阳钢铁有限公司	446	705645
6	山西潞宝集团	458	664622
7	山西沁新能源集团股份有限公司	482	595100
8	太原市梗阳实业集团有限公司	495	561698
	合计		17181868
陕西			
1	陕西有色金属控股集团有限责任公司	88	4622904
2	陕西汽车集团有限责任公司	128	3137042
3	陕西东岭工贸集团股份有限公司	173	2322147
4	陕西龙门钢铁（集团）有限责任公司	200	2028705
5	中国西电集团公司	248	1588152
	合计		13698950
安徽			
1	马钢（集团）控股有限公司	47	6805958
2	铜陵有色金属集团控股有限公司	51	6654485
3	安徽海螺集团有限责任公司	70	5389400
4	奇瑞汽车股份有限公司	116	3537921
5	安徽江淮汽车集团有限公司	119	3471074
6	合肥美菱股份有限公司	414	822707
7	铜陵精达铜材（集团）有限责任公司	433	765470
8	安徽楚江投资集团有限公司	456	673756
9	铜陵化学工业集团有限公司	497	555928
	合计		28676699
江苏			
1	江苏沙钢集团有限公司	15	17862398
2	徐州工程机械集团有限公司	53	6602645
3	雨润控股集团有限公司	56	6475546
4	江苏悦达集团有限公司	60	6232144
5	南京钢铁集团有限公司	61	6098646
6	江苏华西集团公司	76	5125876
7	中天钢铁集团有限公司	83	5016965
8	无锡产业发展集团有限公司	93	4505925
9	江苏新长江实业集团有限公司	98	4329266
10	恒力集团有限公司	124	3250480
11	江苏三房巷集团有限公司	126	3177616
12	金东纸业（江苏）股份有限公司	129	3075301

排名	企业名称	总排名	营业收入（万元）
13	江苏西城三联控股集团有限公司	137	2867590
14	江苏阳光集团有限公司	138	2866095
15	红豆集团有限公司	141	2818600
16	江苏申特钢铁有限公司	151	2602279
17	扬子江药业集团有限公司	158	2501626
18	海澜集团有限公司	159	2501357
19	江阴澄星实业集团有限公司	162	2452410
20	百兴集团有限公司	163	2421253
21	江苏扬子江船业集团公司	174	2266895
22	亚邦投资控股集团有限公司	202	2014886
23	尚德电力控股有限公司	210	1960379
24	苏州创元投资发展（集团）有限公司	229	1693208
25	盛虹集团有限公司	230	1689406
26	江苏法尔胜泓昇集团有限公司	232	1663644
27	江苏金浦集团有限公司	235	1652418
28	江苏新世纪造船（集团）有限公司	236	1644184
29	亨通集团有限公司	239	1641979
30	江苏双良集团有限公司	241	1625919
31	江苏金辉集团公司	242	1620772
32	波司登股份有限公司	249	1580011
33	维维集团股份有限公司	259	1516718
34	远东控股集团有限公司	272	1453368
35	澳洋集团有限责任公司	283	1407500
36	宝胜集团有限公司	284	1392940
37	江苏三木集团有限公司	286	1373494
38	江苏华宏实业集团有限公司	312	1264980
39	兴达投资集团有限公司	318	1239357
40	江苏熔盛重工有限公司	321	1225300
41	永鼎集团有限公司	334	1180604
42	江苏天地龙集团有限公司	351	1077045
43	大全集团有限公司	368	1021856
44	红太阳集团有限公司	371	1017399
45	江苏新华发集团有限公司	385	955424
46	江苏大明金属制品有限公司	395	898248
47	森特科技集团有限公司	402	866492
48	通鼎集团有限公司	406	851000
49	无锡江南电缆有限公司	423	800258
50	江苏洋河酒厂股份有限公司	436	761909
51	无锡市兆顺不锈中板有限公司	481	595906
	合计		134737517

排名	企业名称	总排名	营业收入（万元）
湖南			
1	湖南华菱钢铁集团有限责任公司	54	6578713
2	湖南中烟工业有限责任公司	63	5888856
3	长沙中联重工科技发展股份有限公司	79	5085768
4	三一集团有限公司	82	5020000
5	湖南晟通科技集团有限公司	246	1590499
6	冷水江钢铁有限责任公司	327	1215976
7	湘电集团有限公司	349	1084172
8	湖南泰格林纸集团有限责任公司	381	961750
9	唐人神集团股份有限公司	426	787491
	合计		28213225
湖北			
1	东风汽车公司	2	36883383
2	武汉钢铁（集团）公司	13	19069111
3	湖北宜化集团有限责任公司	99	4108935
4	大冶有色金属集团控股有限公司	123	3264918
5	湖北中烟工业有限责任公司	131	3071298
6	三环集团公司	282	1413319
7	武汉邮电科学研究院	328	1202982
	合计		69013946
江西			
1	江西铜业集团公司	37	8634538
2	新余钢铁集团有限公司	102	3866655
3	江西萍钢实业股份有限公司	127	3149313
4	江铃汽车集团公司	144	2719540
5	江西赛维 LDK 太阳能高科技有限公司	179	2196582
6	正邦集团有限公司	294	1325443
7	方大特钢科技股份有限公司	326	1216024
8	江西钨业集团有限公司	340	1155338
9	江西稀有金属钨业控股集团有限公司	363	1032766
10	江西中烟工业有限责任公司	386	939995
	合计		26236194
浙江			
1	浙江吉利控股集团有限公司	46	6827951
2	万向集团公司	52	6613800
3	杭州钢铁集团公司	57	6436295
4	杭州娃哈哈集团有限公司	69	5487355
5	海亮集团有限公司	71	5258400

排名	企业名称	总排名	营业收入（万元）
6	浙江恒逸集团有限公司	112	3607627
7	浙江中烟工业有限责任公司	115	3542970
8	雅戈尔集团股份有限公司	122	3348136
9	宁波金田投资控股有限公司	133	3036011
10	杭州汽轮动力集团有限公司	143	2745835
11	奥克斯集团有限公司	148	2621103
12	浙江荣盛控股集团有限公司	149	2604134
13	正泰集团有限公司	160	2488000
14	人民电器集团有限公司	161	2485721
15	杭州橡胶（集团）公司	175	2249364
16	青山控股集团有限公司	186	2100000
17	桐昆集团股份有限公司	187	2099222
18	德力西集团有限公司	193	2069467
19	新世纪控股集团有限公司	194	2064319
20	盾安控股集团有限公司	198	2035269
21	天正集团有限公司	204	2003138
22	精功集团有限公司	253	1551021
23	宁波富邦控股集团有限公司	255	1530145
24	浙江元立金属制品集团有限公司	269	1461790
25	传化集团有限公司	271	1457968
26	杉杉控股有限公司	276	1428080
27	浙江龙盛控股有限公司	278	1421638
28	华立集团股份有限公司	288	1357111
29	杭州富春江冶炼有限公司	290	1343612
30	环宇集团有限公司	305	1298660
31	杭州华东医药集团有限公司	314	1251942
32	维科控股集团股份有限公司	315	1246793
33	西子联合控股有限公司	323	1220000
34	春和集团有限公司	337	1173345
35	金海重工股份有限公司	342	1144045
36	巨化集团公司	348	1091239
37	浙江大东南集团有限公司	350	1081528
38	升华集团控股有限公司	353	1070816
39	天能电池集团有限公司	355	1065609
40	宁波宝新不锈钢有限公司	360	1041529
41	浙江东南网架集团有限公司	373	1000295
42	杭州锦江集团有限公司	374	1000290
43	浙江天圣控股集团有限公司	375	998537
44	华通机电集团有限公司	377	981004
45	兴乐集团有限公司	379	968306
46	海天塑机集团有限公司	383	957371

排名	企业名称	总排名	营业收入（万元）
47	卧龙控股集团有限公司	390	917282
48	杭州金鱼电器集团有限公司	395	896685
49	利时集团股份有限公司	407	849680
50	森马集团有限公司	408	845000
51	兰溪自立铜业有限公司	410	841348
52	浙江富春江通信集团有限公司	413	826842
53	富通集团有限公司	415	815430
54	浙江栋梁新材股份有限公司	419	805371
55	浙江翔盛集团有限公司	428	781422
56	星星集团有限公司	429	775671
57	胜达集团有限公司	431	769278
58	华峰集团有限公司	432	766134
59	青年汽车集团有限公司	434	763573
60	祐康食品集团有限公司	437	754813
61	超威电源有限公司	438	740440
62	红狮控股集团有限公司	439	728128
63	开氏集团有限公司	440	720801
64	花园工贸集团有限公司	441	714056
65	杭叉集团股份有限公司	443	711031
66	三花控股集团有限公司	444	710649
67	万丰奥特控股集团有限公司	453	681700
68	宁波申洲针织有限公司	457	673555
69	新凤鸣集团股份有限公司	459	659482
70	宁波博洋纺织有限公司	463	650879
71	浙江航民实业集团有限公司	467	638377
72	龙达集团有限公司	468	634604
73	兴惠化纤集团有限公司	474	619462
74	富丽达集团控股有限公司	475	615182
75	浙江宏磊控股集团有限公司	477	609968
76	天洁集团有限公司	490	572186
77	浙江赐富化纤集团有限公司	492	567757
78	华翔集团股份有限公司	494	562170
79	永兴特种不锈钢股份有限公司	500	554280
	合计		125640027

广东

排名	企业名称	总排名	营业收入（万元）
1	华为技术有限公司	14	18507600
2	广州汽车工业集团有限公司	16	16224204
3	美的集团有限公司	26	11671971
4	中兴通讯股份有限公司	44	7026387
5	正威国际集团有限公司	49	6781763

排名	企业名称	总排名	营业收入（万元）
6	珠海格力电器股份有限公司	62	6080724
7	TCL 集团股份有限公司	73	5183357
8	中国国际海运集装箱（集团）股份有限公司	74	5176832
9	比亚迪股份有限公司	87	4668535
10	广东格兰仕集团有限公司	107	3722894
11	广州医药集团有限公司	142	2752645
12	广州万宝集团有限公司	221	1771204
13	深圳市中金岭南有色金属股份有限公司	252	1552235
14	江门市大长江集团有限公司	306	1297305
15	惠州市德赛集团有限公司	332	1199340
16	宜华企业（集团）有限公司	338	1163585
17	深圳华强集团有限公司	352	1072134
18	惠州市华阳集团有限公司	385	940728
19	中国南玻集团股份有限公司	430	774394
20	广州广船国际股份有限公司	451	701422
	合计		98269259
四川			
1	四川长虹电子集团有限公司	64	5859688
2	新希望集团有限公司	67	5595767
3	四川省宜宾五粮液集团有限公司	100	4029684
4	东方电气股份有限公司	103	3808011
5	通威集团有限公司	132	3063896
6	四川宏达（集团）有限公司	156	2536014
7	四川省川威集团有限公司	157	2519760
8	攀枝花钢城集团有限公司	285	1378189
9	四川科伦实业集团有限公司	297	1315563
10	四川省达州钢铁集团有限责任公司	299	1314340
11	泸州老窖集团有限责任公司	320	1227086
12	四川九洲电器集团有限责任公司	365	1027851
	合计		33675849
福建			
1	福建联合石油化工有限公司	65	5857077
2	厦门海翼集团有限公司	101	3951373
3	紫金矿业集团股份有限公司	140	2853958
4	福建省三钢（集团）有限责任公司	176	2220311
5	福建省汽车工业集团有限公司	325	1216858
6	福耀玻璃工业集团股份有限公司	406	850804
7	厦门烟草工业有限责任公司	418	805548
8	厦门银鹭集团有限公司	472	625902
	合计		18381831
广西			
1	广西玉柴机器集团有限公司	108	3704602
2	广西柳工集团有限公司	226	1723390
3	广西有色金属集团有限公司	310	1277872
4	广西南华糖业集团有限公司	317	1240027
5	柳州五菱汽车有限责任公司	330	1201867
6	广西中烟工业有限责任公司	331	1200597
7	广西农垦集团有限责任公司	335	1177332
	合计		11525687
贵州			
1	贵州中烟工业有限责任公司	191	2074708
2	中国贵州茅台酒厂有限责任公司	254	1550241
3	贵州轮胎股份有限公司	473	622675
	合计		4247624
云南			
1	红塔烟草（集团）有限责任公司	59	6325981
2	红云红河烟草（集团）有限责任公司	68	5499012
3	云天化集团有限责任公司	105	3766624
4	云南煤化工集团有限公司	190	2082031
5	昆明钢铁控股有限公司	197	2050435
6	云南冶金集团股份有限公司	228	1707230
7	云南锡业集团（控股）有限责任公司	237	1643841
8	云南南磷集团股份有限公司	460	656738
	合计		23731892
甘肃			
1	金川集团有限公司	34	9233633
2	酒泉钢铁（集团）有限责任公司	66	5694581
3	白银有色集团股份有限公司	256	1529410
	合计		16457624
青海			
1	西部矿业集团有限公司	212	1899157
2	西宁特殊钢集团有限责任公司	447	705297
3	青海盐湖工业股份有限公司	485	588315
	合计		3192769

排名	企业名称	总排名	营业收入（万元）	排名	企业名称	总排名	营业收入（万元）
新疆				内蒙古			
1	新疆特变电工集团有限公司	196	2053899	1	包头钢铁（集团）有限责任公司	86	4797643
2	新疆金风科技股份有限公司	223	1759550	2	内蒙古蒙牛乳业（集团）股份有限公司	134	3026541
3	新疆天业（集团）有限公司	251	1575338	3	内蒙古伊利实业集团股份有限公司	135	2966498
	合计		5388787	4	内蒙古鄂尔多斯羊绒集团有限责任公司	227	1716680
					合计		12507362

表 8－4　　2011 中国制造业企业 500 强利润排序前 100 名企业

排名	公司名称	总排名	利润（万元）	排名	公司名称	总排名	利润（万元）
1	中国石油化工集团公司	1	5164026	51	中国国际海运集装箱（集团）股份有限公司	74	300185
2	中国第一汽车集团公司	4	2489577	52	江苏新世纪造船（集团）有限公司	236	296045
3	华为技术有限公司	14	2375700	53	天狮集团有限公司	139	291384
4	东风汽车公司	2	2322133	54	长城汽车股份有限公司	136	282708
5	宝钢集团有限公司	5	1987703	55	河北钢铁集团有限公司	9	277760
6	上海烟草集团有限责任公司	42	1307493	56	武汉钢铁（集团）公司	13	272676
7	上海汽车工业（集团）总公司	3	1295615	57	东方电气股份有限公司	103	267601
8	广州汽车工业集团有限公司	16	1239720	58	山东大王集团有限公司	89	264267
9	中国航空工业集团公司	10	887644	59	鞍钢集团公司	19	260287
10	山东魏桥创业集团有限公司	25	854619	60	山东钢铁集团有限公司	28	258867
11	北京汽车集团有限公司	18	844413	61	恒力集团有限公司	124	258100
12	潍柴控股集团有限公司	35	799639	62	泸州老窖集团有限责任公司	320	257227
13	江苏沙钢集团有限公司	15	737424	63	比亚迪股份有限公司	87	252341
14	天津汽车工业（集团）有限公司	32	734658	64	金东纸业（江苏）股份有限公司	129	250401
15	三一集团有限公司	82	714056	65	山东鲁北企业集团总公司	172	249612
16	美的集团有限公司	26	695515	66	万向集团公司	52	245329
17	中国船舶重工集团公司	21	685144	67	北京金隅集团有限责任公司	130	239110
18	上海电气（集团）总公司	30	670122	68	青海盐湖工业股份有限公司	485	236887
19	杭州娃哈哈集团有限公司	69	660021	69	中国黄金集团公司	77	232021
20	光明食品（集团）有限公司	29	659995	70	滨化集团公司	154	230833
21	安徽海螺集团有限责任公司	70	651359	71	天津百利机电控股集团有限公司	113	226949
22	中国贵州茅台酒厂有限责任公司	254	605686	72	浙江荣盛控股集团有限公司	149	221331
23	中国建筑材料集团有限公司	24	584145	73	新兴际华集团有限公司	41	214849
24	中国航天科工集团公司	36	579704	74	新希望集团有限公司	67	211954
25	紫金矿业集团股份有限公司	140	575575	75	中国北方机车车辆工业集团公司	55	208206
26	南山集团有限公司	78	568462	76	浙江恒逸集团有限公司	112	205981
27	四川省宜宾五粮液集团有限公司	100	555309	77	上海人民企业（集团）有限公司	177	204617
28	长沙中联重工科技发展股份有限公司	79	541611	78	海亮集团有限公司	71	202345
29	湖南中烟工业有限责任公司	63	506299	79	湖北宜化集团有限责任公司	99	201081
30	江西铜业集团公司	37	495968	80	新疆特变电工集团有限公司	196	198880
31	红云红河烟草（集团）有限责任公司	68	488009	81	郑州宇通集团有限公司	243	195969
32	中国核工业集团公司	94	480608	82	太原钢铁（集团）有限公司	27	194045
33	海尔集团公司	22	452649	83	日照钢铁控股集团有限公司	95	192670
34	中国五矿集团公司	7	452106	84	包头钢铁（集团）有限责任公司	86	189155
35	上海复星高科技（集团）有限公司	90	439477	85	河南中烟工业有限责任公司	145	185614
36	珠海格力电器股份有限公司	62	430321	86	福耀玻璃工业集团股份有限公司	407	178776
37	红塔烟草（集团）有限责任公司	59	406734	87	西子联合控股有限公司	323	178000
38	雨润控股集团有限公司	56	391942	88	中国龙工控股有限公司	329	176632
39	雅戈尔集团股份有限公司	122	386269	89	金川集团有限公司	34	175408
40	江苏扬子江船业集团公司	174	375740	90	广西南华糖业集团有限公司	317	171978
41	徐州工程机械集团有限公司	53	373056	91	江苏新长江实业集团有限公司	98	170960
42	中国中材集团有限公司	84	370631	92	山东西水橡胶集团有限公司	247	167304
43	中国兵器工业集团公司	8	361175	93	内蒙古鄂尔多斯羊绒集团有限责任公司	227	166651
44	中国重型汽车集团有限公司	40	359275	94	扬子江药业集团有限公司	158	165361
45	中兴通讯股份有限公司	44	347648	95	重庆机电控股（集团）公司	164	164522
46	河南省漯河市双汇实业集团有限责任公司	81	346020	96	新华联合冶金投资集团有限公司	110	163280
47	联想控股有限公司	20	323484	97	尚德电力控股有限公司	210	160038
48	晶龙实业集团有限公司	146	319010	98	山东招金集团有限公司	155	159952
49	浙江吉利控股集团有限公司	46	315925	99	中国南玻集团股份有限公司	431	159696
50	海信集团有限公司	58	303233	100	无锡产业发展集团有限公司	93	157331
					中国制造业企业 500 强平均数		147825

表8-5 2011中国制造业企业500强资产排序前100名企业

排名	公司名称	总排名	资产（万元）	排名	公司名称	总排名	资产（万元）
1	中国石油化工集团公司	1	148524057	51	安徽海螺集团有限责任公司	70	6639880
2	中国航空工业集团公司	10	46928196	52	江西铜业集团公司	37	6602866
3	宝钢集团有限公司	5	43213018	53	珠海格力电器股份有限公司	62	6560438
4	中国铝业公司	12	37421865	54	金川集团有限公司	34	6552988
5	中国船舶重工集团公司	21	31811447	55	天津冶金集团有限公司	31	6529671
6	首钢总公司	11	31012814	56	长沙中联重工科技发展股份有限公司	79	6299527
7	上海汽车工业（集团）总公司	3	29252033	57	天津天铁冶金集团有限公司	43	6229215
8	河北钢铁集团有限公司	9	28208254	58	潍柴控股集团有限公司	35	5947033
9	鞍钢集团公司	19	24500977	59	雨润控股集团有限公司	56	5875258
10	中国兵器工业集团公司	8	22836758	60	金东纸业（江苏）股份有限公司	129	5843455
11	中国核工业集团公司	94	22338423	61	雅戈尔集团股份有限公司	122	5811821
12	中国兵器装备集团公司	6	21932144	62	红云红河烟草（集团）有限责任公司	68	5614830
13	东风汽车公司	2	21776372	63	山东魏桥创业集团有限公司	25	5576300
14	武汉钢铁（集团）公司	13	20382720	64	哈尔滨电气集团公司	125	5461498
15	中国五矿集团公司	7	19878521	65	天津天钢集团有限公司	39	5417586
16	中国化工集团公司	23	17961190	66	中国国际海运集装箱（集团）股份有限公司	74	5413065
17	中国第一汽车集团公司	4	17254979	67	比亚迪股份有限公司	87	5387466
18	华为技术有限公司	14	16084100	68	重庆钢铁（集团）有限责任公司	178	5348012
19	光明食品（集团）有限公司	29	15561802	69	TCL集团股份有限公司	73	5347806
20	中国建筑材料集团有限公司	24	15348103	70	中国有色矿业集团有限公司	92	5279171
21	江苏沙钢集团有限公司	15	15258254	71	新兴际华集团有限公司	41	5262126
22	山东钢铁集团有限公司	28	15116265	72	三一集团有限公司	82	5195129
23	中国航天科工集团公司	36	13172060	73	东营市天信纺织有限公司	309	5111140
24	中国重型汽车集团有限公司	40	12847057	74	四川长虹电子集团有限公司	64	5106396
25	北京汽车集团有限公司	18	12633073	75	铜陵有色金属集团控股有限公司	51	5080191
26	上海电气（集团）总公司	30	11847191	76	北大方正集团有限公司	72	5022302
27	联想控股有限公司	20	11460039	77	北京建龙重工集团有限公司	75	5001214
28	湖南华菱钢铁集团有限责任公司	54	11376825	78	天津钢管集团股份有限公司	38	4982076
29	海尔集团公司	22	11265393	79	四川省宜宾五粮液集团有限公司	100	4866991
30	中国电子信息产业集团有限公司	17	10817474	80	日照钢铁控股集团有限公司	95	4856794
31	上海复星高科技（集团）有限公司	90	10667214	81	万向集团公司	52	4674298
32	浙江吉利控股集团有限公司	46	10445849	82	福建联合石油化工有限公司	65	4599325
33	太原钢铁（集团）有限公司	27	10272741	83	正威国际集团有限公司	49	4565750
34	广州汽车工业集团有限公司	16	9121239	84	湖南中烟工业有限责任公司	63	4474266
35	上海烟草集团有限责任公司	42	8914584	85	华晨汽车集团控股有限公司	48	4467151
36	红塔烟草（集团）有限责任公司	59	8546441	86	南山集团有限公司	78	4458935
37	中国北方机车车辆工业集团公司	55	8534064	87	海信集团有限公司	58	4455033
38	中兴通讯股份有限公司	44	8415236	88	湖北宜化集团有限责任公司	99	4431719
39	东方电气股份有限公司	103	8225289	89	奇瑞汽车股份有限公司	116	4429491
40	马钢（集团）控股有限公司	47	7983964	90	云南冶金集团股份有限公司	228	4386915
41	中国南车集团公司	50	7877519	91	中国黄金集团公司	77	4314038
42	酒泉钢铁（集团）有限责任公司	66	7848242	92	天津汽车工业（集团）有限公司	32	4245307
43	美的集团有限公司	26	7828694	93	上海华谊（集团）公司	109	4237564
44	包头钢铁（集团）有限责任公司	86	7787636	94	山东大王集团有限公司	89	4130521
45	天津渤海化工集团公司	91	7758074	95	江苏悦达集团有限公司	60	4030041
46	中国中材集团有限公司	84	7604037	96	安阳钢铁集团有限责任公司	97	4017941
47	北京金隅集团有限责任公司	130	6983112	97	云南煤化工集团有限公司	190	3925287
48	本钢集团有限公司	45	6889654	98	杭州钢铁集团公司	57	3896176
49	陕西有色金属控股集团有限责任公司	88	6708226	99	紫金矿业集团股份有限公司	140	3840123
50	云天化集团有限责任公司	105	6706613	100	冀东发展集团有限责任公司	308	3776330
					中国制造业企业500强平均数		3365326

表 8－6　　2011 中国制造业企业 500 强所有者权益排序前 100 名企业

排名	公司名称	总排名	所有者权益（万元）	排名	公司名称	总排名	所有者权益（万元）
1	中国石油化工集团公司	1	50437059	51	中兴通讯股份有限公司	44	2496200
2	宝钢集团有限公司	5	26017495	52	中国贵州茅台酒厂有限责任公司	254	2482502
3	中国航空工业集团公司	10	16028229	53	湖南华菱钢铁集团有限责任公司	54	2464011
4	首钢总公司	11	10642837	54	美的集团有限公司	26	2427186
5	上海烟草集团有限责任公司	42	8251147	55	潍柴控股集团有限公司	35	2397682
6	鞍钢集团公司	19	8108021	56	天津渤海化工集团公司	91	2299820
7	中国船舶重工集团公司	21	8100852	57	浙江中烟工业有限责任公司	115	2231175
8	东风汽车公司	2	7912510	58	天津汽车工业（集团）有限公司	32	2188007
9	河北钢铁集团有限公司	9	7814526	59	本钢集团有限公司	45	2104302
10	武汉钢铁（集团）公司	13	7131676	60	海尔集团公司	22	2103260
11	上海汽车工业（集团）总公司	3	7018380	61	三一集团有限公司	82	1992026
12	中国第一汽车集团公司	4	6974412	62	北京金隅集团有限责任公司	130	1970441
13	光明食品（集团）有限公司	29	6585409	63	北大方正集团有限公司	72	1967674
14	红塔烟草（集团）有限责任公司	59	6270343	64	中国国际海运集装箱（集团）股份有限公司	74	1920670
15	中国核工业集团公司	94	5973983	65	金东纸业（江苏）股份有限公司	129	1834849
16	北京汽车集团有限公司	18	5609680	66	雅戈尔集团股份有限公司	122	1826312
17	华为技术有限公司	14	5525100	67	TCL 集团股份有限公司	73	1809244
18	中国兵器工业集团公司	8	5467607	68	湖北宜化集团有限责任公司	99	1757540
19	中国五矿集团公司	7	5272677	69	中国化工集团公司	23	1695719
20	江苏沙钢集团有限公司	15	5088441	70	杭州娃哈哈集团有限公司	69	1664758
21	中国重型汽车集团有限公司	40	5066698	71	徐州工程机械集团有限公司	53	1636849
22	中国航天科工集团公司	36	4873588	72	新希望集团有限公司	67	1633020
23	广州汽车工业集团有限公司	16	4131526	73	天津天钢集团有限公司	39	1625167
24	中国电子信息产业集团有限公司	17	4053182	74	中国黄金集团公司	77	1613949
25	上海电气（集团）总公司	30	4017188	75	昆明钢铁控股有限公司	197	1563799
26	太原钢铁（集团）有限公司	27	3941135	76	北京建龙重工集团有限公司	75	1552225
27	红云红河烟草（集团）有限责任公司	68	3896461	77	新疆特变电工集团有限公司	196	1543163
28	江西铜业集团公司	37	3807176	78	四川长虹电子集团有限公司	64	1538632
29	山东钢铁集团有限公司	28	3800120	79	海信集团有限公司	58	1528169
30	湖南中烟工业有限责任公司	63	3764482	80	云天化集团有限责任公司	105	1491011
31	安徽海螺集团有限责任公司	70	3704637	81	重庆钢铁（集团）有限责任公司	178	1461348
32	中国建筑材料集团有限公司	24	3409221	82	日照钢铁控股集团有限公司	95	1425197
33	马钢（集团）控股有限公司	47	3380099	83	万向集团公司	52	1417190
34	浙江吉利控股集团有限公司	46	3212939	84	珠海格力电器股份有限公司	62	1401171
35	四川省宜宾五粮液集团有限公司	100	3200121	85	上海华谊（集团）公司	109	1381325
36	中国兵器装备集团公司	6	3197536	86	山东晨鸣纸业集团股份有限公司	214	1353579
37	山东魏桥创业集团有限公司	25	3095163	87	哈尔滨电气集团公司	125	1351462
38	上海复星高科技（集团）有限公司	90	3005258	88	北京京城机电控股有限责任公司	206	1342085
39	酒泉钢铁（集团）有限责任公司	66	2861445	89	杭州钢铁集团公司	57	1339180
40	南山集团有限公司	78	2816570	90	恒力集团有限公司	124	1336183
41	包头钢铁（集团）有限责任公司	86	2762319	91	山东中烟工业有限责任公司	184	1331421
42	长沙中联重工科技发展股份有限公司	79	2747445	92	新疆金风科技股份有限公司	223	1328900
43	中国北方机车车辆工业集团公司	55	2741109	93	天津钢管集团股份有限公司	38	1323020
44	陕西有色金属控股集团有限责任公司	88	2703155	94	天津百利机电控股集团有限公司	113	1298334
45	新兴际华集团有限公司	41	2622845	95	中国有色矿业集团有限公司	92	1277250
46	紫金矿业集团股份有限公司	140	2602867	96	尚德电力控股有限公司	210	1261725
47	雨润控股集团有限公司	56	2598328	97	洛阳栾川钼业集团股份有限公司	319	1244880
48	金川集团有限公司	34	2594399	98	中国南车集团公司	50	1239104
49	中国铝业公司	12	2535150	99	青海盐湖工业股份有限公司	485	1233516
50	中国中材集团有限公司	84	2532134	100	江苏扬子江船业集团公司	174	1225685
					中国制造业企业 500 强平均数		1154639

表 8－7　　2011 中国制造业企业 500 强从业人数排序前 100 名企业

排名	公司名称	总排名	从业人数	排名	公司名称	总排名	从业人数
1	中国石油化工集团公司	1	640535	51	中国黄金集团公司	77	46440
2	中国航空工业集团公司	10	411490	52	四川省宜宾五粮液集团有限公司	100	46419
3	中国兵器工业集团公司	8	279996	53	中国恒天集团有限公司	165	45217
4	中国兵器装备集团公司	6	225033	54	天津中环电子信息集团有限公司	33	43232
5	鞍钢集团公司	19	208489	55	潍柴控股集团有限公司	35	42664
6	中国铝业公司	12	186266	56	湖南华菱钢铁集团有限责任公司	54	42155
7	美的集团有限公司	26	182000	57	天津渤海化工集团公司	91	42039
8	东风汽车公司	2	163990	58	广东格兰仕集团有限公司	107	41315
9	中国船舶重工集团公司	21	161000	59	江苏沙钢集团有限公司	15	40545
10	中国化工集团公司	23	137797	60	安徽海螺集团有限责任公司	70	40281
11	河北钢铁集团有限公司	9	132977	61	陕西有色金属控股集团有限责任公司	88	40252
12	山东魏桥创业集团有限公司	25	131972	62	太原钢铁（集团）有限公司	27	40091
13	光明食品（集团）有限公司	29	125612	63	北京建龙重工集团有限公司	75	40084
14	中国航天科工集团公司	36	120183	64	南山集团有限公司	78	38402
15	武汉钢铁（集团）公司	13	117374	65	长城汽车股份有限公司	136	38268
16	中国电子信息产业集团有限公司	17	111651	66	云天化集团有限责任公司	105	37328
17	中国建筑材料集团有限公司	24	110691	67	北京燕京啤酒集团公司	274	37289
18	华为技术有限公司	14	110000	68	重庆化医控股（集团）公司	185	36366
19	上海汽车工业（集团）总公司	3	109500	69	华晨汽车集团控股有限公司	48	35928
20	首钢总公司	11	105993	70	天津汽车工业（集团）有限公司	32	35870
21	宝钢集团有限公司	5	104768	71	新华联控股有限公司	147	35723
22	中国五矿集团公司	7	101276	72	湖北宜化集团有限责任公司	99	35377
23	雨润控股集团有限公司	56	100000	73	中国有色矿业集团有限公司	92	34301
24	山东钢铁集团有限公司	28	89370	74	上海华谊（集团）公司	109	33964
25	中国南车集团公司	50	88381	75	哈尔滨电气集团公司	125	32808
26	中国北方机车车辆工业集团公司	55	87740	76	云南煤化工集团有限公司	190	32472
27	中兴通讯股份有限公司	44	85323	77	重庆机电控股（集团）公司	164	31847
28	中国核工业集团公司	94	85059	78	上海医药集团股份有限公司	106	31493
29	中国第一汽车集团公司	4	84191	79	安徽江淮汽车集团有限公司	119	31398
30	新兴际华集团有限公司	41	74186	80	金川集团有限公司	34	31359
31	四川长虹电子集团有限公司	64	69686	81	北京金隅集团有限责任公司	130	31135
32	上海电气（集团）总公司	30	68852	82	红塔烟草（集团）有限责任公司	59	30942
33	中国中材集团有限公司	84	67602	83	酒泉钢铁（集团）有限责任公司	66	30793
34	海尔集团公司	22	65219	84	浙江吉利控股集团有限公司	46	30680
35	中国国际海运集装箱（集团）股份有限公司	74	63354	85	安阳钢铁集团有限责任公司	97	30517
36	新希望集团有限公司	67	61718	86	联想控股有限公司	20	30000
37	本钢集团有限公司	45	61048	87	陕西汽车集团有限责任公司	128	29681
38	珠海格力电器股份有限公司	62	60570	88	上海复星高科技（集团）有限公司	90	29446
39	广西农垦集团有限责任公司	335	57557	89	上海人民企业（集团）有限公司	177	29318
40	河南省漯河市双汇实业集团有限责任公司	81	57038	90	郑州宇通集团有限公司	243	29299
41	马钢（集团）控股有限公司	47	55598	91	云南冶金集团股份有限公司	228	29067
42	三一集团有限公司	82	54384	92	青岛啤酒股份有限公司	205	29039
43	北京汽车集团有限公司	18	53140	93	临沂新程金锣肉制品集团有限公司	121	28824
44	雅戈尔集团股份有限公司	122	53084	94	新余钢铁集团有限公司	102	28754
45	TCL 集团股份有限公司	73	52359	95	万向集团公司	52	28729
46	中国盐业总公司	153	52347	96	云南锡业集团（控股）有限责任公司	237	28581
47	山东六和集团有限公司	80	52000	97	吉林亚泰（集团）股份有限公司	192	28515
48	包头钢铁（集团）有限责任公司	86	48825	98	江苏悦达集团有限公司	60	28392
49	广州汽车工业集团有限公司	16	46933	99	恒力集团有限公司	124	28314
50	宁波申洲针织有限公司	457	46910	100	杭州娃哈哈集团有限公司	69	28268
					中国制造业企业 500 强平均数		23060

表 8-8　2011 中国制造业企业 500 强研发费用排序前 100 名企业

排名	公司名称	总排名	研发费用（万元）	排名	公司名称	总排名	研发费用（万元）
1	中国航空工业集团公司	10	1844671	51	中国中材集团有限公司	84	151707
2	华为技术有限公司	14	1655600	52	包头钢铁（集团）有限责任公司	86	149760
3	中国船舶重工集团公司	21	872772	53	河北钢铁集团有限公司	9	146136
4	中国航天科工集团公司	36	868632	54	比亚迪股份有限公司	87	140346
5	中国兵器工业集团公司	8	797791	55	北大方正集团有限公司	72	136546
6	海尔集团公司	22	766393	56	东营市天信纺织有限公司	309	130319
7	中国兵器装备集团公司	6	741145	57	徐州工程机械集团有限公司	53	128663
8	中国石油化工集团公司	1	712264	58	山东泰山钢铁集团有限公司	150	126360
9	中兴通讯股份有限公司	44	709197	59	四川省宜宾五粮液集团有限公司	100	125130
10	武汉钢铁（集团）公司	13	627177	60	云天化集团有限责任公司	105	124854
11	宝钢集团有限公司	5	546929	61	湖北宜化集团有限责任公司	99	123145
12	东风汽车公司	2	482643	62	天津渤海化工集团公司	91	118004
13	美的集团有限公司	26	482000	63	山东六和集团有限公司	80	112737
14	上海汽车工业（集团）总公司	3	471120	64	天津汽车工业（集团）有限公司	32	112279
15	首钢总公司	11	459800	65	新兴际华集团有限公司	41	106668
16	中国第一汽车集团公司	4	452623	66	天津市一轻集团（控股）有限公司	85	105000
17	上海电气（集团）总公司	30	429685	67	南山集团有限公司	78	103242
18	山东魏桥创业集团有限公司	25	416345	68	潍柴控股集团有限公司	35	100150
19	山东钢铁集团有限公司	28	358854	69	东方电气股份有限公司	103	97739
20	中国南车集团公司	50	330239	70	大连实德集团有限公司	324	97468
21	中国电子信息产业集团有限公司	17	320979	71	天津钢管集团股份有限公司	38	97301
22	中国铝业公司	12	320615	72	中国西电集团公司	248	95014
23	浙江吉利控股集团有限公司	46	320400	73	天津百利机电控股集团有限公司	113	92765
24	马钢（集团）控股有限公司	47	266049	74	春风实业集团有限责任公司	216	92645
25	江苏沙钢集团有限公司	15	261669	75	内蒙古伊利实业集团股份有限公司	135	91989
26	中国化工集团公司	23	260630	76	红云红河烟草（集团）有限责任公司	68	90654
27	海信集团有限公司	58	255601	77	新疆特变电工集团有限公司	196	90630
28	太原钢铁（集团）有限公司	27	248380	78	上海复星高科技（集团）有限公司	90	89564
29	中国重型汽车集团有限公司	40	242598	79	山东晨鸣纸业集团股份有限公司	214	89515
30	酒泉钢铁（集团）有限责任公司	66	237200	80	利华益集团股份有限公司	231	89300
31	天津天铁冶金集团有限公司	43	236466	81	江铃汽车集团公司	144	89095
32	湖南华菱钢铁集团有限责任公司	54	225149	82	武汉邮电科学研究院	328	88460
33	恒力集团有限公司	124	219984	83	正泰集团有限公司	160	86394
34	哈尔滨电气集团公司	125	217547	84	万达控股集团有限公司	222	83943
35	中国建筑材料集团有限公司	24	207360	85	湘电集团有限公司	349	82133
36	铜陵有色金属集团控股有限公司	51	203820	86	天津天钢集团有限公司	39	81267
37	TCL 集团股份有限公司	73	197200	87	扬子江药业集团有限公司	158	80052
38	中国核工业集团公司	94	187414	88	同方股份有限公司	217	77130
39	北京汽车集团有限公司	18	181303	89	陕西汽车集团有限责任公司	128	76659
40	中国北方机车车辆工业集团公司	55	179845	90	中国华录集团有限公司	422	76598
41	江西铜业集团公司	37	179000	91	天津冶金集团有限公司	31	74931
42	珠海格力电器股份有限公司	62	178845	92	重庆力帆控股有限公司	244	73673
43	安阳钢铁集团有限责任公司	97	173290	93	江苏西城三联控股集团有限公司	137	73410
44	三一集团有限公司	82	166864	94	北京京城机电控股有限责任公司	206	73409
45	四川长虹电子集团有限公司	64	162561	95	人民电器集团有限公司	161	73357
46	广州汽车工业集团有限公司	16	162073	96	新世纪控股集团有限公司	194	73283
47	新希望集团有限公司	67	160438	97	三角集团有限公司	240	70139
48	奇瑞汽车股份有限公司	116	159757	98	尚德电力控股有限公司	210	67859
49	长沙中联重工科技发展股份有限公司	79	157659	99	郑州宇通集团有限公司	243	67535
50	太原重型机械集团有限公司	291	153876	100	杭州橡胶（集团）公司	175	67481
					中国制造业企业 500 强平均数		71645.46

表8-9 2011中国制造业企业500强研发费用占营业收入比例排序前100名企业

排名	公司名称	总排名	研发费所占比例（%）	排名	公司名称	总排名	研发费所占比例（%）
1	太原重型机械集团有限公司	291	11.48	51	酒泉钢铁（集团）有限责任公司	66	4.17
2	东营市天信纺织有限公司	309	10.13	52	郑州宇通集团有限公司	243	4.17
3	中兴通讯股份有限公司	44	10.09	53	辽宁曙光汽车集团股份有限公司	344	4.15
4	中国航天科工集团公司	36	9.60	54	美的集团有限公司	26	4.13
5	中国华录集团有限公司	422	9.54	55	海信集团有限公司	58	4.01
6	华为技术有限公司	14	8.95	56	天津塑力线缆集团有限公司	403	4.00
7	中国航空工业集团公司	10	8.79	57	安阳钢铁集团有限责任公司	97	3.96
8	大连实德集团有限公司	324	8.00	58	山东澳亚纺织有限公司	424	3.95
9	湘电集团有限公司	349	7.58	59	马钢（集团）控股有限公司	47	3.91
10	武汉邮电科学研究院	328	7.35	60	山东石大科技集团有限公司	450	3.81
11	恒力集团有限公司	124	6.77	61	亨通集团有限公司	239	3.80
12	哈尔滨电气集团公司	125	6.74	62	TCL集团股份有限公司	73	3.80
13	上海致达科技（集团）股份有限公司	465	6.16	63	北京京城机电控股有限责任公司	206	3.70
14	中国船舶重工集团公司	21	6.12	64	沪东中华造船（集团）有限公司	293	3.64
15	中国西电集团公司	248	5.98	65	郑州煤矿机械集团股份有限公司	455	3.61
16	青岛澳柯玛股份有限公司	394	5.80	66	新世纪控股集团有限公司	194	3.55
17	青年汽车集团有限公司	435	5.80	67	山东聊城鲁西化工集团有限责任公司	377	3.54
18	海尔集团公司	22	5.45	68	青岛即发集团控股有限公司	443	3.53
19	惠州市德赛集团有限公司	332	5.34	69	风神轮胎股份有限公司	417	3.52
20	利华益集团股份有限公司	231	5.31	70	广西柳工集团有限公司	226	3.52
21	万丰奥特控股集团有限公司	453	5.20	71	山东魏桥创业集团有限公司	25	3.51
22	山东金岭集团有限公司	358	5.10	72	江西稀有金属钨业控股集团有限公司	363	3.51
23	胜利油田高原石油装备有限责任公司	479	5.00	73	西子联合控股有限公司	323	3.47
24	春风实业集团有限责任公司	216	5.00	74	正泰集团有限公司	160	3.47
25	四川九洲电器集团有限责任公司	365	4.95	75	尚德电力控股有限公司	210	3.46
26	中国南车集团公司	50	4.94	76	上海三菱电梯有限公司	367	3.44
27	中国第一重型机械集团公司	404	4.93	77	方大特钢科技股份有限公司	326	3.43
28	广州广船国际股份有限公司	451	4.86	78	湖南华菱钢铁集团有限责任公司	54	3.42
29	山东泰山钢铁集团有限公司	150	4.85	79	江苏法尔胜泓昇集团有限公司	232	3.42
30	山东晨鸣纸业集团股份有限公司	214	4.80	80	浙江大东南集团有限公司	350	3.40
31	万达控股集团有限公司	222	4.77	81	三环集团公司	282	3.40
32	福田雷沃国际重工股份有限公司	279	4.74	82	惠州市华阳集团有限公司	386	3.36
33	北方重工集团有限公司	313	4.72	83	东北特殊钢集团有限责任公司	208	3.35
34	浙江吉利控股集团有限公司	46	4.69	84	沈阳鼓风机集团有限公司	399	3.34
35	瓦房店轴承集团有限责任公司	469	4.68	85	江门市大长江集团有限公司	306	3.33
36	重庆力帆控股有限公司	244	4.59	86	三一集团有限公司	82	3.32
37	深圳华强集团有限公司	352	4.56	87	天津天铁冶金集团有限公司	43	3.32
38	奇瑞汽车股份有限公司	116	4.52	88	云天化集团有限责任公司	105	3.31
39	花园工贸集团有限公司	442	4.50	89	中国兵器工业集团公司	8	3.31
40	辅仁药业集团有限公司	480	4.50	90	盾安控股集团有限公司	198	3.29
41	华鲁控股集团有限公司	357	4.48	91	华泰集团有限公司	218	3.29
42	新疆特变电工集团有限公司	196	4.41	92	武汉钢铁（集团）公司	13	3.29
43	福耀玻璃工业集团股份有限公司	407	4.39	93	江铃汽车集团公司	144	3.28
44	鞍钢集团公司	19	4.38	94	湖南泰格林纸集团有限责任公司	382	3.28
45	上海电气（集团）总公司	30	4.32	95	山东渤海实业股份有限公司	296	3.28
46	三角集团有限公司	240	4.31	96	山东钢铁集团有限公司	28	3.27
47	中国贵州茅台酒厂有限责任公司	254	4.28	97	大全集团有限公司	368	3.20
48	沈阳机床（集团）有限责任公司	275	4.24	98	扬子江药业集团有限公司	158	3.20
49	同方股份有限公司	217	4.22	99	力诺集团有限责任公司	449	3.20
50	中国核工业集团公司	94	4.21	100	唐山三友集团有限公司	346	3.17
					中国制造业企业500强平均数		1.99

表 8－10　　2011 中国制造业企业 500 强净资产利润率排序前 100 名企业

排名	公司名称	总排名	净资产利润率（%）	排名	公司名称	总排名	净资产利润率（%）
1	山东石大科技集团有限公司	450	59.29	51	美的集团有限公司	26	28.66
2	江苏新世纪造船（集团）有限公司	236	56.18	52	江苏申特钢铁有限公司	151	28.57
3	重庆小康工业集团股份有限公司	393	55.25	53	晶龙实业集团有限公司	146	28.4
4	华通机电集团有限公司	378	48.84	54	天洁集团有限公司	490	28.27
5	厦门银鹭集团有限公司	472	48.17	55	山西沁新能源集团股份有限公司	482	28.24
6	泸州老窖集团有限责任公司	320	46.11	56	山东魏桥创业集团有限公司	25	27.61
7	东营市天信纺织有限公司	309	45.3	57	山东淄博傅山企业集团有限公司	250	27.51
8	天正集团有限公司	204	44.38	58	山东鲁北企业集团总公司	172	27.47
9	华为技术有限公司	14	43	59	长城汽车股份有限公司	136	27.18
10	山东大海集团有限公司	289	41.67	60	通鼎集团有限公司	406	27.12
11	江苏新长江实业集团有限公司	98	41.56	61	山东时风（集团）有限责任公司	167	27.01
12	桐昆集团股份有限公司	187	41.53	62	联想控股有限公司	20	26.85
13	森马集团有限公司	409	39.76	63	宁波申洲针织有限公司	457	26.5
14	杭州娃哈哈集团有限公司	69	39.65	64	山东六和集团有限公司	80	26.41
15	烟台张裕集团有限公司	364	39.33	65	山东太阳纸业股份有限公司	180	26.22
16	新凤鸣集团股份有限公司	459	38.92	66	惠州市华阳集团有限公司	386	26.22
17	滨化集团公司	154	37.72	67	德力西集团有限公司	193	25.76
18	河南省漯河市双汇实业集团有限责任公司	81	37.6	68	海亮集团有限公司	71	25.74
19	江门市大长江集团有限公司	306	36.71	69	超威电源有限公司	439	25.73
20	三一集团有限公司	82	35.85	70	上海三菱电梯有限公司	367	25.02
21	中国第一汽车集团公司	4	35.7	71	兰溪自立铜业有限公司	411	24.84
22	山东西水橡胶集团有限公司	247	35.34	72	山东京博控股股份有限公司	188	24.57
23	富海集团有限公司	287	35.13	73	河北新金钢铁有限公司	273	24.46
24	西子联合控股有限公司	323	34.97	74	中国贵州茅台酒厂有限责任公司	254	24.4
25	沈阳远大企业集团	211	34.5	75	山东科达集团有限公司	265	24.31
26	浙江恒逸集团有限公司	112	34.26	76	大连重工·起重集团有限公司	295	23.71
27	天狮集团有限公司	139	33.95	77	中国南玻集团股份有限公司	431	23.63
28	中国龙工控股有限公司	329	33.7	78	陕西龙门钢铁（集团）有限责任公司	200	23.13
29	郑州宇通集团有限公司	243	33.65	79	承德兆丰钢铁集团有限公司	476	23.01
30	邯郸市正大制管有限公司	496	33.62	80	重庆烟草工业有限责任公司	389	22.89
31	天津汽车工业（集团）有限公司	32	33.58	81	山东澳亚纺织有限公司	424	22.88
32	潍柴控股集团有限公司	35	33.35	82	山东招金集团有限公司	155	22.82
33	浙江荣盛控股集团有限公司	149	33.04	83	江苏大明金属制品有限公司	395	22.8
34	维科控股集团股份有限公司	315	31.9	84	东营方圆有色金属有限公司	233	22.8
35	广州医药集团有限公司	142	31.9	85	徐州工程机械集团有限公司	53	22.79
36	山东神驰化工有限公司	418	31.75	86	天津市恒兴钢业有限公司	483	22.74
37	江苏华宏实业集团有限公司	312	31.5	87	山东大王集团有限公司	89	22.72
38	三河汇福粮油集团有限公司	262	31.37	88	东方电气股份有限公司	103	22.71
39	山东金诚石化集团有限公司	189	30.92	89	海天塑机集团有限公司	384	22.67
40	人民电器集团有限公司	161	30.84	90	浙江宏磊控股集团有限公司	477	22.47
41	珠海格力电器股份有限公司	62	30.71	91	紫金矿业集团股份有限公司	140	22.11
42	江苏扬子江船业集团公司	174	30.66	92	重庆轻纺控股（集团）公司	257	21.99
43	广西南华糖业集团有限公司	317	30.65	93	隆鑫控股有限公司	264	21.99
44	福耀玻璃工业集团股份有限公司	407	30.6	94	宁波博洋纺织有限公司	463	21.76
45	万丰奥特控股集团有限公司	453	30.08	95	红狮控股集团有限公司	440	21.69
46	广州汽车工业集团有限公司	16	30.01	96	上海人民企业（集团）有限公司	177	21.57
47	春和集团有限公司	337	29.82	97	沂州集团有限公司	224	21.56
48	永兴特种不锈钢股份有限公司	500	29.81	98	正和集团股份有限公司	341	21.54
49	东风汽车公司	2	29.35	99	海尔集团公司	22	21.52
50	山东万通石油化工集团有限公司	437	29	100	浙江大东南集团有限公司	350	21.52
					中国制造业企业 500 强平均数		12.79

表 8－11　　2011 中国制造业企业 500 强资产利润率排序前 100 名企业

排名	公司名称	总排名	资产利润率（%）	排名	公司名称	总排名	资产利润率（%）
1	天正集团有限公司	204	26.52	51	山东六和集团有限公司	80	12.96
2	天狮集团有限公司	139	24.65	52	沈阳远大企业集团	211	12.85
3	山东金诚石化集团有限公司	189	24.52	53	中国南玻集团股份有限公司	431	12.81
4	森马集团有限公司	409	23.64	54	辛集市澳森钢铁有限公司	413	12.78
5	杭州娃哈哈集团有限公司	69	22.88	55	南山集团有限公司	78	12.75
6	泸州老窖集团有限责任公司	320	22.71	56	山东大海集团有限公司	289	12.35
7	烟台张裕集团有限公司	364	22.12	57	山东澳亚纺织有限公司	424	12.14
8	滨化集团公司	154	21.28	58	山东石大科技集团有限公司	450	11.97
9	桐昆集团股份有限公司	187	21.21	59	江门市大长江集团有限公司	306	11.97
10	上海人民企业（集团）有限公司	177	20.99	60	长城汽车股份有限公司	136	11.93
11	山东鲁北企业集团总公司	172	20.70	61	重庆烟草工业有限责任公司	389	11.92
12	山东时风（集团）有限责任公司	167	19.42	62	广西南华糖业集团有限公司	317	11.77
13	富海集团有限公司	287	18.30	63	浙江栋梁新材股份有限公司	420	11.54
14	中国贵州茅台酒厂有限责任公司	254	18.25	64	徐州工程机械集团有限公司	53	11.49
15	人民电器集团有限公司	161	18.18	65	浙江恒逸集团有限公司	112	11.49
16	河南省漯河市双汇实业集团有限责任公司	81	18.05	66	黑龙江烟草工业有限责任公司	462	11.45
17	永兴特种不锈钢股份有限公司	500	17.95	67	四川省宜宾五粮液集团有限公司	100	11.41
18	扬子江药业集团有限公司	158	17.63	68	湖南中烟工业有限责任公司	63	11.32
19	天津汽车工业（集团）有限公司	32	17.31	69	大连西太平洋石油化工有限公司	114	11.18
20	通鼎集团有限公司	406	17.01	70	厦门银鹭集团有限公司	472	11.12
21	福耀玻璃工业集团股份有限公司	407	16.92	71	新世纪控股集团有限公司	194	10.99
22	宁波申洲针织有限公司	457	16.90	72	波司登股份有限公司	249	10.97
23	华通机电集团有限公司	378	16.78	73	江苏扬子江船业集团公司	174	10.97
24	新凤鸣集团股份有限公司	459	16.40	74	海城市后英经贸集团有限公司	267	10.92
25	天能电池集团有限公司	355	16.22	75	天津市恒兴钢业有限公司	483	10.92
26	山东神驰化工有限公司	418	16.18	76	江苏洋河酒厂股份有限公司	436	10.92
27	江苏新世纪造船（集团）有限公司	236	15.78	77	花园工贸集团有限公司	442	10.74
28	山东魏桥创业集团有限公司	25	15.33	78	东风汽车公司	2	10.66
29	山东西水橡胶集团有限公司	247	15.07	79	河北白沙烟草有限责任公司	486	10.53
30	紫金矿业集团股份有限公司	140	14.99	80	山东招金集团有限公司	155	10.27
31	东辰控股集团有限公司	426	14.94	81	维维集团股份有限公司	259	10.26
32	华为技术有限公司	14	14.77	82	郑州宇通集团有限公司	243	10.21
33	浙江大东南集团有限公司	350	14.69	83	通威集团有限公司	132	10.20
34	上海烟草集团有限责任公司	42	14.67	84	江苏阳光集团有限公司	138	10.01
35	临沂新程金锣肉制品集团有限公司	121	14.61	85	德力西集团有限公司	193	9.97
36	惠州市华阳集团有限公司	386	14.51	86	山东联盟化工集团有限公司	400	9.94
37	中国第一汽车集团公司	4	14.43	87	山西沁新能源集团股份有限公司	482	9.94
38	超威电源有限公司	439	14.43	88	山东科达集团有限公司	265	9.90
39	晶龙实业集团有限公司	146	14.38	89	郑州煤矿机械集团股份有限公司	455	9.89
40	江苏华宏实业集团有限公司	312	14.18	90	河北新武安钢铁集团文安集团钢铁有限公司	322	9.89
41	万丰奥特控股集团有限公司	453	14.13	91	安徽海螺集团有限责任公司	70	9.81
42	三一集团有限公司	82	13.74	92	东营方圆有色金属有限公司	233	9.79
43	山东淄博傅山企业集团有限公司	250	13.72	93	浙江荣盛控股集团有限公司	149	9.70
44	河北新武安钢铁集团烘熔钢铁有限公司	397	13.68	94	万达控股集团有限公司	222	9.68
45	广州汽车工业集团有限公司	16	13.59	95	山东金岭集团有限公司	358	9.60
46	上海浦东电线电缆（集团）有限公司	410	13.52	96	西子联合控股有限公司	323	9.57
47	海天塑机集团有限公司	384	13.47	97	鲁泰集团公司	478	9.57
48	潍柴控股集团有限公司	35	13.45	98	卧龙控股集团有限公司	391	9.51
49	山东万通石油化工集团有限公司	437	13.18	99	辽宁禾丰牧业股份有限公司	493	9.49
50	中国龙工控股有限公司	329	13.12	100	青海盐湖工业股份有限公司	485	9.41
					中国制造业企业 500 强平均数		4.39

表 8－12　　2011 中国制造业企业 500 强资产负债率排序前 100 名企业

排名	公司名称	总排名	资产负债率（%）	排名	公司名称	总排名	资产负债率（%）
1	上海人民企业（集团）有限公司	177	2.71	51	华峰集团有限公司	433	40.19
2	天能电池集团有限公司	355	3.69	52	海城市后英经贸集团有限公司	267	40.24
3	上海烟草集团有限责任公司	42	7.44	53	天正集团有限公司	204	40.25
4	浙江中烟工业有限责任公司	115	10.16	54	森马集团有限公司	409	40.54
5	嘉晨集团有限公司	307	13.38	55	海天塑机集团有限公司	384	40.55
6	洛阳栾川钼业集团股份有限公司	319	14.11	56	内蒙古蒙牛乳业（集团）股份有限公司	134	40.96
7	临沂新程金锣肉制品集团有限公司	121	14.79	57	人民电器集团有限公司	161	41.07
8	湖南中烟工业有限责任公司	63	15.86	58	百兴集团有限公司	163	41.72
9	黑龙江烟草工业有限责任公司	462	16.71	59	杭州娃哈哈集团有限公司	69	42.29
10	扬子江药业集团有限公司	158	17.19	60	江西铜业集团公司	37	42.34
11	广西中烟工业有限责任公司	331	17.24	61	卧龙控股集团有限公司	391	42.62
12	河北兴华钢铁有限公司	390	20.24	62	郑州煤矿机械集团股份有限公司	455	43.06
13	山东金诚石化集团有限公司	189	20.69	63	滨化集团公司	154	43.57
14	正威国际集团有限公司	49	21.99	64	兴乐集团有限公司	380	43.62
15	新世纪控股集团有限公司	194	22.78	65	烟台张裕集团有限公司	364	43.77
16	山东鲁北企业集团总公司	172	24.65	66	辽宁禾丰牧业股份有限公司	493	43.81
17	河北白沙烟草有限责任公司	486	24.70	67	超威电源有限公司	439	43.90
18	中国贵州茅台酒厂有限责任公司	254	25.20	68	安徽海螺集团有限责任公司	70	44.21
19	上海浦东电线电缆（集团）有限公司	410	25.35	69	山东魏桥创业集团有限公司	25	44.49
20	浙江龙盛控股有限公司	278	25.88	70	青岛泰发集团股份有限公司	488	44.57
21	庆铃汽车（集团）有限公司	359	26.55	71	惠州市华阳集团有限公司	386	44.68
22	红塔烟草（集团）有限责任公司	59	26.63	72	福耀玻璃工业集团股份有限公司	407	44.71
23	厦门烟草工业有限责任公司	419	26.78	73	河南中烟工业有限责任公司	145	44.94
24	四川科伦实业集团有限公司	297	27.24	74	辅仁药业集团有限公司	480	44.99
25	天狮集团有限公司	139	27.41	75	环宇集团有限公司	305	45.01
26	山东时风（集团）有限责任公司	167	28.09	76	河北普阳钢铁有限公司	220	45.23
27	东辰控股集团有限公司	426	28.86	77	青岛啤酒股份有限公司	205	45.32
28	浙江栋梁新材股份有限公司	420	29.82	78	力诺集团有限责任公司	449	45.59
29	武安市裕华钢铁有限公司	266	30.53	79	中国华录集团有限公司	422	45.68
30	红云红河烟草（集团）有限责任公司	68	30.60	80	中国南玻集团股份有限公司	431	45.79
31	河北新武安钢铁集团文安集团钢铁有限公司	322	30.73	81	营口青花集团	388	46.11
32	浙江大东南集团有限公司	350	31.71	82	天津金耀集团有限公司（天津药业集团有限公司）	464	46.35
33	紫金矿业集团股份有限公司	140	32.22	83	华盛江泉集团有限公司	181	46.42
34	天津达亿钢铁有限公司	489	32.26	84	青岛即发集团控股有限公司	443	46.50
35	四川省宜宾五粮液集团有限公司	100	34.25	85	青年汽车集团有限公司	435	46.70
36	得利斯集团有限公司	446	34.93	86	浙江富春江通信集团有限公司	414	46.76
37	河北新武安钢铁集团烘熔钢铁有限公司	397	35.53	87	四川省川威集团有限公司	157	46.88
38	江苏洋河酒厂股份有限公司	436	35.65	88	山东澳亚纺织有限公司	424	46.95
39	宁波申洲针织有限公司	457	36.22	89	瓦房店轴承集团有限责任公司	469	47.09
40	山东中烟工业有限责任公司	184	36.58	90	华鲁控股集团有限公司	357	47.43
41	南山集团有限公司	78	36.83	91	云南南磷集团股份有限公司	460	47.64
42	北京燕京啤酒集团公司	274	37.20	92	新疆特变电工集团有限公司	196	47.73
43	通鼎集团有限公司	406	37.26	93	富海集团有限公司	287	47.90
44	辛集市澳森钢铁有限公司	413	37.48	94	重庆烟草工业有限责任公司	389	47.92
45	江苏金辉集团公司	242	38.30	95	山东如意科技集团有限公司	201	48.07
46	江西中烟工业有限责任公司	387	38.77	96	山东联盟化工集团有限公司	400	48.28
47	通威集团有限公司	132	39.59	97	天津汽车工业（集团）有限公司	32	48.46
48	永兴特种不锈钢股份有限公司	500	39.79	98	宗申产业集团有限公司	303	48.75
49	宝钢集团有限公司	5	39.79	99	桐昆集团股份有限公司	187	48.92
50	维维集团股份有限公司	259	39.95	100	波司登股份有限公司	249	48.97
					中国制造业企业500强平均数		55.95

表8-13　　2011中国制造业企业500强资本积累率排序前100名企业

排名	公司名称	总排名	资本积累率（%）	排名	公司名称	总排名	资本积累率（%）
1	江苏西城三联控股集团有限公司	137	662.90	51	大连西太平洋石油化工有限公司	114	57.06
2	辽宁曙光汽车集团股份有限公司	344	413.05	52	中国建筑材料集团有限公司	24	56.43
3	四川科伦实业集团有限公司	297	311.02	53	秦皇岛安丰钢铁有限公司	470	56.03
4	浙江吉利控股集团有限公司	46	293.75	54	沈阳远大企业集团	211	55.63
5	长沙中联重工科技发展股份有限公司	79	261.90	55	浙江富春江通信集团有限公司	414	54.54
6	郑州煤矿机械集团股份有限公司	455	229.57	56	天能电池集团有限公司	355	53.68
7	山东大海集团有限公司	289	223.05	57	江苏扬子江船业集团公司	174	51.21
8	徐州工程机械集团有限公司	53	157.06	58	万向集团公司	52	51.12
9	新疆金风科技股份有限公司	223	155.51	59	攀枝花钢城集团有限公司	285	50.78
10	正威国际集团有限公司	49	151.69	60	江门市大长江集团有限公司	306	50.57
11	江苏新世纪造船（集团）有限公司	236	142.31	61	日照钢铁控股集团有限公司	95	50.42
12	中国第一重型机械集团公司	404	136.09	62	新疆特变电工集团有限公司	196	48.50
13	通鼎集团有限公司	406	134.02	63	上海致达科技（集团）股份有限公司	465	48.44
14	郑州宇通集团有限公司	243	123.27	64	中国黄金集团公司	77	48.11
15	山东万通石油化工集团有限公司	437	118.77	65	辅仁药业集团有限公司	480	48.03
16	TCL集团股份有限公司	73	114.66	66	卧龙控股集团有限公司	391	47.92
17	重庆力帆控股有限公司	244	108.29	67	兰溪自立铜业有限公司	411	47.02
18	合肥美菱股份有限公司	415	103.49	68	铜陵化学工业集团有限公司	497	47.00
19	中国西电集团公司	248	103.03	69	山东神驰化工有限公司	418	46.77
20	兴达投资集团有限公司	318	101.06	70	大连重工·起重集团有限公司	295	46.36
21	滨化集团公司	154	97.24	71	太原重型机械集团有限公司	291	46.03
22	超威电源有限公司	439	93.69	72	江苏洋河酒厂股份有限公司	436	45.45
23	中国四联仪器仪表集团有限公司	491	92.19	73	沂州集团有限公司	224	45.44
24	河北新武安钢铁集团文安集团钢铁有限公司	322	90.45	74	云南锡业集团（控股）有限责任公司	237	45.35
25	广西柳工集团有限公司	226	90.28	75	四川省达州钢铁集团有限责任公司	299	45.14
26	东营市天信纺织有限公司	309	85.71	76	唐山瑞丰钢铁（集团）有限公司	168	44.84
27	崇利制钢有限公司	343	83.96	77	中国中材集团有限公司	84	44.35
28	桐昆集团股份有限公司	187	80.76	78	河南龙成集团有限公司	311	43.96
29	天津塑力线缆集团有限公司	403	80.21	79	江西铜业集团公司	37	43.90
30	厦门银鹭集团有限公司	472	80.15	80	春和集团有限公司	337	43.07
31	祐康食品集团有限公司	438	80.02	81	山东黄金集团有限公司	117	42.17
32	广西玉柴机器集团有限公司	108	78.75	82	得利斯集团有限公司	446	42.15
33	亨通集团有限公司	239	77.96	83	大全集团有限公司	368	41.79
34	杭州富春江冶炼有限公司	290	77.77	84	森马集团有限公司	409	41.61
35	浙江荣盛控股集团有限公司	149	73.04	85	北京金隅集团有限责任公司	130	41.26
36	青年汽车集团有限公司	435	72.79	86	内蒙古鄂尔多斯羊绒集团有限责任公司	227	41.07
37	河南豫光金铅集团有限责任公司	270	72.17	87	中国华录集团有限公司	422	40.98
38	正邦集团有限公司	294	71.74	88	天洁集团有限公司	490	40.15
39	北京汽车集团有限公司	18	71.73	89	恒力集团有限公司	124	40.06
40	北大方正集团有限公司	72	70.83	90	三一集团有限公司	82	39.97
41	正泰集团有限公司	160	70.06	91	中国第一汽车集团公司	4	39.16
42	江苏熔盛重工有限公司	321	66.38	92	中兴通讯股份有限公司	44	39.07
43	天津友发钢管集团有限公司	169	65.69	93	潍柴控股集团有限公司	35	38.90
44	华峰集团有限公司	433	65.45	94	中国龙工控股有限公司	329	38.30
45	中国五矿集团公司	7	64.74	95	盛虹集团有限公司	230	38.27
46	天津天士力集团有限公司	354	63.23	96	上海复星高科技（集团）有限公司	90	38.08
47	新凤鸣集团股份有限公司	459	63.23	97	亚邦投资控股集团有限公司	202	37.76
48	福建省汽车工业集团有限公司	325	60.39	98	天津市医药集团有限公司	213	37.63
49	富海集团有限公司	287	60.00	99	波司登股份有限公司	249	37.49
50	雨润控股集团有限公司	56	58.54	100	沪东中华造船（集团）有限公司	293	37.08
					中国制造业企业500强平均数		20.75

表 8－14　　2011 中国制造业企业 500 强收入利润率排序前 100 名企业

排名	公司名称	总排名	利润率（%）	排名	公司名称	总排名	利润率（%）
1	青海盐湖工业股份有限公司	485	40.27	51	黑龙江烟草工业有限责任公司	462	9.46
2	中国贵州茅台酒厂有限责任公司	254	39.07	52	上海人民企业（集团）有限公司	177	9.27
3	福耀玻璃工业集团股份有限公司	407	21.01	53	浙江赐富化纤集团有限公司	492	9.26
4	泸州老窖集团有限责任公司	320	20.96	54	广西柳工集团有限公司	226	9.10
5	中国南玻集团股份有限公司	431	20.62	55	滨化集团公司	154	9.07
6	紫金矿业集团股份有限公司	140	20.17	56	厦门银鹭集团有限公司	472	9.07
7	宁波申洲针织有限公司	457	18.88	57	红云红河烟草（集团）有限责任公司	68	8.87
8	江苏新世纪造船（集团）有限公司	236	18.01	58	山东澳亚纺织有限公司	424	8.83
9	上海烟草集团有限责任公司	42	17.95	59	潍柴控股集团有限公司	35	8.77
10	江苏扬子江船业集团公司	174	16.58	60	新疆金风科技股份有限公司	223	8.71
11	江苏洋河酒厂股份有限公司	436	16.45	61	石药集团有限公司	301	8.70
12	中国龙工控股有限公司	329	14.69	62	东营市天信纺织有限公司	309	8.65
13	西子联合控股有限公司	323	14.59	63	河北白沙烟草有限责任公司	486	8.62
14	烟台张裕集团有限公司	364	14.50	64	湖南中烟工业有限责任公司	63	8.60
15	三一集团有限公司	82	14.22	65	上海三菱电梯有限公司	367	8.57
16	广西南华糖业集团有限公司	317	13.87	66	重庆小康工业集团股份有限公司	393	8.53
17	四川省宜宾五粮液集团有限公司	100	13.78	67	洛阳栾川钼业集团股份有限公司	319	8.50
18	海天塑机集团有限公司	384	13.67	68	浙江荣盛控股集团有限公司	149	8.50
19	郑州煤矿机械集团股份有限公司	455	13.22	69	中国第一汽车集团公司	4	8.47
20	鲁泰集团公司	478	13.03	70	大连实德集团有限公司	324	8.46
21	辅仁药业集团有限公司	480	12.95	71	波司登股份有限公司	249	8.39
22	华为技术有限公司	14	12.84	72	江门市大长江集团有限公司	306	8.39
23	安徽海螺集团有限责任公司	70	12.09	73	美锦能源集团有限公司	401	8.26
24	郑州宇通集团有限公司	243	12.09	74	尚德电力控股有限公司	210	8.16
25	杭州娃哈哈集团有限公司	69	12.03	75	金东纸业（江苏）股份有限公司	129	8.14
26	晶龙实业集团有限公司	146	11.93	76	星星集团有限公司	430	8.00
27	森马集团有限公司	409	11.89	77	新凤鸣集团股份有限公司	459	7.94
28	雅戈尔集团股份有限公司	122	11.54	78	恒力集团有限公司	124	7.94
29	山西沁新能源集团股份有限公司	482	11.37	79	海城市后英经贸集团有限公司	267	7.80
30	杭州锦江集团有限公司	375	11.26	80	深圳华强集团有限公司	352	7.80
31	江苏熔盛重工有限公司	321	11.14	81	北京金隅集团有限责任公司	130	7.78
32	南山集团有限公司	78	11.10	82	上海外高桥造船有限公司	203	7.74
33	华峰集团有限公司	433	10.96	83	广州汽车工业集团有限公司	16	7.64
34	红狮控股集团有限公司	440	10.86	84	青岛啤酒股份有限公司	205	7.64
35	中国核工业集团公司	94	10.79	85	北京京城机电控股有限责任公司	206	7.64
36	山东鲁北企业集团总公司	172	10.74	86	重庆烟草工业有限责任公司	389	7.62
37	长沙中联重工科技发展股份有限公司	79	10.65	87	广西中烟工业有限责任公司	331	7.61
38	山东西水橡胶集团有限公司	247	10.52	88	天津汽车工业（集团）有限公司	32	7.60
39	卧龙控股集团有限公司	391	10.38	89	山东大海集团有限公司	289	7.57
40	天狮集团有限公司	139	10.20	90	山东鲁花集团有限公司	405	7.54
41	广州广船国际股份有限公司	451	10.09	91	天津金耀集团有限公司（天津药业集团有限公司）	464	7.48
42	重庆轻纺控股（集团）公司	257	10.05	92	中国中材集团有限公司	84	7.40
43	冀东发展集团有限责任公司	308	9.85	93	祐康食品集团有限公司	438	7.33
44	山西中阳钢铁有限公司	447	9.80	94	北京燕京啤酒集团有限公司	274	7.29
45	大连重工·起重集团有限公司	295	9.76	95	沈阳远大企业集团	211	7.29
46	长城汽车股份有限公司	136	9.76	96	宝钢集团有限公司	5	7.28
47	华翔集团股份有限公司	494	9.73	97	山东魏桥创业集团有限公司	25	7.21
48	内蒙古鄂尔多斯羊绒集团有限责任公司	227	9.71	98	许继集团有限公司	268	7.21
49	新疆特变电工集团有限公司	196	9.68	99	天津市医药集团有限公司	213	7.20
50	上海复星高科技（集团）有限公司	90	9.62	100	珠海格力电器股份有限公司	62	7.08
					中国制造业企业 500 强平均数		4.14

表8-15　　2011中国制造业企业500强人均收入排序前100名企业

排名	公司名称	总排名	人均收入（万元）	排名	公司名称	总排名	人均收入（万元）
1	大连西太平洋石油化工有限公司	114	3486.70	51	南京钢铁集团有限公司	61	481.69
2	江苏金辉集团公司	242	2946.86	52	森马集团有限公司	409	480.11
3	福建联合石油化工有限公司	65	2829.51	53	厦门烟草工业有限责任公司	419	479.21
4	兴达投资集团有限公司	318	1906.70	54	江苏新长江实业集团有限公司	98	475.27
5	山东神驰化工有限公司	418	1634.22	55	浙江荣盛控股集团有限公司	149	462.14
6	森特科技集团有限公司	402	1316.86	56	杭州钢铁集团公司	57	461.18
7	富海集团有限公司	287	1308.30	57	上海三菱电梯有限公司	367	456.94
8	山东金诚石化集团有限公司	189	1301.35	58	南金兆集团有限公司	183	451.66
9	江苏大明金属制品有限公司	395	1270.51	59	新疆金风科技股份有限公司	223	450.24
10	天狮集团有限公司	139	1186.70	60	海亮集团有限公司	71	442.92
11	宁波宝新不锈钢有限公司	360	1180.87	61	江苏沙钢集团有限公司	15	440.56
12	兰溪自立铜业有限公司	411	1160.48	62	利华益集团股份有限公司	231	439.30
13	浙江中烟工业有限责任公司	115	1133.03	63	上海烟草集团有限责任公司	42	438.85
14	山东石大科技集团有限公司	450	1020.93	64	湖北中烟工业有限责任公司	131	429.07
15	江苏天地龙集团有限公司	351	979.13	65	铜陵精达铜材（集团）有限责任公司	434	425.02
16	江苏新华发集团有限公司	385	955.42	66	日照钢铁控股集团有限公司	95	422.52
17	东营方圆有色金属有限公司	233	823.05	67	浙江大东南集团有限公司	350	416.77
18	浙江栋梁新材股份有限公司	420	815.98	68	无锡江南电缆有限公司	423	416.58
19	天津钢管集团股份有限公司	38	793.26	69	崇利制钢有限公司	343	415.57
20	天津市恒兴钢业有限公司	483	792.12	70	上海浦东电线电缆（集团）有限公司	410	401.35
21	天津冶金集团有限公司	31	743.40	71	红云红河烟草（集团）有限责任公司	68	395.53
22	上海奥盛投资控股（集团）有限公司	369	729.80	72	山东京博控股股份有限公司	188	393.29
23	永兴特种不锈钢股份有限公司	500	725.50	73	上海外高桥造船有限公司	203	392.34
24	山东华星石油化工集团有限公司	356	720.70	74	河北津西钢铁集团股份有限公司	104	391.08
25	杭州富春江冶炼有限公司	290	698.34	75	湖南晟通科技集团有限公司	246	387.93
26	天津有色金属集团有限公司	383	679.91	76	江阴澄星实业集团有限公司	162	383.61
27	无锡市兆顺不锈中板有限公司	481	668.06	77	五矿营口中板有限责任公司	428	365.79
28	滨化集团公司	154	663.76	78	江苏新世纪造船（集团）有限公司	236	365.62
29	天津荣程联合钢铁集团有限公司	96	636.08	79	山东垦利石化有限责任公司	333	363.00
30	正威国际集团有限公司	49	613.40	80	广西中烟工业有限责任公司	331	362.61
31	东辰控股集团有限公司	426	612.48	81	永鼎集团有限公司	334	356.89
32	中天钢铁集团有限公司	83	596.97	82	山东中烟工业有限责任公司	184	356.15
33	浙江宏磊控股集团有限公司	477	595.09	83	杭叉集团股份有限公司	444	351.82
34	江苏申特钢铁有限公司	151	593.31	84	中国第一汽车集团公司	4	349.22
35	龙达集团有限公司	468	572.75	85	河北新武安钢铁集团文安集团钢铁有限公司	322	349.16
36	宁波金田投资控股有限公司	133	571.00	86	江苏华宏实业集团有限公司	312	348.96
37	山东海科化工集团有限公司	339	567.15	87	新世纪控股集团有限公司	194	348.70
38	正和集团股份有限公司	341	561.91	88	河北文丰钢铁有限公司	171	347.96
39	杭州汽轮动力集团有限公司	143	556.29	89	广州汽车工业集团有限公司	16	345.69
40	天津天钢集团有限公司	39	548.76	90	上海汽车工业（集团）总公司	3	335.41
41	山东渤海实业股份有限公司	296	539.25	91	沂州集团有限公司	224	330.19
42	浙江恒逸集团有限公司	112	538.61	92	重庆烟草工业有限责任公司	389	329.42
43	百兴集团有限公司	163	537.10	93	江苏双良集团有限公司	241	319.37
44	山东鲁北企业集团总公司	172	532.81	94	扬子江药业集团有限公司	158	316.06
45	江苏西城三联控股集团有限公司	137	512.44	95	唐山港陆钢铁有限公司	152	315.42
46	江苏三房巷集团有限公司	126	509.64	96	金龙精密铜管集团股份有限公司	170	315.29
47	山东万通石油化工集团有限公司	437	504.90	97	青山控股集团有限公司	186	313.43
48	三河汇福粮油集团有限公司	262	501.22	98	徐州工程机械集团有限公司	53	307.80
49	山东东明石化集团有限公司	234	496.20	99	中国石油化工集团公司	1	307.41
50	联想控股有限公司	20	488.99	100	江西铜业集团公司	37	305.56
					中国制造业企业500强平均数		154.74

表 8－16　　2011 中国制造业企业 500 强人均利润排序前 100 名企业

排名	公司名称	总排名	人均利润（万元）	排名	公司名称	总排名	人均利润（万元）
1	天狮集团有限公司	139	121.06	51	广州广船国际股份有限公司	451	20.83
2	大连西太平洋石油化工有限公司	114	113.29	52	杭州锦江集团有限公司	375	20.49
3	山东神驰化工有限公司	418	94.97	53	天津汽车工业（集团）有限公司	32	20.48
4	上海烟草集团有限责任公司	42	78.79	54	上海奥盛投资控股（集团）有限公司	369	20.29
5	富海集团有限公司	287	69.05	55	大连实德集团有限公司	324	20.20
6	江苏新世纪造船（集团）有限公司	236	65.83	56	东营市天信纺织有限公司	309	19.93
7	兴达投资集团有限公司	318	60.56	57	浙江大东南集团有限公司	350	19.84
8	滨化集团公司	154	60.18	58	湖北中烟工业有限责任公司	131	19.61
9	山东鲁北企业集团总公司	172	57.22	59	浙江宏磊控股集团有限公司	477	19.17
10	森马集团有限公司	409	57.07	60	沂州集团有限公司	224	19.12
11	浙江中烟工业有限责任公司	115	50.31	61	宝钢集团有限公司	5	18.97
12	山东金诚石化集团有限公司	189	48.32	62	山东大海集团有限公司	289	18.88
13	福建联合石油化工有限公司	65	45.23	63	江苏扬子江船业集团公司	174	18.78
14	江苏金辉集团公司	242	44.85	64	江苏新长江实业集团有限公司	98	18.77
15	东辰控股集团有限公司	426	42.98	65	潍柴控股集团有限公司	35	18.74
16	天津市恒兴钢业有限公司	483	40.73	66	河南中烟工业有限责任公司	145	18.53
17	浙江荣盛控股集团有限公司	149	39.28	67	日照钢铁控股集团有限公司	95	18.45
18	新疆金风科技股份有限公司	223	39.20	68	金东纸业（江苏）股份有限公司	129	18.25
19	上海三菱电梯有限公司	367	39.14	69	江苏沙钢集团有限公司	15	18.19
20	东营方圆有色金属有限公司	233	38.94	70	江苏洋河酒厂股份有限公司	436	17.68
21	山东石大科技集团有限公司	450	37.48	71	西子联合控股有限公司	323	17.68
22	中国贵州茅台酒厂有限责任公司	254	36.32	72	晶龙实业集团有限公司	146	17.60
23	永兴特种不锈钢股份有限公司	500	35.85	73	永鼎集团有限公司	334	17.57
24	江苏大明金属制品有限公司	395	35.44	74	江西铜业集团公司	37	17.55
25	红云红河烟草（集团）有限责任公司	68	35.10	75	徐州工程机械集团有限公司	53	17.39
26	厦门烟草工业有限责任公司	419	33.66	76	海亮集团有限公司	71	17.04
27	浙江恒逸集团有限公司	112	30.75	77	江苏华宏实业集团有限公司	312	16.99
28	山东万通石油化工集团有限公司	437	30.59	78	山东中烟工业有限责任公司	184	16.78
29	上海外高桥造船有限公司	203	30.36	79	河北白沙烟草有限责任公司	486	16.63
30	森特科技集团有限公司	402	29.71	80	卧龙控股集团有限公司	391	16.26
31	中国第一汽车集团公司	4	29.57	81	安徽海螺集团有限责任公司	70	16.17
32	浙江赐富化纤集团有限公司	492	28.04	82	山东西水橡胶集团有限公司	247	15.93
33	华峰集团有限公司	433	27.62	83	北京汽车集团有限公司	18	15.89
34	广西中烟工业有限责任公司	331	27.61	84	正和集团股份有限公司	341	15.62
35	泸州老窖集团有限责任公司	320	27.52	85	通鼎集团有限公司	406	15.58
36	紫金矿业集团股份有限公司	140	26.83	86	浙江栋梁新材股份有限公司	420	15.40
37	广州汽车工业集团有限公司	16	26.41	87	华勤橡胶工业集团	258	15.29
38	宁波宝新不锈钢有限公司	360	25.90	88	上海复星高科技（集团）有限公司	90	14.92
39	重庆烟草工业有限责任公司	389	25.11	89	南山集团有限公司	78	14.80
40	烟台张裕集团有限公司	364	25.04	90	中国龙工控股有限公司	329	14.74
41	长沙中联重工科技发展股份有限公司	79	24.23	91	东风汽车公司	2	14.16
42	湖南中烟工业有限责任公司	63	23.79	92	江苏三房巷集团有限公司	126	14.04
43	杭州娃哈哈集团有限公司	69	23.35	93	山东华星石油化工集团有限公司	356	14.01
44	青海盐湖工业股份有限公司	485	23.12	94	河北新武安钢铁集团文安集团钢铁有限公司	322	13.96
45	海天塑机集团有限公司	384	22.56	95	山东渤海实业股份有限公司	296	13.88
46	大连重工·起重集团有限公司	295	21.87	96	中天钢铁集团有限公司	83	13.80
47	郑州煤矿机械集团股份有限公司	455	21.71	97	中国南玻集团股份有限公司	431	13.63
48	杭州汽轮动力集团有限公司	143	21.69	98	河北津西钢铁集团股份有限公司	104	13.46
49	华为技术有限公司	14	21.60	99	中国重型汽车集团有限公司	40	13.45
50	扬子江药业集团有限公司	158	20.89	100	东方电气股份有限公司	103	13.39
					中国制造业企业 500 强平均数		6.39

表 8－17　　2011 中国制造业企业 500 强人均资产排序前 100 名企业

排名	公司名称	总排名	人均资产（万元）	排名	公司名称	总排名	人均资产（万元）
1	福建联合石油化工有限公司	65	2221.90	51	华峰集团有限公司	433	343.51
2	森特科技集团有限公司	402	1154.87	52	浙江吉利控股集团有限公司	46	340.48
3	大连西太平洋石油化工有限公司	114	1013.02	53	大连重工·起重集团有限公司	295	338.28
4	东营市天信纺织有限公司	309	915.65	54	杭州汽轮动力集团有限公司	143	335.49
5	浙江中烟工业有限责任公司	115	794.17	55	龙达集团有限公司	468	330.96
6	新疆金风科技股份有限公司	223	718.06	56	美锦能源集团有限公司	401	329.79
7	宁波宝新不锈钢有限公司	360	715.13	57	江苏双良集团有限公司	241	326.62
8	兴达投资集团有限公司	318	711.37	58	宜华企业（集团）有限公司	338	316.67
9	江苏新华发集团有限公司	385	699.71	59	利华益集团股份有限公司	231	315.87
10	上海外高桥造船有限公司	203	672.34	60	河南豫联能源集团有限责任公司	209	314.01
11	五矿营口中板有限责任公司	428	619.25	61	山东石大科技集团有限公司	450	313.02
12	山东神驰化工有限公司	418	587.12	62	庆铃汽车（集团）有限公司	359	310.49
13	江苏金辉集团公司	242	558.71	63	天津农垦集团总公司	362	296.42
14	上海烟草集团有限责任公司	42	537.18	64	广西中烟工业有限责任公司	331	295.28
15	金海重工股份有限公司	342	522.48	65	首钢总公司	11	292.59
16	江苏大明金属制品有限公司	395	495.25	66	浙江宏磊控股集团有限公司	477	292.40
17	天津冶金集团有限公司	31	492.69	67	永鼎集团有限公司	334	291.24
18	天狮集团有限公司	139	491.19	68	东辰控股集团有限公司	426	287.71
19	中国重型汽车集团有限公司	40	481.09	69	南京钢铁集团有限公司	61	284.44
20	杭州锦江集团有限公司	375	473.97	70	滨化集团公司	154	282.73
21	山东华星石油化工集团有限公司	356	472.02	71	长沙中联重工科技发展股份有限公司	79	281.78
22	日照钢铁控股集团有限公司	95	465.03	72	尚德电力控股有限公司	210	280.00
23	天津钢管集团股份有限公司	38	464.10	73	杭州钢铁集团公司	57	279.18
24	上海三菱电梯有限公司	367	444.24	74	天津大沽化工股份有限公司	379	276.67
25	天津金耀集团有限公司（天津药业集团有限公司）	464	435.83	75	山东鲁北企业集团总公司	172	276.44
26	兰溪自立铜业有限公司	411	427.29	76	红塔烟草（集团）有限责任公司	59	276.21
27	江苏天地龙集团有限公司	351	426.84	77	伊川电力集团总公司	215	272.72
28	金东纸业（江苏）股份有限公司	129	425.91	78	湖南华菱钢铁集团有限责任公司	54	269.88
29	江苏新世纪造船（集团）有限公司	236	417.25	79	浙江恒逸集团有限公司	112	267.57
30	宝钢集团有限公司	5	412.46	80	上海汽车工业（集团）总公司	3	267.14
31	东方电气股份有限公司	103	411.47	81	中国核工业集团公司	94	262.62
32	浙江荣盛控股集团有限公司	149	405.08	82	江苏新长江实业集团有限公司	98	262.09
33	红云红河烟草（集团）有限责任公司	68	403.86	83	北大方正集团有限公司	72	261.16
34	上海奥盛投资控股（集团）有限公司	369	403.38	84	江苏三房巷集团有限公司	126	260.60
35	东营方圆有色金属有限公司	233	397.70	85	太原钢铁（集团）有限公司	27	256.24
36	厦门烟草工业有限责任公司	419	392.23	86	山东渤海实业股份有限公司	296	256.23
37	联想控股有限公司	20	382.00	87	酒泉钢铁（集团）有限责任公司	66	254.87
38	富海集团有限公司	287	377.25	88	上海船厂船舶有限公司	484	253.14
39	江苏沙钢集团有限公司	15	376.33	89	西部矿业集团有限公司	212	252.99
40	天津市恒兴钢业有限公司	483	373.15	90	旭阳控股有限公司	199	250.96
41	上海复星高科技（集团）有限公司	90	362.26	91	沪东中华造船（集团）有限公司	293	250.62
42	南金兆集团有限公司	183	360.82	92	青海盐湖工业股份有限公司	485	245.76
43	浙江赐富化纤集团有限公司	492	358.91	93	江阴澄星实业集团有限公司	162	244.12
44	天津天钢集团有限公司	39	358.19	94	森马集团有限公司	409	241.38
45	广州广船国际股份有限公司	451	357.89	95	北京汽车集团有限公司	18	237.73
46	大连实德集团有限公司	324	353.40	96	浙江富春江通信集团有限公司	414	236.61
47	山东中烟工业有限责任公司	184	352.88	97	山东东明石化集团有限公司	234	234.18
48	中天钢铁集团有限公司	83	352.22	98	江西铜业集团公司	37	233.66
49	无锡市兆顺不锈中板有限公司	481	349.44	99	浙江天圣控股集团有限公司	376	232.40
50	湖北中烟工业有限责任公司	131	345.27	100	山东万通石油化工集团有限公司	437	232.07
					中国制造业企业500强平均数		145.57

表 8 – 18　　2011 中国制造业企业 500 强收入增长率排序前 100 名企业

排名	公司名称	总排名	收入增长率（%）	排名	公司名称	总排名	收入增长率（%）
1	浙江吉利控股集团有限公司	46	313.53	51	杭州锦江集团有限公司	375	59.14
2	湖南晟通科技集团有限公司	246	218.51	52	精功集团有限公司	253	59.01
3	江西赛维 LDK 太阳能高科技有限公司	179	202.18	53	白银有色集团股份有限公司	256	59.01
4	中国国际海运集装箱（集团）股份有限公司	74	152.83	54	安徽楚江投资集团有限公司	456	59.00
5	东营市天信纺织有限公司	309	152.43	55	辛集市澳森钢铁有限公司	413	58.38
6	晶龙实业集团有限公司	146	147.97	56	天津市一轻集团（控股）有限公司	85	56.69
7	福建联合石油化工有限公司	65	115.81	57	大连机床集团有限责任公司	238	56.54
8	正威国际集团有限公司	49	112.05	58	广西柳工集团有限公司	226	56.43
9	兴达投资集团有限公司	318	107.84	59	新华联合冶金投资集团有限公司	110	56.41
10	山东海科化工集团有限公司	339	103.45	60	新华联控股有限公司	147	56.38
11	上海汽车工业（集团）总公司	3	102.52	61	中国北方机车车辆工业集团公司	55	55.99
12	福建省汽车工业集团有限公司	325	97.05	62	上海纺织控股（集团）公司	111	55.93
13	本钢集团有限公司	45	93.58	63	中国四联仪器仪表集团有限公司	491	55.66
14	山推工程机械股份有限公司	292	92.62	64	花园工贸集团有限公司	442	55.59
15	铜陵精达铜材（集团）有限责任公司	434	90.58	65	唐山港陆钢铁有限公司	152	55.31
16	江苏洋河酒厂股份有限公司	436	90.38	66	江苏新长江实业集团有限公司	98	55.28
17	中国电子信息产业集团有限公司	17	87.25	67	华峰集团有限公司	433	55.17
18	山西建邦集团有限公司	425	86.99	68	山东太阳纸业股份有限公司	180	54.49
19	山西沁新能源集团股份有限公司	482	80.50	69	山东神驰化工有限公司	418	54.20
20	山东万通石油化工集团有限公司	437	80.32	70	山东金诚石化集团有限公司	189	53.77
21	江苏申特钢铁有限公司	151	80.00	71	秦皇岛安丰钢铁有限公司	470	53.48
22	海天塑机集团有限公司	384	77.72	72	江铃汽车集团公司	144	52.83
23	潍柴控股集团有限公司	35	74.32	73	江苏西城三联控股集团有限公司	137	52.71
24	中国龙工控股有限公司	329	74.18	74	金龙精密铜管集团股份有限公司	170	52.48
25	美锦能源集团有限公司	401	73.53	75	承德兆丰钢铁集团有限公司	476	51.81
26	河南豫联能源集团有限责任公司	209	72.66	76	恒力集团有限公司	124	50.93
27	红狮控股集团有限公司	440	70.93	77	长沙中联重工科技发展股份有限公司	79	50.79
28	长城汽车股份有限公司	136	70.70	78	西林钢铁集团有限公司	225	50.60
29	邯郸市正大制管有限公司	496	70.58	79	山东聊城鲁西化工集团有限责任公司	377	50.49
30	广东格兰仕集团有限公司	107	69.79	80	河北普阳钢铁有限公司	220	50.41
31	许继集团有限公司	268	69.52	81	天津天钢集团有限公司	39	50.31
32	尚德电力控股有限公司	210	69.47	82	青年汽车集团有限公司	435	50.14
33	广西有色金属集团有限公司	310	68.03	83	冀东发展集团有限责任公司	308	50.06
34	杭叉集团股份有限公司	444	66.52	84	武安市裕华钢铁有限公司	266	49.43
35	中国建筑材料集团有限公司	24	65.91	85	新兴际华集团有限公司	41	49.19
36	铜陵有色金属集团控股有限公司	51	65.49	86	中国恒天集团有限公司	165	49.16
37	中国有色矿业集团有限公司	92	65.44	87	中国五矿集团公司	7	49.12
38	天津有色金属集团有限公司	383	65.43	88	青山控股集团有限公司	186	49.04
39	亚邦投资控股集团有限公司	202	65.31	89	江苏华宏实业集团有限公司	312	48.44
40	天津大沽化工股份有限公司	379	65.16	90	云南锡业集团（控股）有限责任公司	237	48.31
41	首钢总公司	11	65.05	91	中国黄金集团公司	77	48.31
42	三一集团有限公司	82	64.05	92	洛阳栾川钼业集团股份有限公司	319	48.25
43	新疆金风科技股份有限公司	223	63.86	93	青岛澳柯玛股份有限公司	394	47.80
44	五矿营口中板有限责任公司	428	63.85	94	奇瑞汽车股份有限公司	116	47.54
45	江西铜业集团公司	37	62.72	95	山西中阳钢铁有限公司	447	47.45
46	厦门银鹭集团有限公司	472	61.75	96	金海重工股份有限公司	342	47.33
47	厦门海翼集团有限公司	101	61.68	97	安徽江淮汽车集团有限公司	119	47.05
48	开氏集团有限公司	441	59.68	98	山东魏桥创业集团有限公司	25	46.93
49	新余钢铁集团有限公司	102	59.66	99	山东大海集团有限公司	289	46.77
50	辽宁曙光汽车集团股份有限公司	344	59.45	100	中国南玻集团股份有限公司	431	46.69
					中国制造业企业 500 强平均数		34.60

表 8－19　2011 中国制造业企业 500 强利润增长率排序前 100 名企业

排名	公司名称	总排名	利润增长率（%）	排名	公司名称	总排名	利润增长率（%）
1	富海集团有限公司	287	4692.13	51	上海纺织控股（集团）公司	111	158.58
2	山东海科化工集团有限公司	339	770.04	52	青岛海湾集团有限公司	498	158.28
3	方大特钢科技股份有限公司	326	746.69	53	山东万通石油化工集团有限公司	437	156.58
4	西部矿业集团有限公司	212	573.10	54	隆鑫控股有限公司	264	155.30
5	江苏申特钢铁有限公司	151	570.20	55	杭州锦江集团有限公司	375	149.22
6	承德兆丰钢铁集团有限公司	476	556.12	56	太原市梗阳实业集团有限公司	495	147.52
7	晶龙实业集团有限公司	146	492.36	57	新华联控股有限公司	147	143.63
8	福建联合石油化工有限公司	65	479.14	58	厦门海翼集团有限公司	101	141.64
9	湖南晟通科技集团有限公司	246	454.09	59	本钢集团有限公司	45	133.18
10	江铃汽车集团公司	144	412.69	60	安徽楚江投资集团有限公司	456	130.38
11	上海胜华电缆（集团）有限公司	372	385.98	61	云天化集团有限责任公司	105	130.30
12	开氏集团有限公司	441	373.85	62	广西有色金属集团有限公司	310	128.49
13	山西沁新能源集团股份有限公司	482	325.30	63	上海海立（集团）总公司	466	128.45
14	万基控股集团有限公司	182	316.33	64	天津荣程联合钢铁集团有限公司	96	127.28
15	北方重工集团有限公司	313	310.40	65	酒泉钢铁（集团）有限责任公司	66	126.41
16	铜陵化学工业集团有限公司	497	299.54	66	太原钢铁（集团）有限公司	27	125.83
17	巨化集团公司	348	287.24	67	海天塑机集团有限公司	384	124.60
18	广西南华糖业集团有限公司	317	260.33	68	中国龙工控股有限公司	329	120.73
19	东营市天信纺织有限公司	309	254.27	69	江西铜业集团公司	37	120.11
20	重庆轻纺控股（集团）公司	257	250.75	70	重庆机电控股（集团）公司	164	118.61
21	西宁特殊钢集团有限责任公司	448	250.73	71	广州万宝集团有限公司	221	115.40
22	天津纺织集团（控股）有限公司	277	242.90	72	万丰奥特控股集团有限公司	453	114.41
23	山西中阳钢铁有限公司	447	238.12	73	无锡市兆顺不锈中板有限公司	481	114.07
24	福建省三钢（集团）有限责任公司	176	234.79	74	精功集团有限公司	253	112.15
25	桐昆集团股份有限公司	187	228.06	75	洛阳栾川钼业集团股份有限公司	319	110.18
26	白银有色集团股份有限公司	256	222.78	76	云南锡业集团（控股）有限责任公司	237	109.71
27	中国国际海运集装箱（集团）股份有限公司	74	213.03	77	沈阳鼓风机集团有限公司	399	109.54
28	兰溪自立铜业有限公司	411	213.02	78	重庆市博赛矿业（集团）股份有限公司	454	108.57
29	中国黄金集团公司	77	204.61	79	兴惠化纤集团有限公司	474	107.51
30	包头钢铁（集团）有限责任公司	86	200.13	80	山东东明石化集团有限公司	234	106.82
31	红狮控股集团有限公司	440	194.42	81	华峰集团有限公司	433	106.05
32	云南冶金集团股份有限公司	228	194.32	82	惠州市德赛集团有限公司	332	105.96
33	江西稀有金属钨业控股集团有限公司	363	193.81	83	山东黄金集团有限公司	117	105.49
34	中国恒天集团有限公司	165	192.49	84	邯郸市正大制管有限公司	496	102.56
35	新余钢铁集团有限公司	102	179.50	85	江苏沙钢集团有限公司	15	99.88
36	唐山三友集团有限公司	346	178.83	86	胜达集团有限公司	432	99.35
37	安徽江淮汽车集团有限公司	119	176.45	87	山推工程机械股份有限公司	292	98.90
38	沈阳化工集团有限公司	347	174.45	88	美锦能源集团有限公司	401	97.51
39	新凤鸣集团股份有限公司	459	174.13	89	中国盐业总公司	153	96.74
40	尚德电力控股有限公司	210	173.68	90	宝胜集团有限公司	284	96.25
41	浙江吉利控股集团有限公司	46	173.66	91	四平红嘴集团总公司	280	95.84
42	长城汽车股份有限公司	136	168.56	92	内蒙古鄂尔多斯羊绒集团有限责任公司	227	95.42
43	宁波博洋纺织有限公司	463	167.61	93	大冶有色金属集团控股有限公司	123	95.38
44	厦门银鹭集团有限公司	472	167.15	94	中国铝业公司	12	93.46
45	天津二轻集团（控股）有限公司	195	167.11	95	潍柴控股集团有限公司	35	91.87
46	联想控股有限公司	20	166.61	96	沈阳远大企业集团	211	91.79
47	无锡产业发展集团有限公司	93	164.13	97	长沙中联重工科技发展股份有限公司	79	91.54
48	凌源钢铁集团有限责任公司	263	159.45	98	马钢（集团）控股有限公司	47	90.86
49	浙江翔盛集团有限公司	429	159.45	99	中国建筑材料集团有限公司	24	90.58
50	云南煤化工集团有限公司	190	159.25	100	新世纪控股集团有限公司	194	89.46
					中国制造业企业500强平均数		38.01

表8-20　　2011中国制造业企业500强资产增长率排序前100名企业

排名	公司名称	总排名	资产增长率（%）	排名	公司名称	总排名	资产增长率（%）
1	浙江吉利控股集团有限公司	46	353.18	51	上海汽车工业（集团）总公司	3	53.97
2	郑州宇通集团有限公司	243	235.82	52	美锦能源集团有限公司	401	53.50
3	龙达集团有限公司	468	171.76	53	富海集团有限公司	287	53.43
4	山东万通石油化工集团有限公司	437	116.13	54	三河汇福粮油集团有限公司	262	52.36
5	四川科伦实业集团有限公司	297	109.49	55	云南锡业集团（控股）有限责任公司	237	52.09
6	广西柳工集团有限公司	226	103.54	56	承德兆丰钢铁集团有限公司	476	52.04
7	河北新武安钢铁集团文安集团钢铁有限公司	322	101.68	57	重庆力帆控股有限公司	244	51.49
8	祐康食品集团有限公司	438	96.24	58	大连机床集团有限责任公司	238	50.54
9	通鼎集团有限公司	406	94.10	59	森特科技集团有限公司	402	50.14
10	浙江荣盛控股集团有限公司	149	90.04	60	青年汽车集团有限公司	435	49.72
11	郑州煤矿机械集团股份有限公司	455	89.92	61	北京汽车集团有限公司	18	49.29
12	正威国际集团有限公司	49	88.72	62	江西铜业集团公司	37	48.68
13	新疆金风科技股份有限公司	223	88.55	63	合肥美菱股份有限公司	415	48.66
14	江苏申特钢铁有限公司	151	86.31	64	大连重工·起重集团有限公司	295	48.44
15	长沙中联重工科技发展股份有限公司	79	85.75	65	山东大海集团有限公司	289	48.22
16	超威电源有限公司	439	81.35	66	辽宁曙光汽车集团股份有限公司	344	47.82
17	TCL集团股份有限公司	73	76.88	67	天津天士力集团有限公司	354	47.07
18	江苏洋河酒厂股份有限公司	436	76.87	68	河南豫联能源集团有限责任公司	209	46.67
19	精功集团有限公司	253	76.24	69	桐昆集团股份有限公司	187	46.39
20	隆鑫控股有限公司	264	76.23	70	沈阳远大企业集团	211	46.11
21	杭州富春江冶炼有限公司	290	74.75	71	山东黄金集团有限公司	117	45.51
22	江苏西城三联控股集团有限公司	137	74.52	72	沂州集团有限公司	224	45.44
23	正泰集团有限公司	160	72.37	73	旭阳控股有限公司	199	45.10
24	东营市天信纺织有限公司	309	69.86	74	晶龙实业集团有限公司	146	45.04
25	新凤鸣集团股份有限公司	459	69.72	75	中国国际海运集装箱（集团）股份有限公司	74	44.90
26	山推工程机械股份有限公司	292	68.79	76	广西有色金属集团有限公司	310	44.80
27	盾安控股集团有限公司	198	68.76	77	潍柴控股集团有限公司	35	44.63
28	雨润控股集团有限公司	56	66.51	78	攀枝花钢城集团有限公司	285	44.48
29	亨通集团有限公司	239	66.35	79	冀东发展集团有限责任公司	308	43.82
30	万向集团公司	52	65.75	80	广西玉柴机器集团有限公司	108	43.48
31	徐州工程机械集团有限公司	53	64.66	81	浙江天圣控股集团有限公司	376	42.95
32	天洁集团有限公司	490	63.76	82	中国恒天集团有限公司	165	42.91
33	中国四联仪器仪表集团有限公司	491	62.30	83	中国重型汽车集团有限公司	40	42.64
34	华峰集团有限公司	433	62.05	84	重庆小康工业集团股份有限公司	393	40.95
35	山东京博控股股份有限公司	188	62.05	85	山西中阳钢铁有限公司	447	40.64
36	西林钢铁集团有限公司	225	62.02	86	重庆钢铁（集团）有限责任公司	178	40.61
37	湘电集团有限公司	349	61.23	87	三花控股集团有限公司	445	40.16
38	江苏天地龙集团有限公司	351	60.23	88	天津纺织集团（控股）有限公司	277	40.12
39	河南省漯河市双汇实业集团有限责任公司	81	59.97	89	天津市一轻集团（控股）有限公司	85	40.09
40	厦门银鹭集团有限公司	472	59.11	90	上海胜华电缆（集团）有限公司	372	39.94
41	长城汽车股份有限公司	136	58.31	91	亚邦投资控股集团有限公司	202	39.91
42	山东五征集团	366	57.95	92	远东控股集团有限公司	272	39.88
43	江苏大明金属制品有限公司	395	57.85	93	无锡江南电缆有限公司	423	39.78
44	天津市恒兴钢业有限公司	483	56.70	94	森马集团有限公司	409	39.77
45	山东澳亚纺织有限公司	424	56.37	95	天津大沽化工股份有限公司	379	39.69
46	北京金隅集团有限责任公司	130	55.48	96	山西潞宝集团	458	39.62
47	胜达集团有限公司	432	55.28	97	天瑞集团有限公司	298	39.47
48	四川省达州钢铁集团有限责任公司	299	55.08	98	盛虹集团有限公司	230	39.39
49	正邦集团有限公司	294	54.71	99	兴达投资集团有限公司	318	39.32
50	中国五矿集团公司	7	54.12	100	吉林亚泰（集团）股份有限公司	192	39.15
					中国制造业企业500强平均数		22.10

表 8 - 21　　2011 中国制造业企业 500 强研发费增长率排序前 100 名企业

排名	公司名称	总排名	研发费增长率（%）	排名	公司名称	总排名	研发费增长率（%）
1	凌源钢铁集团有限责任公司	263	33046.08	51	江苏金辉集团公司	242	76.47
2	铜陵精达铜材（集团）有限责任公司	434	12401.65	52	大冶有色金属集团控股有限公司	123	76.01
3	天狮集团有限公司	139	2650.99	53	山东五征集团	366	75.87
4	四川省川威集团有限公司	157	662.69	54	中国中材集团有限公司	84	74.95
5	陕西龙门钢铁（集团）有限责任公司	200	653.79	55	花园工贸集团有限公司	442	73.37
6	正威国际集团有限公司	49	576.58	56	浙江荣盛控股集团有限公司	149	72.93
7	中国五矿集团公司	7	538.52	57	郑州宇通集团有限公司	243	72.70
8	中国核工业集团公司	94	481.51	58	山东渤海实业股份有限公司	296	72.16
9	中国龙工控股有限公司	329	454.36	59	红狮控股集团有限公司	440	70.92
10	中国盐业总公司	153	351.97	60	陕西汽车集团有限责任公司	128	69.43
11	重庆烟草工业有限责任公司	389	349.04	61	春和集团有限公司	337	69.07
12	新兴际华集团有限公司	41	319.79	62	江苏三木集团有限公司	286	68.63
13	五矿营口中板有限责任公司	428	300.91	63	桐昆集团股份有限公司	187	67.31
14	东辰控股集团有限公司	426	292.08	64	辛集市澳森钢铁有限公司	413	66.67
15	青海盐湖工业股份有限公司	485	244.00	65	石药集团有限公司	301	64.00
16	上海复星高科技（集团）有限公司	90	222.07	66	上海船厂船舶有限公司	484	63.46
17	精功集团有限公司	253	214.59	67	山东太阳纸业股份有限公司	180	63.27
18	浙江吉利控股集团有限公司	46	211.07	68	三花控股集团有限公司	445	63.22
19	宁波金田投资控股有限公司	133	199.65	69	昆明钢铁控股有限公司	197	62.65
20	盾安控股集团有限公司	198	193.83	70	天津天士力集团有限公司	354	62.54
21	安徽江淮汽车集团有限公司	119	172.52	71	广西农垦集团有限责任公司	335	61.30
22	盛虹集团有限公司	230	154.86	72	湘电集团有限公司	349	60.47
23	东营市天信纺织有限公司	309	154.18	73	广东格兰仕集团有限公司	107	59.94
24	北京金隅集团有限责任公司	130	153.64	74	无锡产业发展集团有限公司	93	59.78
25	山东澳亚纺织有限公司	424	147.15	75	晶龙实业集团有限公司	146	59.35
26	新凤鸣集团股份有限公司	459	143.59	76	首钢总公司	11	58.66
27	福建联合石油化工有限公司	65	134.50	77	黑龙江烟草工业有限责任公司	462	58.45
28	万基控股集团有限公司	182	133.22	78	江苏悦达集团有限公司	60	58.19
29	杭州钢铁集团公司	57	130.62	79	天津大沽化工股份有限公司	379	58.14
30	河南豫联能源集团有限责任公司	209	130.53	80	山东晨鸣纸业集团股份有限公司	214	57.75
31	宁波博洋纺织有限公司	463	127.63	81	广州汽车工业集团有限公司	16	57.54
32	山东如意科技集团有限公司	201	122.39	82	南山集团有限公司	78	56.87
33	北京二商集团有限责任公司	300	115.42	83	邯郸市正大制管有限公司	496	56.76
34	山东金岭集团有限公司	358	107.91	84	福建省汽车工业集团有限公司	325	56.47
35	山东海科化工集团有限公司	339	105.73	85	杭叉集团股份有限公司	444	56.33
36	新疆天业（集团）有限公司	251	105.47	86	厦门银鹭集团有限公司	472	56.17
37	北京汽车集团有限公司	18	104.35	87	上海浦东电线电缆（集团）有限公司	410	55.99
38	江西稀有金属钨业控股集团有限公司	363	102.80	88	长沙中联重工科技发展股份有限公司	79	55.82
39	安徽楚江投资集团有限公司	456	99.98	89	三环集团公司	282	55.04
40	天津荣程联合钢铁集团有限公司	96	99.07	90	重庆机电控股（集团）公司	164	54.99
41	浙江航民实业集团有限公司	467	97.65	91	大全集团有限公司	368	54.69
42	中国北方机车车辆工业集团公司	55	96.39	92	邢台钢铁有限责任公司	361	54.54
43	上海汽车工业（集团）总公司	3	96.11	93	山东神驰化工有限公司	418	54.22
44	湖南晟通科技集团有限公司	246	95.43	94	中国兵器装备集团公司	6	53.87
45	山推工程机械股份有限公司	292	95.30	95	山东金诚石化集团有限公司	189	53.78
46	天津市恒兴钢业有限公司	483	91.30	96	中国电子信息产业集团有限公司	17	53.22
47	西林钢铁集团有限公司	225	91.21	97	新世纪控股集团有限公司	194	52.95
48	潍柴控股集团有限公司	35	89.79	98	江苏西城三联控股集团有限公司	137	52.71
49	万丰奥特控股集团有限公司	453	86.87	99	东北特殊钢集团有限责任公司	208	52.25
50	浙江东南网架集团有限公司	374	79.02	100	山东招金集团有限公司	155	52.07
					中国制造业企业 500 强平均数		22.87

表 8-22　　2011 中国制造业企业 500 强行业平均营业收入

名次	行业名称	平均营业收入（万元）
1	航空、航天、核工业与兵器制造业	16865181.00
2	石化产品、炼焦及其他燃料加工业	10460315.18
3	通讯设备及其他电子设备、元器件制造业	7449105.40
4	汽车及零配件制造业	7415044.83
5	计算机及零部件制造业	7236597.67
6	轨道交通设备及零部件制造业	6581432.50
7	动力、发电、电力生产等机械、装备制造业	4402069.50
8	黑色冶金及压延加工业	4336100.30
9	家用电器及零配件制造业	3996289.62
10	饮料加工业	3502036.50
11	黄金冶炼及压延加工业	3501769.50
12	电子元器件与仪器仪表、自动化控制设备制造业	3360207.00
13	一般有色冶金及压延加工业	3253100.76
14	乳制品加工业	2996519.50
15	综合制造业（以制造业为主，含有服务业）	2938090.04
16	生活消费品和文体、玩具、家具、首饰、珠宝、宝石、工艺等轻工产品加工业	2861527.00
17	烟草加工业	2759593.19
18	建筑材料及玻璃等制造业	2702470.06
19	食品加工制造业	2634697.50
20	船舶制造业	2634507.60
21	肉食品加工业	2579198.14
22	电梯及运输、仓储设备与设施制造业	2473003.00
23	农林机械、设备及零配件制造业	2363926.00
24	工程机械、设备及零配件制造业	2275347.75
25	纺织、印染业	2273329.46
26	化学原料及化学制品制造业	2121422.32
27	造纸及纸制品加工业	2097097.00
28	农副食品及产品加工业	2011593.50
29	酿酒制造业	1719050.43
30	化学纤维制造业	1647358.71
31	医药制造业	1596576.07
32	电力、电气、输变电等机械、设备、器材、元器件和电池、线缆制造业	1480259.85
33	摩托车及零配件制造业	1422407.75
34	纺织品、服装、鞋帽（含皮草、毛、绒等）加工业	1394020.29
35	橡胶制品业	1342847.56
36	工业机械、设备及零配件制造业	1222148.91
37	木材、家具及竹、藤、棕、草制品制造业	1163585.00
38	塑料制品业	1149943.00
39	金属制品业	1132756.90
40	电子办公设备及影像设备制造业	1072134.00

表8－23 2011中国制造业企业500强行业平均利润

名次	行业名称	平均利润（万元）	名次	行业名称	平均利润（万元）
1	通讯设备及其他电子设备、元器件制造业	578614.20	23	黑色冶金及压延加工业	101358.28
2	航空、航天、核工业与兵器制造业	492252.20	24	纺织品、服装、鞋帽（含皮草、毛、绒等）加工业	101356.93
3	汽车及零配件制造业	408422.96	25	生活消费品和文体、玩具、家具、首饰、珠宝、宝石、工艺等轻工产品加工业	99687.33
4	饮料加工业	369820.50	26	化学纤维制造业	95621.71
5	动力、发电、电力生产等机械、装备制造业	316611.71	27	电子元器件与仪器仪表、自动化控制设备制造业	94864.86
6	石化产品、炼焦及其他燃料加工业	280608.95	28	农林机械、设备及零配件制造业	83848.00
7	酿酒制造业	278649.71	29	电子办公设备及影像设备制造业	83667.00
8	黄金冶炼及压延加工业	271574.75	30	一般有色冶金及压延加工业	81991.32
9	烟草加工业	239504.56	31	医药制造业	77908.57
10	工程机械、设备及零配件制造业	202955.25	32	塑料制品业	77258.00
11	船舶制造业	188744.90	33	摩托车及零配件制造业	71209.25
12	电梯及运输、仓储设备与设施制造业	188581.33	34	电力、电气、输变电等机械、设备、器材、元器件和电池、线缆制造业	70237.50
13	建筑材料及玻璃等制造业	185462.33	35	化学原料及化学制品制造业	69136.36
14	轨道交通设备及零部件制造业	167284.00	36	农副食品及产品加工业	63713.00
15	食品加工制造业	164253.62	37	木材、家具及竹、藤、棕、草制品制造业	61872.00
16	计算机及零部件制造业	160987.00	38	橡胶制品业	55916.56
17	家用电器及零配件制造业	149555.25	39	工业机械、设备及零配件制造业	52516.18
18	肉食品加工业	140212.71	40	金属制品业	29101.60
19	造纸及纸制品加工业	124596.12			
20	纺织、印染业	124010.77			
21	乳制品加工业	107583.50			
22	综合制造业（以制造业为主，含有服务业）	106543.52			

表 8 – 24　　2011 中国制造业企业 500 强行业平均资产

名次	行业名称	平均资产（万元）	名次	行业名称	平均资产（万元）
1	航空、航天、核工业与兵器制造业	25441516.20	22	电子办公设备及影像设备制造业	2210674.00
2	轨道交通设备及零部件制造业	8205791.50	23	生活消费品和文体、玩具、家具、首饰、珠宝、宝石、工艺等轻工产品加工业	2179179.00
3	石化产品、炼焦及其他燃料加工业	7825066.18			
4	计算机及零部件制造业	6322935.00	24	酿酒制造业	2080428.14
5	通讯设备及其他电子设备、元器件制造业	5867416.00	25	木材、家具及竹、藤、棕、草制品制造业	2010833.00
6	汽车及零配件制造业	5541945.14	26	饮料加工业	1830196.00
7	船舶制造业	5190679.50	27	纺织、印染业	1810123.15
8	动力、发电、电力生产等机械、装备制造业	4931959.25	28	乳制品加工业	1633408.00
9	黑色冶金及压延加工业	4311223.74	29	肉食品加工业	1631143.86
10	建筑材料及玻璃等制造业	3475075.07	30	纺织品、服装、鞋帽（含皮草、毛、绒等）加工业	1437367.43
11	一般有色冶金及压延加工业	3372767.88			
12	食品加工制造业	3147144.38	31	医药制造业	1419686.50
13	家用电器及零配件制造业	3130797.75	32	工业机械、设备及零配件制造业	1335506.82
14	黄金冶炼及压延加工业	3046353.25	33	摩托车及零配件制造业	1225732.00
15	电梯及运输、仓储设备与设施制造业	2755606.33	34	电力、电气、输变电等机械、设备、器材、元器件和电池、线缆制造业	1158228.62
16	综合制造业（以制造业为主，含有服务业）	2714493.74			
17	造纸及纸制品加工业	2660334.00	35	农副食品及产品加工业	1130569.83
18	烟草加工业	2648215.44	36	化学纤维制造业	1102244.71
19	电子元器件与仪器仪表、自动化控制设备制造业	2436994.71	37	塑料制品业	1076395.50
			38	橡胶制品业	948948.33
20	工程机械、设备及零配件制造业	2368950.17	39	金属制品业	691999.50
21	化学原料及化学制品制造业	2341931.54	40	农林机械、设备及零配件制造业	431710.00

表8－25　　2011中国制造业企业500强行业平均所有者权益

名次	行业名称	平均所有者权益（万元）	名次	行业名称	平均所有者权益（万元）
1	航空、航天、核工业与兵器制造业	7108188.60	22	造纸及纸制品加工业	859883.12
2	石化产品、炼焦及其他燃料加工业	2784604.76	23	肉食品加工业	782489.71
3	通讯设备及其他电子设备、元器件制造业	1992655.80	24	乳制品加工业	736476.50
4	轨道交通设备及零部件制造业	1990106.50	25	生活消费品和文体、玩具、家具、首饰、珠宝、宝石、工艺等轻工产品加工业	716187.00
5	烟草加工业	1979939.44			
6	汽车及零配件制造业	1921131.07	26	化学原料及化学制品制造业	683696.61
7	动力、发电、电力生产等机械、装备制造业	1538105.50	27	医药制造业	628568.71
8	黑色冶金及压延加工业	1512928.02	28	纺织、印染业	592517.92
9	黄金冶炼及压延加工业	1432654.75	29	木材、家具及竹、藤、棕、草制品制造业	556300.00
10	酿酒制造业	1337564.14	30	纺织品、服装、鞋帽（含皮草、毛、绒等）加工业	531573.75
11	计算机及零部件制造业	1323662.33			
12	船舶制造业	1289185.00	31	农副食品及产品加工业	505715.92
13	食品加工制造业	1269899.12	32	电子办公设备及影像设备制造业	503069.00
14	建筑材料及玻璃等制造业	1164175.53	33	电力、电气、输变电等机械、设备、器材、元器件和电池、线缆制造业	492829.66
15	饮料加工业	1065275.00			
16	电子元器件与仪器仪表、自动化控制设备制造业	989362.14	34	摩托车及零配件制造业	471618.00
			35	化学纤维制造业	432963.64
17	工程机械、设备及零配件制造业	948448.83	36	工业机械、设备及零配件制造业	401060.18
18	电梯及运输、仓储设备与设施制造业	926529.33	37	橡胶制品业	338043.33
19	一般有色冶金及压延加工业	917808.68	38	农林机械、设备及零配件制造业	310428.00
20	综合制造业（以制造业为主，含有服务业）	884969.57	39	塑料制品业	239331.00
21	家用电器及零配件制造业	871088.12	40	金属制品业	193767.20

表 8－26　　2011 中国制造业企业 500 强行业平均纳税总额

名次	行业名称	平均纳税总额（万元）	名次	行业名称	平均纳税总额（万元）
1	烟草加工业	1705243.56	23	通讯设备及其他电子设备、元器件制造业	86791.50
2	石化产品、炼焦及其他燃料加工业	1387161.14	24	化学原料及化学制品制造业	84765.43
3	航空、航天、核工业与兵器制造业	799249.40	25	医药制造业	79761.57
4	汽车及零配件制造业	721955.90	26	纺织、印染业	79487.69
5	酿酒制造业	326736.29	27	肉食品加工业	77812.86
6	轨道交通设备及零部件制造业	262576.50	28	生活消费品和文体、玩具、家具、首饰、珠宝、宝石、工艺等轻工产品加工业	74662.67
7	饮料加工业	257013.50			
8	建筑材料及玻璃等制造业	210355.73	29	纺织品、服装、鞋帽（含皮草、毛、绒等）加工业	66387.21
9	动力、发电、电力生产等机械、装备制造业	188420.38			
10	黄金冶炼及压延加工业	174639.50	30	摩托车及零配件制造业	63947.75
11	家用电器及零配件制造业	163503.69	31	电子办公设备及影像设备制造业	59500.00
12	乳制品加工业	158440.00	32	电力、电气、输变电等机械、设备、器材、元器件和电池、线缆制造业	55249.34
13	计算机及零部件制造业	137407.33			
14	黑色冶金及压延加工业	130191.63	33	木材、家具及竹、藤、棕、草制品制造业	51135.00
15	食品加工制造业	100672.75	34	工业机械、设备及零配件制造业	48850.90
16	工程机械、设备及零配件制造业	100237.42	35	化学纤维制造业	47166.29
17	电梯及运输、仓储设备与设施制造业	97937.67	36	橡胶制品业	44909.56
18	造纸及纸制品加工业	94847.88	37	农副食品及产品加工业	40671.42
19	综合制造业（以制造业为主，含有服务业）	93814.14	38	金属制品业	35606.20
20	船舶制造业	93513.90	39	农林机械、设备及零配件制造业	31341.00
21	一般有色冶金及压延加工业	89992.21	40	塑料制品业	20416.50
22	电子元器件与仪器仪表、自动化控制设备制造业	89608.00			

表 8－27　　2011 中国制造业企业 500 强行业平均研发费用

名次	行业名称	平均研发费用（万元）	名次	行业名称	平均研发费用（万元）
1	航空、航天、核工业与兵器制造业	887930.60	21	化学原料及化学制品制造业	41327.54
2	通讯设备及其他电子设备、元器件制造业	506841.40	22	农副食品及产品加工业	40134.08
3	轨道交通设备及零部件制造业	255042.00	23	电梯及运输、仓储设备与设施制造业	38719.50
4	家用电器及零配件制造业	145401.06	24	摩托车及零配件制造业	38636.75
5	动力、发电、电力生产等机械、装备制造业	134820.57	25	电力、电气、输变电等机械、设备、器材、元器件和电池、线缆制造业	38402.69
6	汽车及零配件制造业	117576.31			
7	船舶制造业	113541.60	26	酿酒制造业	38258.50
8	计算机及零部件制造业	106838.00	27	工业机械、设备及零配件制造业	38197.36
9	黑色冶金及压延加工业	84289.15	28	建筑材料及玻璃等制造业	38065.27
10	电子元器件与仪器仪表、自动化控制设备制造业	81276.14	29	化学纤维制造业	36193.75
			30	橡胶制品业	34375.44
11	工程机械、设备及零配件制造业	75165.67	31	综合制造业（以制造业为主，含有服务业）	31052.43
12	塑料制品业	67109.00	32	医药制造业	27664.14
13	生活消费品和文体、玩具、家具、首饰、珠宝、宝石、工艺等轻工产品加工业	62568.00	33	金属制品业	27234.44
			34	肉食品加工业	20993.71
14	纺织、印染业	52812.38	35	木材、家具及竹、藤、棕、草制品制造业	20307.00
15	石化产品、炼焦及其他燃料加工业	51056.90	36	烟草加工业	18011.38
16	电子办公设备及影像设备制造业	48847.00	37	食品加工制造业	17155.50
17	乳制品加工业	47725.50	38	纺织品、服装、鞋帽（含皮草、毛、绒等）加工业	15952.21
18	一般有色冶金及压延加工业	47074.19			
19	造纸及纸制品加工业	46941.57	39	黄金冶炼及压延加工业	11398.33
20	饮料加工业	44632.00	40	农林机械、设备及零配件制造业	3757.00

表 8－28　　2011 中国制造业企业 500 强行业人均利润

名次	行业名称	人均利润（万元）	名次	行业名称	人均利润（万元）
1	烟草加工业	26.59	22	医药制造业	5.71
2	塑料制品业	20.08	23	综合制造业（以制造业为主，含有服务业）	5.39
3	饮料加工业	15.48	24	食品加工制造业	5.29
4	化学纤维制造业	13.50	25	橡胶制品业	5.23
5	工程机械、设备及零配件制造业	13.35	26	生活消费品和文体、玩具、家具、首饰、珠宝、宝石、工艺等轻工产品加工业	5.11
6	酿酒制造业	12.85			
7	动力、发电、电力生产等机械、装备制造业	12.38	27	纺织品、服装、鞋帽（含皮草、毛、绒等）加工业	5.02
8	汽车及零配件制造业	12.17			
9	黄金冶炼及压延加工业	10.80	28	乳制品加工业	4.77
10	通讯设备及其他电子设备、元器件制造业	10.70	29	肉食品加工业	4.66
11	木材、家具及竹、藤、棕、草制品制造业	9.74	30	黑色冶金及压延加工业	4.46
12	造纸及纸制品加工业	9.54	31	工业机械、设备及零配件制造业	4.26
13	石化产品、炼焦及其他燃料加工业	8.31	32	化学原料及化学制品制造业	4.26
14	电梯及运输、仓储设备与设施制造业	7.48	33	金属制品业	4.11
15	船舶制造业	7.35	34	家用电器及零配件制造业	4.00
16	建筑材料及玻璃等制造业	7.20	35	农林机械、设备及零配件制造业	3.71
17	计算机及零部件制造业	7.20	36	电子元器件与仪器仪表、自动化控制设备制造业	3.68
18	电力、电气、输变电等机械、设备、器材、元器件和电池、线缆制造业	7.06			
			37	电子办公设备及影像设备制造业	3.51
19	纺织、印染业	6.17	38	农副食品及产品加工业	3.10
20	摩托车及零配件制造业	5.97	39	航空、航天、核工业与兵器制造业	2.19
21	一般有色冶金及压延加工业	5.73	40	轨道交通设备及零部件制造业	1.90

表 8－29　　　　2011 中国制造业企业 500 强行业人均营业收入

名次	行业名称	人均营业收入（万元）
1	计算机及零部件制造业	323.48
2	石化产品、炼焦及其他燃料加工业	309.65
3	烟草加工业	306.42
4	塑料制品业	298.88
5	化学纤维制造业	232.56
6	汽车及零配件制造业	227.49
7	黑色冶金及压延加工业	192.37
8	木材、家具及竹、藤、棕、草制品制造业	183.24
9	动力、发电、电力生产等机械、装备制造业	176.23
10	一般有色冶金及压延加工业	170.61
11	造纸及纸制品加工业	160.55
12	金属制品业	159.97
13	综合制造业（以制造业为主，含有服务业）	154.25
14	工程机械、设备及零配件制造业	149.65
15	电力、电气、输变电等机械、设备、器材、元器件和电池、线缆制造业	149.02
16	饮料加工业	146.63
17	生活消费品和文体、玩具、家具、首饰、珠宝、宝石、工艺等轻工产品加工业	146.55
18	黄金冶炼及压延加工业	139.23
19	通讯设备及其他电子设备、元器件制造业	137.69
20	乳制品加工业	132.87
21	化学原料及化学制品制造业	130.67
22	电子元器件与仪器仪表、自动化控制设备制造业	130.29
23	橡胶制品业	125.49
24	摩托车及零配件制造业	119.24
25	医药制造业	117.11
26	纺织、印染业	113.08
27	家用电器及零配件制造业	106.90
28	建筑材料及玻璃等制造业	105.70
29	农林机械、设备及零配件制造业	104.59
30	船舶制造业	102.54
31	工业机械、设备及零配件制造业	99.19
32	电梯及运输、仓储设备与设施制造业	98.06
33	农副食品及产品加工业	97.99
34	肉食品加工业	85.78
35	食品加工制造业	84.90
36	酿酒制造业	79.25
37	航空、航天、核工业与兵器制造业	75.17
38	轨道交通设备及零部件制造业	74.74
39	纺织品、服装、鞋帽（含皮草、毛、绒等）加工业	69.01
40	电子办公设备及影像设备制造业	45.00

表 8 - 30　　2011 中国制造业企业 500 强行业人均资产

名次	行业名称	人均资产（万元）	名次	行业名称	人均资产（万元）
1	木材、家具及竹、藤、棕、草制品制造业	316.67	21	电梯及运输、仓储设备与设施制造业	109.26
2	烟草加工业	294.05	22	通讯设备及其他电子设备、元器件制造业	108.45
3	计算机及零部件制造业	282.64	23	工业机械、设备及零配件制造业	108.40
4	塑料制品业	279.76	24	医药制造业	104.14
5	石化产品、炼焦及其他燃料加工业	231.64	25	摩托车及零配件制造业	102.76
6	造纸及纸制品加工业	203.67	26	食品加工制造业	101.41
7	船舶制造业	202.03	27	金属制品业	97.73
8	动力、发电、电力生产等机械、装备制造业	197.45	28	酿酒制造业	95.91
9	黑色冶金及压延加工业	191.27	29	电子元器件与仪器仪表、自动化控制设备制造业	94.49
10	一般有色冶金及压延加工业	176.89			
11	汽车及零配件制造业	170.02	30	轨道交通设备及零部件制造业	93.18
12	工程机械、设备及零配件制造业	155.80	31	电子办公设备及影像设备制造业	92.78
13	化学纤维制造业	155.61	32	纺织、印染业	90.04
14	化学原料及化学制品制造业	144.25	33	橡胶制品业	88.68
15	综合制造业（以制造业为主，含有服务业）	139.87	34	家用电器及零配件制造业	83.75
16	建筑材料及玻璃等制造业	134.92	35	饮料加工业	76.63
17	黄金冶炼及压延加工业	121.12	36	乳制品加工业	72.43
18	电力、电气、输变电等机械、设备、器材、元器件和电池、线缆制造业	115.90	37	纺织品、服装、鞋帽（含皮草、毛、绒等）加工业	71.16
19	航空、航天、核工业与兵器制造业	113.40	38	农副食品及产品加工业	55.07
20	生活消费品和文体、玩具、家具、首饰、珠宝、宝石、工艺等轻工产品加工业	111.61	39	肉食品加工业	54.25
			40	农林机械、设备及零配件制造业	19.10

表8-31　2011中国制造业企业500强行业人均所有者权益

名次	行业名称	人均所有者权益（万元）	名次	行业名称	人均所有者权益（万元）
1	烟草加工业	219.85	22	食品加工制造业	40.92
2	塑料制品业	92.23	23	摩托车及零配件制造业	39.54
3	木材、家具及竹、藤、棕、草制品制造业	87.61	24	电子元器件与仪器仪表、自动化控制设备制造业	38.36
4	石化产品、炼焦及其他燃料加工业	78.79			
5	黑色冶金及压延加工业	67.12	25	通讯设备及其他电子设备、元器件制造业	36.83
6	造纸及纸制品加工业	65.83	26	电梯及运输、仓储设备与设施制造业	36.74
7	工程机械、设备及零配件制造业	62.38	27	生活消费品和文体、玩具、家具、首饰、珠宝、宝石、工艺等轻工产品加工业	36.68
8	酿酒制造业	61.66			
9	动力、发电、电力生产等机械、装备制造业	61.58	28	乳制品加工业	32.66
10	化学纤维制造业	61.12	29	工业机械、设备及零配件制造业	32.55
11	计算机及零部件制造业	59.17	30	航空、航天、核工业与兵器制造业	31.68
12	汽车及零配件制造业	58.94	31	橡胶制品业	31.59
13	黄金冶炼及压延加工业	56.96	32	纺织、印染业	29.47
14	电力、电气、输变电等机械、设备、器材、元器件和电池、线缆制造业	50.51	33	金属制品业	27.36
			34	纺织品、服装、鞋帽（含皮草、毛、绒等）加工业	26.51
15	船舶制造业	50.18			
16	一般有色冶金及压延加工业	48.14	35	肉食品加工业	26.02
17	医药制造业	46.11	36	农副食品及产品加工业	24.63
18	综合制造业（以制造业为主，含有服务业）	45.38	37	家用电器及零配件制造业	23.30
19	建筑材料及玻璃等制造业	45.20	38	轨道交通设备及零部件制造业	22.60
20	饮料加工业	44.60	39	电子办公设备及影像设备制造业	21.11
21	化学原料及化学制品制造业	42.11	40	农林机械、设备及零配件制造业	13.74

表 8－32　　2011 中国制造业企业 500 强行业人均纳税总额

名次	行业名称	人均纳税总额（万元）	名次	行业名称	人均纳税总额（万元）
1	烟草加工业	189.35	22	金属制品业	5.03
2	石化产品、炼焦及其他燃料加工业	41.06	23	一般有色冶金及压延加工业	4.72
3	汽车及零配件制造业	22.15	24	家用电器及零配件制造业	4.37
4	酿酒制造业	15.06	25	橡胶制品业	4.20
5	饮料加工业	10.76	26	工业机械、设备及零配件制造业	4.17
6	建筑材料及玻璃等制造业	8.17	27	纺织、印染业	3.95
7	木材、家具及竹、藤、棕、草制品制造业	8.05	28	电梯及运输、仓储设备与设施制造业	3.88
8	动力、发电、电力生产等机械、装备制造业	7.54	29	生活消费品和文体、玩具、家具、首饰、珠宝、宝石、工艺等轻工产品加工业	3.82
9	造纸及纸制品加工业	7.26			
10	乳制品加工业	7.03	30	船舶制造业	3.64
11	黄金冶炼及压延加工业	6.94	31	航空、航天、核工业与兵器制造业	3.56
12	化学纤维制造业	6.66	32	电子元器件与仪器仪表、自动化控制设备制造业	3.47
13	工程机械、设备及零配件制造业	6.59			
14	计算机及零部件制造业	6.14	33	纺织品、服装、鞋帽（含皮草、毛、绒等）加工业	3.29
15	医药制造业	5.85			
16	黑色冶金及压延加工业	5.78	34	食品加工制造业	3.24
17	电力、电气、输变电等机械、设备、器材、元器件和电池、线缆制造业	5.66	35	轨道交通设备及零部件制造业	2.98
			36	肉食品加工业	2.59
18	摩托车及零配件制造业	5.36	37	电子办公设备及影像设备制造业	2.50
19	塑料制品业	5.31	38	通讯设备及其他电子设备、元器件制造业	2.16
20	化学原料及化学制品制造业	5.22	39	农副食品及产品加工业	1.98
21	综合制造业（以制造业为主，含有服务业）	5.06	40	农林机械、设备及零配件制造业	1.39

表8－33　　2011中国制造业企业500强行业人均研发费用

名次	行业名称	人均研发费用（万元）	名次	行业名称	人均研发费用（万元）
1	塑料制品业	17.44	21	工业机械、设备及零配件制造业	3.10
2	通讯设备及其他电子设备、元器件制造业	9.37	22	轨道交通设备及零部件制造业	2.90
3	电梯及运输、仓储设备与设施制造业	6.29	23	纺织、印染业	2.63
4	计算机及零部件制造业	5.76	24	化学原料及化学制品制造业	2.43
5	工程机械、设备及零配件制造业	4.94	25	一般有色冶金及压延加工业	2.34
6	动力、发电、电力生产等机械、装备制造业	4.82	26	乳制品加工业	2.12
7	化学纤维制造业	4.57	27	电子办公设备及影像设备制造业	2.05
8	船舶制造业	4.42	28	医药制造业	2.03
9	航空、航天、核工业与兵器制造业	3.96	29	烟草加工业	2.00
10	电力、电气、输变电等机械、设备、器材、元器件和电池、线缆制造业	3.91	30	农副食品及产品加工业	1.95
			31	饮料加工业	1.87
11	家用电器及零配件制造业	3.89	32	酿酒制造业	1.87
12	汽车及零配件制造业	3.61	33	建筑材料及玻璃等制造业	1.48
13	金属制品业	3.51	34	石化产品、炼焦及其他燃料加工业	1.40
14	造纸及纸制品加工业	3.46	35	综合制造业（以制造业为主，含有服务业）	1.32
15	黑色冶金及压延加工业	3.41	36	纺织品、服装、鞋帽（含皮草、毛、绒等）加工业	0.79
16	摩托车及零配件制造业	3.24			
17	橡胶制品业	3.21	37	肉食品加工业	0.70
18	生活消费品和文体、玩具、家具、首饰、珠宝、宝石、工艺等轻工产品加工业	3.20	38	食品加工制造业	0.55
			39	黄金冶炼及压延加工业	0.43
19	木材、家具及竹、藤、棕、草制品制造业	3.20	40	农林机械、设备及零配件制造业	0.17
20	电子元器件与仪器仪表、自动化控制设备制造业	3.15			

表 8－34　　2011 中国制造业企业 500 强行业平均资产利润率

名次	行业名称	平均资产利润率（%）	名次	行业名称	平均资产利润率（%）
1	饮料加工业	20.21	21	医药制造业	5.49
2	农林机械、设备及零配件制造业	19.42	22	建筑材料及玻璃等制造业	5.34
3	酿酒制造业	13.39	23	食品加工制造业	5.22
4	通讯设备及其他电子设备、元器件制造业	9.86	24	家用电器及零配件制造业	4.78
5	烟草加工业	9.04	25	造纸及纸制品加工业	4.68
6	黄金冶炼及压延加工业	8.91	26	生活消费品和文体、玩具、家具、首饰、珠宝、宝石、工艺等轻工产品加工业	4.57
7	化学纤维制造业	8.68			
8	肉食品加工业	8.60	27	金属制品业	4.21
9	工程机械、设备及零配件制造业	8.57	28	工业机械、设备及零配件制造业	3.93
10	塑料制品业	7.18	29	综合制造业（以制造业为主，含有服务业）	3.92
11	汽车及零配件制造业	7.11	30	电子元器件与仪器仪表、自动化控制设备制造业	3.89
12	纺织品、服装、鞋帽（含皮草、毛、绒等）加工业	7.05			
			31	电子办公设备及影像设备制造业	3.78
13	纺织、印染业	6.85	32	船舶制造业	3.64
14	电梯及运输、仓储设备与设施制造业	6.84	33	石化产品、炼焦及其他燃料加工业	3.59
15	乳制品加工业	6.59	34	木材、家具及竹、藤、棕、草制品制造业	3.08
16	电力、电气、输变电等机械、设备、器材、元器件和电池、线缆制造业	6.06	35	化学原料及化学制品制造业	2.95
			36	计算机及零部件制造业	2.55
17	动力、发电、电力生产等机械、装备制造业	6.00	37	一般有色冶金及压延加工业	2.27
18	橡胶制品业	5.89	38	黑色冶金及压延加工业	2.23
19	摩托车及零配件制造业	5.81	39	轨道交通设备及零部件制造业	2.04
20	农副食品及产品加工业	5.64	40	航空、航天、核工业与兵器制造业	1.93

表8－35　　2011中国制造业企业500强行业平均资产负债率

名次	行业名称	平均资产负债率（%）	名次	行业名称	平均资产负债率（%）
1	生活消费品和文体、玩具、家具、首饰、珠宝、宝石、工艺等轻工产品加工业	8.96	19	纺织、印染业	19.44
			20	航空、航天、核工业与兵器制造业	20.49
2	黑色冶金及压延加工业	9.58	21	饮料加工业	22.24
3	轨道交通设备及零部件制造业	9.93	22	一般有色冶金及压延加工业	22.77
4	食品加工制造业	10.02	23	酿酒制造业	23.01
5	金属制品业	10.28	24	通讯设备及其他电子设备、元器件制造业	26.99
6	橡胶制品业	10.90	25	电力、电气、输变电等机械、设备、器材、元器件和电池、线缆制造业	27.45
7	农林机械、设备及零配件制造业	11.22			
8	烟草加工业	12.47	26	综合制造业（以制造业为主，含有服务业）	29.27
9	木材、家具及竹、藤、棕、草制品制造业	12.53	27	医药制造业	29.51
10	工业机械、设备及零配件制造业	14.81	28	船舶制造业	29.89
11	造纸及纸制品加工业	15.11	29	家用电器及零配件制造业	30.11
12	化学原料及化学制品制造业	15.29	30	黄金冶炼及压延加工业	30.46
13	石化产品、炼焦及其他燃料加工业	16.11	31	肉食品加工业	32.28
14	电梯及运输、仓储设备与设施制造业	16.54	32	建筑材料及玻璃等制造业	34.20
15	乳制品加工业	16.70	33	动力、发电、电力生产等机械、装备制造业	35.56
16	纺织品、服装、鞋帽（含皮草、毛、绒等）加工业	16.76	34	汽车及零配件制造业	36.10
			35	化学纤维制造业	39.38
17	农副食品及产品加工业	16.79	36	计算机及零部件制造业	43.29
18	电子元器件与仪器仪表、自动化控制设备制造业	18.02	37	摩托车及零配件制造业	45.49
			38	工程机械、设备及零配件制造业	98.31

第九章
2011 中国服务业企业 500 强数据资料

表9－1　　　　2011中国服务业企业500强

名次	企业名称	地区	营业收入（万元）	利润（万元）	资产（万元）	所有者权益（万元）	从业人数
1	国家电网公司	北京	152880849	3244284	207752374	79292976	1564001
2	中国工商银行股份有限公司	北京	54500200	16602500	1345862200	82165700	397339
3	中国移动通信集团公司	北京	51901596	6588500	105915327	75126571	207404
4	中国建设银行股份有限公司	北京	45408700	13484400	1081031700	69679200	313867
5	中国人寿保险（集团）公司	北京	43752296	2372918	177602026	6468225	118362
6	中国农业银行股份有限公司	北京	40794200	9487300	1033740600	54207100	444447
7	中国银行股份有限公司	北京	40024770	10969100	1045986500	64416500	279301
8	中国南方电网有限责任公司	广东	36857369	717914	49077334	15835594	323958
9	中国中化集团公司	北京	33532680	734480	21145578	7637934	50073
10	中国中信集团公司	北京	26389387	3335074	253905748	17250544	140028
11	中国电信集团公司	北京	26040613	845958	64764039	42922193	493919
12	中国人民保险集团股份有限公司	北京	24431400	388200	44058900	2195400	94578
13	百联集团有限公司	上海	19644457	161932	6824428	2061955	
14	中国平安保险（集团）股份有限公司	广东	19553413	1731100	117162700	11203000	128808
15	中国邮政集团公司	北京	19017095	885058	352066208	11507122	860200
16	华润（集团）有限公司	广东	18805269	1067861	45901676	7959171	320464
17	中国中钢集团公司	北京	18456624	－146690	12583533	891621	45994
18	中粮集团有限公司	北京	17917250	541732	23260720	5403399	88508
19	中国联合网络通信集团有限公司	北京	17681154	－256670	51267478	24555768	312700
20	中国远洋运输（集团）总公司	北京	16415080	786125	31958432	11338183	71105
21	交通银行股份有限公司	上海	16374112	3904201	395159317	22227317	85290
22	苏宁电器集团有限公司	江苏	15622292	410551	4390738	1884539	150419
23	国美电器有限公司	北京	15490000				
24	中国铁路物资股份有限公司	北京	15319125	78559	4975038	819822	8707
25	中国航空油料集团公司	北京	15318726	212655	3010052	890288	9430
26	中国机械工业集团有限公司	北京	15221844	510246	13135501	3184308	84789
27	天津市物资集团总公司	天津	14862736	48671	6354601	676313	5151
28	中国太平洋保险（集团）股份有限公司	上海	14166200	855700	47571100	8029700	
29	浙江省物产集团公司	浙江	13539303	150520	4555827	963939	16073
30	山西煤炭运销集团有限公司	山西	11588080	266251	8860735	2027219	87572
31	中国供销集团有限公司	北京	9693017	53757	5514771	841394	22743
32	上海绿地（集团）有限公司	上海	9478176	541071	13871297	1926701	3700
33	中国外运长航集团有限公司	北京	9465135	270540	11655354	5126104	73063
34	中国通用技术（集团）控股有限责任公司	北京	9383848	247094	8100537	2483648	44932
35	新华人寿保险股份有限公司	北京	9364308				
36	中国医药集团总公司	北京	8817424	339154	7002177	3071668	47003

名次	企业名称	地区	营业收入（万元）	利润（万元）	资产（万元）	所有者权益（万元）	从业人数
37	大连大商集团有限公司	辽宁	8615769				
38	中国航空集团公司	北京	8248441	1236888	16497551	4710996	54590
39	中国东方航空集团公司	上海	8010875	345766	11308184	983289	67534
40	中国南方航空集团公司	广东	7824707	510585	11800461	2665274	55752
41	泰康人寿保险股份有限公司	北京	7744119	209520	29347528	1346273	42592
42	招商银行股份有限公司	广东	7137700	2576900	240250700	13400600	43089
43	厦门建发集团有限公司	福建	6770462	154661	5305614	697416	17514
44	中国海运（集团）总公司	上海	6481092	296203	14292567	5028118	45937
45	新疆广汇实业投资（集团）有限责任公司	新疆	6475589	357825	4360840	1490545	42269
46	海航集团有限公司	海南	6466806	391408	20146164	4096308	49659
47	国家开发投资公司	北京	6143153	471321	23734908	7247062	76527
48	珠海振戎公司	北京	6098492	18946	565879	140448	97
49	广东物资集团公司	广东	5831123	21942	2590066	389253	8208
50	广东省广新控股集团有限公司	广东	5579451	88203	3059012	821467	18847
51	中国民生银行股份有限公司	北京	5476800	1758100	182373700	10410800	30931
52	绿城房地产集团有限公司	浙江	5420000	153177	12535895	1019951	3435
53	庞大汽贸集团股份有限公司	河北	5377439	124265	3499390	330612	29585
54	武汉商联（集团）股份有限公司	湖北	5212909	70907	1719804	629360	56999
55	上海浦东发展银行股份有限公司	上海	4985585	1917721	219141077	12299634	28081
56	中国港中旅集团公司	北京	4837930	181278	5500193	2489449	42659
57	广州铁路（集团）公司	广东	4818250	72801	24059967	15126656	163892
58	厦门国贸控股有限公司	福建	4809649	66673	2729094	613211	12656
59	浙江省能源集团有限公司	浙江	4702046	318711	10721743	3696800	11465
60	中国诚通控股集团有限公司	北京	4674979	58022	3834155	1476784	18129
61	浙江省兴合集团公司	浙江	4580663	92047	2245858	610998	13747
62	恒大地产集团	广东	4580140	802468	10445246	2136623	19351
63	安徽省徽商集团有限公司	安徽	4379994		1147368	77251	15200
64	兴业银行股份有限公司	福建	4345591	1852058	184967338	9199529	29214
65	大连万达集团股份有限公司	辽宁	4339652	725605	14146523	1286185	31432
66	中国烟草总公司湖南省公司	湖南	4294715	385818	1961832	1747015	16454
67	大秦铁路股份有限公司	山西	4201380	1041080	10014600	5633380	91837
68	上海世博（集团）有限公司	上海	4122641	72683	1669532	523568	3533
69	山西煤炭进出口集团有限公司	山西	4062147	120324	3808539	555519	11720
70	三胞集团有限公司	江苏	3980819	80862	2101891	1206108	16000
71	物美控股集团有限公司	北京	3750456	86989	1166409	563661	35400
72	山东省商业集团有限公司	山东	3702662	97033	4015660	582581	17
73	江苏汇鸿国际集团有限公司	江苏	3511668	50137	2824227	972505	5539

名次	企业名称	地区	营业收入（万元）	利润（万元）	资产（万元）	所有者权益（万元）	从业人数
74	浙江省国际贸易集团有限公司	浙江	3491306	114258	2669310	796303	14724
75	华侨城集团公司	广东	3442354	341476	6717947	1959369	39884
76	广发银行股份有限公司	广东	3408515	618861	81439002	4288160	15939
77	广东省交通集团有限公司	广东	3308711	301658	16440049	5025207	51621
78	重庆商社（集团）有限公司	重庆	3215632	49567	1469385	317089	87705
79	太平人寿保险有限公司	上海	3200626	94968	11132794	913748	20988
80	北京首都旅游集团有限责任公司	北京	3169904	33515	3352525	717168	55887
81	浙江省商业集团有限公司	浙江	3161013	143189	4103338	784580	8998
82	北京控股集团有限公司	北京	3118499	192575	7539241	3920425	43000
83	中国中纺集团公司	北京	3087432	48666	1910527	542255	9369
84	浪潮集团有限公司	山东	3053517	61768	751252	419711	5950
85	江苏苏宁环球集团有限公司	江苏	2952000	263300	4806620	1845430	7556
86	中国工艺（集团）公司	北京	2838134	40876	891085	199076	2177
87	广东省丝绸纺织集团有限公司	广东	2773446	9473	914888	166331	4813
88	南方石化集团有限公司	广东	2752872	13359	976903	77091	1100
89	海南大印集团有限公司	海南	2713098		215386		1588
90	天津一商集团有限公司	天津	2660644	12669	674035	120876	3992
91	碧桂园控股有限公司	广东	2580411	693744	8208125	2541808	32943
92	厦门象屿集团有限公司	福建	2576816	32052	1384543	313437	2257
93	申能（集团）有限公司	上海	2534147	265749	10467099	6665632	12410
94	合肥百货大楼集团股份有限公司	安徽	2490000	36713	447353	165092	7762
95	北京银行	北京	2483461	680303	73321050	4254598	6455
96	华夏银行股份有限公司	北京	2447889	598958	104023044	3549588	14304
97	阳光保险集团股份有限公司	北京	2446216	4033	4169011	749138	94747
98	南京医药产业（集团）有限责任公司	江苏	2415239	35914	1577596	546332	13335
99	世纪金源投资集团有限公司	北京	2402798	414267	3332961	1532407	16407
100	江苏高力集团有限公司	江苏	2393521	89932	735668	458495	3955
101	广东省广晟资产经营有限公司	广东	2368231	180208	6187421	2058384	49882
102	浙江省交通投资集团有限公司	浙江	2337958	212371	13332518	3652330	20302
103	福佳集团有限公司	辽宁	2301336	370951	6376521	4397839	1998
104	上海华冶钢铁集团有限公司	上海	2258908	29438	649882	254867	1598
105	中国煤炭科工集团有限公司	北京	2236925	223512	2179205	1031810	27043
106	广西投资集团有限公司	广西	2221897	125810	5201168	1404723	17600
107	中国国际技术智力合作公司	北京	2220298	22653	312256	105821	2541
108	东方国际（集团）有限公司	上海	2187347	35378	1291131	496131	7036
109	上海市糖业烟酒（集团）有限公司	上海	2180001	71637	2049226	897416	5357
110	九州通医药集团股份有限公司	湖北	2125177	36026	811904	399879	7412

名次	企业名称	地区	营业收入（万元）	利润（万元）	资产（万元）	所有者权益（万元）	从业人数
111	远大物产集团有限公司	浙江	2121081	14936	368979	45966	420
112	江苏国泰国际集团有限公司	江苏	2053783	53421	608224	238058	11000
113	雅居乐地产控股有限公司	广东	2052019	641860	6987833	1868082	
114	深圳市天音通信发展有限公司	广东	2038253	42391	778047	261988	7000
115	重庆市能源投资集团公司	重庆	1980039	45036	3907644	1460540	76061
116	腾讯控股有限公司	广东	1964603	811521	3583011	2184086	10692
117	金地（集团）股份有限公司	广东	1959250	269404	7281650	278221	8262
118	中金再生资源（中国）投资有限公司	上海	1957180	77555	1193942	402478	438
119	浙江前程投资股份有限公司	浙江	1952596	28970	646249	110025	1144
120	江苏省丝绸集团有限公司	江苏	1941494	43586	2248567	885217	8662
121	丰立集团有限公司	江苏	1928819	48658	1635898	491429	3280
122	上海国际港务（集团）股份有限公司	上海	1910545	541712	6589467	3537835	20304
123	山东高速集团有限公司	山东	1872435	183688	13748760	3930141	23301
124	中储发展股份有限公司	天津	1834723	28785	936022	412000	6751
125	北京外企服务集团有限责任公司	北京	1801715	12447	352689	59733	2612
126	上海永达控股（集团）有限公司	上海	1785615	20378	505522	120008	6865
127	天津港（集团）有限公司	天津	1751557	36978	7804311	1929292	17894
128	北京能源投资（集团）有限公司	北京	1714195	169292	9000929	3087076	9137
129	新华锦集团有限公司	山东	1709406	22071	496839	98562	9200
130	利群集团股份有限公司	山东	1693036	25554	1016447	307983	8637
131	河北省物流产业集团有限公司	河北	1653285	2733	304488	52023	1048
132	中国轻工业品进出口总公司	北京	1650754	14173	752378	196598	1562
133	安徽国贸集团控股有限公司	安徽	1648284	27133	1490766	290738	4636
134	北京首都创业集团有限公司	北京	1637597	155919	8896874	1885737	12842
135	石家庄北国人百集团有限责任公司	河北	1619223	20250	647468	120002	30000
136	江苏华厦融创置地集团有限公司	江苏	1615860	635577	3267150	2499269	2500
137	宁波银亿集团有限公司	浙江	1515030	99214	2473734	330634	5060
138	山西省国新能源发展集团有限公司	山西	1557374	17608	782605	128501	1148
139	福建省能源集团有限责任公司	福建	1528110	45859	3247123	863578	31663
140	天津市津能投资公司	天津	1514162	20091	4495961	1344898	87
141	龙湖地产有限公司	北京	1509312	413016	7171356	1598026	
142	青岛港（集团）有限公司	山东	1464587	251893	2711312	1518763	13362
143	老凤祥股份有限公司	上海	1431090	29219	548334	165613	2131
144	红星美凯龙家居集团股份有限公司	上海	1416439	82464	2080230	512049	10203
145	中基宁波集团股份有限公司	浙江	1403470	10965	402732	39794	1543
146	北京王府井百货（集团）股份有限公司	北京	1394620	37603	831352	351762	11081
147	大汉控股集团有限公司	湖南	1386159	24369	492973	200142	2000

名次	企业名称	地区	营业收入（万元）	利润（万元）	资产（万元）	所有者权益（万元）	从业人数
148	中国大地财产保险股份有限公司	上海	1384854	60054	1730825	350358	19297
149	吉林粮食集团有限公司	吉林	1381962	-8828	1186324	81312	3749
150	浙江国大集团有限责任公司	浙江	1359937	17578	1064116	137623	4506
151	广深铁路股份有限公司	广东	1348440	155589	3060450	2416800	32179
152	北京祥龙博瑞汽车服务（集团）有限公司	北京	1307059	16936	455940	159320	2185
153	深圳能源集团股份有限公司	广东	1305481	163768	3201539	2001219	3535
154	天津市浩物机电汽车贸易有限公司	天津	1296153	569	980973	121518	2467
155	中国电力工程顾问集团公司	北京	1250950	107156	1617764	438819	9051
156	中铁集装箱运输有限责任公司	北京	1209760	48594	723514	412273	1994
157	广西农村信用社（合作银行）	广西	1205423	246935	29193908	1737067	21169
158	上海均瑶（集团）有限公司	上海	1200000	96000	1146000	388000	5647
159	银泰百货（集团）有限公司	浙江	1196235	68519	1228949	531066	6698
160	张家港保税区锦德贸易有限公司	江苏	1194308	65452	68148	35378	60
161	重庆农村商业银行股份有限公司	重庆	1180543	310992	28508119	2196591	13392
162	人人乐连锁商业集团股份有限公司	广东	1174832	23897	644977	358558	22141
163	广州发展集团有限公司	广东	1157014	65795	2773948	942768	4940
164	淄博商厦股份有限公司	山东	1138214	10672	299865	72491	8560
165	深圳市神州通投资集团有限公司	广东	1114444	69179	684219	439574	10200
166	大华（集团）有限公司	上海	1099336	101566	2819145	410178	6247
167	厦门信达股份有限公司	福建	1095894	5718	336541	71303	1886
168	深圳市爱施德股份有限公司	广东	1090419	73778	448034	396299	3024
169	四川省烟草公司成都市公司	四川	1088702	142579	536540	488495	1370
170	安徽辉隆农资集团	安徽	1088102	21407	502008	83663	736
171	重庆医药股份有限公司	重庆	1073393	10764	427190	97479	6152
172	厦门航空有限公司	福建	1068129	121881	1450922	373286	7590
173	宁波神化化学品经营有限责任公司	浙江	1042225	4336	104068	20861	106
174	广州轻工工贸集团有限公司	广东	1036285	18198	791272	39148	6600
175	北京华联综合超市股份有限公司	北京	1033880	5505	627042	180358	25012
176	世纪华丰控股有限公司	浙江	1027625	23146	940614	296652	49725
177	北京粮食集团有限责任公司	北京	1025409	35139	1027174	290240	4669
178	上海兰生（集团）有限公司	上海	1023490	10064	567021	248711	1914
179	广发证券股份有限公司	广东	1021861	402700	9594658	1940122	13061
180	广西北部湾国际港务集团有限公司	广西	1009048	91908	1987860	682734	9977
181	杭州联华华商集团有限公司	浙江	1003421	36860	667004	77277	16017
182	中国国旅集团有限公司	北京	987374	31156	918830	399003	9358
183	环渤海金岸（天津）集团股份有限公司	天津	948771	7362	69482	33687	14882
184	山东远通汽车贸易集团有限公司	山东	939356	10871	276328	27616	4480

名次	企业名称	地区	营业收入（万元）	利润（万元）	资产（万元）	所有者权益（万元）	从业人数
185	浙江华成控股集团有限公司	浙江	935374	21540	374507	104993	13215
186	日照港集团有限公司	山东	930624	4681	2971274	1001346	8561
187	辽宁兴隆大家庭商业集团有限公司	辽宁	919382	5974	721083	56616	46254
188	华泰保险控股股份有限公司	北京	917774	64944	2702379	516622	5938
189	浙江康桥汽车工贸集团股份有限公司	浙江	915003	13484	393893	98640	3960
190	宁波华东物资城市场建设开发有限公司	浙江	904700	5786	29550	13860	2900
191	上海西本钢铁贸易发展有限公司	上海	884278	2443	179415	29518	36
192	天津城市基础设施建设投资集团有限公司	天津	882070	154984	42538404	12536448	5513
193	无锡市国联发展（集团）有限公司	江苏	875613	65929	4471634	1047644	6235
194	宁波市慈溪进出口股份有限公司	浙江	863214	6200	282241	30274	1039
195	浙江中外运有限公司	浙江	860685	8524	236312	61517	1853
196	安徽省能源集团有限公司	安徽	856188	23300	2401470	1067343	6170
197	天津现代集团有限公司	天津	855487	36707	952306	452879	656
198	天津住宅建设发展集团有限公司	天津	851017	32613	1633923	340178	4025
199	天津立业钢铁集团有限公司	天津	844098	11032	194878	900279	545
200	上海机场（集团）有限公司	上海	837044	39320	5651144	2989291	16661
201	黑龙江倍丰农业生产资料集团有限公司	黑龙江	822080	11742	587840	59619	177
202	上海新世界（集团）有限公司	上海	817946	50226	1462396	443898	11492
203	中球冠集团有限公司	浙江	816549	9983	256982	92660	389
204	福建省交通运输集团有限责任公司	福建	793315	13426	1555077	488218	22536
205	百度公司	北京	791507	352517	1104844	840559	
206	中国银河证券股份有限公司	北京	790025	281566	9931846	1449887	10293
207	中铁快运股份有限公司	北京	786491	-247445	542765	-187046	26418
208	中国铁道科学研究院	北京	786000	92377	790752	394810	5969
209	江苏大经集团有限公司	江苏	779699	6897	114591	48978	120
210	卓尔控股有限公司	湖北	772030	172042	698573	359998	5120
211	天津二商集团有限公司	天津	756300	2263	304250	112167	4420
212	荣盛控股股份有限公司	河北	752748	110118	2270638	575969	
213	山东航空集团有限公司	山东	752439	71032	990230	213994	6992
214	云南物流产业集团有限公司	云南	751184	4485	419631	30540	2241
215	重庆华宇物业（集团）有限公司	重庆	741263	211680	1433887	742481	6335
216	广西壮族自治区机电设备有限责任公司	广西	728422	23046	192736	68804	3476
217	厦门路桥工程物资有限公司	福建	720923	9808	397311	47404	
218	润华集团股份有限公司	山东	717098	-15271	738844	152020	1745
219	四川蓝光实业集团有限公司	四川	714128	39921	1932655	427263	5391
220	安徽出版集团有限责任公司	安徽	709604	46886	804019	402469	3695
221	上海申华控股股份有限公司	上海	707007	6118	694824	166577	2472

名次	企业名称	地区	营业收入（万元）	利润（万元）	资产（万元）	所有者权益（万元）	从业人数
222	重庆交通运输控股（集团）有限公司	重庆	696647	5036	916245	279009	21010
223	天津市丽兴京津钢铁贸易有限公司	天津	693511	2500	296173	46199	585
224	景德镇市焦化工业集团有限责任公司	江西	692748	5562	824653	137730	8762
225	安徽省高速公路控股集团有限公司	安徽	689521	42359	7090231	903633	6015
226	苏州金螳螂企业（集团）有限公司	江苏	677160	11038	428459	47780	3530
227	重庆中汽西南汽车有限公司	重庆	676968	19658	225556	69356	2479
228	南昌市政公用投资控股有限责任公司	江西	675438	22782	3155905	1732971	20000
229	江苏吴中集团有限公司	江苏	668847	55645	100844	219448	3100
230	中节能（天津）投资集团有限公司	天津	667002	11125	320467	89631	204
231	河南交通投资集团有限公司	河南	664060	-151457	12167697	2473315	29683
232	浙江英特药业有限责任公司	浙江	663824	8891	245804	45972	940
233	南京大地建设集团有限责任公司	江苏	662603	5531	182901	53879	1091
234	上海交运（集团）公司	上海	662406	10613	851346	281770	15948
235	上海春秋国际旅游社有限公司	上海	655758	47898	404806	89419	1100
236	安徽新华发行（集团）控股有限公司	安徽	646091	29014	547382	412991	4878
237	营口港务集团有限公司	辽宁	640888	39876	4949267	1516920	6869
238	无锡商业大厦大东方股份有限公司	江苏	634494	28873	315586	134732	752
239	北方国际集团有限公司	天津	633719	1841	627220	-17918	1466
240	中国农业机械华北集团有限公司	天津	627140	6066	175826	71120	697
241	徽商银行股份有限公司	安徽	625612	270235	20897615	1435729	4546
242	浙江凯喜雅国际股份有限公司	浙江	625274	20541	369292	100375	279
243	北京菜市口百货股份有限公司	北京	623641	22201	352392	69486	518
244	广西水利电业集团有限公司	广西	622963	21424	2051492	524468	23986
245	内蒙古小肥羊餐饮连锁有限公司	内蒙古	622800	192935	223621	86497	37250
246	亿达集团有限公司	辽宁	622608	54081	2537932	711584	6585
247	振华物流集团有限公司	天津	619400	10033	224510	111069	1770
248	乐仁堂医药集团股份有限公司	河北	616500	9206	131800	31452	1173
249	江苏省广播电视总台（集团）	江苏	611345	89224	691817	519541	3967
250	月星集团有限公司	上海	599591	27577	630709	250193	7853
251	天津水泥工业设计研究院有限公司	天津	598239	49196	510799	109762	2815
252	河北港口集团有限公司	河北	597175	86758	2868400	1329536	17714
253	西安高科（集团）公司	陕西	594345	30255	2072219	36130	8554
254	北京北辰实业集团公司	北京	590566	14876	2845283	505877	5283
255	大连金玛商城企业集团有限公司	辽宁	587951	36419	604198	202396	6424
256	北京首都国际机场股份有限公司	北京	577673	59005	3498061	1343479	1876
257	上海爱家豪庭房地产集团发展有限公司	上海	568633	131354	2004581	1682023	880
258	重庆市金科实业（集团）有限公司	重庆	567122	79902	2723026	638897	5000

名次	企业名称	地区	营业收入（万元）	利润（万元）	资产（万元）	所有者权益（万元）	从业人数
259	天津市政建设集团有限公司	天津	560144	44797	2898684	452540	1150
260	广西物资集团有限公司	广西	559278	2945	272597	100192	2104
261	浙大网新科技股份有限公司	浙江	554806	7589	443080	173940	4630
262	山东省机械进出口集团公司	山东	554545	6877	304845	34634	324
263	锦联投资集团有限公司	辽宁	553462	55904	672688	220621	4700
264	上海百营钢铁集团有限公司	上海	552578	4020	82779	24850	495
265	山西大昌汽车集团有限公司	山西	550745	6348	205420	80219	2000
266	天津金元宝商厦集团有限公司	天津	550000	3500	77922	26381	1412
267	天津市房地产开发经营集团有限公司	天津	548154	45711	3591245	898356	1700
268	重庆市涪陵水利电力投资集团有限责任公司	重庆	543360	24202	888354	235696	2623
269	上海闽路润贸易有限公司	上海	534699	5280	235733	18568	220
270	太平鸟集团有限公司	浙江	533730	17616	349835	124109	4200
271	内蒙古集通铁路（集团）有限责任公司	内蒙古	532914	21168	1889016	457110	12089
272	成都红旗连锁有限公司	四川	531331	15076	116026	49244	9335
273	重庆港务物流集团有限公司	重庆	529714	3911	965178	398618	8308
274	欧美投资集团有限公司	山东	528406	22732	315204	162629	2519
275	武汉市城市建设投资开发集团有限公司	湖北	525285	64389	12163550	2626186	16000
276	宁波海田国际贸易有限公司	浙江	521000	1381	115026	9150	158
277	扬帆集团股份有限公司	浙江	520565	1147	850210	227281	3271
278	宁波韵升进出口有限公司	浙江	518042	5174	89831	13892	81
279	厦门海沧投资集团有限公司	福建	512443	18573	1491048	262837	3419
280	河北省唐山市滦通商贸有限公司	河北	508251	2805	252297	29045	300
281	成都建国汽车贸易有限公司	四川	506733	17775	179476	79827	4149
282	浙江华瑞集团有限公司	浙江	506525	15897	514903	115130	414
283	天津贻成集团有限公司	天津	503773	32610	2242074	759352	2918
284	唐山百货大楼集团有限责任公司	河北	501826	9996	216013	36547	13459
285	上海顺朝企业发展集团有限公司	上海	501559	1630	85161	20154	160
286	宁波轿辰集团股份有限公司	浙江	500294	11935	200893	65401	
287	重庆粮食集团有限责任公司	重庆	495527	4862	795561	313257	5227
288	庆丰农业生产资料集团有限责任公司	黑龙江	493311	4173	478502	38004	1340
289	开元旅业集团有限公司	浙江	492787	45753	1518616	160860	14000
290	山西汽车运输集团有限公司	山西	488798	5370	408282	148902	14609
291	杭州旅游集团有限公司	浙江	486450	41968	764001	161568	5722
292	天津市燃气集团有限公司	天津	483192	12719	1275195	484194	6784
293	成都银行股份有限公司	四川	482833	162537	15131981	901281	3308
294	青海省投资集团有限公司	青海	481162	18677	1950426	161916	7087
295	湖南友谊阿波罗股份有限公司	湖南	479289	43508	566603	226327	3454

名次	企业名称	地区	营业收入（万元）	利润（万元）	资产（万元）	所有者权益（万元）	从业人数
296	四川申蓉汽车股份有限公司	四川	479234	13328	178019	46054	2223
297	武汉工贸有限公司	湖北	478956	15338	253016	38514	2829
298	宁波滕头集团有限公司	浙江	475290	33550	203780	89507	12800
299	大连宏光好运来集团有限公司	辽宁	473579	36626	349350	231068	551
300	宁波宁兴控股股份有限公司	浙江	472571	4228	213446	35349	800
301	中国水利电力对外公司	北京	472448	13288	987879	293331	884
302	上海宝闽钢铁集团有限公司	上海	468391	806	183307	32768	114
303	河北省新合作资产运营集团有限公司	河北	465967	7302	298646	132871	1449
304	重庆华轻商业公司	重庆	465693	1220	93712	26293	471
305	广东省机场管理集团公司	广东	463516	27350	2496869	987913	14847
306	吉林银行	吉林	460087	118534	14808056	1070416	6680
307	百步亭集团有限公司	湖北	459088	29252	666822	235515	5200
308	上海龙宇燃油股份有限公司	上海	457094	8043	95052	39924	220
309	安徽省交通投资集团有限责任公司	安徽	454654	152016	3406606	522546	12740
310	天津劝业华联集团有限公司	天津	454645	1335	279823	136920	1654
311	重庆永辉超市有限公司	重庆	454386	13016	152599	25222	11034
312	江苏苏农农资连锁集团股份有限公司	江苏	437238	118	317792	24531	1310
313	新疆农资（集团）有限责任公司	新疆	434398	2786	368199	105145	1044
314	重庆桐君阁股份有限公司	重庆	434363	1863	229521	53121	5431
315	浙江万丰企业集团公司	浙江	432912	5989	206125	63831	2234
316	河北怀特集团股份有限公司	河北	430887	21975	804386	546982	7430
317	天津银行股份有限公司	天津	429692	173092	20384976	1085688	4090
318	厦门禹洲集团股份有限公司	福建	426555	1094032	1458259	456740	1247
319	北京市糖业烟酒公司	北京	424813	897	284876	53210	951
320	四川新华发行集团有限公司	北京	424218	43943	895726	614771	8065
321	杭州大厦有限公司	浙江	422717	33665	259716	82261	1372
322	安徽亚夏实业股份有限公司	安徽	419367	12580	181609	47788	2658
323	广州港集团有限公司	广东	417064	38412	1470463	766714	11101
324	山西宝力金属材料集团有限公司	山西	416092	9712	193982	86297	758
325	西安曲江文化产业投资（集团）有限公司	陕西	415373	18762	1689014	745406	2825
326	天津市交通（集团）有限公司	天津	414400	3106	279014	89980	14267
327	河北五兴能源集团有限公司	河北	410315	13100	225655	51302	700
328	温州金州集团公司	浙江	410021	1765	178331	14085	1065
329	锦程国际物流集团股份有限公司	辽宁	407132	27309	306151	137823	4120
330	厦门市嘉晟对外贸易有限公司	福建	404705	1295	231871	5260	112
331	长江水利委员会长江勘测规划设计研究院	湖北	403672	6367	550422	63721	3057
332	武汉商贸国有控股集团有限公司	湖北	402673	22002	452984	192981	2560
333	中国大连国际经济技术合作集团有限公司	辽宁	401795	36108	854857	195132	2323

名次	企业名称	地区	营业收入（万元）	利润（万元）	资产（万元）	所有者权益（万元）	从业人数
334	银川新华百货商店股份有限公司	宁夏	398504	23811	224904	107805	15000
335	江西赣粤高速公路股份有限公司	江西	397762	135298	1858879	997802	3458
336	苏州国信集团有限公司	江苏	392257	2377	391525	24635	240
337	渤海银行股份有限公司	天津	390000	78000	26510000	950000	2948
338	新疆西部银力棉业（集团）有限责任公司	新疆	389004	4698	564547	66095	127
339	铁道第三勘察设计院集团有限公司	天津	388229	16850	288168	87879	6223
340	上海久隆电力（集团）有限公司	上海	387612	97131	567080	261520	1671
341	天津市静海县宝来工贸有限公司	天津	385670	3920	71289	18378	762
342	万合集团股份有限公司	河北	385476	10628	182285	34420	6950
343	北京翠微大厦股份有限公司	北京	385342	10507	179700	32182	2252
344	新疆生产建设兵团石油有限公司	新疆	384997	4444	61613	32012	1796
345	长沙通程实业集团有限公司	湖南	384758	18534	451123	146152	20518
346	广州佳都集团有限公司	广东	382391	7438	128675	48897	1746
347	邯郸市阳光百货集团总公司	河北	381000	2420	153021	22972	20000
348	河北省新华书店集团有限公司	河北	380491	10116	477397	234902	7562
349	大连港集团有限公司	辽宁	370231	40518	4703932	1695782	9858
350	嘉兴良友进出口集团股份有限公司	浙江	369033	1239	83658	19445	392
351	宁波市工艺品进出口有限公司	浙江	368942	3446	72703	19179	140
352	阿里巴巴网络有限公司	浙江	367473	101303	945674	497705	13674
353	中国出国人员服务总公司	北京	357453	11660	276945	99753	1487
354	江西洪客隆投资集团有限公司	江西	353896	12392	441858	82361	14000
355	山西美特好连锁超市股份有限公司	山西	363678	3029	183729	29343	8467
356	厦门国际航空港集团有限公司	福建	362877	41919	758539	428867	7025
357	天津市自来水集团有限公司	天津	361932	1148	1532890	464778	6150
358	青岛维客集团股份有限公司	山东	361842	2088	130039	35271	2920
359	广州友谊集团股份有限公司	广东	358572	32719	290781	153727	1640
360	华茂集团股份有限公司	浙江	358238	21675	773251	375623	2459
361	新疆生产建设兵团农一师棉麻公司	新疆	357151	3082	255797	3424	76
362	武汉市汉商集团股份有限公司	湖北	357000	732	158833	57551	1898
363	厦门华澄集团有限公司	福建	355652	29633	220319	126429	375
364	上海大众公用事业（集团）股份有限公司	上海	354008	31488	944882	412515	1674
365	中华企业股份有限公司	上海	352330	82321	2183248	495905	552
366	成都传媒集团	四川	351173	22887	866234	415347	12695
367	宁波联合集团股份有限公司	浙江	350621	17039	533706	169008	933
368	宁波医药股份有限公司	浙江	349986	4821	104153	29016	259
369	上海临港经济发展（集团）有限公司	上海	348899	42205	3745088	384982	1823
370	上海亚东国际货运有限公司	上海	348307	2437	80049	13777	2089
371	华闻传媒投资集团股份有限公司	海南	347850	23186	455449	243873	10917

名次	企业名称	地区	营业收入（万元）	利润（万元）	资产（万元）	所有者权益（万元）	从业人数
372	河北省农业生产资料有限公司	河北	346833	3425	92419	12161	411
373	祥生实业集团有限公司	浙江	345820	31887	810958	269302	1100
374	宁波宁兴房地产开发集团有限公司	浙江	345585	43902	453866	125374	110
375	联发集团有限公司	福建	345512	60427	1171389	260167	552
376	天津津滨发展股份有限公司	天津	344768	9578	764113	216979	686
377	春秋航空股份有限公司	上海	344403	47607	319713	96531	2298
378	湖南汽车城有限公司	湖南	344173	3009	147215	24733	789
379	青岛市农村信用合作社联合社	山东	337509	45410	7607471	311513	4995
380	九禾股份有限公司	重庆	335960	-4093	124800	28140	1147
381	加贝物流股份有限公司	浙江	332600	5088	95575	26199	5919
382	天津京铁实业发展中心	天津	331739	1661	76471	63121	5107
383	湖南兰天汽车集团有限公司	湖南	330688	1296	71433	19887	1300
384	河北卓正实业集团有限公司	河北	329546	29305	294024	144862	8906
385	江阴市中昌实业有限公司	江苏	328700	1851	28124	10357	68
386	浙江日出化工有限公司	浙江	326419	2582	84503	13187	290
387	东冠集团有限公司	浙江	325315	19068	570667	282252	2140
388	厦门经济特区房地产开发集团有限公司	福建	318372	37843	123041	326571	1014
389	华星北方汽车贸易有限公司	天津	317160	5863	87069	20809	835
390	浙江中国小商品城集团股份有限公司	浙江	316951	80890	1563992	716455	3796
391	江阴市长江钢管有限公司	江苏	316470	14994	279635	119461	480
392	老百姓大药房连锁股份有限公司	湖南	315030	9657	103266	49565	7123
393	天津滨海投资集团股份有限公司	天津	313377	13001	657201	99407	1401
394	宁波富达股份有限公司	浙江	313000	33900	1866300	272600	2822
395	福建省烟草公司厦门市公司	福建	312300	41500	165400	155600	408
396	环球控股集团有限公司	浙江	310749	21225	86642	22743	1474
397	湖北银丰实业集团有限责任公司	湖北	310728	9782	400623	99055	1758
398	张家港市润沙钢铁贸易有限公司	江苏	309221	2476	73267	2036	11
399	厦门市中信隆进出口有限公司	福建	308964	896	146028	10688	86
400	方正证券股份有限公司	湖南	308770	124812	2802404	863638	4508
401	万事利集团有限公司	浙江	306163	8571	342977	148237	3500
402	浙江中捷环洲供应链集团股份有限公司	浙江	304894	953	65126	20622	518
403	浙江省医药工业有限公司	浙江	303939	4660	89036	21751	653
404	鹭燕（福建）药业股份有限公司	福建	303585	4858	109509	27511	1168
405	河北远洋运输集团股份有限公司	河北	302489	24662	383544	138171	
406	浙江宝利德控股集团有限公司	浙江	301800	9286	171500	33812	921
407	华天实业控股集团有限公司	湖南	300113	12176	615639	201948	11865
408	内蒙古铁鑫煤化集团有限公司	内蒙古	299880	1577	66136	22551	240
409	常州市化工轻工材料总公司	江苏	298506	371	40315	2220	111

名次	企业名称	地区	营业收入（万元）	利润（万元）	资产（万元）	所有者权益（万元）	从业人数
410	用友软件股份有限公司	北京	297883	34603	476592	256581	10689
411	江苏恒大置业投资发展有限公司	江苏	297000	9700	73000	40500	1086
412	浙江省农村发展集团有限公司	浙江	292609	4641	586440	48121	872
413	青岛泰能燃气集团有限公司	山东	290669	9720	628196	338568	2783
414	浙江建华集团有限公司	浙江	289036	1917	189932	59982	3364
415	中国免税品（集团）有限责任公司	北京	287843	36316	245734	160629	2334
416	青岛康大外贸集团有限公司	山东	287114	14215	160213	98442	4500
417	张家港市嘉广天进出口贸易有限公司	江苏	286563	6741	121718	10521	25
418	山西华宇集团有限公司	山西	284350	4319	578035	274639	10800
419	湖南金正方企业集团股份有限公司	湖南	283147	1078	49527	27974	1000
420	浙江南苑控股集团有限公司	浙江	283118	7988	340855	62485	3004
421	新疆银隆国际贸易股份有限公司	新疆	280573	11818	190333	21167	383
422	浙江华联商厦有限公司	浙江	278665	4657	96886	17839	4880
423	武汉农村商业银行股份有限公司	湖北	278275	71429	7074482	462778	2978
424	上海闵熙钢铁发展有限公司	上海	274660	3501	32333	13829	163
425	新浪公司	北京	271990	-12896	1105261	837216	3600
426	上海致盛实业集团有限公司	上海	269324	24225	356440	141194	326
427	张家口通泰控股集团有限公司	河北	267168	46745	2043234	1207045	8719
428	新东方教育科技（集团）有限公司	北京	263786	52962	407385	320684	22000
429	湖州市浙北大厦有限责任公司	浙江	259199	5974	234998	43853	2114
430	长城人寿保险股份有限公司	北京	256161	-16305	859212	76521	2867
431	福建省福农农资集团有限公司（福建省农资集团公司）	福建	254535	2671	188432	38362	530
432	常州药业股份有限公司	江苏	254351	11435	153590	78526	3450
433	无锡市交通产业集团有限公司	江苏	254294	55349	2241316	873494	11927
434	上海强生集团有限公司	上海	253341	20495	526644	249615	20216
435	西安开元控股集团股份有限公司	陕西	252620	15225	270684	106867	7617
436	重庆百事达汽车有限公司	重庆	251116	3824	70933	20458	1740
437	河北保百集团有限公司	河北	250861	2938	78415	17112	7560
438	苏州汽车客运集团有限公司	江苏	250850	37354	379083	168502	10257
439	浙江供销超市有限公司	浙江	250140	3804	56145	8481	1785
440	话机世界数码连锁集团股份有限公司	浙江	248900	2787	55310	13996	2800
441	新疆生产建设兵团棉麻公司	新疆	247191	2534	290018	27102	553
442	心连心集团有限公司	湖南	244558	5019	85707	40908	3056
443	温州银行股份有限公司	浙江	244514	48881	5255343	396926	1780
444	上海东方明珠（集团）股份有限公司	上海	240769	68530	1248719	907651	1636
445	上海华通机电集团有限公司	上海	240684	12071	236877	210346	
446	渝惠食品集团有限公司	重庆	238477	3336	471520	225751	

名次	企业名称	地区	营业收入（万元）	利润（万元）	资产（万元）	所有者权益（万元）	从业人数
447	武汉市燃气热力集团有限公司	湖北	238396	18186	524457	150599	
448	厦门嘉联恒进出口有限公司	福建	238196	188	70256	1088	46
449	重庆市盐业（集团）有限公司	重庆	235844	5725	306744	112595	3788
450	荣安集团股份有限公司	浙江	235749	35967	896593	252394	504
451	上海中钢投资集团有限公司	上海	235461	42143	85081	21849	252
452	青岛宝井钢材加工配送有限公司	山东	233925	2492	69820	10724	112
453	绮丽集团有限责任公司	山东	233267	5906	114492	30887	4134
454	杭州果品集团有限公司	浙江	230638	1849	35886	12219	269
455	厦门源昌集团有限公司	福建	230367	56587	565169	157418	473
456	武汉地产开发投资集团有限公司	湖北	230036	40174	3582013	578556	452
457	重庆德庄实业（集团）有限公司	重庆	226789	13415	26802	22920	15240
458	上海尚友实业集团有限公司	上海	226547	1807	18169	8291	35
459	上海金桥（集团）有限公司	上海	226357	59898	1097861	485352	831
460	民生轮船股份有限公司	重庆	226140	12531	142688	67497	2086
461	东华能源股份有限公司	江苏	226024	4029	200084	61894	116
462	中铁特货运输有限责任公司	北京	225259	–20312	343500	17463	3475
463	长沙银行股份有限公司	湖南	224753	86407	8293046	442379	2099
464	国元证券股份有限公司	安徽	224204	92498	2490071	1498003	2342
465	重庆中渝物业发展有限公司	重庆	223423	41734	464215	115383	299
466	云南南天电子信息产业股份有限公司	云南	222754	6894	238900	128791	2916
467	大连市汽车贸易集团有限公司	辽宁	222273	4560	90664	15824	713
468	广东省商业企业集团公司	广东	219975	6752	133020	29734	1105
469	安徽国华投资集团有限公司	安徽	218728	11505	171840	134619	2116
470	厦门协力集团有限公司	福建	218321	194	118740	21743	170
471	潍坊银行股份有限公司	山东	218005	57062	4032477	249864	1337
472	江苏中江能源有限公司	江苏	217933	949	38664	9590	26
473	新中宇集团有限公司	浙江	216403	21320	306230	58701	59
474	大连金港集团有限公司	辽宁	216294	25730	352000	210000	7000
475	上海外经集团控股有限公司	上海	215530	3865	209266	35661	645
476	赛鼎工程有限公司	山西	215488	18742	202549	45869	1040
477	湖南九龙经贸集团有限公司	湖南	215292	5629	100621	76375	2600
478	厦门盛元通商集团	福建	215078	3139	70835	23932	781
479	大连鹏生集团有限公司	辽宁	214500	17500	351100	300750	313
480	宁波晶圆贸易有限公司	浙江	209861	834	52283	2487	57
481	重庆小天鹅投资控股（集团）有限公司	重庆	209660	15981	104216	71613	24100
482	上海城投置地（集团）有限公司	上海	209500	49800	1533900	485500	495
483	宁波宁电进出口有限公司	浙江	208506	545	38008	2867	48

名次	企业名称	地区	营业收入（万元）	利润（万元）	资产（万元）	所有者权益（万元）	从业人数
484	青岛利客来商贸集团股份有限公司	山东	208052	770	187964	78640	1506
485	全洲药业集团有限公司	湖南	207567	6515	106908	53612	480
486	江苏张家港农村商业银行股份有限公司	江苏	207373	68491	5194803	369745	950
487	上海金开利实业股份有限公司	上海	205859	10355	202636	179941	
488	浙江省八达物流有限公司	浙江	204558	3784	33506	24416	201
489	丝绸之路控股集团有限公司	浙江	204112	518	100534	25687	2649
490	武汉市公共交通集团有限责任公司	湖北	204003	-42088	365420	-23547	24897
491	雄风集团有限公司	浙江	203418	2293	166236	21580	4800
492	郑州银行股份有限公司	河南	201267	62911	5772673	277320	2105
493	广西桂东电力股份有限公司	广西	199642	16560	361418	116558	982
494	宁波赛尔集团有限公司	浙江	199460	1972	40186	18984	767
495	新疆兵团农三师棉麻公司	新疆	198815	4319	83647	10740	35
496	杭州解百集团股份有限公司	浙江	198342	7026	129857	64730	946
497	上海青浦工业园区发展（集团）有限公司	上海	198331	1770	739966	150138	389
498	上海神源企业集团有限公司	上海	197715	487	94739	37629	86
499	杭州市轻工工艺纺织品进出口有限公司	浙江	197303	4542	48945	15510	353
500	天津海泰控股集团有限公司	天津	197242	22106	2417591	807857	888
	合计		1472374551	121701792	8729819777	969695715	10924942

说　明

1. 2011 中国服务业企业 500 强是中国企业联合会、中国企业家协会参照国际惯例，组织企业自愿申报，并经专家审定确认后产生的。申报企业包括在中国境内注册、2009 年完成营业收入达到 9 亿元（人民币）以上（含 9 亿元）的企业（不包括行政性公司和资产经营公司，不包括在华外资、港澳台独资、控股企业；也不包括行政性公司、政企合一的单位（如铁路局）以及各类资产经营公司，但包括在境外注册、投资主体为中国自然人或法人、主要业务在境内，属于我国银监会、保监会和各级国资委监管的企业，都有资格申报参加排序。属于集团公司的控股子公司或相对控股子公司，由于其财务报表最后能被合并到集团母公司的财务会计报表中去，因此只允许其母公司申报。

2. 表中所列数据由企业自愿申报或属于上市公司公开数据、并已经公认会计师事务所或审计师事务所等单位认可。

3. 营业收入是 2010 年不含增值税的收入，包括企业的所有收入，即主营业务和非主营业务、境内和境外的收入。利润是 2010 年上交所得税后的净利润（不含少数股权收益）。资产是 2010 年度末的资产总额。所有者权益是 2010 年末所有者权益总额（不含少数股东权益）。研究开发费用是 2010 年企业投入研究开发的所有费用。从业人数是 2010 年度的平均人数（含所有被合并报表企业的人数）。

4. 行业分类既参照了国家统计局的分类方法，为了进行对比分析，也参考了美国《财富》杂志的分类方法，企业主要是依据其主营业务收入所在行业来划分。

5. 地区分类是按企业总部所在地划分。

表9-2 2011中国服务业企业500强各行业企业分布

排名	企业名称	总排名	营业收入（万元）
电力、热力、燃气等能源供应服务业			
1	国家电网公司	1	152880849
2	中国南方电网有限责任公司	8	36857369
3	浙江省能源集团有限公司	59	4702046
4	申能（集团）有限公司	93	2534147
5	北京能源投资（集团）有限公司	128	1714195
6	山西省国新能源发展集团有限公司	138	1557374
7	福建省能源集团有限责任公司	139	1528110
8	深圳能源集团股份有限公司	153	1305481
9	广州发展集团有限公司	163	1157014
10	无锡市国联发展（集团）有限公司	194	875613
11	安徽省能源集团有限公司	197	856188
12	景德镇市焦化工业集团有限责任公司	225	692748
13	广西水利电业集团有限公司	245	622963
14	重庆市涪陵水利电力投资集团有限责任公司	269	543360
15	天津市燃气集团有限公司	293	483192
16	青岛泰能燃气集团有限公司	414	290669
17	武汉市燃气热力集团有限公司	448	238396
18	东华能源股份有限公司	462	226024
19	广西桂东电力股份有限公司	494	199642
	合计		209265380
铁路运输及辅助服务业			
1	中国铁路物资股份有限公司	24	15319125
2	广州铁路（集团）公司	57	4818250
3	大秦铁路股份有限公司	67	4201380
4	广深铁路股份有限公司	151	1348440
5	中铁集装箱运输有限责任公司	156	1209760
6	中铁快运股份有限公司	208	786491
7	内蒙古集通铁路（集团）有限责任公司	272	532914
8	天津京铁实业发展中心	383	331739
9	中铁特货运输有限责任公司	463	225259
	合计		28773358
道路运输、城市公交及辅助、服务业			
1	广东省交通集团有限公司	77	3308711
2	浙江省交通投资集团有限公司	102	2337958
3	山东高速集团有限公司	123	1872435
4	重庆交通运输控股（集团）有限公司	223	696647
5	安徽省高速公路控股集团有限公司	226	689521
6	上海交运（集团）公司	235	662406
7	山西汽车运输集团有限公司	291	488798
8	安徽省交通投资集团有限责任公司	310	454654
9	天津市交通（集团）有限公司	327	414400
10	江西赣粤高速公路股份有限公司	336	397762
11	万合集团股份有限公司	343	385476
12	张家口通泰控股集团有限公司	428	267168
13	上海强生集团有限公司	435	253341
14	苏州汽车客运集团有限公司	439	250850
15	武汉市公共交通集团有限责任公司	491	204003
	合计		12684130
水上运输业			
1	中国远洋运输（集团）总公司	20	16415080
2	中国海运（集团）总公司	44	6481092
3	浙江中外运有限公司	196	860685
4	河北远洋运输集团股份有限公司	406	302489
5	民生轮船股份有限公司	461	226140
	合计		24285486
港口服务业			
1	上海国际港务（集团）股份有限公司	122	1910545
2	天津港（集团）有限公司	127	1751557
3	青岛港（集团）有限公司	142	1464587
4	广西北部湾国际港务集团有限公司	181	1009048
5	日照港集团有限公司	187	930624
6	营口港务集团有限公司	238	640888
7	河北港口集团有限公司	253	597175
8	广州港集团有限公司	324	417064
9	大连港集团有限公司	350	370231
	合计		9091719
航空运输及相关服务业			
1	中国航空集团公司	38	8248441
2	中国东方航空集团公司	39	8010875
3	中国南方航空集团公司	40	7824707
4	海航集团有限公司	46	6466806
5	厦门航空有限公司	172	1068129
6	山东航空集团有限公司	214	752439

排名	企业名称	总排名	营业收入（万元）
	合计		32371397
航空港及相关服务业			
1	上海机场（集团）有限公司	201	837044
2	北京首都国际机场股份有限公司	257	577673
3	广东省机场管理集团公司	306	463516
4	厦门国际航空港集团有限公司	357	362877
5	春秋航空股份有限公司	378	344403
	合计		2585513
邮电通信业			
1	中国移动通信集团公司	3	51901596
2	中国电信集团公司	11	26040613
3	中国邮政集团公司	15	19017095
4	中国联合网络通信集团有限公司	19	17681154
	合计		114640458
软件、程序、线路的设计和计算机应用、网络工程等计算机、微电子服务业			
1	三胞集团有限公司	70	3980819
2	浪潮集团有限公司	84	3053517
3	浙大网新科技股份有限公司	262	554806
4	用友软件股份有限公司	411	297883
5	云南南天电子信息产业股份有限公司	467	222754
	合计		8109779
物流、仓储、运输、配送服务业			
1	中国外运长航集团有限公司	33	9465135
2	厦门建发集团有限公司	43	6770462
3	中国诚通控股集团有限公司	60	4674979
4	厦门象屿集团有限公司	92	2576816
5	中储发展股份有限公司	124	1834723
6	河北省物流产业集团有限公司	131	1653285
7	福建省交通运输集团有限责任公司	205	793315
8	云南物流产业集团有限公司	215	751184
9	振华物流集团有限公司	248	619400
10	锦联投资集团有限公司	264	553462
11	重庆港务物流集团有限公司	274	529714
12	锦程国际物流集团股份有限公司	330	407132
13	武汉商贸国有控股集团有限公司	333	402673
14	上海亚东国际货运有限公司	371	348307

排名	企业名称	总排名	营业收入（万元）
15	环球控股集团有限公司	397	310749
16	浙江中捷环洲供应链集团股份有限公司	403	304894
17	重庆中渝物业发展有限公司	466	223423
18	浙江省八达物流有限公司	489	204558
	合计		32424211
矿产、能源内外商贸批发业			
1	中国航空油料集团公司	25	15318726
2	山西煤炭运销集团有限公司	30	11588080
3	珠海振戎公司	48	6098492
4	山西煤炭进出口集团有限公司	69	4062147
5	南方石化集团有限公司	88	2752872
6	中球冠集团有限公司	204	816549
7	河北省唐山市滦通商贸有限公司	281	508251
8	上海龙宇燃油股份有限公司	309	457094
9	河北五兴能源集团有限公司	328	410315
10	新疆生产建设兵团石油有限公司	345	384997
11	内蒙古铁鑫煤化集团有限公司	409	299880
12	安徽国华投资集团有限公司	470	218728
13	厦门协力集团有限公司	471	218321
14	江苏中江能源有限公司	473	217933
	合计		43352385
化工产品及医药内外商贸批发业			
1	中国中化集团公司	9	33532680
2	宁波神化化学品经营有限责任公司	173	1042225
3	浙江日出化工有限公司	387	326419
4	宁波晶圆贸易有限公司	481	209861
	合计		35111185
机电、电子产品内外商贸及批发业			
1	中国通用技术（集团）控股有限责任公司	34	9383848
2	广东省广新控股集团有限公司	50	5579451
3	厦门信达股份有限公司	167	1095894
4	宁波市慈溪进出口股份有限公司	195	863214
5	山东省机械进出口集团公司	263	554545
6	广州佳都集团有限公司	347	382391
7	上海华通机电集团有限公司	446	240684
8	厦门嘉联恒进出口有限公司	449	238196
9	广东省商业企业集团公司	469	219975
10	宁波宁电进出口有限公司	484	208506

排名	企业名称	总排名	营业收入（万元）
11	上海金开利实业股份有限公司	488	205859
	合计		18972563
纺织、服装、文体、烟酒、工艺、首饰等轻工产品内外商贸批发业			
1	中国烟草总公司湖南省公司	66	4294715
2	浙江省国际贸易集团有限公司	74	3491306
3	中国中纺集团公司	83	3087432
4	中国工艺（集团）公司	86	2838134
5	广东省丝绸纺织集团有限公司	87	2773446
6	上海市糖业烟酒（集团）有限公司	109	2180001
7	江苏国泰国际集团有限公司	112	2053783
8	江苏省丝绸集团有限公司	120	1941494
9	新华锦集团有限公司	129	1709406
10	安徽国贸集团控股有限公司	133	1648284
11	老凤祥股份有限公司	143	1431090
12	红星美凯龙家居集团股份有限公司	144	1416439
13	四川省烟草公司成都市公司	169	1088702
14	广州轻工工贸集团有限公司	174	1036285
15	上海兰生（集团）有限公司	178	1023490
16	浙江凯喜雅国际股份有限公司	243	625274
17	太平鸟集团有限公司	271	533730
18	浙江华瑞集团有限公司	283	506525
19	北京市糖业烟酒公司	320	424813
20	温州金州集团公司	329	410021
21	厦门市嘉晟对外贸易有限公司	331	404705
22	宁波市工艺品进出口有限公司	352	368942
23	浙江中国小商品城集团股份有限公司	391	316951
24	福建省烟草公司厦门市公司	396	312300
25	湖北银丰实业集团有限责任公司	398	310728
26	厦门市中信隆进出口有限公司	400	308964
27	万事利集团有限公司	402	306163
28	中国免税品（集团）有限责任公司	416	287843
29	张家港市嘉广天进出口贸易有限公司	418	286563
30	绮丽集团有限责任公司	454	233267
31	丝绸之路控股集团有限公司	490	204112
32	宁波赛尔集团有限公司	495	199460
33	杭州市轻工工艺纺织品进出口有限公司	500	197303
	合计		38251671

排名	企业名称	总排名	营业收入（万元）
粮油食品及农林、土畜、果蔬、水产品等内外商贸批发、零售业			
1	中粮集团有限公司	18	17917250
2	吉林粮食集团有限公司	149	1381962
3	北京粮食集团有限责任公司	177	1025409
4	重庆粮食集团有限责任公司	288	495527
5	新疆西部银力棉业（集团）有限责任公司	339	389004
6	新疆生产建设兵团农一师棉麻公司	362	357151
7	浙江省农村发展集团有限公司	413	292609
8	新疆银隆国际贸易股份有限公司	422	280573
9	新疆生产建设兵团棉麻公司	442	247191
10	渝惠食品集团有限公司	447	238477
11	杭州果品集团有限公司	455	230638
12	新疆兵团农三师棉麻公司	496	198815
	合计		23054606
生产资料内外贸易批发、零售业			
1	天津市物资集团总公司	27	14862736
2	浙江省物产集团公司	29	13539303
3	中国供销集团有限公司	31	9693017
4	广东物资集团公司	49	5831123
5	安徽省徽商集团有限公司	63	4379994
6	江苏汇鸿国际集团有限公司	73	3511668
7	张家港保税区锦德贸易有限公司	160	1194308
8	安徽辉隆农资集团	170	1088102
9	黑龙江倍丰农业生产资料集团有限公司	202	822080
10	厦门路桥工程物资有限公司	218	720923
11	庆丰农业生产资料集团有限责任公司	289	493311
12	江苏苏农农资连锁集团股份有限公司	313	437238
13	新疆农资（集团）有限责任公司	314	434398
14	河北省农业生产资料有限公司	373	346833
15	九禾股份有限公司	381	335960
16	常州市化工轻工材料总公司	410	298506
17	浙江建华集团有限公司	415	289036
18	福建省福农农资集团有限公司（福建省农资集团公司）	432	254535
19	重庆市盐业（集团）有限公司	450	235844
	合计		58768915
金属内外贸易及加工、配送、批发零售业			
1	中国中钢集团公司	17	18456624

排名	企业名称	总排名	营业收入（万元）
2	上海华冶钢铁集团有限公司	104	2258908
3	中金再生资源（中国）投资有限公司	118	1957180
4	丰立集团有限公司	121	1928819
5	大汉控股集团有限公司	147	1386159
6	上海西本钢铁贸易发展有限公司	192	884278
7	天津立业钢铁集团有限公司	200	844098
8	江苏大经集团有限公司	210	779699
9	天津市丽兴京津钢铁贸易有限公司	224	693511
10	上海百营钢铁集团有限公司	265	552578
11	上海闽路润贸易有限公司	270	534699
12	上海顺朝企业发展集团有限公司	286	501559
13	上海宝闽钢铁集团有限公司	303	468391
14	山西宝力金属材料集团有限公司	325	416092
15	天津市静海县宝来工贸有限公司	342	385670
16	江阴市中昌实业有限公司	386	328700
17	江阴市长江钢管有限公司	392	316470
18	张家港市润沙钢铁贸易有限公司	399	309221
19	上海闵熙钢铁发展有限公司	425	274660
20	上海中钢投资集团有限公司	452	235461
21	青岛宝井钢材加工配送有限公司	453	233925
22	上海尚友实业集团有限公司	459	226547
23	上海神源企业集团有限公司	499	197715
	合计		34170964
综合性内外商贸及批发、零售业			
1	厦门国贸控股有限公司	58	4809649
2	浙江省兴合集团公司	61	4580663
3	东方国际（集团）有限公司	108	2187347
4	远大物产集团有限公司	111	2121081
5	中国轻工业品进出口总公司	132	1650754
6	中基宁波集团股份有限公司	145	1403470
7	环渤海金岸（天津）集团股份有限公司	184	948771
8	北方国际集团有限公司	240	633719
9	广西物资集团有限公司	261	559278
10	欧美投资集团有限公司	275	528406
11	宁波海田国际贸易有限公司	277	521000
12	扬帆集团股份有限公司	278	520565
13	宁波韵升进出口有限公司	279	518042
14	浙江万丰企业集团公司	316	432912
15	嘉兴良友进出口集团股份有限公司	351	369033
16	上海外经集团控股有限公司	476	215530

排名	企业名称	总排名	营业收入（万元）
	合计		22000220
汽车和摩托车商贸、维修保养及租赁业			
1	庞大汽贸集团股份有限公司	53	5377439
2	上海永达控股（集团）有限公司	126	1785615
3	北京祥龙博瑞汽车服务（集团）有限公司	152	1307059
4	天津市浩物机电汽车贸易有限公司	154	1296153
5	山东远通汽车贸易集团有限公司	185	939356
6	浙江康桥汽车工贸集团股份有限公司	190	915003
7	广西壮族自治区机电设备有限责任公司	217	728422
8	润华集团股份有限公司	219	717098
9	上海申华控股股份有限公司	222	707007
10	重庆中汽西南汽车有限公司	228	676968
11	中国农业机械华北集团有限公司	241	627140
12	山西大昌汽车集团有限公司	266	550745
13	成都建国汽车贸易有限公司	282	506733
14	宁波轿辰集团股份有限公司	287	500294
15	四川申蓉汽车股份有限公司	297	479234
16	安徽亚夏实业股份有限公司	323	419367
17	湖南兰天汽车集团有限公司	384	330688
18	华星北方汽车贸易有限公司	390	317160
19	重庆百事达汽车有限公司	437	251116
20	大连市汽车贸易集团有限公司	468	222273
	合计		18654870
电器商贸批发、零售业			
1	苏宁电器集团有限公司	22	15622292
2	国美电器有限公司	23	15490000
3	深圳市天音通信发展有限公司	114	2038253
4	深圳市爱施德股份有限公司	168	1090419
5	武汉工贸有限公司	298	478956
6	话机世界数码连锁集团股份有限公司	441	248900
7	厦门盛元通商集团	479	215078
	合计		35183898
医药专营批发、零售业			
1	中国医药集团总公司	36	8817424
2	南京医药产业（集团）有限责任公司	98	2415239
3	九州通医药集团股份有限公司	110	2125177
4	重庆医药股份有限公司	171	1073393
5	浙江英特药业有限责任公司	233	663824

排名	企业名称	总排名	营业收入（万元）
6	乐仁堂医药集团股份有限公司	249	616500
7	重庆桐君阁股份有限公司	315	434363
8	宁波医药股份有限公司	369	349986
9	老百姓大药房连锁股份有限公司	393	315030
10	浙江省医药工业有限公司	404	303939
11	鹭燕（福建）药业股份有限公司	405	303585
12	常州药业股份有限公司	433	254351
13	全洲药业集团有限公司	486	207567
	合计		17880378

商业零售业

排名	企业名称	总排名	营业收入（万元）
1	百联集团有限公司	13	19644457
2	大连大商集团有限公司	37	8615769
3	武汉商联（集团）股份有限公司	54	5212909
4	山东省商业集团有限公司	72	3702662
5	重庆商社（集团）有限公司	78	3215632
6	浙江省商业集团有限公司	81	3161013
7	天津一商集团有限公司	90	2660644
8	合肥百货大楼集团股份有限公司	94	2490000
9	利群集团股份有限公司	130	1693036
10	石家庄北国人百集团有限责任公司	135	1619223
11	北京王府井百货（集团）股份有限公司	146	1394620
12	银泰百货（集团）有限公司	159	1196235
13	人人乐连锁商业集团股份有限公司	162	1174832
14	淄博商厦股份有限公司	164	1138214
15	辽宁兴隆大家庭商业集团有限公司	188	919382
16	上海新世界（集团）有限公司	203	817946
17	天津二商集团有限公司	212	756300
18	无锡商业大厦大东方股份有限公司	239	634494
19	北京菜市口百货股份有限公司	244	623641
20	大连金玛商城企业集团有限公司	256	587951
21	天津金元宝商厦集团有限公司	267	550000
22	唐山百货大楼集团有限责任公司	285	501826
23	湖南友谊阿波罗股份有限公司	296	479289
24	河北省新合作资产运营集团有限公司	304	465967
25	重庆华轻商业公司	305	465693
26	天津劝业华联集团有限公司	311	454645
27	重庆永辉超市有限公司	312	454386
28	河北怀特集团股份有限公司	317	430887
29	杭州大厦有限公司	322	422717
30	银川新华百货商店股份有限公司	335	398504
31	北京翠微大厦股份有限公司	344	385342
32	长沙通程实业集团有限公司	346	384758
33	邯郸市阳光百货集团总公司	348	381000
34	江西洪客隆投资集团有限公司	355	363896
35	青岛维客集团股份有限公司	359	361842
36	广州友谊集团股份有限公司	360	358572
37	武汉市汉商集团股份有限公司	363	357000
38	湖南汽车城有限公司	379	344173
39	浙江宝利德控股集团有限公司	407	301800
40	山西华宇集团有限公司	419	284350
41	浙江华联商厦有限公司	423	278665
42	湖州市浙北大厦有限责任公司	430	259199
43	西安开元控股集团股份有限公司	436	252620
44	河北保百集团有限公司	438	250861
45	青岛利客来商贸集团股份有限公司	485	208052
46	雄风集团有限公司	492	203418
47	杭州解百集团股份有限公司	497	198342
	合计		71056764

连锁超市

排名	企业名称	总排名	营业收入（万元）
1	物美控股集团有限公司	71	3750456
2	江苏高力集团有限公司	100	2393521
3	北京华联综合超市股份有限公司	175	1033880
4	杭州联华华商集团有限公司	182	1003421
5	月星集团有限公司	251	599591
6	成都红旗连锁有限公司	273	531331
7	山西美特好连锁超市股份有限公司	356	363678
8	加贝物流股份有限公司	382	332600
9	江苏恒大置业投资发展有限公司	412	297000
10	浙江供销超市有限公司	440	250140
11	心连心集团有限公司	443	244558
	合计		10800176

银行业

排名	企业名称	总排名	营业收入（万元）
1	中国工商银行股份有限公司	2	54500200
2	中国建设银行股份有限公司	4	45408700
3	中国农业银行股份有限公司	6	40794200
4	中国银行股份有限公司	7	40024770
5	交通银行股份有限公司	21	16374112
6	招商银行股份有限公司	42	7137700
7	中国民生银行股份有限公司	51	5476800

排名	企业名称	总排名	营业收入（万元）
8	上海浦东发展银行股份有限公司	55	4985585
9	兴业银行股份有限公司	64	4345591
10	广发银行股份有限公司	76	3408515
11	北京银行	95	2483461
12	华夏银行股份有限公司	96	2447889
13	广西农村信用社（合作银行）	157	1205423
14	重庆农村商业银行股份有限公司	161	1180543
15	徽商银行股份有限公司	242	625612
16	成都银行股份有限公司	294	482833
17	吉林银行	307	460087
18	天津银行股份有限公司	318	429692
19	渤海银行股份有限公司	338	390000
20	武汉农村商业银行股份有限公司	424	278275
21	温州银行股份有限公司	444	244514
22	长沙银行股份有限公司	464	224753
23	潍坊银行股份有限公司	472	218005
24	江苏张家港农村商业银行股份有限公司	487	207373
25	郑州银行股份有限公司	493	201267
	合计		233535900

人寿保险业

排名	企业名称	总排名	营业收入（万元）
1	中国人寿保险（集团）公司	5	43752296
2	新华人寿保险股份有限公司	35	9364308
3	泰康人寿保险股份有限公司	41	7744119
4	太平人寿保险有限公司	79	3200626
5	阳光保险集团股份有限公司	97	2446216
6	长城人寿保险股份有限公司	431	256161
	合计		66763726

财产保险业

排名	企业名称	总排名	营业收入（万元）
1	中国人民保险集团股份有限公司	12	24431400
2	中国大地财产保险股份有限公司	148	1384854
	合计		25816254

综合保险业

排名	企业名称	总排名	营业收入（万元）
1	中国平安保险（集团）股份有限公司	14	19553413
2	中国太平洋保险（集团）股份有限公司	28	14166200
3	华泰保险控股股份有限公司	189	917774
	合计		34637387

证券业

排名	企业名称	总排名	营业收入（万元）
1	广发证券股份有限公司	179	1021861
2	中国银河证券股份有限公司	207	790025
3	方正证券股份有限公司	401	308770
4	国元证券股份有限公司	465	224204
	合计		2344860

其他金融服务业

排名	企业名称	总排名	营业收入（万元）
1	厦门华澄集团有限公司	364	356652
2	青岛市农村信用合作社联合社	380	337509
	合计		694161

商务服务业

排名	企业名称	总排名	营业收入（万元）
1	中国中信集团公司	10	26389387
2	华润（集团）有限公司	16	18805269
3	国家开发投资公司	47	6143153
4	广东省广晟资产经营有限公司	101	2368231
5	广西投资集团有限公司	106	2221897
6	重庆市能源投资集团公司	115	1980039
7	浙江前程投资股份有限公司	119	1952596
8	天津市津能投资公司	140	1514162
9	深圳市神州通投资集团有限公司	165	1114444
10	苏州金螳螂企业（集团）有限公司	227	677160
11	中节能（天津）投资集团有限公司	231	667002
12	河南交通投资集团有限公司	232	664060
13	厦门海沧投资集团有限公司	280	512443
14	青海省投资集团有限公司	295	481162
15	无锡市交通产业集团有限公司	434	254294
15	上海青浦工业园区发展（集团）有限公司	498	198331
	合计		65943630

房地产开发与经营、物业及房屋装饰、修缮、管理等服务业

排名	企业名称	总排名	营业收入（万元）
1	上海绿地（集团）有限公司	32	9478176
2	绿城房地产集团有限公司	52	5420000
3	恒大地产集团	62	4580140
4	大连万达集团股份有限公司	65	4339652
5	华侨城集团公司	75	3442354
6	江苏苏宁环球集团有限公司	85	2952000
7	碧桂园控股有限公司	91	2580411
8	世纪金源投资集团有限公司	99	2402798
9	福佳集团有限公司	103	2301336
10	雅居乐地产控股有限公司	113	2052019

排名	企业名称	总排名	营业收入（万元）
11	金地（集团）股份有限公司	117	1959250
12	江苏华厦融创置地集团有限公司	136	1615860
13	宁波银亿集团有限公司	137	1615030
14	龙湖地产有限公司	141	1509312
15	大华（集团）有限公司	166	1099336
16	世纪华丰控股有限公司	176	1027625
17	浙江华成控股集团有限公司	185	935374
18	天津现代集团有限公司	197	855487
19	天津住宅建设发展集团有限公司	198	851017
20	卓尔控股有限公司	210	772030
21	荣盛控股股份有限公司	212	752748
22	重庆华宇物业（集团）有限公司	215	741263
23	四川蓝光实业集团有限公司	219	714128
24	亿达集团有限公司	246	622608
25	西安高科（集团）公司	253	594345
26	北京北辰实业集团公司	254	590566
27	上海爱家豪庭房地产集团发展有限公司	257	568633
28	重庆市金科实业（集团）有限公司	258	567122
29	天津市房地产开发经营集团有限公司	267	548154
30	天津贻成集团有限公司	283	503773
31	大连宏光好运来集团有限公司	299	473579
32	宁波宁兴控股股份有限公司	300	472571
33	百步亭集团有限公司	307	459088
34	厦门禹洲集团股份有限公司	318	426555
35	中华企业股份有限公司	365	352330
36	宁波联合集团股份有限公司	367	350621
37	祥生实业集团有限公司	373	345820
38	宁波宁兴房地产开发集团有限公司	374	345585
39	联发集团有限公司	375	345512
40	天津津滨发展股份有限公司	376	344768
41	河北卓正实业集团有限公司	384	329546
42	东冠集团有限公司	387	325315
43	厦门经济特区房地产开发集团有限公司	388	318372
44	天津滨海投资集团股份有限公司	393	313377
45	宁波富达股份有限公司	394	313000
46	浙江南苑控股集团有限公司	420	283118
47	上海致盛实业集团有限公司	426	269324
48	荣安集团股份有限公司	450	235749
49	厦门源昌集团有限公司	455	230367
50	武汉地产开发投资集团有限公司	456	230036
51	上海金桥（集团）有限公司	459	226357
52	新中宇集团有限公司	473	216403
53	大连金港集团有限公司	474	216294
54	大连鹏生集团有限公司	479	214500
55	上海城投置地（集团）有限公司	482	209500
56	天津海泰控股集团有限公司	500	197242
	合计		66037476

餐饮业

排名	企业名称	总排名	营业收入（万元）
1	内蒙古小肥羊餐饮连锁有限公司	246	622800
2	重庆德庄实业（集团）有限公司	458	226789
3	重庆小天鹅投资控股（集团）有限公司	482	209660
	合计		1059249

旅游、旅馆及娱乐服务业

排名	企业名称	总排名	营业收入（万元）
1	中国港中旅集团公司	56	4837930
2	北京首都旅游集团有限责任公司	80	3169904
3	浙江国大集团有限责任公司	150	1359937
4	中国国旅集团有限公司	183	987374
5	上海春秋国际旅游社有限公司	236	655758
6	开元旅业集团有限公司	290	492787
7	杭州旅游集团有限公司	292	486450
8	华天实业控股集团有限公司	408	300113
	合计		12290253

公用事业、市政服务、公共设施经营与管理业

排名	企业名称	总排名	营业收入（万元）
1	北京控股集团有限公司	82	3118499
2	北京首都创业集团有限公司	134	1637597
3	宁波华东物资城市场建设开发有限公司	191	904700
4	天津城市基础设施建设投资集团有限公司	193	882070
5	南昌市政公用投资控股有限责任公司	229	675438
6	江苏吴中集团有限公司	230	668847
7	南京大地建设集团有限责任公司	234	662603
8	天津市政建设集团有限公司	260	560144
9	武汉市城市建设投资开发集团有限公司	276	525285
10	天津市自来水集团有限公司	358	361932
11	上海大众公用事业（集团）股份有限公司	365	354008
12	上海临港经济发展（集团）有限公司	370	348899
13	湖南金正方企业集团股份有限公司	420	283147
	合计		10983169

排名	企业名称	总排名	营业收入（万元）
技术智力、人力资源、劳务等国际合作及其他对外经济合作服务业			
1	中国国际技术智力合作公司	107	2220298
2	北京外企服务集团有限责任公司	125	1801715
3	中国大连国际经济技术合作集团有限公司	334	401795
4	中国出国人员服务总公司	354	367453
	合计		4791261
研发、科技交流与推广和地勘、规划、设计、评估、咨询及总承包等服务业			
1	中国煤炭科工集团有限公司	105	2236925
2	中国电力工程顾问集团公司	155	1250950
3	中国铁道科学研究院	209	786000
4	天津水泥工业设计研究院有限公司	252	598239
5	中国水利电力对外公司	302	472448
6	长江水利委员会长江勘测规划设计研究院	332	403672
7	铁道第三勘察设计院集团有限公司	340	388229
8	上海久隆电力（集团）有限公司	341	387612
9	赛鼎工程有限公司	477	215488
	合计		6739563
新闻、报刊、图书的出版发行与销售和广播、影视、音像、文体等文化产业			
1	安徽出版集团有限责任公司	221	709604
2	安徽新华发行（集团）控股有限公司	237	646091
3	江苏省广播电视总台（集团）	250	611345
4	四川新华发行集团有限公司	321	424218
5	西安曲江文化产业投资（集团）有限公司	326	415373

排名	企业名称	总排名	营业收入（万元）
6	河北省新华书店集团公司	349	380491
7	成都传媒集团	367	351173
8	华闻传媒投资集团股份有限公司	372	347850
9	上海东方明珠（集团）股份有限公司	445	240769
	合计		4126914
教育产业			
1	新东方教育科技（集团）有限公司	429	263786
	合计		263786
互联网传媒、商务、娱乐服务业			
1	腾讯控股有限公司	116	1964603
2	百度公司	206	791507
3	阿里巴巴网络有限公司	353	367473
4	新浪公司	426	271990
	合计		3395573
综合服务业（以服务业为主，含有制造业）			
1	中国机械工业集团有限公司	26	15221844
2	新疆广汇实业投资（集团）有限责任公司	45	6475589
3	上海世博（集团）有限公司	68	4122641
4	海南大印集团有限公司	89	2713098
5	上海均瑶（集团）有限公司	158	1200000
6	宁波滕头集团有限公司	299	475290
7	苏州国信集团有限公司	337	392257
8	华茂集团股份有限公司	361	358238
9	青岛康大外贸集团有限公司	417	287114
10	湖南九龙经贸集团有限公司	478	215292
	合计		31461363

表 9－3　　**2011 中国服务业企业 500 强各地区企业分布**

排名	企业名称	总排名	营业收入（万元）
北京			
1	国家电网公司	1	152880849
2	中国工商银行股份有限公司	2	54500200
3	中国移动通信集团公司	3	51901596
4	中国建设银行股份有限公司	4	45408700
5	中国人寿保险（集团）公司	5	43752296
6	中国农业银行股份有限公司	6	40794200
7	中国银行股份有限公司	7	40024770
8	中国中化集团公司	9	33532680
9	中国中信集团公司	10	26389387
10	中国电信集团公司	11	26040613
11	中国人民保险集团股份有限公司	12	24431400
12	中国邮政集团公司	15	19017095
13	中国中钢集团公司	17	18456624
14	中粮集团有限公司	18	17917250
15	中国联合网络通信集团有限公司	19	17681154
16	中国远洋运输（集团）总公司	20	16415080
17	国美电器有限公司	23	15490000
18	中国铁路物资股份有限公司	24	15319125
19	中国航空油料集团公司	25	15318726
20	中国机械工业集团有限公司	26	15221844
21	中国供销集团有限公司	31	9693017
22	中国外运长航集团有限公司	33	9465135
23	中国通用技术（集团）控股有限责任公司	34	9383848
24	新华人寿保险股份有限公司	35	9364308
25	中国医药集团总公司	36	8817424
26	中国航空集团公司	38	8248441
27	泰康人寿保险股份有限公司	41	7744119
28	国家开发投资公司	47	6143153
29	珠海振戎公司	48	6098492
30	中国民生银行股份有限公司	51	5476800
31	中国港中旅集团公司	56	4837930
32	中国诚通控股集团有限公司	60	4674979
33	物美控股集团有限公司	71	3750456
34	北京首都旅游集团有限责任公司	80	3169904
35	北京控股集团有限公司	82	3118499
36	中国中纺集团公司	83	3087432
37	中国工艺（集团）公司	86	2838134
38	北京银行	95	2483461
39	华夏银行股份有限公司	96	2447889
40	阳光保险集团股份有限公司	97	2446216
41	世纪金源投资集团有限公司	99	2402798
42	中国煤炭科工集团有限公司	105	2236925
43	中国国际技术智力合作公司	107	2220298
44	北京外企服务集团有限责任公司	125	1801715
45	北京能源投资（集团）有限公司	128	1714195
46	中国轻工业品进出口总公司	132	1650754
47	北京首都创业集团有限公司	134	1637597
48	龙湖地产有限公司	141	1509312
49	北京王府井百货（集团）股份有限公司	146	1394620
50	北京祥龙博瑞汽车服务（集团）有限公司	152	1307059
51	中国电力工程顾问集团公司	155	1250950
52	中铁集装箱运输有限责任公司	156	1209760
53	北京华联综合超市股份有限公司	175	1033880
54	北京粮食集团有限责任公司	177	1025409
55	中国国旅集团有限公司	183	987374
56	华泰保险控股股份有限公司	189	917774
57	百度公司	206	791507
58	中国银河证券股份有限公司	207	790025
59	中铁快运股份有限公司	208	786491
60	中国铁道科学研究院	209	786000
61	北京菜市口百货股份有限公司	244	623641
62	北京北辰实业集团公司	255	590566
63	北京首都国际机场股份有限公司	257	577673
64	中国水利电力对外公司	302	472448
65	北京市糖业烟酒公司	320	424813
67	北京翠微大厦股份有限公司	344	385342
68	中国出国人员服务总公司	354	367453
71	用友软件股份有限公司	411	297883
72	中国免税品（集团）有限责任公司	416	287843
73	新浪公司	426	271990
74	新东方教育科技（集团）有限公司	429	263786
75	长城人寿保险股份有限公司	431	256161
76	中铁特货运输有限责任公司	463	225259
	合计		836282527
上海			
1	百联集团有限公司	13	19644457
2	交通银行股份有限公司	21	16374112
3	中国太平洋保险（集团）股份有限公司	28	14166200

排名	企业名称	总排名	营业收入（万元）	排名	企业名称	总排名	营业收入（万元）
4	上海绿地（集团）有限公司	32	9478176	45	上海东方明珠（集团）股份有限公司	445	240769
5	中国东方航空集团公司	39	8010875	46	上海华通机电集团有限公司	446	240684
6	中国海运（集团）总公司	44	6481092	47	上海中钢投资集团有限公司	452	235461
7	上海浦东发展银行股份有限公司	55	4985585	48	上海尚友实业集团有限公司	459	226547
8	上海世博（集团）有限公司	68	4122641	49	上海金桥（集团）有限公司	460	226357
9	太平人寿保险有限公司	79	3200626	50	上海外经集团控股有限公司	476	215530
10	申能（集团）有限公司	93	2534147	51	上海城投置地（集团）有限公司	483	209500
11	上海华冶钢铁集团有限公司	104	2258908	52	上海金开利实业股份有限公司	488	205859
12	东方国际（集团）有限公司	108	2187347	53	上海青浦工业园区发展（集团）有限公司	498	198331
13	上海市糖业烟酒（集团）有限公司	109	2180001	54	上海神源企业集团有限公司	499	197715
14	中金再生资源（中国）投资有限公司	118	1957180		合计		122209337
15	上海国际港务（集团）股份有限公司	122	1910545				
16	上海永达控股（集团）有限公司	126	1785615		天津		
17	老凤祥股份有限公司	143	1431090	1	天津市物资集团总公司	27	14862736
18	红星美凯龙家居集团股份有限公司	144	1416439	2	天津一商集团有限公司	90	2660644
19	中国大地财产保险股份有限公司	148	1384854	3	中储发展股份有限公司	124	1834723
20	上海均瑶（集团）有限公司	158	1200000	4	天津港（集团）有限公司	127	1751557
21	大华（集团）有限公司	166	1099336	5	天津市津能投资公司	140	1514162
22	上海兰生（集团）有限公司	178	1023490	6	天津市浩物机电汽车贸易有限公司	154	1296153
23	上海西本钢铁贸易发展有限公司	192	884278	7	环渤海金岸（天津）集团股份有限公司	183	948771
24	上海机场（集团）有限公司	201	837044	8	天津城市基础设施建设投资集团有限公司	192	882070
25	上海新世界（集团）有限公司	203	817946	9	天津现代集团有限公司	197	855487
26	上海申华控股股份有限公司	222	707007	10	天津住宅建设发展集团有限公司	198	851017
27	上海交运（集团）公司	235	662406	11	天津立业钢铁集团有限公司	199	844098
28	上海春秋国际旅游社有限公司	236	655758	12	天津二商集团有限公司	211	756300
29	月星集团有限公司	251	599591	13	天津市丽兴京津钢铁贸易有限公司	223	693511
30	上海爱家豪庭房地产集团发展有限公司	258	568633	14	中节能（天津）投资集团有限公司	230	667002
31	上海百营钢铁集团有限公司	265	552578	15	北方国际集团有限公司	239	633719
32	上海闽路润贸易有限公司	270	534699	16	中国农业机械华北集团有限公司	240	627140
33	上海顺朝企业发展集团有限公司	286	501559	17	振华物流集团有限公司	247	619400
34	上海宝闽钢铁集团有限公司	303	468391	18	天津水泥工业设计研究院有限公司	251	598239
35	上海龙宇燃油股份有限公司	309	457094	19	天津市政建设集团有限公司	259	560144
36	上海久隆电力（集团）有限公司	341	387612	20	天津金元宝商厦集团有限公司	266	550000
37	上海大众公用事业（集团）股份有限公司	365	354008	21	天津市房地产开发经营集团有限公司	267	548154
38	中华企业股份有限公司	366	352330	22	天津贻成集团有限公司	283	503773
39	上海临港经济发展（集团）有限公司	370	348899	23	天津市燃气集团有限公司	292	483192
40	上海亚东国际货运有限公司	371	348307	24	天津劝业华联集团有限公司	310	454645
41	春秋航空股份有限公司	378	344403	25	天津银行股份有限公司	317	429692
42	上海闵熙钢铁发展有限公司	425	274660	26	天津市交通（集团）有限公司	326	414400
43	上海致盛实业集团有限公司	427	269324	27	渤海银行股份有限公司	337	390000
44	上海强生集团有限公司	435	253341	28	铁道第三勘察设计院集团有限公司	339	388229

排名	企业名称	总排名	营业收入（万元）
29	天津市静海县宝来工贸有限公司	341	385670
30	天津市自来水集团有限公司	357	361932
31	天津津滨发展股份有限公司	376	344768
32	天津京铁实业发展中心	382	331739
33	华星北方汽车贸易有限公司	389	317160
34	天津滨海投资集团股份有限公司	393	313377
35	天津海泰控股集团有限公司	500	197242
	合计		39870846
重庆			
1	重庆商社（集团）有限公司	78	3215632
2	重庆市能源投资集团公司	115	1980039
3	重庆农村商业银行股份有限公司	161	1180543
4	重庆医药股份有限公司	171	1073393
5	重庆华宇物业（集团）有限公司	216	741263
6	重庆交通运输控股（集团）有限公司	223	696647
7	重庆中汽西南汽车有限公司	228	676968
8	重庆市金科实业（集团）有限公司	259	567122
9	重庆市涪陵水利电力投资集团有限责任公司	269	543360
10	重庆港务物流集团有限公司	274	529714
11	重庆粮食集团有限责任公司	288	495527
12	重庆华轻商业公司	305	465693
13	重庆永辉超市有限公司	312	454386
14	重庆桐君阁股份有限公司	315	434363
15	九禾股份有限公司	381	335960
16	重庆百事达汽车有限公司	437	251116
17	渝惠食品集团有限公司	447	238477
18	重庆市盐业（集团）有限公司	450	235844
19	重庆德庄实业（集团）有限公司	458	226789
20	民生轮船股份有限公司	461	226140
21	重庆中渝物业发展有限公司	466	223423
22	重庆小天鹅投资控股（集团）有限公司	482	209660
	合计		15002059
黑龙江			
1	黑龙江倍丰农业生产资料集团有限公司	202	822080
2	庆丰农业生产资料集团有限责任公司	289	493311
	合计		1315391
吉林			
1	吉林粮食集团有限公司	149	1381962
2	吉林银行	307	460087
	合计		1842049
辽宁			
1	大连大商集团有限公司	37	8615769
2	大连万达集团股份有限公司	65	4339652
3	福佳集团有限公司	103	2301336
4	辽宁兴隆大家庭商业集团有限公司	188	919382
5	营口港务集团有限公司	238	640888
6	亿达集团有限公司	247	622608
7	大连金玛商城企业集团有限公司	256	587951
8	锦联投资集团有限公司	264	553462
9	大连宏光好运来集团有限公司	300	473579
10	锦程国际物流集团股份有限公司	330	407132
11	中国大连国际经济技术合作集团有限公司	334	401795
12	大连港集团有限公司	350	370231
13	大连市汽车贸易集团有限公司	468	222273
14	大连金港集团有限公司	475	216294
15	大连鹏生集团有限公司	480	214500
	合计		20886852
河北			
1	庞大汽贸集团股份有限公司	53	5377439
2	河北省物流产业集团有限公司	131	1653285
3	石家庄北国人百集团有限责任公司	135	1619223
4	荣盛控股股份有限公司	213	752748
5	乐仁堂医药集团股份有限公司	249	616500
6	河北港口集团有限公司	253	597175
7	河北省唐山市滦通商贸有限公司	281	508251
8	唐山百货大楼集团有限责任公司	285	501826
9	河北省新合作资产运营集团有限公司	304	465967
10	河北怀特集团股份有限公司	317	430887
11	河北五兴能源集团有限公司	328	410315
12	万合集团股份有限公司	343	385476
13	邯郸市阳光百货集团总公司	348	381000
14	河北省新华书店集团公司	349	380491
15	河北省农业生产资料有限公司	373	346833
16	河北卓正实业集团有限公司	385	329546
17	河北远洋运输集团股份有限公司	406	302489
18	张家口通泰控股集团有限公司	428	267168
19	河北保百集团有限公司	438	250861

排名	企业名称	总排名	营业收入（万元）
	合计		15577480
河南			
1	河南交通投资集团有限公司	232	664060
2	郑州银行股份有限公司	493	201267
	合计		865327
山东			
1	山东省商业集团有限公司	72	3702662
2	浪潮集团有限公司	84	3053517
3	山东高速集团有限公司	123	1872435
4	新华锦集团有限公司	129	1709406
5	利群集团股份有限公司	130	1693036
6	青岛港（集团）有限公司	142	1464587
7	淄博商厦股份有限公司	164	1138214
8	山东远通汽车贸易集团有限公司	185	939356
9	日照港集团有限公司	187	930624
10	山东航空集团有限公司	214	752439
11	润华集团股份有限公司	219	717098
12	山东省机械进出口集团公司	263	554545
13	欧美投资集团有限公司	275	528406
14	青岛维客集团股份有限公司	359	361842
15	青岛市农村信用合作社联合社	380	337509
16	青岛泰能燃气集团有限公司	414	290669
17	青岛康大外贸集团有限公司	417	287114
18	青岛宝井钢材加工配送有限公司	453	233925
19	绮丽集团有限责任公司	454	233267
20	潍坊银行股份有限公司	472	218005
21	青岛利客来商贸集团股份有限公司	485	208052
	合计		21226708
山西			
1	山西煤炭运销集团有限公司	30	11588080
2	大秦铁路股份有限公司	67	4201380
3	山西煤炭进出口集团有限公司	69	4062147
4	山西省国新能源发展集团有限公司	138	1557374
5	山西大昌汽车集团有限公司	266	550745
6	山西汽车运输集团有限公司	291	488798
7	山西宝力金属材料集团有限公司	325	416092
8	山西美特好连锁超市股份有限公司	356	363678
9	山西华宇集团有限公司	419	284350
10	赛鼎工程有限公司	477	215488
	合计		23728132
安徽			
1	安徽省徽商集团有限公司	63	4379994
2	合肥百货大楼集团股份有限公司	94	2490000
3	安徽国贸集团控股有限公司	133	1648284
4	安徽辉隆农资集团	170	1088102
5	安徽省能源集团有限公司	197	856188
6	安徽出版集团有限责任公司	221	709604
7	安徽省高速公路控股集团有限公司	226	689521
8	安徽新华发行（集团）控股有限公司	237	646091
9	徽商银行股份有限公司	242	625612
10	安徽省交通投资集团有限责任公司	310	454654
11	安徽亚夏实业股份有限公司	323	419367
12	国元证券股份有限公司	465	224204
13	安徽国华投资集团有限公司	470	218728
	合计		14450349
江苏			
1	苏宁电器集团有限公司	22	15622292
2	三胞集团有限公司	70	3980819
3	江苏汇鸿国际集团有限公司	73	3511668
4	江苏苏宁环球集团有限公司	85	2952000
5	南京医药产业（集团）有限责任公司	98	2415239
6	江苏高力集团有限公司	100	2393521
7	江苏国泰国际集团有限公司	112	2053783
8	江苏省丝绸集团有限公司	120	1941494
9	丰立集团有限公司	121	1928819
10	江苏华厦融创置地集团有限公司	136	1615860
11	张家港保税区锦德贸易有限公司	160	1194308
12	无锡市国联发展（集团）有限公司	193	875613
13	江苏大经集团有限公司	209	779699
14	苏州金螳螂企业（集团）有限公司	226	677160
15	江苏吴中集团有限公司	229	668847
16	南京大地建设集团有限责任公司	233	662603
17	无锡商业大厦大东方股份有限公司	238	634494
18	江苏省广播电视总台（集团）	249	611345
19	江苏苏农农资连锁集团股份有限公司	312	437238
20	苏州国信集团有限公司	336	392257
21	江阴市中昌实业有限公司	385	328700

排名	企业名称	总排名	营业收入（万元）
22	江阴市长江钢管有限公司	391	316470
23	张家港市润沙钢铁贸易有限公司	398	309221
24	常州市化工轻工材料总公司	409	298506
25	江苏恒大置业投资发展有限公司	411	297000
26	张家港市嘉广天进出口贸易有限公司	417	286563
27	常州药业股份有限公司	432	254351
28	无锡市交通产业集团有限公司	433	254294
29	苏州汽车客运集团有限公司	438	250850
30	东华能源股份有限公司	461	226024
31	江苏中江能源有限公司	472	217933
32	江苏张家港农村商业银行股份有限公司	486	207373
	合计		48596344
湖南			
1	中国烟草总公司湖南省公司	66	4294715
2	大汉控股集团有限公司	147	1386159
3	湖南友谊阿波罗股份有限公司	296	479289
4	长沙通程实业集团有限公司	346	384758
5	湖南汽车城有限公司	379	344173
6	湖南兰天汽车集团有限公司	384	330688
7	老百姓大药房连锁股份有限公司	393	315030
8	方正证券股份有限公司	401	308770
9	华天实业控股集团有限公司	408	300113
10	湖南金正方企业集团股份有限公司	420	283147
11	心连心集团有限公司	443	244558
12	长沙银行股份有限公司	464	224753
13	湖南九龙经贸集团有限公司	478	215292
14	全洲药业集团有限公司	486	207567
	合计		9319012
湖北			
1	武汉商联（集团）股份有限公司	54	5212909
2	九州通医药集团股份有限公司	110	2125177
3	卓尔控股有限公司	211	772030
4	武汉市城市建设投资开发集团有限公司	276	525285
5	武汉工贸有限公司	298	478956
6	百步亭集团有限公司	308	459088
7	长江水利委员会长江勘测规划设计研究院	332	403672
8	武汉商贸国有控股集团有限公司	333	402673
9	武汉市汉商集团股份有限公司	363	357000
10	湖北银丰实业集团有限责任公司	398	310728
11	武汉农村商业银行股份有限公司	424	278275
12	武汉市燃气热力集团有限公司	448	238396
13	武汉地产开发投资集团有限公司	457	230036
14	武汉市公共交通集团有限责任公司	491	204003
	合计		11998228
江西			
1	景德镇市焦化工业集团有限责任公司	225	692748
2	南昌市政公用投资控股有限责任公司	229	675438
3	江西赣粤高速公路股份有限公司	336	397762
4	江西洪客隆投资集团有限公司	355	363896
	合计		2129844
浙江			
1	浙江省物产集团公司	29	13539303
2	绿城房地产集团有限公司	52	5420000
3	浙江省能源集团有限公司	59	4702046
4	浙江省兴合集团公司	61	4580663
5	浙江省国际贸易集团有限公司	74	3491306
6	浙江省商业集团有限公司	81	3161013
7	浙江省交通投资集团有限公司	102	2337958
8	远大物产集团有限公司	111	2121081
9	浙江前程投资股份有限公司	119	1952596
10	宁波银亿集团有限公司	137	1615030
11	中基宁波集团股份有限公司	145	1403470
12	浙江国大集团有限责任公司	150	1359937
13	银泰百货（集团）有限公司	159	1196235
14	宁波神化化学品经营有限责任公司	173	1042225
15	世纪华丰控股有限公司	176	1027625
16	杭州联华华商集团有限公司	182	1003421
17	浙江华成控股集团有限公司	186	935374
18	浙江康桥汽车工贸集团股份有限公司	190	915003
19	宁波华东物资城市场建设开发有限公司	191	904700
20	宁波市慈溪进出口股份有限公司	195	863214
21	浙江中外运有限公司	196	860685
22	中球冠集团有限公司	204	816549
23	浙江英特药业有限责任公司	233	663824
24	浙江凯喜雅国际股份有限公司	243	625274
25	浙大网新科技股份有限公司	262	554806
26	太平鸟集团有限公司	271	533730
27	宁波海田国际贸易有限公司	277	521000

排名	企业名称	总排名	营业收入（万元）
28	扬帆集团股份有限公司	278	520565
29	宁波韵升进出口有限公司	279	518042
30	浙江华瑞集团有限公司	283	506525
31	宁波轿辰集团股份有限公司	287	500294
32	开元旅业集团有限公司	290	492787
33	杭州旅游集团有限公司	292	486450
34	宁波滕头集团有限公司	299	475290
35	宁波宁兴控股股份有限公司	301	472571
36	浙江万丰企业集团公司	316	432912
37	杭州大厦有限公司	322	422717
38	温州金州集团公司	329	410021
39	嘉兴良友进出口集团股份有限公司	351	369033
40	宁波市工艺品进出口有限公司	352	368942
41	阿里巴巴网络有限公司	353	367473
42	华茂集团股份有限公司	361	358238
43	宁波联合集团股份有限公司	368	350621
44	宁波医药股份有限公司	369	349986
45	祥生实业集团有限公司	374	345820
46	宁波宁兴房地产开发集团有限公司	375	345585
47	加贝物流股份有限公司	382	332600
48	浙江日出化工有限公司	387	326419
49	东冠集团有限公司	388	325315
50	浙江中国小商品城集团股份有限公司	391	316951
51	宁波富达股份有限公司	395	313000
52	环球控股集团有限公司	397	310749
53	万事利集团有限公司	402	306163
54	浙江中捷环洲供应链集团股份有限公司	403	304894
55	浙江省医药工业有限公司	404	303939
56	浙江宝利德控股集团有限公司	407	301800
57	浙江省农村发展集团有限公司	413	292609
58	浙江建华集团有限公司	415	289036
59	浙江南苑控股集团有限公司	421	283118
60	浙江华联商厦有限公司	423	278665
61	湖州市浙北大厦有限责任公司	430	259199
62	浙江供销超市有限公司	440	250140
63	话机世界数码连锁集团股份有限公司	441	248900
64	温州银行股份有限公司	444	244514
65	荣安集团股份有限公司	451	235749
66	杭州果品集团有限公司	455	230638
67	新中宇集团有限公司	474	216403
68	宁波晶圆贸易有限公司	481	209861
69	宁波宁电进出口有限公司	484	208506
70	浙江省八达物流有限公司	489	204558
71	丝绸之路控股集团有限公司	490	204112
72	雄风集团有限公司	492	203418
73	宁波赛尔集团有限公司	495	199460
74	杭州解百集团股份有限公司	497	198342
75	杭州市轻工工艺纺织品进出口有限公司	500	197303
	合计		73838301

广东

排名	企业名称	总排名	营业收入（万元）
1	中国南方电网有限责任公司	8	36857369
2	中国平安保险（集团）股份有限公司	14	19553413
3	华润（集团）有限公司	16	18805269
4	中国南方航空集团公司	40	7824707
5	招商银行股份有限公司	42	7137700
6	广东物资集团公司	49	5831123
7	广东省广新控股集团有限公司	50	5579451
8	广州铁路（集团）公司	57	4818250
9	恒大地产集团	62	4580140
10	华侨城集团公司	75	3442354
11	广发银行股份有限公司	76	3408515
12	广东省交通集团有限公司	77	3308711
13	广东省丝绸纺织集团有限公司	87	2773446
14	南方石化集团有限公司	88	2752872
15	碧桂园控股有限公司	91	2580411
16	广东省广晟资产经营有限公司	101	2368231
17	雅居乐地产控股有限公司	113	2052019
18	深圳市天音通信发展有限公司	114	2038253
19	腾讯控股有限公司	116	1964603
20	金地（集团）股份有限公司	117	1959250
21	广深铁路股份有限公司	151	1348440
22	深圳能源集团股份有限公司	153	1305481
23	人人乐连锁商业集团股份有限公司	162	1174832
24	广州发展集团有限公司	163	1157014
25	深圳市神州通投资集团有限公司	165	1114444
26	深圳市爱施德股份有限公司	168	1090419
27	广州轻工工贸集团有限公司	174	1036285
28	广发证券股份有限公司	179	1021861
29	广东省机场管理集团公司	306	463516
30	广州港集团有限公司	324	417064
31	广州佳都集团有限公司	347	382391

排名	企业名称	总排名	营业收入（万元）
32	广州友谊集团股份有限公司	360	358572
33	广东省商业企业集团公司	469	219975
	合计		150726381
四川			
1	四川省烟草公司成都市公司	169	1088702
2	四川蓝光实业集团有限公司	220	714128
3	成都红旗连锁有限公司	273	531331
4	成都建国汽车贸易有限公司	282	506733
5	成都银行股份有限公司	294	482833
6	四川申蓉汽车股份有限公司	297	479234
7	四川新华发行集团有限公司	321	424218
8	成都传媒集团	367	351173
	合计		4154134
福建			
1	厦门建发集团有限公司	43	6770462
2	厦门国贸控股有限公司	58	4809649
3	兴业银行股份有限公司	64	4345591
4	厦门象屿集团有限公司	92	2576816
5	福建省能源集团有限责任公司	139	1528110
6	厦门信达股份有限公司	167	1095894
7	厦门航空有限公司	172	1068129
8	福建省交通运输集团有限责任公司	205	793315
9	厦门路桥工程物资有限公司	218	720923
10	厦门海沧投资集团有限公司	280	512443
11	厦门禹洲集团股份有限公司	319	426555
12	厦门市嘉晟对外贸易有限公司	331	404705
13	厦门国际航空港集团有限公司	357	362877
14	厦门华澄集团有限公司	364	356652
15	联发集团有限公司	376	345512
16	厦门经济特区房地产开发集团有限公司	389	318372
17	福建省烟草公司厦门市公司	396	312300
18	厦门市中信隆进出口有限公司	400	308964
19	鹭燕（福建）药业股份有限公司	405	303585
20	福建省福农农资集团有限公司（福建省农资集团公司）	432	254535
21	厦门嘉联恒进出口有限公司	449	238196
22	厦门源昌集团有限公司	456	230367
23	厦门协力集团有限公司	471	218321
24	厦门盛元通商集团	479	215078
	合计		28213766
广西			
1	广西投资集团有限公司	106	2221897
2	广西农村信用社（合作银行）	157	1205423
3	广西北部湾国际港务集团有限公司	181	1009048
4	广西壮族自治区机电设备有限责任公司	217	728422
5	广西水利电业集团有限公司	245	622963
6	广西物资集团有限公司	261	559278
7	广西桂东电力股份有限公司	494	199642
	合计		6546673
云南			
1	云南物流产业集团有限公司	215	751184
2	云南南天电子信息产业股份有限公司	467	222754
	合计		973938
青海			
1	青海省投资集团有限公司	295	481162
	合计		481162
宁夏			
1	银川新华百货商店股份有限公司	335	398504
	合计		398504
新疆			
1	新疆广汇实业投资（集团）有限责任公司	45	6475589
2	新疆农资（集团）有限责任公司	314	434398
3	新疆西部银力棉业（集团）有限责任公司	339	389004
4	新疆生产建设兵团石油有限公司	345	384997
5	新疆生产建设兵团农一师棉麻公司	362	357151
6	新疆银隆国际贸易股份有限公司	422	280573
7	新疆生产建设兵团棉麻公司	442	247191
8	新疆兵团农三师棉麻公司	496	198815
	合计		8767718
内蒙古			
1	内蒙古小肥羊餐饮连锁有限公司	246	622800
2	内蒙古集通铁路（集团）有限责任公司	272	532914

排名	企业名称	总排名	营业收入（万元）	排名	企业名称	总排名	营业收入（万元）
3	内蒙古铁鑫煤化集团有限公司	409	299880	1	海航集团有限公司	46	6466806
	合计		1455594	2	海南大印集团有限公司	89	2713098
				3	华闻传媒投资集团股份有限公司	372	347850
海南					合计		9527754

表 9－4 2011 中国服务业企业 500 强利润排序前 100 名企业

排名	公司名称	总排名	利润（万元）	排名	公司名称	总排名	利润（万元）
1	中国工商银行股份有限公司	2	16602500	51	华侨城集团公司	75	341476
2	中国建设银行股份有限公司	4	13484400	52	中国医药集团总公司	36	339154
3	中国银行股份有限公司	7	10969100	53	浙江省能源集团有限公司	59	318711
4	中国农业银行股份有限公司	6	9487300	54	重庆农村商业银行股份有限公司	161	310992
5	中国移动通信集团公司	3	6588500	55	广东省交通集团有限公司	77	301658
6	交通银行股份有限公司	21	3904201	56	中国海运（集团）总公司	44	296203
7	中国中信集团公司	10	3335074	57	中国银河证券股份有限公司	206	281566
8	国家电网公司	1	3244284	58	中国外运长航集团有限公司	33	270540
9	招商银行股份有限公司	42	2576900	59	徽商银行股份有限公司	241	270235
10	中国人寿保险（集团）公司	5	2372918	60	金地（集团）股份有限公司	117	269404
11	上海浦东发展银行股份有限公司	55	1917721	61	山西煤炭运销集团有限公司	30	266251
12	兴业银行股份有限公司	64	1852058	62	申能（集团）有限公司	93	265749
13	中国民生银行股份有限公司	51	1758100	63	江苏苏宁环球集团有限公司	85	263300
14	中国平安保险（集团）股份有限公司	14	1731100	64	青岛港（集团）有限公司	142	251893
15	中国航空集团公司	38	1236888	65	中国通用技术（集团）控股有限责任公司	34	247094
16	厦门禹洲集团股份有限公司	318	1094032	66	广西农村信用社（合作银行）	157	246935
17	华润（集团）有限公司	16	1067861	67	中国煤炭科工集团有限公司	105	223512
18	大秦铁路股份有限公司	67	1041080	68	中国航空油料集团公司	25	212655
19	中国邮政集团公司	15	885058	69	浙江省交通投资集团有限公司	102	212371
20	中国太平洋保险（集团）股份有限公司	28	855700	70	重庆华宇物业（集团）有限公司	215	211680
21	中国电信集团公司	11	845958	71	泰康人寿保险股份有限公司	41	209520
22	腾讯控股有限公司	116	811521	72	内蒙古小肥羊餐饮连锁有限公司	245	192935
23	恒大地产集团	62	802468	73	北京控股集团有限公司	82	192575
24	中国远洋运输（集团）总公司	20	786125	74	山东高速集团有限公司	123	183688
25	中国中化集团公司	9	734480	75	中国港中旅集团公司	56	181278
26	大连万达集团股份有限公司	65	725605	76	广东省广晟资产经营有限公司	101	180208
27	中国南方电网有限责任公司	8	717914	77	天津银行股份有限公司	317	173092
28	碧桂园控股有限公司	91	693744	78	卓尔控股有限公司	210	172042
29	北京银行	95	680303	79	北京能源投资（集团）有限公司	128	169292
30	雅居乐地产控股有限公司	113	641860	80	深圳能源集团股份有限公司	153	163768
31	江苏华厦融创置地集团有限公司	136	635577	81	成都银行股份有限公司	293	162537
32	广发银行股份有限公司	76	618861	82	百联集团有限公司	13	161932
33	华夏银行股份有限公司	96	598958	83	北京首都创业集团有限公司	134	155919
34	中粮集团有限公司	18	541732	84	广深铁路股份有限公司	151	155589
35	上海国际港务（集团）股份有限公司	122	541712	85	天津城市基础设施建设投资集团有限公司	192	154984
36	上海绿地（集团）有限公司	32	541071	86	厦门建发集团有限公司	43	154661
37	中国南方航空集团公司	40	510585	87	绿城房地产集团有限公司	52	153177
38	中国机械工业集团有限公司	26	510246	88	安徽省交通投资集团有限责任公司	309	152016
39	国家开发投资公司	47	471321	89	浙江省物产集团公司	29	150520
40	世纪金源投资集团有限公司	99	414267	90	浙江省商业集团有限公司	81	143189
41	龙湖地产有限公司	141	413016	91	四川省烟草公司成都市公司	169	142579
42	苏宁电器集团有限公司	22	410551	92	江西赣粤高速公路股份有限公司	335	135298
43	广发证券股份有限公司	179	402700	93	上海爱家豪庭房地产集团发展有限公司	257	131354
44	海航集团有限公司	46	391408	94	广西投资集团有限公司	106	125810
45	中国人民保险集团股份有限公司	12	388200	95	方正证券股份有限公司	400	124812
46	中国烟草总公司湖南省公司	66	385818	96	庞大汽贸集团股份有限公司	53	124265
47	福佳集团有限公司	103	370951	97	厦门航空有限公司	172	121881
48	新疆广汇实业投资（集团）有限责任公司	45	357825	98	山西煤炭进出口集团有限公司	69	120324
49	百度公司	205	352517	99	吉林银行	306	118534
50	中国东方航空集团公司	39	345766	100	浙江省国际贸易集团有限公司	74	114258
					中国服务业企业500强平均数		245862

表9－5　　2011 中国服务业企业500强资产排序前100名企业

排名	公司名称	总排名	资产（万元）	排名	公司名称	总排名	资产（万元）
1	中国工商银行股份有限公司	2	1345862200	51	武汉市城市建设投资开发集团有限公司	275	12163550
2	中国建设银行股份有限公司	4	1081031700	52	中国南方航空集团公司	40	11800461
3	中国银行股份有限公司	7	1045986500	53	中国外运长航集团有限公司	33	11655354
4	中国农业银行股份有限公司	6	1033740600	54	中国东方航空集团公司	39	11308184
5	交通银行股份有限公司	21	395159317	55	太平人寿保险有限公司	79	11132794
6	中国邮政集团公司	15	352066208	56	浙江省能源集团有限公司	59	10721743
7	中国中信集团公司	10	253905748	57	申能（集团）有限公司	93	10467099
8	招商银行股份有限公司	42	240250700	58	恒大地产集团	62	10445246
9	上海浦东发展银行股份有限公司	55	219141077	59	大秦铁路股份有限公司	67	10014600
10	国家电网公司	1	207752374	60	中国银河证券股份有限公司	206	9931846
11	兴业银行股份有限公司	64	184967338	61	广发证券股份有限公司	179	9594658
12	中国民生银行股份有限公司	51	182373700	62	北京能源投资（集团）有限公司	128	9000929
13	中国人寿保险（集团）公司	5	177602026	63	北京首都创业集团有限公司	134	8896874
14	中国平安保险（集团）股份有限公司	14	117162700	64	山西煤炭运销集团有限公司	30	8860735
15	中国移动通信集团公司	3	105915327	65	长沙银行股份有限公司	463	8293046
16	华夏银行股份有限公司	96	104023044	65	碧桂园控股有限公司	91	8208125
17	广发银行股份有限公司	76	81439002	67	中国通用技术（集团）控股有限责任公司	34	8100537
18	北京银行	95	73321050	68	天津港（集团）有限公司	127	7804311
19	中国电信集团公司	11	64764039	69	青岛市农村信用合作社联合社	379	7607471
20	中国联合网络通信集团有限公司	19	51267478	70	北京控股集团有限公司	82	7539241
21	中国南方电网有限责任公司	8	49077334	71	金地（集团）股份有限公司	117	7281650
22	中国太平洋保险（集团）股份有限公司	28	47571100	72	龙湖地产有限公司	141	7171356
23	华润（集团）有限公司	16	45901676	73	安徽省高速公路控股集团有限公司	225	7090231
24	中国人民保险集团股份有限公司	12	44058900	74	武汉农村商业银行股份有限公司	423	7074482
25	天津城市基础设施建设投资集团有限公司	192	42538404	75	中国医药集团总公司	36	7002177
26	中国远洋运输（集团）总公司	20	31958432	76	雅居乐地产控股有限公司	113	6987833
27	泰康人寿保险股份有限公司	41	29347528	77	百联集团有限公司	13	6824428
28	广西农村信用社（合作银行）	157	29193908	78	华侨城集团公司	75	6717947
29	重庆农村商业银行股份有限公司	161	28508119	79	上海国际港务（集团）股份有限公司	122	6589467
30	渤海银行股份有限公司	337	26510000	80	福佳集团有限公司	103	6376521
31	广州铁路（集团）公司	57	24059967	81	天津市物资集团总公司	27	6354601
32	国家开发投资公司	47	23734908	82	广东省广晟资产经营有限公司	101	6187421
33	中粮集团有限公司	18	23260720	83	郑州银行股份有限公司	492	5772673
34	中国中化集团公司	9	21145578	84	上海机场（集团）有限公司	200	5651144
35	徽商银行股份有限公司	241	20897615	85	中国供销集团有限公司	31	5514771
36	天津银行股份有限公司	317	20384976	86	中国港中旅集团公司	56	5500193
37	海航集团有限公司	46	20146164	87	厦门建发集团有限公司	43	5305614
38	中国航空集团公司	38	16497551	88	温州银行股份有限公司	443	5255343
39	广东省交通集团有限公司	77	16440049	89	广西投资集团有限公司	106	5201168
40	成都银行股份有限公司	293	15131981	90	江苏张家港农村商业银行股份有限公司	486	5194803
41	吉林银行	306	14808056	91	中国铁路物资股份有限公司	24	4975038
42	中国海运（集团）总公司	44	14292567	92	营口港务集团有限公司	237	4949267
43	大连万达集团股份有限公司	65	14146523	93	江苏苏宁环球集团有限公司	85	4806620
44	上海绿地（集团）有限公司	32	13871297	94	大连港集团有限公司	349	4703932
45	山东高速集团有限公司	123	13748760	95	浙江省物产集团公司	29	4555827
46	浙江省交通投资集团有限公司	102	13332518	96	天津市津能投资公司	140	4495961
47	中国机械工业集团有限公司	26	13135501	97	无锡市国联发展（集团）有限公司	193	4471634
48	中国中钢集团公司	17	12583533	98	苏宁电器集团有限公司	22	4390738
49	绿城房地产集团有限公司	52	12535895	99	新疆广汇实业投资（集团）有限责任公司	45	4360840
50	河南交通投资集团有限公司	231	12167697	100	阳光保险集团股份有限公司	97	4169011
					中国服务业企业500强平均数		17565030

表9-6　　2011中国服务业企业500强所有者权益排序前100名企业

排名	公司名称	总排名	所有者权益（万元）	排名	公司名称	总排名	所有者权益（万元）
1	中国工商银行股份有限公司	2	82165700	51	中国通用技术（集团）控股有限责任公司	34	2483648
2	国家电网公司	1	79292976	52	河南交通投资集团有限公司	231	2473315
3	中国移动通信集团公司	3	75126571	53	广深铁路股份有限公司	151	2416800
4	中国建设银行股份有限公司	4	69679200	54	重庆农村商业银行股份有限公司	161	2196591
5	中国银行股份有限公司	7	64416500	55	中国人民保险集团股份有限公司	12	2195400
6	中国农业银行股份有限公司	6	54207100	56	腾讯控股有限公司	116	2184086
7	中国电信集团公司	11	42922193	57	恒大地产集团	62	2136623
8	中国联合网络通信集团有限公司	19	24555768	58	广东省广晟资产经营有限公司	101	2058384
9	交通银行股份有限公司	21	22227317	59	山西煤炭运销集团有限公司	30	2027219
10	中国中信集团公司	10	17250544	60	深圳能源集团股份有限公司	153	2001219
11	中国南方电网有限责任公司	8	15835594	61	华侨城集团公司	75	1959369
12	广州铁路（集团）公司	57	15126656	62	广发证券股份有限公司	179	1940122
13	招商银行股份有限公司	42	13400600	63	天津港（集团）有限公司	127	1929292
14	天津城市基础设施建设投资集团有限公司	192	12536448	64	上海绿地（集团）有限公司	32	1926701
15	上海浦东发展银行股份有限公司	55	12299634	65	北京首都创业集团有限公司	134	1885737
16	中国邮政集团公司	15	11507122	66	苏宁电器集团有限公司	22	1884539
17	中国远洋运输（集团）总公司	20	11338183	67	江苏苏宁环球集团有限公司	85	1845430
18	中国平安保险（集团）股份有限公司	14	11203000	68	中国烟草总公司湖南省公司	66	1747015
19	中国民生银行股份有限公司	51	10410800	69	广西农村信用社（合作银行）	157	1737067
20	兴业银行股份有限公司	64	9199529	70	南昌市政公用投资控股有限责任公司	228	1732971
21	华润（集团）有限公司	16	7959171	71	大连港集团有限公司	349	1695782
22	中国中化集团公司	9	7637934	72	上海爱家豪庭房地产集团发展有限公司	257	1682023
23	国家开发投资公司	47	7247062	73	世纪金源投资集团有限公司	99	1532407
24	申能（集团）有限公司	93	6665632	74	青岛港（集团）有限公司	142	1518763
25	中国人寿保险（集团）公司	5	6468225	75	营口港务集团有限公司	237	1516920
26	大秦铁路股份有限公司	67	5633380	76	国元证券股份有限公司	464	1498003
27	中粮集团有限公司	18	5403399	77	新疆广汇实业投资（集团）有限责任公司	45	1490545
28	中国外运长航集团有限公司	33	5126104	78	中国诚通控股集团有限公司	60	1476784
29	中国海运（集团）总公司	44	5028118	79	重庆市能源投资集团公司	115	1460540
30	广东省交通集团有限公司	77	5025207	80	中国银河证券股份有限公司	206	1449887
31	中国航空集团公司	38	4710996	81	徽商银行股份有限公司	241	1435729
32	福佳集团有限公司	103	4397839	82	广西投资集团有限公司	106	1404723
33	广发银行股份有限公司	76	4288160	83	泰康人寿保险股份有限公司	41	1346273
34	北京银行	95	4254598	84	天津市津能投资公司	140	1344898
35	海航集团有限公司	46	4096308	85	北京首都国际机场股份有限公司	256	1343479
36	山东高速集团有限公司	123	3930141	86	河北港口集团有限公司	252	1329536
37	北京控股集团有限公司	82	3920425	87	大连万达集团股份有限公司	65	1286185
38	浙江省能源集团有限公司	59	3696800	88	张家口通泰控股集团有限公司	427	1207045
39	浙江省交通投资集团有限公司	102	3652330	89	三胞集团有限公司	70	1206108
40	华夏银行股份有限公司	96	3549588	90	天津银行股份有限公司	317	1085688
41	上海国际港务（集团）股份有限公司	122	3537835	91	吉林银行	306	1070416
42	中国机械工业集团有限公司	26	3184308	92	安徽省能源集团有限公司	196	1067343
43	北京能源投资（集团）有限公司	128	3087076	93	无锡市国联发展（集团）有限公司	193	1047644
44	中国医药集团总公司	36	3071668	94	中国煤炭科工集团有限公司	105	1031810
45	上海机场（集团）有限公司	200	2989291	95	绿城房地产集团有限公司	52	1019951
46	中国南方航空集团公司	40	2665274	96	日照港集团有限公司	186	1001346
47	武汉市城市建设投资开发集团有限公司	275	2626186	97	江西赣粤高速公路股份有限公司	335	997802
48	碧桂园控股有限公司	91	2541808	98	广东省机场管理集团有限公司	305	987913
49	江苏华厦融创置地集团有限公司	136	2499269	99	中国东方航空集团公司	39	983289
50	中国港中旅集团公司	56	2489449	100	江苏汇鸿国际集团有限公司	73	972505
					中国服务业企业500强平均数		1988734

表 9－7　　**2011 中国服务业企业 500 强从业人数排序前 100 名企业**

排名	公司名称	总排名	从业人数	排名	公司名称	总排名	从业人数
1	国家电网公司	1	1564001	51	物美控股集团有限公司	71	35400
2	中国邮政集团公司	15	860200	52	碧桂园控股有限公司	91	32943
3	中国电信集团公司	11	493919	53	广深铁路股份有限公司	151	32179
4	中国农业银行股份有限公司	6	444447	54	福建省能源集团有限责任公司	139	31663
5	中国工商银行股份有限公司	2	397339	55	大连万达集团股份有限公司	65	31432
6	中国南方电网有限责任公司	8	323958	56	中国民生银行股份有限公司	51	30931
7	华润（集团）有限公司	16	320464	57	石家庄北国人百集团有限责任公司	135	30000
8	中国建设银行股份有限公司	4	313867	58	河南交通投资集团有限公司	231	29683
9	中国联合网络通信集团有限公司	19	312700	59	庞大汽贸集团股份有限公司	53	29585
10	中国银行股份有限公司	7	279301	60	兴业银行股份有限公司	64	29214
11	中国移动通信集团公司	3	207404	61	上海浦东发展银行股份有限公司	55	28081
12	广州铁路（集团）公司	57	163892	62	中国煤炭科工集团有限公司	105	27043
13	苏宁电器集团有限公司	22	150419	63	中铁快运股份有限公司	207	26418
14	中国中信集团公司	10	140028	64	北京华联综合超市股份有限公司	175	25012
15	中国平安保险（集团）股份有限公司	14	128808	65	武汉市公共交通集团有限责任公司	490	24897
16	中国人寿保险（集团）公司	5	118362	66	重庆小天鹅投资控股（集团）有限公司	481	24100
17	阳光保险集团股份有限公司	97	94747	67	广西水利电业集团有限公司	244	23986
18	中国人民保险集团股份有限公司	12	94578	68	山东高速集团有限公司	123	23301
19	大秦铁路股份有限公司	67	91837	69	中国供销集团有限公司	31	22743
20	中粮集团有限公司	18	88508	70	福建省交通运输集团有限责任公司	204	22536
21	重庆商社（集团）有限公司	78	87705	71	人人乐连锁商业集团股份有限公司	162	22141
22	山西煤炭运销集团有限公司	30	87572	72	新东方教育科技（集团）有限公司	428	22000
23	交通银行股份有限公司	21	85290	73	广西农村信用社（合作银行）	157	21169
24	中国机械工业集团有限公司	26	84789	74	重庆交通运输控股（集团）有限公司	222	21010
25	国家开发投资公司	47	76527	75	太平人寿保险有限公司	79	20988
26	重庆市能源投资集团公司	115	76061	76	长沙通程实业集团有限公司	345	20518
27	中国外运长航集团有限公司	33	73063	77	上海国际港务（集团）股份有限公司	122	20304
28	中国远洋运输（集团）总公司	20	71105	78	浙江省交通投资集团有限公司	102	20302
29	中国东方航空集团公司	39	67534	79	上海强生集团有限公司	434	20216
30	武汉商联（集团）股份有限公司	54	56999	80	邯郸市阳光百货集团总公司	347	20000
31	北京首都旅游集团有限责任公司	80	55887	81	南昌市政公用投资控股有限责任公司	228	20000
32	中国南方航空集团公司	40	55752	82	恒大地产集团	62	19351
33	中国航空集团公司	38	54590	83	中国大地财产保险股份有限公司	148	19297
34	广东省交通集团有限公司	77	51621	84	广东省广新控股集团有限公司	50	18847
35	中国中化集团公司	9	50073	85	中国诚通控股集团有限公司	60	18129
36	广东省广晟资产经营有限公司	101	49882	86	天津港（集团）有限公司	127	17894
37	世纪华丰控股有限公司	176	49725	87	河北港口集团有限公司	252	17714
38	海航集团有限公司	46	49659	88	广西投资集团有限公司	106	17600
39	中国医药集团总公司	36	47003	89	厦门建发集团有限公司	43	17514
40	辽宁兴隆大家庭商业集团有限公司	187	46254	90	上海机场（集团）有限公司	200	16661
41	中国中钢集团公司	17	45994	91	中国烟草总公司湖南省公司	66	16454
42	中国海运（集团）总公司	44	45937	92	世纪金源投资集团有限公司	99	16407
43	中国通用技术（集团）控股有限责任公司	34	44932	93	浙江省物产集团公司	29	16073
44	招商银行股份有限公司	42	43089	94	杭州联华华商集团有限公司	181	16017
45	北京控股集团有限公司	82	43000	95	武汉市城市建设投资开发集团有限公司	275	16000
46	中国港中旅集团公司	56	42659	96	三胞集团有限公司	70	16000
47	泰康人寿保险股份有限公司	41	42592	97	上海交运（集团）公司	234	15948
48	新疆广汇实业投资（集团）有限责任公司	45	42269	98	广发银行股份有限公司	76	15939
49	华侨城集团公司	75	39884	99	重庆德庄实业（集团）有限公司	457	15240
50	内蒙古小肥羊餐饮连锁有限公司	245	37250	100	安徽省徽商集团有限公司	63	15200
					中国服务业企业 500 强平均数		22712

表 9－8　2011 中国服务业企业 500 强研发费用排序前 100 名企业

排名	公司名称	总排名	研发费用（万元）	排名	公司名称	总排名	研发费用（万元）
1	中国移动通信集团公司	3	1361595	51	东冠集团有限公司	387	8756
2	国家电网公司	1	984751	52	重庆市能源投资集团公司	115	8745
3	中国电信集团公司	11	453646	53	天津港（集团）有限公司	127	8731
4	中国工商银行股份有限公司	2	338453	54	天津住宅建设发展集团有限公司	198	8680
5	中国机械工业集团有限公司	26	299936	55	万事利集团有限公司	401	8526
6	中国南方电网有限责任公司	8	277908	56	百联集团有限公司	13	8235
7	腾讯控股有限公司	116	168552	57	江西赣粤高速公路股份有限公司	335	8117
8	浪潮集团有限公司	84	94605	58	西安曲江文化产业投资（集团）有限公司	325	8000
9	中国煤炭科工集团有限公司	105	80970	59	扬帆集团股份有限公司	277	7586
10	温州银行股份有限公司	443	69371	60	云南南天电子信息产业股份有限公司	466	6916
11	中国中信集团公司	10	65358	61	中国烟草总公司湖南省公司	66	6876
12	海航集团有限公司	46	62462	62	泰康人寿保险股份有限公司	41	6667
13	广东省广晟资产经营有限公司	101	60000	63	浙大网新科技股份有限公司	261	6558
14	中国远洋运输（集团）总公司	20	59701	64	江苏高力集团有限公司	100	6400
15	申能（集团）有限公司	93	59700	65	西安高科（集团）公司	253	6211
16	中国电力工程顾问集团公司	155	58981	66	上海交运（集团）公司	234	6192
17	中国医药集团总公司	36	57613	67	中国邮政集团公司	15	6179
18	中国通用技术（集团）控股有限责任公司	34	57012	68	安徽出版集团有限责任公司	220	6000
19	中国铁道科学研究院	208	43475	69	广西投资集团有限公司	106	5888
20	交通银行股份有限公司	21	40687	70	太平鸟集团有限公司	270	5500
21	用友软件股份有限公司	410	39919	71	广西壮族自治区机电设备有限责任公司	216	5000
22	阿里巴巴网络有限公司	352	34433	72	福建省能源集团有限责任公司	139	4967
23	广发银行股份有限公司	76	34410	73	山西煤炭进出口集团有限公司	69	4829
24	国家开发投资公司	47	34381	74	南京医药产业（集团）有限责任公司	98	4769
25	中国中化集团公司	9	33133	75	浙江省交通投资集团有限公司	102	4573
26	广东省交通集团有限公司	77	32694	76	徽商银行股份有限公司	241	4565
27	宁波银亿集团有限公司	137	31180	77	天津市政建设集团有限公司	259	4543
28	苏宁电器集团有限公司	22	27218	78	九州通医药集团股份有限公司	110	4462
29	中国联合网络通信集团有限公司	19	27039	79	中国平安保险（集团）股份有限公司	14	4239
30	中国中钢集团公司	17	24663	80	上海世博（集团）有限公司	68	4162
31	天津水泥工业设计研究院有限公司	251	22748	81	世纪华丰控股有限公司	176	4138
32	苏州金螳螂企业（集团）有限公司	226	18870	82	山东省商业集团有限公司	72	4012
33	新疆广汇实业投资（集团）有限责任公司	45	18171	83	天津贻成集团有限公司	283	4000
34	青岛港（集团）有限公司	142	17050	84	广州轻工工贸集团有限公司	174	3973
35	华侨城集团公司	75	16758	85	天津银行股份有限公司	317	3883
36	赛鼎工程有限公司	476	16294	86	庞大汽贸集团股份有限公司	53	3800
37	上海爱家豪庭房地产集团发展有限公司	257	15421	87	江苏张家港农村商业银行股份有限公司	486	3800
38	丰立集团有限公司	121	15238	88	天津二商集团有限公司	211	3458
39	中国海运（集团）总公司	44	14540	89	广西北部湾国际港务集团有限公司	180	3360
40	铁道第三勘察设计院集团有限公司	339	14502	90	潍坊银行股份有限公司	471	3100
41	景德镇市焦化工业集团有限责任公司	224	13911	91	河北卓正实业集团有限公司	384	3071
42	中国外运长航集团有限公司	33	12456	92	浙江省能源集团有限公司	59	3010
43	广东省广新控股集团有限公司	50	11855	93	北京控股集团有限公司	82	2998
44	中国诚通控股集团有限公司	60	11468	94	广东省丝绸纺织集团有限公司	87	2846
45	江苏省广播电视总台（集团）	249	11371	95	新东方教育科技（集团）有限公司	428	2837
46	长江水利委员会长江勘测规划设计研究院	331	10644	96	江苏国泰国际集团有限公司	112	2500
47	无锡市国联发展（集团）有限公司	193	10478	97	南京大地建设集团有限责任公司	233	2353
48	广东省机场管理集团公司	305	10000	98	重庆华宇物业（集团）有限公司	215	2335
49	大连金玛商城企业集团有限公司	255	9659	99	九禾股份有限公司	380	2304
50	天津市津能投资公司	140	9600	100	阳光保险集团股份有限公司	97	2199
					中国服务业企业 500 强平均数		26528.91

表 9－9　2011 中国服务业企业 500 强研发费用占营业收入比例排序前 100 名企业

排名	公司名称	总排名	研发费所占比例	排名	公司名称	总排名	研发费所占比例
1	温州银行股份有限公司	443	28.37	51	常州药业股份有限公司	432	0.78
2	用友软件股份有限公司	410	13.40	52	中国南方电网有限责任公司	8	0.75
3	阿里巴巴网络有限公司	352	9.37	53	徽商银行股份有限公司	241	0.73
4	腾讯控股有限公司	116	8.58	54	广西壮族自治区机电设备有限责任公司	216	0.69
5	赛鼎工程有限公司	476	7.56	55	九禾股份有限公司	380	0.69
6	中国铁道科学研究院	208	5.53	56	中国医药集团总公司	36	0.65
7	中国电力工程顾问集团公司	155	4.71	57	国家电网公司	1	0.64
8	天津水泥工业设计研究院有限公司	251	3.80	58	天津市津能投资公司	140	0.63
9	铁道第三勘察设计院集团有限公司	339	3.74	59	中国工商银行股份有限公司	2	0.62
10	中国煤炭科工集团有限公司	105	3.62	60	浙江建华集团有限公司	414	0.62
11	浪潮集团有限公司	84	3.10	61	中国通用技术（集团）控股有限责任公司	34	0.61
12	云南南天电子信息产业股份有限公司	466	3.10	62	丝绸之路控股集团有限公司	489	0.58
13	苏州金螳螂企业（集团）有限公司	226	2.79	63	国家开发投资公司	47	0.56
14	万事利集团有限公司	401	2.78	64	广州佳都集团有限公司	346	0.55
15	上海爱家豪庭房地产集团发展有限公司	257	2.71	65	天津港（集团）有限公司	127	0.50
16	东冠集团有限公司	387	2.69	66	华侨城集团公司	75	0.49
17	长江水利委员会长江勘测规划设计研究院	331	2.64	67	全洲药业集团有限公司	485	0.48
18	中国移动通信集团公司	3	2.62	68	天津市自来水集团有限公司	357	0.46
19	广东省广晟资产经营有限公司	101	2.53	69	天津二商集团有限公司	211	0.46
20	申能（集团）有限公司	93	2.36	70	重庆市能源投资集团公司	115	0.44
21	广东省机场管理集团公司	305	2.16	71	杭州市轻工工艺纺织品进出口有限公司	499	0.43
22	江西赣粤高速公路股份有限公司	335	2.04	72	武汉地产开发投资集团有限公司	456	0.43
23	景德镇市焦化工业集团有限责任公司	224	2.01	73	世纪华丰控股有限公司	176	0.40
24	中国机械工业集团有限公司	26	1.97	74	方正证券股份有限公司	400	0.38
25	宁波银亿集团有限公司	137	1.93	75	广州轻工工贸集团有限公司	174	0.38
26	西安曲江文化产业投资（集团）有限公司	325	1.93	76	安徽国华投资集团有限公司	469	0.37
27	江苏省广播电视总台（集团）	249	1.86	77	中国远洋运输（集团）总公司	20	0.36
28	江苏张家港农村商业银行股份有限公司	486	1.83	78	南京大地建设集团有限责任公司	233	0.36
29	中国电信集团公司	11	1.74	79	亿达集团有限公司	246	0.35
30	大连金玛商城企业集团有限公司	255	1.64	80	福建省能源集团有限责任公司	139	0.33
31	扬帆集团股份有限公司	277	1.46	81	广西北部湾国际港务集团有限公司	180	0.33
32	潍坊银行股份有限公司	471	1.42	82	内蒙古小肥羊餐饮连锁有限公司	245	0.32
33	无锡市国联发展（集团）有限公司	193	1.20	83	重庆华宇物业（集团）有限公司	215	0.32
34	浙大网新科技股份有限公司	261	1.18	84	大连金港集团有限公司	474	0.32
35	青岛港（集团）有限公司	142	1.16	85	湖北银丰实业集团有限责任公司	397	0.31
36	新东方教育科技（集团）有限公司	428	1.08	86	国元证券股份有限公司	464	0.31
37	西安高科（集团）公司	253	1.05	87	浙江凯喜雅国际股份有限公司	242	0.30
38	太平鸟集团有限公司	270	1.03	88	江苏恒大置业投资发展有限公司	411	0.29
39	天津住宅建设发展集团有限公司	198	1.02	89	青岛利客来商贸集团股份有限公司	484	0.29
40	广发银行股份有限公司	76	1.01	90	新疆广汇实业投资（集团）有限责任公司	45	0.28
41	广东省交通集团有限公司	77	0.99	91	江苏高力集团有限公司	100	0.27
42	海航集团有限公司	46	0.97	92	广西投资集团有限公司	106	0.26
43	上海交运（集团）公司	234	0.93	93	厦门华澄集团有限公司	363	0.26
44	河北卓正实业集团有限公司	384	0.93	94	大连港集团有限公司	349	0.26
45	天津银行股份有限公司	317	0.90	95	中国中信集团公司	10	0.25
46	安徽出版集团有限责任公司	220	0.85	96	中国诚通控股集团有限公司	60	0.25
47	天津市政建设集团有限公司	259	0.81	97	交通银行股份有限公司	21	0.25
48	重庆小天鹅投资控股（集团）有限公司	481	0.79	98	华茂集团股份有限公司	360	0.23
49	丰立集团有限公司	121	0.79	99	武汉商贸国有控股集团有限公司	332	0.23
50	天津贻成集团有限公司	283	0.79	100	浙江华成控股集团有限公司	185	0.23
					中国服务业企业 500 强平均数		0.63

表9－10　2011中国服务业企业500强净资产利润率排序前100名企业

排名	公司名称	总排名	净资产利润率（%）	排名	公司名称	总排名	净资产利润率（%）
1	厦门禹洲集团股份有限公司	318	239.53	51	乐仁堂医药集团股份有限公司	248	29.27
2	内蒙古小肥羊餐饮连锁有限公司	245	223.05	52	四川省烟草公司成都市公司	169	29.19
3	上海中钢投资集团有限公司	451	192.88	53	安徽省交通投资集团有限责任公司	309	29.09
4	张家港保税区锦德贸易有限公司	160	185.01	54	四川申蓉汽车股份有限公司	296	28.94
5	张家港市润沙钢铁贸易有限公司	398	121.61	55	大连市汽车贸易集团有限公司	467	28.82
6	金地（集团）股份有限公司	117	96.83	56	重庆华宇物业（集团）有限公司	215	28.51
7	环球控股集团有限公司	396	93.33	57	开元旅业集团有限公司	289	28.44
8	新疆生产建设兵团农一师棉麻公司	361	90.01	58	上海闽路润贸易有限公司	269	28.44
9	西安高科（集团）公司	253	83.74	59	重庆中汽西南汽车有限公司	227	28.34
10	张家港市嘉广天进出口贸易有限公司	417	64.07	60	华星北方汽车贸易有限公司	389	28.18
11	重庆德庄实业（集团）有限公司	457	58.53	61	河北省农业生产资料有限公司	372	28.16
12	大连万达集团股份有限公司	65	56.42	62	上海绿地（集团）有限公司	32	28.08
13	新疆银隆国际贸易股份有限公司	421	55.83	63	中基宁波集团股份有限公司	145	27.55
14	上海春秋国际旅游社有限公司	235	53.57	64	浙江宝利德控股集团有限公司	406	27.46
15	重庆永辉超市有限公司	311	51.61	65	唐山百货大楼集团有限责任公司	284	27.35
16	春秋航空股份有限公司	377	49.32	66	碧桂园控股有限公司	91	27.29
17	卓尔控股有限公司	210	47.79	67	世纪金源投资集团有限公司	99	27.03
18	杭州联华华商集团有限公司	181	47.7	68	福建省烟草公司厦门市公司	395	26.67
19	广州轻工工贸集团有限公司	174	46.49	69	浙江前程投资股份有限公司	119	26.33
20	浙江供销超市有限公司	439	44.85	70	安徽亚夏实业股份有限公司	322	26.32
21	天津水泥工业设计研究院有限公司	251	44.82	71	中国航空集团公司	38	26.26
22	宁波华东物资城市场建设开发有限公司	190	41.75	72	浙江华联商厦有限公司	422	26.11
23	杭州大厦有限公司	321	40.92	73	杭州旅游集团有限公司	291	25.98
24	赛鼎工程有限公司	476	40.86	74	安徽辉隆农资集团	170	25.59
25	新疆兵团农三师棉麻公司	495	40.21	75	河北五兴能源集团有限公司	327	25.54
26	武汉工贸有限公司	297	39.82	76	江苏华厦融创置地集团有限公司	136	25.43
27	山东远通汽车贸易集团有限公司	184	39.36	77	江苏吴中集团有限公司	229	25.36
28	庞大汽贸集团股份有限公司	53	37.59	78	锦联投资集团有限公司	263	25.34
29	恒大地产集团	62	37.56	79	上海闵熙钢铁发展有限公司	424	25.32
30	宁波滕头集团有限公司	298	37.48	80	大华（集团）有限公司	166	24.76
31	宁波韵升进出口有限公司	278	37.24	81	上海均瑶（集团）有限公司	158	24.74
32	腾讯控股有限公司	116	37.16	82	厦门市嘉晟对外贸易有限公司	330	24.62
33	上海久隆电力（集团）有限公司	340	37.14	83	中国电力工程顾问集团公司	155	24.42
34	中国人寿保险（集团）公司	5	36.69	84	新疆广汇实业投资（集团）有限责任公司	45	24.01
35	新中宇集团有限公司	473	36.32	85	江苏恒大置业投资发展有限公司	411	23.95
36	重庆中渝物业发展有限公司	465	36.17	86	中国航空油料集团公司	25	23.89
37	厦门源昌集团有限公司	455	35.95	87	厦门华澄集团有限公司	363	23.44
38	中国东方航空集团公司	39	35.16	88	中国铁道科学研究院	208	23.4
39	宁波宁兴房地产开发集团有限公司	374	35.02	89	青岛宝井钢材加工配送有限公司	452	23.24
40	宁波晶圆贸易有限公司	480	33.53	90	联发集团有限公司	375	23.23
41	广西壮族自治区机电设备有限责任公司	216	33.5	91	苏州金螳螂企业（集团）有限公司	226	23.1
42	山东航空集团有限公司	213	33.19	92	潍坊银行股份有限公司	471	22.84
43	北京翠微大厦股份有限公司	343	32.65	93	广东省商业企业集团公司	468	22.71
44	厦门航空有限公司	172	32.65	94	郑州银行股份有限公司	492	22.69
45	远大物产集团有限公司	111	32.49	95	中国免税品（集团）有限责任公司	415	22.61
46	北京菜市口百货股份有限公司	243	31.95	96	江苏国泰国际集团有限公司	112	22.44
47	万合集团股份有限公司	342	30.88	97	新华锦集团有限公司	129	22.39
48	成都红旗连锁有限公司	272	30.61	98	重庆小天鹅投资控股（集团）有限公司	481	22.32
49	宁波银亿集团有限公司	137	30.01	99	成都建国汽车贸易有限公司	281	22.27
50	杭州市轻工工艺纺织品进出口有限公司	499	29.28	100	合肥百货大楼集团股份有限公司	94	22.24
					中国服务业企业500强平均数		12.49

表 9－11　2011 中国服务业企业 500 强资产利润率排序前 100 名企业

排名	公司名称	总排名	资产利润率（%）	排名	公司名称	总排名	资产利润率（%）
1	张家港保税区锦德贸易有限公司	160	96.04	51	天津水泥工业设计研究院有限公司	251	9.63
2	内蒙古小肥羊餐饮连锁有限公司	245	86.28	52	苏宁电器集团有限公司	22	9.35
3	厦门禹洲集团股份有限公司	318	75.02	53	老百姓大药房连锁股份有限公司	392	9.35
4	江苏吴中集团有限公司	229	55.18	54	青岛港（集团）有限公司	142	9.29
5	重庆德庄实业（集团）有限公司	457	50.05	55	杭州市轻工工艺纺织品进出口有限公司	499	9.28
6	上海中钢投资集团有限公司	451	49.53	56	赛鼎工程有限公司	476	9.25
7	百度公司	205	31.91	57	雅居乐地产控股有限公司	113	9.19
8	厦门经济特区房地产开发集团有限公司	388	30.76	58	无锡商业大厦大东方股份有限公司	238	9.15
9	四川省烟草公司成都市公司	169	26.57	59	重庆中渝物业发展有限公司	465	8.99
10	福建省烟草公司厦门市公司	395	25.09	60	锦程国际物流集团股份有限公司	329	8.92
11	卓尔控股有限公司	210	24.63	61	青岛康大外贸集团有限公司	416	8.87
12	环球控股集团有限公司	396	24.50	62	民生轮船股份有限公司	460	8.78
13	腾讯控股有限公司	116	22.65	63	江苏国泰国际集团有限公司	112	8.78
14	中国烟草总公司湖南省公司	66	19.67	64	重庆中汽西南汽车有限公司	227	8.72
15	宁波华东物资城市场建设开发有限公司	190	19.58	65	重庆永辉超市有限公司	311	8.53
16	江苏华厦融创置地集团有限公司	136	19.45	66	上海龙宇燃油股份有限公司	308	8.46
17	上海久隆电力（集团）有限公司	340	17.13	67	碧桂园控股有限公司	91	8.45
18	深圳市爱施德股份有限公司	168	16.47	68	厦门航空有限公司	172	8.40
19	宁波滕头集团有限公司	298	16.46	69	上海均瑶（集团）有限公司	158	8.38
20	重庆小天鹅投资控股（集团）有限公司	481	15.33	70	锦联投资集团有限公司	263	8.31
21	春秋航空股份有限公司	377	14.89	71	浪潮集团有限公司	84	8.22
22	中国免税品（集团）有限责任公司	415	14.78	72	上海国际港务（集团）股份有限公司	122	8.22
23	重庆华宇物业（集团）有限公司	215	14.76	73	新疆广汇实业投资（集团）有限责任公司	45	8.21
24	厦门华澄集团有限公司	363	13.45	74	合肥百货大楼集团股份有限公司	94	8.21
25	江苏恒大置业投资发展有限公司	411	13.29	75	恒大地产集团	62	7.68
26	新东方教育科技（集团）有限公司	428	13.00	76	湖南友谊阿波罗股份有限公司	295	7.68
27	成都红旗连锁有限公司	272	12.99	77	中国航空集团公司	38	7.50
28	杭州大厦有限公司	321	12.96	78	四川申蓉汽车股份有限公司	296	7.49
29	江苏省广播电视总台（集团）	249	12.90	79	物美控股集团有限公司	71	7.46
30	世纪金源投资集团有限公司	99	12.43	80	常州药业股份有限公司	432	7.45
31	江苏高力集团有限公司	100	12.22	81	大连金港集团有限公司	474	7.31
32	广西壮族自治区机电设备有限责任公司	216	11.96	82	江西赣粤高速公路股份有限公司	335	7.28
33	上海春秋国际旅游社有限公司	235	11.83	83	用友软件股份有限公司	410	7.26
34	中国铁道科学研究院	208	11.68	84	中国国际技术智力合作公司	107	7.25
35	浙江省八达物流有限公司	488	11.29	85	欧美投资集团有限公司	274	7.21
36	广州友谊集团股份有限公司	359	11.25	86	新疆生产建设兵团石油有限公司	344	7.21
37	上海闵熙钢铁发展有限公司	424	10.83	87	山东航空集团有限公司	213	7.17
38	阿里巴巴网络有限公司	352	10.71	88	中国航空油料集团公司	25	7.06
39	环渤海金岸（天津）集团股份有限公司	183	10.60	89	乐仁堂医药集团股份有限公司	248	6.98
40	银川新华百货商店股份有限公司	334	10.59	90	新中宇集团有限公司	473	6.96
41	大连宏光好运来集团有限公司	299	10.48	91	安徽亚夏实业股份有限公司	322	6.93
42	大秦铁路股份有限公司	67	10.40	92	上海致盛实业集团有限公司	426	6.80
43	中国煤炭科工集团有限公司	105	10.26	93	浙江供销超市有限公司	439	6.78
44	深圳市神州通投资集团有限公司	165	10.11	94	华星北方汽车贸易有限公司	389	6.73
45	厦门源昌集团有限公司	455	10.01	95	中铁集装箱运输有限责任公司	156	6.72
46	河北卓正实业集团有限公司	384	9.97	96	安徽国华投资集团有限公司	469	6.70
47	上海尚友实业集团有限公司	458	9.95	97	中国电力工程顾问集团公司	155	6.62
48	成都建国汽车贸易有限公司	281	9.90	98	江阴市中昌实业有限公司	385	6.58
49	苏州汽车客运集团有限公司	438	9.85	99	上海爱家豪庭房地产集团发展有限公司	257	6.55
50	宁波宁兴房地产开发集团有限公司	374	9.67	100	中金再生资源（中国）投资有限公司	118	6.50
					中国服务业企业500强平均数		1.39

表 9－12　　2011 中国服务业企业 500 强资产负债率排序前 100 名企业

排名	公司名称	总排名	资产负债率（%）	排名	公司名称	总排名	资产负债率（%）
1	福建省烟草公司厦门市公司	395	5.93	51	云南南天电子信息产业股份有限公司	466	46.09
2	四川省烟草公司成都市公司	169	8.95	52	青岛泰能燃气集团有限公司	413	46.10
3	中国烟草总公司湖南省公司	66	10.95	53	用友软件股份有限公司	410	46.16
4	上海金开利实业股份有限公司	487	11.20	54	上海国际港务（集团）股份有限公司	122	46.31
5	上海华通机电集团有限公司	445	11.20	55	江西赣粤高速公路股份有限公司	335	46.32
6	深圳市爱施德股份有限公司	168	11.55	56	华闻传媒投资集团股份有限公司	371	46.45
7	大连鹏生集团有限公司	479	14.34	57	上海机场（集团）有限公司	200	47.10
8	重庆德庄实业（集团）有限公司	457	14.48	58	广州友谊集团股份有限公司	359	47.13
9	上海爱家豪庭房地产集团发展有限公司	257	16.09	59	阿里巴巴网络有限公司	352	47.37
10	天津京铁实业发展中心	382	17.46	60	广州港集团有限公司	323	47.86
11	广深铁路股份有限公司	151	21.03	61	北京控股集团有限公司	82	48.00
12	新东方教育科技（集团）有限公司	428	21.28	62	新疆生产建设兵团石油有限公司	344	48.04
13	安徽国华投资集团有限公司	469	21.66	63	张家港保税区锦德贸易有限公司	160	48.09
14	江苏华厦融创置地集团有限公司	136	23.50	64	重庆华宇物业（集团）有限公司	215	48.22
15	百度公司	205	23.92	65	欧美投资集团有限公司	274	48.41
16	湖南九龙经贸集团有限公司	477	24.10	66	卓尔控股有限公司	210	48.47
17	新浪公司	425	24.25	67	常州药业股份有限公司	432	48.87
18	安徽新华发行（集团）控股有限公司	236	24.55	68	全洲药业集团有限公司	485	49.85
19	江苏省广播电视总台（集团）	249	24.90	69	安徽出版集团有限责任公司	220	49.94
20	浙江省八达物流有限公司	488	27.13	70	中国铁道科学研究院	208	50.07
21	上海东方明珠（集团）股份有限公司	444	27.31	71	杭州解百集团股份有限公司	496	50.15
22	中国移动通信集团公司	3	29.07	72	振华物流集团有限公司	247	50.53
23	福佳集团有限公司	103	31.03	73	东冠集团有限公司	387	50.54
24	重庆小天鹅投资控股（集团）有限公司	481	31.28	74	河北卓正实业集团有限公司	384	50.73
25	四川新华发行集团有限公司	320	31.37	75	九州通医药集团股份有限公司	110	50.75
26	河北怀特集团股份有限公司	316	32.00	76	河北省新华书店集团公司	348	50.80
27	中国电信集团公司	11	33.73	77	天津劝业华联集团有限公司	310	51.07
28	大连宏光好运来集团有限公司	299	33.86	78	华茂集团股份有限公司	360	51.42
29	中国免税品（集团）有限责任公司	415	34.63	79	环渤海金岸（天津）集团股份有限公司	183	51.52
30	深圳市神州通投资集团有限公司	165	35.76	80	物美控股集团有限公司	71	51.68
31	申能（集团）有限公司	93	36.32	81	老百姓大药房连锁股份有限公司	392	52.00
32	广州铁路（集团）公司	57	37.13	82	成都传媒集团	366	52.05
33	深圳能源集团股份有限公司	153	37.49	83	银川新华百货商店股份有限公司	334	52.07
34	江苏高力集团有限公司	100	37.68	84	中国联合网络通信集团有限公司	19	52.10
35	青岛康大外贸集团有限公司	416	38.56	85	渝惠食品集团有限公司	446	52.12
36	腾讯控股有限公司	116	39.04	86	心连心集团有限公司	442	52.27
37	国元证券股份有限公司	464	39.84	87	天津现代集团有限公司	197	52.44
38	大连金港集团有限公司	474	40.34	88	山西华宇集团有限公司	418	52.49
39	张家口通泰控股集团有限公司	427	40.92	89	上海强生集团有限公司	434	52.60
40	厦门华澄集团有限公司	363	42.62	90	中国煤炭科工集团有限公司	105	52.65
41	三胞集团有限公司	70	42.62	91	民生轮船股份有限公司	460	52.70
42	中铁集装箱运输有限责任公司	156	43.02	92	宁波赛尔集团有限公司	494	52.76
43	厦门国际航空港集团有限公司	356	43.46	93	宁波华东物资城市场建设开发有限公司	190	53.10
44	湖南金正方企业集团股份有限公司	419	43.52	94	河北港口集团有限公司	252	53.65
45	大秦铁路股份有限公司	67	43.75	95	上海久隆电力（集团）有限公司	340	53.88
46	青岛港（集团）有限公司	142	43.98	96	世纪金源投资集团有限公司	99	54.02
47	浪潮集团有限公司	84	44.13	97	浙江中国小商品城集团股份有限公司	390	54.19
48	人人乐连锁商业集团股份有限公司	162	44.41	98	上海尚友实业集团有限公司	458	54.37
49	江苏恒大置业投资发展有限公司	411	44.52	99	中国港中旅集团公司	56	54.74
50	南昌市政公用投资控股有限责任公司	228	45.09	100	锦程国际物流集团股份有限公司	329	54.98
					中国服务业企业 500 强平均数		87.87

表 9－13　　2011 中国服务业企业 500 强资本积累率排序前 100 名企业

排名	公司名称	总排名	资本积累率（%）	排名	公司名称	总排名	资本积累率（%）
1	天津立业钢铁集团有限公司	199	3220.10	51	湖南九龙经贸集团有限公司	477	76.42
2	中国东方航空集团公司	39	561.47	52	上海市糖业烟酒（集团）有限公司	109	75.83
3	南昌市政公用投资控股有限责任公司	228	561.09	53	大连市汽车贸易集团有限公司	467	75.61
4	江苏省丝绸集团有限公司	120	493.93	54	天津市房地产开发经营集团有限公司	267	72.67
5	上海神源企业集团有限公司	498	402.73	55	中国工艺（集团）公司	86	72.52
6	上海尚友实业集团有限公司	458	392.63	56	宁波宁兴房地产开发集团有限公司	374	72.10
7	人人乐连锁商业集团股份有限公司	162	265.78	57	宁波轿辰集团股份有限公司	286	71.35
8	深圳市爱施德股份有限公司	168	253.05	58	天津市燃气集团有限公司	292	71.00
9	成都红旗连锁有限公司	272	215.32	59	渝惠食品集团有限公司	446	70.33
10	新疆银隆国际贸易股份有限公司	421	212.11	60	老凤祥股份有限公司	143	68.83
11	重庆市金科实业（集团）有限公司	258	193.84	61	天津滨海投资集团股份有限公司	393	67.05
12	深圳市神州通投资集团有限公司	165	184.12	62	北方国际集团有限公司	239	66.02
13	红星美凯龙家居集团股份有限公司	144	165.54	63	大连金玛商城企业集团有限公司	255	62.85
14	福佳集团有限公司	103	153.88	64	阳光保险集团股份有限公司	97	62.55
15	重庆农村商业银行股份有限公司	161	145.04	65	恒大地产集团	62	62.39
16	九州通医药集团股份有限公司	110	139.06	66	张家港市嘉广天进出口贸易有限公司	417	60.55
17	山东省机械进出口集团公司	262	138.95	67	安徽新华发行（集团）控股有限公司	236	59.24
18	厦门市中信隆进出口有限公司	399	132.75	68	浙江前程投资股份有限公司	119	58.80
19	中国南方航空集团公司	40	131.22	69	温州银行股份有限公司	443	58.27
20	安徽省徽商集团有限公司	63	128.57	70	中国农业银行股份有限公司	6	58.12
21	大连万达集团股份有限公司	65	123.21	71	苏州汽车客运集团有限公司	438	57.48
22	江苏汇鸿国际集团有限公司	73	120.79	72	金地（集团）股份有限公司	117	56.60
23	杭州联华华商集团有限公司	181	115.79	73	杭州大厦有限公司	321	56.32
24	新中宇集团有限公司	473	115.08	74	乐仁堂医药集团股份有限公司	248	55.86
25	上海春秋国际旅游社有限公司	235	111.72	75	广西北部湾国际港务集团有限公司	180	55.49
26	河北省新合作资产运营集团有限公司	303	111.42	76	天津水泥工业设计研究院有限公司	251	54.91
27	中国铁路物资股份有限公司	24	109.92	77	河北省新华书店集团公司	348	54.54
28	重庆市盐业（集团）有限公司	449	108.46	78	万合集团股份有限公司	342	54.52
29	赛鼎工程有限公司	476	101.64	79	浙江凯喜雅国际股份有限公司	242	54.37
30	成都建国汽车贸易有限公司	281	101.40	80	兴业银行股份有限公司	64	54.36
31	山东远通汽车贸易集团有限公司	184	101.39	81	庞大汽贸集团股份有限公司	53	54.10
32	青岛利客来商贸集团股份有限公司	484	100.57	82	银泰百货（集团）有限公司	159	54.01
33	中国免税品（集团）有限责任公司	415	100.13	83	厦门禹洲集团股份有限公司	318	53.63
34	春秋航空股份有限公司	377	97.47	84	山西美特好连锁超市股份有限公司	355	53.36
35	天津金元宝商厦集团有限公司	266	96.77	85	海航集团有限公司	46	52.26
36	厦门经济特区房地产开发集团有限公司	388	96.00	86	荣安集团股份有限公司	450	52.13
37	卓尔控股有限公司	210	93.82	87	上海宝闽钢铁集团有限公司	302	52.01
38	广发银行股份有限公司	76	93.25	88	河北五兴能源集团有限公司	327	50.85
39	广东省商业企业集团公司	468	92.74	89	世纪金源投资集团有限公司	99	50.80
40	天津市浩物机电汽车贸易有限公司	154	92.20	90	亿达集团有限公司	246	50.66
41	上海久隆电力（集团）有限公司	340	87.88	91	宁波晶圆贸易有限公司	480	50.45
42	山东省商业集团有限公司	72	87.05	92	浙江省商业集团有限公司	81	50.15
43	鹭燕（福建）药业股份有限公司	404	86.76	93	浙江华瑞集团有限公司	282	49.44
44	长沙银行股份有限公司	463	84.24	94	天津住宅建设发展集团有限公司	198	49.09
45	山西华宇集团有限公司	418	83.06	95	厦门源昌集团有限公司	455	48.79
46	渤海银行股份有限公司	337	82.69	96	中国航空集团公司	38	48.68
47	上海浦东发展银行股份有限公司	55	81.00	97	联发集团有限公司	375	48.06
48	广西桂东电力股份有限公司	493	79.58	98	北京祥龙博瑞汽车服务（集团）有限公司	152	47.83
49	腾讯控股有限公司	116	77.59	99	中金再生资源（中国）投资有限公司	118	47.78
50	百度公司	205	76.84	100	武汉地产开发投资集团有限公司	456	47.43
					中国服务业企业 500 强平均数		20.25

表9-14　　2011中国服务业企业500强收入利润率排序前100名企业

排名	公司名称	总排名	利润率（%）	排名	公司名称	总排名	利润率（%）
1	厦门禹洲集团股份有限公司	318	256.48	51	新东方教育科技（集团）有限公司	428	20.08
2	百度公司	205	44.54	52	渤海银行股份有限公司	337	20.00
3	徽商银行股份有限公司	241	43.20	53	温州银行股份有限公司	443	19.99
4	兴业银行股份有限公司	64	42.62	54	重庆中渝物业发展有限公司	465	18.68
5	腾讯控股有限公司	116	41.31	55	广发银行股份有限公司	76	18.16
6	国元证券股份有限公司	464	41.26	56	上海中钢投资集团有限公司	451	17.90
7	方正证券股份有限公司	400	40.42	57	天津城市基础设施建设投资集团有限公司	192	17.57
8	天津银行股份有限公司	317	40.28	58	恒大地产集团	62	17.52
9	广发证券股份有限公司	179	39.41	59	张家口通泰控股集团有限公司	427	17.50
10	江苏华厦融创置地集团有限公司	136	39.33	60	联发集团有限公司	375	17.49
11	上海浦东发展银行股份有限公司	55	38.47	61	武汉地产开发投资集团有限公司	456	17.46
12	长沙银行股份有限公司	463	38.45	62	世纪金源投资集团有限公司	99	17.24
13	招商银行股份有限公司	42	36.10	63	青岛港（集团）有限公司	142	17.20
14	中国银河证券股份有限公司	206	35.64	64	大连万达集团股份有限公司	65	16.72
15	江西赣粤高速公路股份有限公司	335	34.01	65	福佳集团有限公司	103	16.12
16	成都银行股份有限公司	293	33.66	66	荣安集团股份有限公司	450	15.26
17	安徽省交通投资集团有限责任公司	309	33.44	67	中国航空集团公司	38	15.00
18	江苏张家港农村商业银行股份有限公司	486	33.03	68	苏州汽车客运集团有限公司	438	14.89
19	中国民生银行股份有限公司	51	32.10	69	荣盛控股股份有限公司	212	14.63
20	雅居乐地产控股有限公司	113	31.28	70	江苏省广播电视总台（集团）	249	14.59
21	郑州银行股份有限公司	492	31.26	71	河北港口集团有限公司	252	14.53
22	内蒙古小肥羊餐饮连锁有限公司	245	30.98	72	重庆市金科实业（集团）有限公司	258	14.09
23	中国工商银行股份有限公司	2	30.46	73	春秋航空股份有限公司	377	13.82
24	中国建设银行股份有限公司	4	29.70	74	金地（集团）股份有限公司	117	13.75
25	重庆华宇物业（集团）有限公司	215	28.56	75	青岛市农村信用合作社联合社	379	13.45
26	上海东方明珠（集团）股份有限公司	444	28.46	76	福建省烟草公司厦门市公司	395	13.29
27	上海国际港务（集团）股份有限公司	122	28.35	77	四川省烟草公司成都市公司	169	13.10
28	阿里巴巴网络有限公司	352	27.57	78	宁波宁兴房地产开发集团有限公司	374	12.70
29	中国银行股份有限公司	7	27.41	79	中国移动通信集团公司	3	12.69
30	北京银行	95	27.39	80	中国中信集团公司	10	12.64
31	龙湖地产有限公司	141	27.36	81	中国免税品（集团）有限责任公司	415	12.62
32	碧桂园控股有限公司	91	26.89	82	深圳能源集团股份有限公司	153	12.54
33	上海金桥（集团）有限公司	459	26.46	83	武汉市城市建设投资开发集团有限公司	275	12.26
34	重庆农村商业银行股份有限公司	161	26.34	84	上海临港经济发展（集团）有限公司	369	12.10
35	潍坊银行股份有限公司	471	26.17	85	大连金港集团有限公司	474	11.90
36	吉林银行	306	25.76	86	厦门经济特区房地产开发集团有限公司	388	11.89
37	武汉农村商业银行股份有限公司	423	25.67	87	中国铁道科学研究院	208	11.75
38	浙江中国小商品城集团股份有限公司	390	25.52	88	用友软件股份有限公司	410	11.62
39	上海久隆电力（集团）有限公司	340	25.06	89	厦门国际航空港集团有限公司	356	11.55
40	大秦铁路股份有限公司	67	24.78	90	广深铁路股份有限公司	151	11.54
41	厦门源昌集团有限公司	455	24.56	91	厦门航空有限公司	172	11.41
42	华夏银行股份有限公司	96	24.47	92	天津海泰控股集团有限公司	500	11.21
43	交通银行股份有限公司	21	23.84	93	大连港集团有限公司	349	10.94
44	上海城投置地（集团）有限公司	482	23.77	94	宁波富达股份有限公司	394	10.83
45	中华企业股份有限公司	365	23.36	95	申能（集团）有限公司	93	10.49
46	中国农业银行股份有限公司	6	23.26	96	四川新华发行集团有限公司	320	10.36
47	上海爱家豪庭房地产集团发展有限公司	257	23.10	97	北京首都国际机场股份有限公司	256	10.21
48	卓尔控股有限公司	210	22.28	98	锦联投资集团有限公司	263	10.10
49	无锡市交通产业集团有限公司	433	21.77	99	中国煤炭科工集团有限公司	105	9.99
50	广西农村信用社（合作银行）	157	20.49	100	华侨城集团公司	75	9.92
					中国服务业企业500强平均数		8.33

表 9－15　　2011 中国服务业企业 500 强人均收入排序前 100 名企业

排名	公司名称	总排名	人均收入（万元）	排名	公司名称	总排名	人均收入（万元）
1	珠海振戎公司	48	62871.05	51	河北省物流产业集团有限公司	131	1577.56
2	张家港市润沙钢铁贸易有限公司	398	28111.00	52	天津立业钢铁集团有限公司	199	1548.80
3	上海西本钢铁贸易发展有限公司	191	24563.28	53	安徽辉隆农资集团	170	1478.40
4	张家港保税区锦德贸易有限公司	160	19905.13	54	上海华冶钢铁集团有限公司	104	1413.58
5	天津市津能投资公司	140	17404.16	55	山西省国新能源发展集团有限公司	138	1356.60
6	张家港市嘉广天进出口贸易有限公司	417	11462.52	56	宁波医药股份有限公司	368	1351.30
7	宁波神化化学品经营有限责任公司	173	9832.31	57	天津现代集团有限公司	197	1304.10
8	江苏中江能源有限公司	472	8382.04	58	中国工艺（集团）公司	86	1303.69
9	江苏大经集团有限公司	209	6497.49	59	厦门协力集团有限公司	470	1284.24
10	上海尚友实业集团有限公司	458	6472.77	60	内蒙古铁鑫煤化集团有限公司	408	1249.50
11	宁波韵升进出口有限公司	278	6395.58	61	浙江华瑞集团有限公司	282	1223.49
12	新疆兵团农三师棉麻公司	495	5680.43	62	北京莱市口百货股份有限公司	243	1203.94
13	厦门嘉联恒进出口有限公司	448	5178.17	63	天津市丽兴京津钢铁贸易有限公司	223	1185.49
14	远大物产集团有限公司	111	5050.19	64	上海世博（集团）有限公司	68	1166.90
15	江阴市中昌实业有限公司	385	4833.82	65	福佳集团有限公司	103	1151.82
16	新疆生产建设兵团农一师棉麻公司	361	4699.36	66	厦门象屿集团有限公司	92	1141.70
17	黑龙江倍丰农业生产资料集团有限公司	201	4644.52	67	浙江日出化工有限公司	386	1125.58
18	中金再生资源（中国）投资有限公司	118	4468.45	68	上海百营钢铁集团有限公司	264	1116.32
19	宁波宁电进出口有限公司	483	4343.88	69	中国轻工业品进出口总公司	132	1056.82
20	上海宝闽钢铁集团有限公司	302	4108.69	70	浙江省八达物流有限公司	488	1017.70
21	宁波晶圆贸易有限公司	480	3681.77	71	重庆华轻商业公司	304	988.73
22	新中宇集团有限公司	473	3667.85	72	厦门华澄集团有限公司	363	951.07
23	厦门市嘉晟对外贸易有限公司	330	3613.44	73	嘉兴良友进出口集团股份有限公司	350	941.41
24	厦门市中信隆进出口有限公司	399	3592.60	74	上海中钢投资集团有限公司	451	934.37
25	宁波海田国际贸易有限公司	276	3297.47	75	中基宁波集团股份有限公司	145	909.57
26	中节能（天津）投资集团有限公司	230	3269.62	76	中国农业机械华北集团有限公司	240	899.77
27	宁波宁兴房地产开发集团有限公司	374	3141.68	77	中国国际技术智力合作公司	107	873.79
28	上海顺朝企业发展集团有限公司	285	3134.74	78	大连宏光好运来集团有限公司	299	859.49
29	新疆西部银力棉业（集团）有限责任公司	338	3063.02	79	杭州果品集团有限公司	454	857.39
30	天津市物资集团总公司	27	2885.41	80	河北省农业生产资料有限公司	372	843.88
31	常州市化工轻工材料总公司	409	2689.24	81	无锡商业大厦大东方股份有限公司	238	843.74
32	宁波市工艺品进出口有限公司	351	2635.30	82	浙江省物产集团公司	29	842.36
33	上海绿地（集团）有限公司	32	2561.67	83	宁波市慈溪进出口股份有限公司	194	830.81
34	南方石化集团有限公司	88	2502.61	84	上海致盛实业集团有限公司	426	826.15
35	上海闽路润贸易有限公司	269	2430.45	85	四川省烟草公司成都市公司	169	794.67
36	上海神源企业集团有限公司	498	2299.01	86	福建省烟草公司厦门市公司	395	765.44
37	浙江凯喜雅国际股份有限公司	242	2241.13	87	重庆中渝物业发展有限公司	465	747.23
38	中球冠集团有限公司	203	2099.10	88	新疆银隆国际贸易股份有限公司	421	732.57
39	青岛宝井钢材加工配送有限公司	452	2088.62	89	广东物资集团公司	49	710.42
40	上海龙宇燃油股份有限公司	308	2077.70	90	浙江英特药业有限责任公司	232	706.20
41	东华能源股份有限公司	461	1948.48	91	大汉控股集团有限公司	147	693.08
42	中国铁路物资股份有限公司	24	1759.40	92	北京外企服务集团有限责任公司	125	689.78
43	山东省机械进出口集团公司	262	1711.56	93	大连鹏生集团有限公司	479	685.30
44	海南大印集团有限公司	89	1708.50	94	老凤祥股份有限公司	143	671.56
45	浙江前程投资股份有限公司	119	1706.81	95	中国中化集团公司	9	669.68
46	河北省唐山市滦通商贸有限公司	280	1694.17	96	天津一商集团有限公司	90	666.49
47	上海闵熙钢铁发展有限公司	424	1685.03	97	江阴市长江钢管有限公司	391	659.31
48	苏州国信集团有限公司	336	1634.40	98	江苏华厦融创置地集团有限公司	136	646.34
49	中国航空油料集团公司	25	1624.47	99	上海爱家豪庭房地产集团发展有限公司	257	646.17
50	绿城房地产集团有限公司	52	1577.87	100	中华企业股份有限公司	365	638.28
					中国服务业企业 500 强平均数		127.52

表9-16　2011中国服务业企业500强人均利润排序前100名企业

排名	公司名称	总排名	人均利润（万元）	排名	公司名称	总排名	人均利润（万元）
1	张家港保税区锦德贸易有限公司	160	1090.87	51	上海春秋国际旅游社有限公司	235	43.54
2	厦门禹洲集团股份有限公司	318	877.33	52	中国建设银行股份有限公司	4	42.96
3	宁波宁兴房地产开发集团有限公司	374	399.11	53	北京菜市口百货股份有限公司	243	42.86
4	新中宇集团有限公司	473	361.36	54	潍坊银行股份有限公司	471	42.68
5	张家港市嘉广天进出口贸易有限公司	417	269.64	55	天津银行股份有限公司	317	42.32
6	江苏华厦融创置地集团有限公司	136	254.23	56	上海东方明珠（集团）股份有限公司	444	41.89
7	天津市津能投资公司	140	230.93	57	华夏银行股份有限公司	96	41.87
8	张家港市润沙钢铁贸易有限公司	398	225.09	58	中国工商银行股份有限公司	2	41.78
9	珠海振戎公司	48	195.32	59	恒大地产集团	62	41.47
10	福佳集团有限公司	103	185.66	60	长沙银行股份有限公司	463	41.17
11	中金再生资源（中国）投资有限公司	118	177.07	61	宁波神化化学品经营有限责任公司	173	40.91
12	上海中钢投资集团有限公司	451	167.23	62	新疆生产建设兵团农一师棉麻公司	361	40.55
13	上海爱家豪庭房地产集团发展有限公司	257	149.27	63	国元证券股份有限公司	464	39.50
14	中华企业股份有限公司	365	149.13	64	中国银行股份有限公司	7	39.27
15	上海绿地（集团）有限公司	32	146.24	65	江西赣粤高速公路股份有限公司	335	39.13
16	重庆中渝物业发展有限公司	465	139.58	66	天津市政建设集团有限公司	259	38.95
17	新疆兵团农三师棉麻公司	495	123.40	67	广发银行股份有限公司	76	38.83
18	厦门源昌集团有限公司	455	119.63	68	浙江华瑞集团有限公司	282	38.40
19	联发集团有限公司	375	109.47	69	无锡商业大厦大东方股份有限公司	238	38.39
20	北京银行	95	105.39	70	厦门经济特区房地产开发集团有限公司	388	37.32
21	四川省烟草公司成都市公司	169	104.07	71	新疆西部银力棉业（集团）有限责任公司	338	36.99
22	福建省烟草公司厦门市公司	395	101.72	72	上海龙宇燃油股份有限公司	308	36.56
23	上海城投置地（集团）有限公司	482	100.61	73	江苏中江能源有限公司	472	36.50
24	武汉地产开发投资集团有限公司	456	88.88	74	远大物产集团有限公司	111	35.56
25	厦门华澄集团有限公司	363	79.02	75	江苏苏宁环球集团有限公司	85	34.85
26	腾讯控股有限公司	116	75.90	76	东华能源股份有限公司	461	34.73
27	上海致盛实业集团有限公司	426	74.31	77	卓尔控股有限公司	210	33.60
28	浙江凯喜雅国际股份有限公司	242	73.62	78	重庆华宇物业（集团）有限公司	215	33.41
29	江苏张家港农村商业银行股份有限公司	486	72.10	79	金地（集团）股份有限公司	117	32.61
30	上海金桥（集团）有限公司	459	72.08	80	中国移动通信集团公司	3	31.77
31	荣安集团股份有限公司	450	71.36	81	北京首都国际机场股份有限公司	256	31.45
32	上海浦东发展银行股份有限公司	55	68.29	82	江阴市长江钢管有限公司	391	31.24
33	上海西本钢铁贸易发展有限公司	191	67.86	83	新疆银隆国际贸易股份有限公司	421	30.86
34	大连宏光好运来集团有限公司	299	66.47	84	广发证券股份有限公司	179	30.83
35	黑龙江倍丰农业生产资料集团有限公司	201	66.34	85	郑州银行股份有限公司	492	29.89
36	宁波韵升进出口有限公司	278	63.88	86	安徽辉隆农资集团	170	29.09
37	兴业银行股份有限公司	64	63.40	87	祥生实业集团有限公司	373	28.99
38	招商银行股份有限公司	42	59.80	88	天津城市基础设施建设投资集团有限公司	192	28.11
39	徽商银行股份有限公司	241	59.44	89	浙江省能源集团有限公司	59	27.80
40	上海久隆电力（集团）有限公司	340	58.13	90	方正证券股份有限公司	400	27.69
41	江苏大经集团有限公司	209	57.48	91	温州银行股份有限公司	443	27.46
42	中国民生银行股份有限公司	51	56.84	92	中国银河证券股份有限公司	206	27.36
43	天津现代集团有限公司	197	55.96	93	江阴市中昌实业有限公司	385	27.22
44	大连鹏生集团有限公司	479	55.91	94	天津市房地产开发经营集团有限公司	267	26.89
45	中节能（天津）投资集团有限公司	230	54.53	95	上海国际港务（集团）股份有限公司	122	26.68
46	上海尚友实业集团有限公司	458	51.63	96	渤海银行股份有限公司	337	26.46
47	成都银行股份有限公司	293	49.13	97	中球冠集团有限公司	203	25.66
48	深圳能源集团股份有限公司	153	46.33	98	浙江前程投资股份有限公司	119	25.32
49	交通银行股份有限公司	21	45.78	99	世纪金源投资集团有限公司	99	25.25
50	绿城房地产集团有限公司	52	44.59	100	天津海泰控股集团有限公司	500	24.89
					中国服务业企业500强平均数		10.90

表 9－17　　2011 中国服务业企业 500 强人均资产排序前 100 名企业

排名	公司名称	总排名	人均资产（万元）	排名	公司名称	总排名	人均资产（万元）
1	天津市津能投资公司	140	51677.71	51	上海青浦工业园区发展（集团）有限公司	497	1902.23
2	北京银行	95	11358.80	52	北京首都国际机场股份有限公司	256	1864.64
3	渤海银行股份有限公司	337	8992.54	53	中国中信集团公司	10	1813.25
4	武汉地产开发投资集团有限公司	456	7924.81	54	荣安集团股份有限公司	450	1778.95
5	上海浦东发展银行股份有限公司	55	7803.89	55	东华能源股份有限公司	461	1724.86
6	天津城市基础设施建设投资集团有限公司	192	7716.02	56	厦门市中信隆进出口有限公司	399	1698.00
7	华夏银行股份有限公司	96	7272.30	57	苏州国信集团有限公司	336	1631.35
8	张家港市润沙钢铁贸易有限公司	398	6660.64	58	上海宝闽钢铁集团有限公司	302	1607.96
9	兴业银行股份有限公司	64	6331.46	59	中节能（天津）投资集团有限公司	230	1570.92
10	中国民生银行股份有限公司	51	5896.15	60	重庆中渝物业发展有限公司	465	1552.56
11	珠海振戎公司	48	5833.80	61	厦门嘉联恒进出口有限公司	448	1527.30
12	招商银行股份有限公司	42	5575.69	62	青岛市农村信用合作社联合社	379	1523.02
13	江苏张家港农村商业银行股份有限公司	486	5468.21	63	中国人寿保险（集团）公司	5	1500.50
14	新中宇集团有限公司	473	5190.34	64	江苏中江能源有限公司	472	1487.08
15	广发银行股份有限公司	76	5109.42	65	天津现代集团有限公司	197	1451.69
16	天津银行股份有限公司	317	4984.10	66	广西农村信用社（合作银行）	157	1379.09
17	上海西本钢铁贸易发展有限公司	191	4983.75	67	浙江凯喜雅国际股份有限公司	242	1323.63
18	张家港市嘉广天进出口贸易有限公司	417	4868.72	68	上海金桥（集团）有限公司	459	1321.13
19	交通银行股份有限公司	21	4633.13	69	江苏华厦融创置地集团有限公司	136	1306.86
20	徽商银行股份有限公司	241	4596.92	70	浙江华瑞集团有限公司	282	1243.73
21	成都银行股份有限公司	293	4574.36	71	天津市物资集团总公司	27	1233.66
22	新疆西部银力棉业（集团）有限责任公司	338	4445.25	72	厦门源昌集团有限公司	455	1194.86
23	宁波宁兴房地产开发集团有限公司	374	4126.05	73	安徽省高速公路控股集团有限公司	225	1178.76
24	中华企业股份有限公司	365	3955.16	74	厦门禹洲集团股份有限公司	318	1169.41
25	长沙银行股份有限公司	463	3950.95	75	张家港保税区锦德贸易有限公司	160	1135.80
26	上海绿地（集团）有限公司	32	3749.00	76	大连鹏生集团有限公司	479	1121.73
27	中国银行股份有限公司	7	3745.02	77	中国水利电力对外公司	301	1117.51
28	绿城房地产集团有限公司	52	3649.46	78	天津津滨发展股份有限公司	376	1113.87
29	中国建设银行股份有限公司	4	3444.23	79	宁波韵升进出口有限公司	278	1109.02
30	中国工商银行股份有限公司	2	3387.19	80	上海神源企业集团有限公司	498	1101.62
31	新疆生产建设兵团农一师棉麻公司	361	3365.75	81	上海致盛实业集团有限公司	426	1093.37
32	黑龙江倍丰农业生产资料集团有限公司	201	3321.13	82	上海闽路润贸易有限公司	269	1071.51
33	福佳集团有限公司	103	3191.45	83	国元证券股份有限公司	464	1063.22
34	上海城投置地（集团）有限公司	482	3098.79	84	北京能源投资（集团）有限公司	128	985.11
35	潍坊银行股份有限公司	471	3016.06	85	宁波神化化学品经营有限责任公司	173	981.77
36	温州银行股份有限公司	443	2952.44	86	中国银河证券股份有限公司	206	964.91
37	郑州银行股份有限公司	492	2742.36	87	江苏大经集团有限公司	209	954.92
38	中金再生资源（中国）投资有限公司	118	2725.89	88	山东省机械进出口集团公司	262	940.88
39	天津海泰控股集团有限公司	500	2722.51	89	浙江省能源集团有限公司	59	935.17
40	天津市政建设集团有限公司	259	2520.59	90	宁波晶圆贸易有限公司	480	917.25
41	新疆兵团农三师棉麻公司	495	2389.91	91	中国平安保险（集团）股份有限公司	14	909.59
42	武汉农村商业银行股份有限公司	423	2375.58	92	深圳能源集团股份有限公司	153	905.67
43	中国农业银行股份有限公司	6	2325.90	93	南方石化集团有限公司	88	888.09
44	上海爱家豪庭房地产集团发展有限公司	257	2277.93	94	金地（集团）股份有限公司	117	881.34
45	吉林银行	306	2216.77	95	远大物产集团有限公司	111	878.52
46	重庆农村商业银行股份有限公司	161	2128.74	96	申能（集团）有限公司	93	843.44
47	联发集团有限公司	375	2122.08	97	河北省唐山市滦通商贸有限公司	280	840.99
48	天津市房地产开发经营集团有限公司	267	2112.50	98	宁波宁电进出口有限公司	483	791.83
49	厦门市嘉晟对外贸易有限公司	330	2070.28	99	天津贻成集团有限公司	283	768.36
50	上海临港经济发展（集团）有限公司	369	2054.35	100	上海东方明珠（集团）股份有限公司	444	763.28
					中国服务业企业500强平均数		792.90

表 9－18　　2011 中国服务业企业 500 强收入增长率排序前 100 名企业

排名	公司名称	总排名	收入增长率（%）	排名	公司名称	总排名	收入增长率（%）
1	恒大地产集团	62	700.35	51	厦门路桥工程物资有限公司	217	67.34
2	重庆中渝物业发展有限公司	465	281.53	52	大汉控股集团有限公司	147	67.17
3	江苏省丝绸集团有限公司	120	246.84	53	春秋航空股份有限公司	377	64.18
4	广西北部湾国际港务集团有限公司	180	208.62	54	中国航空油料集团公司	25	63.49
5	上海神源企业集团有限公司	498	202.02	55	远大物产集团有限公司	111	63.33
6	重庆市涪陵水利电力投资集团有限责任公司	268	160.98	56	环球控股集团有限公司	396	63.07
7	河北五兴能源集团有限公司	327	154.55	57	中国轻工业品进出口总公司	132	62.44
8	上海申华控股股份有限公司	221	153.82	58	金地（集团）股份有限公司	117	61.95
9	阳光保险集团股份有限公司	97	149.82	59	苏州金螳螂企业（集团）有限公司	226	61.88
10	中金再生资源（中国）投资有限公司	118	144.99	60	厦门建发集团有限公司	43	61.84
11	海南大印集团有限公司	89	144.54	61	上海永达控股（集团）有限公司	126	61.72
12	厦门禹洲集团股份有限公司	318	143.15	62	安徽国华投资集团有限公司	469	61.50
13	长城人寿保险股份有限公司	430	131.14	63	华泰保险控股股份有限公司	188	61.46
14	天津市浩物机电汽车贸易有限公司	154	126.34	64	北京菜市口百货股份有限公司	243	61.45
15	卓尔控股有限公司	210	119.92	65	浙江南苑控股集团有限公司	420	61.06
16	上海闵熙钢铁发展有限公司	424	118.31	66	常州市化工轻工材料总公司	409	61.01
17	天津市房地产开发经营集团有限公司	267	113.97	67	中国中纺集团公司	83	60.94
18	宁波富达股份有限公司	394	108.67	68	重庆永辉超市有限公司	311	60.53
19	中国铁道科学研究院	208	102.91	69	振华物流集团有限公司	247	60.24
20	荣盛控股股份有限公司	212	100.77	70	山西煤炭运销集团有限公司	30	59.97
21	西安曲江文化产业投资（集团）有限公司	325	99.61	71	上海绿地（集团）有限公司	32	59.85
22	天津津滨发展股份有限公司	376	90.12	72	江阴市长江钢管有限公司	391	59.61
23	中国东方航空集团公司	39	89.82	73	珠海振戎公司	48	59.27
24	山西煤炭进出口集团有限公司	69	89.55	74	中国人民保险集团股份有限公司	12	59.02
25	上海尚友实业集团有限公司	458	87.64	75	天津滨海投资集团股份有限公司	393	58.85
26	浙江省八达物流有限公司	488	87.51	76	景德镇市焦化工业集团有限责任公司	224	58.26
27	上海中钢投资集团有限公司	451	86.66	77	腾讯控股有限公司	116	57.93
28	浙江日出化工有限公司	386	82.84	78	四川申蓉汽车股份有限公司	296	57.41
29	浙江前程投资股份有限公司	119	82.72	79	中国航空集团公司	38	57.20
30	大秦铁路股份有限公司	67	81.70	80	厦门象屿集团有限公司	92	56.60
31	海航集团有限公司	46	80.35	81	中国国旅集团有限公司	182	56.21
32	武汉商贸国有控股集团有限公司	332	79.35	82	天津市交通（集团）有限公司	326	56.02
33	山西省国新能源发展集团有限公司	138	78.54	83	上海金桥（集团）有限公司	459	55.60
34	百度公司	205	77.96	84	营口港务集团有限公司	237	55.25
35	渤海银行股份有限公司	337	77.27	85	湖南兰天汽车集团有限公司	383	55.15
36	宁波神化化学品经营有限责任公司	173	76.26	86	厦门嘉联恒进出口有限公司	448	55.09
37	大连万达集团股份有限公司	65	75.95	87	月星集团有限公司	250	54.63
38	福佳集团有限公司	103	75.68	88	江苏省广播电视总台（集团）	249	54.21
39	天津金元宝商厦集团有限公司	266	74.05	89	雅居乐地产控股有限公司	113	53.93
40	浙江宝利德控股集团有限公司	406	73.45	90	上海城投置地（集团）有限公司	482	53.82
41	福建省交通运输集团有限责任公司	204	73.24	91	厦门国贸控股有限公司	58	53.35
42	河北省物流产业集团有限公司	131	72.53	92	上海市糖业烟酒（集团）有限公司	109	52.83
43	四川蓝光实业集团有限公司	219	71.68	93	庞大汽贸集团股份有限公司	53	52.81
44	太平人寿保险有限公司	79	69.65	94	新疆广汇实业投资（集团）有限责任公司	45	52.43
45	张家口通泰控股集团有限公司	427	69.57	95	上海西本钢铁贸易发展有限公司	191	51.77
46	重庆市盐业（集团）有限公司	449	68.89	96	重庆粮食集团有限责任公司	287	51.53
47	新疆银隆国际贸易股份有限公司	421	68.77	97	重庆市能源投资集团公司	115	51.01
48	长江水利委员会长江勘测规划设计研究院	331	68.69	98	天津市政建设集团有限公司	259	50.24
49	上海闽路润贸易有限公司	269	68.22	99	浙江中捷环洲供应链集团股份有限公司	402	49.51
50	浙江中外运有限公司	195	68.19	100	新疆兵团农三师棉麻公司	495	47.89
					中国服务业企业 500 强平均数		26.25

表 9－19　　2011 中国服务业企业 500 强利润增长率排序前 100 名企业

排名	公司名称	总排名	利润增长率（%）	排名	公司名称	总排名	利润增长率（%）
1	上海神源企业集团有限公司	498	48600.00	51	厦门建发集团有限公司	43	135.63
2	福建省福农农资集团有限公司（福建省农资集团公司）	431	3971.01	52	江西洪客隆投资集团有限公司	354	130.33
				53	大连万达集团股份有限公司	65	129.46
3	内蒙古铁鑫煤化集团有限公司	408	2666.67	54	北京祥龙博瑞汽车服务（集团）有限公司	152	129.42
4	国家电网公司	1	1736.38	55	中国人民保险集团股份有限公司	12	127.01
5	成都传媒集团	366	1417.71	56	北方国际集团有限公司	239	126.72
6	新中宇集团有限公司	473	1196.05	57	老凤祥股份有限公司	143	125.11
7	天津立业钢铁集团有限公司	199	846.14	58	浙大网新科技股份有限公司	261	122.68
8	新疆银隆国际贸易股份有限公司	421	830.55	59	中基宁波集团股份有限公司	145	122.01
9	天津市自来水集团有限公司	357	759.77	60	天津港（集团）有限公司	127	120.23
10	中国铁道科学研究院	208	740.78	61	新疆兵团农三师棉麻公司	495	119.68
11	北京外企服务集团有限责任公司	125	721.58	62	重庆医药股份有限公司	171	118.82
12	天津劝业华联集团有限公司	310	680.43	63	河北远洋运输集团股份有限公司	405	117.25
13	张家港保税区锦德贸易有限公司	160	632.04	64	天津市交通（集团）有限公司	326	116.45
14	恒大地产集团	62	618.54	65	天津住宅建设发展集团有限公司	198	115.79
15	中国南方航空集团公司	40	614.77	66	上海市糖业烟酒（集团）有限公司	109	114.87
16	中国远洋运输（集团）总公司	20	521.75	67	阳光保险集团股份有限公司	97	113.71
17	中国东方航空集团公司	39	503.44	68	上海均瑶（集团）有限公司	158	113.33
18	张家港市嘉广天进出口贸易有限公司	417	493.92	69	宁波宁兴控股股份有限公司	300	110.24
19	天津津滨发展股份有限公司	376	479.08	70	河北港口集团有限公司	252	109.68
20	厦门航空有限公司	172	466.89	71	上海顺朝企业发展集团有限公司	285	108.71
21	北京粮食集团有限责任公司	177	402.20	72	四川蓝光实业集团有限公司	219	107.20
22	大连市汽车贸易集团有限公司	467	387.70	73	新华锦集团有限公司	129	106.97
23	中国邮政集团公司	15	386.12	74	天津市房地产开发经营集团有限公司	267	105.30
24	重庆中渝物业发展有限公司	465	351.57	75	厦门象屿集团有限公司	92	103.04
25	海航集团有限公司	46	326.41	76	温州金州集团有限公司	328	101.95
26	厦门嘉联恒进出口有限公司	448	317.78	77	上海世博（集团）有限公司	68	101.20
27	上海兰生（集团）有限公司	178	256.50	78	北京首都国际机场股份有限公司	256	101.04
28	湖南友谊阿波罗股份有限公司	295	233.57	79	石家庄北国人百集团有限责任公司	135	100.71
29	上海春秋国际旅游社有限公司	235	232.39	80	浙江中捷环洲供应链集团股份有限公司	402	98.96
30	江苏省丝绸集团有限公司	120	227.42	81	宁波韵升进出口有限公司	278	98.47
31	湖北银丰实业集团有限责任公司	397	225.74	82	浙江省农村发展集团有限公司	412	97.74
32	福建省能源集团有限责任公司	139	223.27	83	广西北部湾国际港务集团有限公司	180	97.54
33	春秋航空股份有限公司	377	222.87	84	上海尚友实业集团有限公司	458	95.35
34	宁波市工艺品进出口有限公司	351	222.06	85	上海闵熙钢铁发展有限公司	424	94.39
35	新疆生产建设兵团棉麻公司	441	221.17	86	天津市燃气集团有限公司	292	93.74
36	雅居乐地产控股有限公司	113	220.62	87	西安曲江文化产业投资（集团）有限公司	325	92.89
37	中铁集装箱运输有限责任公司	156	212.22	88	西安开元控股集团股份有限公司	435	91.75
38	渤海银行股份有限公司	337	204.69	89	中国国旅集团有限公司	182	91.75
39	广西桂东电力股份有限公司	493	198.22	90	浙江前程投资股份有限公司	119	90.96
40	上海久隆电力（集团）有限公司	340	195.37	91	山东省机械进出口集团公司	262	90.76
41	中国南方电网有限责任公司	8	187.07	92	河北五兴能源集团有限公司	327	90.43
42	郑州银行股份有限公司	492	176.34	93	赛鼎工程有限公司	476	88.51
43	浙江宝利德控股集团有限公司	406	174.98	94	福佳集团有限公司	103	87.06
44	宁波宁兴房地产开发集团有限公司	374	170.83	95	龙湖地产有限公司	141	86.95
45	天津市政建设集团有限公司	259	166.73	96	新疆农资（集团）有限责任公司	313	86.73
46	江苏吴中集团有限公司	229	154.47	97	山东航空集团有限公司	213	86.64
47	中国航空集团公司	38	150.32	98	广东省商业企业集团公司	468	86.42
48	上海临港经济发展（集团）有限公司	369	145.78	99	卓尔控股有限公司	210	86.05
49	百度公司	205	137.37	100	湖州市浙北大厦有限责任公司	429	85.36
50	中国海运（集团）总公司	44	135.79		中国服务业企业500强平均数		34.43

表 9－20　　2011 中国服务业企业 500 强资产增长率排序前 100 名企业

排名	公司名称	总排名	资产增长率（%）	排名	公司名称	总排名	资产增长率（%）
1	中国银河证券股份有限公司	206	844.01	51	山西美特好连锁超市股份有限公司	355	68.05
2	大连市汽车贸易集团有限公司	467	724.29	52	天津滨海投资集团股份有限公司	393	67.26
3	张家港市嘉广天进出口贸易有限公司	417	465.92	53	青岛利客来商贸集团股份有限公司	484	66.23
4	江苏省丝绸集团有限公司	120	432.43	54	绿城房地产集团有限公司	52	66.09
5	天津市浩物机电汽车贸易有限公司	154	372.82	55	恒大地产集团	62	65.61
6	南昌市政公用投资控股有限责任公司	228	212.93	56	上海闵熙钢铁发展有限公司	424	65.39
7	卓尔控股有限公司	210	194.53	57	厦门嘉联恒进出口有限公司	448	65.13
8	中金再生资源（中国）投资有限公司	118	185.13	58	山西华宇集团有限公司	418	64.43
9	上海神源企业集团有限公司	498	176.38	59	银泰百货（集团）有限公司	159	64.18
10	广西壮族自治区机电设备有限责任公司	216	145.00	60	湖南九龙经贸集团有限公司	477	62.22
11	天津市丽兴京津钢铁贸易有限公司	223	140.16	61	广西北部湾国际港务集团有限公司	180	62.21
12	渤海银行股份有限公司	337	125.62	62	上海均瑶（集团）有限公司	158	62.09
13	新疆西部银力棉业（集团）有限责任公司	338	119.60	63	江苏张家港农村商业银行股份有限公司	486	61.61
14	重庆中渝物业发展有限公司	465	114.38	64	深圳市爱施德股份有限公司	168	61.32
15	天津立业钢铁集团有限公司	199	114.33	65	辽宁兴隆大家庭商业集团有限公司	187	61.21
16	上海绿地（集团）有限公司	32	112.68	66	上海城投置地（集团）有限公司	482	60.77
17	浙江华成控股集团有限公司	185	108.13	67	渝惠食品集团有限公司	446	60.10
18	厦门市嘉晟对外贸易有限公司	330	106.57	68	中华企业股份有限公司	365	58.37
19	新疆生产建设兵团农一师棉麻公司	361	105.34	69	雅居乐地产控股有限公司	113	58.17
20	宁波晶圆贸易有限公司	480	105.09	70	常州市化工轻工材料总公司	409	58.00
21	腾讯控股有限公司	116	104.68	71	北京祥龙博瑞汽车服务（集团）有限公司	152	57.40
22	四川申蓉汽车股份有限公司	296	104.03	72	武汉地产开发投资集团有限公司	456	57.06
23	上海尚友实业集团有限公司	458	102.60	73	荣盛控股股份有限公司	212	55.92
24	阳光保险集团股份有限公司	97	100.33	74	天津市燃气集团有限公司	292	55.01
25	福佳集团有限公司	103	98.61	75	远大物产集团有限公司	111	54.50
26	重庆市金科实业（集团）有限公司	258	98.53	76	宁波银亿集团有限公司	137	54.20
27	吉林粮食集团有限公司	149	96.90	77	山西煤炭进出口集团有限公司	69	52.27
28	人人乐连锁商业集团股份有限公司	162	94.82	78	上海市糖业烟酒（集团）有限公司	109	51.22
29	浙江前程投资股份有限公司	119	94.40	79	上海宝闽钢铁集团有限公司	302	51.18
30	春秋航空股份有限公司	377	91.06	80	重庆百事达汽车有限公司	436	50.33
31	大连万达集团股份有限公司	65	90.74	81	重庆粮食集团有限责任公司	287	50.27
32	重庆市盐业（集团）有限公司	449	90.33	82	老凤祥股份有限公司	143	50.21
33	厦门市中信隆进出口有限公司	399	88.81	83	长城人寿保险股份有限公司	430	49.99
34	湖州市浙北大厦有限责任公司	429	87.99	84	浙江省商业集团有限公司	81	49.88
35	太平鸟集团有限公司	270	87.55	85	上海闽路润贸易有限公司	269	49.37
36	宁波富达股份有限公司	394	86.20	86	淄博商厦股份有限公司	164	49.25
37	庞大汽贸集团股份有限公司	53	83.83	87	祥生实业集团有限公司	373	49.03
38	江苏汇鸿国际集团有限公司	73	81.29	88	鹭燕（福建）药业股份有限公司	404	48.99
39	新疆生产建设兵团棉麻公司	441	80.11	89	厦门华澄集团有限公司	363	48.71
40	深圳市神州通投资集团有限公司	165	79.52	90	浙江省国际贸易集团有限公司	74	48.44
41	百度公司	205	79.45	91	安徽新华发行（集团）控股有限公司	236	47.06
42	上海春秋国际旅游社有限公司	235	78.98	92	中国铁路物资股份有限公司	24	46.95
43	荣安集团股份有限公司	450	78.79	93	浙江日出化工有限公司	386	46.75
44	联发集团有限公司	375	74.69	94	安徽国贸集团控股有限公司	133	46.66
45	湖北银丰实业集团有限责任公司	397	74.60	95	中国铁道科学研究院	208	46.16
46	天津市房地产开发经营集团有限公司	267	73.02	96	宁波市工艺品进出口有限公司	351	46.15
47	厦门禹洲集团股份有限公司	318	69.47	97	安徽亚夏实业股份有限公司	322	45.70
48	龙湖地产有限公司	141	68.96	98	浙江凯喜雅国际股份有限公司	242	45.54
49	北京菜市口百货股份有限公司	243	68.81	99	泰康人寿保险股份有限公司	41	45.32
50	宁波轿辰集团股份有限公司	286	68.12	100	中国人民保险集团股份有限公司	12	45.25
					中国服务业企业 500 强平均数		18.70

表 9－21　　2011 中国服务业企业 500 强研发费增长率排序前 100 名企业

排名	公司名称	总排名	研发费增长率（%）	排名	公司名称	总排名	研发费增长率（%）
1	九禾股份有限公司	380	76700.00	51	庆丰农业生产资料集团有限责任公司	288	53.33
2	武汉农村商业银行股份有限公司	423	9416.67	52	大连宏光好运来集团有限公司	299	50.00
3	安徽省能源集团有限公司	196	5300.00	53	山东高速集团有限公司	123	49.50
4	山西煤炭进出口集团有限公司	69	4777.78	54	广东省广新控股集团有限公司	50	47.32
5	广西投资集团有限公司	106	1075.25	55	中国中钢集团公司	17	46.61
6	福建省交通运输集团有限责任公司	204	700.00	56	景德镇市焦化工业集团有限责任公司	224	46.43
7	天津海泰控股集团有限公司	500	520.00	57	庞大汽贸集团股份有限公司	53	46.15
8	新疆广汇实业投资（集团）有限责任公司	45	464.14	58	中铁快运股份有限公司	207	46.07
9	浙江省国际贸易集团有限公司	74	383.21	59	中国医药集团总公司	36	45.51
10	武汉地产开发投资集团有限公司	456	308.16	60	天津水泥工业设计研究院有限公司	251	45.37
11	丝绸之路控股集团有限公司	489	234.18	61	中国南方电网有限责任公司	8	44.17
12	四川蓝光实业集团有限公司	219	226.92	62	长江水利委员会长江勘测规划设计研究院	331	43.80
13	太平鸟集团有限公司	270	170.67	63	腾讯控股有限公司	116	41.45
14	环渤海金岸（天津）集团股份有限公司	183	169.05	64	广发银行股份有限公司	76	40.66
15	江苏省广播电视总台（集团）	249	164.20	65	浙江华瑞集团有限公司	282	40.00
16	深圳市神州通投资集团有限公司	165	159.94	66	新疆农资（集团）有限责任公司	313	40.00
17	广东省广晟资产经营有限公司	101	157.51	67	成都建国汽车贸易有限公司	281	40.00
18	世纪华丰控股有限公司	176	154.02	68	重庆农村商业银行股份有限公司	161	39.93
19	方正证券股份有限公司	400	151.73	69	国元证券股份有限公司	464	39.88
20	湖南九龙经贸集团有限公司	477	150.00	70	上海久隆电力（集团）有限公司	340	39.75
21	广西壮族自治区机电设备有限责任公司	216	150.00	71	浙江凯喜雅国际股份有限公司	242	39.02
22	上海西本钢铁贸易发展有限公司	191	147.77	72	用友软件股份有限公司	410	38.11
23	中国远洋运输（集团）总公司	20	147.01	73	天津住宅建设发展集团有限公司	198	37.78
24	大连金玛商城企业集团有限公司	255	140.51	74	国家电网公司	1	36.39
25	中国联合网络通信集团有限公司	19	130.20	75	东方国际（集团）有限公司	108	36.36
26	新华锦集团有限公司	129	118.44	76	中国邮政集团公司	15	35.62
27	交通银行股份有限公司	21	114.65	77	无锡市国联发展（集团）有限公司	193	34.66
28	天津市政建设集团有限公司	259	111.70	78	华茂集团股份有限公司	360	33.77
29	厦门国际航空港集团有限公司	356	109.09	79	江苏高力集团有限公司	100	33.33
30	中国中信集团公司	10	108.62	80	安徽出版集团有限责任公司	220	33.33
31	中国诚通控股集团有限公司	60	108.51	81	江苏苏农农资连锁集团股份有限公司	312	33.33
32	扬帆集团股份有限公司	277	103.43	82	内蒙古小肥羊餐饮连锁有限公司	245	33.33
33	厦门国贸控股有限公司	58	101.53	83	泰康人寿保险股份有限公司	41	32.68
34	全洲药业集团有限公司	485	100.00	84	山西煤炭运销集团有限公司	30	32.08
35	厦门航空有限公司	172	100.00	85	浙江省物产集团公司	29	32.04
36	新东方教育科技（集团）有限公司	428	94.85	86	广州轻工工贸集团有限公司	174	30.60
37	上海闵熙钢铁发展有限公司	424	91.16	87	天津市浩物机电汽车贸易有限公司	154	30.43
38	广东省交通集团有限公司	77	84.85	88	温州银行股份有限公司	443	29.72
39	中国海运（集团）总公司	44	79.31	89	铁道第三勘察设计院集团有限公司	339	29.71
40	嘉兴良友进出口集团股份有限公司	350	77.78	90	宁波市慈溪进出口股份有限公司	194	28.93
41	浙江省商业集团有限公司	81	71.23	91	徽商银行股份有限公司	241	28.66
42	吉林粮食集团有限公司	149	70.00	92	华侨城集团公司	75	27.33
43	宁波宁兴控股股份有限公司	300	66.67	93	江苏张家港农村商业银行股份有限公司	486	26.67
44	安徽省高速公路控股集团有限公司	225	65.00	94	广发证券股份有限公司	179	26.32
45	厦门华澄集团有限公司	363	62.72	95	卓尔控股有限公司	210	26.02
46	厦门信达股份有限公司	167	62.06	96	广州佳都集团有限公司	346	25.88
47	中国大地财产保险股份有限公司	148	61.18	97	西安曲江文化产业投资（集团）有限公司	325	25.59
48	苏州金螳螂企业（集团）有限公司	226	59.79	98	海南大印集团有限公司	89	25.00
49	中国电信集团公司	11	59.69	99	张家港市嘉广天进出口贸易有限公司	417	25.00
50	云南南天电子信息产业股份有限公司	466	58.33	100	江苏吴中集团有限公司	229	25.00
					中国服务业企业 500 强平均数		29.43

表9-22　　2011中国服务业企业500强行业平均营业收入

名次	行业名称	平均营业收入（万元）	名次	行业名称	平均营业收入（万元）
1	邮电通信业	28660114.50	23	医药专营批发、零售业	1375413.69
2	财产保险业	12908127.00	24	综合性内外商贸及批发、零售业	1375013.75
3	综合保险业	11545795.67	25	技术智力、人力资源、劳务等国际合作及其他对外经济合作服务业	1197815.25
4	人寿保险业	11127287.67			
5	电力、热力、燃气等能源供应服务业	11013967.37	26	房地产开发与经营、物业及房屋装饰、修缮、管理等服务业	1179240.64
6	银行业	9341436.00			
7	化工产品及医药内外商贸批发业	8777796.25	27	纺织、服装、文体、烟酒、工艺、首饰等轻工产品内外商贸批发业	1159141.55
8	航空运输及相关服务业	5395232.83			
9	电器商贸批发、零售业	5026271.14	28	港口服务业	1010191.00
10	水上运输业	4857097.20	29	连锁超市	981834.18
11	商务服务业	4121476.88	30	汽车和摩托车商贸、维修保养及租赁业	932743.50
12	铁路运输及辅助服务业	3197039.78	31	互联网传媒、商务、娱乐服务业	848893.25
13	综合服务业（以服务业为主，含有制造业）	3146136.30	32	道路运输、城市公交及辅助、服务业	845608.67
14	矿产、能源内外商贸批发业	3096598.93	33	公用事业、市政服务、公共设施经营与管理业	844859.15
15	生产资料内外贸易批发、零售业	3093100.79			
16	粮油食品及农林、土畜、果蔬、水产品等内外商贸批发、零售业	1921217.17	34	研发、科技交流与推广和地勘、规划、设计、评估、咨询及总承包等服务业	748840.33
17	物流、仓储、运输、配送服务业	1801345.06	35	证券业	586215.00
18	机电、电子产品内外商贸及批发业	1724778.45	36	航空港及相关服务业	517102.60
19	软件、程序、线路的设计和计算机应用、网络工程等计算机、微电子服务业	1621955.80	37	新闻、报刊、图书的出版发行与销售和广播、影视、音像、文体等文化产业	458546.00
20	旅游、旅馆及娱乐服务业	1536281.62	38	餐饮业	353083.00
21	商业零售业	1511846.04	39	其他金融服务业	347080.50
22	金属内外贸易及加工、配送、批发零售业	1485694.09	40	教育产业	263786.00

表 9－23　　2011 中国服务业企业 500 强行业平均利润

名次	行业名称	平均利润（万元）	名次	行业名称	平均利润（万元）
1	邮电通信业	2773172.00	22	粮油食品及农林、土畜、果蔬、水产品等内外商贸批发、零售业	56182.73
2	银行业	2648236.32			
3	综合保险业	883914.67	23	教育产业	52962.00
4	人寿保险业	670359.75	24	旅游、旅馆及娱乐服务业	51415.25
5	航空运输及相关服务业	446260.00	25	矿产、能源内外商贸批发业	48866.79
6	互联网传媒、商务、娱乐服务业	421780.33	26	航空港及相关服务业	43040.20
7	商务服务业	364005.47	27	物流、仓储、运输、配送服务业	41888.67
8	电力、热力、燃气等能源供应服务业	274242.68	28	纺织、服装、文体、烟酒、工艺、首饰等轻工产品内外商贸批发业	41168.30
9	水上运输业	225609.00			
10	证券业	225394.00	29	新闻、报刊、图书的出版发行与销售和广播、影视、音像、文体等文化产业	39172.00
11	财产保险业	224127.00			
12	铁路运输及辅助服务业	202778.86	30	软件、程序、线路的设计和计算机应用、网络工程等计算机、微电子服务业	38343.20
13	化工产品及医药内外商贸批发业	185558.00			
14	房地产开发与经营、物业及房屋装饰、修缮、管理等服务业	167981.36	31	其他金融服务业	37521.50
			32	医药专营批发、零售业	37212.62
15	港口服务业	125859.56	33	机电、电子产品内外商贸及批发业	35585.55
16	综合服务业（以服务业为主，含有制造业）	123800.00	34	生产资料内外贸易批发、零售业	26742.47
17	电器商贸批发、零售业	91330.67	35	连锁超市	26234.45
18	道路运输、城市公交及辅助、服务业	83338.36	36	商业零售业	26058.22
19	餐饮业	74110.33	37	技术智力、人力资源、劳务等国际合作及其他对外经济合作服务业	20717.00
20	研发、科技交流与推广和地勘、规划、设计、评估、咨询及总承包等服务业	69402.11			
			38	综合性内外商贸及批发、零售业	17990.44
21	公用事业、市政服务、公共设施经营与管理业	59871.31	39	汽车和摩托车商贸、维修保养及租赁业	16784.21
			40	金属内外贸易及加工、配送、批发零售业	13545.95

表 9－24　　**2011 中国服务业企业 500 强行业平均资产**

名次	行业名称	平均资产（万元）	名次	行业名称	平均资产（万元）
1	银行业	247134148.28	22	互联网传媒、商务、娱乐服务业	1684697.50
2	邮电通信业	143503263.00	23	物流、仓储、运输、配送服务业	1596996.28
3	综合保险业	55812059.67	24	生产资料内外贸易批发、零售业	1402594.84
4	人寿保险业	44622114.20	25	矿产、能源内外商贸批发业	1322077.64
5	财产保险业	22894862.50	26	机电、电子产品内外商贸及批发业	1172058.91
6	商务服务业	22750273.31	27	电器商贸批发、零售业	999330.00
7	电力、热力、燃气等能源供应服务业	16350086.68	28	研发、科技交流与推广和地勘、规划、设计、评估、咨询及总承包等服务业	854957.56
8	航空运输及相关服务业	10365585.33			
9	水上运输业	9402708.60	29	医药专营批发、零售业	853265.69
10	公用事业、市政服务、公共设施经营与管理业	6444487.69	30	新闻、报刊、图书的出版发行与销售和广播、影视、音像、文体等文化产业	852861.89
11	证券业	6204744.75	31	金属内外贸易及加工、配送、批发零售业	820639.30
12	化工产品及医药内外商贸批发业	5346608.00	32	软件、程序、线路的设计和计算机应用、网络工程等计算机、微电子服务业	802343.00
13	铁路运输及辅助服务业	5076146.78			
14	道路运输、城市公交及辅助、服务业	4121906.40	33	纺织、服装、文体、烟酒、工艺、首饰等轻工产品内外商贸批发业	759306.09
15	港口服务业	4006254.00			
16	其他金融服务业	3913895.00	34	商业零售业	750531.20
17	房地产开发与经营、物业及房屋装饰、修缮、管理等服务业	2903778.71	35	综合性内外商贸及批发、零售业	664299.44
			36	汽车和摩托车商贸、维修保养及租赁业	470267.40
18	航空港及相关服务业	2544865.20	37	技术智力、人力资源、劳务等国际合作及其他对外经济合作服务业	449186.75
19	粮油食品及农林、土畜、果蔬、水产品等内外商贸批发、零售业	2395663.92			
			38	教育产业	407385.00
20	综合服务业（以服务业为主，含有制造业）	2215664.90	39	连锁超市	403364.91
21	旅游、旅馆及娱乐服务业	1767340.75	40	餐饮业	118213.00

表9－25　　2011中国服务业企业500强行业平均所有者权益

名次	行业名称	平均所有者权益（万元）	名次	行业名称	平均所有者权益（万元）
1	邮电通信业	38527913.50	23	新闻、报刊、图书的出版发行与销售和广播、影视、音像、文体等文化产业	499661.22
2	银行业	14466980.40			
3	综合保险业	6583107.33	24	软件、程序、线路的设计和计算机应用、网络工程等计算机、微电子服务业	437026.20
4	电力、热力、燃气等能源供应服务业	6140991.47			
5	水上运输业	3326697.20	25	电器商贸批发、零售业	436544.67
6	铁路运输及辅助服务业	3118328.12	26	机电、电子产品内外商贸及批发业	355836.27
7	商务服务业	2708377.00	27	医药专营批发、零售业	346606.46
8	航空运输及相关服务业	2173857.83	28	教育产业	320684.00
9	化工产品及医药内外商贸批发业	1918617.25	29	研发、科技交流与推广和地勘、规划、设计、评估、咨询及总承包等服务业	303057.89
10	人寿保险业	1910781.00			
11	公用事业、市政服务、公共设施经营与管理业	1902441.77	30	矿产、能源内外商贸批发业	294572.21
			31	纺织、服装、文体、烟酒、工艺、首饰等轻工产品内外商贸批发业	276926.91
12	港口服务业	1553213.56			
13	证券业	1437912.50	32	生产资料内外贸易批发、零售业	240413.63
14	财产保险业	1272879.00	33	其他金融服务业	218971.00
15	道路运输、城市公交及辅助、服务业	1249350.14	34	商业零售业	217050.43
16	航空港及相关服务业	1169216.20	35	综合性内外商贸及批发、零售业	177897.73
17	互联网传媒、商务、娱乐服务业	1089891.50	36	金属内外贸易及加工、配送、批发零售业	160465.30
18	房地产开发与经营、物业及房屋装饰、修缮、管理等服务业	737940.38	37	连锁超市	156787.18
19	综合服务业（以服务业为主，含有制造业）	694555.89	38	技术智力、人力资源、劳务等国际合作及其他对外经济合作服务业	115109.75
20	物流、仓储、运输、配送服务业	547476.39	39	汽车和摩托车商贸、维修保养及租赁业	89092.90
21	旅游、旅馆及娱乐服务业	544629.75	40	餐饮业	60343.33
22	粮油食品及农林、土畜、果蔬、水产品等内外商贸批发、零售业	541902.25			

表9－26　　2011中国服务业企业500强行业平均纳税总额

名次	行业名称	平均纳税总额（万元）
1	邮电通信业	2277351.50
2	银行业	1267828.88
3	综合保险业	973170.33
4	电力、热力、燃气等能源供应服务业	724331.00
5	人寿保险业	313882.40
6	航空运输及相关服务业	282863.17
7	商务服务业	259645.40
8	互联网传媒、商务、娱乐服务业	250761.00
9	化工产品及医药内外商贸批发业	207844.50
10	综合服务业（以服务业为主，含有制造业）	150383.56
11	水上运输业	136106.20
12	房地产开发与经营、物业及房屋装饰、修缮、管理等服务业	111251.38
13	铁路运输及辅助服务业	101409.56
14	证券业	95943.00
15	矿产、能源内外商贸批发业	92336.00
16	电器商贸批发、零售业	90852.17
17	物流、仓储、运输、配送服务业	74873.28
18	财产保险业	73075.00
19	机电、电子产品内外商贸及批发业	71652.64
20	旅游、旅馆及娱乐服务业	69421.38
21	港口服务业	67435.11
22	道路运输、城市公交及辅助、服务业	64259.53
23	公用事业、市政服务、公共设施经营与管理业	54783.54
24	航空港及相关服务业	52825.00
25	纺织、服装、文体、烟酒、工艺、首饰等轻工产品内外商贸批发业	50098.09
26	研发、科技交流与推广和地勘、规划、设计、评估、咨询及总承包等服务业	41005.67
27	软件、程序、线路的设计和计算机应用、网络工程等计算机、微电子服务业	37546.25
28	技术智力、人力资源、劳务等国际合作及其他对外经济合作服务业	37384.75
29	医药专营批发、零售业	34487.38
30	商业零售业	34074.87
31	教育产业	33300.00
32	餐饮业	29569.67
33	综合性内外商贸及批发、零售业	25929.62
34	连锁超市	25906.91
35	生产资料内外贸易批发、零售业	23771.05
36	新闻、报刊、图书的出版发行与销售和广播、影视、音像、文体等文化产业	21311.67
37	汽车和摩托车商贸、维修保养及租赁业	15692.60
38	其他金融服务业	15230.50
39	金属内外贸易及加工、配送、批发零售业	13265.17
40	粮油食品及农林、土畜、果蔬、水产品等内外商贸批发、零售业	6145.36

表9－27　　2011中国服务业企业500强行业平均研发费用

名次	行业名称	平均研发费用（万元）	名次	行业名称	平均研发费用（万元）
1	邮电通信业	462114.75	21	人寿保险业	4433.00
2	电力、热力、燃气等能源供应服务业	123342.45	22	综合保险业	4239.00
3	互联网传媒、商务、娱乐服务业	101492.50	23	物流、仓储、运输、配送服务业	3377.75
4	综合服务业（以服务业为主，含有制造业）	46513.29	24	商业零售业	3113.33
5	银行业	41709.00	25	教育产业	2837.00
6	软件、程序、线路的设计和计算机应用、网络工程等计算机、微电子服务业	36999.50	26	纺织、服装、文体、烟酒、工艺、首饰等轻工产品内外商贸批发业	2107.21
7	研发、科技交流与推广和地勘、规划、设计、评估、咨询及总承包等服务业	30994.38	27	财产保险业	2084.00
			28	连锁超市	1913.75
8	电器商贸批发、零售业	27218.00	29	公用事业、市政服务、公共设施经营与管理业	1758.38
9	水上运输业	24822.33			
10	商务服务业	20603.40	30	汽车和摩托车商贸、维修保养及租赁业	1660.00
11	化工产品及医药内外商贸批发业	16616.50	31	技术智力、人力资源、劳务等国际合作及其他对外经济合作服务业	1607.00
12	航空运输及相关服务业	15718.00			
13	机电、电子产品内外商贸及批发业	14559.80	32	矿产、能源内外商贸批发业	1476.75
14	医药专营批发、零售业	11637.33	33	综合性内外商贸及批发、零售业	1435.00
15	新闻、报刊、图书的出版发行与销售和广播、影视、音像、文体等文化产业	8457.00	34	餐饮业	1320.67
			35	其他金融服务业	921.00
16	道路运输、城市公交及辅助、服务业	6693.12	36	粮油食品及农林、土畜、果蔬、水产品等内外商贸批发、零售业	850.00
17	金属内外贸易及加工、配送、批发零售业	6106.29			
18	房地产开发与经营、物业及房屋装饰、修缮、管理等服务业	5443.80	37	生产资料内外贸易批发、零售业	811.44
			38	证券业	630.67
19	港口服务业	5298.00	39	旅游、旅馆及娱乐服务业	575.50
20	航空港及相关服务业	5057.50	40	铁路运输及辅助服务业	302.25

表9-28 2011中国服务业企业500强行业人均利润

名次	行业名称	人均利润（万元）	名次	行业名称	人均利润（万元）
1	银行业	37.71	20	新闻、报刊、图书的出版发行与销售和广播、影视、音像、文体等文化产业	6.27
2	互联网传媒、商务、娱乐服务业	37.46			
3	证券业	29.85	21	粮油食品及农林、土畜、果蔬、水产品等内外商贸批发、零售业	6.10
4	房地产开发与经营、物业及房屋装饰、修缮、管理等服务业	24.49	22	矿产、能源内外商贸批发业	5.90
5	金属内外贸易及加工、配送、批发零售业	24.19	23	邮电通信业	5.33
6	化工产品及医药内外商贸批发业	14.69	24	机电、电子产品内外商贸及批发业	5.27
7	其他金融服务业	13.97	25	医药专营批发、零售业	5.11
8	综合保险业	13.33	26	道路运输、城市公交及辅助、服务业	5.09
9	航空运输及相关服务业	11.06	27	航空港及相关服务业	5.04
10	研发、科技交流与推广和地勘、规划、设计、评估、咨询及总承包等服务业	10.82	28	软件、程序、线路的设计和计算机应用、网络工程等计算机、微电子服务业	4.77
11	纺织、服装、文体、烟酒、工艺、首饰等轻工产品内外商贸批发业	10.02	29	铁路运输及辅助服务业	4.49
			30	物流、仓储、运输、配送服务业	4.45
12	港口服务业	9.80	31	综合性内外商贸及批发、零售业	4.45
13	人寿保险业	9.69	32	汽车和摩托车商贸、维修保养及租赁业	4.13
14	技术智力、人力资源、劳务等国际合作及其他对外经济合作服务业	9.25	33	财产保险业	3.94
			34	电器商贸批发、零售业	3.28
15	水上运输业	9.12	35	餐饮业	2.90
16	商务服务业	7.60	36	旅游、旅馆及娱乐服务业	2.83
17	综合服务业（以服务业为主，含有制造业）	7.01	37	电力、热力、燃气等能源供应服务业	2.57
18	公用事业、市政服务、公共设施经营与管理业	6.57	38	连锁超市	2.45
			39	教育产业	2.41
19	生产资料内外贸易批发、零售业	6.30	40	商业零售业	1.94

表9－29　　2011中国服务业企业500强行业人均营业收入

名次	行业名称	人均营业收入（万元）	名次	行业名称	人均营业收入（万元）
1	化工产品及医药内外商贸批发业	694.91	20	航空运输及相关服务业	133.70
2	生产资料内外贸易批发、零售业	667.74	21	银行业	133.02
3	金属内外贸易及加工、配送、批发零售业	586.00	22	其他金融服务业	129.27
4	技术智力、人力资源、劳务等国际合作及其他对外经济合作服务业	534.56	23	电器商贸批发、零售业	118.03
			24	研发、科技交流与推广和地勘、规划、设计、评估、咨询及总承包等服务业	116.70
5	矿产、能源内外商贸批发业	374.13			
6	综合性内外商贸及批发、零售业	339.95	25	电力、热力、燃气等能源供应服务业	103.44
7	纺织、服装、文体、烟酒、工艺、首饰等轻工产品内外商贸批发业	282.13	26	互联网传媒、商务、娱乐服务业	93.12
			27	连锁超市	91.62
8	机电、电子产品内外商贸及批发业	264.76	28	公用事业、市政服务、公共设施经营与管理业	91.10
9	汽车和摩托车商贸、维修保养及租赁业	238.78			
10	财产保险业	226.71	29	商务服务业	88.13
11	粮油食品及农林、土畜、果蔬、水产品等内外商贸批发、零售业	218.40	30	旅游、旅馆及娱乐服务业	84.70
			31	铁路运输及辅助服务业	83.23
12	人寿保险业	205.32	32	商业零售业	80.72
13	软件、程序、线路的设计和计算机应用、网络工程等计算机、微电子服务业	201.81	33	港口服务业	78.62
			34	证券业	77.63
14	水上运输业	198.24	35	新闻、报刊、图书的出版发行与销售和广播、影视、音像、文体等文化产业	73.38
15	综合服务业（以服务业为主，含有制造业）	196.11			
16	物流、仓储、运输、配送服务业	191.21	36	邮电通信业	61.17
17	医药专营批发、零售业	189.05	37	航空港及相关服务业	60.54
18	房地产开发与经营、物业及房屋装饰、修缮、管理等服务业	183.42	38	道路运输、城市公交及辅助、服务业	49.88
			39	餐饮业	13.83
19	综合保险业	151.92	40	教育产业	11.99

表9－30　2011中国服务业企业500强行业人均资产

名次	行业名称	人均资产（万元）	名次	行业名称	人均资产（万元）
1	银行业	3519.15	22	纺织、服装、文体、烟酒、工艺、首饰等轻工产品内外商贸批发业	184.81
2	其他金融服务业	1457.69			
3	综合保险业	889.56	23	机电、电子产品内外商贸及批发业	177.97
4	证券业	821.71	24	物流、仓储、运输、配送服务业	169.51
5	人寿保险业	798.09	25	综合性内外商贸及批发、零售业	164.24
6	公用事业、市政服务、公共设施经营与管理业	728.93	26	矿产、能源内外商贸批发业	159.73
			27	电力、热力、燃气等能源供应服务业	153.48
7	商务服务业	486.49	28	综合服务业（以服务业为主，含有制造业）	138.11
8	房地产开发与经营、物业及房屋装饰、修缮、管理等服务业	434.39	29	新闻、报刊、图书的出版发行与销售和广播、影视、音像、文体等文化产业	136.48
9	化工产品及医药内外商贸批发业	423.28	30	研发、科技交流与推广和地勘、规划、设计、评估、咨询及总承包等服务业	133.23
10	财产保险业	402.11			
11	水上运输业	385.43	31	铁路运输及辅助服务业	132.15
12	金属内外贸易及加工、配送、批发零售业	323.68	32	汽车和摩托车商贸、维修保养及租赁业	121.07
13	港口服务业	311.80	33	医药专营批发、零售业	117.28
14	邮电通信业	306.27	34	软件、程序、线路的设计和计算机应用、网络工程等计算机、微电子服务业	99.83
15	生产资料内外贸易批发、零售业	301.98			
16	航空港及相关服务业	297.94	35	旅游、旅馆及娱乐服务业	97.44
17	粮油食品及农林、土畜、果蔬、水产品等内外商贸批发、零售业	270.67	36	商业零售业	48.90
			37	连锁超市	37.64
18	航空运输及相关服务业	256.87	38	电器商贸批发、零售业	35.94
19	道路运输、城市公交及辅助、服务业	243.12	39	教育产业	18.52
20	互联网传媒、商务、娱乐服务业	201.46	40	餐饮业	4.63
21	技术智力、人力资源、劳务等国际合作及其他对外经济合作服务业	200.46			

表 9－31　　2011 中国服务业企业 500 强行业人均所有者权益

名次	行业名称	人均所有者权益（万元）	名次	行业名称	人均所有者权益（万元）
1	公用事业、市政服务、公共设施经营与管理业	213.89	20	商务服务业	57.92
			21	电力、热力、燃气等能源供应服务业	57.67
2	银行业	206.01	22	软件、程序、线路的设计和计算机应用、网络工程等计算机、微电子服务业	54.38
3	证券业	190.43			
4	化工产品及医药内外商贸批发业	151.89	23	航空运输及相关服务业	53.87
5	航空港及相关服务业	136.89	24	生产资料内外贸易批发、零售业	52.00
6	水上运输业	136.35	25	技术智力、人力资源、劳务等国际合作及其他对外经济合作服务业	51.37
7	互联网传媒、商务、娱乐服务业	125.83			
8	港口服务业	120.88	26	机电、电子产品内外商贸及批发业	50.36
9	房地产开发与经营、物业及房屋装饰、修缮、管理等服务业	110.79	27	医药专营批发、零售业	47.64
			28	研发、科技交流与推广和地勘、规划、设计、评估、咨询及总承包等服务业	47.23
10	综合保险业	86.98			
11	邮电通信业	82.23	29	综合性内外商贸及批发、零售业	42.19
12	其他金融服务业	81.55	30	综合服务业（以服务业为主，含有制造业）	39.35
13	新闻、报刊、图书的出版发行与销售和广播、影视、音像、文体等文化产业	79.96	31	矿产、能源内外商贸批发业	35.59
			32	人寿保险业	34.18
14	铁路运输及辅助服务业	78.13	33	旅游、旅馆及娱乐服务业	30.03
15	道路运输、城市公交及辅助、服务业	76.24	34	汽车和摩托车商贸、维修保养及租赁业	22.58
16	纺织、服装、文体、烟酒、工艺、首饰等轻工产品内外商贸批发业	67.40	35	财产保险业	22.36
			36	电器商贸批发、零售业	15.70
17	金属内外贸易及加工、配送、批发零售业	63.29	37	商业零售业	15.15
18	粮油食品及农林、土畜、果蔬、水产品等内外商贸批发、零售业	60.09	38	连锁超市	14.63
			39	教育产业	14.58
19	物流、仓储、运输、配送服务业	58.11	40	餐饮业	2.36

表 9－32　　2011 中国服务业企业 500 强行业人均纳税总额

名次	行业名称	人均纳税总额（万元）	名次	行业名称	人均纳税总额（万元）
1	互联网传媒、商务、娱乐服务业	23.45	20	其他金融服务业	5.67
2	房地产开发与经营、物业及房屋装饰、修缮、管理等服务业	19.13	21	人寿保险业	5.61
			22	水上运输业	5.56
3	银行业	18.05	23	港口服务业	5.25
4	技术智力、人力资源、劳务等国际合作及其他对外经济合作服务业	16.68	24	金属内外贸易及加工、配送、批发零售业	5.23
			25	生产资料内外贸易批发、零售业	5.12
5	化工产品及医药内外商贸批发业	16.45	26	邮电通信业	4.86
6	证券业	12.71	27	医药专营批发、零售业	4.74
7	纺织、服装、文体、烟酒、工艺、首饰等轻工产品内外商贸批发业	12.19	28	软件、程序、线路的设计和计算机应用、网络工程等计算机、微电子服务业	4.39
8	矿产、能源内外商贸批发业	11.16	29	汽车和摩托车商贸、维修保养及租赁业	3.98
9	机电、电子产品内外商贸及批发业	10.95	30	旅游、旅馆及娱乐服务业	3.83
10	商务服务业	9.10	31	财产保险业	3.79
11	综合服务业（以服务业为主，含有制造业）	8.52	32	道路运输、城市公交及辅助、服务业	3.79
12	物流、仓储、运输、配送服务业	7.95	33	粮油食品及农林、土畜、果蔬、水产品等内外商贸批发、零售业	3.76
13	航空运输及相关服务业	7.01			
14	电力、热力、燃气等能源供应服务业	6.80	34	新闻、报刊、图书的出版发行与销售和广播、影视、音像、文体等文化产业	3.41
15	综合保险业	6.79			
16	综合性内外商贸及批发、零售业	6.41	35	电器商贸批发、零售业	3.27
17	研发、科技交流与推广和地勘、规划、设计、评估、咨询及总承包等服务业	6.39	36	铁路运输及辅助服务业	2.64
			37	连锁超市	2.42
18	航空港及相关服务业	6.18	38	商业零售业	2.32
19	公用事业、市政服务、公共设施经营与管理业	6.12	39	教育产业	1.51
			40	餐饮业	1.16

表 9-33　　2011 中国服务业企业 500 强行业人均研发费用

名次	行业名称	人均研发费用（万元）
1	互联网传媒、商务、娱乐服务业	8.33
2	软件、程序、线路的设计和计算机应用、网络工程等计算机、微电子服务业	6.12
3	研发、科技交流与推广和地勘、规划、设计、评估、咨询及总承包等服务业	4.36
4	其他金融服务业	2.46
5	新闻、报刊、图书的出版发行与销售和广播、影视、音像、文体等文化产业	2.42
6	综合服务业（以服务业为主，含有制造业）	2.28
7	机电、电子产品内外商贸及批发业	1.06
8	邮电通信业	0.99
9	医药专营批发、零售业	0.91
10	银行业	0.91
11	金属内外贸易及加工、配送、批发零售业	0.79
12	电力、热力、燃气等能源供应服务业	0.69
13	化工产品及医药内外商贸批发业	0.66
14	房地产开发与经营、物业及房屋装饰、修缮、管理等服务业	0.64
15	水上运输业	0.63
16	技术智力、人力资源、劳务等国际合作及其他对外经济合作服务业	0.63
17	连锁超市	0.55
18	商务服务业	0.51
19	商业零售业	0.48
20	航空港及相关服务业	0.46
21	纺织、服装、文体、烟酒、工艺、首饰等轻工产品内外商贸批发业	0.44
22	道路运输、城市公交及辅助、服务业	0.38
23	港口服务业	0.36
24	航空运输及相关服务业	0.35
25	粮油食品及农林、土畜、果蔬、水产品等内外商贸批发、零售业	0.23
26	综合性内外商贸及批发、零售业	0.22
27	汽车和摩托车商贸、维修保养及租赁业	0.22
28	物流、仓储、运输、配送服务业	0.22
29	生产资料内外贸易批发、零售业	0.20
30	电器商贸批发、零售业	0.18
31	公用事业、市政服务、公共设施经营与管理业	0.16
32	教育产业	0.13
33	财产保险业	0.11
34	证券业	0.10
35	人寿保险业	0.06
35	餐饮业	0.05
37	矿产、能源内外商贸批发业	0.05
38	综合保险业	0.03
39	铁路运输及辅助服务业	0.01
40	旅游、旅馆及娱乐服务业	0.01

表 9－34　　2011 中国服务业企业 500 强行业平均资产利润率

名次	行业名称	平均资产利润率（%）	名次	行业名称	平均资产利润率（%）
1	餐饮业	62.69	19	汽车和摩托车商贸、维修保养及租赁业	3.23
2	互联网传媒、商务、娱乐服务业	18.59	20	港口服务业	3.14
3	教育产业	13.00	21	机电、电子产品内外商贸及批发业	3.04
4	电器商贸批发、零售业	9.14	22	旅游、旅馆及娱乐服务业	2.91
5	研发、科技交流与推广和地勘、规划、设计、评估、咨询及总承包等服务业	8.12	23	综合性内外商贸及批发、零售业	2.71
			24	物流、仓储、运输、配送服务业	2.62
6	连锁超市	6.50	25	铁路运输及辅助服务业	2.52
7	房地产开发与经营、物业及房屋装饰、修缮、管理等服务业	5.78	26	水上运输业	2.40
8	纺织、服装、文体、烟酒、工艺、首饰等轻工产品内外商贸批发业	5.42	27	粮油食品及农林、土畜、果蔬、水产品等内外商贸批发、零售业	2.12
			28	道路运输、城市公交及辅助、服务业	1.82
9	综合服务业（以服务业为主，含有制造业）	5.08	29	生产资料内外贸易批发、零售业	1.77
10	软件、程序、线路的设计和计算机应用、网络工程等计算机、微电子服务业	4.78	30	航空港及相关服务业	1.69
			31	电力、热力、燃气等能源供应服务业	1.68
11	技术智力、人力资源、劳务等国际合作及其他对外经济合作服务业	4.61	32	综合保险业	1.58
			33	商务服务业	1.46
12	新闻、报刊、图书的出版发行与销售和广播、影视、音像、文体等文化产业	4.59	34	邮电通信业	1.40
			35	人寿保险业	1.19
13	医药专营批发、零售业	4.36	36	银行业	1.07
14	航空运输及相关服务业	4.31	37	财产保险业	0.98
15	矿产、能源内外商贸批发业	3.70	38	其他金融服务业	0.96
16	证券业	3.63	39	公用事业、市政服务、公共设施经营与管理业	0.93
17	商业零售业	3.47			
18	化工产品及医药内外商贸批发业	3.47	40	金属内外贸易及加工、配送、批发零售业	0.80

表 9－35　　2011 中国服务业企业 500 强行业平均资产负债率

名次	行业名称	平均资产负债率（%）	名次	行业名称	平均资产负债率（%）
1	人寿保险业	3.52	21	新闻、报刊、图书的出版发行与销售和广播、影视、音像、文体等文化产业	21.44
2	餐饮业	6.07			
3	航空港及相关服务业	6.80	22	教育产业	21.65
4	旅游、旅馆及娱乐服务业	7.02	23	公用事业、市政服务、公共设施经营与管理业	22.55
5	邮电通信业	7.23			
6	综合性内外商贸及批发、零售业	8.10	24	综合服务业（以服务业为主，含有制造业）	23.34
7	物流、仓储、运输、配送服务业	8.44	25	商业零售业	23.77
8	道路运输、城市公交及辅助、服务业	8.66	26	汽车和摩托车商贸、维修保养及租赁业	23.86
9	机电、电子产品内外商贸及批发业	10.04	27	铁路运输及辅助服务业	25.58
10	软件、程序、线路的设计和计算机应用、网络工程等计算机、微电子服务业	10.22	28	研发、科技交流与推广和地勘、规划、设计、评估、咨询及总承包等服务业	31.38
11	证券业	11.10	29	医药专营批发、零售业	32.22
12	港口服务业	11.22	30	银行业	32.25
13	粮油食品及农林、土畜、果蔬、水产品等内外商贸批发、零售业	11.98	31	生产资料内外贸易批发、零售业	33.02
			32	纺织、服装、文体、烟酒、工艺、首饰等轻工产品内外商贸批发业	34.12
14	化工产品及医药内外商贸批发业	14.04			
15	连锁超市	14.06	33	电器商贸批发、零售业	38.57
16	电力、热力、燃气等能源供应服务业	16.25	34	房地产开发与经营、物业及房屋装饰、修缮、管理等服务业	39.67
17	矿产、能源内外商贸批发业	19.02			
18	技术智力、人力资源、劳务等国际合作及其他对外经济合作服务业	20.11	35	金属内外贸易及加工、配送、批发零售业	48.48
			36	互联网传媒、商务、娱乐服务业	54.46
19	综合保险业	20.35	37	航空运输及相关服务业	72.38
20	其他金融服务业	21.29			

第十章
2011 世界企业 500 强数据

2011《财富》全球500强

单位：百万美元

排名	上年排名	公司名称（中英文）	总部所在地	营业收入	净利润	资产总额	股东权益（母公司）	雇员人数（人）
1	1	沃尔玛（Wal－Mart Stores）	美国	421849.00	16389.00	180663.00	68542.00	2100000
2	2	荷兰皇家壳牌石油公司（Royal Dutch Shell）	荷兰	378152.00	20127.00	322560.00	148013.00	97000
3	3	埃克森美孚（Exxon Mobil）	美国	354674.00	30460.00	302510.00	146839.00	103700
4	4	英国石油公司（BP）	英国	308928.00	－3719.00	272262.00	94987.00	79700
5	7	中国石油化工集团公司（Sinopec Group）	中国	273421.90	7628.70	225388.20	76539.20	640535
6	10	中国石油天然气集团公司（China National Petroleum）	中国	240192.40	14366.90	399101.10	211793.00	1674541
7	8	国家电网公司（State Grid）	中国	226294.00	4556.10	315268.30	115413.20	1564000
8	5	丰田汽车公司（Toyota Motor）	日本	221760.20	4765.70	359862.10	124696.80	317716
9	6	日本邮政控股公司（Japan Post Holdings）	日本	203958.10	4891.20	3535277.10	115020.10	233000
10	11	雪佛龙（Chevron）	美国	196337.00	19024.00	184769.00	105081.00	62196
11	14	道达尔公司（Total）	法国	186055.00	14000.90	192826.40	81057.40	92855
12	17	康菲石油公司（Conocophillips）	美国	184966.00	11358.00	156314.00	68562.00	29700
13	16	大众公司（Volkswagen）	德国	168041.00	9052.70	267525.50	61688.70	399381
14	9	安盛（AXA）	法国	162235.90	3640.90	981658.60	66679.80	102957
15	270	房利美（Fannie Mae）	美国	153825.00	－14014.00	3221972.00	－2599.00	7300
16	13	通用电气公司（General Electric）	美国	151628.00	11644.00	751216.00	118936.00	287000
17	12	荷兰国际集团（Ing Group）	荷兰	147052.20	3678.00	1667523.30	58189.50	106139
18		嘉能可国际（Glencore International）	瑞士	144978.00	1291.00	79787.00	19613.00	57656
19	28	伯克希尔－哈撒韦公司（Berkshire Hathaway）	美国	136185.00	12967.00	372229.00	157318.00	260519
20	38	通用汽车公司（General Motors）	美国	135592.00	6172.00	138898.00	36180.00	202000
21	15	美国银行（Bank Of America Corp.）	美国	134194.00	－2238.00	2264909.00	228248.00	288122
22	32	三星电子（Samsung Electronics）	韩国	133780.50	13668.70	118347.40	75429.20	190500
23	24	埃尼石油公司（Eni）	意大利	131756.00	8367.90	176916.50	68703.10	79941
24	30	戴姆勒（Daimler）	德国	129480.60	5957.40	182243.10	48801.60	260100
25	23	福特汽车公司（Ford Motor）	美国	128954.00	6561.00	164687.00	－673.00	164000
26	18	法国巴黎银行（Bnp Paribas）	法国	128725.70	10387.70	2680927.80	100133.70	205300
27	20	安联保险集团（Allianz）	德国	127378.70	6692.50	838488.50	59693.60	151338
28	26	惠普（Hewlett－Packard）	美国	126033.00	8761.00	124503.00	40449.00	324600
29	27	意昂集团（E. On）	德国	125063.50	7752.10	205120.40	55885.80	85105
30	21	美国电话电报公司（At&T）	美国	124629.00	19864.00	268488.00	111647.00	266590

排名	上年排名	公司名称（中英文）	总部所在地	营业收入	净利润	资产总额	股东权益（母公司）	雇员人数（人）
31	31	日本电报电话公司（Nippon Telegraph & Telephone）	日本	120315.70	5950.20	237335.30	96798.60	219350
32	22	家乐福（Carrefour）	法国	120296.80	573.50	71982.20	12858.80	471755
33	19	意大利忠利保险公司（Assicurazioni Generali）	意大利	120233.50	2254.10	566786.80	23466.10	85368
34	54	巴西国家石油公司（Petrobras）	巴西	120052.00	19184.00	308683.00	181494.00	80492
35	50	俄罗斯天然气工业股份公司（Gazprom）	俄罗斯	118656.80	31894.50	302601.30	204762.30	393000
36	25	摩根大通（J. P. Morgan Chase & Co.）	美国	115475.00	17370.00	2117605.00	176106.00	239831
37	34	麦克森公司（Mckesson）	美国	112084.00	1202.00	30886.00	7220.00	36400
38	29	苏伊士集团（Gdf Suez）	法国	111887.80	6113.70	247754.20	83460.40	236116
39	33	花旗集团（Citigroup）	美国	111055.00	10602.00	1913902.00	163468.00	260000
40	47	日立（Hitachi）	日本	108766.40	2788.90	110857.20	17377.10	361745
41	35	威瑞森电信（Verizon Communications）	美国	106565.00	2549.00	220005.00	38569.00	194400
42	44	雀巢公司（Nestlé）	瑞士	105266.70	32843.00	119812.20	66395.20	281000
43	36	法国农业信贷银行（Crédit Agricole）	法国	105003.30	1672.80	2138037.20	61271.40	87520
44	41	美国国际集团（American International Group）	美国	104417.00	7786.00	683443.00	85319.00	63000
45	51	本田汽车（Honda Motor）	日本	104342.10	6235.70	139643.70	53704.80	179060
46	39	汇丰银行控股公司（Hsbc Holdings）	英国	102680.00	13159.00	2454689.00	147667.00	302327
47	40	西门子（Siemens）	德国	102657.20	5268.00	140399.90	38703.60	402700
48	63	日产汽车（Nissan Motor）	日本	102430.00	3727.10	129576.30	48051.10	155099
49	64	墨西哥石油公司（Pemex）	墨西哥	101506.40	-3757.80	112927.70	-9226.00	149421
50	65	松下（Panasonic）	日本	101491.00	864.20	94410.70	30883.30	366937
51	37	西班牙国家银行（Banco Santander）	西班牙	100349.90	10835.30	1633520.20	103758.40	178869
52	48	国际商业机器公司（International Business Machines）	美国	99870.00	14833.00	113452.00	23046.00	426751
53	43	卡地纳健康（Cardinal Health）	美国	98601.90	642.20	19990.20	5276.10	31200
54	190	房地美（Freddie Mac）	美国	98368.00	-14025.00	2261780.00	-401.00	5270
55	78	现代汽车（Hyundai Motor）	韩国	97408.40	4707.60	104060.80	24028.90	80000
56	60	意大利国家电力公司（Enel）	意大利	97185.00	5814.40	225475.30	50798.10	78313
57	45	Cvs Caremark 公司（Cvs Caremark）	美国	96413.00	3427.00	62169.00	37700.00	161500
58	136	Jx 控股公司（Jx Holdings）	日本	95964.20	3639.70	75548.60	19846.20	24691
59	42	英国劳埃德银行集团（Lloyds Banking Group）	英国	95681.90	-4102.70	1554058.60	68469.00	122979
60	112	鸿海科技集团（Hon Hai Precision Industry）	中国台湾	95190.50	2450.40	47423.10	16509.00	836000
61	58	特易购（Tesco）	英国	94185.20	4104.00	76790.00	26897.50	384389

排名	上年排名	公司名称（中英文）	总部所在地	营业收入	净利润	资产总额	股东权益（母公司）	雇员人数（人）
62	61	联合健康集团（Unitedhealth Group）	美国	94155.00	4634.00	63063.00	25825.00	87000
63	46	美国富国银行（Wells Fargo）	美国	93249.00	12362.00	1258128.00	126408.00	272200
64	53	英杰华集团（Aviva）	英国	90210.70	2259.90	579550.50	20347.30	45142
65	57	麦德龙（Metro）	德国	89080.60	1125.80	47049.40	8463.40	252258
66	56	委内瑞拉国家石油公司（Pdvsa）	委内瑞拉	88361.00	4313.00	141940.00	66556.00	80000
67	74	挪威国家石油公司（Statoil）	挪威	87645.60	6301.80	110678.40	37788.90	30300
68	52	法国电力公司（Electricité De France）	法国	86308.50	1351.00	322757.90	42018.00	158842
69	93	卢克石油公司（Lukoil）	俄罗斯	86078.00	9006.00	84017.00	59197.00	150000
70	84	瓦莱罗能源公司（Valero Energy）	美国	86034.00	324.00	37621.00	15025.00	20313
71	81	巴斯夫公司（Basf）	德国	84597.30	6035.60	79687.60	28717.70	109140
72	62	法国兴业银行（Société Générale）	法国	84349.60	5187.90	1518900.60	62283.00	155617
73	69	索尼（Sony）	日本	83844.70	-3030.80	155985.90	30750.50	168200
74	99	阿塞洛-米塔尔（Arcelormittal）	卢森堡	83443.00	2916.00	130904.00	62430.00	273811
75	59	德国电信（Deutsche Telekom）	德国	82674.20	2245.00	171485.30	51006.10	246777
76	70	克罗格（Kroger）	美国	82189.40	1116.30	23504.60	5296.00	338000
77	87	中国工商银行（Industrial & Commercial Bank Of China）	中国	80501.30	24398.20	2042372.60	124501.90	397339
78	68	西班牙电信（Telefónica）	西班牙	80443.80	13465.80	174119.10	32807.20	285106
79	82	宝马（BMW）	德国	80099.40	4262.10	146066.80	30958.40	95453
80	66	宝洁公司（Procter & Gamble）	美国	79689.00	12736.00	128172.00	61115.00	127000
81	75	日本生命保险公司（Nippon Life Insurance）	日本	78571.40	2630.70	602825.80	17874.70	72914
82	104	Sk 集团（Sk Holdings）	韩国	78435.30	570.00	67818.70	6636.70	52377
83		Exor 集团（Exor Group）	意大利	78123.30	181.50	105601.20	8150.80	211636
84	76	美源伯根公司（Amerisourcebergen）	美国	77954.00	636.70	14434.80	2954.30	9550
85	79	好市多（Costco Wholesale）	美国	77946.00	1303.00	23815.00	10829.00	114500
86	107	马来西亚国家石油公司（Petronas）	马来西亚	76875.90	17479.30	145026.10	87145.00	41623
87	77	中国移动通信集团公司（China Mobile Communications）	中国	76673.30	9733.10	160728.60	92656.70	207404
88	73	慕尼黑再保险公司（Munich Re Group）	德国	76220.10	3207.80	317121.40	30567.90	46915
89	89	东芝（Toshiba）	日本	74705.50	1609.40	64920.60	10476.90	203000
90	94	标致（Peugeot）	法国	74250.60	1501.90	91894.30	18553.00	198220
91	72	保诚集团（Prudential）	英国	73597.70	2210.40	408396.10	12575.70	23010
92	80	沃达丰（Vodafone）	英国	71344.00	12389.30	242435.90	140368.20	83862

排名	上年排名	公司名称（中英文）	总部所在地	营业收入	净利润	资产总额	股东权益（母公司）	雇员人数（人）
93	86	德国邮政（Deutsche Post）	德国	71120.90	3365.50	50666.60	14102.60	418946
94	114	雷普索尔 - Ypf 公司（Repsol Ypf）	西班牙	70456.00	6215.70	90740.50	32388.60	43298
95	137	中国中铁股份有限公司（China Railway Group）	中国	69973.30	1106.30	59078.00	10129.80	285054
96	49	德克夏银行集团（Dexia Group）	比利时	69490.50	957.60	760388.10	12001.50	27148
97	71	法国 bpce 银行集团（Groupe Bpce）	法国	69297.10	4821.00	1406694.20	63576.40	125000
98	125	印度石油公司（Indian Oil）	印度	68836.70	1718.70	37196.80	12912.10	36109
99	144	马拉松石油公司（Marathon Oil）	美国	68413.00	2568.00	50014.00	23771.00	29677
100	55	苏格兰皇家银行（Royal Bank Of Scotland）	英国	68087.80	-1546.20	2276154.50	117649.20	148500
101	97	家得宝（Home Depot）	美国	67997.00	3338.00	40125.00	18889.00	255195
102	83	苏黎世金融服务集团（Zurich Financial Services）	瑞士	67850.00	3434.00	375661.00	31984.00	54934
103	140	辉瑞制药有限公司（Pfizer）	美国	67809.00	8257.00	195014.00	87813.00	110600
104	106	沃尔格林公司（Walgreen）	美国	67420.00	2091.00	26275.00	14400.00	210500
105	133	中国铁建股份有限公司（China Railway Construction）	中国	67414.10	627.30	53142.60	8711.10	260268
106	98	塔吉特公司（Target）	美国	67390.00	2920.00	43705.00	15487.00	355000
107	101	莱茵集团（Rwe）	德国	67179.30	4381.30	124881.40	19553.90	70856
108	116	中国建设银行（China Construction Bank）	中国	67081.40	19920.30	1640487.00	105739.60	313867
109	92	美国邮政（U. S. Postal Service）	美国	67052.00	-8505.00	24326.00	-13873.00	627798
110	110	美可保健公司（Medco Health Solutions）	美国	65968.30	1427.30	17097.30	3986.80	24025
111	197	苹果公司（Apple）	美国	65225.00	14013.00	75183.00	47791.00	49400
112	103	荷兰全球保险集团（Aegon）	荷兰	65135.70	2329.70	445850.80	31414.60	27474
113	118	中国人寿保险（集团）公司（China Life Insurance）	中国	64634.50	3505.40	269514.60	9815.60	118362
114	91	波音（Boeing）	美国	64306.00	3307.00	68565.00	2766.00	160500
115	96	巴克莱（Barclays）	英国	63660.80	5505.20	2332634.90	79638.50	151300
116	109	州立农业保险公司（State Farm Insurance Cos.）	美国	63176.70	1762.80	192794.00	61164.90	65935
117	148	巴西银行（Banco Do Brasil）	巴西	62890.60	6417.60	483743.10	32729.10	109026
118	128	东京电力公司（Tokyo Electric Power）	日本	62680.20	-14563.40	178498.10	19675.40	52970
119	129	博世公司（Robert Bosch）	德国	62592.70	3148.20	70684.80	34515.20	283507
120	115	微软（Microsoft）	美国	62484.00	18760.00	86113.00	46175.00	89000
121	105	法国电信（France Télécom）	法国	61964.90	6463.40	126490.10	39044.80	168694
122	88	ADM 公司（Archer Daniels Midland）	美国	61682.00	1930.00	31548.00	14631.00	29300
123	108	强生（Johnson & Johnson）	美国	61587.00	13334.00	102908.00	56579.00	114000

排名	上年排名	公司名称（中英文）	总部所在地	营业收入	净利润	资产总额	股东权益（母公司）	雇员人数（人）
124	131	戴尔（Dell）	美国	61494.00	2635.00	38599.00	7766.00	101800
125	146	三菱（Mitsubishi）	日本	60792.70	5407.90	136947.20	39637.80	58470
126	111	欧洲航空防务与航天集团（Eads）	荷兰	60596.70	732.40	111612.00	11862.00	121691
127	141	中国农业银行（Agricultural Bank Of China）	中国	60535.60	14015.40	1568910.90	82138.80	444447
128	155	泰国石油（Ptt）	泰国	59930.40	2620.80	41458.60	16293.60	9015
129	90	英国法通保险公司（Legal & General Group）	英国	59377.40	1266.60	507152.70	7558.60	8662
130	95	法国国家人寿保险公司（Cnp Assurances）	法国	59319.70	1390.70	428818.70	16156.30	4600
131	124	Seven & I 控股公司（Seven & I Holdings）	日本	59251.50	1295.70	45563.60	22021.50	50765
132	143	中国银行（Bank Of China）	中国	59212.40	15425.50	1587305.20	97753.30	279301
133	127	日本永旺集团（Aeon）	日本	58983.30	690.80	46082.60	10978.00	245530
134	175	信实工业公司（Reliance Industries）	印度	58899.60	4234.70	68965.60	34557.70	22661
135	100	Wellpoint 公司（Wellpoint）	美国	58801.80	2887.10	50166.90	23812.60	37500
136	121	联合利华（Unilever）	英国/荷兰	58623.30	5621.00	55233.70	19434.50	165000
137	171	百事公司（Pepsico）	美国	57838.00	6320.00	68153.00	21164.00	294000
138	123	蒂森克虏伯（Thyssenkrupp）	德国	57585.60	1113.30	59684.30	11605.90	177346
139	242	来宝集团（Noble Group）	中国香港	56696.10	605.60	17337.50	3973.00	8000
140	173	力拓集团（Rio Tinto Group）	英国	56576.00	14324.00	112402.00	58333.00	76894
141	158	日本明治安田生命保险公司（Meiji Yasuda Life Insurance）	日本	56308.70	1533.50	327402.00	8091.60	39363
142	122	欧尚集团（Groupe Auchan）	法国	56279.00	933.70	36208.40	11120.00	262109
143	120	诺基亚（Nokia）	芬兰	56218.10	2450.30	52491.30	19299.00	132427
144	147	马士基集团（A. P. Maller - Marsk Group）	丹麦	56177.40	4705.10	67469.00	32689.20	108110
145	182	东风汽车公司（Dongfeng Motor）	中国	55748.20	2479.70	33046.10	4651.90	163990
146	113	德意志银行（Deutsche Bank）	德国	55313.50	3059.50	2556783.00	65532.60	102062
147	187	中国建筑工程总公司（China State Construction Engineering）	中国	54721.10	1364.60	60327.30	11716.80	123579
148	164	三井物产（Mitsui）	日本	54634.70	4294.80	103766.90	29295.00	40026
149	156	中国南方电网有限责任公司（China Southern Power Grid）	中国	54448.70	1025.30	74475.80	24030.80	310889
150	130	联合技术公司（United Technologies）	美国	54326.00	4373.00	58493.00	21385.00	208200
151	223	上海汽车工业（集团）总公司（Shanghai Automotive）	中国	54257.20	1914.00	44390.50	10650.50	91094
152	161	陶氏化学（Dow Chemical）	美国	53674.00	2310.00	69588.00	21839.00	49505

排名	上年排名	公司名称（中英文）	总部所在地	营业收入	净利润	资产总额	股东权益（母公司）	雇员人数（人）
153	119	日本第一生命保险（Dai－Ichi Life Insurance）	日本	53375.10	223.50	389788.40	6624.80	59356
154	102	联合信贷集团（Unicredit Group）	意大利	53337.90	1752.70	1247093.10	86169.40	162009
155	132	圣戈班集团（Saint－Gobain）	法国	53136.00	1495.30	59030.80	23973.50	189193
156	135	巴西布拉德斯科银行（Banco Bradesco）	巴西	53010.30	5489.20	374555.40	31763.70	79569
157	126	三菱日联金融集团（Mitsubishi Ufj Financial Group）	日本	52877.40	6807.70	2488862.10	109883.80	85123
158	138	富士通（Fujitsu）	日本	52871.30	643.20	36496.50	10909.00	172000
159	139	必和必拓（Bhp Billiton）	澳大利亚	52798.00	12722.00	88852.00	48525.00	39570
160	174	大都会保险公司（Metlife）	美国	52717.00	2790.00	730906.00	48625.00	66300
161	272	韩国浦项制铁公司（Posco）	韩国	52461.60	3617.50	59880.10	30752.90	57080
162	252	中国海洋石油总公司（China National Offshore Oil）	中国	52408.30	7238.70	93661.30	42315.10	97767
163	154	雷诺（Renault）	法国	51615.60	4529.70	94062.50	29832.70	124749
164	160	诺华公司（Novartis）	瑞士	51561.00	9794.00	123318.00	63196.00	119418
165	142	百思买（Best Buy）	美国	50272.00	1277.00	17849.00	6602.00	180000
166	157	联合包裹速递服务公司（United Parcel Service）	美国	49545.00	3488.00	33597.00	7979.00	400600
167	179	卡夫食品（Kraft Foods）	美国	49542.00	4114.00	95289.00	35834.00	127000
168	203	中国中化集团公司（Sinochem Group）	中国	49537.20	797.50	32088.80	7537.90	50073
169	152	美国劳氏公司（Lowe's）	美国	48815.00	2010.00	33699.00	18112.00	197500
170	150	瑞士信贷（Credit Suisse Group）	瑞士	48314.10	4891.00	1107539.20	35718.00	50100
171		LG电子（LG Electronics）	韩国	48236.10	1061.50	28482.00	11143.20	91254
172	269	美洲电信（América Móvil）	墨西哥	48126.50	7214.60	71086.40	24945.80	148058
173	191	新日本制铁公司（Nippon Steel）	日本	47983.50	1088.10	60353.10	21655.10	59183
174	153	瑞士罗氏公司（Roche Group）	瑞士	47170.50	8314.10	65486.20	10162.10	80653
175	145	法国威立雅环境集团（Veolia Environnement）	法国	47169.50	769.60	69112.70	10688.20	287043
176	167	国际资产控股公司（Intl Fcstone）	美国	46940.30	5.40	2021.70	241.30	729
177	159	洛克希德－马丁（Lockheed Martin）	美国	46890.00	2926.00	35067.00	3708.00	132000
178	170	拜耳集团（Bayer）	德国	46472.70	1723.10	69105.60	25268.20	111400
179	211	俄罗斯石油公司（Rosneft Oil）	俄罗斯	46304.00	10400.00	93829.00	54535.00	159771
180	294	默克（Merck）	美国	45987.00	861.00	105781.00	54376.00	94000
181	134	高盛（Goldman Sachs Group）	美国	45967.00	8354.00	911332.00	77356.00	38700
182	172	邦吉公司（Bunge）	美国	45707.00	2354.00	26001.00	12220.00	33021
183	192	西农（Wesfarmers）	澳大利亚	45658.70	1378.70	33150.50	20864.00	200000

排名	上年排名	公司名称（中英文）	总部所在地	营业收入	净利润	资产总额	股东权益（母公司）	雇员人数（人）
184	198	澳大利亚伍尔沃斯公司（Woolworths）	澳大利亚	45621.50	1780.30	15619.90	6396.20	188000
185	177	德国联邦铁路公司（Deutsche Bahn）	德国	45574.70	1376.10	69772.40	19001.10	276310
186	363	巴西淡水河谷公司（Vale）	巴西	45293.00	17264.00	129139.00	68899.00	70785
187	169	赛诺菲－安万特集团（Sanofi－Aventis）	法国	45055.50	7240.80	114398.70	71240.20	101575
188	335	美国快捷药方公司（Express Scripts）	美国	44989.70	1181.20	10557.80	3606.60	13170
189	218	日本三井住友金融集团（Sumitomo Mitsui Financial Group）	日本	44902.20	5556.30	1663083.80	59394.40	61555
190	183	瑞士联合银行（UBS）	瑞士	44811.40	7228.10	1413658.60	50246.80	64617
191	151	意大利联合圣保罗银行（Intesa Sanpaolo）	意大利	44284.70	3582.70	883854.00	71825.20	102501
192	162	万喜集团（Vinci）	法国	44204.90	2352.10	75689.60	16508.30	179527
193	215	南苏格兰电力公司（Scottish & Southern Energy）	英国	44056.20	2339.30	34389.30	8337.90	20249
194	163	英国葛兰素史克公司（Glaxosmithkline）	英国	43856.50	2524.00	66128.00	13916.20	96461
195	209	英特尔公司（Intel）	美国	43623.00	11464.00	63186.00	49430.00	82500
196	149	西班牙对外银行（Banco Bilbao Vizcaya Argentaria）	西班牙	43464.80	6100.50	741608.40	48192.50	106976
197	258	中国第一汽车集团公司（China Faw Group）	中国	43434.40	2125.50	26184.80	7154.60	86995
198	165	西尔斯控股（Sears Holdings）	美国	43326.00	133.00	24268.00	8511.00	312000
199	206	丸红株式会社（Marubeni）	日本	43010.70	1594.20	56469.80	9336.10	30626
200	166	住友生命保险公司（Sumitomo Life Insurance）	日本	42832.30	1272.00	286686.60	9869.40	42366
201	195	日本伊藤忠商事株式会社（Itochu）	日本	42611.60	1879.50	68473.10	13937.10	62635
202	229	卡特彼勒（Caterpillar）	美国	42588.00	2700.00	64020.00	10824.00	104490
203	201	三菱电机股份有限公司（Mitsubishi Electric）	日本	42560.90	1453.90	40220.60	12676.10	114443
204	216	佳能（Canon）	日本	42246.30	2810.40	49128.40	32627.70	197386
205		克莱斯勒集团（Chrysler Group）	美国	41946.00	－652.00	35449.00	－4.00	51623
206	168	法国布伊格集团（Bouygues）	法国	41547.00	1418.50	47745.70	12500.60	133456
207	249	利安德巴塞尔工业公司（Lyondellbasell Industries）	荷兰	41151.00	0.00	25494.00	11535.00	14000
208	176	美国西夫韦公司（Safeway）	美国	41050.00	589.80	15148.10	4993.30	180000
209	214	法国国营铁路公司（Sncf）	法国	40574.90	923.10	58212.30	9264.40	240978
210	293	沙特基础工业公司（Sabic）	沙特阿拉伯	40526.00	5741.10	84688.00	32208.50	33000
211	224	中国交通建设股份有限公司（China Communications Construction）	中国	40414.20	1394.10	47205.00	9712.30	108779
212	276	宝钢集团有限公司（Baosteel Group）	中国	40327.40	2230.40	65576.60	33283.20	105535
213	217	Iberdrola 公司（Iberdrola）	西班牙	40304.70	3802.40	125718.50	39015.00	31344

排名	上年排名	公司名称（中英文）	总部所在地	营业收入	净利润	资产总额	股东权益（母公司）	雇员人数（人）
214	193	日本 kddi 电信公司（Kddi）	日本	40099.90	2978.70	45606.10	25197.60	18418
215	200	思科公司（Cisco Systems）	美国	40040.00	7767.00	81130.00	44267.00	70700
216	417	Ms&Ad 保险集团控股有限公司（Ms&Ad Insurance Group Holdings）	日本	39754.30	63.30	138124.60	15262.70	36538
217	180	法切莱公司（Foncière Euris）	法国	39449.10	19.90	38492.00	1046.50	175382
218	240	摩根士丹利（Morgan Stanley）	美国	39320.00	4703.00	807698.00	57211.00	62542
219	184	荷兰皇家阿霍德集团（Royal Ahold）	荷兰	39111.30	1129.80	19756.50	7929.40	122027
220	375	韩国现代重工集团（Hyundai Heavy Industries）	韩国	38996.00	3240.80	40165.80	12147.90	34830
221	254	中国中信集团公司（Citic Group）	中国	38984.50	4926.80	385307.00	26178.00	140028
222	204	中国电信集团公司（China Telecommunications）	中国	38469.30	443.50	98280.70	52913.80	493919
223	227	保德信金融集团（Prudential Financial）	美国	38414.00	3195.00	539854.00	32415.00	41044
224	186	东京海上日动火灾保险公司（Tokio Marine Holdings）	日本	38396.00	839.70	199476.80	14189.70	29758
225	189	法国维旺迪集团（Vivendi）	法国	38247.80	2911.20	79150.90	32278.60	51272
226	199	华特迪士尼公司（Walt Disney）	美国	38063.00	3963.00	69206.00	37519.00	149000
227	275	中国南方工业集团公司（China South Industries Group）	中国	37996.40	224.70	33282.50	4852.30	227844
228	202	美国康卡斯特电信公司（Comcast）	美国	37937.00	3635.00	118534.00	44354.00	102000
229	332	中国五矿集团公司（China Minmetals）	中国	37555.10	523.10	30166.00	3740.70	116886
230	178	美国超价商店公司（Supervalu）	美国	37534.00	-1510.00	13758.00	1340.00	142000
231	253	日本钢铁工程控股公司（Jfe Holdings）	日本	37309.70	684.30	47992.30	17679.40	54400
232	194	西斯科公司（Sysco）	美国	37243.50	1180.00	10313.70	3827.50	46000
233	277	日本出光兴产株式会社（Idemitsu Kosan）	日本	37195.50	708.50	30386.80	4954.90	8201
234	299	三菱化学控股（Mitsubishi Chemical Holdings）	日本	36973.50	975.80	39754.00	9150.90	53882
235	318	俄罗斯秋明英国石油控股公司（Tnk - Bp International）	俄罗斯	36881.00	5815.00	33126.00	17605.00	50000
236	181	意大利电信（Telecom Italia）	意大利	36854.50	4133.60	119587.00	38666.40	84200
237	278	沃尔沃汽车公司（Volvo）	瑞典	36748.80	1508.30	47316.10	10878.00	90409
238	300	韩国 gs 控股集团（Gs Holdings）	韩国	36570.30	699.10	25012.60	4284.30	22500
239	232	电装公司（Denso）	日本	36561.30	1670.00	40796.90	24094.80	123165
240	208	宏利金融（Manulife Financial）	加拿大	36533.70	-379.60	219118.20	27051.50	24819
241	185	日本电气公司（NEC）	日本	36374.00	-146.20	31727.40	9414.00	115840
242	219	弗朗茨海涅尔公司（Franz Haniel）	德国	36332.60	422.50	21854.90	6638.70	46632
243	196	安海斯-布希英博（Anheuser - Busch Inbev）	比利时	36297.00	4026.00	114342.00	35259.00	114313
244	244	住友商事（Sumitomo）	日本	36217.70	2367.00	87730.20	19550.20	64886

排名	上年排名	公司名称（中英文）	总部所在地	营业收入	净利润	资产总额	股东权益（母公司）	雇员人数（人）
245	246	汉莎集团（Lufthansa Group）	德国	36189.60	1498.00	39338.60	11058.30	117019
246	220	英国耆卫保险公司（Old Mutual）	英国	35808.70	-435.60	303083.10	14016.40	55730
247	327	广达电脑公司（Quanta Computer）	中国台湾	35721.10	590.50	17587.30	3833.70	68720
248	273	KOC 集团（Koc Holding）	土耳其	35713.00	1151.10	52758.50	8175.70	73063
249	298	澳洲联邦银行（Commonwealth Bank Of Australia）	澳大利亚	35709.80	4989.90	546084.30	29611.20	45025
250	348	中国北方工业（集团）总公司（China North Industries Group）	中国	35629.40	533.60	34655.20	8297.20	279996
251	188	英国森特理克集团（Centrica）	英国	35547.60	2988.90	30182.70	9112.00	34970
252	266	美国太阳石油公司（Sunoco）	美国	35453.00	234.00	13297.00	3046.00	10252
253	264	夏普（Sharp）	日本	35283.00	226.50	34826.00	13375.30	55580
254	320	西太平洋银行（Westpac Banking）	澳大利亚	35281.50	5708.90	598801.50	36986.10	38962
255	250	雅培公司（Abbott Laboratories）	美国	35166.70	4626.20	59462.30	22388.10	91440
256	245	可口可乐公司（Coca - Cola）	美国	35119.00	11809.00	72921.00	31003.00	139600
257	263	软银（Softbank）	日本	35080.60	2215.00	56187.90	7522.60	21799
258	221	美国纽约人寿保险公司（New York Life Insurance）	美国	34947.20	1091.50	199645.70	14716.80	16068
259	281	国泰人寿保险股份有限公司（Cathay Life Insurance）	中国台湾	34795.50	-206.90	105094.70	3908.00	33902
260	207	美国诺斯洛普格拉曼公司（Northrop Grumman）	美国	34757.00	2053.00	31421.00	13557.00	117100
261	205	联邦快递（Fedex）	美国	34734.00	1184.00	24902.00	13811.00	245109
262	228	加拿大皇家银行（Royal Bank Of Canada）	加拿大	34716.30	5033.10	713856.50	38288.60	72126
263	267	美国阿美拉达赫斯公司（Hess）	美国	34613.00	2125.00	35396.00	16689.00	13776
264	268	美国英格雷姆麦克罗公司（Ingram Micro）	美国	34589.00	318.10	9084.00	3241.20	15650
265	287	德国大陆集团（Continental）	德国	34498.10	762.90	32724.70	7861.80	148228
266	305	澳大利亚国民银行（National Australia Bank）	澳大利亚	34349.50	3799.90	664344.70	37713.40	44551
267	280	江森自控有限公司（Johnson Controls）	美国	34305.00	1491.00	25743.00	10071.00	137000
268	385	森科能源公司（Suncor Energy）	加拿大	34251.40	3466.70	70635.20	36965.00	12076
269	210	安泰保险（Aetna）	美国	34246.00	1766.80	37739.40	9890.80	34000
270	340	亚马逊（Amazon. Com）	美国	34204.00	1152.00	18797.00	6864.00	33700
271	306	韩国电力公司（Korea Electric Power）	韩国	34109.90	-62.40	87785.70	36148.60	37283
272	307	巴拉特石油公司（Bharat Petroleum）	印度	34101.50	358.80	15000.90	3442.70	14654
273	239	日本三菱重工业股份有限公司（Mitsubishi Heavy Industries）	日本	33902.90	351.60	48141.50	15438.90	68816
274	247	哈门那公司（Humana）	美国	33868.20	1099.40	16103.30	6924.10	35200

排名	上年排名	公司名称（中英文）	总部所在地	营业收入	净利润	资产总额	股东权益（母公司）	雇员人数（人）
275		Enterprise Products Partners 公司（Enterprise Products Partners）	美国	33739.30	320.80	31360.80	11374.20	6570
276	313	中国华能集团公司（China Huaneng Group）	中国	33681.20	28.60	100520.40	4376.30	143808
277	231	皇家飞利浦电子公司（Royal Philips Electronics）	荷兰	33666.50	1915.20	43295.30	20187.20	119001
278	212	德国中央合作银行（Dz Bank）	德国	33610.80	1148.30	514493.50	8607.00	26800
279	314	河北钢铁集团（Hebei Iron & Steel Group）	中国	33548.60	167.70	42806.60	7449.30	133122
280	248	霍尼韦尔国际公司（Honeywell International）	美国	33370.00	2022.00	37834.00	10666.00	130000
281	226	阿斯利康（Astrazeneca）	英国	33269.00	8053.00	56127.00	23213.00	61100
282	243	美国利宝相互保险公司（Liberty Mutual Insurance Group）	美国	33193.00	1678.00	112350.00	16978.00	45000
283	236	J. Sainsbury 公司（J. Sainsbury）	英国	32811.00	995.10	18274.90	8695.80	99300
284	255	新闻集团（News Corp.）	美国	32778.00	2539.00	54384.00	25113.00	51000
285	296	杜邦公司（Dupont）	美国	32733.00	3031.00	40410.00	9278.00	60000
286	225	荷兰合作银行（Rabobank Group）	荷兰	32671.80	3552.20	875507.30	50498.90	58714
287	289	普利司通（Bridgestone）	日本	32612.80	1127.30	33378.20	16072.60	139822
288	238	Bae 系统公司（Bae Systems）	英国	32588.00	1625.00	37628.60	8349.40	92000
289	371	中国人民保险公司（People's Insurance Co. Of China）	中国	32579.40	573.50	66860.30	3331.60	94578
290	230	斯普林特 nextel 公司（Sprint Nextel）	美国	32563.00	-3465.00	51654.00	14546.00	40000
291	234	通用动力（General Dynamics）	美国	32466.00	2624.00	32545.00	13316.00	90000
292	282	印度国家银行（State Bank Of India）	印度	32449.50	2345.20	369566.80	18719.70	222933
293	356	神华集团（Shenhua Group）	中国	32446.10	4256.40	83604.20	35872.70	166616
294	213	德国商业银行（Commerzbank）	德国	32420.20	1894.00	1012042.70	37397.20	50489
295	283	关西电力（Kansai Electric Power）	日本	32338.50	1437.80	88223.30	21487.70	32418
296	311	美国教师退休基金会（Tiaa-Cref）	美国	32224.90	1405.90	417332.40	25155.80	7312
297	315	中国冶金科工集团公司（China Metallurgical Group）	中国	32076.30	296.90	48266.70	5480.00	159500
298	256	俄罗斯联邦储蓄银行（Sberbank）	俄罗斯	32066.00	5997.60	282698.70	32208.20	257046
299	271	加拿大鲍尔集团（Power Corp. Of Canada）	加拿大	32022.50	880.50	147036.40	9712.10	33000
300	262	联合博姿（Alliance Boots）	瑞士	31997.80	925.20	32471.20	7669.70	70754
301	222	英国电信集团（Bt Group）	英国	31795.70	2335.40	37739.30	3086.20	92600
302	284	达美航空（Delta Air Lines）	美国	31755.00	593.00	43188.00	897.00	79684
303	257	日本瑞穗金融集团（Mizuho Financial Group）	日本	31719.80	4824.60	1940768.00	51269.70	56770
304	237	瑞士 ABB 集团（ABB）	瑞士	31589.00	2561.00	36295.00	14885.00	116500
305	233	好事达（Allstate）	美国	31400.00	928.00	130874.00	19016.00	35350

排名	上年排名	公司名称（中英文）	总部所在地	营业收入	净利润	资产总额	股东权益（母公司）	雇员人数（人）
306	279	法国邮政（La Poste）	法国	31377.80	728.50	249891.60	5990.70	276555
307	496	巴西 JBS 公司（JBS）	巴西	31278.70	-172.00	26831.30	10601.60	128036
308	265	法航荷航集团（Air France - Klm Group）	法国	31199.50	809.60	41115.70	9725.00	102012
309	295	Medipal 控股公司（Medipal Holdings）	日本	31089.70	19.90	15504.20	3648.70	11661
310	285	加拿大乔治威斯顿公司（George Weston）	加拿大	31073.00	438.80	20992.60	6172.70	142000
311	330	中国航空工业集团公司（Aviation Industry Corp. Of China）	中国	31006.40	704.20	71214.50	15931.80	404042
312	333	奥地利石油天然气集团（OMV Group）	奥地利	30891.00	1219.30	35426.00	12183.40	31398
313	260	HCA 公司（HCA Holdings）	美国	30683.00	1207.00	23852.00	-11926.00	170000
314	445	日本 nksj 控股（Nksj Holdings）	日本	30609.40	-150.80	108399.40	10093.70	34203
315	379	Xstrata 公司（Xstrata）	瑞士	30499.00	4688.00	69709.00	40276.00	38561
316	308	铃木汽车（Suzuki Motor）	日本	30452.20	527.40	26844.60	12920.20	52731
317	353	丰益国际（Wilmar International）	新加坡	30377.50	1324.00	33969.40	11855.80	88000
318		英力士集团（Ineos Group Holdings）	英国	30347.00	-74.80	15508.00	-585.90	8458
319	304	美国运通公司（American Express）	美国	30242.00	4057.00	147042.00	16230.00	61000
320	382	怡和集团（Jardine Matheson）	中国香港	30053.00	3084.00	48076.00	13710.00	300000
321	358	韩华集团（Hanwha）	韩国	30041.40	230.40	78790.20	2532.70	29588
322	303	Vattenfall 公司（Vattenfall）	瑞典	29645.10	1804.10	80559.50	18852.20	38179
323	292	东日本旅客铁道株式会社（East Japan Railway）	日本	29624.80	890.00	84997.60	21786.50	71749
324	261	德国艾德卡公司（Edeka Zentrale）	德国	29392.20	201.20	8416.10	1379.90	302000
325	355	谷歌（Google）	美国	29321.00	8505.00	57851.00	46241.00	24400
326		首钢集团（Shougang Group）	中国	29181.40	238.20	47062.60	12831.30	105993
327	381	贺利氏控股集团（Heraeus Holding）	德国	29171.60	337.60	4934.00	2614.20	12931
328	383	中国平安保险（Ping An Insurance）	中国	28927.20	2557.30	177796.70	17000.80	128808
329	286	意大利邮政集团（Poste Italiane）	意大利	28922.20	1348.20	128434.60	5880.80	149703
330	288	英国标准人寿保险公司（Standard Life）	英国	28877.70	667.30	241330.20	6111.70	9254
331	436	中国铝业公司（Aluminum Corp. Of China）	中国	28871.00	-41.10	56788.40	3847.10	184362
332	251	瑞士再保险公司（Swiss Reinsurance）	瑞士	28835.00	863.00	228403.00	25342.00	10362
333	316	三星人寿保险（Samsung Life Insurance）	韩国	28773.20	1674.10	133449.10	14033.00	5880
334	350	伟创力（Flextronics International）	新加坡	28679.90	596.20	11633.20	2294.70	176000
335		Phoenix Pharmahandel 公司（Phoenix Pharmahandel）	德国	28641.00	192.20	10366.60	2240.80	23206
336	354	印度斯坦石油公司（Hindustan Petroleum）	印度	28593.20	373.90	15580.70	2978.60	11250

排名	上年排名	公司名称（中英文）	总部所在地	营业收入	净利润	资产总额	股东权益（母公司）	雇员人数（人）
337	297	泰森食品（Tyson Foods）	美国	28430.00	780.00	10752.00	5166.00	115000
338	399	澳新银行（Australia & New Zealand Banking）	澳大利亚	28275.40	4049.10	514989.40	33017.10	46917
339	301	爱立信（L. M. Ericsson）	瑞典	28225.90	1547.10	41931.10	21590.30	90261
340	431	仁宝电脑工业股份有限公司（Compal Electronics）	中国台湾	28171.00	739.10	11446.70	3887.10	63251
341	428	武汉钢铁（集团）公司（Wuhan Iron & Steel）	中国	28170.40	227.80	30931.20	6675.10	133537
342	460	俄罗斯sistema公司（Sistema）	俄罗斯	28098.50	918.70	44109.10	7966.80	90000
343		中国邮政集团公司（China Post Group）	中国	28093.60	1306.90	534267.40	17461.80	860200
344	338	迪奥（Christian Dior）	法国	27976.60	1670.10	55274.00	10335.10	86818
345	421	英美资源集团（Anglo American）	英国	27960.00	6544.00	66656.00	34239.00	100000
346	395	中国华润总公司（China Resources）	中国	27820.40	1620.50	69656.70	12078.20	320464
347	398	波兰国营石油公司（Pkn Orlen Group）	波兰	27703.20	786.30	17326.00	7326.00	22040
348	290	阿尔斯通（Alstom）	法国	27634.70	610.20	42058.10	5762.40	93500
349	291	德尔海兹集团（Delhaize Group）	比利时	27615.00	760.20	14627.20	6799.70	103051
350	434	台湾中油股份有限公司（Cpc）	中国台湾	27570.30	507.60	22612.90	9206.00	14871
351	380	斯伦贝谢公司（Schlumberger）	美国	27447.00	4267.00	51767.00	31226.00	108000
352	397	华为（Huawei Technologies）	中国	27355.70	3509.10	24407.90	8380.00	110000
353	322	豪赫蒂夫公司（Hochtief）	德国	27334.30	381.50	20106.80	3978.80	70657
354	352	中国中钢集团公司（Sinosteel）	中国	27265.60	-216.70	19095.80	1353.10	45994
355	351	日本中部电力（Chubu Electric Power）	日本	27214.20	987.70	64349.10	19935.20	29583
356	331	菲利普-莫里斯国际公司（Philip Morris International）	美国	27208.00	7259.00	35050.00	3506.00	78300
357	364	马自达汽车（Mazda Motor）	日本	27153.50	-701.00	21382.70	4460.40	38117
358	373	科斯莫石油（Cosmo Oil）	日本	27106.30	337.80	19061.40	3817.90	6366
359	442	印度塔塔汽车公司（Tata Motors）	印度	27045.60	2035.40	22715.70	4299.50	53042
360	117	巴西伊塔乌投资银行（Itaúsa-Investimentos Itaú）	巴西	26981.50	2509.40	166085.30	15848.40	125000
361	413	印度石油天然气公司（Oil & Natural Gas）	印度	26944.90	4928.70	43456.30	25863.90	33229
362	302	和记黄埔有限公司（Hutchison Whampoa）	中国香港	26925.90	2579.30	92776.20	39815.40	240000
363	274	时代华纳（Time Warner）	美国	26888.00	2578.00	66524.00	32940.00	32000
364	366	甲骨文公司（Oracle）	美国	26820.00	6135.00	61578.00	30798.00	105000
365	370	3m公司（3m）	美国	26662.00	4085.00	30156.00	15663.00	80057
366	312	中粮集团有限公司（Cofco）	中国	26468.80	800.30	35298.60	8.20	88508
367	415	江苏沙钢集团（Jiangsu Shagang Group）	中国	26387.80	396.50	24242.00	4847.00	40545

排名	上年排名	公司名称（中英文）	总部所在地	营业收入	净利润	资产总额	股东权益（母公司）	雇员人数（人）
368	388	爱信精机（Aisin Seiki）	日本	26356.60	813.10	23874.30	8282.60	74671
369	324	西班牙石油公司（Cepsa）	西班牙	26150.20	839.60	15396.90	7632.30	11814
370	410	印度塔塔钢铁公司（Tata Steel）	印度	26064.50	1971.60	30384.20	7975.80	81251
371	368	中国联合网络通信集团有限公司（China United Network Communications）	中国	26025.00	181.40	67296.90	10749.50	215815
372	372	迪尔公司（Deere）	美国	26004.60	1865.00	43266.80	6290.30	55700
373	425	Gas Natural Fenosa 公司（Gas Natural Fenosa）	西班牙	25999.20	1590.70	60836.70	15273.90	18778
374	394	施耐德电气（Schneider Electric）	法国	25932.90	2278.10	41661.10	19837.00	123482
375	412	中国大唐集团公司（China Datang）	中国	25915.40	-447.30	78999.40	1978.80	95882
376	464	Plains All American Pipeline 公司（Plains All American Pipeline）	美国	25893.00	505.00	13703.00	4342.00	3500
377	359	富士胶片控股株式会社（Fujifilm Holdings）	日本	25885.50	745.50	32691.80	20788.40	78862
378	342	欧莱雅（Lóréal）	法国	25821.40	2966.40	32260.50	19941.50	66619
379	328	美国麻省人寿保险公司（Massachusetts Mutual Life Insurance）	美国	25647.10	258.20	188449.00	10352.40	10000
380	310	芬梅卡尼卡集团（Finmeccanica）	意大利	25591.20	653.00	41702.70	9142.30	75197
381	386	阿弗瑞萨控股公司（Alfresa Holdings）	日本	25491.60	76.90	13020.30	2712.90	10985
382	344	威廉莫里斯超市连锁公司（Wm. Morrison Supermarkets）	英国	25405.50	974.30	14656.70	8682.80	95181
383	339	大众超级市场公司（Publix Super Markets）	美国	25328.10	1338.10	10159.10	7260.60	109000
384	317	Chs 公司（Chs）	美国	25267.90	502.20	8666.10	3335.70	8227
385	319	美国来爱德公司（Rite Aid）	美国	25214.90	-555.40	7555.90	-2211.40	71604
386	334	雷神公司（Raytheon）	美国	25183.00	1840.00	24422.00	9754.00	72000
387	362	国际纸业（International Paper）	美国	25179.00	644.00	25368.00	6834.00	59500
388	403	山田电机（Yamada Denki）	日本	25140.30	826.10	11211.80	5672.70	12439
389	337	圣保罗旅行者保险公司（Travelers Cos.）	美国	25112.00	3216.00	105181.00	25475.00	32000
390	360	梅西百货（Macy's）	美国	25003.00	847.00	20631.00	5530.00	166000
391	427	Adecco 公司（Adecco Group）	瑞士	24709.10	560.20	11913.00	4783.20	32108
392	343	史泰博（Staples）	美国	24545.10	881.90	13911.70	6943.70	70969
393	401	多伦多道明银行（Toronto - Dominion Bank）	加拿大	24485.30	4475.20	609009.30	41582.60	68725
394	361	比利时联合银行（KBC Group）	比利时	24473.40	2463.50	430448.10	24347.80	52949
395	357	曼弗雷集团（Mapfre Group）	西班牙	24387.10	1236.40	65303.60	8777.20	36744
396	389	技术数据公司（Tech Data）	美国	24376.00	214.20	6488.30	2114.50	8736

排名	上年排名	公司名称（中英文）	总部所在地	营业收入	净利润	资产总额	股东权益（母公司）	雇员人数（人）
397	326	荷兰 gasterra 能源公司（Gasterra）	荷兰	24312.90	47.70	6148.20	289.80	188
398	440	交通银行（Bank Of Communications）	中国	24264.30	5767.60	599662.10	33806.20	85290
399		中国远洋运输集团（China Ocean Shipping）	中国	24249.70	1161.30	48497.60	17205.90	71105
400	471	Ultrapar 控股公司（Ultrapar Holdings）	巴西	24135.00	434.80	7827.10	3105.10	8883
401	488	麦格纳国际（Magna International）	加拿大	24102.00	973.00	13898.00	8065.00	96600
402	411	美国直播电视集团（Directv）	美国	24102.00	2198.00	17909.00	-194.00	23541
403	378	麦当劳（Mcdonald's）	美国	24074.60	4946.30	31975.20	14634.20	400000
404	374	Migros 集团（Migros Group）	瑞士	24023.50	854.80	56207.90	15323.60	83616
405	477	中国国电集团公司（China Guodian）	中国	24016.40	114.00	81314.40	5042.00	134591
406	347	加拿大永明人寿保险公司（Sun Life Financial）	加拿大	23920.30	1627.00	211163.70	18481.00	14755
407	376	Maruhan 公司（Maruhan）	日本	23805.60	257.70	3552.10	1678.20	12226
408		中国电子信息产业集团有限公司（China Electronics）	中国	23761.30	133.90	18727.90	1993.00	118818
409	438	住友电气工业株式会社（Sumitomo Electric Industries）	日本	23745.90	824.50	23609.50	11669.00	182773
410	452	台塑石化股份有限公司（Formosa Petrochemical）	中国台湾	23734.30	1299.70	15501.10	8389.40	5604
411	426	米其林公司（Michelin）	法国	23695.90	1388.00	26381.80	10900.00	111090
412	400	Onex 公司（Onex）	加拿大	23654.30	-49.50	27257.90	1490.80	238000
413	377	帝国烟草公司（Imperial Tobacco Group）	英国	23385.90	2343.60	48249.20	11077.70	38300
414	408	西北互助人寿保险公司（Northwestern Mutual）	美国	23384.30	756.30	180037.90	14385.20	4781
415	454	墨菲石油公司（Murphy Oil）	美国	23345.10	798.10	14233.20	8199.60	6227
416	329	日本 t&D 控股公司（T&D Holdings）	日本	23270.20	278.80	153762.30	6785.40	21732
417		United Continental 控股公司（United Continental Holdings）	美国	23229.00	253.00	39598.00	1727.00	86000
418	406	巴登－符滕堡州能源公司（Energie Baden - Württemberg）	德国	23190.00	1550.30	47281.20	8701.20	20450
419	485	住友化学工业株式会社（Sumitomo Chemical）	日本	23145.90	285.30	28570.10	7288.60	29382
420	323	法国安盟保险公司（Groupama）	法国	23143.60	512.60	124865.30	5726.40	38500
421	309	巴黎春天集团（PPR）	法国	23101.20	1277.40	33132.60	14220.90	60066
422	369	埃森哲（Accenture）	爱尔兰	23094.10	1780.70	12835.30	2835.70	204000
423	396	礼来公司（Eli Lilly）	美国	23076.00	5069.50	31001.40	12420.30	38350
424	387	英美烟草集团（British American Tobacco）	英国	22989.40	4447.10	43626.00	14415.70	60431
425	414	加拿大丰业银行（Bank Of Nova Scotia）	加拿大	22910.70	4084.90	517700.90	27161.10	70772
426	416	日本烟草公司（Japan Tobacco）	日本	22844.20	1692.50	43108.00	25851.10	48472

排名	上年排名	公司名称（中英文）	总部所在地	营业收入	净利润	资产总额	股东权益（母公司）	雇员人数（人）
427	391	摩托罗拉（Motorola Solutions）	美国	22823.00	633.00	25577.00	10885.00	51000
428	349	CRH 集团（CRH）	爱尔兰	22745.00	572.20	28794.20	13857.10	76418
429	402	理光集团（Ricoh）	日本	22673.90	229.40	27303.80	11222.30	109014
430		中国铁路物资总公司（China Railway Materials Commercial）	中国	22630.70	107.30	7549.70	1144.50	8146
431		中国航空油料集团公司（China National Aviation Fuel Group）	中国	22630.10	143.30	4567.80	1351.00	9195
432	424	康帕斯集团（Compass Group）	英国	22529.50	1051.10	13008.30	4835.20	428202
433	422	达能集团（Danone）	法国	22529.10	2476.70	37700.40	16019.90	100995
434	468	日本邮船（Nippon Yusen Kabushiki Kaisha）	日本	22524.00	916.90	25667.50	9297.00	28361
435		中国机械工业集团有限公司（Sinomach）	中国	22486.90	546.10	19933.40	3565.40	87067
436	336	美国哈特福德金融服务公司（Hartford Financial Services）	美国	22383.00	1680.00	318346.00	20311.00	26800
437	384	英国国家电力供应公司（National Grid）	英国	22301.60	3357.00	74388.50	14525.00	27089
438	435	美利坚航空公司（AMR）	澳大利亚	22170.00	-471.00	25088.00	-3945.00	78250
439	449	国际旅游联盟（TUI）	德国	22090.80	137.50	19956.00	3196.30	71398
440		乐金显示器公司（LG Display）	韩国	22071.60	1000.40	21025.50	9726.00	46705
441	458	澳大利亚电信（Telstra）	澳大利亚	22050.10	3420.90	33189.40	10726.90	41690
442	433	TJX 公司（TJX）	美国	21942.20	1343.10	7971.80	3099.90	166000
443	420	艾默生电气公司（Emerson Electric）	美国	21866.00	2164.00	22843.00	9792.00	127700
444	392	贝塔斯曼集团（Bertelsmann）	德国	21791.40	633.10	25195.80	7314.90	104419
445		哥伦比亚国家石油公司（Ecopetrol）	哥伦比亚	21742.90	4220.50	35910.90	21581.30	6744
446		河南煤业化工集团有限责任公司（Henan Coal & Chemical）	中国	21714.70	325.60	21330.20	2941.30	190144
447	473	神户制钢（Kobe Steel）	日本	21699.70	618.10	26931.40	6845.10	34772
448	430	喜力控股公司（Heineken Holding）	荷兰	21684.10	953.60	35620.80	6308.70	65730
449		施乐公司（Xerox）	美国	21633.00	606.00	30600.00	12355.00	136500
450		联想集团（Lenovo Group）	中国	21594.40	273.20	10705.90	1834.70	27039
451	346	西班牙 ACS 集团（ACS）	西班牙	21558.20	1738.50	45865.30	5606.40	138542
452	470	赢创工业（Evonik Industries）	德国	21545.00	972.20	27562.50	7213.00	34407
453		小松公司（Komatsu）	日本	21519.40	1760.10	25937.00	11149.40	41059
454	235	丹麦丹斯克银行（Danske Bank Group）	丹麦	21424.70	651.10	578661.50	18856.10	21522
455	390	拉法基集团（Lafarge）	法国	21415.20	1095.30	57014.20	21660.40	67036

排名	上年排名	公司名称（中英文）	总部所在地	营业收入	净利润	资产总额	股东权益（母公司）	雇员人数（人）
456	419	渣打集团（Standard Chartered Group）	英国	21410.00	4332.00	516542.00	38212.00	85231
457		三菱汽车（Mitsubishi Motors）	日本	21348.60	182.40	15840.10	4101.00	30709
458		冀中能源集团（Jizhong Energy Group）	中国	21255.20	136.80	13647.30	2331.60	138697
459	467	信诺（Cigna）	美国	21253.00	1345.00	45682.00	6645.00	30600
460		荷兰 shv 公司（Shv Holdings）	荷兰	21202.10	798.80	12441.30	4736.60	50300
461	418	阿尔卡特－朗迅（Alcatel－Lucent）	法国	21186.10	－442.40	33376.10	4756.30	79796
462	439	德国费森尤斯集团（Fresenius）	德国	21154.30	823.80	31633.30	6661.50	137552
463		中国船舶重工集团公司（China Shipbuilding Industry）	中国	21054.90	762.40	48274.50	9820.20	159749
464	259	德国巴登－符腾堡州银行（Landesbank Baden－Württemberg）	德国	21035.10	－459.60	502349.80	13348.60	13061
465	461	美铝公司（Alcoa）	美国	21013.00	254.00	39293.00	13611.00	59000
466	429	麒麟控股株式会社（Kirin Holdings）	日本	20916.00	129.90	32669.80	12356.50	31966
467		中国太平洋保险（集团）股份有限公司（China Pacific Insurance（Group））	中国	20878.00	1264.10	72190.10	12185.20	74590
468	393	福陆公司（Fluor）	美国	20849.30	357.50	7614.90	3497.00	39229
469		匈牙利炼油厂（Mol Hungarian Oil & Gas）	匈牙利	20798.60	500.00	21649.30	6926.00	32394
470	437	索迪斯集团（Sodexo）	法国	20793.90	557.50	14967.20	3440.90	379137
471	446	霍尔希姆公司（Holcim）	瑞士	20773.80	1134.00	47498.40	19425.80	80310
472		Petroleum 控股公司（Petroplus Holdings）	瑞士	20747.20	－112.30	6769.60	2003.60	2575
473	469	美国家庭人寿保险公司（Aflac）	美国	20732.00	2344.00	101039.00	11056.00	7919
474	341	英国沃斯利集团（Wolseley）	英国	20729.40	－533.80	12662.00	4791.30	48226
475		中国化工集团公司（Chemchina）	中国	20715.00	15.90	27256.50	2573.30	137431
476	444	Co－Operative 集团（Co－Operative Group）	英国	20566.30	338.60	119053.80	7535.40	109269
477	443	美国合众银行（U. S. Bancorp）	美国	20518.00	3317.00	307786.00	29519.00	60584
478	462	Suzuken 公司（Suzuken）	日本	20454.60	112.40	11011.40	3458.60	15152
479	450	阿克苏诺贝尔（Akzo Nobel）	荷兰	20419.20	998.60	26960.10	12053.80	55590
480	482	Cie Nationale à Portefeuille 公司（Cie Nationale à Portefeuille）	比利时	20372.90	320.20	21581.10	7107.80	11981
481	423	全美互惠保险公司（Nationwide）	美国	20265.00	959.00	148702.00	16838.00	32711
482		Tesoro 公司（Tesoro）	美国	20253.00	－29.00	8732.00	3215.00	5261
483		CFE 公司（CFE）	墨西哥	20143.30	64.10	68208.50	28595.00	80127
484		浙江物产集团（Zhejiang Materials Industry Group）	中国	20001.40	91.70	6913.60	691.70	16768

排名	上年排名	公司名称（中英文）	总部所在地	营业收入	净利润	资产总额	股东权益（母公司）	雇员人数（人）
485		中国建筑材料集团有限公司（China National Building Materials Group）	中国	19995.80	313.20	23291.10	1684.60	112676
486	457	汉高公司（Henkel）	德国	19988.80	1480.70	23513.30	10544.40	47854
487	487	宏碁（Acer）	中国台湾	19978.70	480.10	9635.50	3220.40	7757
488	474	日本东北电力公司（Tohoku Electric Power）	日本	19950.20	-393.50	48622.50	10009.70	22692
489		斗山（Doosan）	韩国	19937.30	229.30	28361.40	1801.60	38200
490		Rim公司（Research In Motion）	加拿大	19907.00	3411.00	12875.00	8938.00	17500
491		美国西方石油公司（Occidental Petroleum）	美国	19857.00	4530.00	52432.00	32484.00	11000
492		三星c&T公司（Samsung C&T）	韩国	19765.20	405.50	17537.10	7617.60	9061
493	432	Premafin Finanziaria公司（Premafin Finanziaria）	意大利	19750.20	-359.60	57740.40	469.90	8046
494	455	金佰利公司（Kimberly - Clark）	美国	19746.00	1843.00	19864.00	5917.00	57000
495	489	日本大和房建（Daiwa House Industry）	日本	19733.30	318.40	23343.40	8198.80	26310
496		苏尔古特石油天然气股份有限公司（Surgutneftegas）	俄罗斯	19656.40	4227.90	45224.30	42760.10	97481
497	321	德国复兴信贷银行（Kfw Bankengruppe）	德国	19584.80	3484.70	592705.20	21177.40	4531
498		韩国天然气公司（Korea Gas）	韩国	19562.50	178.40	21408.70	4668.10	2800
499	407	昭和壳牌石油公司（Showa Shell Sekiyu）	日本	19557.60	181.80	14713.90	2948.40	5696
500		纬创集团（Wistron）	中国台湾	19538.10	382.10	7476.70	1953.50	50733
	合计			26043024.90	1523044.40	112482112.40	13169726.20	60710587

第十一章
中国有关地区企业 100 强数据

表 11 - 1 **2011 天津企业100强**

排序	企业名称	营业收入（万元）	排序	企业名称	营业收入（万元）
1	中国石化销售有限公司华北分公司	23425883	51	中国石油集团渤海石油装备制造有限公司	1073716
2	天津市物资集团总公司	14862736	52	天津天士力集团有限公司	1066506
3	天津冶金集团有限公司	9852214	53	天津农垦集团总公司	1033130
4	天津汽车工业（集团）有限公司	9665895	54	中冀斯巴鲁（天津）汽车销售有限公司	1017521
5	天津中环电子信息集团有限公司	9480707	55	天津一汽夏利汽车股份有限公司	989124
6	中海石油（中国）有限公司天津分公司	9163021	56	天津大沽化工股份有限公司	968728
7	天津钢管集团股份有限公司	8515615	57	天津有色金属集团有限公司	959357
8	天津天钢集团有限公司	8300015	58	环渤海金岸（天津）集团股份有限公司	948771
9	天津天铁冶金集团有限公司	7130832	59	中国烟草总公司天津市公司	886860
10	天津一汽丰田汽车有限公司	6868499	60	天津城市基础设施建设投资集团有限公司	882070
11	天津冶金轧一钢铁集团有限公司	6620000	61	天津塑力线缆集团有限公司	863752
12	中国石油化工股份有限公司天津分公司	6216775	62	天津现代集团有限公司	855487
13	天津市一轻集团（控股）有限公司	5000300	63	飞思卡尔半导体（中国）有限公司	852888
14	天津渤海化工集团公司	4559695	64	天津住宅建设发展集团有限公司	851017
15	天津荣程联合钢铁集团有限公司	4376256	65	天津立业钢铁集团有限公司	844098
16	中铁十八局集团有限公司	3723305	66	天津二商集团有限公司	756300
17	中交第一航务工程局有限公司	3650959	67	天津三星光电子有限公司	754804
18	天津百利机电控股集团有限公司	3582315	68	天津三星视界移动有限公司	738641
19	天津物产金属国际贸易有限公司	3308918	69	天津二十冶建设有限公司	715011
20	天津市电力公司	3058386	70	中国移动通信集团天津有限公司	703804
21	天津三星通信技术有限公司	2976937	71	天津市丽兴京津钢铁贸易有限公司	693511
22	摩托罗拉移动技术（中国）有限公司	2868000	72	中节能（天津）投资集团有限公司	667002
23	天狮集团有限公司	2856380	73	天津金耀集团有限公司（天津药业集团有限公司）	650061
24	天津一商集团有限公司	2660644	74	国药控股天津有限公司	643223
25	天津友发钢管集团有限公司	2330848	75	北方国际集团有限公司	633719
26	中国石油天然气股份有限公司大港油田公司	2074460	76	中国农业机械华北集团有限公司	627140
27	天津市二轻集团（控股）有限公司	2056793	77	振华物流集团有限公司	619400
28	中国石油天然气股份有限公司大港石化分公司	1914528	78	天津三星电机有限公司	611319
29	天津市医药集团有限公司	1897284	79	天津水泥工业设计研究院有限公司	598239
30	中储发展股份有限公司	1834723	80	天津市恒兴钢业有限公司	594088
31	中远散货运输有限公司	1753613	81	天津达亿钢铁有限公司	579362
32	天津港（集团）有限公司	1751557	82	天津市政建设集团有限公司	560144
33	天津物产基建物资有限公司	1731565	83	天津金元宝商厦集团有限公司	550000
34	天津三星电子有限公司	1711469	84	天津市房地产开发经营集团有限公司	548154
35	天津宝钢北方贸易有限公司	1694612	85	中国联合网络通信有限公司天津市分公司	524872
36	天津物产能源资源发展有限公司	1653545	86	天津市金桥焊材集团有限公司	513874
37	中钢集团天津有限公司	1609870	87	天津大桥焊材集团有限公司	506381
38	中国石油天然气股份有限公司天津销售分公司	1579956	88	天津贻成集团有限公司	503773
39	天津城建集团有限公司	1565900	89	天津市燃气集团有限公司	483192
40	天津市津能投资公司	1514162	90	天津华润万家生活超市有限公司	480212
41	中冶天工集团有限公司	1492482	91	天津劝业华联集团有限公司	454645
42	天津市建工集团（控股）有限公司	1443121	92	中铁十六局集团第二工程有限公司	433096
43	天津纺织集团（控股）有限公司	1423337	93	天津银行股份有限公司	429692
44	天津物产化轻国际贸易有限公司	1422940	94	邦基正大（天津）粮油有限公司	424565
45	中国石油集团渤海钻探工程有限公司	1364604	95	嘉里粮油（天津）有限公司	421940
46	中国铁路物资天津有限公司	1346832	96	天津渤天化工有限责任公司	415155
47	天津市浩物机电汽车贸易有限公司	1296153	97	天津市交通（集团）有限公司	414400
48	天津市建筑材料集团（控股）有限公司	1177194	98	天津市建工工程总承包有限公司	396602
49	奥的斯电梯（中国）投资有限公司	1163019	99	天津顶益国际食品有限公司	394045
50	中交天津航道局有限公司	1125928	100	渤海银行股份有限公司	390000

发布单位：天津市企业联合会、天津市企业家协会

表11-2 **2011重庆企业100强**

名次	公司名称	营业收入（万元）	名次	公司名称	营业收入（万元）
1	重庆长安汽车股份有限公司	10979780	51	重庆康明斯发动机有限公司	279248
2	重庆商社（集团）有限公司	3215632	52	重庆银翔摩托车（集团）有限公司	273746
3	重庆建工集团股份有限公司	2923386	53	中国人民财产保险股份有限公司重庆市分公司	271478
4	重庆市电力公司	2723964	54	重庆鸽牌电线电缆有限公司	270458
5	重庆钢铁（集团）有限责任公司	2198712	55	重庆红宇精密工业有限责任公司	268506
6	重庆市能源投资集团公司	1980039	56	重庆渝宁苏宁电器有限公司	266267
7	中国烟草总公司重庆市公司	1746964	57	重庆美心（集团）有限公司	257596
8	重庆力帆控股有限公司	1605513	58	重庆望江工业有限公司	254581
9	隆鑫控股有限公司	1485079	59	重庆建安建设（集团）有限公司	251838
10	太极集团有限公司	1414455	60	重庆百事达汽车有限公司	251116
11	惠普（重庆）有限公司	1349235	61	重庆铁马工业集团有限公司	249998
12	宗申产业集团有限公司	1301734	62	重庆国美电器有限公司	241940
13	重庆农村商业银行股份有限公司	1180543	63	重庆建峰工业集团有限公司	241130
14	重庆医药股份有限公司	1073393	64	渝惠食品集团有限公司	238477
15	庆铃汽车（集团）有限公司	1045442	65	重庆乌江实业（集团）股份有限公司	238299
16	重庆烟草工业有限责任公司	928957	66	重庆市盐业（集团）有限公司	235844
17	重庆小康工业集团股份有限公司	905266	67	北城致远集团有限公司	234813
18	中冶赛迪工程技术股份有限公司	853535	68	重庆远海建工（集团）有限公司	232316
19	重庆长安工业（集团）有限责任公司	851053	69	重庆市中大建设集团有限公司	227533
20	西南兵器工业公司	814456	70	重庆德庄实业（集团）有限公司	226789
21	西南铝业（集团）有限责任公司	800185	71	民生轮船股份有限公司	226140
22	重庆华宇物业（集团）有限公司	741263	72	重庆中渝物业发展有限公司	223423
23	上汽依维柯红岩商用车有限公司	711291	73	中铁五局集团第六工程有限责任公司	220429
24	重庆交通运输控股（集团）有限公司	696647	74	重庆一建建设集团有限公司	219552
25	重庆中汽西南汽车有限公司	676968	75	中国汽车工程研究院股份有限公司	215694
26	重庆市博赛矿业（集团）股份有限公司	676556	76	鸿富锦精密电子（重庆）有限公司	209844
27	中国四联仪器仪表集团有限公司	571164	77	重庆小天鹅投资控股（集团）有限公司	209660
28	重庆市金科实业（集团）有限公司	567122	78	重庆市农业投资集团有限公司	208432
29	中冶建工集团有限公司	562110	79	重庆一品建设集团有限公司	207819
30	重庆市涪陵水利电力投资集团有限责任公司	543360	80	重庆紫光化工股份有限公司	207504
31	中国石化集团四川维尼纶厂	541871	81	重庆市扬子江物流发展有限公司	198798
32	重庆建设摩托车股份有限公司	540797	82	重庆跨越（集团）股份有限公司	196193
33	重庆华南物资有限公司	538399	83	重庆市锦天地产（集团）有限公司	190675
34	重庆港务物流集团有限公司	529714	84	重庆泰山电缆有限公司	188687
35	中铁十七局集团第四工程有限公司	508328	85	重庆科瑞制药有限责任公司	179358
36	重庆粮食集团有限责任公司	495527	86	国际复合材料大渡口分公司	176887
37	重庆华轻商业公司	465693	87	重庆新华书店集团公司	167660
38	中交二航局第二工程有限公司	455591	88	重庆渝发建设有限公司	167513
39	重庆永辉超市有限公司	454386	89	天圣制药集团股份有限公司	167081
40	重庆齿轮箱有限责任公司	418236	90	重庆市新大兴实业（集团）有限公司	167031
41	重庆大江工业有限责任公司	412791	91	重庆耐德工业股份有限公司	166103
42	华能重庆珞璜发电有限责任公司	379280	92	重庆机床（集团）有限责任公司	165284
43	重庆中科建设（集团）有限公司	367386	93	重庆长安跨越车辆有限公司	165212
44	重庆啤酒（集团）有限责任公司	361670	94	中国石油化工股份有限公司润滑油重庆分公司	163734
45	重庆潍柴发动机厂	348366	95	双赢集团有限公司	161659
46	中国嘉陵工业股份有限公司（集团）	337654	96	重庆大川控股（集团）有限公司	161209
47	九禾股份有限公司	335960	97	重庆海尔洗衣机有限公司	156832
48	重庆科华控股集团	326836	98	重庆对外建设总公司	156279
49	中铁八局集团第一工程有限公司	326543	99	重庆重铁物流有限公司	154249
50	重庆青山工业有限责任公司	294357	100	重庆药友制药有限责任公司	153881

发布单位：重庆市企业管理协会、重庆市企业家协会

表 11－3　　2011 河北企业 100 强

名次	企业名称	营业收入（万元）	名次	企业名称	营业收入（万元）
1	河北钢铁集团有限公司	22709711	51	河北前进钢铁集团有限公司	835792
2	冀中能源集团有限责任公司	14385863	52	辛集市澳森钢铁有限公司	833277
3	开滦（集团）有限责任公司	9326836	53	中国石油天然气股份公司冀东油田分公司	769368
4	河北省电力公司	5819814	54	荣盛控股股份有限公司	752748
5	庞大汽贸集团股份有限公司	5377439	55	河北长安汽车有限公司	719974
6	河北津西钢铁股份有限公司	3775850	56	中信戴卡轮毂制造股份有限公司	652766
7	新兴铸管股份有限公司	3762074	57	秦皇岛安丰钢铁有限公司	631864
8	河北敬业集团	3438118	58	乐仁堂医药集团股份有限公司	616500
9	长城汽车股份有限公司	2897189	59	承德兆丰钢铁集团有限公司	610000
10	唐山供电公司	2836410	60	河北港口集团有限公司	597175
11	隆基泰和实业有限公司	2780000	61	河北白沙烟草有限责任公司	582564
12	唐山国丰钢铁有限公司	2766442	62	河北永洋钢铁有限公司	560000
13	晶龙实业集团有限公司	2672924	63	邯郸市正大制管有限公司	558106
14	河北省首钢迁安钢铁有限责任公司	2610760	64	张家口卷烟厂有限责任公司	554307
15	唐山港陆钢铁有限公司	2598080	65	唐山贝氏体钢铁（集团）有限公司	550000
16	中国石油天然气股份有限公司华北石化分公司	2386377	66	河北曲寨集团有限公司	511252
17	唐山瑞丰钢铁（集团）有限公司	2337512	67	河北省唐山市滦通商贸有限公司	508251
18	邯郸纵横钢铁集团有限公司	2332689	68	唐山百货大楼集团有限责任公司	501827
19	河北文丰钢铁有限公司	2324345	69	唐山长城钢铁集团松汀钢铁有限公司	485492
20	中国石油化工股份有限公司石家庄炼化分公司	2314784	70	迁安市九江煤炭储运有限公司	466502
21	旭阳控股有限公司	2033958	71	河北省新合作资产运营集团有限公司	465967
22	保定天威集团有限公司	1887300	72	石家庄常山纺织集团有限责任公司	465145
23	春风实业集团有限责任公司	1852903	73	河北立中有色金属集团有限公司	457235
24	河北普阳钢铁有限公司	1785272	74	河北凌云工业集团有限公司	455957
25	中国石油天然气股份有限公司华北油田分公司	1669678	75	建滔（河北）焦化、化工有限公司	444598
26	河北省物流产业集团有限公司	1653285	76	华北电网有限公司张家口供电公司	440998
27	河北建工集团有限责任公司	1620000	77	河北怀特集团股份有限公司	430887
28	石家庄北国人百集团有限责任公司	1619223	78	河北诚信有限责任公司	430152
29	三河汇福粮油集团有限公司	1503658	79	大唐国际发电股份有限公司张家口发电厂	417906
30	武安市裕华钢铁有限公司	1474151	80	河北五兴能源集团有限公司	410315
31	河北新金钢铁有限公司	1445683	81	巨力集团有限公司	401529
32	河北建设集团有限公司	1333500	82	天保建设集团有限公司	388000
33	石家庄制药集团有限公司	1308857	83	河北国华沧东发电有限责任公司	387756
34	冀东发展集团有限责任公司	1286458	84	万合集团股份有限公司	385476
35	金鼎重工股份有限公司	1270000	85	中煤建筑安装工程公司	382337
36	沧州中铁装备制造材料有限公司	1222905	86	邯郸市阳光百货集团总公司	381000
37	河北新武安钢铁集团文安钢铁有限公司	1222053	87	河北省新华书店集团	380491
38	崇利制钢有限公司	1133252	88	河北华丰煤化电力有限公司	372665
39	德龙钢铁有限公司	1116906	89	秦皇岛金海食品工业有限公司	363619
40	唐山三友集团有限公司	1114478	90	中钢集团邢台机械轧辊有限公司	355267
41	中国石油化工股份有限公司沧州分公司	1109107	91	华氏达控股有限公司	351842
42	中海石油中捷石化有限公司	1070900	92	邯郸建工集团有限公司	350517
43	邢台钢铁有限责任公司	1035524	93	河北省农业生产资料有限公司	346833
44	唐山轨道客车有限责任公司	1033849	94	中国乐凯胶片集团公司	342522
45	邢台龙海钢铁集团有限公司	1000000	95	唐山达丰焦化有限公司	336135
46	河北天山实业集团有限公司	941000	96	河北卓正实业集团有限公司	329546
47	天铁第一轧钢有限责任公司	935171	97	风帆股份有限公司	325500
48	河北兴华钢铁有限公司	924145	98	秦皇岛市康泰医学系统有限公司	321040
49	秦皇岛首秦金属材料有限公司	900555	99	河北兴达饲料集团有限公司	320087
50	河北新武安钢铁集团烘熔钢铁有限公司	890000	100	五矿邢邯矿业有限公司	319256

发布单位：河北省工业经济联合会（河北省经济团体联合会）、河北省企业联合会、河北省企业家协会和河北省统计学会

表 11－4　2011 河南企业 100 强

名次	企业名称	营业收入（万元）	名次	企业名称	营业收入（万元）
1	河南煤业化工集团有限责任公司	14699085	51	中国铝业股份有限公司中州分公司	458602
2	中国平煤神马能源化工集团有限责任公司	10662320	52	河南豫能控股股份有限公司	423834
3	河南省漯河市双汇实业集团有限责任公司	5066989	53	河南明泰铝业股份有限公司	403218
4	郑州铁路局	4906269	54	中国船舶重工集团公司第七二五研究所	377328
5	中国石油化工股份有限公司河南石油分公司	4540141	55	卫华集团有限公司	362486
6	中国石化集团洛阳石化	4483924	56	沙钢集团安阳永兴钢铁有限公司	359084
7	安阳钢铁集团有限责任公司	4372115	57	新乡化纤股份有限公司	356029
8	中国石化集团中原油田	3630084	58	河南鑫磊集团	329926
9	河南中烟工业有限责任公司	2682846	59	河南银鸽实业投资股份有限公司	329331
10	金龙精密铜管集团股份有限公司	2329025	60	河南省西保冶材集团有限公司	321255
11	中国建筑第七工程局有限公司	2209945	61	河南省中原内配股份有限公司	318227
12	义马煤业集团股份有限公司	2196755	62	昊华宇航化工有限责任公司	291579
13	中国人寿保险股份有限公司河南省分公司	2193664	63	河南晋开化工投资控股集团有限责任公司	281502
14	万基控股集团有限公司	2190828	64	河南同力水泥股份有限公司	278314
15	河南神火集团有限公司	2175477	65	河南天方药业股份有限公司	277239
16	郑州煤炭工业（集团）有限责任公司	2032412	66	河南省第五建筑安装工程（集团）有限公司	271085
17	河南豫联能源集团有限责任公司	1962774	67	河南莲花味精股份有限公司	269788
18	伊川电力集团总公司	1853812	68	河南金丹乳酸科技有限公司	265143
19	郑州宇通集团有限公司	1620560	69	中国河南国际合作集团有限公司	252842
20	河南中原黄金冶炼厂有限责任公司	1483294	70	兴业银行股份有限公司郑州分行	243507
21	中国一拖集团有限公司	1479163	71	河南九州通医药有限公司	242921
22	中国石化集团河南石油勘探局	1439524	72	河南新野纺织股份有限公司	240808
23	河南豫光金铅集团有限责任公司	1402471	73	河南顺源宇祥铝业科技有限公司	230903
24	天瑞集团有限公司	1315527	74	河南天海电器有限公司	230137
25	河南济源钢铁（集团）有限公司	1304355	75	恒天重工股份有限公司	229675
26	河南龙成集团有限公司	1265556	76	安阳市豫北金铅有限责任公司	217384
27	洛阳栾川钼业集团股份有限公司	1237654	77	南阳防爆集团股份有限公司	211420
28	中信重工机械股份有限公司	1224022	78	淅川县电业局	207422
29	登封电厂集团有限公司	1220055	79	河南省顺成集团煤焦有限公司	204597
30	舞阳钢铁有限责任公司	1154147	80	河南中轴股份有限公司	202311
31	中国建设银行股份有限公司河南省分行	1135347	81	郑州银行股份有限公司	201267
32	许继集团有限公司	1120445	82	河南庆安化工高科技股份有限公司	201265
33	郑州日产汽车有限公司	952779	83	河南瑞贝卡发制品股份有限公司	200489
34	风神轮胎股份有限公司	812185	84	郑州三全食品股份有限公司	192339
35	郑州煤矿机械集团股份有限公司	675210	85	平顶山煤矿机械有限责任公司	192091
36	河南交通投资集团有限公司	664060	86	河南少林汽车股份有限公司	192083
37	河南财鑫集团有限责任公司	656732	87	河南永达食业集团	190294
38	辅仁药业集团有限公司	597499	88	中国长城铝业公司	187705
39	中国水利水电第十一工程局有限公司	569116	89	河南恒星科技股份有限公司	186504
40	焦作万方铝业股份有限公司	559397	90	洛阳北方易初摩托车有限公司	185196
41	中铝洛阳铜业有限公司	555985	91	河南德海源诚矿业股份有限公司	181012
42	林州市林丰铝电有限责任公司	545016	92	安阳市岷山有色金属有限责任公司	180537
43	平高集团有限公司	539545	93	河南金山化工有限责任公司	180517
44	河南新飞电器有限公司	535928	94	郑州交通运输集团有限责任公司	176478
45	益海（周口）粮油工业有限公司	505300	95	河南利源煤焦集团有限公司	171803
46	河南天冠企业集团有限公司	503118	96	洛阳银行股份有限公司	166819
47	河南凤宝特钢有限公司	493283	97	蒙牛乳业（焦作）有限公司	166156
48	河南省淅川铝业（集团）有限公司	486291	98	河南金驹实业股份有限公司	163993
49	河南省志元食品有限公司	473824	99	濮阳濮耐高温材料（集团）股份有限公司	159214
50	洛阳北方企业集团有限公司	468086	100	郑州四维机电设备制造有限公司	154064

发布单位：河南省企业联合会、河南省企业家协会

表 11－5　　　　2011 辽宁企业 100 强

序号	企业名称	营业收入（万元）	序号	企业名称	营业收入（万元）
1	鞍钢集团公司	15157209	51	九三集团大连大豆科技有限公司	601736
2	中国石油天然气股份有限公司大连石化分公司	8528486	52	大连金玛商城企业集团有限公司	587951
3	本溪钢铁集团有限公司	6902790	53	辽宁禾丰牧业股份有限公司	564342
4	华晨汽车集团控股有限公司	6793178	54	中交一航局第三工程有限公司	557392
5	中国石油天然气股份有限公司抚顺石化分公司	5026172	55	锦联投资集团有限公司	553462
6	中国石油辽河油田公司	4352853	56	辽宁宝来石油化工集团有限公司	540162
7	大连万达集团股份有限公司	4339652	57	大化集团有限责任公司	522932
8	大连西太平洋石油化工有限公司	3570378	58	九星控股集团有限公司	518846
9	中国石油天然气股份有限公司锦州石化分公司	2745826	59	特变电工沈阳变压器集团有限公司	509932
10	上海通用（沈阳）北盛汽车有限公司	2530647	60	中国烟草总公司大连市公司	501424
11	海城市西洋镁矿有限公司	2400000	61	东软集团股份有限公司	493769
12	福佳集团有限公司	2301336	62	大连宏光好运来集团有限公司	473579
13	大连船舶重工集团有限公司	2275500	63	鞍山宝得钢铁有限公司	435645
14	沈阳煤业（集团）有限责任公司	2009407	64	国药控股沈阳有限公司	427726
15	东北特殊钢集团有限责任公司	1967419	65	盼盼集团	420000
16	沈阳远大企业集团	1920049	66	辽宁华兴集团化工股份公司	419172
17	中远船务工程集团有限公司	1884586	67	青岛润泰事业有限公司沈阳分公司	415078
18	东北电网有限公司	1811000	68	中国石油天然气股份有限公司辽宁营口销售公司	411326
19	大连机床集团有限责任公司	1642154	69	中国大连国际经济技术合作集团有限公司	401795
20	辽宁忠旺集团有限公司	1596736	70	锦州沈宏实业集团有限公司	376400
21	丹东日林实业集团有限公司	1554049	71	大连环宇阳光集团	372670
22	凌源钢铁集团有限责任公司	1493466	72	大连港集团有限公司	370231
23	海城市后英经贸集团有限公司	1469641	73	大杨集团有限责任公司	358941
24	沈阳机床（集团）有限责任公司	1435268	74	大连辽无二电器有限公司	358331
25	辽宁铁法能源有限责任公司	1428348	75	沈阳北方交通重工集团有限公司	355980
26	阜新矿业（集团）有限责任公司	1364057	76	沈阳北方建设股份有限公司	351899
27	大连重工・起重集团有限公司	1321863	77	中钢集团辽宁有限公司	347407
28	嘉晨集团有限公司	1291377	78	锦州华龙铁合金厂	346939
29	北方重工集团有限公司	1263340	79	新东北电气集团凯富开关有限公司	341621
30	中航工业沈阳飞机工业（集团）有限公司	1232513	80	沈阳东和有机化工有限公司	335518
31	大连实德集团有限公司	1218358	81	开原鑫厚铜业有限公司	331690
32	抚顺新钢铁有限责任公司	1206074	82	嘉里粮油（营口）有限公司	329566
33	辽宁曙光汽车集团股份有限公司	1123270	83	沈阳东方钢铁有限公司	327444
34	沈阳化工集团有限公司	1101859	84	中国联合网络通信有限公司大连市分公司	325538
35	中国北车集团大连机车车辆有限公司	1064868	85	华能国际电力股份有限公司营口电厂	318169
36	大连冰山集团有限公司	1018230	86	辽宁金昌矿业有限公司	307061
37	中航工业沈阳黎明航空发动机（集团）有限责任公司	1005535	87	沈阳宝钢钢材贸易有限公司	304080
38	东北制药集团有限责任公司	1002345	88	三一重型装备有限公司	290564
39	营口青花集团	937800	89	鞍山轮胎厂	286063
40	渤海船舶重工有限责任公司	936877	90	红塔辽宁烟草有限责任公司营口卷烟厂	279309
41	辽宁兴隆大家庭商业集团	919382	91	大连船用柴油机有限公司	276444
42	沈阳鼓风机集团股份有限公司	880871	92	辽宁万兴达集团	274767
43	大连东芝电视有限公司	867494	93	辽宁天祥钢铁有限公司	274211
44	中国华录集团有限公司	802720	94	朝阳金达集团	270000
45	五矿营口中板有限责任公司	783514	95	辽宁瑞纳斯铝业有限公司	266133
46	营口港务集团有限公司	640888	96	东风朝阳柴油机有限责任公司	263063
47	瓦房店轴承集团有限责任公司	632186	97	开原市大龙铜业有限公司	261025
48	中国三冶集团有限公司	624424	98	辽宁宏冠船业有限公司	257494
49	亿达集团有限公司	622608	99	道依茨一汽（大连）柴油机有限公司	256360
50	佳能大连办公设备有限公司	609290	100	辽宁太克液压机械集团有限公司	252782

发布单位：辽宁省企业联合会、辽宁省企业家协会

表11-6 2011大连市企业100强

序号	企业名称	营业收入（万元）	序号	企业名称	营业收入（万元）
1	大连大商集团有限公司	8615769	51	大连公交客运集团有限公司	136868
2	中国石油天然气股份有限公司大连石化分公司	8528486	52	大连爱丽思生活用品有限公司	123585
3	大连万达集团股份有限公司	4339652	53	大连筑成建设集团有限公司	117246
4	大连西太平洋石油化工有限公司	3570378	54	大连辽南船厂	111518
5	福佳集团有限公司	2301336	55	中粮米业（大连）有限公司	110154
6	大连船舶重工集团有限公司	2275500	56	万宝至马达大连有限公司	105420
7	东北特殊钢集团有限责任公司	1967419	57	大连光伸企业集团有限公司	104526
8	中远船务工程集团有限公司	1884586	58	美罗药业股份有限公司	103382
9	大连机床集团有限责任公司	1642154	59	大连金州重型机器有限公司	102854
10	大连重工·起重集团有限公司	1321863	60	星玛电梯有限公司	98094
11	大连实德集团有限公司	1218358	61	大连海川建设集团有限公司	97070
12	中国北车集团大连机车车辆有限公司	1064868	62	汉拿空调（大连）有限公司	86879
13	大连冰山集团有限公司	1018230	63	大连三川建设集团股份有限公司	86274
14	大连东芝电视有限公司	867494	64	TDK大连电子有限公司	86142
15	中国华录集团有限公司	802720	65	大连道氏硅业有限公司	82378
16	瓦房店轴承集团有限责任公司	632186	66	中粮麦芽（大连）有限公司	80889
17	亿达集团有限公司	622608	67	莫莱克斯（大连）有限公司	80119
18	佳能大连办公设备有限公司	609290	68	大连周水子国际机场集团公司	80021
19	九三集团大连大豆科技有限公司	601736	69	大连第一互感器有限责任公司	79893
20	大连金玛商城企业集团有限公司	587951	70	大连闻达化工股份有限公司	79815
21	中交一航局第三工程有限公司	557392	71	盘起工业（大连）有限公司	78006
22	锦联投资集团有限公司	553462	72	中纺粮油连王（大连）工业有限公司	76738
23	大化集团有限责任公司	522932	73	大连圣北房地产有限公司	73346
24	中国烟草总公司大连市公司	501424	74	柯尼卡美能达精密光学（大连）有限公司	72859
25	大连宏光好运来集团有限公司	473579	75	大连苏尔寿泵及压缩机有限公司	72309
26	鞍钢新轧-蒂森克虏伯镀锌钢板有限公司	439370	76	大连原田工业有限公司	70465
27	中国大连国际经济技术合作集团有限公司	401795	77	大连创新零部件制造公司	68934
28	大连环宇阳光集团	372670	78	大连轮胎厂有限公司	67850
29	大连港集团有限公司	370231	79	大连北方互感器集团有限公司	65796
30	大杨集团有限责任公司	358941	80	大连水泥集团有限公司	65471
31	大连辽无二电器有限公司	358311	81	大连天元电机股份有限公司	65300
32	中钢集团辽宁有限公司	347407	82	大连船用推进器有限公司	64639
33	中国联合网络通信有限公司大连市分公司	325538	83	大连冶金轴承股份有限公司	63443
34	大连船用柴油机有限公司	276444	84	大连吉田拉链有限公司	61632
35	道依茨一汽（大连）柴油机有限公司	256360	85	大连锦辉购物广场有限责任公司	61300
36	大连獐子岛渔业集团股份有限公司	225905	86	大连金广地产集团有限公司	61268
37	日本电产（大连）有限公司	224527	87	大连弘达百业集团有限公司	60979
38	大连市汽车贸易集团有限公司	222273	88	大连运达房地产集团有限公司	60384
39	大连固特异轮胎有限公司	219633	89	大连瑞光非织造布集团有限公司	58805
40	中铁铁龙集装箱物流股份有限公司	218554	90	大连共益建设集团有限公司	58589
41	大连金港集团有限公司	216947	91	大连第二互感器集团有限公司	57882
42	大连鹏生集团有限公司	214500	92	大耐泵业有限公司	57357
43	大连熟食品交易中心	180000	93	大连叉车有限责任公司	57257
44	大连阿尔派电子有限公司	169501	94	大连自来水集团有限公司	57111
45	东芝大连有限公司	168833	95	欧姆龙健康医疗（中国）有限公司	56301
46	第一汽车（大连保税区）口岸通商中心	160399	96	大连电瓷集团股份有限公司	54995
47	罗姆电子大连有限公司	152162	97	大连兴达企业集团有限公司	52995
48	大连宜华建设集团有限公司	149410	98	大连建工机电安装工程有限公司	52880
49	辽宁沈宏集团股份有限公司	142930	99	大连澳南房屋开发有限公司	51736
50	欧姆龙（大连）有限公司	140912	100	大连电机集团有限公司	51643

发布单位：大连市企业联合会、企业家协会

表 11－7　　2011 黑龙江企业 100 强

排名	公司名称	营业收入（万元）	排名	公司名称	营业收入（万元）
1	大庆油田有限责任公司	16457488	51	桦林佳通轮胎有限公司	195410
2	中国石油大庆石化公司	4797154	52	鹤岗市三江平原米业集团有限公司	193223
3	哈尔滨铁路局	3649002	53	黑龙江省光明松鹤乳品有限责任公司	189000
4	黑龙江龙煤矿业控股集团有限责任公司	3563681	54	黑龙江龙凤玉米开发有限公司	187392
5	中国石油股份有限公司大庆炼化分公司	3294023	55	东北轻合金有限责任公司	187285
6	哈尔滨电气集团公司	3225505	56	汉枫缓释肥料黑龙江有限公司	185635
7	黑龙江省电力有限公司	3027547	57	中航工业哈尔滨东安发动机（集团）有限公司	184581
8	九三粮油工业集团公司	2038847	58	哈尔滨白桦林集团有限责任公司	180642
9	哈药集团有限公司	1800000	59	黑龙江辰能投资集团有限公司	180042
10	中国石油天然气股份有限公司哈尔滨石化公司	1774741	60	牡丹江首控石油化工有限公司	173734
11	西林钢铁集团有限公司	1735829	61	七台河龙洋焦电有限责任公司	167514
12	黑龙江省建设集团有限公司	1534628	62	北大荒粮食物流股份有限公司	167051
13	大庆油田建设集团有限责任公司	1338981	63	约翰．迪尔佳联收获机械有限公司	164588
14	中国移动通信集团黑龙江有限公司	1197568	64	哈尔滨顶津食品有限公司	162490
15	黑龙江农垦北大荒商贸集团有限责任公司	1150696	65	黑龙江省珍宝岛制药有限公司	160593
16	中国铁路物资哈尔滨有限公司	954973	66	齐齐哈尔二机床（集团）有限责任公司	158097
17	黑龙江北大荒农业股份有限公司	922769	67	黑龙江贝因美乳业有限公司	157705
18	中国第一重型机械集团公司	862115	68	依安县摇篮乳业有限责任公司	153895
19	黑龙江建龙钢铁有限公司	851889	69	大庆榆树林油田开发有限责任公司	151800
20	黑龙江倍丰农业生产资料集团有限公司	822080	70	中国蓝星哈尔滨石化有限公司	150800
21	大庆中蓝石化有限公司	750283	71	哈尔滨空调股份有限公司	149418
22	黑龙江烟草工业有限责任公司	654432	72	望奎双汇北大荒食品有限公司	149082
23	东北特钢集团北满特殊钢有限责任公司	653807	73	黑龙江中盟集团有限公司	148287
24	齐齐哈尔轨道交通装备有限责任公司	646830	74	亿达信煤焦化能源有限公司	146237
25	哈尔滨哈飞汽车工业集团有限公司	632431	75	七台河市隆鹏煤炭发展有限责任公司	146073
26	大庆油田创业集团有限公司	607109	76	哈尔滨联强商业发展有限公司	144847
27	中国龙江森林工业（集团）总公司	572800	77	黑龙江省万源粮油食品有限公司	139071
28	中航工业哈尔滨飞机工业集团有限责任公司	500465	78	肇东市伊利乳业有限责任公司	138240
29	庆丰农业资料集团有限责任公司	493311	79	大庆联谊石化股份有限公司	136738
30	哈尔滨光宇集团股份有限公司	442675	80	哈尔滨鑫达高分子材料股份有限公司	133486
31	哈尔滨东安汽车发动机制造有限公司	422635	81	大庆油田飞马有限公司	130296
32	中石油昆仑燃气有限公司黑龙江分公司	400314	82	大庆头台油田开发有限责任公司	129829
33	中亚石油有限公司	388887	83	中国华电集团富拉尔基发电总厂	126204
34	黑龙江省完达山乳业股份有限公司	377190	84	哈尔滨顶益食品有限公司	125115
35	黑龙江农垦建工集团有限公司	352019	85	哈尔滨北方特种车辆制造有限公司	122690
36	黑龙江省北大荒肉业有限公司	307054	86	中国石油大庆润滑油二厂	122174
37	东宁县吉润木业有限责任公司	285261	87	牡丹江恒丰纸业股份有限公司	118318
38	中粮生化能源（肇东）有限公司	265415	88	佳木斯东兴煤化工有限公司	116278
39	双城雀巢有限公司	262270	89	大庆高新技术产业开发区南天实业有限公司	115800
40	沈阳煤业（集团）鸡西盛隆矿业有限责任公司	245440	90	北大荒丰威食品有限公司	115020
41	大庆市久隆精细化工有限公司	241128	91	北大荒丰缘集团	113035
42	黑龙江省飞鹤乳业有限公司	240000	92	大庆华科股份有限公司	103640
43	齐重数控装备股份有限公司	239059	93	黑龙江省宾州水泥有限公司	96270
44	大庆油田化工有限公司	237151	94	黑龙江省阳霖油脂集团有限公司	93515
45	七台河宝泰隆煤化工股份有限公司	228956	95	黑龙江金谷农业科技发展有限公司	92265
46	哈尔滨东安汽车动力股份有限公司	227995	96	大庆石油国际工程公司	87846
47	大唐七台河发电有限责任公司	219868	97	牡丹江建新水泥制品有限公司	79217
48	蒙牛乳业尚志有限责任公司	216352	98	北大荒粮食集团有限公司	77917
49	杜尔伯特伊利乳业有限责任公司	202081	99	黑龙江葵花药业股份有限公司	77357
50	鸡西北方制钢有限公司	197447	100	哈尔滨安博威飞机工业有限公司	71001

发布单位：黑龙江企业联合会

表11－8 **2011浙江企业100强**

名次	企业名称	营业收入（万元）	名次	企业名称	营业收入（万元）
1	浙江省物产集团公司	13539303	51	杭州富春江冶炼有限公司	1343612
2	中国石油化工股份有限公司镇海炼化分公司	10611189	52	环宇集团有限公司	1298659
3	中国石油化工股份有限公司浙江石油分公司	8429376	53	杭州华东医药集团有限公司	1251942
4	浙江吉利控股集团有限公司	6827951	54	维科控股集团股份有限公司	1246793
5	万向集团公司	6613800	55	西子联合控股有限公司	1220000
6	杭州钢铁集团公司	6436295	56	银泰百货（集团）有限公司	1196235
7	广厦控股创业投资有限公司	6035959	57	浙江东宸建设控股集团	1180145
8	杭州娃哈哈集团有限公司	5487355	58	春和集团有限公司	1173345
9	绿城房地产集团有限公司	5420000	59	金海重工股份有限公司	1144045
10	海亮集团有限公司	5258400	60	巨化集团公司	1091239
11	浙江省能源集团有限公司	4702046	61	浙江大东南集团有限公司	1081528
12	浙江省兴合集团公司	4580663	62	升华集团控股有限公司	1070816
13	浙江恒逸集团有限公司	3607627	63	天能电池集团有限公司	1065609
14	浙江中烟工业有限责任公司	3542970	64	浙江广天日月集团股份有限公司	1062316
15	浙江省国际贸易集团有限公司	3491306	65	宁波神化化学品经营有限责任公司	1042225
16	雅戈尔集团股份有限公司	3348136	66	宁波宝新不锈钢有限公司	1041529
17	浙江省商业集团有限公司	3161013	67	世纪华丰控股有限公司	1027625
18	浙江省建设投资集团有限公司	3101645	68	杭州联华华商集团有限公司	1003420
19	宁波金田投资控股有限公司	3036011	69	浙江东南网架集团有限公司	1000294
20	杭州汽轮动力集团有限公司	2745835	70	杭州锦江集团有限公司	1000290
21	中天发展控股集团有限公司	2734295	71	浙江天圣控股集团有限公司	998536
22	奥克斯集团有限公司	2621103	72	龙元建设集团股份有限公司	984429
23	浙江荣盛控股集团有限公司	2604134	73	华通机电集团有限公司	981004
24	正泰集团股份有限公司	2488000	74	兴乐集团有限公司	968306
25	人民电器集团有限公司	2485721	75	海天塑机集团有限公司	957371
26	浙江省交通投资集团有限公司	2337957	76	浙江国华浙能发电有限公司	954817
27	杭州橡胶（集团）公司	2249363	77	中海石油舟山石化有限公司	954513
28	中海石油宁波大榭石化有限公司	2225184	78	浙江华成控股集团有限公司	935374
29	远大物产集团有限公司	2121081	79	卧龙控股集团有限公司	917282
30	青山控股集团有限公司	2100000	80	浙江康桥汽车工贸集团股份有限公司	915003
31	桐昆集团股份有限公司	2099221	81	宁波华东物资城市场建设开发有限公司	904700
32	德力西集团有限公司	2069467	82	东方建设集团有限公司	900182
33	新世纪控股集团有限公司	2064319	83	杭州金鱼电器集团有限公司	896685
34	盾安控股集团有限公司	2035269	84	宁波市慈溪进出口股份有限公司	863214
35	天正集团有限公司	2003138	85	浙江中外运有限公司	860685
36	浙江前程投资股份有限公司	1952596	86	长业建设集团有限公司	858498
37	浙江中成控股集团有限公司	1837328	87	利时集团股份有限公司	849680
38	宁波银亿集团有限公司	1615030	88	森马集团有限公司	845000
39	精功集团有限公司	1551021	89	兰溪自立铜业有限公司	841348
40	宁波富邦控股集团有限公司	1530145	90	华升建设集团有限公司	831422
41	浙江宝业建设集团有限公司	1518836	91	浙江富春江通信集团有限公司	826842
42	浙江昆仑控股集团有限公司	1504480	92	中设建工集团有限公司	816579
43	浙江元立金属制品集团有限公司	1461790	93	中球冠集团有限公司	816549
44	传化集团有限公司	1457968	94	富通集团有限公司	815430
45	浙江八达建设集团有限公司	1428656	95	五洋建设集团股份有限公司	815274
46	杉杉控股有限公司	1428080	96	浙江栋梁新材股份有限公司	805371
47	浙江龙盛控股有限公司	1421638	97	浙江翔盛集团有限公司	781422
48	中基宁波集团股份有限公司	1403470	98	星星集团有限公司	775671
49	浙江国大集团有限责任公司	1359936	99	胜达集团有限公司	769278
50	华立集团股份有限公司	1357111	100	华峰集团有限公司	766133

发布单位：浙江省企业联合会、浙江省企业家协会

表 11－9　　2011 安徽企业 100 强

名次	企业名称	营业收入（万元）	名次	企业名称	营业收入（万元）
1	马钢（集团）控股有限公司	6805958	51	安徽三建工程有限公司	377226
2	铜陵有色金属集团控股有限公司	6654485	52	安徽华茂集团有限公司	369578
3	安徽海螺集团有限责任公司	5389400	53	安徽鑫科新材料股份有限公司	367044
4	淮南矿业（集团）有限责任公司	5150679	54	铜陵市富鑫钢铁有限公司	348265
5	安徽省徽商集团有限公司	4379994	55	安徽省安庆环新集团有限公司	331612
6	奇瑞汽车股份有限公司	3537921	56	安徽迎驾集团有限公司	309071
7	安徽江淮汽车集团有限公司	3471074	57	南京医药合肥天星有限公司	287001
8	淮北矿业（集团）有限责任公司	3223792	58	安徽庆发集团股份有限公司	286706
9	中石油股份公司安徽石油分公司	3016520	59	中盐安徽红四方股份有限公司	286439
10	中石油股份公司安庆分公司	2752881	60	安徽古井集团有限责任公司	286276
11	合肥百货大楼集团股份有限公司	2490000	61	黄山永佳（集团）有限公司	280789
12	安徽省皖北煤电集团有限责任公司	2062864	62	安徽全柴集团有限公司	274652
13	合肥美的工业园	1709223	63	华东（安徽）电子工程研究所	272510
14	全威（铜陵）铜业科技有限公司	1702695	64	黄山兴乐铜业有限公司	264495
15	安徽建工集团有限公司	1651463	65	安徽省盐业总公司	258057
16	安徽国贸集团控股有限公司	1648284	66	安徽华力建设集团有限公司	253235
17	中国移动通信集团安徽有限公司	1569869	67	安徽昊源化工集团有限公司	252281
18	格力电器（合肥）有限公司	1483796	68	安徽皖维集团有限责任公司	243304
19	芜湖新兴铸管有限责任公司	1271336	69	安徽省皖中集团有限责任公司	243192
20	日立建机（中国）有限公司	1090544	70	中铁二十四局集团安徽工程公司	242041
21	安徽辉隆农资集团有限公司	1088102	71	安徽宝迪肉类食品有限公司	235035
22	合肥海尔工业园	1076742	72	宝业集团安徽有限公司	228563
23	安徽华源医药股份有限公司	1036680	73	合肥华泰集团股份有限公司	227226
24	安徽省能源集团有限公司	856188	74	安徽华电宿州发电有限公司	226991
25	合肥美菱股份有限公司	822707	75	国元证券股份有限公司	224204
26	铜陵精达铜材（集团）有限公司	765470	76	安徽国华投资集团有限公司	218728
27	安徽出版集团有限责任公司	709604	77	安徽亚坤建设集团有限公司	214600
28	国投新集能源股份有限公司	700853	78	安徽鸿润（集团）股份有限公司	207681
29	安徽省高速公路控股集团公司	689521	79	安徽省正大源饲料集团有限公司	201116
30	安徽楚江投资集团有限公司	673756	80	合肥建工集团有限公司	200420
31	安徽新华发行（集团）控股公司	646091	81	安徽国风塑业股份有限公司	198913
32	中国十七冶集团有限公司	628545	82	中国人民解放军第五七二０工厂	188214
33	徽商銀行股份有限公司	625612	83	安徽湖滨建设集团有限公司	188090
34	安徽佳通轮胎有限公司	624077	84	安徽省路港工程有限责任公司	186009
35	安徽丰原生物化学股份有限公司	596719	85	安徽晋煤中能化工股份有限公司	184833
36	中铁四局集团第一工程有限公司	575845	86	安徽广信农化股份有限公司	183122
37	铜陵化学工业集团有限公司	555928	87	合肥昌河汽车有限责任公司	173961
38	淮南东辰集团有限责任公司	530740	88	安徽省福润肉类加工有限公司	172795
39	安徽叉车集团有限责任公司	514335	89	合肥世纪精信机械制造有限公司	172662
40	安徽淮海实业发展集团有限公司	509665	90	安徽口子酒业股份有限公司	172251
41	安徽中鼎控股（集团）股份公司	474209	91	合肥中铁钢结构有限公司	171905
42	安徽省华鑫铅业集团有限公司	456734	92	黄山旅游集团有限公司	171225
43	安徽省交通投资集团有限公司	454654	93	安徽八一化工股份有限公司	170828
44	安徽天康（集团）股份有限公司	446096	94	安徽省旅游集团有限公司	170538
45	绿宝电缆（集团）有限公司	433382	95	安徽华夏集团有限公司	169985
46	安徽亚夏实业股份有限公司	419367	96	合肥金润米业有限公司	168700
47	安徽天大企业（集团）有限公司	403143	97	安徽开乐专用车辆股份有限公司	168690
48	安徽丰原集团有限公司	401607	98	合肥瑶海建筑安装工程有限公司	165529
49	安徽省水利建筑工程总公司	401218	99	安徽江淮电缆集团有限公司	164511
50	合肥荣事达三洋电器股份公司	387617	100	安徽金禾实业股份有限公司	162573

发布单位：安徽省企业联合会、安徽省企业家联合会

表 11－10 **2011 山东企业 100 强**

名次	单位	营业收入（万元）	名次	单位	营业收入（万元）
1	山东电力集团公司	14416519	51	利群集团股份有限公司	1693036
2	海尔集团公司	14053629	52	利华益集团股份有限公司	1681632
3	山东魏桥创业集团有限公司	11845598	53	南车青岛四方机车车辆股份有限公司	1658463
4	山东钢铁集团有限公司	10976027	54	东营方圆有色金属有限公司	1655967
5	山东能源集团有限公司	10598960	55	山东东明石化集团有限公司	1654831
6	潍柴控股集团有限公司	9113760	56	三角集团有限公司	1626122
7	中国重型汽车集团有限公司	8119180	57	上汽通用五菱汽车股份有限公司青岛分公司	1602012
8	海信集团有限公司	6374092	58	山东石横特钢集团有限公司	1592328
9	中国烟草总公司山东省公司	6176695	59	山东西水橡胶集团有限公司	1590462
10	兖矿集团有限公司	6032548	60	山东淄博傅山企业集团有限公司	1578594
11	南山集团有限公司	5120064	61	华勤橡胶工业集团	1521231
12	山东六和集团有限公司	5068613	62	玲珑集团股份有限公司	1508721
13	山东大王集团有限公司	4592139	63	山东博汇集团有限公司	1507067
14	华电国际电力股份有限公司	4544878	64	山东科达集团有限公司	1480177
15	中国石化青岛炼油化工有限责任公司	4536502	65	国电山东电力有限公司	1478374
16	日照钢铁控股集团有限公司	4412783	66	青岛港（集团）有限公司	1464587
17	山东省商业集团有限公司	3702662	67	福田雷沃国际重工股份有限公司	1419873
18	山东黄金集团有限公司	3493835	68	富海集团有限公司	1361940
19	青岛钢铁控股集团有限责任公司	3485576	69	山东大海集团有限公司	1351126
20	临沂新程金锣肉制品集团有限公司	3423996	70	山推工程机械股份有限公司	1339907
21	中国移动通信集团山东有限公司	3176744	71	山东渤海实业股份有限公司	1319533
22	浪潮集团有限公司	3053517	72	东营市天信纺织有限责任公司	1286069
23	中国银行股份有限公司山东省分行	2932753	73	双星集团有限责任公司	1245405
24	山东泰山钢铁集团有限公司	2604107	74	山东垦利石化有限责任公司	1192470
25	一汽解放青岛汽车厂	2574802	75	山东海科化工集团有限公司	1159820
26	滨化集团公司	2546193	76	正和集团股份有限公司	1151925
27	山东招金集团有限公司	2536421	77	淄博商厦股份有限公司	1138214
28	中铁十局集团有限公司	2478124	78	天元建设集团有限公司	1073360
29	中铁十四局集团有限公司	2456153	79	山东华星石油化工集团有限公司	1055106
30	山东时风（集团）有限责任公司	2363926	80	华鲁控股集团有限公司	1052175
31	山东鲁北企业集团总公司	2324123	81	山东金岭集团有限公司	1051213
32	青建集团股份有限公司	2228763	82	烟台张裕集团有限公司	1032689
33	山东太阳纸业股份有限公司	2196542	83	山东五征集团	1023479
34	华盛江泉集团有限公司	2193973	84	山东聊城鲁西化工集团有限责任公司	988579
35	南金兆集团有限公司	2175187	85	诸城外贸有限责任公司	966299
36	山东中烟工业有限责任公司	2118738	86	山东远通汽车贸易集团有限公司	939356
37	北汽福田汽车股份有限公司诸城汽车厂	2103814	87	日照港集团有限公司	930624
38	山东京博控股股份有限公司	2084451	88	青岛澳柯玛股份有限公司	900065
39	山东金诚石化集团有限公司	2082155	89	潍坊特钢集团有限公司	885673
40	山东如意科技集团有限公司	2020289	90	山东泉林纸业有限责任公司	880862
41	青岛啤酒股份有限公司	1989783	91	山东联盟化工集团有限公司	876266
42	西王集团有限公司	1974421	92	山东鲁花集团有限公司	856255
43	山东高速集团有限公司	1872435	93	青岛丽东化工有限公司	847379
44	山东晨鸣纸业集团股份有限公司	1866196	94	山东神驰化工有限公司	810571
45	中国联合网络通信有限公司山东省分公司	1823947	95	孚日集团股份有限公司	805259
46	华泰集团有限公司	1808503	96	中交一航局第二工程有限公司	801237
47	万达控股集团有限公司	1760489	97	山东澳亚纺织有限公司	791352
48	沂州集团有限公司	1749998	98	东辰控股集团有限公司	787653
49	中国石化青岛石油化工有限责任公司	1733253	99	山东万通石油化工集团有限公司	757353
50	新华锦集团	1709406	100	山东航空集团有限公司	752439

发布单位：山东省企业联合会、山东省企业家协会

表 11－11 **2011 青岛市企业 100 强**

名次	企业名称	营业收入（万元）	名次	企业名称	营业收入（万元）
1	海尔集团公司	14053629	51	中国平安人寿保险股份有限公司青岛分公司	277839
2	海信集团有限公司	6374092	52	中国建设银行股份有限公司青岛市分行	275452
3	山东六和集团有限公司	5068613	53	青岛亨达股份有限公司	271568
4	中国石化青岛炼油化工有限责任公司	4536502	54	交通银行股份有限公司青岛分行	259749
5	青岛钢铁控股集团有限责任公司	3485576	55	华电青岛发电有限公司	257752
6	中国银行股份有限公司山东省分行	2932753	56	青岛捷能汽轮机集团股份有限公司	255856
7	一汽解放青岛汽车厂	2574802	57	山东兴华建设集团有限公司	251521
8	青建集团股份公司	2228763	58	青岛马士基集装箱工业有限公司	235383
9	青岛啤酒股份有限公司	1989783	59	青岛宝井钢材加工配送有限公司	233925
10	中国石化青岛石油化工有限责任公司	1733253	60	绮丽集团有限责任公司	233267
11	新华锦集团	1709406	61	青岛市市政工程集团有限公司	228172
12	利群集团股份有限公司	1693036	62	青岛一建集团有限公司	221371
13	南车青岛四方机车车辆股份有限公司	1658463	63	青岛碱业股份有限公司	216857
14	上汽通用五菱汽车股份有限公司青岛分公司	1602012	64	青岛海立美达股份有限公司	209471
15	青岛港（集团）有限公司	1464587	65	青岛利客来商贸集团股份有限公司	208052
16	双星集团有限责任公司	1245405	66	中信银行股份有限公司青岛分行	202097
17	青岛澳柯玛股份有限公司	900065	67	南车四方车辆有限公司	184294
18	青岛丽东化工有限公司	847379	68	青岛凤凰印染有限公司	178944
19	中交一航局第二工程有限公司	801237	69	青岛朗讯科技通讯设备有限公司	177659
20	青岛即发集团控股有限公司	712735	70	青岛宏泰铜业有限公司	177421
21	中国工商银行股份有限公司青岛市分行	693457	71	青岛佳元水产（集团）有限公司	176157
22	青岛乐金浪潮数字通信有限公司	682510	72	中信万通证券有限责任公司	173693
23	青岛泰发集团股份有限公司	580767	73	中国人民财产保险股份有限公司青岛市分公司	172640
24	山东青岛烟草有限公司	571636	74	青岛东方铁塔股份有限公司	170082
25	青岛四方庞巴迪铁路运输设备有限公司	559791	75	青岛宏大纺织机械有限责任公司	168086
26	青岛渤海农业发展有限公司	533297	76	青岛正大有限公司	162801
27	欧美投资集团有限公司	528406	77	青岛北方国贸大厦集团股份有限公司	161662
28	青岛九联集团股份有限公司	523645	78	青岛海晶化工集团有限公司	158386
29	青特集团有限公司	519559	79	重汽集团专用汽车公司	157758
30	青岛万福集团股份有限公司	488346	80	青岛银行股份有限公司	157478
31	青岛北海船舶重工有限责任公司	473439	81	中国光大银行股份有限公司青岛分行	156241
32	中国石油天然气第七建设公司	470089	82	青岛通用铝业有限公司	154927
33	青岛变压器集团有限公司	461774	83	上海浦东发展银行股份有限公司青岛分行	154154
34	青岛喜盈门集团有限公司	429728	84	即墨市供电公司	152750
35	青岛汉河集团股份有限公司	418878	85	青岛中集冷藏箱制造有限公司	151527
36	中建八局第四建设有限公司	398300	86	软控股份有限公司	149847
37	中启胶建集团有限公司	388634	87	青岛中能集团有限公司	149717
38	圣元营养食品有限公司	362959	88	平度市电业公司	147800
39	大唐黄岛发电有限责任公司	362553	89	青岛黄海橡胶股份有限公司	147031
40	青岛维客集团股份有限公司	361842	90	中化（青岛）实业有限公司	139627
41	招商银行股份有限公司青岛分行	339925	91	青岛中集集装箱制造有限公司	138611
42	青岛市农村信用合作社联合社	337509	92	青岛建安建设集团有限公司	136789
43	青岛纺联控股集团有限公司	328044	93	青岛瑞源工程集团有限公司	136460
44	中国联合网络通信有限公司青岛市分公司	325735	94	中国船舶燃料青岛有限公司	135464
45	中国石油天然气股份有限公司山东青岛销售分公司	312952	95	海洋石油（青岛）有限公司	135103
46	中国农业银行股份有限公司青岛市分行	303874	96	胶州市供电公司	134585
47	青岛海川建设集团有限公司	301656	97	青岛热电集团有限公司	133903
48	青岛安邦炼化有限公司	291880	98	青岛星火纺机纺织集团股份有限公司	131429
49	青岛泰能燃气集团有限公司	290669	99	青岛武晓集团有限公司	129797
50	青岛康大外贸集团有限公司	287114	100	青岛琅琊台集团股份有限公司	128431

发布单位：青岛市企业联合会、青岛市企业家协会

表 11－12

2011 湖南企业 100 强

名次	公司名称	营业收入（万元）	名次	公司名称	营业收入（万元）
1	湖南华菱钢铁集团有限责任公司	6578713	51	五凌电力有限公司	323082
2	湖南中烟工业有限责任公司	5888856	52	长沙新振升集团有限公司	320004
3	长沙中联重工科技发展股份有限公司	5085768	53	老百姓大药房连锁有限公司	315030
4	三一集团有限公司	5020000	54	方正证券股份有限公司	308770
5	湖南省电力公司	4659565	55	华天实业控股集团有限公司	300113
6	中国烟草总公司湖南省公司	4294715	56	湖南顺天建设集团有限公司	298790
7	中国石油化工股份有限公司湖南石油分公司	3695010	57	华润电力湖南有限公司	295185
8	中国建筑第五工程局有限公司	3137956	58	湖南辰州矿业股份有限公司	287950
9	湖南有色金属控股集团有限公司	3130444	59	湖南宇腾有色金属股份有限公司	285042
10	湖南省建筑工程集团总公司	2714049	60	湖南山河智能机械股份有限公司	283814
11	中国移动通信集团湖南有限公司	1922851	61	湖南金正方企业集团股份有限公司	283147
12	中国石化集团资产经营管理有限公司巴陵石化分公司	1731679	62	湖南轻工盐业集团有限责任公司	268556
13	南车株洲电力机车有限公司	1606078	63	长沙双鹤医药有限责任公司	256205
14	湖南晟通科技集团有限公司	1590499	64	湖南望新建设集团股份有限公司	255924
15	南方建材股份有限公司	1491122	65	中冶长天国际工程有限责任公司	252862
16	大汉控股集团有限公司	1386158	66	国电益阳发电有限公司	247533
17	中国建设银行股份有限公司湖南省分行	1347287	67	中盐湖南株洲化工集团有限公司	246501
18	冷水江钢铁有限责任公司	1215976	68	心连心集团有限公司	244558
19	湘电集团有限公司	1084172	69	中国南方航空工业（集团）有限公司	236373
20	中国水利水电第八工程局有限公司	1061982	70	大唐湘潭发电有限责任公司	235336
21	南车株洲电力机车研究所有限公司	1044300	71	长沙银行股份有限公司	224753
22	中国石油化工股份有限公司长岭分公司	1030206	72	中钢集团湖南有限公司	222681
23	泰格林纸集团股份有限公司	961750	73	湖南九龙经贸集团有限公司	215292
24	嘉凯城集团股份有限公司	917769	74	全洲药业集团有限公司	207567
25	二十三冶建设集团有限公司	866290	75	湖南湘江涂料集团有限公司	202252
26	唐人神集团股份有限公司	787491	76	华能湖南岳阳发电有限责任公司	201151
27	大唐华银电力股份有限公司	753082	77	湖南苏宁电器有限公司	199600
28	湖南省煤业集团有限公司	723317	78	金杯电工股份有限公司	192977
29	中国电信股份有限公司湖南分公司	715254	79	湖南东信集团有限公司	190900
30	步步高商业连锁股份有限公司	677027	80	湖南华电长沙发电有限公司	188722
31	广汽长丰汽车股份有限公司	619888	81	湖南龙骧交通发展集团有限责任公司	188155
32	湖南电广传媒股份有限公司	619091	82	湘投控股集团有限公司	185705
33	湖南路桥建设集团公司	578314	83	现代投资股份有限公司	182552
34	湖南高岭建设集团股份有限公司	514673	84	湖南省茶业（集团）有限公司	175925
35	北汽福田汽车股份有限公司长沙汽车厂	511785	85	湖南安石企业集团有限公司	175070
36	湖南友谊阿波罗控股股份有限公司	479289	86	大唐耒阳发电厂	174967
37	中南出版传媒集团股份有限公司	476258	87	湖南正虹科技发展股份有限公司	170562
38	中国电子科技集团公司第四十八研究所	454503	88	株洲联诚集团有限责任公司	169876
39	中国联合网络通信有限公司湖南省分公司	445971	89	湖南省沙坪建筑有限公司	166578
40	中国石油化工股份有限公司巴陵分公司	443621	90	湖南黄花建设集团股份有限公司	157871
41	特变电工衡阳变压器有限公司	424738	91	郴州市金贵银业股份有限公司	156912
42	江麓机电科技（集团）有限公司	390480	92	湖南科力远新能源股份有限公司	155521
43	长沙通程实业集团有限公司	384758	93	南车长江车辆有限公司株洲分公司	153523
44	江南机器（集团）有限公司	380274	94	际华三五一七橡胶制品有限公司	136234
45	湖南金龙国际铜业有限公司	351362	95	株洲百货股份有限公司	135731
46	湖南省邮政公司	346774	96	湖南巴陵油脂有限公司	134341
47	湖南汽车城有限公司	344173	97	长丰集团有限责任公司	133516
48	中铁轨道系统集团有限公司	343449	98	金瑞新材料科技股份有限公司	129670
49	湖南兰天汽车集团有限公司	330688	99	湖南福晟集团有限公司	128763
50	南车株洲电机有限公司	330352	100	袁隆平农业高科技股份有限公司	128040

发布单位：湖南省企业管理协会

表 11－13 **2011 湖北企业 100 强**

序号	单位名称	营业收入（亿元）	序号	单位名称	营业收入（亿元）
1	东风汽车公司	3688.34	51	中国联合网络通信有限公司湖北省分公司	41.86
2	武汉钢铁（集团）公司	1906.91	52	长飞光纤光缆有限公司	40.67
3	湖北省电力公司	553.79	53	武汉凯迪电力股份有限公司	40.66
4	中国建筑第三工程局有限公司	532.66	54	长江水利委员会长江勘测规划研究院	40.37
5	湖北宜化集团有限责任公司	410.89	55	武汉商贸国有控股集团有限公司	40.27
6	中国长江航运（集团）总公司	384.77	56	湖北东圣化工集团有限公司	40.15
7	武汉铁路局	372.41	57	中铁电气化局集团第二工程有限公司	39.98
8	中国葛洲坝集团股份有限公司	370.43	58	山河建设集团有限公司	39.40
9	中铁十一局集团有限公司	347.62	59	益海嘉里（武汉）粮油工业有限公司	39.22
10	大冶有色金属控股集团公司	326.50	60	武汉市市政建设集团有限公司	38.28
11	湖北中烟工业有限责任公司	307.13	61	武汉船用机械有限责任公司	38.23
12	中国石油化工股份有限公司荆门分公司	264.96	62	骆驼蓄电池股份有限公司	37.70
13	中交第二航务工程局有限公司	255.59	63	宜昌东阳光药业股份有限公司	36.01
14	中国石油化工股份有限公司武汉分公司	247.52	64	中铝华中铜业有限公司	35.92
15	中铁大桥局集团有限公司	242.17	65	武汉市汉商集团股份有限公司	35.70
16	中国长江电力股份有限公司	218.80	66	湖北新鑫钢铁集团有限公司	35.46
17	九州通医药集团股份有限公司	212.52	67	华能武汉发电有限责任公司	35.44
18	中国石化集团江汉石油管理局	209.54	68	黄石鑫鹏钢材有限责任公司	35.43
19	武汉中百集团股份有限公司	192.34	69	南车长江车辆有限公司	35.18
20	湖北新冶钢有限公司	177.00	70	长江高科电缆有限公司	34.61
21	武汉武商集团股份有限公司	172.11	71	湖北三宁化工股份有限公司	34.02
22	中国移动通信集团湖北有限公司	168.25	72	武汉海尔电器股份有限公司	33.59
23	三环集团公司	141.33	73	武汉有色金属投资有限公司	33.57
24	武汉邮电科学研究院	120.30	74	湖北华电襄阳发电有限公司	33.48
25	中国一冶集团有限公司	112.66	75	武汉建工股份有限公司	33.29
26	福星集团控股有限公司	102.52	76	鄂州鸿泰钢铁有限公司	33.20
27	武汉中商集团股份有限公司	100.13	77	劲牌有限公司	32.88
28	中国电信股份有限公司湖北分公司	92.26	78	湖北金华麦面集团有限公司	31.81
29	中国三江航天工业集团公司	85.40	79	湖北省齐星汽车车身股份有限公司	31.68
30	华新水泥股份有限公司	84.69	80	武汉重工集团有限公司	31.35
31	宜昌兴发集团有限责任公司	84.27	81	湖北银丰实业集团有限责任公司	31.07
32	中国十五冶金建设有限公司	82.64	82	湖北楚源高新科技股份有限公司	31.06
33	卓尔控股有限公司	77.20	83	湖北省农业生产资料集团有限公司	30.67
34	湖北稻花香集团	73.12	84	中国核工业第二二建设有限公司	29.48
35	湖北能源集团股份有限公司	70.71	85	湖北洪森天利生物科技有限公司	26.90
36	中冶南方工程技术有限公司	68.88	86	中国五环工程有限公司	26.58
37	新龙药业集团	65.41	87	湖北白云边股份有限公司	26.28
38	湖北新洋丰肥业股份有限公司	65.18	88	汉川佳旺达食品有限公司	26.27
39	武昌船舶重工有限责任公司	64.03	89	黄石新兴管业有限公司	25.64
40	黄石东贝机电集团有限责任公司	59.16	90	航宇救生装备有限公司	25.25
41	新八建设集团有限公司	57.46	91	武汉人福医药集团股份有限公司	25.00
42	汉江水利水电（集团）有限责任公司	54.20	92	武汉市燃气热力集团有限公司	23.84
43	武汉城市建设投资开发集团有限公司	52.53	93	中国化学工程第六建设有限公司	21.59
44	湖北枝江酒业集团	52.01	94	襄樊万宝粮油集团有限公司	21.37
45	新七建设集团有限公司	48.20	95	安琪孝母股份有限公司	21.01
46	武汉工贸有限公司	47.02	96	湖北省工业建设集团有限公司	20.56
47	百步亭集团有限公司	45.91	97	武汉重工铸锻有限责任公司	20.51
48	宝业湖北建工集团有限公司	45.79	98	武汉市公共交通集团有限责任公司	20.40
49	中铁第四勘察设计院集团有限公司	43.45	99	黄冈大别山发电有限责任公司	18.56
50	湖北福娃集团有限公司	43.37	100	湖北祥云（集团）化工股份有限公司	18.47

发布单位：湖北省企业联合会

表11－14　　2011江西企业100强

排名	公司名称	营业收入（万元）	排名	公司名称	营业收入（万元）
1	江西铜业集团公司	8634538	51	四特酒有限责任公司	154932
2	新余钢铁集团有限公司	3866655	52	江西瑞晶太阳能科技有限公司	154426
3	江西萍钢实业股份有限公司	3149313	53	江西金汇铜业有限公司	148092
4	江铃汽车集团公司	2719540	54	江西旭阳雷迪高科技股份有限公司	148018
5	中国石化股份有限公司九江分公司	2343683	55	江西省送变电建设公司	146356
6	江西赛维LDK太阳能高科技有限公司	2196582	56	鸭鸭股份公司	145008
7	正邦集团有限公司	1325443	57	中铁四局集团机电设备安装有限公司	142688
8	方大特钢科技股份有限公司	1216024	58	崇义章源钨业股份有限公司	138825
9	中国移动通信集团江西有限公司	1164183	59	江西新金叶实业有限公司	138000
10	江西钨业集团有限公司	1155338	60	赣州银行股份有限公司	134404
11	双胞胎（集团）股份有限公司	1126885	61	江西长运股份有限公司	134324
12	江西稀有金属钨业控股集团有限公司	1032766	62	南昌印钞有限公司	133224
13	江西省煤炭集团公司	1011935	63	中铁二十四局集团南昌建设公司	131571
14	江西中烟工业有限责任公司	939995	64	九江和汇进出口有限公司	127530
15	晶科能源有限公司	818000	65	江西九州铜业有限公司	125846
16	江西省建工集团公司	800000	66	江西明华铜业有限公司	123241
17	江西中烟工业有限责任公司南昌卷烟厂	717732	67	江西回圆服饰有限公司	119656
18	景德镇市焦化工业集团有限责任公司	692748	68	江西联创光电科技股份有限公司	118768
19	南昌市政公用投资控股有限责任公司	675438	69	江西国鸿集团有限公司	117538
20	江西昌河汽车有限责任公司	598061	70	江西新华金属制品有限责任公司	115395
21	中铁四局集团第五工程有限公司	578178	71	江西贵溪化肥有限责任公司	115392
22	中国电信股份有限公司江西分公司	506480	72	江西江洲联合造船有限责任公司	113811
23	江西洪都航空工业集团有限责任公司	502292	73	江西联达冶金有限公司	111900
24	泰豪集团有限公司	491345	74	江西中烟工业有限责任公司赣南卷烟厂	111678
25	中国石油化工股份有限公司江西赣州石油分公司	474350	75	华能瑞金发电有限责任公司	111569
26	华意压缩机股份有限公司	461702	76	江西宇搏实业有限公司	110403
27	赣州江钨新型合金材料有限公司	427179	77	中国农业银行股份有限公司赣州分公司	109831
28	江西赣粤高速公路股份有限公司	397762	78	横峰县中旺铜业有限公司	97000
29	江西万年青水泥股份有限公司	384712	79	江西锦裕机械制造有限公司	96000
30	江西洪客隆投资集团有限公司	363896	80	中阳建设集团有限公司	93896
31	诚志股份有限公司	314018	81	江西青峰药业有限公司	92953
32	中铁大桥局集团第五工程有限公司	292957	82	九江恒生化纤（集团）有限公司	90946
33	江西博能实业集团有限公司	275642	83	江西际洲建设工程集团有限公司	88635
34	江西省烟草公司上饶市公司	269296	84	江西中烟工业有限责任公司广丰卷烟厂	87963
35	中铁二十四局集团南昌铁路工程有限公司	256942	85	江西江锂科技有限公司	83473
36	国电九江发电厂	253189	86	江西屹立铜业有限公司	83026
37	五矿稀土（赣州）股份有限公司	236630	87	龙南县福鑫钢铁有限公司	82129
38	凤凰光学集团有限公司	217681	88	中国瑞林工程技术有限公司	82084
39	江西中联建设集团有限公司	217030	89	江西高飞数码科技有限公司	81790
40	江西亚东水泥有限公司	197687	90	江西恩达家纺有限公司	80435
41	江西省交通工程集团公司	196367	91	江西瑞金万年青水泥有限责任公司	78972
42	江西万年贡米集团有限公司	183360	92	鹰潭阳光照明有限公司	77603
43	中铁十一局集团桥梁有限公司	183000	93	上饶清林实业有限责任公司	77588
44	赣州华坚国际鞋城有限公司	179486	94	赣州有色冶金研究院	75029
45	中鼎国际工程有限责任公司	178491	95	江西桑海集团有限责任公司	74802
46	赣州晨光稀土新材料股份有限公司	178249	96	赣州稀土矿业有限公司	74210
47	江西公路开发总公司	173645	97	中国工商银行股份有限公司赣州分行	72540
48	蓝星化工新材料股份有限公司江西星火有机硅厂	165205	98	江西江联能源环保股份有限公司	71987
49	赣州虔东稀土集团有限公司	163920	99	果喜实业集团有限公司	71058
50	江西耀升工贸发展有限公司	156277	100	江西省修水香炉山钨业有限责任公司	70505

发布单位：江西省企业联合会、企业家协会

表 11－15　　2011 四川企业 100 强

名次	企业名称	营业收入（万元）	名次	企业名称	营业收入（万元）
1	四川长虹电子集团有限公司	5859688	51	四川美丰化工股份有限公司	336556
2	新希望集团有限公司	5595767	52	成都发动机（集团）有限公司	304867
3	中铁二局股份有限公司	5468775	53	中国水利水电第十工程局有限公司	302369
4	成都铁路局	4744197	54	四川省威远建业集团有限公司	287954
5	中国烟草总公司四川省公司	4703663	55	四川峨胜水泥集团股份有限公司	273828
6	攀钢集团有限公司	4659820	56	四川金路集团股份有限公司	270256
7	中国东方电气集团有限公司	4441745	57	四川省通信产业服务有限公司	262824
8	四川省宜宾五粮液集团有限公司	4029684	58	四川大西洋集团有限责任公司	261757
9	通威集团有限公司	3063896	59	成都国腾实业集团有限公司	252299
10	中国石油集团川庆钻探工程有限公司	2849340	60	四川晟茂投资集团有限公司	251204
11	中国石油天然气股份有限公司西南油气田分公司	2829865	61	中国水电顾问集团成都勘测设计研究院	226999
12	四川华西集团有限公司	2671700	62	中核建中核燃料元件有限公司	222961
13	成都建筑工程集团总公司	2619663	63	四川怡和企业（集团）有限责任公司	219866
14	中铁八局集团有限公司	2601756	64	四川省建筑机械化工程公司	219060
15	四川宏达（集团）有限公司	2536014	65	成都地奥集团	215094
16	四川省川威集团有限公司	2519760	66	四川空分设备（集团）有限责任公司	210087
17	中铁二十三局集团有限公司	1924837	67	昊华鸿鹤化工有限责任公司	209674
18	四川公路桥梁建设集团有限公司	1643166	68	四川安吉物流集团有限公司	200358
19	成都神钢工程机械（集团）有限公司	1542780	69	南车眉山车辆有限公司	183416
20	中国电信集团四川省电信公司	1450884	70	四川水井坊股份有限公司	181816
21	攀枝花钢城集团有限公司	1378189	71	四川省高宇集团有限公司	179230
22	四川科伦实业集团有限公司	1315563	72	四川巴蜀电力开发有限责任公司	169148
23	四川省达州钢铁集团有限责任公司	1314340	73	中国人民解放军第五七一九工厂	163927
24	中国水利水电第七工程局有限公司	1200623	74	泸州北方化学工业有限公司	161338
25	中国五冶集团有限公司	1176079	75	华西能源工业股份有限公司	154842
26	四川省煤炭产业集团有限责任公司	1053745	76	四川省机场集团有限公司	152095
27	四川九洲电器集团有限责任公司	1027851	77	中国重汽集团成都王牌商用车有限公司	149071
28	成都飞机工业（集团）有限责任公司	1018922	78	四川省绵阳市丰谷酒业有限责任公司	140044
29	四川省宜宾普什集团有限公司	1000947	79	零八一电子集团有限公司	130938
30	四川航空集团有限责任公司	981915	80	中国南车成都机车车辆有限公司	128995
31	四川蓝光实业集团有限公司	714128	81	凉山矿业股份有限公司	123677
32	成都印钞有限公司	702703	82	攀枝花公路建设有限公司	122638
33	四川化工控股（集团）有限责任公司	676121	83	四川海大橡胶集团有限公司	120444
34	中国水利水电第五工程局有限公司	656452	84	成都光明光电股份有限公司	117165
35	四川南骏汽车集团有限公司	637589	85	四川明星电缆股份有限公司	116043
36	中国十九冶集团有限公司	620457	86	华润锦华股份有限公司	111212
37	泰康人寿保险股份有限公司四川分公司	575343	87	中昊晨光化工研究院	110812
38	中国成达工程有限公司	546954	88	都江堰拉法基水泥有限公司	110232
39	成都城建投资管理集团有限责任公司	542859	89	特变电工（德阳）电缆股份有限公司	107024
40	中钢集团四川有限公司	534431	90	成都市鑫牛线缆有限公司	106694
41	成都红旗连锁股份有限公司	531331	91	中国航天科技集团公司燎原无线电厂	105718
42	四川富临实业集团有限公司	492149	92	四川南江矿业集团有限公司	104150
43	高金食品股份有限公司	482121	93	四川中胜实业集团有限公司	101400
44	四川龙蟒集团有限责任公司	480037	94	西昌广丰工贸有限公司	97647
45	恒鼎实业（中国）集团有限公司	479945	95	中国电力工程顾问集团西南电力设计院	92534
46	四川新华发行集团有限公司	424218	96	四川蓥峰实业有限公司	92016
47	攀钢集团西昌新钢业有限公司	394125	97	川开电气股份有限公司	91866
48	四川省鑫福矿业股份有限公司	376043	98	四川省盐源县平川铁矿	85698
49	汇源集团有限公司	374857	99	四川白塔新联兴陶瓷集团有限责任公司	80932
50	中国国电大渡河流域水电开发有限公司	351483	100	四川鸿鹏建筑工程公司	78440

发布单位：四川省企业联合会、企业家协会

表11－16　　2011成都市企业100强

序号	单位名称	营业收入（万元）	序号	单位名称	营业收入（万元）
1	东方电气股份有限公司	3808011	51	四川腾中重工机械有限公司	153102
2	成都建筑工程集团总公司	2619663	52	四川亚东水泥有限公司	151903
3	成都神钢工程机械（集团）有限公司	1542780	53	成都市新筑路桥机械股份有限公司	139616
4	四川科伦药业股份有限公司	1315563	54	成都南玻玻璃有限公司	138811
5	四川省烟草公司成都市公司	1088702	55	成都工业投资集团有限公司	135161
6	成都飞机工业（集团）有限责任公司	1018922	56	嘉里粮油（四川）有限公司	130515
7	攀钢集团成都钢钒有限公司	984744	57	成都丰丰食品有限公司	129417
8	成都宝钢西部贸易有限公司	950571	58	南车成都机车车辆有限公司	128995
9	四川蓝光实业集团有限公司	714128	59	成都天马铁路轴承有限公司	117112
10	成都印钞有限公司	702703	60	四川瑞升实业集团有限公司	114777
11	中国成达工程有限公司	546954	61	都江堰拉法基水泥有限公司	110232
12	成都红旗连锁股份有限公司	531331	62	成都市鑫牛线缆有限公司	106694
13	成都建国汽车贸易有限公司	506733	63	成都交通投资集团有限公司	104678
14	成都银行股份有限公司	482833	64	华润雪花啤酒（四川）有限责任公司	102629
15	四川申蓉汽车股份有限公司	479234	65	可口可乐（四川）饮料有限公司	101500
16	天威新能源控股有限公司	417494	66	中国电力工程顾问集团西南电力设计院	92534
17	一汽解放青岛汽车厂成都分厂	416545	67	爱美高房地产（成都）有限公司	90070
18	成都亚光电子股份有限公司	412692	68	成都冶金实验厂有限公司	89994
19	成都国美电器有限公司	391849	69	成都创维电器有限公司	87478
20	中国电信股份有限公司成都分公司	390000	70	四川宁江山川机械有限责任公司	86612
21	一汽（四川）专用汽车有限公司	380024	71	成都天奥实业有限公司	85612
22	四川省天泽贵金属有限责任公司	356699	72	成都铁塔厂	83128
23	国电大渡河流域水电开发有限公司	351483	73	成都天兴山田车用部品有限公司	81197
24	成都传媒集团	351173	74	成都丽雅纤维股份有限公司（成都华明）	80580
25	成都高新投资集团有限公司	309665	75	成都京东方光电科技有限公司	79585
26	Tcl王牌电器（成都）有限公司	308492	76	四川鸥鹏建筑工程公司	78440
27	成都成实实业（集团）有限责任公司	305354	77	四川同创工程机械有限公司	78159
28	成都发动机（集团）有限公司	304867	78	成都市明珠家具（集团）有限公司	77490
29	四川川开实业发展有限公司	304000	79	成都电力机械厂	75937
30	信息产业电子第十一设计研究院科技工程股份有限公司	296332	80	成都标建铝业有限公司	74525
31	成都国腾实业集团有限公司	252299	81	成都南方家具有限公司	68282
32	中国电子科技集团公司第三十研究所（三零集团）	235231	82	成都彩虹电器（集团）股份有限公司	67789
33	国电成都金堂发电有限公司	221729	83	四川省川建管道有限公司	67393
34	成都地奥集团	215094	84	四川德惠商业股份有限公司	64225
35	成都市新都化工股份有限公司	204742	85	巨石集团成都有限公司	62604
36	川化股份有限公司	200577	86	成都客车股份有限公司	62424
37	成都八益家具股份有限公司	196808	87	天威四川硅业有限责任公司	62002
38	中房集团成都房地产开发有限公司	195425	88	成都味道江湖菜餐饮娱乐管理有限公司	62000
39	成都前锋电子电器集团股份有限公司	191340	89	四川天邑集团有限公司	61720
40	成都市兴城投资有限公司	190211	90	四川徽记食品产业有限公司	60610
41	四川国栋建设集团有限公司	181976	91	成都青特车桥有限公司	58203
42	四川水井坊股份有限公司	181816	92	成都宁江机床集团股份有限公司	58120
43	四川省高宇集团有限公司	179230	93	四川远星橡胶有限责任公司	57543
44	成都市银丰铜业有限公司	177690	94	四川电力设计咨询有限责任公司	56886
45	成都市路桥工程股份有限公司	170409	95	明达玻璃（成都）有限公司	56699
46	成都三旺农牧股份有限公司	169883	96	成都博瑞传播股份有限公司印务分公司	54066
47	中国重汽集团成都王牌商用车有限公司	167753	97	成都自力实业发展有限公司	53805
48	成都市全友家私有限公司	164122	98	成都虹波实业股份有限公司	53626
49	中国人民解放军第五七一九工厂	163927	99	成都希望食品有限公司	52929
50	成都市人人乐商业有限公司	155866	100	成都普天电缆股份有限公司	52561

发布单位：成都企业联合会

表 11－17　　　　**2011 厦门市企业 100 强**

序号	企业名称	营业收入（亿元）	序号	企业名称	营业收入（亿元）
1	厦门建发股份有限公司	660.96	51	厦门众达钢铁有限公司	19.29
2	厦门国贸控股有限公司	480.96	52	厦门翔鹭化纤股份有限公司	19.26
3	戴尔（中国）有限公司	362.30	53	厦门中盛粮油集团有限公司	18.65
4	厦门象屿集团有限公司	257.68	54	鑫东森集团有限公司	18.46
5	厦门金龙汽车集团股份有限公司	161.56	55	厦门蒙发利科技（集团）股份有限公司	18.29
6	宸鸿科技（厦门）有限公司	126.99	56	福建三建工程有限公司	18.13
7	翔鹭石化股份有限公司	114.89	57	厦门海澳集团有限公司	17.05
8	厦门航空有限公司	106.81	58	厦门建发旅游集团股份有限公司	15.86
9	厦门正新橡胶工业有限公司	104.10	59	厦门建松电器有限公司	15.69
10	厦门厦工机械股份有限公司	103.32	60	厦门华特集团有限公司	15.21
11	厦门中骏集团有限公司	101.61	61	厦门市建安集团有限公司	15.14
12	厦门路桥工程物资有限公司	72.09	62	厦门市明穗粮油贸易有限公司	14.52
13	厦门烟草工业有限责任公司	71.55	63	锐珂（厦门）医疗器材有限公司	14.22
14	厦门银鹭集团有限公司	62.59	64	厦门公交集团有限公司	14.14
15	厦门海翼国际贸易有限公司	57.79	65	大成工程股份有限公司	13.92
16	厦门钨业股份有限公司	55.01	66	厦门住宅建设集团有限公司	13.69
17	冠捷显示科技（厦门）有限公司	53.59	67	捷太格特转向系统（厦门）有限公司	13.42
18	厦门海沧投资集团有限公司	51.24	68	厦门青岛啤酒东南营销有限公司	13.37
19	厦门轻工集团有限公司	48.14	69	厦门中联建设工程有限公司	13.33
20	宝龙集团发展有限公司	48.04	70	厦门育哲进出口有限公司	13.18
21	宇德集团	44.94	71	鑫泰建设集团有限公司	13.07
22	厦门华侨电子股份有限公司	42.92	72	泉舜集团有限公司	12.91
23	厦门禹洲集团股份有限公司	42.66	73	柯达（厦门）数码影像有限公司	12.56
24	厦门市嘉晟对外贸易有限公司	40.47	74	厦门睿华工贸有限公司	12.42
25	厦门国际航空港集团有限公司	36.29	75	厦门兴海龙石油有限公司	12.33
26	厦门松下电子信息有限公司	36.18	76	厦门源昌城建集团有限公司	12.26
27	联发集团有限公司	34.55	77	厦门宇信兴业进出口贸易有限公司	12.12
28	厦门华澄集团有限公司	35.67	78	厦门华融集团有限公司	11.87
29	华信石油有限公司	34.61	79	厦门太古可口可乐饮料有限公司	11.76
30	中铁十七局集团第六工程有限公司	33.56	80	厦门电力工程集团有限公司	11.69
31	厦门经济特区房地产开发集团有限公司	31.84	81	厦门松霖科技有限公司	11.61
32	福建省烟草公司厦门市公司	31.23	82	厦门中禾实业有限公司	10.93
33	厦门市中信隆进出口有限公司	30.89	83	厦门新景地集团有限公司	10.61
34	鹭燕（福建）药业股份有限公司	30.36	84	厦门市诚丰瑞贸易有限公司	10.48
35	福建省九龙建设集团有限公司	30.03	85	福建联美建设集团有限公司	10.40
36	腾龙特种树脂（厦门）有限公司	24.00	86	厦门厦工重工有限公司	10.32
37	厦门嘉联恒进出口有限公司	23.82	87	厦门太古飞机工程有限公司	10.25
38	路达（厦门）工业有限公司	23.67	88	厦门万里石股份有限公司	10.24
39	林德（中国）叉车有限公司	23.66	89	厦门大洲控股集团有限公司	10.23
40	厦门宏发电声股份有限公司	23.42	90	厦门福隆置业集团有限公司	9.61
41	厦门源昌集团有限公司	23.04	91	贝莱胜电子（厦门）有限公司	9.37
42	中铁二十二局集团第三工程有限公司	22.28	92	厦门特运集团有限公司	9.36
43	厦门船舶重工股份有限公司	22.12	93	厦门钢宇工业有限公司	9.30
44	厦门 TDK 有限公司	21.86	94	厦门市中鹭达进出口有限公司	9.26
45	厦门协力集团有限公司	21.83	95	厦门华诚实业有限公司	9.17
46	厦门盛元通商集团	21.51	96	厦门海润进出口有限公司	9.14
47	厦门华夏国际电力发展有限公司	20.65	97	柯达（中国）股份有限公司	8.80
48	中国航空技术厦门有限公司	20.46	98	福建安井食品股份有限公司	8.76
49	厦门多威电子有限公司	20.22	99	厦门市天虹商场有限公司	8.70
50	恒晟集团有限公司	19.66	100	厦门思总建设有限公司	8.60

发布单位：厦门企业和企业家联合会

表 11－18 **2011 云南企业 100 强**

名次	企业名称	营业收入（万元）	名次	企业名称	营业收入（万元）
1	红塔烟草（集团）有限责任公司	6325981	51	云南鸿翔一心堂药业（集团）股份有限公司	185017
2	红云红河烟草（集团）有限责任公司	5499012	52	中国联合网络通信有限公司云南分公司	183319
3	昆明钢铁控股有限公司	5113076	53	昆明制药集团股份有限公司	181724
4	云南电网公司	4888346	54	云南祥丰化肥股份有限公司	171592
5	云天化集团有限责任公司	3766624	55	云南省小龙潭矿务局	171292
6	云南铜业（集团）有限公司	3719582	56	国投曲靖发电有限公司	169706
7	中国石油化工股份有限公司云南石油分公司	3313966	57	国电宣威发电有限责任公司	167096
8	云南建工集团有限公司	2333215	58	云南金鼎锌业有限公司	165458
9	云南煤化工集团有限公司	2082031	59	蒙自矿冶有限责任公司	164764
10	云南冶金集团股份有限公司	1707230	60	沈机集团昆明机床股份有限公司	159771
11	云南锡业集团（控股）有限责任公司	1643841	61	楚雄德胜煤化工有限公司	157428
12	昆明铁路局	1475372	62	云南滇东雨汪能源有限公司	157178
13	中国移动通信集团云南有限公司	1406098	63	云南第二公路桥梁工程有限公司	151889
14	中国水利水电第十四工程局有限公司	1029192	64	云南玉溪百信商贸有限公司	148398
15	云南白药集团股份有限公司	1007544	65	昆明电缆集团股份公司	147822
16	华能澜沧江水电有限公司	790191	66	云南东方糖酒有限公司	145025
17	云南物流产业集团有限公司	751184	67	云南三环中化嘉吉化肥有限公司	143098
18	十四冶建设集团有限公司	726488	68	国电阳宗海发电有限公司	142599
19	云南南磷集团股份有限公司	656738	69	昆明自来水集团有限公司	142146
20	云南力帆骏马车辆有限公司	652217	70	玉溪洛河永旭钢铁有限责任公司	135571
21	云南玉溪仙福钢铁（集团）有限公司	625084	71	云南文山电力股份有限公司	135022
22	云南德胜钢铁有限公司	550053	72	云南省邮政公司	134520
23	云南黄金矿业集团股份有限公司	533901	73	云南东骏药业有限公司	129341
24	高深（集团）有限公司	532217	74	昆明康辉旅行社有限公司	128870
25	中国电信股份有限公司云南分公司	527901	75	云南富源德鑫集团有限公司	124743
26	云南俊发房地产有限责任公司	523741	76	云南昊龙实业集团有限公司	123941
27	云南曲靖越钢集团有限公司	489734	77	昆明醋酸纤维有限公司	122185
28	云南滇金投资有限公司	381541	78	云南罗平锌电股份有限公司	120989
29	西南交通建设集团股份有限公司	366500	79	云南神农农业产业集团有限公司	118661
30	云南省投资控股集团有限公司	358778	80	曲靖市盛凯集团有限责任公司	117576
31	玉溪汇溪金属铸造制品有限公司	354167	81	国投云南大朝山水电有限公司	115025
32	云南祥云飞龙有色金属股份有限公司	347062	82	云南云桥建设股份有限公司	114164
33	安宁市永昌钢铁有限公司	336045	83	云南省曲靖交通集团有限公司	112121
34	云南出版集团有限责任公司	328971	84	云南 CY 集团有限公司	112048
35	云南民爆集团有限责任公司	312306	85	云南省活发集团洛河钢铁有限公司	110740
36	云南奥宸房地产开发有限公司	303828	86	云南丰瑞油脂有限公司	106865
37	昆明船舶设备集团有限公司	280907	87	云南通变电器有限公司	106424
38	云南省烟草烟叶公司	270084	88	云南澜沧江酒业集团有限公司	103162
39	昆明中铁大型养路机械集团有限公司	269298	89	云南省农业生产资料股份有限公司	101898
40	云南玉溪玉昆钢铁集团有限公司	259827	90	云南华联锌铟股份有限公司	100028
41	云南乘风有色金属股份有限公司	246963	91	云南省保山电力股份有限公司	99899
42	云南路桥股份有限公司	237735	92	昆明台成精密机械有限公司	99863
43	临沧南华糖业有限公司	233539	93	云南特安呐制药股份有限公司	97062
44	云南省曲靖双友钢铁有限公司	233280	94	云南健之佳健康连锁店股份有限公司	96000
45	昆明云内动力股份有限公司	232831	95	个旧市自立矿冶有限公司	95236
46	一汽通用红塔云南汽车制造有限公司	230398	96	国电开远发电有限公司	94307
47	南天电子信息产业股份有限公司	222754	97	云南大唐国际李仙江流域水电开发有限公司	90387
48	云南金格百货集团有限公司	210487	98	云南省玉溪合力机械制造有限公司	87270
49	昆明星耀集团实业有限公司	207360	99	云南金恒实业有限公司	86546
50	云南英茂集团有限公司	204803	100	云南省曲靖化学工业有限公司	85390

发布单位：云南省企业联合会、云南省企业家协会

表 11－19　　2011 广西企业 100 强

名次	企业名称	营业收入（万元）	名次	企业名称	营业收入（万元）
1	上汽通用五菱汽车股份有限公司	4200106	51	南宁百货大楼股份有限公司	185767
2	广西电网公司	4173851	52	嘉里粮油（防城港）有限公司	183975
3	广西玉柴机器集团有限公司	3704602	53	广西壮族自治区邮政公司	180264
4	南宁铁路局	2508768	54	广西北部湾银行股份有限公司	178920
5	广西建工集团有限责任公司	2346788	55	广西新振锰业集团有限公司	170000
6	广西投资集团有限公司	2221897	56	广西超大运输集团有限责任公司	159817
7	中国烟草总公司广西壮族自治区公司	1897858	57	广西成源矿冶有限公司	159419
8	广西柳工集团有限公司	1723390	58	华厦建设集团有限公司	158812
9	东风柳州汽车有限公司	1376037	59	广西强强碳素股份有限公司	153548
10	中国移动通信集团广西有限公司	1319492	60	广西运德汽车运输集团有限公司	150600
11	广西有色金属集团有限公司	1277872	61	广西北部湾投资集团有限公司	150012
12	广西南华糖业集团有限公司	1240027	62	广西梧州中恒集团股份有限公司	142569
13	广西壮族自治区农村信用社联合社	1205423	63	广西贵糖（集团）股份有限公司	134975
14	柳州五菱汽车有限责任公司	1201867	64	广西湘桂糖业集团有限公司	133416
15	广西中烟工业有限责任公司	1200597	65	广西冠桂糖业有限公司	130937
16	广西农垦集团有限责任公司	1177332	66	南南铝业股份有限公司	130443
17	广西北部湾国际港务集团有限公司	1009048	67	广西壮族自治区百色电力有限责任公司	127903
18	大海粮油工业（防城港）有限公司	848817	68	广西登高集团有限公司	126742
19	中国大唐集团公司广西分公司	793181	69	广西鱼峰水泥股份有限公司	122313
20	广西壮族自治区机电设备有限责任公司	728422	70	广西春茂农牧集团有限公司	118920
21	中国石油化工股份有限公司广西南宁石油分公司	685534	71	中房集团南宁房地产开发公司	118816
22	广西水利电业集团有限公司	622963	72	广西黑五类食品集团有限责任公司	115967
23	中国铝业股份有限公司广西分公司	594190	73	梧州神冠蛋白肠衣有限公司	115168
24	广西壮族自治区公路桥梁工程总公司	583813	74	广西南宁梦之岛百货有限公司	112763
25	广西物资集团有限责任公司	559278	75	桂林三金集团股份有限公司	110308
26	河池市南方有色冶炼有限责任公司	501381	76	兴安海螺水泥有限责任公司	108883
27	广西盛隆冶金有限公司	430807	77	广西三环企业集团	108815
28	桂林市力源粮油食品有限公司	423892	78	广西瑞通运输集团有限公司	104171
29	柳州正菱集团有限公司	419576	79	南宁化工股份有限公司	102055
30	桂林国际电线电缆集团有限责任公司	402794	80	南宁锦虹棉纺织有限责任公司	101624
31	广西东油沥青有限公司	396197	81	中国重汽集团柳州运力专用汽车有限公司	101217
32	广西方盛实业股份有限公司	387797	82	广西五丰粮食集团有限公司	99869
33	南宁糖业股份有限公司	387502	83	柳州特种汽车厂	99481
34	龙滩水电开发有限公司	371317	84	广西博庆食品有限公司	94466
35	广西凤糖生化股份有限公司	358866	85	柳州两面针股份有限公司	93640
36	桂林福达集团有限公司	346896	86	广西华劲集团股份有限公司	90921
37	广西壮族自治区冶金建设公司	307422	87	广西巨东种养集团有限公司	90657
38	燕京啤酒（桂林漓泉）股份有限公司	300741	88	广西田东锦盛化工有限公司	86355
39	广西壮族自治区扬翔饲料有限公司	290211	89	柳州机车车辆厂	84734
40	中铁二十五局集团柳州铁路工程有限公司	287436	90	广西上上糖业有限公司	84089
41	广西贵港钢铁集团有限公司	283563	91	广西新华书店集团有限公司	81246
42	广西来宾东糖集团有限公司	281818	92	广西南宁凤凰纸业有限公司	78400
43	中国联合网络通信集团有限公司广西壮族自治区分公司	255523	93	广西五鸿建设集团有限公司	78326
44	中电广西防城港电力有限公司	245310	94	柳州众菱汽车投资管理有限公司	77464
45	中钢集团广西铁合金有限公司	239497	95	广西大都混凝土集团有限公司	77160
46	中油广西田东石油化工总厂有限公司	236972	96	南宁建宁水务投资集团有限责任公司	76958
47	中信大锰矿业有限责任公司	235986	97	广西平桂飞碟股份有限公司	76719
48	广西平铝集团有限公司	207678	98	广西永凯糖纸集团有限责任公司	76408
49	广西桂东电力股份有限公司	199642	99	南宁市建筑安装工程有限责任公司	74933
50	十一冶建设集团有限责任公司	189380	100	广西壮族自治区贵港市建筑工程公司	72742

发布单位：广西企业联合会、企业家协会

第十二章　2011 中国企业 500 强、2011 中国制造业企业 500 强、2011 中国服务业企业 500 强按照行业分类名单

行业名次	企业名称	通讯地址及邮编	名次(1)
农、林、渔、畜牧业			
1	黑龙江北大荒农垦集团总公司	黑龙江省哈尔滨市香坊区红旗大街 175 号(150036)	79
煤炭采掘及采选业			
1	神华集团有限责任公司	北京市东城区安定门西滨河路 22 号(100011)	29
2	河南煤业化工集团有限责任公司	河南省郑州市郑东新区 CBD 商务外环 6 号国龙大厦(450046)	58
3	冀中能源集团有限责任公司	河北省邢台市中兴西大街 191 号(054021)	60
4	中国平煤神马能源化工集团有限责任公司	河南省平顶山市矿工中路 21 号(467000)	74
5	山东能源集团有限公司	山东省济南市山大南路 5 号法官培训学院(250100)	75
6	山西焦煤集团有限责任公司	山西省太原市新晋祠路一段 1 号(030024)	76
7	中国中煤能源集团有限公司	北京市朝阳区黄寺大街 1 号(100120)	85
8	开滦(集团)有限责任公司	河北省唐山市新华东道 70 号(063018)	91
9	山西潞安矿业(集团)有限责任公司	山西省长治市襄垣县侯堡(046204)	100
10	阳泉煤业(集团)有限责任公司	山西省阳泉市北大西街 5 号(045000)	108
11	山西晋城无烟煤矿业集团有限责任公司	山西省晋城市城区北石店镇(048006)	114
12	兖矿集团有限公司	山东省邹城市凫山南路 298 号(273500)	139
13	陕西煤业化工集团有限责任公司	陕西省西安市太乙路 182 号(710054)	158
14	淮南矿业(集团)有限责任公司	安徽省淮南市洞山中路 1 号(232001)	159
15	黑龙江龙煤矿业控股集团有限责任公司	黑龙江省哈尔滨市南岗区(开发区)闽江路 235 号(150090)	224
16	内蒙古伊泰集团有限公司	内蒙古鄂尔多斯市东胜区天骄北路伊泰大厦(017000)	227
17	淮北矿业(集团)有限责任公司	安徽省淮北市孟山路 1 号(235006)	243
18	义马煤业集团股份有限公司	河南省三门峡市义马市千秋东路 6 号(472300)	339
19	河南神火集团有限公司	河南省永城市光明路中段(476600)	346
20	徐州矿务集团有限公司	江苏省徐州市淮海西路 235 号(221006)	352
21	安徽省皖北煤电集团有限责任公司	安徽省宿州市西昌路 157 号(234000)	363
22	郑州煤炭工业(集团)有限责任公司	河南省郑州市中原西路 188 号(450006)	374
23	沈阳煤业(集团)有限责任公司	辽宁省沈阳市新城子区虎石台镇建设路(110122)	378
24	辽宁铁法能源有限责任公司	辽宁省调兵山市人民路 27 号(112700)	496
石油、天然气开采及生产业			
1	中国石油天然气集团公司	北京市东城区东直门北大街九号(100007)	2
2	中国海洋石油总公司	北京市东城区朝阳门北大街 25 号(100010)	16
3	陕西延长石油(集团)有限责任公司	陕西省西安市高新技术产业开发区科技二路 75 号(710075)	78

注:名次(1)为 2011 中国企业 500 强中的名次

行业名次	企业名称	通讯地址及邮编	名次(1)
建筑业			
1	中国中铁股份有限公司	北京市海淀区复兴路 69 号 9 号楼中国中铁大厦(100039)	6
2	中国铁建股份有限公司	北京市海淀区复兴路 40 号东院(100855)	7
3	中国建筑股份有限公司	北京市海淀区三里河路 15 号中建大厦 A 座(100037)	12
4	中国交通建设股份有限公司	北京市西城区德胜门外大街 85 号(100088)	19
5	中国冶金科工集团有限公司	北京市朝阳区曙光西里 28 号中冶大厦(100028)	30
6	中国水利水电建设集团公司	北京市海淀区车公庄西路 22 号(100048)	80
7	上海建工(集团)总公司	上海市福山路 33 号(200120)	98
8	广厦控股创业投资有限公司	浙江省杭州市玉古路 166 号(310013)	138
9	北京城建集团有限责任公司	北京市海淀区北太平庄路 18 号(100088)	196
10	上海城建(集团)公司	上海市浦东新区福山路 500 号 29 楼(200122)	203
11	北京建工集团有限责任公司	北京市西城区广莲路 1 号建工大厦(100055)	207
12	中国葛洲坝集团公司	湖北省宜昌市清波路 1 号(443002)	216
13	中国化学工程股份有限公司	北京市东直门内大街 2 号(100007)	240
14	浙江省建设投资集团有限公司	浙江省杭州市文三路 20 号建工大厦(310012)	252
15	重庆建工集团股份有限公司	重庆市北部新区金开大道 1596 号(401122)	263
16	中天发展控股集团有限公司	浙江省杭州市之江路 438 号中天商务楼(310008)	275
17	湖南省建筑工程集团总公司	湖南省长沙市芙蓉南路 1 段 788 号(友谊路口)(410004)	277
18	四川华西集团有限公司	四川省成都市解放路二段 95 号(610081)	281
19	成都建筑工程集团总公司	四川省成都市八宝街 111 号(610031)	285
20	北京市政路桥建设控股(集团)有限公司	北京市西城区南礼士路 17 号(100045)	305
21	广州市建筑集团有限公司	广东省广州市广卫路 4 号(建工大厦)(510030)	308
22	广西建工集团有限责任公司	广西南宁市朝阳路 49 号(530012)	318
23	云南建工集团有限公司	云南省昆明市东风东路 36 号(650051)	321
24	陕西建工集团总公司	陕西省西安市莲湖区北大街 199 号(710003)	327
25	青建集团股份公司	山东省青岛市南海支路 5 号(266071)	333
26	广东省建筑工程集团有限公司	广东省广州市天河天润路 87 号广建大厦(510635)	348
27	江苏南通三建集团有限公司	江苏省海门市狮山路 131 号(226100)	364
28	江苏南通二建集团有限公司	江苏省启东市人民中路 683 号(226200)	372
29	浙江中成控股集团有限公司	浙江省绍兴市中兴中路 375 号(312000)	403
30	中南控股集团有限公司	江苏省海门市常乐镇(226124)	406
31	江苏省苏中建设集团股份有限公司	江苏省南通市海安中坝南路 18 号(226600)	419
32	安徽建工集团有限公司	安徽省合肥市芜湖路 325 号建工大厦(230001)	433
33	四川公路桥梁建设集团有限公司	四川省成都市高新区九兴大道 12 号(610041)	438
34	河北建工集团有限责任公司	河北省石家庄市友谊北大街 146 号(050051)	446

行业名次	企业名称	通讯地址及邮编	名次(1)
35	天津城建集团有限公司	天津市南开区鞍山西道260号（300073）	458
36	黑龙江省建设集团有限公司	黑龙江省哈尔滨市香坊区三大动力路532号（150046）	463
37	中太建设集团股份有限公司	河北省廊坊市广阳道20号（065000）	468
38	浙江宝业建设集团有限公司	浙江省绍兴县杨汛桥镇（312028）	470
39	北京住总集团有限责任公司	北京市朝阳区慧忠里320号（100101）	473
40	浙江昆仑控股集团有限公司	浙江省杭州市体育场路580号（310007）	477
41	天津市建工集团（控股）有限公司	天津市新技术产业园区花园产业区开华道1号（300384）	491
42	浙江八达建设集团有限公司	浙江省诸暨市友谊路138号（311800）	495
电力生产业			
1	中国华能集团公司	北京市西城区复兴门内大街4号（100031）	27
2	中国大唐集团公司	北京市西城区广宁伯街1号（100140）	44
3	中国国电集团公司	北京市西城区阜成门北大街6-8号（100034）	47
4	中国华电集团公司	北京市西城区宣武门内大街2号（100031）	67
5	中国电力投资集团公司	北京市西城区金融大街28号3号楼（100033）	68
6	内蒙古电力（集团）有限责任公司	内蒙古呼和浩特市锡林南路218号（010020）	176
7	广东省粤电集团有限公司	广东省广州市天河东路2号粤电广场（510630）	197
8	中国广东核电集团有限公司	广东省深圳市福田区上步中路1001号科技大厦19层（518031）	396

行业名次	企业名称	通讯地址及邮编	名次(1)	名次(2)
1	新希望集团有限公司	四川省成都市武侯区新希望路9号华尔兹广场B座4楼（610041）	145	67
2	山东六和集团有限公司	山东省青岛市香港东路362号弄海园商务楼（266061）	165	80
3	通威集团有限公司	四川省成都市二环路南四段11号（610041）	257	132
4	西王集团有限公司	山东省邹平县西王工业园（256209）	384	207
5	三河汇福粮油集团有限公司	河北省三河市燕郊开发区汇福路8号（065201）	478	262
6	正邦集团有限公司	江西省南昌市高新技术开发区艾溪湖一路569号（330096）		294
7	山东渤海实业股份有限公司	山东省博兴县工业园（256500）		296
8	广西农垦集团有限责任公司	广西南宁市七星路135号（530022）		335
9	天津农垦集团总公司	天津市河西区气象台路96号（300074）		362
10	山东鲁花集团有限公司	山东省莱阳市龙门东路39号（265229）		405
11	河南财鑫集团有限责任公司	河南省郸城县城东环路37号（477150）		461
12	辽宁禾丰牧业股份有限公司	辽宁省沈阳市沈北新区辉山大街169号（110164）		493
食品加工制造业				
1	光明食品（集团）有限公司	上海市华山路263弄7号（200040）	77	29
2	天狮集团有限公司	天津市武清开发区新源道北18号（301700）	267	139
3	中国盐业总公司	北京市丰台区广外莲花池中盐大厦（100055）	292	153
4	北京二商集团有限责任公司	北京市宣武区槐柏树街2号1号楼202室（100053）		300
5	上海良友（集团）有限公司	上海市浦东新区张杨路88号滨江大厦（200122）		304
6	广西南华糖业集团有限公司	广西南宁市民族大道81号气象大厦16楼（530022）		317
7	祐康食品集团有限公司	浙江省杭州市机场路377号（310021）		438
8	厦门银鹭集团有限公司	福建省厦门市建业路3号吉祥家园三楼（361012）		472
肉食品加工业				
1	雨润控股集团有限公司	江苏省南京市建邺区雨润路10号（210041）	128	56
2	河南省漯河市双汇实业集团有限责任公司	河南省漯河市双汇路1号（462000）	166	81
3	临沂新程金锣肉制品集团有限公司	山东省临沂市兰山区金锣科技园（276036）	235	121
4	诸城外贸有限责任公司	山东省诸城市密州路东首（东坡北街6号）（262200）		381
5	唐人神集团股份有限公司	湖南省株洲市天元区黄河北路1291号（412007）		427
6	得利斯集团有限公司	山东省诸城市昌城镇得利斯工业园（262216）		446
7	北京顺鑫农业股份有限公司	北京市顺义区站前西街北侧顺鑫国际商务中心1305层（101300）		471
乳制品加工业				
1	内蒙古蒙牛乳业（集团）股份有限公司	北京市通州区食品工业园区一区1号（101107）	260	134

注：名次（2）为2011中国制造业企业500强中的名次

行业名次	企业名称	通讯地址及邮编	名次（1）	名次（2）
2	内蒙古伊利实业集团股份有限公司	内蒙古呼和浩特市金川开发区金四道 8 号（010080）	261	135
饮料加工业				
1	杭州娃哈哈集团有限公司	浙江省杭州市清泰街 160 号（310009）	148	69
2	维维集团股份有限公司	江苏省徐州市维维大道 300 号（221111）	471	259
酿酒制造业				
1	四川省宜宾五粮液集团有限公司	四川省宜宾市翠屏区岷江西路 150 号（644007）	204	100
2	青岛啤酒股份有限公司	山东省青岛市香港中路五四广场青啤大厦（266071）	381	205
3	中国贵州茅台酒厂有限责任公司	贵州省仁怀市茅台镇（564501）	462	254
4	北京燕京啤酒集团公司	北京市顺义区双河路 9 号（101300）	492	274
5	泸州老窖集团有限责任公司	四川省泸州市龙马潭区南光路 7 号泸州老窖广场（646000）		320
6	烟台张裕集团有限公司	山东省烟台市大马路 56 号（264001）		364
7	江苏洋河酒厂股份有限公司	江苏省宿迁市洋河镇中大街 118 号（223800）		436
烟草加工业				
1	上海烟草集团有限责任公司	上海市长阳路 717 号（200082）	109	42
2	红塔烟草（集团）有限责任公司	云南省玉溪市红塔区红塔大道 118 号（653100）	132	59
3	湖南中烟工业有限责任公司	湖南省长沙市雨花区万家丽中路三段 188 号（410014）	140	63
4	红云红河烟草（集团）有限责任公司	云南省昆明市五华区红锦路 181 号（650202）	147	68
5	浙江中烟工业有限责任公司	浙江省杭州市建国南路 288 号（310009）	225	115
6	湖北中烟工业有限责任公司	湖北省武汉市汉口宝丰路 6 号香溢大酒店（430030）	256	131
7	河南中烟工业有限责任公司	河南省郑州市农业东路 29 号（450016）	279	145
8	山东中烟工业有限责任公司	山东省济南市将军路 171 号（250100）	351	184
9	贵州中烟工业有限责任公司	贵州省贵阳市友谊路 25 号（550001）	359	191
10	广西中烟工业有限责任公司	广西南宁市北湖南路 28 号（530001）		331
11	江西中烟工业有限责任公司	江西省南昌市新开发区京东大道 201 号金圣工业科技园（330096）		387
12	重庆烟草工业有限责任公司	重庆市南岸区南坪东路 2 号（400060）		389
13	厦门烟草工业有限责任公司	福建省厦门市海沧新阳工业区新阳路 1 号（361022）		419
14	黑龙江烟草工业有限责任公司	黑龙江省哈尔滨市南岗区一曼街 104 号（150001）		462
15	河北白沙烟草有限责任公司	河北省石家庄市珠江大道 366 号（050035）		486
16	张家口卷烟厂有限责任公司	河北省张家口市桥东区钻石北路 9 号（075000）		499
纺织、印染业				
1	山东魏桥创业集团有限公司	山东省邹平经济开发区魏纺路 1 号（256200）	69	25
2	上海纺织控股（集团）公司	上海市虹桥路 1488 号（200336）	220	111
3	江苏阳光集团有限公司	江苏省江阴市新桥镇阳光工业园（214426）	266	138

行业名次	企业名称	通讯地址及邮编	名次(1)	名次(2)
4	山东如意科技集团有限公司	山东省济宁市洸河路 72 号如意大厦（272000）	376	201
5	天津纺织集团（控股）有限公司	天津市空港经济区中心大道东九道 6 号天纺大厦（300308）	498	277
6	澳洋集团有限责任公司	江苏省张家港市塘市镇中路澳洋国际大厦（215618）		283
7	山东大海集团有限公司	山东省东营市东城区府前街 70 号（257091）		289
8	东营市天信纺织有限公司	山东省东营市东城东二路 11 号（257091）		309
9	浙江天圣控股集团有限公司	浙江省绍兴县柯桥山阴西路 19 号（312030）		376
10	山东澳亚纺织有限公司	山东省广饶县经济开发区孙武路 876 号（257300）		424
11	北京纺织控股有限责任公司	北京市东城区东单三条 33 号（100005）		452
12	兴惠化纤集团有限公司	浙江省杭州市萧山区衙前镇吟龙村（311209）		474
13	富丽达集团控股有限公司	浙江省杭州市萧山区临江工业园区（311228）		475
纺织品、服装、鞋帽（含皮草、毛、绒等）加工业				
1	雅戈尔集团股份有限公司	浙江省宁波市鄞县大道西段 2 号 8 楼企管部（315153）	237	122
2	红豆集团有限公司	江苏省无锡市东港镇港下（214199）	270	141
3	海澜集团有限公司	江苏省江阴市新桥镇海澜工业园（214426）	299	159
4	内蒙古鄂尔多斯羊绒集团有限责任公司	内蒙古鄂尔多斯市东胜区达拉特南路 102 号（017000）	420	227
5	波司登股份有限公司	江苏省常熟市波司登工业园（215532）	455	249
6	杉杉控股有限公司	上海市浦东东方路 985 号一百杉杉大厦 24F（200122）	497	276
7	维科控股集团股份有限公司	浙江省宁波市海曙区和义路 99 号维科大厦（315000）		315
8	森马集团有限公司	浙江省温州市六虹桥路 1189 号森马大厦（325006）		409
9	孚日集团股份有限公司	山东省高密市孚日街 1 号（261500）		421
10	青岛即发集团控股有限公司	山东省青岛即墨市黄河二路 386 号即发技术中心（266200）		443
11	宁波申洲针织有限公司	浙江省宁波市经济技术开发区大港工业城甬江路 18 号（315800）		457
12	宁波博洋纺织有限公司	浙江省宁波市南门启文路 157 弄 6 号（315012）		463
13	鲁泰集团公司	山东省淄博市淄川区松龄东路 81 号（255100）		478
14	迪尚集团有限公司	山东省威海市世昌大道 16 号（264200）		487
木材、家具及竹、藤、棕、草制品业加工业				
1	宜华企业（集团）有限公司	广东省汕头市澄海区莲下镇大坪工业区（515041）		338
造纸及纸制品加工业				
1	山东大王集团有限公司	山东省东营市广饶县大王镇（257335）	181	89
2	金东纸业（江苏）股份有限公司	江苏省镇江市大港兴港东路 8 号（212132）	254	129
3	山东太阳纸业股份有限公司	山东省兖州市友谊路 1 号（272100）	341	180
4	山东晨鸣纸业集团股份有限公司	山东省寿光市圣城街 595 号（262700）	400	214
5	华泰集团有限公司	山东省东营市广饶县大王镇潍高路 251 号（257335）	407	218

行业名次	企业名称	通讯地址及邮编	名次（1）	名次（2）
6	山东博汇集团有限公司	山东省淄博市桓台县马桥镇（256405）	476	261
7	湖南泰格林纸集团有限责任公司	湖南省长沙市星沙技术开发区东升路 48 号（410100）		382
8	胜达集团有限公司	浙江省杭州市萧山经济技术开发区北塘路 2 号（311215）		432
生活消费品（含家具、家居）和文体用品、玩具、首饰、珠宝、工艺等轻工产品加工业				
1	天津市一轻集团（控股）有限公司	天津市河西区大沽南路 1501 号（300222）	170	85
2	天津二轻集团（控股）有限公司	天津市南开区长江道 108 号（300111）	365	195
3	重庆轻纺控股（集团）公司	重庆市北部新区高新园黄山大道中段 7 号（401121）	467	257
石化产品、炼焦及其他燃料加工业				
1	中国石油化工集团公司	北京市朝阳区朝阳门北大街 22 号（100728）	1	1
2	福建联合石油化工有限公司	福建省泉州市泉港区（362800）	142	65
3	大连西太平洋石油化工有限公司	辽宁省大连市经济技术开发区海青岛（116600）	223	114
4	山东京博控股股份有限公司	山东省滨州市博兴县京博工业园（256500）	356	188
5	山东金诚石化集团有限公司	山东省淄博市桓台县马桥镇（256405）	357	189
6	云南煤化工集团有限公司	云南省昆明市五华区小康大道 580 号（650231）	358	190
7	旭阳控股有限公司	北京市丰台区南四环西路 188 号五区 4 号楼（100070）	373	199
8	利华益集团股份有限公司	山东省东营市利津县大桥路 86 号（257400）	427	231
9	山东东明石化集团有限公司	山东省东明县石化大道 27 号（274500）	430	234
10	富海集团有限公司	山东省东营市河口区黄河路 37 号（257200）		287
11	嘉晨集团有限公司	辽宁省营口市老边区营大路 66 号（115005）		307
12	山东垦利石化有限责任公司	山东省东营市垦利县利河路 299 号（257500）		333
13	山东海科化工集团有限公司	山东省东营区北一路 726 号海科大厦（257088）		339
14	正和集团股份有限公司	山东省东营广饶县石村镇辛桥（257342）		341
15	山东华星石油化工集团有限公司	山东省广饶县大王镇（257335）		356
16	美锦能源集团有限公司	山西省太原市清徐县美锦大街 2 号（030400）		401
17	山东神驰化工有限公司	山东省东营市东营区郝纯路 129 号（257082）		418
18	山东万通石油化工集团有限公司	山东省东营市东营区史口镇郝纯路西（257082）		437
19	山东石大科技集团有限公司	山东省东营市北二路能源巷 1 号（257061）		450
20	山西潞宝集团	山西省长治市城北东街 65 号（046000）		458
21	山西沁新能源集团股份有限公司	山西省长治市沁源县李元镇韩家沟村（046502）		482
22	太原市梗阳实业集团有限公司	山西省太原市长治路 111 号山西世贸中心 21－22 层（030006）		495
化学原料及化学制品制造业				
1	中国化工集团公司	北京市海淀区北四环西路 62 号（100080）	64	23
2	天津渤海化工集团公司	天津市和平区湖北路 10 号（300040）	185	91
3	湖北宜化集团有限责任公司	湖北省宜昌市西陵区沿江大道 52 号（443000）	201	99

行业名次	企业名称	通讯地址及邮编	名次（1）	名次（2）
4	云天化集团有限责任公司	云南省昆明市滇池路1417号（650228）	211	105
5	上海华谊（集团）公司	上海市卢湾区徐家汇路560号（200025）	218	109
6	滨化集团公司	山东省滨州市滨城区黄河五路560号（256600）	293	154
7	江阴澄星实业集团有限公司	江苏省江阴市梅园大街618号（214432）	304	162
8	山东鲁北企业集团总公司	山东省滨州市无棣县埕口镇鲁北市新技术开发区（251909）	325	172
9	亚邦投资控股集团有限公司	江苏省常州市武进区牛塘镇人民西路105号（213163）	377	202
10	江苏金浦集团有限公司	江苏省南京市鼓楼区马台街99号海德商厦5楼（210009）	432	235
11	新疆天业（集团）有限公司	新疆石河子经济技术开发区北三东路36号（832000）	457	251
12	传化集团有限公司	浙江省杭州市萧山经济技术开发区（311215）	488	271
13	浙江龙盛控股有限公司	浙江省上虞市道墟镇龙盛大道1号（312368）	499	278
14	江苏三木集团有限公司	江苏省宜兴市官林镇三木路85号（214258）		286
15	唐山三友集团有限公司	河北省唐山市南堡经济技术开发区（063305）		346
16	沈阳化工集团有限公司	辽宁省沈阳市和平区高雄路2号（110006）		347
17	巨化集团公司	浙江省衢州市柯城区（324004）		348
18	升华集团控股有限公司	浙江省德清县钟管镇南湖路9号（313220）		353
19	山东金岭集团有限公司	山东省东营市广饶县大王经济开发区（257335）		358
20	红太阳集团有限公司	江苏省南京市高淳县宝塔路275号（211300）		371
21	山东聊城鲁西化工集团有限责任公司	山东省聊城市东阿县顾官屯镇鲁西化工工业园（252000）		377
22	天津大沽化工股份有限公司	天津市滨海新区塘沽兴化道1号（300455）		379
23	山东联盟化工集团有限公司	山东省寿光市建新街199号（262700）		400
24	东辰控股集团有限公司	山东省东营市永莘路98号（257506）		426
25	云南南磷集团股份有限公司	云南省昆明市东风西路顺城东塔15A楼（650032）		460
26	青海盐湖工业股份有限公司	青海省格尔木市黄河路28号盐湖大厦（816000）		485
27	铜陵化学工业集团有限公司	安徽省铜陵市翠湖一路2758号（244000）		497
28	青岛海湾集团有限公司	山东省青岛市市南区香港中路52号时代广场28层（266071）		498
医药制造业				
1	上海医药集团股份有限公司	上海市太仓路200号医药大厦（200020）	213	106
2	广州医药集团有限公司	广东省广州市沙面北街45号（510130）	273	142
3	扬子江药业集团有限公司	江苏省泰州市高港区扬子江南路1号（225321）	298	158
4	天津市医药集团有限公司	天津市河西区友谊北路29号（300204）	398	213
5	哈药集团有限公司	黑龙江省哈尔滨市道里区友谊路431号（150018）	409	219
6	太极集团有限公司	重庆市渝北区龙塔街道黄龙路38号（401147）		281

行业名次	企业名称	通讯地址及邮编	名次（1）	名次（2）
7	四川科伦实业集团有限公司	四川省成都市锦里西路 107 号南 18F（610072）		297
8	石药集团有限公司	河北省石家庄市中山西路 276 号（050051）		301
9	杭州华东医药集团有限公司	浙江省杭州市拱墅区莫干山路 866 号（310011）		314
10	天津天士力集团有限公司	天津市北辰科技园区普济河东道 2 号天士力现代中药城（300410）		354
11	华鲁控股集团有限公司	山东省济南市榜棚街 1 号华鲁大厦（250011）		357
12	东北制药集团有限责任公司	辽宁省沈阳市经济技术开发区昆明湖街 8 号（110027）		373
13	天津金耀集团有限公司（天津药业集团有限公司）	天津市河东区八纬路 109 号（300171）		464
14	辅仁药业集团有限公司	河南省鹿邑县玄武经济开发区（477293）		480
化学纤维制造业				
1	浙江恒逸集团有限公司	浙江省杭州市萧山区衙前镇（311209）	221	112
2	恒力集团有限公司	江苏省吴江市盛泽镇南麻经济开发区恒力路 1 号（215226）	241	124
3	江苏三房巷集团有限公司	江苏省江阴市周庄镇（214423）	246	126
4	浙江荣盛控股集团有限公司	浙江省杭州市萧山区益农镇红阳路 98 号（311247）	286	149
5	桐昆集团股份有限公司	浙江省桐乡市桐乡经济开发区光明路 199 号（314500）	355	187
6	盛虹集团有限公司	江苏省吴江市盛泽镇西白洋东方丝绸市场西侧（215228）	426	230
7	江苏华宏实业集团有限公司	江苏省江阴市周庄镇华宏村（214423）		312
8	兴达投资集团有限公司	江苏省无锡市锡山区东亭街道新明中路 88 号（214101）		318
9	浙江翔盛集团有限公司	浙江省杭州市萧山区党山镇工业园区内（311245）		429
10	华峰集团有限公司	浙江省瑞安市莘塍工业园区（325206）		433
11	开氏集团有限公司	浙江省杭州市萧山区衙前镇衙前路 432 号（311209）		441
12	新凤鸣集团股份有限公司	浙江省桐乡市洲泉镇德胜路 888 号（314513）		459
13	龙达集团有限公司	浙江省杭州市滨江区江南大道 288 号康恩贝大厦 17 层（310000）		468
14	浙江赐富化纤集团有限公司	浙江省绍兴县滨海工业区镜海大道与兴滨路口（312073）		492
橡胶制品业				
1	杭州橡胶（集团）公司	浙江省杭州市望江门外海潮路 1 号（310008）	331	175
2	三角集团有限公司	山东省威海市青岛中路 56 号（264200）	442	240
3	山东西水橡胶集团有限公司	山东省广饶县稻庄镇西水工业园（257336）	453	247
4	华勤橡胶工业集团	山东省兖州华勤工业园（272100）	469	258
5	玲珑集团有限公司	山东省招远市金龙路 777 号（265406）	475	260
6	双星集团有限责任公司	山东省青岛市贯州路 5 号（266002）		316

行业名次	企业名称	通讯地址及邮编	名次(1)	名次(2)
7	双钱集团股份有限公司	上海市四川中路 63 号（200002）		392
8	风神轮胎股份有限公司	河南省焦作市焦东南路 48 号（454003）		417
9	贵州轮胎股份有限公司	贵州省贵阳市百花大道 41 号（550008）		473
塑料制品业				
1	大连实德集团有限公司	辽宁省大连市甘井子区大连湾镇实德工业园区（116113）		324
2	浙江大东南集团有限公司	浙江省诸暨市璜山镇建新路 88 号（311809）		350
建材及玻璃等制造业				
1	中国建筑材料集团有限公司	北京市海淀区紫竹院南路 2 号（100048）	66	24
2	安徽海螺集团有限责任公司	安徽省芜湖市九华南路 1009 号（241070）	151	70
3	中国中材集团有限公司	北京市西城区西直门内北顺城街 11 号（100035）	169	84
4	北京金隅集团有限责任公司	北京市东城区北三环东路 36 号（100013）	255	130
5	海城市西洋镁矿有限公司	辽宁省海城市英落镇西洋大厦（114213）	314	166
6	吉林亚泰（集团）股份有限公司	长春市二道区吉林大路 1801 号（130031）	360	192
7	沈阳远大企业集团	辽宁省沈阳市经济技术开发区十六号街 6 号（110027）	394	211
8	沂州集团有限公司	山东省临沂市罗庄区付庄办事处（276018）	416	224
9	天瑞集团有限公司	河南省汝州市广成东路 63 号（467500）		298
10	冀东发展集团有限责任公司	河北省唐山市丰润区林荫路（063031）		308
11	天津市建筑材料集团（控股）有限公司	天津市和平区贵州路 4 号龙通大厦（300051）		336
12	上海奥盛投资控股（集团）有限公司	上海市浦东新区商城路 518 号 17 楼（200120）		369
13	营口青花集团	辽宁省大石桥市蟠龙街青花里（115100）		388
14	福耀玻璃工业集团股份有限公司	福建省福清市福耀工业区二区（350301）		407
15	中国南玻集团股份有限公司	广东省深圳市蛇口工业六路一号南玻大厦（518067）		431
16	红狮控股集团有限公司	浙江省兰溪市东郊上郭（321100）		440
黑色冶金及压延加工业				
1	宝钢集团有限公司	上海市浦东新区浦电路 370 号宝钢大厦（200122）	20	5
2	河北钢铁集团有限公司	河北省石家庄市裕华西路 40 号（050000）	28	9
3	首钢总公司	北京市石景山区石景山路 68 号首钢厂东门（100041）	32	11
4	武汉钢铁（集团）公司	湖北省武汉市友谊大道 999 号（430080）	36	13
5	江苏沙钢集团有限公司	江苏省苏州市张家港市锦丰镇（215625）	42	15
6	鞍钢集团公司	辽宁省鞍山市铁西区环钢路 1 号（114021）	56	19
7	太原钢铁（集团）有限公司	山西省太原市尖草坪 2 号（030003）	71	27
8	山东钢铁集团有限公司	山东省济南市历山路 134 号（250014）	73	28
9	天津冶金集团有限公司	天津市和平区常德道 57 号（300050）	82	31

行业名次	企业名称	通讯地址及邮编	名次（1）	名次（2）
10	天津钢管集团股份有限公司	天津市东丽区津塘公路 396 号（300301）	99	38
11	天津天钢集团有限公司	天津市东丽区津塘公路 398 号（300301）	101	39
12	新兴际华集团有限公司	北京市朝阳区东三环中路 7 号财富中心 A 座 27－29 层（100020）	104	41
13	天津天铁冶金集团有限公司	河北涉县天津天铁冶金集团有限公司（056404）	111	43
14	本钢集团有限公司	辽宁省本溪市平山区人民路 16 号（117000）	113	45
15	马钢（集团）控股有限公司	安徽省马鞍山市九华西路 8 号（243000）	116	47
16	湖南华菱钢铁集团有限责任公司	湖南省长沙市芙蓉路 2 段 111 号华菱大厦 22 楼（410011）	124	54
17	杭州钢铁集团公司	浙江省杭州市半山路 178 号（310022）	130	57
18	南京钢铁集团有限公司	江苏省南京市六合区大厂卸甲甸（210035）	135	61
19	酒泉钢铁（集团）有限责任公司	甘肃省嘉峪关市雄关东路 12 号（735100）	144	66
20	北京建龙重工集团有限公司	北京市丰台区南四环西路 188 号总部基地二区 4 号楼（100070）	160	75
21	中天钢铁集团有限公司	江苏省常州市武进区遥观镇 312 国道印墅村旁（213011）	168	83
22	包头钢铁（集团）有限责任公司	内蒙古包头市昆区河西工业区包钢信息大楼（014010）	175	86
23	日照钢铁控股集团有限公司	山东省日照市沿海路 600 号（276806）	189	95
24	天津荣程联合钢铁集团有限公司	天津市开发区盛达街 9 号泰达金融广场 8 楼（300457）	191	96
25	安阳钢铁集团有限责任公司	河南省安阳市殷都区梅元庄（455004）	192	97
26	江苏新长江实业集团有限公司	江苏省江阴市夏港镇夏港街道长江村（214442）	195	98
27	新余钢铁集团有限公司	江西省新余市冶金路（338001）	208	102
28	河北津西钢铁集团股份有限公司	河北省唐山市迁西县三屯营镇（064302）	210	104
29	新华联合冶金投资集团有限公司	北京市丰台区南四环西路 188 号总部基地三区 19 楼（100070）	219	110
30	青岛钢铁控股集团有限责任公司	山东省青岛市李沧区遵义路 5 号（266043）	231	118
31	河北敬业企业集团有限责任公司	河北省平山县南甸镇（050400）	234	120
32	江西萍钢实业股份有限公司	江西省南昌市红谷滩新区红谷中大道 725 号（330038）	249	127
33	江苏西城三联控股集团有限公司	江苏省江阴市临港新城夏港街道静堂里路 21 号（214442）	265	137
34	山东泰山钢铁集团有限公司	山东省莱芜市新甫路 1 号（271100）	287	150
35	江苏申特钢铁有限公司	江苏省常州市溧阳经济开发区昆仑北路 288 号（213300）	288	151
36	唐山港陆钢铁有限公司	河北省遵化市建明镇穆家庄村南（064200）	289	152
37	四川省川威集团有限公司	四川省成都市龙泉驿区龙都南路 198 号龙威大厦（610100）	297	157

行业名次	企业名称	通讯地址及邮编	名次(1)	名次(2)
38	唐山瑞丰钢铁（集团）有限公司	河北省唐山市丰南区小集镇工业区（063303）	320	168
39	天津友发钢管集团有限公司	天津市静海县大邱庄镇尧舜度假村（301606）	322	169
40	河北文丰钢铁有限公司	河北省武安市南环路南侧（056300）	324	171
41	陕西东岭工贸集团股份有限公司	陕西省宝鸡市金台大道东段（721004）	326	173
42	福建省三钢（集团）有限责任公司	福建省三明市梅列区工业中路群工三路（365000）	335	176
43	重庆钢铁（集团）有限责任公司	重庆市大渡口区大堰三村1栋1号（400080）	338	178
44	南金兆集团有限公司	山东省淄博市临淄区凤凰镇南金村（255419）	347	183
45	青山控股集团有限公司	浙江省温州市龙湾区永中街道青山村青陶路1号（325038）	354	186
46	昆明钢铁控股有限公司	云南省昆明安宁市昆明钢铁控股有限公司（650302）	369	197
47	陕西龙门钢铁（集团）有限责任公司	陕西省韩城市龙门镇（715405）	375	200
48	东北特殊钢集团有限责任公司	辽宁省大连市甘井子区工兴路4号（116031）	385	208
49	河北普阳钢铁有限公司	河北省武安市阳邑镇（056305）	411	220
50	西林钢铁集团有限公司	黑龙江省伊春市西林区新兴街121号（153025）	417	225
51	山东石横特钢集团有限公司	山东省肥城市石横镇（271612）	451	245
52	山东淄博傅山企业集团有限公司	山东省淄博市高新区卫固镇傅山村（255084）	456	250
53	凌源钢铁集团有限责任公司	辽宁省凌源市钢铁路3号（122504）	479	263
54	武安市裕华钢铁有限公司	河北省武安市上团城乡崇义四街村北（056300）	482	266
55	河北新金钢铁有限公司	河北省武安市武邑路骈山村东（056300）	490	273
56	四平红嘴集团总公司	吉林省四平市铁西区红嘴路28号（136000）		280
57	四川省达州钢铁集团有限责任公司	四川省达州市通川区西河路25号（635000）		299
58	河南济源钢铁（集团）有限公司	河南省济源市济水大街西段319号（454650）		302
59	河南龙成集团有限公司	河南省西峡县仲景大道63号（474500）		311
60	河北新武安钢铁集团文安集团钢铁有限公司	河北省武安市南环路（056300）		322
61	方大特钢科技股份有限公司	江西省南昌市青山湖区方大特钢科技股份有限公司投资发展部（330012）		326
62	冷水江钢铁有限责任公司	湖南省娄底市冷水江市轧钢路5号（417500）		327
63	崇利制钢有限公司	河北省邯郸市涉县井店一街崇利制钢有限公司（056404）		343
64	德龙钢铁有限公司	河北省邢台市邢台县南石门镇中尹郭村（054009）		345
65	宁波宝新不锈钢有限公司	浙江省宁波市经济技术开发区（北仑.霞浦）（315807）		360
66	邢台钢铁有限责任公司	河北省邢台市桥西区钢铁南路262号（054027）		361
67	河北兴华钢铁有限公司	河北省武安市上团城西（056301）		390
68	河北新武安钢铁集团烘熔钢铁有限公司	河北省武安市冶陶镇固镇村（056304）		397

行业名次	企业名称	通讯地址及邮编	名次（1）	名次（2）
69	潍坊特钢集团有限公司	山东省潍坊市钢厂工业园潍钢东路（261201）		398
70	河北前进钢铁集团有限公司	河北省霸州市胜芳镇开发区中星园区（065701）		412
71	辛集市澳森钢铁有限公司	河北省辛集市南智邱镇赵马村村东（052360）		413
72	山西建邦集团有限公司	山西省侯马市北效大李村（043000）		425
73	五矿营口中板有限责任公司	辽宁省营口市老边区冶金街繁荣路1号（115005）		428
74	山西中阳钢铁有限公司	山西省中阳县城北郊区（033400）		447
75	西宁特殊钢集团有限责任公司	青海省西宁市城北区柴达木西路52号（810005）		448
76	秦皇岛安丰钢铁有限公司	河北省秦皇岛市昌黎县靖安镇（066603）		470
77	承德兆丰钢铁集团有限公司	河北省承德市宽城县板城镇岔沟村（067602）		476
78	无锡市兆顺不锈中板有限公司	江苏省江阴市青阳镇工业园区（214401）		481
79	天津市恒兴钢业有限公司	天津市静海县静海镇北环工业园（301600）		483
80	天津达亿钢铁有限公司	天津市宁河县经济开发区金华路（301500）		489
81	永兴特种不锈钢股份有限公司	浙江省湖州市杨家埠（313005）		500
一般有色冶金及压延加工业				
1	中国铝业公司	北京市海淀区西直门北大街62号（100082）	35	12
2	金川集团有限公司	甘肃省金昌市金川区金川路98号（737104）	92	34
3	江西铜业集团公司	江西省贵溪市冶金大道15号（335424）	96	37
4	正威国际集团有限公司	广东省深圳市光明新区楼村第二工业区（518107）	118	49
5	铜陵有色金属集团控股有限公司	安徽省铜陵市长江西路有色大院（244001）	121	51
6	海亮集团有限公司	浙江省诸暨市店口镇湄池（311814）	153	71
7	南山集团有限公司	山东省龙口市东江镇南山工业园（265706）	163	78
8	陕西有色金属控股集团有限责任公司	陕西省西安市高新区高新路51号高新大厦（710075）	180	88
9	中国有色矿业集团有限公司	北京朝阳区安定路10号中国有色大厦北楼（100029）	186	92
10	大冶有色金属集团控股有限公司	湖北省黄石市新下陆下陆大道18号（435005）	239	123
11	宁波金田投资控股有限公司	浙江省宁波市江北区慈城城西西路1号（315034）	259	133
12	四川宏达（集团）有限公司	四川省成都市锦里东路2号宏达国际广场27楼（610041）	295	156
13	金龙精密铜管集团股份有限公司	河南省新乡市人民西路191号（453000）	323	170
14	万基控股集团有限公司	河南省洛阳市新安县万基工业园（471800）	343	182
15	河南豫联能源集团有限责任公司	河南省巩义市新华路31号（451200）	387	209
16	西部矿业集团有限公司	青海省西宁市五四大街52号（810001）	397	212
17	伊川电力集团总公司	河南省洛阳市伊川县水寨镇（471300）	401	215
18	云南冶金集团股份有限公司	云南省昆明市北市区小康大道399号（650224）	423	228
19	东营方圆有色金属有限公司	山东省东营经济开发区浏阳河路99号（257091）	429	233
20	云南锡业集团（控股）有限责任公司	云南省个旧市金湖东路121号（661000）	437	237
21	湖南晟通科技集团有限公司	湖南省长沙市金星路109号晟通长沙产业园（410200）	452	246

行业名次	企业名称	通讯地址及邮编	名次(1)	名次(2)
22	深圳市中金岭南有色金属股份有限公司	广东省深圳市福田区车公庙深南大道6013号中国有色大厦24－26楼（518040）	460	252
23	白银有色集团股份有限公司	甘肃省白银市白银区友好路96号（730900）	465	256
24	河南豫光金铅集团有限责任公司	河南省济源市荆梁南街1号（454650）	487	270
25	杭州富春江冶炼有限公司	浙江省杭州市富阳市鹿山街道谢家溪（311407）		290
26	广西有色金属集团有限公司	广西南宁路金浦路22号名都大厦9层（530022）		310
27	洛阳栾川钼业集团股份有限公司	河南省洛阳市栾川县城东新区画眉山路伊河以北（471500）		319
28	江西钨业集团有限公司	江西省南昌市北京西路88号（330046）		340
29	江西稀有金属钨业控股集团有限公司	江西省南昌市北京西路118号（330046）		363
30	天津有色金属集团有限公司	天津市南开区长江道红日南路52号（300111）		383
31	森特科技集团有限公司	江苏省常熟市董浜工业园华烨大道8号（215534）		402
32	兰溪自立铜业有限公司	浙江省兰溪市大仙东路23－2号（321100）		411
33	安徽楚江投资集团有限公司	安徽省芜湖市九华北路10号（241008）		456
34	浙江宏磊控股集团有限公司	浙江省诸暨市经济开发区迎宾路2号（311800）		477
金属制品业				
1	春风实业集团有限责任公司	河北省冀州市冀新西路86号（053200）	402	216
2	江苏法尔胜泓昇集团有限公司	江苏省江阴市通江北路203号（214433）	428	232
3	精功集团有限公司	浙江省绍兴柯桥金柯桥大道112号精功大厦（312030）	461	253
4	浙江元立金属制品集团有限公司	浙江省遂昌县妙高镇庄山（323300）	486	269
5	浙江东南网架集团有限公司	浙江省杭州市萧山区衙前镇新林周村（311209）		374
6	江苏新华发集团有限公司	江苏省江阴市镇澄路1299号（214443）		385
7	江苏大明金属制品有限公司	江苏省无锡市通江大道1518号（214191）		395
8	浙江栋梁新材股份有限公司	浙江省湖州市八里店镇（313001）		420
9	青岛泰发集团股份有限公司	山东省青岛市胶南市北京中路185号（266431）		488
10	邯郸市正大制管有限公司	河北省邯郸市成安县聚良大道9号（056700）		496
工程机械、设备及零配件制造业				
1	徐州工程机械集团有限公司	江苏省徐州市经济开发区工业一区（221004）	123	53
2	长沙中联重工科技发展股份有限公司	湖南省长沙市银盆南路361号（410013）	164	79
3	三一集团有限公司	湖南省长沙市经济开发区三一工业城（410100）	167	82
4	广西柳工集团有限公司	广西柳州市柳南区柳太路一号（545007）	418	226
5	福田雷沃国际重工股份有限公司	山东省潍坊市坊子区北海南路192号（261206）	500	279
6	太原重型机械集团有限公司	山西省太原市万柏林区玉河53号（030024）		291
7	山推工程机械股份有限公司	山东省济宁市327国道58号（272073）		292
8	大连重工·起重集团有限公司	辽宁省大连市西岗区八一路169号（116013）		295
9	中国龙工控股有限公司	上海市松江区民益路26号（201612）		329

行业名次	企业名称	通讯地址及邮编	名次(1)	名次(2)
10	中国第一重型机械集团公司	黑龙江省富拉尔基一重厂前路9号（161042）		404
11	杭叉集团股份有限公司	浙江省临安经济开发区东环路88号（311305）		444
12	郑州煤矿机械集团股份有限公司	河南省郑州市华山路105号（450013）		455
工业机械、设备及零配件制造业				
1	中国恒天集团有限公司	北京市朝阳区建国路99号中服大厦（100020）	312	165
2	盾安控股集团有限公司	浙江省杭州市滨江区泰安路239号（310052）	371	198
3	大连机床集团有限责任公司	辽宁省大连市开发区双D港辽河东路100号（116620）	439	238
4	沈阳机床（集团）有限责任公司	辽宁省沈阳市经济技术开发区开发大路17甲1号（110142）	493	275
5	北方重工集团有限公司	辽宁省沈阳市经济技术开发区开发大路16号（110141）		313
6	大连冰山集团有限公司	辽宁省大连市沙河口区西南路888号（116033）		370
7	海天塑机集团有限公司	浙江省宁波市北仑区小港江南出口加工贸易区（315821）		384
8	沈阳鼓风机集团有限公司	辽宁省沈阳经济技术开发区开发大路16号甲（110142）		399
9	瓦房店轴承集团有限责任公司	辽宁省瓦房店市北共济街一段1号（116300）		469
10	胜利油田高原石油装备有限责任公司	山东省东营市东二路233号（257091）		479
11	天洁集团有限公司	浙江省诸暨市牌头镇杨傅村（311825）		490
农林业机械、设备及零配件制造业				
1	山东时风（集团）有限责任公司	山东省高唐县时风路1号（252800）	317	167
电力、电气、输变电等机械、设备、器材、元器件和线缆制造业				
1	天津百利机电控股集团有限公司	天津市南开区长江道4号（300100）	222	113
2	正泰集团有限公司	浙江省温州市乐清市北白象镇正泰工业园正泰路1号（325603）	301	160
3	人民电器集团有限公司	浙江省乐清市经济开发区（柳市镇车站路555号人民电器工业园）（325604）	302	161
4	上海人民企业（集团）有限公司	上海市静安区南京西路881号（200041）	337	177
5	江西赛维LDK太阳能高科技有限公司	江西省新余市高新技术产业区赛维大道（338000）	340	179
6	德力西集团有限公司	浙江省乐清市柳市镇柳青路1号（325604）	361	193
7	新疆特变电工集团有限公司	新疆乌鲁木齐市高新街230号（830011）	366	196
8	天正集团有限公司	浙江省乐清市柳市镇天正工业园区（325604）	380	204
9	北京京城机电控股有限责任公司	北京朝阳区东三环中路59号京城机电大厦18层（富力双子座A座）（100022）	382	206
10	尚德电力控股有限公司	江苏省无锡市新区新华路9号（214028）	388	210
11	亨通集团有限公司	江苏省吴江市经济开发区亨通路100号（215200）	440	239
12	江苏金辉集团公司	江苏省宜兴市官林镇金辉工业园（214252）	444	242
13	中国西电集团公司	陕西省西安市高新区唐兴路7号（710075）	454	248

行业名次	企业名称	通讯地址及邮编	名次（1）	名次（2）
14	宁波富邦控股集团有限公司	浙江省宁波市海曙区长春路2号（315010）	464	255
15	许继集团有限公司	河南省许昌市许继大道1298号（461000）	484	268
16	远东控股集团有限公司	江苏省宜兴市高塍镇远东大道6号（214257）	489	272
17	宝胜集团有限公司	江苏省宝应县宝胜中路1号（225800）		284
18	环宇集团有限公司	浙江省乐清市北白象镇温州大桥工业区（325603）		305
19	永鼎集团有限公司	江苏省吴江市汾湖镇汾湖国道路751号（215211）		334
20	湘电集团有限公司	湖南省湘潭市下摄司街302号（411101）		349
21	天能电池集团有限公司	浙江省湖州市长兴县煤山工业园区（313117）		355
22	大全集团有限公司	江苏省扬中市新坝镇新中南路66号（212211）		368
23	上海胜华电缆（集团）有限公司	上海市浦东新场镇奉新路102号（201314）		372
24	华通机电集团有限公司	浙江省乐清市柳市镇柳青路2号（325604）		378
25	兴乐集团有限公司	浙江省乐清市柳市镇后街工业区昌盛路17号（325604）		380
26	天津塑力线缆集团有限公司	天津市新技术产业园区北辰科技工业园汀江路7号（300410）		403
27	通鼎集团有限公司	江苏省吴江市八都工业园区小平大道18号（215233）		406
28	上海浦东电线电缆（集团）有限公司	上海市奉贤区青港工业园区上线路777号（201414）		410
29	浙江富春江通信集团有限公司	浙江省富阳市江滨东大道138号（311401）		414
30	富通集团有限公司	浙江省富阳市金秋大道富春科技园1－8号（311400）		416
31	无锡江南电缆有限公司	江苏省宜兴市官林镇新官东路53号（214251）		423
32	铜陵精达铜材（集团）有限责任公司	安徽省铜陵市经济技术开发区黄山大道（244000）		434
33	超威电源有限公司	浙江省长兴县雉城镇新兴工业园区（313100）		439
电梯及运输、仓储设备、器材与设施制造业				
1	中国国际海运集装箱（集团）股份有限公司	广东省深圳市南山区蛇口工业区港湾大道2号中集研发中心（518067）	157	74
2	西子联合控股有限公司	浙江省杭州市庆春东路1－1号（310016）		323
3	上海三菱电梯有限公司	上海市闵行江川路811号（200245）		367
轨道交通设备及零部件制造业				
1	中国南车集团公司	北京市海淀区西四环中路16号院5号楼（100036）	120	50
2	中国北方机车车辆工业集团公司	北京市丰台区方城园一区15号楼（100078）	125	55
家用电器及零配件制造业				
1	海尔集团公司	山东省青岛市海尔路1号（266101）	63	22
2	美的集团有限公司	广东省佛山市顺德区北滘镇蓬莱路工业大道（528311）	70	26
3	海信集团有限公司	山东省青岛市市南区东海西路17号（266071）	131	58
4	珠海格力电器股份有限公司	广东省珠海市香洲区前山金鸡路789号（519070）	137	62
5	四川长虹电子集团有限公司	四川省绵阳市高新区绵兴东路35号（621000）	141	64

行业名次	企业名称	通讯地址及邮编	名次（1）	名次（2）
6	TCL集团股份有限公司	广东省惠州市鹅岭南路六号TCL工业大厦九楼（516001）	156	73
7	广东格兰仕集团有限公司	广东省佛山市顺德区容桂大道南25号（528305）	214	107
8	奥克斯集团有限公司	浙江省宁波市鄞州县（区）姜山镇明光北路1166号（315191）	284	148
9	广州万宝集团有限公司	广东省广州市海珠区江南大道中111号（510220）	412	221
10	江苏双良集团有限公司	江苏省江阴市利港镇（214444）	443	241
11	惠州市华阳集团有限公司	广东省惠州市演达一路华阳大厦23楼（516007）		386
12	青岛澳柯玛股份有限公司	山东省青岛经济技术开发区前湾港路315号（266510）		394
13	杭州金鱼电器集团有限公司	浙江省杭州市西湖区天目山路159号现代国际大厦南座16楼（310013）		396
14	合肥美菱股份有限公司	安徽省合肥市经开区莲花路2163号（230601）		415
15	星星集团有限公司	浙江省台州市椒江区洪家星星电子产业区13#楼（318015）		430
16	上海海立（集团）总公司	上海市浦东金桥出口加工区宁桥路888号（201206）		466
黄金冶炼及压延业				
1	中国黄金集团公司	北京市东城区柳荫公园南街1号（100011）	162	77
2	山东黄金集团有限公司	山东省济南市舜华路200号舜泰广场3号楼（250100）	229	117
3	紫金矿业集团股份有限公司	福建省上杭县紫金大道1号（364200）	268	140
4	山东招金集团有限公司	山东省招远市开发区盛泰路108号（265400）	294	155
电子元器件与仪器仪表、自动化控制设备制造业				
1	中国电子信息产业集团有限公司	北京市海淀区万寿路27号北京64信箱（100846）	49	17
2	晶龙实业集团有限公司	河北省宁晋县晶龙大街289号（055550）	280	146
3	山东科达集团有限公司	山东省东营市府前大街65号（257091）	481	265
4	惠州市德赛集团有限公司	广东省惠州市江北云山西路12号德赛大厦22层（516003）		332
5	中国华录集团有限公司	辽宁省大连市高新园区华路1号（116023）		422
6	三花控股集团有限公司	浙江省新昌县城关镇七星街道下礼泉村（312500）		445
7	中国四联仪器仪表集团有限公司	重庆市北碚区碚峡路人民村1号（400700）		491
动力、发电、电力生产等机械、装备制造业				
1	上海电气（集团）总公司	上海市四川中路110号（200002）	81	30
2	潍柴控股集团有限公司	山东省潍坊市民生东街26号（261001）	93	35
3	东方电气股份有限公司	四川省成都市蜀汉路333号（610036）	209	103
4	广西玉柴机器集团有限公司	广西玉林市玉柴大道1号（537005）	215	108
5	哈尔滨电气集团公司	黑龙江省哈尔滨市香坊区三大动力路39号（150040）	242	125

行业名次	企业名称	通讯地址及邮编	名次(1)	名次(2)
6	杭州汽轮动力集团有限公司	浙江省杭州市庆春东路68号杭州汽轮国际大厦18楼(310016)	274	143
7	新疆金风科技股份有限公司	新疆乌鲁木齐市经济技术开发区上海路107号(830026)	414	223
8	卧龙控股集团有限公司	浙江省上虞市人民西路1801号(312300)		391
计算机及零部件制造业				
1	联想控股有限公司	北京市海淀区科学院南路2号融科资讯中心A座10层(100190)	59	20
2	北大方正集团有限公司	北京市海淀区成府路298号中关村方正大厦9层(100871)	154	72
3	同方股份有限公司	北京市海淀区王庄路1号同方科技广场同方科技大厦A座29层(100083)	405	217
通讯器材及设备、元器件制造业				
1	华为技术有限公司	广东省深圳市龙岗区坂田华为总部办公楼(518129)	39	14
2	天津中环电子信息集团有限公司	天津市西青区津港公路微电子工业区钱学森道1号(300385)	86	33
3	中兴通讯股份有限公司	广东省深圳市科技南路55号中兴通讯大厦(518057)	112	44
4	武汉邮电科学研究院	湖北省武汉市洪山区邮科院路88号(430074)		328
5	四川九洲电器集团有限责任公司	四川省绵阳市跃进路16号(621000)		365
电子办公设备及影像设备制造业				
1	深圳华强集团有限公司	广东省深圳市深南中路华强路口华强集团1号楼(518031)		352
汽车及零配件制造业				
1	东风汽车公司	湖北省武汉市经济技术开发区东风大道特1号(430056)	13	2
2	上海汽车工业(集团)总公司	上海市威海路489号(200041)	15	3
3	中国第一汽车集团公司	吉林省长春市东风大街2259号(130011)	18	4
4	广州汽车工业集团有限公司	广东省广州市东风中路448-458号19楼-20楼(510030)	48	16
5	北京汽车集团有限公司	北京市朝阳区东三环南路25号北京汽车大厦(100021)	50	18
6	天津汽车工业(集团)有限公司	天津市和平区烟台道78号(300040)	84	32
7	中国重型汽车集团有限公司	山东省济南市英雄山路165号(250002)	103	40
8	浙江吉利控股集团有限公司	浙江省杭州市滨江区江陵路1760号(310051)	115	46
9	华晨汽车集团控股有限公司	辽宁省沈阳市大东区东望街39号(110044)	117	48
10	万向集团公司	浙江省杭州市萧山经济技术开发区(311215)	122	52
11	江苏悦达集团有限公司	江苏省盐城市开放大道78号(224002)	133	60

行业名次	企业名称	通讯地址及邮编	名次(1)	名次(2)
12	无锡产业发展集团有限公司	江苏省无锡市县前西街168号（214031）	187	93
13	厦门海翼集团有限公司	福建省厦门市厦禾路668号24F（361004）	206	101
14	奇瑞汽车股份有限公司	安徽省芜湖市经济技术开发区长春路8号（241009）	226	116
15	安徽江淮汽车集团有限公司	安徽省合肥市东流路176号（230022）	232	119
16	陕西汽车集团有限责任公司	陕西省西安市经济开发区泾渭工业园（710200）	250	128
17	长城汽车股份有限公司	河北省保定市朝阳南大街2266号（071000）	264	136
18	江铃汽车集团公司	江西省南昌市迎宾北大道666号（330001）	276	144
19	郑州宇通集团有限公司	河南省郑州市管城区宇通路河宇通工业园（450061）	445	243
20	三环集团公司	湖北省武汉市东湖新技术开发区东信路16号（430074）		282
21	福建省汽车工业集团有限公司	福建省福州市鼓楼区华林路212号（350003）		325
22	柳州五菱汽车有限责任公司	广西柳州市河西路18号五菱大厦3楼（545007）		330
23	辽宁曙光汽车集团股份有限公司	辽宁省丹东市振安区曙光路50号（118001）		344
24	庆铃汽车（集团）有限公司	重庆市九龙坡区中梁山协兴村1号（400052）		359
25	山东五征集团	山东省日照市北经济开发区五征汽车城（262306）		366
26	重庆小康工业集团股份有限公司	重庆市沙坪坝区上桥工业园区附63－1号（400037）		393
27	青年汽车集团有限公司	浙江省金华市八达中路501号（321016）		435
28	万丰奥特控股集团有限公司	浙江省新昌县万丰科技园（312500）		453
29	华翔集团股份有限公司	浙江省象山县西周镇镇安路104号（315722）		494
摩托车及零配件制造业				
1	重庆力帆控股有限公司	重庆市沙坪坝区上桥张家湾60号（400037）	450	244
2	隆鑫控股有限公司	重庆市九龙坡区九龙工业园火炬大道10号（400080）	480	264
3	宗申产业集团有限公司	重庆市巴南区渝南大道126号宗申工业园（400054）		303
4	江门市大长江集团有限公司	广东省江门市建达北路5号（529030）		306
航空、航天、核工业与兵器制造业				
1	中国兵器装备集团公司	北京市海淀区车道沟10号（100089）	23	6
2	中国兵器工业集团公司	北京市西城区三里河路46号（100821）	26	8
3	中国航空工业集团公司	北京市朝阳区建国路128号中航工业大厦（100022）	31	10
4	中国航天科工集团公司	北京市海淀区阜成路甲8号（100048）	94	36
5	中国核工业集团公司	北京市2102信箱22分箱（100822）	188	94
船舶制造业				
1	中国船舶重工集团公司	北京市海淀区昆明湖南路72号（100097）	61	21
2	江苏扬子江船业集团公司	江苏省江阴市鲥鱼港路38号（214431）	329	174
3	上海外高桥造船有限公司	上海市浦东新区洲海路3001号（200137）	379	203
4	江苏新世纪造船（集团）有限公司	江苏省靖江市新港区斜桥镇丹华港港口（214518）	436	236
5	沪东中华造船（集团）有限公司	上海市浦东新区浦东大道2851号（200129）		293
6	江苏熔盛重工有限公司	江苏省如皋市如皋港经济开发区疏港路1号（226532）		321

行业名次	企业名称	通讯地址及邮编	名次(1)	名次(2)
7	春和集团有限公司	浙江省宁波市江北区扬善路51号金港大厦11楼(315020)		337
8	金海重工股份有限公司	浙江省岱山县途镇金海大道1号(316291)		342
9	广州广船国际股份有限公司	广东省广州市荔湾区芳村大道南40号(510382)		451
10	上海船厂船舶有限公司	上海市杨树浦路468号(200082)		484
综合制造业(以制造业为主,含有服务业)				
1	中国五矿集团公司	北京市海淀区三里河路5号五矿大厦(100044)	24	7
2	江苏华西集团公司	江苏省无锡市江阴市华士镇华西村(214420)	161	76
3	比亚迪股份有限公司	广东省深圳市龙岗区坪山横坪公路3001号(518118)	179	87
4	上海复星高科技(集团)有限公司	上海市黄浦区复兴东路2号(200010)	184	90
5	新华联控股有限公司	北京市朝阳区东四环中路道家园18号新华联大厦17层企业文化部(100025	283	147
6	百兴集团有限公司	江苏省常州市新北区黄河东路88号中国百兴集团908室(213022)	309	163
7	重庆机电控股(集团)公司	重庆市渝中区中山三路155号(400015)	311	164
8	华盛江泉集团有限公司	山东省临沂市罗庄区双月湖西岸(276017)	342	181
9	重庆化医控股(集团)公司	重庆市北部新区星光大道70号天王星A1座(401121)	353	185
10	新世纪控股集团有限公司	浙江省台州市椒江区工人西路618号(318000)	362	194
11	万达控股集团有限公司	山东省东营市垦利县行政办公新区万达大厦(257500)	413	222
12	苏州创元投资发展(集团)有限公司	江苏省苏州市南门东二路4号(215007)	424	229
13	海城市后英经贸集团有限公司	辽宁省海城市英落镇后英村(114213)	483	267
14	攀枝花钢城集团有限公司	四川省攀枝花市东区长寿路(617023)		285
15	华立集团股份有限公司	浙江省杭州市余杭区五常大道181号华立科技园(310023)		288
16	江苏天地龙集团有限公司	江苏省宜兴市西郊工业园(徐舍镇)(214241)		351
17	杭州锦江集团有限公司	浙江省杭州市湖墅南路111号锦江大厦20-22楼(310005)		375
18	利时集团股份有限公司	浙江省宁波市鄞州区投资创业中心诚信路518号(315104)		408
19	花园工贸集团有限公司	浙江省东阳市南马镇花园工业区(322100)		442
20	力诺集团有限责任公司	山东省济南市经十东路30099号(250103)		449
21	重庆市博赛矿业(集团)股份有限公司	重庆市渝中区邹容路131号世界贸易中心47楼(400010)		454
22	上海致达科技(集团)股份有限公司	上海市延平路121号29楼(200042)		465
23	浙江航民实业集团有限公司	浙江省杭州市萧山区瓜沥镇航民村(311241)		467

行业名次	企业名称	通讯地址及邮编	名次(1)	名次(3)
电力、热力、燃气等能源供应服务业				
1	国家电网公司	北京市西城区西长安街 86 号（100031）	3	1
2	中国南方电网有限责任公司	广东省广州市珠江新城华穗路 6 号（510623）	14	8
3	浙江省能源集团有限公司	浙江省杭州市天目山路 152 号（310007）	177	59
4	申能（集团）有限公司	上海市虹井路 159 号 6 层（201103）	296	93
5	北京能源投资（集团）有限公司	北京市朝阳区永安东里 16 号 CBD 国际大厦 A 区（100022）	421	128
6	山西省国新能源发展集团有限公司	山西省太原市长风大街 108 号东座（030006）	459	138
7	福建省能源集团有限责任公司	福建省福州市省府路 1 号（350001）	466	139
8	深圳能源集团股份有限公司	广东省深圳市福田区深南中路 2068 号华能大厦 33 楼（518031）		153
9	广州发展集团有限公司	广东省广州市珠江新城临江大道 3 号发展中心 33 楼（510623）		163
10	无锡市国联发展（集团）有限公司	江苏省无锡市县前东街 168 号（214003）		193
11	安徽省能源集团有限公司	安徽省合肥市马鞍山路 76 号能源大厦 6 楼（230011）		196
12	景德镇市焦化工业集团有限责任公司	江西省景德镇市历尧（333000）		224
13	广西水利电业集团有限公司	广西南宁市厢竹大道 30 号（530023）		244
14	重庆市涪陵水利电力投资集团有限责任公司	重庆市涪陵区滨江路 555 号（408000）		268
15	天津市燃气集团有限公司	天津市和平区吴家窑大街二号路 44 号（300070）		292
16	青岛泰能燃气集团有限公司	山东省青岛市宁夏路 123 号（266071）		413
17	武汉市燃气热力集团有限公司	湖北省武汉市江汉区台北路 225 号（430015）		447
18	东华能源股份有限公司	江苏省张家港市保税区出口加工区东华路 668 号（215634）		461
19	广西桂东电力股份有限公司	广西贺州市平安西路 12 号（542800）		493
铁路运输及辅助服务业				
1	中国铁路物资股份有限公司	北京市西城区华远街 11 号（100032）	53	24
2	广州铁路（集团）公司	广东省广州市中山一路 151 号（510080）	173	57
3	大秦铁路股份有限公司	山西省太原市建设北路 202 号（030013）	199	67
4	广深铁路股份有限公司	广东省深圳市和平路 1052 号（518010）		151
5	中铁集装箱运输有限责任公司	北京市宣武区鸭子桥路 24 号 510 室（100055）		156
6	中铁快运股份有限公司	北京市宣武区鸭子桥路 24 号中铁商务大厦（100055）		207
7	内蒙古集通铁路（集团）有限责任公司	内蒙古呼和浩特市成吉思汗东街 19 号（010050）		271

注：名次（3）为 2011 中国服务业企业 500 强中的名次

行业名次	企业名称	通讯地址及邮编	名次(1)	名次(3)
8	天津京铁实业发展中心	天津市河北区王串场一号路康乐道开云里 9 号(300150)		382
9	中铁特货运输有限责任公司	北京市西城区鸭子桥路 24 号中铁商务大厦(100055)		462
道路运输、城市公交业及交通辅助、服务业				
1	广东省交通集团有限公司	广东省广州市白云路 27 号(510101)	238	77
2	浙江省交通投资集团有限公司	浙江省杭州市文晖路 303 号(310014)	319	102
3	山东高速集团有限公司	山东省济南市历下区龙奥北路 8 号(250098)	399	123
4	重庆交通运输控股(集团)有限公司	重庆市北部新区高新园青松路 33 号(401121)		222
5	安徽省高速公路控股集团有限公司	安徽省合肥市美菱大道 8 号(230051)		225
6	上海交运(集团)公司	上海市闸北区恒丰路 288 号(200070)		234
7	山西汽车运输集团有限公司	山西省太原市迎泽大街 50 号(030001)		290
8	安徽省交通投资集团有限责任公司	安徽省合肥市高新区香樟大道 180 号(230088)		309
9	天津市交通(集团)有限公司	天津市和平区营口道 10 号(300041)		326
10	江西赣粤高速公路股份有限公司	江西省南昌市朝阳洲中路 367 号(330025)		335
11	万合集团股份有限公司	河北省邯郸市中华南大街 52 号(056001)		342
12	张家口通泰控股集团有限公司	河北省张家口市高新区市府大街通泰写字城北 10F(075000)		427
13	上海强生集团有限公司	上海市静安区南京西路 920 号(200041)		434
14	苏州汽车客运集团有限公司	江苏省苏州市金阊区留园路 288 号(215008)		438
15	武汉市公共交通集团有限责任公司	湖北省武汉市汉阳区马鹦路 162 号(430050)		490
水上运输业				
1	中国远洋运输(集团)总公司	北京市西城区复兴门内大街 158 号远洋大厦 11 层(100031)	45	20
2	中国海运(集团)总公司	上海市东大名路 678 号(200080)	126	44
3	浙江中外运有限公司	浙江省宁波市海曙区解放南路 69 号(315010)		195
4	河北远洋运输集团股份有限公司	河北省秦皇岛市秦皇东大街 258 号(066001)		405
5	民生轮船股份有限公司	重庆市渝中区新华路 83 号(400011)		460
港口服务业				
1	上海国际港务(集团)股份有限公司	上海市东大名路 358 号国际港务大厦(200080)	395	122
2	天津港(集团)有限公司	天津市滨海新区(塘沽)津港路 99 号(300461)	415	127
3	青岛港(集团)有限公司	山东省青岛市港青路 6 号(266011)	485	142
4	广西北部湾国际港务集团有限公司	广西南宁市民族大道 1219 号(530028)		180
5	日照港集团有限公司	山东省日照市黄海一路 91 号(276826)		186
6	营口港务集团有限公司	辽宁省营口市鲅鱼圈区营港路 1 号(115007)		237

行业名次	企业名称	通讯地址及邮编	名次(1)	名次(3)
7	河北港口集团有限公司	河北省石家庄市裕华东路45号（050019）		252
8	广州港集团有限公司	广东省广州市越秀区沿江东路406号（510100）		323
9	大连港集团有限公司	辽宁省大连市中山区港湾街1号（116004）		349
航空运输业				
1	中国航空集团公司	北京市朝阳区霄云路36号国航大厦（100027）	102	38
2	中国东方航空集团公司	上海市虹桥路2550号（200335）	105	39
3	中国南方航空集团公司	广东省广州市机场路航云南街27号（510406）	106	40
4	海航集团有限公司	海南省海口市国兴大道7号海航大厦（570203）	129	46
5	厦门航空有限公司	福建省厦门市埭辽路22号（361006）		172
6	山东航空集团有限公司	山东省济南市历下区二环东路5746号（240014）		213
航空港及相关服务业				
1	上海机场（集团）有限公司	上海市虹桥机场迎宾二路200号（200335）		200
2	北京首都国际机场股份有限公司	北京市朝阳区北京首都国际机场四纬路（100621）		256
3	广东省机场管理集团公司	广东省广州市白云区机场路282号（510406）		305
4	厦门国际航空港集团有限公司	福建省厦门市湖里区翔云一路100号（361006）		356
5	春秋航空股份有限公司	上海市空港一路528号航友宾馆2号楼（200335）		377
邮电通信业				
1	中国移动通信集团公司	北京市西城区金融大街29号（100033）	5	3
2	中国电信集团公司	北京市西城区金融大街31号（100140）	22	11
3	中国邮政集团公司	北京市西城区金融街甲3号（100808）	37	15
4	中国联合网络通信集团有限公司	北京市西城区金融大街21号中国联通大厦（100033）	43	19
软件、程序、线路的设计和计算机应用、网络工程等计算机、微电子服务业				
1	三胞集团有限公司	江苏省南京市中山北路219号宏图大厦22楼（210009）	205	70
2	浪潮集团有限公司	山东省济南市高新区舜雅路1036号浪潮科技园（250101）	258	84
3	浙大网新科技股份有限公司	浙江省杭州市西湖区三墩镇西园八路1号A楼15F（310030）		261
4	用友软件股份有限公司	北京市海淀区北清路68号用友软件园（100094）		410
5	云南南天电子信息产业股份有限公司	云南省昆明市盘龙区环城东路455号（650041）		466
物流、仓储、运输、配送服务业				
1	中国外运长航集团有限公司	北京市海淀区西直门北大街甲43号金运大厦A座（100044）	88	33
2	厦门建发集团有限公司	福建省厦门市鹭江道52号海滨大厦9楼（361001）	119	43
3	中国诚通控股集团有限公司	北京市南四环西路188号总部基地6区17号楼9层（100070）	178	60

行业名次	企业名称	通讯地址及邮编	名次(1)	名次(3)
4	厦门象屿集团有限公司	福建省厦门现代物流园区象兴四路 21 号银盛大厦 9 楼（361006）	291	92
5	中储发展股份有限公司	北京市丰台区南四环西路 188 号六区 18 号楼 B 座（100070）	404	124
6	河北省物流产业集团有限公司	河北省石家庄市中华北大街 3 号（050000）	431	131
7	福建省交通运输集团有限责任公司	福建省福州市东水路 18 号交通综合大楼东楼 21－23 层（350001）		204
8	云南物流产业集团有限公司	云南省昆明市西山区广福路 8 号（650228）		214
9	振华物流集团有限公司	天津新港京门大道 158 号（300461）		247
10	锦联投资集团有限公司	辽宁省大连市中山区祝贺街 35 号锦联大厦（116001）		263
11	重庆港务物流集团有限公司	重庆市渝中区朝千路 3 号（400011）		273
12	锦程国际物流集团股份有限公司	辽宁省大连市中山区祝贺街 35 号（116001）		329
13	武汉商贸国有控股集团有限公司	湖北省武汉市解放大道 1127 号富商大厦 8－9 楼（430030）		332
14	上海亚东国际货运有限公司	上海市延安东路 55 号 16 楼（200002）		370
15	环球控股集团有限公司	浙江省宁波市江东会展路 181 号国际会展中心 A 座 5 楼（315040）		396
16	浙江中捷环洲供应链集团股份有限公司	浙江省玉环县汽摩配工业园区（317600）		402
17	重庆中渝物业发展有限公司	重庆市渝北区龙溪街道嘉州路 99 号（401147）		465
18	浙江省八达物流有限公司	浙江省杭州市建国中路 27 号 6 楼（310009）		488
矿产、能源内外商贸及批发业				
1	中国航空油料集团公司	北京市海淀区马甸路 2 号桥冠城园中国航油大厦（100088）	54	25
2	山西煤炭运销集团有限公司	山西省太原市开化寺街 82 号（030002）	72	30
3	珠海振戎公司	北京市朝阳区大屯里 121 号华悦国际公寓 J 座（100108）	136	48
4	山西煤炭进出口集团有限公司	山西省太原市长风大街 115 号世纪广场 B 座（030006）	202	69
5	南方石化集团有限公司	广东省广州市天河区林和西路 3－15 号耀中广场 14 楼（510600）	272	88
6	中球冠集团有限公司	浙江省杭州市萧山区市心中路 819 号绿都世贸广场（311202）		203
7	河北省唐山市滦通商贸有限公司	河北省唐山市古冶区南范各庄（063108）		280
8	上海龙宇燃油股份有限公司	上海市浦东新区东方路 710 号 19 楼（200122）		308
9	河北五兴能源集团有限公司	河北省秦皇岛市开发区国际发展中心五层（066004）		327
10	新疆生产建设兵团石油有限公司	新疆乌鲁木齐市中山路 462 号广场联合办公大楼 A 座 8 楼（830000）		344

行业名次	企业名称	通讯地址及邮编	名次（1）	名次（3）
11	内蒙古铁鑫煤化集团有限公司	内蒙古包头市东河区巴彦塔拉西大街 11 号（014040）		408
12	安徽国华投资集团有限公司	安徽省淮北市南黎路 85 号（235000）		469
13	厦门协力集团有限公司	福建省厦门市湖里区东渡路 226 号五矿大厦 18 层（361012）		470
14	江苏中江能源有限公司	江苏省镇江市中山东路 45 号 16 层（212000）		472
化工产品及医药批发及内外商贸业				
1	中国中化集团公司	北京市复兴门内大街 28 号凯晨世贸中心中座 F11（100031）	17	9
2	宁波神化化学品经营有限责任公司	浙江省宁波市江东区东胜路 35 号（315040）		173
3	浙江日出化工有限公司	浙江省宁波市江东（区）中山东路 455 号东海曙光大厦 22 楼（315040）		386
4	宁波晶圆贸易有限公司	浙江省余姚市中国塑料城舜汇东路 38 号（315400）		480
机电、电子批发及内外商贸业				
1	中国通用技术（集团）控股有限责任公司	北京丰台区西三环中路 90 号（100055）	89	34
2	广东省广新控股集团有限公司	广东省广州市建基路 66 号广东外贸广场（510230）	146	50
3	厦门信达股份有限公司	福建省厦门市湖里区兴隆路信宏大厦二楼（361006）		167
4	宁波市慈溪进出口股份有限公司	浙江省慈溪市寺山路 269 号外贸大厦 A 座 7 楼（315300）		194
5	山东省机械进出口集团公司	山东省青岛市瞿塘峡路 1 号（266002）		262
6	广州佳都集团有限公司	广东省广州市天河软件园建中路 66 号佳都商务大厦东塔 9 楼（510665）		346
7	上海华通机电集团有限公司	上海市浦东东方路 800 号 34 楼宝安大厦（200122）		445
8	厦门嘉联恒进出口有限公司	福建省厦门市莲秀里 185 号必利达大厦 28D（361009）		448
9	广东省商业企业集团公司	广东省广州市越秀区新河浦路 66 号三楼（510080）		468
10	宁波宁电进出口有限公司	浙江省宁波市江东区世纪东方商业广场 6 号 12A（315040）		483
11	上海金开利实业股份有限公司	上海市黄浦区牛庄路 621 号 4 楼（200001）		487
纺织、服装、文体、烟酒、玩具、工艺、首饰等轻工产品和家具、家居商品内外批发及商贸业				
1	中国烟草总公司湖南省公司	湖南省长沙市芙蓉南路一段 628 号（410004）	198	66
2	浙江省国际贸易集团有限公司	浙江省杭州市庆春路 199 号（310006）	230	74
3	中国中纺集团公司	北京市建国门内大街 19 号中纺大厦（100005）	253	83
4	中国工艺（集团）公司	北京市朝阳区朝阳门外吉祥里 103 号（100020）	269	86
5	广东省丝绸纺织集团有限公司	广东省广州市东风西路 198 号丝丽大厦（510180）	271	87
6	上海市糖业烟酒（集团）有限公司	上海市大木桥路 620 号（200032）	345	109
7	江苏国泰国际集团有限公司	江苏省张家港市人民中路国泰大厦 32 层（215600）	367	112

行业名次	企业名称	通讯地址及邮编	名次(1)	名次(3)
8	江苏省丝绸集团有限公司	江苏省南京市软件大道48号苏豪国际广场（210012）	392	120
9	新华锦集团有限公司	山东省青岛市彰化路4号8号楼（266071）	422	129
10	安徽国贸集团控股有限公司	安徽省合肥市长江西路459号（230031）	435	133
11	老凤祥股份有限公司	上海市浦东金桥出口加工区川桥路1295号（201206）	494	143
12	红星美凯龙家居集团股份有限公司	上海市普陀区真北路1263号新长征大厦4楼（200333）		144
13	四川省烟草公司成都市公司	四川省成都市青羊区清江东路80号（610072）		169
14	广州轻工工贸集团有限公司	广东省广州市沿江西路147号（510120）		174
15	上海兰生（集团）有限公司	上海市卢湾区淮海中路8号32楼（200021）		178
16	浙江凯喜雅国际股份有限公司	浙江省杭州市体育场路105号（310004）		242
17	太平鸟集团有限公司	浙江省宁波市环城西路南段826号（315011）		270
18	浙江华瑞集团有限公司	浙江省杭州市萧山区建设一路66号华瑞中心一号楼28层（311215）		282
19	北京市糖业烟酒公司	北京市崇文区永外安乐林路71号（100075）		319
20	温州金州集团公司	浙江省温州市瓯海区郭溪镇曹埭村金州工业园（325018）		328
21	厦门市嘉晟对外贸易有限公司	福建省厦门市观音山商务营运中心8号楼18－19F（361008）		330
22	宁波市工艺品进出口有限公司	浙江省宁波市灵桥路190号外经贸大厦（315000）		351
23	浙江中国小商品城集团股份有限公司	浙江省义乌市福田路105号海洋商务楼17楼（322000）		390
24	福建省烟草公司厦门市公司	福建省厦门市湖光路66－67号鑫诚大厦（361004）		395
25	湖北银丰实业集团有限责任公司	湖北省武汉市江岸区青岛路7号银丰大厦12楼（430014）		397
26	厦门市中信隆进出口有限公司	福建省厦门市思明区塔埔东路170号9号楼12层（361008）		399
27	万事利集团有限公司	浙江省杭州市江干区机场路309号（310021）		401
28	中国免税品（集团）有限责任公司	北京市东城区东直门外小街甲2号－1（100027）		415
29	张家港市嘉广天进出口贸易有限公司	江苏省张家港市塘桥镇人民南路1号（215611）		417
30	绮丽集团有限责任公司	山东省青岛市南京路2号（266071）		453
31	丝绸之路控股集团有限公司	浙江省湖州市南街208号（313000）		489
32	宁波赛尔集团有限公司	浙江省宁波市高新（区）聚贤路399号宁波研发园1号楼19层（315103）		494
33	杭州市轻工工艺纺织品进出口有限公司	浙江省杭州市西湖科技经济园区西园一路6号（310030）		499

粮油食品及农林、土畜、果蔬、水产品等内外批发商贸业

行业名次	企业名称	通讯地址及邮编	名次(1)	名次(3)
1	中粮集团有限公司	北京市朝阳区朝阳门南大街 8 号中粮福临门大厦 18F（100020）	41	18
2	吉林粮食集团有限公司	吉林省长春市春城大街 1515 号（130062）		149
3	北京粮食集团有限责任公司	北京市朝阳区东三环中路 16 号京粮大厦（100022）		177
4	重庆粮食集团有限责任公司	重庆市渝中区八一路 13 号（400010）		287
5	新疆西部银力棉业（集团）有限责任公司	新疆石河子市北三路 23 小区 79 号（832000）		338
6	新疆生产建设兵团农一师棉麻公司	新疆阿克苏市民主路 8－2 号（843000）		361
7	浙江省农村发展集团有限公司	浙江省杭州市武林路 437 号农发大厦（310006）		412
8	新疆银隆国际贸易股份有限公司	新疆乌鲁木齐市南湖北路 89 号温州大厦（830017）		421
9	新疆生产建设兵团棉麻公司	新疆乌鲁木齐市西北路 955 号（830000）		441
10	渝惠食品集团有限公司	重庆市北部新区星光大道 60 号金星大厦园馆一楼（401121）		446
11	杭州果品集团有限公司	浙江省杭州市农副产品物流中心博园路 8 号（311199）		454
12	新疆兵团农三师棉麻公司	新疆喀什市克孜都维路 478 号（844000）		495
生产资料批发及内外商贸业				
1	天津市物资集团总公司	天津市和平区营口道四号（300041）	57	27
2	浙江省物产集团公司	浙江省杭州市环城西路 56 号（310006）	65	29
3	中国供销集团有限公司	北京市宣武门外大街甲 1 号（100052）	83	31
4	广东物资集团公司	广东省广州市北较场横路 12 号物资大厦（510050）	143	49
5	安徽省徽商集团有限公司	安徽省合肥市芜湖路 258 号（230061）	190	63
6	江苏汇鸿国际集团有限公司	江苏省南京市白下路 91 号汇鸿大厦（210001）	228	73
7	张家港保税区锦德贸易有限公司	江苏省张家港市锦丰镇江苏沙钢集团有限公司财务处（215625）		160
8	安徽辉隆农资集团	安徽省合肥市祁门路 1777 号辉隆大厦（230022）		170
9	黑龙江倍丰农业生产资料集团有限公司	黑龙江省哈尔滨市道外区景阳街 181 号（150020）		201
10	厦门路桥工程物资有限公司	福建省厦门市海沧区海虹路 5 号（361026）		217
11	庆丰农业生产资料集团有限责任公司	黑龙江省大庆市龙凤区卧里屯大街 55 号（163714）		288
12	江苏苏农农资连锁集团股份有限公司	江苏省南京市莫愁路 357 号（210004）		312
13	新疆农资（集团）有限责任公司	新疆乌鲁木齐市中山路 2 号（830002）		313
14	河北省农业生产资料有限公司	河北省石家庄市平安南大街 10 号（050000）		372
15	九禾股份有限公司	重庆市九龙坡区西郊路 33 号九龙明珠大厦 5 楼（400050）		380

行业名次	企业名称	通讯地址及邮编	名次(1)	名次(3)
16	常州市化工轻工材料总公司	江苏省常州市桃园路19号（213003）		409
17	浙江建华集团有限公司	浙江省杭州市沈半路2号（310015）		414
18	福建省福农农资集团有限公司（福建省农资集团公司）	福建省福州市鼓楼区尚宾路32号（350001）		431
19	重庆市盐业（集团）有限公司	重庆市北部新区高新园星光大道70号天王星A1座17楼（401121）		449
金属内外商贸及加工、配送、批发零售业				
1	中国中钢集团公司	北京海淀大街8号中钢国际广场（100080）	40	17
2	上海华冶钢铁集团有限公司	上海市宝山区锦乐路288号（201901）	330	104
3	中金再生资源（中国）投资有限公司	上海市浦东新区浦东南路528号证券大厦北塔13楼（200120）	390	118
4	丰立集团有限公司	江苏省张家港市大新镇（215636）	393	121
5	大汉控股集团有限公司	湖南省长沙市人民东路大汉建材城1栋（410000）		147
6	上海西本钢铁贸易发展有限公司	上海市东体育会路990号1－3F（200437）		191
7	天津立业钢铁集团有限公司	天津市东丽区军粮城兴农村北（300301）		199
8	江苏大经集团有限公司	江苏省江阴市澄杨路268号（214400）		209
9	天津市丽兴京津钢铁贸易有限公司	天津市东丽区军粮城工业园宝仓路（300301）		223
10	上海百营钢铁集团有限公司	上海市宝山区友谊路1518弄1号10－16F（201900）		264
11	上海闽路润贸易有限公司	上海市杨浦区国宾路36号万达广场B座11楼（200433）		269
12	上海顺朝企业发展集团有限公司	上海市虹口区广灵四路24号甲升隆大厦12楼（200083）		285
13	上海宝闽钢铁集团有限公司	上海市逸仙路661号16楼（200434）		302
14	山西宝力金属材料集团有限公司	山西省太原市和平北路三给村东大道北侧（030023）		324
15	天津市静海县宝来工贸有限公司	天津市静海县大邱庄镇海河道6号（301606）		341
16	江阴市中昌实业有限公司	江苏省江阴市南闸镇南焦路1号（214405）		385
17	江阴市长江钢管有限公司	江苏省江阴市临港新城夏港街道五星路538号（214442）		391
18	张家港市润沙钢铁贸易有限公司	江苏省扬子江国际冶金工业园锦绣路3号340室（215625）		398
19	上海闵熙钢铁发展有限公司	上海市松江区泗砖公路103弄商务楼1号楼701（201601）		424
20	上海中钢投资集团有限公司	删改市浦东新区浦电路438号21楼（200122）		451
21	青岛宝井钢材加工配送有限公司	山东省青岛市开发区江山中路6－1号（266555）		452
22	上海尚友实业集团有限公司	上海市杨浦区邯郸路98号凌武大厦10楼（200437）		458

行业名次	企业名称	通讯地址及邮编	名次（1）	名次（3）
23	上海神源企业集团有限公司	上海市杨浦区国宾路 12 号 13 楼（200433）		498
综合性内外商贸及批发业、零售业				
1	厦门国贸控股有限公司	福建省厦门市湖滨南路 388 号国贸大厦 43 楼（361004）	174	58
2	浙江省兴合集团公司	浙江省杭州市延安路 312 号（310006）	182	61
3	东方国际（集团）有限公司	上海市娄山关路 85 号 A 座 23 楼（200336）	344	108
4	远大物产集团有限公司	浙江省宁波市江东县（区）惊驾路 555 号泰富广场 A 座（315000）	350	111
5	中国轻工业品进出口总公司	北京市朝阳区劲松九区 910 号（100021）	434	132
6	中基宁波集团股份有限公司	浙江省宁波市鄞州区雅戈尔大道 1 号（315153）		145
7	环渤海金岸（天津）集团股份有限公司	天津市河西区解放南路 473 号（300221）		183
8	北方国际集团有限公司	天津市和平区大理道 68 号（300050）		239
9	广西物资集团有限公司	广西省南宁市东葛路 78 号（530022）		260
10	欧美投资集团有限公司	山东省青岛市东海西路 35 号 4 栋 12 层（266071）		274
11	宁波海田国际贸易有限公司	浙江省宁波市中山东路 137 号（315000）		276
12	扬帆集团股份有限公司	浙江省舟山市普陀区沈家门鲁家峙路 169 号（316100）		277
13	宁波韵升进出口有限公司	浙江省宁波市江东区民安路 348 号（315040）		278
14	浙江万丰企业集团公司	浙江省杭州市萧山区城厢街道人民路 51 号（311203）		315
15	嘉兴良友进出口集团股份有限公司	浙江省嘉兴市东升东路 2500 号良友大厦（314033）		350
16	上海外经集团控股有限公司	上海市小木桥路 681 号外经大厦 10 楼（200032）		475
汽车及摩托车商贸、维修保养及租赁业				
1	庞大汽贸集团股份有限公司	河北省唐山市滦县火车站广场东侧庞大汽贸集团（063700）	152	53
2	上海永达控股（集团）有限公司	上海市卢湾区瑞金南路 299 号（200023）	410	126
3	北京祥龙博瑞汽车服务（集团）有限公司	北京市朝阳区东直门外左家庄路 2 号（100028）		152
4	天津市浩物机电汽车贸易有限公司	天津市东丽区空港汽车园中环西路 1 号（300308）		154
5	山东远通汽车贸易集团有限公司	山东省临沂市通达路 319 号（276000）		184
6	浙江康桥汽车工贸集团股份有限公司	浙江省杭州市花园岗街 181 号（310015）		189
7	广西壮族自治区机电设备有限责任公司	广西南宁市民族大道 127 号铂宫国际七楼（530022）		216
8	润华集团股份有限公司	山东省济南市经十西路 239 号（250117）		218
9	上海申华控股股份有限公司	上海市宁波路 1 号申华金融大厦 24F（200002）		221
10	重庆中汽西南汽车有限公司	重庆市北部新区金渝大道 99 号（汽博中心）（401122）		227
11	中国农业机械华北集团有限公司	天津市和平区赤峰道 127 号（300041）		240

行业名次	企业名称	通讯地址及邮编	名次(1)	名次(3)
12	山西大昌汽车集团有限公司	山西省太原市平阳南路 88 号（030032）		265
13	成都建国汽车贸易有限公司	四川省成都市高新区火车南站西路 799 号（610041）		281
14	宁波轿辰集团股份有限公司	浙江省宁波市高新区星海南路 16 号轿辰大厦 21 楼（315040）		286
15	四川申蓉汽车股份有限公司	四川省成都市武侯区武侯大道顺江段 61 号（610045）		296
16	安徽亚夏实业股份有限公司	安徽省宁国市经济技术开发区亚夏汽车城（242300）		322
17	湖南兰天汽车集团有限公司	湖南省长沙市岳麓区岳麓大道 375 号（410000）		383
18	华星北方汽车贸易有限公司	天津市河西区太湖路 6 号（300210）		389
19	重庆百事达汽车有限公司	重庆市渝北区龙西街道松牌路 521 号（401147）		436
20	大连市汽车贸易集团有限公司	辽宁省大连市甘井子区华东路 45 号（116031）		467
电器商贸批发业、零售业				
1	苏宁电器集团有限公司	江苏省南京市玄武区徐庄软件园苏宁大道 1 号（210042）	51	22
2	国美电器有限公司	北京市朝阳区霄云路 26 号鹏润大厦 B 座 10 层（100016）	52	23
3	深圳市天音通信发展有限公司	广东省深圳市深南中路 2 号新闻大厦 26、35 楼（518027）	370	114
4	深圳市爱施德股份有限公司	广东省深圳市福田区车公庙泰然劲松大厦 20 楼（518040）		168
5	武汉工贸有限公司	湖北省武汉市江汉区唐家墩路 133 号（430023）		297
6	话机世界数码连锁集团股份有限公司	浙江省杭州市密渡桥路 1 号白马大厦 28 楼（310005）		440
7	厦门盛元通商集团	福建省厦门市海滨南路 819 号宝福大厦 26 层（361004）		478
医药专营批发业、零售业				
1	中国医药集团总公司	北京市海淀区知春路 20 号（100088）	95	36
2	南京医药产业（集团）有限责任公司	江苏省南京市玄武区唱经楼西街 65 号（210008）	310	98
3	九州通医药集团股份有限公司	湖北省武汉市汉阳区龙阳大道特 8 号（430051）	349	110
4	重庆医药股份有限公司	重庆市渝中区民族路 128 号（400011）		171
5	浙江英特药业有限责任公司	浙江省杭州市滨江区江南大道 96 号（310025）		232
6	乐仁堂医药集团股份有限公司	河北省石家庄市青园街 57 号（050011）		248
7	重庆桐君阁股份有限公司	重庆市渝中区解放西路 1 号五楼（400012）		314
8	宁波医药股份有限公司	浙江省宁波市车轿街 26 号（315000）		368
9	老百姓大药房连锁股份有限公司	湖南省长沙经济技术开发区（星河）开元西路 1 号（410100）		392
10	浙江省医药工业有限公司	浙江省杭州市莫干山路文北巷 27 号（310012）		403

行业名次	企业名称	通讯地址及邮编	名次(1)	名次(3)
11	鹭燕（福建）药业股份有限公司	福建省厦门市湖里区华泰路 3 号 A 幢五层 A 单元（361006）		404
12	常州药业股份有限公司	江苏省常州市延陵西路 102 号（213003）		432
13	全洲药业集团有限公司	湖南省长沙市雨花区时代阳光大道全洲大厦（410117）		485
商业零售业				
1	百联集团有限公司	上海市浦东南路 1111 号新世纪大厦 19 层（200120）	33	13
2	大连大商集团有限公司	辽宁省大连市中山区青三街 1 号（116001）	97	37
3	武汉商联（集团）股份有限公司	湖北省武汉市江岸区沿江大道 238 号（430010）	155	54
4	山东省商业集团有限公司	山东省济南市山师东路 4 号（250014）	217	72
5	重庆商社（集团）有限公司	重庆市渝中区青年路 18 号（400010）	244	78
6	浙江省商业集团有限公司	浙江省杭州市惠民路 56 号（310002）	248	81
7	天津一商集团有限公司	天津市和平区唐山道 54 号（300040）	282	90
8	合肥百货大楼集团股份有限公司	安徽省合肥市长江西路 689 号金座 A2408（230088）	300	94
9	利群集团股份有限公司	山东省青岛市崂山区崂山路 67 号（266102）	425	130
10	石家庄北国人百集团有限责任公司	河北省石家庄市中山东路 188 号（050011）	447	135
11	北京王府井百货（集团）股份有限公司	北京市王府井大街 253 号（100006）		146
12	银泰百货（集团）有限公司	浙江省杭州市延安路 530 号（310006）		159
13	人人乐连锁商业集团股份有限公司	广东省深圳市南山区前海路心语家园首层（518052）		162
14	淄博商厦股份有限公司	山东省淄博市张店区中心路 125 号（255000）		164
15	辽宁兴隆大家庭商业集团有限公司	辽宁省沈阳市沈河区中街路 115 号兴隆大家庭宣传部（110011）		187
16	上海新世界（集团）有限公司	上海市黄浦区九江路 619 号 22 楼（200001）		202
17	天津二商集团有限公司	天津市和平区山东路 112 号（300041）		211
18	无锡商业大厦大东方股份有限公司	江苏省无锡市中山路 343 号（214001）		238
19	北京菜市口百货股份有限公司	北京市西城区广安门内大街 306 号（100053）		243
20	大连金玛商城企业集团有限公司	辽宁省大连市金州新区双 D 港数字 2 路 23 号（116600）		255
21	天津金元宝商厦集团有限公司	天津市滨海新区塘沽解放路 668 号（300450）		266
22	唐山百货大楼集团有限责任公司	河北省唐山市路北区新华东道 125 号（063000）		284
23	湖南友谊阿波罗股份有限公司	湖南省长沙市车站路 345 号（410001）		295
24	河北省新合作资产运营集团有限公司	河北省石家庄市建设南大街 21 号付 1 号（050011）		303
25	重庆华轻商业公司	重庆市渝中区邹容路 107 号（400010）		304
26	天津劝业华联集团有限公司	天津市河西区马场道 59 号 AF（300203）		310
27	重庆永辉超市有限公司	重庆市渝北区加州花园 B4 栋 3 楼（401147）		311
28	河北怀特集团股份有限公司	河北省石家庄市槐岭路 26 号（050021）		316
29	杭州大厦有限公司	浙江省杭州市武林广场 1 号（310006）		321

行业名次	企业名称	通讯地址及邮编	名次(1)	名次(3)
30	银川新华百货商店股份有限公司	宁夏银川市兴庆区新华东街97号（750004）		334
31	北京翠微大厦股份有限公司	北京市海淀区复兴路33号（100036）		343
32	长沙通程实业集团有限公司	湖南省长沙市劳动西路589号（410007）		345
33	邯郸市阳光百货集团总公司	河北省邯郸市中华北大街29号（056002）		347
34	江西洪客隆投资集团有限公司	江西省南昌市八一大道357号财富广场B座30楼（330046）		354
35	青岛维客集团股份有限公司	山东省青岛市李沧区京口路86号（266100）		358
36	广州友谊集团股份有限公司	广东省广州市越秀区环市东路369号（510095）		359
37	武汉市汉商集团股份有限公司	湖北省武汉市汉阳大道134号（430050）		362
38	湖南汽车城有限公司	湖南省长沙市东风路360号（410003）		378
39	浙江宝利德控股集团有限公司	浙江省杭州市西湖区求是路8号公元大厦南楼1001（310003）		406
40	山西华宇集团有限公司	山西省太原市开化寺街87号（030002）		418
41	浙江华联商厦有限公司	浙江省余姚市阳明西路1号（315400）		422
42	湖州市浙北大厦有限责任公司	浙江省湖州市红旗路南街口（313000）		429
43	西安开元控股集团股份有限公司	陕西省西安市东大街解放市场6号（710001）		435
44	河北保百集团有限公司	河北省保定市朝阳北大街916号（071051）		437
45	青岛利客来商贸集团股份有限公司	山东省青岛市李沧区京口路44号（266100）		484
46	雄风集团有限公司	浙江省诸暨市陶朱街道诸三路100号（311800）		491
47	杭州解百集团股份有限公司	浙江省杭州市解放路251号（310001）		496
商业连锁超市				
1	物美控股集团有限公司	北京市石景山区石景山路3号玉泉大厦（100049）	212	71
2	江苏高力集团有限公司	江苏省南京市栖霞区栖霞大道8号（210038）	315	100
3	北京华联综合超市股份有限公司	北京市西城区阜外大街1号四川经贸大厦东塔楼（100037）		175
4	杭州联华华商集团有限公司	浙江省杭州市庆春路86号（310003）		181
5	月星集团有限公司	上海市澳门路168号（200060）		250
6	成都红旗连锁有限公司	四川省成都市高新西区迪康大道7号（611731）		272
7	山西美特好连锁超市股份有限公司	山西省太原市晋祠路一段40号（030024）		355
8	加贝物流股份有限公司	浙江省宁波市北仑区大矸庐山中路1号（315806）		381
9	江苏恒大置业投资发展有限公司	江苏省苏州市苏惠路98号国检大厦五楼502-520室（215021）		411
10	浙江供销超市有限公司	浙江省绍兴市延安东路173号（312000）		439
11	心连心集团有限公司	湖南省湘潭市韶山中路10号（411100）		442
银行业				
1	中国工商银行股份有限公司	北京市西城区复兴门内大街55号（100140）	4	2

行业名次	企业名称	通讯地址及邮编	名次(1)	名次(3)
2	中国建设银行股份有限公司	北京市西城区金融大街 25 号（100033）	8	4
3	中国农业银行股份有限公司	北京市东城区建国门内大街 69 号（100005）	10	6
4	中国银行股份有限公司	北京市复兴门内大街 1 号（100818）	11	7
5	交通银行股份有限公司	上海市银城中路 188 号（200120）	46	21
6	招商银行股份有限公司	广东省深圳市深南大道 7088 号招商银行大厦 45 楼（518040）	110	42
7	中国民生银行股份有限公司	北京市西城区复兴门内大街 2 号（100031）	149	51
8	上海浦东发展银行股份有限公司	上海市中山东一路 12 号（200002）	171	55
9	兴业银行股份有限公司	福建省福州市湖东路 154 号中山大厦 A 座（350003）	193	64
10	广发银行股份有限公司	广东省广州市越秀区东风东路 713 号（510080）	236	76
11	北京银行	北京市西城区金融大街丙 17 号北京银行大厦 26 层办公室（100033）	303	95
12	华夏银行股份有限公司	北京市东城区建国门内大街 22 号华夏银行大厦（100005）	306	96
13	广西农村信用社（合作银行）	广西南宁市锦春路 20 号（530021）		157
14	重庆农村商业银行股份有限公司	重庆市江北区洋河东路 10 号（400020）		161
15	徽商银行股份有限公司	安徽省合肥市安庆路 79 号天徽大厦 A 座（230001）		241
16	成都银行股份有限公司	四川省成都市青羊区西湖街 16 号（610015）		293
17	吉林银行	吉林省长春市东南湖大路 1817 号（130033）		306
18	天津银行股份有限公司	天津市河西区友谊路 15 号（300201）		317
19	渤海银行股份有限公司	天津市河西区马场道 201－205 号（300204）		337
20	武汉农村商业银行股份有限公司	湖北省武汉市江岸区建设大道 618 号（430015）		423
21	温州银行股份有限公司	浙江省温州市车站大道 196 号（325088）		443
22	长沙银行股份有限公司	湖南省长沙市芙蓉中路 1 段 433 号（410005）		463
23	潍坊银行股份有限公司	山东省潍坊市奎文区胜利东街 5139 号（261041）		471
24	江苏张家港农村商业银行股份有限公司	江苏省张家港市人民中路 66 号（215600）		486
25	郑州银行股份有限公司	河南省郑州市郑东新区商务外环路 22 号（450046）		492
人寿保险业				
1	中国人寿保险（集团）公司	北京市西城区金融大街 17 号中国人寿中心 22 层（100033）	9	5
2	新华人寿保险股份有限公司	北京市朝阳区建国门外大街甲 12 号新华保险大厦（100022）	90	35
3	泰康人寿保险股份有限公司	北京市西城区复兴门内大街 156 号泰康人寿大厦（100031）	107	41

行业名次	企业名称	通讯地址及邮编	名次（1）	名次（3）
4	太平人寿保险有限公司	上海市浦东新区民生路1399号太平人寿大厦（200135）	245	79
5	阳光保险集团股份有限公司	北京市朝阳区朝外大街乙12号1号楼昆泰国际大厦28层（100020）	307	97
6	长城人寿保险股份有限公司	北京市西城区金融大街33号通泰大厦C座5层509号（100033）		430
财产保险业				
1	中国人民保险集团股份有限公司	北京市海淀区清华西路28号内万春园（100084）	25	12
2	中国大地财产保险股份有限公司	上海市浦东新区民生路1199弄1号楼8层（200135）		148
综合保险业				
1	中国平安保险（集团）股份有限公司	广东省深圳市福田区福华路星河发展中心（518048）	34	14
2	中国太平洋保险（集团）股份有限公司	上海市浦东新区银城中路190号南楼（200120）	62	28
3	华泰保险控股股份有限公司	北京市西城区金融大街35号国际企业大厦A座18层（100033）		188
证券业				
1	广发证券股份有限公司	广东省广州市天河区天河北路183－187号大都会广场43楼（510075）		179
2	中国银河证券股份有限公司	北京市西城区金融大街35号国际企业大厦C座15层总裁办公室（100033）		206
3	方正证券股份有限公司	湖南省长沙市芙蓉中路二段华侨国际大厦22－24层（410015）		400
4	国元证券股份有限公司	安徽省合肥市寿春路179号（230001）		464
其他金融服务业				
1	厦门华澄集团有限公司	福建省厦门市思明区厦禾路589号银聚祥邸五层（361000）		363
2	青岛市农村信用合作社联合社	山东省青岛市香港中路100号（266071）		379
商务服务业				
1	中国中信集团公司	北京市朝阳区新源南路6号京城大厦（100004）	21	10
2	华润（集团）有限公司	香港湾仔港湾道26号华润大厦49楼（518001）	38	16
3	国家开发投资公司	北京市西城区阜成门北大街6号－6国际投资大厦A座（100034）	134	47
4	广东省广晟资产经营有限公司	广东省广州市明月一路9号凯旋华美达酒店14－15楼（510600）	316	101
5	广西投资集团有限公司	广西南宁市民族大道109号广西投资大厦（530028）	334	106
6	重庆市能源投资集团公司	重庆市渝北区洪湖西路12号（401121）	383	115

行业名次	企业名称	通讯地址及邮编	名次(1)	名次(3)
7	浙江前程投资股份有限公司	浙江省宁波市江东区 39 号前程大厦 C 座（315040）	391	119
8	天津市津能投资公司	天津市和平区马场道 142 号增 1 号（300050）	472	140
9	深圳市神州通投资集团有限公司	广东省深圳市福田区车公庙创新科技广场一期 B 座 808（518040）		165
10	苏州金螳螂企业（集团）有限公司	江苏省苏州市西环路 888 号（215004）		226
11	中节能（天津）投资集团有限公司	天津河西区围堤道 53 号增 1 号丽晶大厦 31 层（300201）		230
12	河南交通投资集团有限公司	河南省郑州市郑东新区农业东路 100 号（450016）		231
13	厦门海沧投资集团有限公司	福建省厦门市海沧区钟林路 8 号海投大厦（361026）		279
14	青海省投资集团有限公司	青海省西宁市城西区新宁路 36 号（810008）		294
15	无锡市交通产业集团有限公司	江苏省无锡市运河东路 100 号（214031）		433
16	上海青浦工业园区发展（集团）有限公司	上海市青浦区漕盈路 2500 号（201700）		497

房地产开发与经营、物业及房屋装饰、修缮、管理等服务业

行业名次	企业名称	通讯地址及邮编	名次(1)	名次(3)
1	上海绿地（集团）有限公司	上海市打浦路 700 号绿地总部大厦 4 楼（200023）	87	32
2	绿城房地产集团有限公司	浙江省杭州市杭大路 1 号黄龙世纪广场 A10 楼（310007）	150	52
3	恒大地产集团	广东省广州市天河路 45 号天伦大厦（516000）	183	62
4	大连万达集团股份有限公司	北京市朝阳区建国路 93 号万达广场 B 座 23 层（100022）	194	65
5	华侨城集团公司	广东省深圳市南山区华侨城办公楼（518053）	233	75
6	江苏苏宁环球集团有限公司	江苏省南京市鼓楼区广州路 188 号苏宁环球大厦 17 楼（210024）	262	85
7	碧桂园控股有限公司	广东省佛山市顺德区北滘镇碧江大桥侧顺德碧桂园行政楼（528312）	290	91
8	世纪金源投资集团有限公司	北京市海淀区蓝晴路 1 号（100097）	313	99
9	福佳集团有限公司	辽宁省大连市沙河口区兴工街 4 号 A 栋 24 楼（116021）	328	103
10	雅居乐地产控股有限公司	广东省中山市三乡镇金涌大道雅居乐酒店（528463）	368	113
11	金地（集团）股份有限公司	广东省深圳市福田区福强路金地商业大楼（518048）	389	117
12	江苏华厦融创置地集团有限公司	江苏省徐州市中山北路 269 号（221007）	448	136
13	宁波银亿集团有限公司	浙江省宁波市江北区人民路 132 号（315020）	449	137
14	龙湖地产有限公司	北京市朝阳区惠新东街 4 号富盛大厦 2 座 7 层（100029）	474	141
15	大华（集团）有限公司	上海市宝山区华灵路 698 号（200442）		166

行业名次	企业名称	通讯地址及邮编	名次(1)	名次(3)
16	世纪华丰控股有限公司	浙江省宁波市江东区百丈东路 787 号利时大厦 25F (315040)		176
17	浙江华成控股集团有限公司	浙江省杭州市江城路 889 号香榭商务大厦五楼 F/G/H 座(310009)		185
18	天津现代集团有限公司	天津市和平区西康路与成都道交口赛顿中心 C 座 29 层 (300051)		197
19	天津住宅建设发展集团有限公司	天津市和平区马场道 66 号(300050)		198
20	卓尔控股有限公司	湖北省武汉市盘龙城经济开发区楚天大道特 1 号 (430000)		210
21	荣盛控股股份有限公司	河北省廊坊市经济技术开发区春明道 12 号(065001)		212
22	重庆华宇物业(集团)有限公司	重庆市沙坪坝区华宇广场 1 号附 30 号(400030)		215
23	四川蓝光实业集团有限公司	四川省成都市高新西区西芯大道 9 号(611731)		219
24	亿达集团有限公司	辽宁省大连市沙河口区东北路 99 号亿达广场 4 号楼 (116021)		246
25	西安高科(集团)公司	陕西省西安市高新区科技路 33 号高新国际商务中心 34 层(710075)		253
26	北京北辰实业集团公司	北京市朝阳区北辰东路 8 号北辰集团(100101)		254
27	上海爱家豪庭房地产集团发展有限公司	上海市浦东新区浦东南路 1877 号东旅大厦 18 号 (200122)		257
28	重庆市金科实业(集团)有限公司	重庆市江北区观音桥同聚远景大厦 26 楼(400020)		258
29	天津市房地产开发经营集团有限公司	天津市河西区宾水道增 9 号环渤海发展中心 A 座 17 - 19 层(300061)		267
30	天津贻成集团有限公司	天津市塘沽区河北路 4862 - 1 号(300451)		283
31	大连宏光好运来集团有限公司	辽宁省大连市中山区天津街 299 号鸿霖大厦 39 楼 (116001)		299
32	宁波宁兴控股股份有限公司	浙江省宁波市中山西路 138 号天宁大厦 26 楼(315010)		300
33	百步亭集团有限公司	湖北省武汉市江岸区百步亭花园路 18 号(430012)		307
34	厦门禹洲集团股份有限公司	福建省厦门市湖滨西路 39 号华侨海景城 9 号楼 5 - 6 层 (361000)		318
35	中华企业股份有限公司	上海市静安区华山路 2 号 6 楼(200040)		365
36	宁波联合集团股份有限公司	浙江省宁波市经济技术开发区东海路 1 号联合大厦 (315803)		367
37	祥生实业集团有限公司	浙江省诸暨市苎萝东路 195 号祥生新世纪广场商务楼 15 层(311800)		373
38	宁波宁兴房地产开发集团有限公司	浙江省宁波市和义路 77 号(315000)		374
39	联发集团有限公司	福建省厦门市湖里大道 31 号联发大厦(361006)		375
40	天津津滨发展股份有限公司	天津市开发区黄海路 98 号津滨杰座Ⅱ区 B 座(300457)		376

行业名次	企业名称	通讯地址及邮编	名次（1）	名次（3）
41	河北卓正实业集团有限公司	河北省保定市七一东路 2358 号（071000）		384
42	东冠集团有限公司	浙江省杭州市滨江区江南大道 588 号恒鑫大厦（310052）		387
43	厦门经济特区房地产开发集团有限公司	福建省厦门市思明区文塔路 211 号 4－6 层（361004）		388
44	天津滨海投资集团股份有限公司	天津市滨海新区塘沽烟台道 15 号（300450）		393
45	宁波富达股份有限公司	浙江省宁波市余姚市阳明西路 355 号（315400）		394
46	浙江南苑控股集团有限公司	浙江省宁波市鄞州区鄞县大道 1288 号（315100）		420
47	上海致盛实业集团有限公司	上海市普陀区真南路 1370 号（200331）		426
48	荣安集团股份有限公司	浙江省宁波市海曙县（区）灵桥路 513 号天封大厦 7 楼（315000）		450
49	厦门源昌集团有限公司	福建省厦门市湖滨中路 98 号 40 层（361000）		455
50	武汉地产开发投资集团有限公司	湖北省武汉市江汉区新华路 25 号伟业大厦 14 层（430022）		456
51	上海金桥（集团）有限公司	上海市浦东新区新金桥路 27 号 1 号楼（201206）		459
52	新中宇集团有限公司	浙江省宁波市余姚市长安路 218 号（中宇大厦）（315400）		473
53	大连金港集团有限公司	辽宁省大连经济技术开发区辽河中路 59 号（116620）		474
54	大连鹏生集团有限公司	辽宁省大连市甘井子区海桥园 47 号（116033）		479
55	上海城投置地（集团）有限公司	上海市杨浦区国浩路 701 号 3 楼（200438）		482
56	天津海泰控股集团有限公司	天津华苑产业区梅苑路 6 号海泰大厦 11－12 层（300384）		500
餐饮业				
1	内蒙古小肥羊餐饮连锁有限公司	内蒙古包头市昆区乌兰道 9 号小肥羊大厦（014010）		245
2	重庆德庄实业（集团）有限公司	重庆市南岸区长电路 10 号（401336）		457
3	重庆小天鹅投资控股（集团）有限公司	重庆市渝中区嘉陵江滨江路 88 号（400010）		481
旅游、宾馆及娱乐服务业				
1	中国港中旅集团公司	北京市宣武区广安门内大街 338 号 9 层（香港干诺道中 78－83 号中旅集团大厦）（100053）	172	56
2	北京首都旅游集团有限责任公司	北京市朝阳区雅宝路 10 号三层（100020）	247	80
3	浙江国大集团有限责任公司	浙江省杭州市体育场路 333 号（310006）		150
4	中国国旅集团有限公司	北京市东城区东直门外小街甲 2－1 号正东国际大厦七层（100027）		182
5	上海春秋国际旅游社有限公司	上海市定西路 1558 号（200050）		235
6	开元旅业集团有限公司	浙江省杭州市萧山区市心中路 818 号 17 楼（311202）		289
7	杭州旅游集团有限公司	浙江省杭州市延安路 484 号 2 号楼 6 层（310006）		291

行业名次	企业名称	通讯地址及邮编	名次(1)	名次(3)
8	华天实业控股集团有限公司	湖南省长沙市芙蓉中路 593 号 22 楼华天集团（410008）		407
公用事业、市政服务、公共设施、水务等经营与管理业				
1	北京控股集团有限公司	北京市朝阳区东三环北路 38 号院北京国际中心 4 号楼（100026）	251	82
2	北京首都创业集团有限公司	北京市东城区朝阳门北大街 6 号首创大厦 15 层（100027）	441	134
3	宁波华东物资城市场建设开发有限公司	浙江省宁波市江东区宁穿路 535 号（315040）		190
4	天津城市基础设施建设投资集团有限公司	天津市南开区卫津南路 76 号（300381）		192
5	南昌市政公用投资控股有限责任公司	江西省南昌市湖滨东路 1399 号（330039）		228
6	江苏吴中集团有限公司	江苏省苏州市宝带东路 388 号（215128）		229
7	南京大地建设集团有限责任公司	江苏省南京市华侨路 56 号（210029）		233
8	天津市政建设集团有限公司	天津市和平区衡阳路 4 号（300050）		259
9	武汉市城市建设投资开发集团有限公司	湖北省武汉市汉阳区晴川街解放一村 8 号（430050）		275
10	天津市自来水集团有限公司	天津市和平区建设路 54 号（300040）		357
11	上海大众公用事业（集团）股份有限公司	上海市中山西路 1515 号 8 楼（200235）		364
12	上海临港经济发展（集团）有限公司	上海市临港新城新元南路 555 号（201306）		369
13	湖南金正方企业集团股份有限公司	湖南省株洲市芦淞区提升街 25 号（412008）		419
技术、智力、人力资源、劳务、培训、会展、博览等国内外合作以及其他对外经济合作服务业				
1	中国国际技术智力合作公司	北京市朝阳区光华路 7 号汉威大厦西区 25 层（100004）	336	107
2	北京外企服务集团有限责任公司	北京市朝阳区西大望路 15 号外企大厦 B 座 19 层（100022）	408	125
3	中国大连国际经济技术合作集团有限公司	辽宁省大连市西岗区黄河路 219 号外经贸大厦（116011）		333
4	中国出国人员服务总公司	北京市朝阳区惠新东街四号富（100029）		353
研发、科技交流与推广和地勘、规划、设计、评估、咨询、认证及总承包等服务业				
1	中国煤炭科工集团有限公司	北京市朝阳区和平街 13 区煤炭大厦 15 层（100013）	332	105
2	中国电力工程顾问集团公司	北京市西城区安德路 65 号（100120）		155
3	中国铁道科学研究院	北京市海淀区大柳树路 2 号（100081）		208
4	天津水泥工业设计研究院有限公司	天津市北辰区引河里北道 1 号（300400）		251
5	中国水利电力对外公司	北京市西城区六铺炕街 3 号中水电大厦（100120）		301
6	长江水利委员会长江勘测规划设计研究院	湖北省武汉市汉口解放大道 1155 号（430010）		331

行业名次	企业名称	通讯地址及邮编	名次（1）	名次（3）
7	铁道第三勘察设计院集团有限公司	天津市河北区中山路 10 号（300142）		339
8	上海久隆电力（集团）有限公司	上海市梅园路 228 号 23 – 25F（200070）		340
9	赛鼎工程有限公司	山西省太原市高新区晋阳街赛鼎路 1 号（030032）		476
新闻、报刊、图书的出版、发行与销售和广播、影视、音像、文体、演艺等文化产业				
1	安徽出版集团有限责任公司	安徽省合肥市政务文化新区翡翠路 1118 号（230071）		220
2	安徽新华发行（集团）控股有限公司	安徽省合肥市长江中路 279 号（230061）		236
3	江苏省广播电视总台（集团）	江苏省南京市北京东路 4 号（210008）		249
4	四川新华发行集团有限公司	四川省成都市人民南路一段 86 号城市之心 12F（610016）		320
5	西安曲江文化产业投资（集团）有限公司	陕西省雁塔南路 300 – 9 号曲江文化大厦（710061）		325
6	河北省新华书店集团公司	河北省石家庄市站前街 6 号（050000）		348
7	成都传媒集团	四川省成都市高朋大道 2 号（610041）		366
8	华闻传媒投资集团股份有限公司	海南省海口市海甸四东路民生大厦（570208）		371
9	上海东方明珠（集团）股份有限公司	上海市浦东世纪大道 1 号（200120）		444
互联网传媒、商务、娱乐服务业				
1	腾讯控股有限公司	广东省深圳市南山区高新科技园科技中一路腾讯大厦（518057）	386	116
2	百度公司	北京市海淀区上地十街 10 号（100085）		205
3	阿里巴巴网络有限公司	浙江省杭州市滨江区网商路 699 号（310052）		352
4	新浪公司	北京市北四环西路 58 号理想国际大厦 20 层（100080）		425
综合服务业（以服务业为主，含有制造业）				
1	中国机械工业集团有限公司	北京市海淀区丹棱街 3 号（100080）	55	26
2	新疆广汇实业投资（集团）有限责任公司	乌鲁木齐市新华北路 165 号广汇中天广场 32 楼（830002）	127	45
3	上海世博（集团）有限公司	上海市延安中路 837 号（200040）	200	68
4	海南大印集团有限公司	海南省海口市滨海大道 123 号鸿联广场 5 楼（570105）	278	89
5	上海均瑶（集团）有限公司	上海市徐汇区肇嘉浜路 789 号（200032）		158
6	宁波滕头集团有限公司	浙江省奉化市萧王庙街道滕头村（315503）		298
7	苏州国信集团有限公司	江苏省太仓市常胜南路 118 号（215400）		336
8	华茂集团股份有限公司	浙江省宁波市西门望春工业区龙嘘路 125 号（315175）		360
9	青岛康大外贸集团有限公司	山东省青岛市香港中路 52 号时代广场 25 层（266071）		416

行业名次	企业名称	通讯地址及邮编	名次(1)	名次(3)
10	湖南九龙经贸集团有限公司	湖南省娄底市长青中街21号（417100）		477
教育产业				
1	新东方教育科技（集团）有限公司	北京市海淀区海淀中街6号新东方大厦（100080）		428

后记

一、《中国 500 强企业发展报告》是由中国企业联合会、中国企业家协会组织编写的全面记载和反映中国 500 强企业改革和发展的综合性大型年度报告。

二、从 2002 年开始，中国企业联合会、中国企业家协会每年联合地方和行业企联（企协）推出中国企业 500 强及其分析报告。2005 年又同时推出中国制造业企业 500 强、中国服务业企业 500 强及其分析报告。这项活动得到了国务院领导和国家有关部门的重视和肯定。温家宝总理曾做出批示，希望中国企业联合会继续把这方面的工作做好。为了贯彻落实党的十七大和国家"十二五"规划纲要精神，促进企业做强做大做久，培育我国具有国际竞争力的世界级企业，今年，中国企业联合会、中国企业家协会连续第十年参照国际惯例推出中国 500 强企业及其与世界企业 500 强对比的分析报告，连续第七年推出了中国制造业企业 500 强、中国服务业企业 500 强及其分析报告，同时连续第六年推出了中国企业效益 200 佳及其分析报告，并将其作为中国企业发展报告的重要内容。2011 中国企业 500 强、2011 中国制造业企业 500 强、2011 中国服务业企业 500 强、2011 中国企业效益 200 佳的产生得到了各有关企联（企协）、企业家协会及大企业的大力支持，在此深表感谢。

三、本报告为中国企业联合会、中国企业家协会的研究成果。各章的作者为，第一章：冯立果，第二章：胡迟，第三章：高蕊，第四章：赵婷，第五章：刘兴国，第六章：张微，第七章至第十二章数据由张德华、殷恒晨整理，全书由郝玉峰统稿。参加编辑工作的有：郝玉峰、缪荣、张德华、康月强、殷恒晨、张双喜、胡迟、赵婷、冯立果、高蕊、刘兴国。

四、凡引用本报告研究数据、研究成果者，应注明引自"中国企业联合会《2011 中国 500 强企业发展报告》"或"中国企业联合会 2011 中国企业 500 强"、"中国企业联合会 2011 中国制造业企业 500 强"、"中国企业联合会 2011 中国服务业企业 500 强"，未经授权不得转载 2011 中国企业 500 强、2011 中国制造业企业 500 强、2011 中国服务业企业 500 强的名单。

五、2012 年我会将继续对中国企业 500 强、中国制造业企业 500 强、中国服务业企业 500 强进行分析研究，出版《中国 500 强企业发展报告》，希望申报 2012 中国企业 500 强、2012 中国制造业企业 500 强、2012 中国服务业企业 500 强的企业，请与中国企业联合会、中国企业家协会研究部联系，电话：010－88512628、68701280、68431613、88413605、68465525；传真：68411739；网址：www.china－500.org。

六、本报告得到了埃森哲（中国）有限公司、用友软件股份有限公司、正威国际集团有限公司、中国企业管理科学基金会的大力支持，在此特别致谢！

由于时间仓促，本报告难免出现疏漏和不尽人意之处，恳请经济界、企业界及其他各界人士提出宝贵意见和建议。

在本书即将出版之际，我们还要向一直负责本书出版的企业管理出版社表示感谢。

编 者

二〇一一年八月二十日